# O ano vermelho

## Outras obras do autor

*A desordem mundial: O espectro da total dominação – Guerras por procuração, terror, caos e catástrofes humanitárias (Editora Civilização Brasileira)*

*A expansão do Brasil e a formação dos Estados na Bacia do Prata – Argentina, Uruguai e Paraguai (Da colonização à Guerra da Tríplice Aliança) (Editora Civilização Brasileira)*

*A reunificação da Alemanha (Editora Unesp)*

*A Segunda Guerra Fria: Geopolítica e dimensão estratégica dos Estados Unidos – Das rebeliões na Eurásia à África do Norte e ao Oriente Médio (Editora Civilização Brasileira)*

*As relações perigosas: Brasil-Estados Unidos (de Collor a Lula, 1990–2004) (Editora Civilização Brasileira)*

*Brasil, Argentina e Estados Unidos – Conflito e integração na América do Sul (Da Tríplice Aliança ao Mercosul) (Editora Civilização Brasileira)*

*Brasil-Estados Unidos: A rivalidade emergente (1950–1988) (Editora Civilização Brasileira)*

*De Martí a Fidel: A Revolução Cubana e a América Latina (Editora Civilização Brasileira)*

*Formação do império americano – Da guerra contra a Espanha à guerra no Iraque (Editora Civilização Brasileira)*

*Fórmula para o caos – A derrubada de Salvador Allende (1970–1973) (Editora Civilização Brasileira)*

*O "Milagre Alemão" e o desenvolvimento do Brasil, 1949–2011 (Editora Unesp)*

*O feudo – A casa da Torre de Garcia D'Ávila: Da conquista dos sertões à independência do Brasil (Editora Civilização Brasileira)*

*O governo João Goulart – As lutas sociais no Brasil, 1961–1964 (Editora Unesp)*

*Presença dos Estados Unidos no Brasil (Editora Civilização Brasileira)*

Luiz Alberto Moniz Bandeira

# O ano vermelho
A Revolução Russa e seus reflexos no Brasil

Colaboração de
Clóvis Melo e A. T. Andrade

4ª edição
Revista e ampliada

CIVILIZAÇÃO BRASILEIRA

Rio de Janeiro
2017

CIP-BRASIL. CATALOGAÇÃO NA FONTE
SINDICATO NACIONAL DOS EDITORES DE LIVROS, RJ

Moniz Bandeira, Luiz Alberto

B166a    O ano vermelho: a Revolução Russa e seus reflexos no Brasil /
4ª ed.    Luiz Alberto Moniz Bandeira; colaboração Clóvis Melo, A. T. Andrade
– 4ª ed. rev. e ampl. – Rio de Janeiro: Civilização Brasileira, 2017.
644 p.: 23 cm.

Apêndice
Inclui bibliografia
Encarte
ISBN 978-85-200-1109-6

1. Movimentos sociais – Brasil – História. 2. Trabalhadores – Brasil –
Atividades políticas – História. 3. União Soviética – História – Revolução,
1917-1921 – Influência. I. Melo, Clóvis. II. Andrade, A. T. III. Título.

CDD: 303.4840981
17-44477                                    CDU: 316.42(81)

Direitos desta edição adquiridos pela
EDITORA CIVILIZAÇÃO BRASILEIRA
Um selo da
EDITORA JOSÉ OLYMPIO LTDA.
Rua Argentina, 171 – Rio de Janeiro, RJ – 20921-380 –
Tel.: (21) 2585-2000.

Seja um leitor preferencial Record.
Cadastre-se e receba informações sobre
nossos lançamentos e nossas promoções.

Atendimento e venda direta ao leitor:
mdireto@record.com.br ou (21) 2585-2002.

Impresso no Brasil
2017

*A todos os que possibilitaram a realização e lançamento da primeira edição desta obra há 50 anos passados, 1966/1967.*

*Ênio Silveira, Niomar Moniz Sodré Bittencour, Edmundo Moniz, Alberto Moniz da Rocha Barros, Hermínio Sacchetta, Edgard Leuenroth, Astrojildo Pereira, Nelson Werneck Sodré, Aristides Lobo e meus inesquecíveis colaboradores Clóvis Melo e A. T. Andrade.*

(in memoriam)

*Para Margot, minha esposa, graças a quem ainda estou vivo. E ao nosso filho Egas, meu herdeiro e sucessor.*

*Para Roberto Dias, cujo apoio nunca me faltou, e para as queridas amigas Neusa Marcondes, socióloga, Regina Gadelha, professora da Pontifícia Universidade Católica (PUC-SP), que sempre me apoiaram, sobretudo quando vivi em São Paulo, bem como Carol Proner, professora da Universidade Federal do Rio de Janeiro (UFRJ).*

"Une révolution, c'est le renversement rapide, en peu d'années, d'institutions qui avaient mis des siècles à s'enraciner dans le sol et qui semblaient si stables, si immuables, que les réformateurs les plus fougueux osaient à peine les attaquer dans leurs écrits. C'est la chute, l'émiettement en un petit nombre d'années, de tout ce qui faisait jusqu'alors l'essence de la vie sociale, religieuse, politique et économique d'une nation, le renversement des idées acquises et des notions courantes sur les relations si compliquées entre toutes les unités du troupeau humain."*

Pierre Kropotkine

---

* KROPOTKINE, Pierre. *La grande Révolution 1789-1793*. Paris: P. V. Stock, 1909, pp. 3-4.

# Sumário

## Prefácio à 4ª edição

> *Time present and time past*
> *Are both perhaps present in time future*
> *And time future contained in time past.*

(T. S. Eliot)[1]

Esta, a 4ª edição de *O ano vermelho – A Revolução Russa e seus reflexos no Brasil*, não foi apenas revista. Trata-se de uma obra virtualmente nova. Escrita, originalmente, em 1966/1967, portanto, há meio século, tive de reestruturá-la, atualizá-la e reescrevê-la. Ela refletia a consciência possível de uma época que historicamente se esgotou. Mutações ocorreram. A qualidade do conhecimento transmudou, em função da quantidade de fatos e documentos, que ocorreram e afluíram nos últimos 50 anos, até o fim do século XX e início do século XXI. E daí que tive de compreender, reagir e adaptar a obra às circunstâncias e contínuas mutações da história. Quem diz que pensa e escreve como há 50 anos, envelheceu. Está obsoleto.

*O ano vermelho – A Revolução Russa e seus reflexos no Brasil*, no entanto, tem uma história que, assim como *Presença dos Estados Unidos no Brasil*, é parte da história da minha própria vida. Ao tempo em que foi lançada esta obra, em 1967, eu acabava de sair da clandestinidade, mas estava ainda sob processo na 1ª Auditoria de Marinha, e eu o fiz como um desafio à própria ditadura militar. Sempre entendi que liberdade não é dádiva. Conquista-se, exercendo-a. Nunca fiz autocensura. Se a ditadura militar quisesse, que apreendesse a obra. E ela teve impacto. Era uma das obras pioneiras sobre o movimento operário no Brasil e, mais ainda, nova, sobre a influência da Revolução Russa.

Depois, vários outros livros saíram, sobre os diversos aspectos do movimento operário. E, a partir dos anos 1980, terminada a ditadura militar, outros acadêmicos, mestrandos e doutorandos escreveram inúmeras dissertações e teses, várias muito boas e outras excelentes, sobre tema, as quais expandiram o conhecimento do movimento operário no Brasil. *O ano vermelho – A Revolução Russa e seus reflexos no Brasil,* que não deixou de ser uma obra de referência e nova, sob o aspecto político da influência da Revolução Russa no Brasil, como estava, como foi escrita, na clandestinidade, não mais podia ser publicada. Estava em larga medida superada. Tenho profundo sentido de autocrítica e de exigência, embora saiba que nunca se alcança a perfeição, a verdade e que o conhecimento constitui uma contínua acumulação quantitativa de conhecimentos, que mais e mais se negam, se contradizem, se interpenetram e transformam a sua qualidade.

A obra estava malfeita, mal escrita às pressas, que fora, com informações diacrônicas sobre o movimento operário no Brasil, sobretudo os capítulos iniciais, também superados, pela posterior produção de saberes, no meio acadêmico. Era necessário enriquecê-la com os novos conhecimentos, desenvolvidos desde que esta obra foi escrita, entre a segunda metade de 1966 e primeira de 1967, sob a ditadura militar, nas piores condições possíveis em que eu me encontrava, foragido, no Brasil. Daí que tive de reescrevê-la, dando-lhe unidade lógica e cronológica, e unidade de estilo, a fim de celebrar o centenário dos dez dias que mudaram o mundo e marcaram todo o século XX, a Revolução Russa, bem como os 50 anos da minha condição de autor da editora Civilização Brasileira.

Em 1965, após quase dois anos de exílio em Uruguai, voltei, clandestinamente, ao Brasil. Germán Vidal, do Partido Socialista do Uruguai, da facção que formou o Movimento de Liberación Nacional – Tupamaros, levou-me de automóvel, durante a madrugada, de Montevidéu até a cidade de Rivera (Uruguai) – Santana do Livramento (Brasil). Passei a linha divisória imaginária da fronteira das duas cidades geminadas, tomei o trem para Porto Alegre e de lá, em ônibus, fui para São Paulo. O jornalista Cláudio Abramo (1923-1987), então redator-chefe da *Folha de S.Paulo,* conseguiu com o jornalista Aldo Pereira (1932-2015), diretor da revista *Ponto de Venda,* do Grupo de Revistas Técnicas da *Folha de S.Paulo,* um lugar para que eu pudesse trabalhar, despercebidamente, e ganhar meu sustento. E morei na residência do professor da Faculdade de Direito da

Universidade de São Paulo, Alberto Moniz da Rocha Barros (1909-1968), a quem muito estimava, como tio e mestre, a conviver, diariamente, com meus primos, o que muito me aliviava o sofrimento da isolação.

Certo dia, surpreendi-me ao ler na imprensa que a 1ª Auditoria da Marinha, com base na Lei de Segurança Nacional e no Código Penal Militar, havia decretado a minha prisão preventiva, juntamente com a de Leonel Brizola, Paulo Schilling, coronel Dagoberto Rodrigues e outros civis e militares, exilados no Uruguai, a nos envolver, sem qualquer prova, na denúncia resultante do IPM, instalado após o Centro de Informações da Marinha (Cenimar) estourar, em junho de 1964, quatro aparelhos em Copacabana, onde se encontravam o professor Ruy Mauro Marini (1932-1997) e outros civis, bem como sargentos e marinheiros articulavam a resistência à ditadura militar. Uma vez que eu estava exilado, em Montevidéu, o professor Ruy Mauro Marini combinou com outros três, logo que foram presos, jogar sobre mim a responsabilidade pelo apartamento, que nem era meu nem alugado por mim, e o material lá encontrado pelo Centro de Informações da Marinha (Cenimar), inclusive um mapa de um quartel, lá introduzido como provocação por um agente, antiga ordenança do almirante Washington Frazão, ex-subcomandante do Corpo de Fuzileiros Navais, que se infiltrara no grupo. Ruy Mauro Marini e demais presos foram libertados, dentro de alguns meses, por *habeas corpus*. Mas, depois do Ato Institucional nº 2 (AI2), baixado pelo general Humberto de Castelo Branco (1897-1967), em 27 de outubro de 1965, os processos políticos passaram para a Justiça Militar, e o procurador da 1ª Auditoria da Marinha, Benedito Felipe Rauen (1913-2010) acusou-os – e a mim e outros, exilados no Uruguai – com base em depoimentos, obtidos sob torturas e sem base documental, de prepararem um plano de guerrilha,

> de âmbito ligado aos exilados subversivos de Montevidéu, onde se destacam Leonel Brizola e Moniz Bandeira, entre outros, este antigo militante trotskista, que enviou ao seu íntimo amigo Ruy o plano de viagem ao Uruguai, onde teria ido um emissário do grupo do Rio, dirigido por Leonel Brizola, Moniz Bandeira etc., que lhe enviaram um esquema, com ampla frente de oposição ao atual regime.[2]

A denúncia beirava as raias da ficção. Nunca enviei plano algum a Ruy Mauro Marini. Ele saiu da imaginação do procurador Benedito Felipe Rauen. Os processos nas auditorias da Justiça Militar, cujas sentenças eram fabricadas, conforme as conveniências, pelos oficiais dos serviços de inteligência da Marinha, Exército e Aeronáutica, tinham como objetivo permitir à ditadura dissimular e dizer ao mundo que no Brasil não havia presos políticos, mas condenados pela Lei de Segurança Nacional e o Código Penal Militar. Os juízes civis, que participavam das auditorias militares, eram meros coadjuvantes. Os quatro oficiais é que decidiam. A hipocrisia, mais uma vez, converteu-se na máscara dos vícios e dos crimes de Estado. Como os patrocinadores do golpe militar de 1964 faziam, e continuam a fazer, em Washington, a facção das Forças Armadas, responsável pela ditadura instalada no Brasil, tratou de manter o quanto pôde a fachada democrática e recorreu à *plausible deniability* para os seus desmandos.

Meus colegas, na revista, deram-me toda a cobertura. Continuei a realizar o trabalho, a redação de artigos, mas em outro local. Em São Paulo, eu podia andar no anonimato, na solidão das grandes cidades. Não tinha medo e nunca entrei em pânico. Se a polícia me pedia carteira de identidade, eu tranquilamente a apresentava. A polícia não possuía lista de milhares de perseguidos pela ditadura militar. E o pânico foi o que levou foragidos políticos à cadeia. Assustavam-se, esgueiravam-se, alguns corriam. No entanto, mesmo com a prisão preventiva decretada pela 1ª Auditoria da Marinha, nunca também deixei de ir, embora cautelosamente, ao Rio de Janeiro. E certa vez fui visitar Ênio Silveira (1925-1996), meu amigo, então proprietário da editora Civilização Brasileira, uma das maiores editoras do país. Em meio à conversa, ele me perguntou se eu gostaria e estaria em condições de escrever sobre a influência da Revolução Russa no Brasil, para a celebração dos seus 50 anos, em 1967. Ênio Silveira tinha ligação com o PCB, porém, era muito aberto, sem preconceitos ideológicos e políticos, e me disse: "Eu gostaria de que escrevesse sobre esse tema, porque você não é do PCB, é de esquerda, mas independente, e eu quero publicar um livro objetivo".

Sim, nunca fui do PCB, nunca aceitei os princípios do bolchevismo – centralismo-democrático, partido único etc. – nos quais eu percebia as raízes do totalitarismo, do despotismo asiático e dos execráveis crimes de Stalin. Era por isso considerado trotskista, conquanto nunca houvesse participado da IV Internacional, não tivesse maior ligação nem adotasse sua doutrina e apenas conhecia alguns de seus militantes, que aliás eram muito poucos. Desde a adolescência, quando estava com 17 anos, até o golpe militar de 1964, fui membro do Partido Socialista Brasileiro, cuja ala esquerda formou a Política Operária (Polop) e minhas simpatias eram pelo pensamento de Rosa Luxemburg, que previra a degenerescência totalitária do regime implantado por Lenin e Trotsky, na Rússia, e de Karl Kautsky, teórico da social-democracia alemã. Sempre entendi, como ressaltou Rosa Luxemburg, que "Liberdade somente para os partidários do governo, somente para os membros de um partido – não importa quão numerosos eles sejam – não é liberdade. Liberdade é sempre liberdade dos que pensam de modo diferente".[3]

Sem dúvida, como escreveu Rosa Luxemburg, a Revolução Russa representou *"dasgewaltigste Faktum"* [o mais poderoso *factum*] da guerra mundial de 1914-1918.[4] Lenin e Trotsky demonstraram a vontade de realizar o socialismo e podiam gritar com Hutten: *"Ich hab's gewagt"* [Eu ousei].[5] Contudo, Rosa Luxemburg acentuou, o perigo começara quando eles, ao fazerem de uma necessidade virtude, criaram uma teoria de tática, imposta por fatais condições, e pretendiam recomendá-la ao proletariado mundial, como um modelo a seguir.[6]

Karl Kautsky, discípulo direto de Marx e Engels, e encarregado de organizar o tomo III de O *Capital*, condenou, igualmente, a supressão da democracia por Lenin e Trotsky, na Rússia, e disse:

> Para nós [...] socialismo sem democracia é impensável. Nós entendemos sob o moderno socialismo não a simples organização da produção social, mas também a organização democrática da sociedade. O socialismo para nós está inseparavelmente ligado com a democracia. Nenhum socialismo sem democracia.[7]

O próprio Lenin escrevera, em 1905, que "quem queira ir ao socialismo por outro caminho que não o da democracia política, chegará infalivelmente a conclusões absurdas e reaccionárias, tanto no sentido econômico como no político".[8] E daí as "conclusões absurdas e reaccionárias, tanto no sentido econômico como no político" a que chegou o regime na União Soviética, com a corrupção burocrática e a emergência de nova classe, a desfrutar de aumentos e variações salariais, outorga de benefícios e privilégios a algumas camadas de funcionários,[9] dentro das empresas e do aparelho do Estado, sob *l'omnipotence grandissante et la terreur* de Stalin, como omnímodo secretário-geral do Partido Comunista, "guia genial de todos os povos", "sol que ilumina a humanidade", sentado sobre um trono de cadáveres dos dirigentes da revolução de Outubro de 1917. Nenhum sobrou à matança.

O próprio Leon Trotsky, em 1935, diagnosticou que as crises econômicas, que a União Soviética estava já a enfrentar, àquele tempo, constituíam "severas advertências" do mercado internacional, ao qual estava umbilicalmente vinculada e do qual não podia separar-se, devido às suas necessidades comerciais – exportação/importação.[10] E advertiu que, se uma revolução política não ocorresse e a democracia lá não fosse estabelecida, com plena liberdade dos sindicatos e dos partidos políticos, a restauração do capitalismo e da propriedade privada dos meios de produção tornar-se-ia inevitável e os burocratas, técnicos e dirigentes, em geral, do Partido Comunista formariam a nova classe possuidora, para as quais as condições estavam criadas.[11] Sua profecia concretizou-se. O esbarrondamento da União Soviética aconteceu. O presidente Boris Yeltsin (1931-2007) formalizou-o em 25 de dezembro de 2001. E abriu a Rússia para o *free market*, o *international buccaneer capitalism*, com a afloração dos oligarcas, gestados na burocracia do Estado soviético e do Partido Comunista, que assaltaram as empresas públicas, indústrias etc., privatizadas em ritmo de *sell-off*, a preços de liquidação.

A frase de Lenin, segundo a qual quem quisesse alcançar o socialismo, por outro caminho que não o da democracia, chegaria a "conclusões absurdas e reaccionárias, tanto no sentido econômico como no político", aprendi, aos 15 anos de idade, citada por meu tio, o jornalista e professor Edmundo Moniz (1911-1997), na sua viagem à Bahia, em 1951. E não me saiu da memória. Pouco tempo depois, em junho do mesmo ano, 1951 (a data escrevi nos exemplares), comprei os dois tomos das Obras escogidas, de V. I. Lenin, Ediciones em Lenguas Extranjeras, 1948. E li, do começo ao fim, assim como os livros de Trotsky, Stalin, Bukharin, Kautsky, Rosa Luxemburg, Bernstein, Otto Bauer etc., os que pude encontrar, sobretudo quando fui ao Rio de Janeiro, em 1954, e, na residência de Edmundo Moniz, tive à minha disposição toda a sua vasta biblioteca.

Como intelectual, sempre estive à esquerda, mas independente, como livre pensador, e aceitei o que contribuía para o meu entendimento da sociedade e da história, de todos os cientistas e filósofos, tanto de Marx e Engels e de seus intérpretes como do filósofo Hegel, Søren Kierkegaard, Max Weber, Sigmund Freud, Jean-Paul Sartre e outros. Os poemas de Lord Byron, Shelley, Castro Alves, García Lorca, os surrealistas franceses; o teatro de Shakespeare, Molière, Bernard Shaw, os contos de Voltaire, as novelas de Anatole France, que comecei a ler aos 14 anos, durante toda a minha adolescência, e até hoje releio, modelaram a minha mentalidade, o espírito crítico e de contestação, o sentido de liberdade e rebeldia, levando-me a desistir de prestar os exames de ingresso na Escola Naval, para os quais me havia preparado. Nunca tive preconceitos religiosos, políticos e ideológicos.

É claro que eu admirava e admiro Lenin e Trotsky, duas grandes personalidades do século XX, e a Revolução Russa, que marcou toda uma época histórica. Esse feito, ao assustar as classes dirigentes, levou o presidente dos Estados Unidos, Woodrow Wilson, a forçar a inclusão do capítulo, que obrigou os países signatários a instituir uma legislação do trabalho, cedendo à classe operária os direitos sociais, como, *inter alia*, a jornada de oito horas de trabalho, pelos quais ela se batia e vidas se sacrificaram, em meio a balaços, mortes e prisões, nos Estados Unidos e em outros países, desde antes dos mártires de Chicago, em 1886. A revolução ocorreu na Rússia e o espectro do comunismo, que se projetou sobre o mundo, amedrontaram as elites capitalistas, contribuiu para consolidar os Estados de bem-estar social e beneficiou os trabalhadores do ocidente.

Assim eu entendia, pensava e senti-me honrado com a confiança de Ênio Silveira no meu trabalho. E respondi: "Você sabe, Ênio, de minha situação; estou com a prisão preventiva decretada e será difícil pesquisar. Em todo caso, posso tentar, verei o que fazer". Então Ênio Silveira acrescentou: "Darei os recursos que precisar para pesquisa. E você, em São Paulo, pode ficar em contacto comigo através de minha irmã, Yeda, que lá dirige o escritório da editora, na rua 7 de abril". Abracei-o e despedi-me.

No Rio de Janeiro, soube que Clóvis Melo (1926-2002) estava a pesquisar sobre o movimento operário no Brasil. Estabeleci o contacto com ele, homem de confiança, muito agradável e tranquilo. Convidei-o a participar do trabalho. Tornou-se um grande amigo, muito colaborou comigo quando saí da clandestinidade e assumi a direção da Editora Laemmert, comprada por meu amigo Antônio de Sousa Sobrinho. Outrossim convidei o jornalista Aristélio T. Andrade (1934-2010), este militante do PCB, para realizar a pesquisa na Biblioteca Nacional, no Rio de Janeiro, das notícias sobre a revolução na Rússia. Clóvis Melo escreveu alguns capítulos, principalmente os primeiros, mas Aristélio T. Andrade limitou-se apenas à pesquisa. Aos dois, então, ofereci a coautoria. Sem sua colaboração seria difícil, naquela época, escrever o livro, estando eu na clandestinidade.

Em São Paulo, o jornalista Hermínio Sacchetta (1909-1982), meu querido amigo e com quem eu sempre lá me encontrava, apresentou-me a Edgard Leuenroth, o antigo militante e líder anarquista, que possuía valioso arquivo sobre o movimento operário e a influência da Revolução Russa no Brasil. Depois do meu trabalho, eu ia para sua residência ler os documentos e os jornais operários e outros por ele conservados. Ênio Silveira, com a generosidade característica de sua personalidade, mandou entregar-lhe Cr$100.000 para ajudar a manutenção do arquivo, posteriormente adquirido pela Universidade de Campinas (Unicamp), sob a direção do professor Marcos Aurélio Garcia. Em São Paulo, Aristides Lobo, jornalista da *Folha de S.Paulo*, muita coisa sabia e me contou, bem como forneceu-me um preciso documento, o livro do jornalista Nereu Rangel Pestana – *A oligarchia paulista* – assinado com o pseudônimo de Ivan Subiroff, como se fosse um agente do Poder Soviético, que denunciava os negócios escusos dos políticos, industriais e fazendeiros de São Paulo, e a exploração dos trabalhadores da cidade e dos cafezais de

São Paulo. Aristides Lobo fora trotskista, um dos fundadores da Liga Comunista, havia morado no mesmo apartamento que Luiz Carlos Prestes, e me mostrara as cartas que este lhe escrevera. No Rio de Janeiro, Valério Konder, médico e dirigente comunista, deu-me acesso ao arquivo de Astrojildo Pereira, ainda localizado, secretamente, em uma casa no Rio de Janeiro.

Em meados de 1967, Antônio Modesto da Silveira (1927-2016) conseguiu negociar com o juiz da 1ª Auditoria da Marinha a revogação da minha prisão preventiva, de modo que eu pudesse apresentar-me para responder em liberdade ao processo que continuava a correr contra mim. Voltei então a residir no Rio de Janeiro, legalmente, assumi a direção da Editora Laemmert, e também escrevia para as revistas *Dirigente Industrial, Dirigente Construtor* e *Dirigente Rural*, cuja matriz estava em São Paulo (razão pela qual eu lá tinha de ir a cada duas semanas) e um dos diretores era meu amigo, o jornalista Vergniaud Gonçalves. A essa época, um embaixador permitiu-me o acesso à escassa documentação existente no Arquivo Histórico do Itamaraty, do qual parte do acervo se encontrava e se encontra na antiga sede do Rio de Janeiro.

O general Nelson Werneck Sodré, historiador, que também fontes de referência me indicou, Clóvis Melo, Aristélio T. Andrade e eu convidamos para prefaciar a obra. E, terminada a impressão e já nas livrarias, em novembro de 1967, levei um exemplar para minha querida prima Niomar Moniz Sodré Bittencourt (1916-2003), proprietária e presidente do *Correio da Manhã*, o único dos grandes jornais a manter-se na oposição à ditadura militar. Ela, mulher de muita coragem e audácia, que defendia ardentemente a liberdade de imprensa, voltou-se para Osvaldo Peralva, diretor de redação, e disse algo assim, ao mostrar-lhe o exemplar e ler o título *O ano vermelho – A Revolução Russa e seus reflexos no Brasil*: "Vou lançar o livro de Luiz Alberto, na agência do *Correio da Manhã*, em Copacabana. Que lhe parece? Vamos ser todos presos." Peralva riu. A personalidade de Niomar era dominante na família e por ela eu tinha profunda admiração e amizade desde menino. Ela havia mostrado meus poemas ao grande poeta Augusto Frederico Schmidt (1906-1995), *ghost-writer* do presidente Juscelino Kubitschek (1902-1976), e começara a publicá-los no *Correio da Manhã*, quando eu ainda tinha 17 anos.

Uma vez que já estávamos em novembro de 1967, dezembro seria o mês das festas de Natal e janeiro de férias, ela marcou a data do lançamento para 14 de fevereiro de 1968. O *Correio da Manhã* deu apoio, com muita publicidade e o evento, que teve enorme sucesso, com a presença de diplomatas da União Soviética. Clóvis Melo, como sempre, muito entusiasmado com o nosso trabalho, Aristélio T. Andrade animou-se a ir e dar autógrafos, dois diplomatas da Embaixada da União Soviética e um fotógrafo, possivelmente do SNI ou do DOPS, lá apareceu, como se fosse de uma revista, que não existia. Quando lhe pedi a identificação, não a mostrou e eu o coloquei para fora da agência do *Correio da Manhã*, na esquina da Rua Constante Ramos, onde o lançamento se realizava. O acontecimento assumiu, assim, o caráter de desafio e de protesto contra a repressão.

Pouco tempo depois, o ministro-conselheiro da Embaixada Soviética, cujo nome não recordo, entrou em contato com Ênio Silveira e solicitou-lhe os direitos autorais para publicação da obra em russo, pela Editorial Progresso, de Moscou. Ênio Silveira disse-lhe que falasse comigo, porque os direitos autorais eram meus, e orientou-me para procurá-lo na Embaixada Soviética, ainda no Rio de Janeiro. E lá fui. O ministro-conselheiro, junto com outros dois diplomatas, falou-me da intenção de publicar o livro na União Soviética e pediu-me autorização para suprimir os nomes de *personae non gratae* que apareciam na obra. Eu sabia a quem ele se referia, porém, singelamente, perguntei: "Quais? Trotsky, Bukharin, Zinoviev, Kamenev...?" Ele respondeu: "Sim, sim..." Então retruquei: "Muito obrigado, mas não falsifico a história". Como recusei autorização, declarando que jamais compactuaria com os métodos stalinistas, não houve acordo. Um *brazilianist* soviético, Boris Koval, publicou posteriormente um livro – *La Gran Revolución de Octubre y América Latina* – no qual citou, abundantemente, *O ano vermelho*, em 39 notas de referências em suas 162 páginas, a dizer que, em muitos jornais do Brasil, em 1917, *"figuró el nombre de Trotsky, al que se atribuía algo así como el jefe de la insurrección armada"*, porém ele *"desempeñó un papel completamente distinto"*, pois se opusera juntamente com Zinoviev e Kamenev ao plano de tomada do poder pelos bolcheviques e *"todo esto se ignoraba en América Latina".*[12] Koval falseou a história, conforme o costume bizantino do stalinismo.

São coisas do passado. E *O ano vermelho – A Revolução Russa e seus reflexos no Brasil* refletia, em todos os seus aspectos, a época em que a obra foi escrita, os chamados "anos de chumbo", a ditadura militar. Sua publicação, 50 anos depois, para a celebração do centenário da Revolução Russa, tornava, portanto, necessário reescrevê-la e reestruturá-la completamente, atualizá-la, e aí sob minha inteira responsabilidade, dado que Clóvis Melo, com quem mais convivi, e Aristélio T. Andrade, que àquele tempo me deram preciosa colaboração na pesquisa, não mais verei. Faleceram. Viajaram para *"the undiscovered country from whose bourn no traveller returns"*, ao qual Hamlet aludiu.[13]

A fim de reescrever, necessitei contar com a cooperação e o apoio de vários amigos, o que me foi atualmente facilitado pelo desenvolvimento tecnológico, o correio eletrônico, o Skype e outros. A assistência de Luccas Eduardo Maldonado, estudante de história da Universidade de São Paulo, foi fundamental. Com excepcional dedicação e capacidade de trabalho, ele, voluntariamente, se colocou ao meu dispor e me ajudou na pesquisa de livros novos e antigos na biblioteca da USP. Efetuou a revisão dos capítulos, o que também fizeram o professor Luiz Claudio Machado dos Santos, meu ex-orientando na Universidade de Brasília; e sua esposa, a doutoranda em História Ana Vitória Sampaio; e o jornalista Wellington Calasans, da Suécia. Outrossim, meu filho, Egas Moniz Bandeira, advogado e doutorando em Sinologia no Cluster of Excellence da Universidade de Heidelberg e na Universidade de Tohoku (Sendai, Japão), deu-me valioso contributo, na busca de importantes livros e documentos impressos que a riquíssima biblioteca da Universidade de Heidelberg possui.

Também agradeço aos meus velhos e queridos amigos Isidoro Gilbert, ex-diretor da Agência Tass em Buenos Aires e autor de *O ouro de Moscou*, e Jaime Antunes, ex-diretor do Arquivo Nacional, onde realizou magnífico trabalho de modernização e ampliação e ao estimado conselheiro Pedro Garcia, chefe do Arquivo Central do Itamaraty, pelo apoio que me deram. O agradecimento é extensivo à conselheira Lilian Cristina Burlamaqui Duarte, chefe do Arquivo Histórico do Itamaraty, no Rio de Janeiro, a Maria Thereza Bandeira de Mello, diretora do Arquivo Público do Estado do Rio de Janeiro, e aos funcionários do Arquivo Nacional, Mauro Domingues e Vicente Rodrigues, bem como ao professor Alexandre Linares, pelos documentos e fotos que gentilmente me forneceram. Da mesma forma, agradeço ao jornalista Ranulfo Bocaiuva e ao pessoal do jornal *A Tarde*, de Salvador, pelo envio de documentos digitalizados sobre a greve de 1919 e pelo apoio que sempre têm me dado. Não deixo de aqui registrar o carinhoso estímulo, que recebi para reescrever e reeditar esta obra, de Sônia Jardim, presidente da Civilização Brasileira, e da editora executiva Andréia Amaral e da editora de produção Leticia Feres, por mim sempre muito estimadas, bem como dos meus queridos amigos: o embaixador Samuel Pinheiro Guimarães; Dr. Roberto Dias, economista especializado em economia internacional; Dr. Durval de Noronha Goyos, presidente da União Brasileira de Escritores (UBE); e professor Levi Bucalem Ferrari.

Devo, por fim, mencionar minha gratidão ao sociólogo Gilberto Calcagnotto, M. A. do German Institute of Global and Area Studies, de Hamburgo, meu dileto amigo e braço direito na Alemanha, que gentil e generosamente me deixou e me deixa tempo para escrever, ao cuidar dos entendimentos e supervisão das edições de meus livros em alemão e inglês pelas editoras Springer e Springer International.

O enorme apoio e a valorosa colaboração que me prestaram, inclusive daqueles que partiram e dos quais, com gratidão, saudades sinto, não significam, absolutamente, concordância com as minhas ideias e opiniões. Elas são exclusivamente minhas, de minha inteira responsabilidade. Se algum nome olvidei, peço perdão.

*Sankt Leon (Baden-Württemberg), 20 de julho de 2017.*
*Luiz Alberto Moniz Bandeira*

## NOTAS

1. T.S. Eliot, 1972, p. 13.

2. Justiça Militar – 1ª Auditoria da Marinha – Edital de Citação, 16/6/1966, pp. 7850-7853.

3. *"Freiheit nur für die Anhänger der Regierung, nur für Mitglieder einer Partei – mögen sie noch so zahlreich sein – ist keine Freiheit. Freiheit ist immer Freiheit des anders Denkenden."* Rosa Luxemburg, 1990, band 4, p. 359.

4. *Ibidem*, p. 332.

5. *Ibidem*, p. 365. "Ulrich von Hutten (1488-1523), humanista protestante e poeta, liderou uma insurreição na Alemanha, ao tempo da Reforma."

6. *Ibidem*, p. 364.

7. *"Für uns also ist Sozialismus ohne Demokratie undenkbar. Wir verstehen unter dem modernen Sozialismus nicht bloss gesellschaftliche Organisierung der Produktion, sondern auch demokratische Organisierung der Geselischaft, Der Sozialimus ist demnach für uns untrennbar verbunden mit der Demokratie."* Karl Kautsky, 1990, pp. 11-12.

8. Vladimir Lenin, 1948, tomo I, p. 595.

9. Milovan Djilas, 1958, pp. 74-79.

10. Leon Trotsky, 1936, pp. 119, 283-287, 306, 324-325.

11. *Ibidem*, p. 12.

12. Boris Koval, 1978, p. 65.

13. William Shakespeare, 1975, p. 1088.

## Prefácio à 1ª edição
## Uma contribuição importante

Nelson Werneck Sodré*

Quando os autores deste trabalho me procuraram, há uns poucos meses, em busca de informação sobre as fontes necessárias ao levantamento dos dados relativos à repercussão da Revolução Socialista no Brasil, manifestei-lhes minha desconfiança de que, em relação ao exíguo prazo para a realização das pesquisas, fosse impossível chegar a resultado razoável. Havia a necessidade de lançamento do livro quando aquela revolução completasse meio século de seu irrompimento. Os dados estavam dispersos, exigiam consultas a arquivos pouco organizados, demoradas buscas em coleções de jornais antigos, leitura de livros e, além disso tudo, a organização e sistematização do material e a tarefa de escrever. O resultado, contido neste livro, surpreende-me, pela riqueza informativa, que corresponde ao extraordinário esforço desenvolvido pelos autores. Trata-se, na verdade, do maior acervo de dados já reunidos em livro, entre nós, a propósito do assunto, com todas as suas implicações que tornam este trabalho, daqui por diante, fonte obrigatória de estudo. Sem ele, será falha toda tentativa de levantamento de problemas como o da infância do movimento operário, da imprensa operária, do anarquismo, sem falar em temas mais gerais, como a própria história republicana.

E, realmente, o cabedal informativo impresso, em livro, é extremamente reduzido; em jornal, disperso e de difícil acesso. Hermínio Linhares reuniu, a certa altura, os artigos antes publicados em revista de cultura, com preciosas informações sobre o movimento operário; o mesmo fez Everardo Dias, em obra de consulta obrigatória, elaborada

---

* Nelson Werneck Sodré, general de brigada e notável historiador, nasceu em **1911**, no Rio de Janeiro, e faleceu em Itu/São Paulo (1999).

à base de seu conhecimento direto, fundado na longa participação que teve naquele movimento; Astrojildo Pereira contou, de sua parte, e ainda à base de sua própria experiência de protagonista, a história da fase inicial do PCB, de que foi um dos fundadores. Nas revistas especializadas, aqui e ali, jazem contribuições preciosas; de muitas, já não há coleções completas. Nos jornais e, particularmente, do ponto de vista informativo, relacionado com os fatos, está a maioria dos elementos necessários ao levantamento do assunto. Deles, entretanto, restam as coleções dos grandes, dos importantes, dos de circulação maior, alguns ainda existentes, seja nas redações e arquivos próprios, seja em umas poucas bibliotecas públicas. O mesmo já não se pode dizer dos pequenos, dos de circulação reduzida, circunstancial, de vida curta, e este foi o caso normal da pequena imprensa e da imprensa operária com destaque. Por tudo isso, é fácil avaliar, e estimar, a contribuição contida neste trabalho.

Até bem pouco, contávamos com algumas testemunhas e protagonistas da infância do movimento operário brasileiro entre os vivos, e eles podiam proporcionar aos estudiosos e pesquisadores, não apenas os conhecimentos oriundos da experiência vivida como os conhecimentos indiretos, indicando fontes preciosas, que conheciam por terem assistido ao seu aparecimento e circulação. Everardo Dias já não existe. Astrojildo Pereira desapareceu. Resta-nos Edgard Leuenroth. O arquivo do primeiro foi devastado por beleguim policial, nos idos da ditadura; o do segundo, também precioso, foi preservado desse vandalismo. Se estes dois arquivos não forem recolhidos e organizados de modo a permitir as consultas futuras, breve estaremos desprovidos de fontes inestimáveis para esse fim. Como Everardo Dias e Astrojildo Pereira, que podiam fazer a crônica oral e viva de uma época inteira, Leuenroth é o último testemunho de tal época. Desaparecido este homem de riquíssimos conhecimentos, restará a consulta aos documentos; desaparecidos os dois arquivos particulares, essa consulta se tornará dificílima. Ter recolhido do esquecimento, da poeira dos arquivos, os dados aqui arrolados e ordenados representa, pois, um grande serviço à cultura de nosso País.

Para a época em que vivemos, merecem destaque dois aspectos da fase de infância do movimento operário, reconstituída neste livro. O primeiro diz respeito à estria anarquista, predominante naquela época e oriunda da contribuição proporcionada pela imigração latina, da Península Ibérica e da Península Italiana, que tanta influência exerceu, quantitativa e qualitativamente, na formação do proletariado brasileiro. Tais imigrantes, oriundos de países de predominância camponesa e muitos, eles próprios, oriundos do campo, vinham da pátria do anarquismo, que ainda não desapareceu de todo. A contribuição anarquista merece ser estudada com atenção: ela tem muita semelhança com a sua descendente direta, dos dias atuais, o esquerdismo, que se apresenta com tanto ruído no palco latino-americano. O outro aspecto diz respeito às formas variadas de deformação que foram amplamente utilizadas – como fica excelentemente documentado neste livro – para fins de propaganda. Parece brincadeira, contribuição ao anedotário, o que os jornais brasileiros, abastecidos pelas agências internacionais de notícias, publicavam, em 1917 e mesmo depois, a respeito do acontecimento mais importante da história: a Revolução Socialista. Não há necessidade de recordar e, portanto, de repetir, aqui, o que se encontra logo adiante. Leiam e deliciem-se. E vejam como tais deformações se assemelham profundamente às deformações com que a opinião nacional é induzida a posições e concepções inteira e essencialmente errôneas a respeito dos acontecimentos e das personagens. Estes dois ensinamentos representam mais um serviço que esta obra presta, e não dos menores.

Ela abre, na verdade, uma etapa da pesquisa e do estudo, em nosso País, de que os exemplos precursores foram tentativas isoladas – do movimento operário brasileiro e, portanto, de toda uma época histórica. Inicia, a meu ver, o processo dessa época, no sentido que a palavra tem no foro; é peça importante dos autos, com depoimentos preciosos de testemunhas. E, também, de réus.

# Capítulo 1

SITUAÇÃO DA ECONOMIA BRASILEIRA NO FINAL DO PERÍODO COLONIAL E NO IMPÉRIO • ADEPTOS DE FOURIER E SAINT SIMON NO BRASIL • SOCIALISMO FRANCÊS E CRIAÇÃO DE FALANSTÉRIOS NO PARANÁ • LEVANTES NAS FAZENDAS E A LUTA PELA ABOLIÇÃO DA ESCRAVATURA • LEI ÁUREA E SUAS CONSEQUÊNCIAS ECONÔMICAS • SURTO INDUSTRIAL NO BRASIL • IMIGRAÇÃO DE EUROPEUS E FORMAÇÃO DA CLASSE OPERÁRIA • MARGINALIZAÇÃO DOS EX-ESCRAVOS

A indústria no Brasil, durante o século XVII e o começo do século XVIII, constituía, virtualmente, parte superior da atividade agrícola, com a produção de açúcares, melaço, cachaça etc., derivados do cultivo da gramínea *Saccharum* nas regiões de massapê, sobremodo na Bahia e em Pernambuco. A economia do país, segundo Roberto Simonsen, superava a da Grã-Bretanha, e mais ainda a das treze colônias que formariam os Estados Unidos da América.[1] Começava, então, a surgir uma classe de ourives, fiadores de ouro, linhas de prata, seda, tecidos e algodões e também uma indústria siderúrgica e de construção naval, com estaleiros que fabricavam navios para Portugal. Em fins do século XVIII e princípios do século XIX, o Brasil podia extrair vários minérios, como cobre e platina, explorava salitre e produzia instrumentos de ferro e ourivesaria, tecidos de algodão, móveis, sapatos, cerâmica, assim como galeões de 700 e 800 t, caravelas, fragatas e outros barcos, em estaleiros da Bahia e do Rio de Janeiro. Mas não possuía carvão, o que obstaculizou, entre outros fatores, o desenvolvimento das pequenas forjas siderúrgicas. Ademais, induzida, certamente, pelos interesses comerciais da Grã-Bretanha, a rainha de Portugal, Dona Maria I (1734-1816), alegou "o grande número de fábricas e manufaturas, que de alguns anos a esta parte se tem difundido em diferentes capitanias do Brasil, com grave prejuízo da cultura, e da lavoura" e ordenou, mediante alvará de 5 de janeiro de 1785, que fossem fechadas todas as oficinas, pequenas, médias ou grandes, de ouro, prata, sedas, algodão, linho e lã, os têxteis em geral, à exceção de tecidos grosseiros de algodão, como sacos para produtos agrícolas e/ou roupas para os escravos.[2]

Após Dona Maria I mentalmente desequilibrar-se e ser declarada incapaz, seu filho, o príncipe Dom João (depois rei Dom João VI, 1767-1826), assumiu a regência em 1792 e, quando as tropas de Napoleão Bonaparte invadiram Portugal, alternativa não teve senão transferir a corte para o Brasil, sob a proteção da Grã-Bretanha, a fim de não ser capturado, como foi Carlos IV, Rei de Espanha, e seu filho Fernando VII. O príncipe regente chegara à Bahia em 22 de janeiro de 1808 e, seis dias depois, em 28 de janeiro, abriu os portos do Brasil, abolindo, *ipso facto*, o regime colonial, com uma tarifa de 24% *ad valorem* sobre as importações, com o fito de estimular e proteger a produção interna. Outrossim, pouco de um mês depois de desembarcar com a corte no Rio de Janeiro, derrogou, em 1º de abril de 1808, o alvará de 5 de janeiro de 1785, de sua mãe, Dona Maria I, e autorizou o estabelecimento "de todo o gênero de manufaturas, sem excetuar alguma, fazendo os seus trabalhos em pequeno, ou em grande, como entenderem que mais lhes convém".[3]

A Grã-Bretanha, embora não quisesse, teve de aceitar a abertura dos portos. Porém, uma vez que Dom João também não lhe concedera o monopólio de um porto exclusivo, o de Santa Catarina ou outro, como propusera na convenção secreta de 1807, sobre o traslado da corte para o Brasil, a Grã-Bretanha forçou a celebração de três tratados, entre os quais o de Comércio e Navegação, de 1810, que a privilegiou com uma tarifa de 15% *ad valorem*, tributo menor do que os 16% que Portugal usufruía, enquanto todas as outras nações pagariam direitos da ordem de 24%. Esse Tratado de 1810, virtualmente, anulou a abertura dos portos ao desferir duro golpe não apenas sobre o comércio do Brasil como também sobre o esforço do príncipe regente Dom João para industrializar o país. A reação foi enorme, mas a Grã-Bretanha não concordou em revisar o Tratado e, derrotado Napoleão Bonaparte em 1814, Dom João, em 16 de dezembro de 1815, elevou o Brasil a Reino Unido a Portugal e Algarves, a fim de lá permanecer com a Corte e contrapor-se à Grã-Bretanha. Essa sugestão partiu de Charles-Maurice de Talleyrand-Périgord (1754-1838), representante da França no Congresso de Viena, através do Conde de Palmela, Dom Pedro de Sousa Holstein, representante de Portugal. Posteriormente, em 1822, o príncipe Dom Pedro, como regente, defrontou-se com a pressão das cortes de Lisboa, que pretendiam restaurar o regime colonial após a revolução liberal de 1820 iniciada na cidade do Porto, e constatou que não lhe restava alternativa senão cortar os laços com Portugal. Herdou, porém, os tratados de 1810 e teve de renová-los, em 17 de agosto de 1827, como condição, exigida pela Grã-Bretanha para o reconhecimento da independência do Império do Brasil.

Quando o Tratado de Amizade, Navegação e Comércio de 1827, válido por 15 anos, expirou em 1842, o gabinete ministerial de Dom Pedro II recusou-se a renová-lo, não obstante toda a pressão da Grã-Bretanha, dos Estados Unidos e de outras potências com as quais o Brasil firmara acordos semelhantes. E, em 12 de agosto de 1844, o ministro da Fazenda, Manuel de Alves Branco (1797-1855), empreendeu radical mudança na política econômica do Brasil, que, até então, continuava a cobrar a tarifa de 15%, estabelecida pelo Tratado de 1810 e renovada pelo Tratado de 1827, para importação de calçados, têxteis, velas e outros produtos. O processo de industrialização era ainda muito incipiente. Com o fito de aumentar a receita alfandegária e superar o déficit orçamentário, disponibilizando mais recursos ao governo, o ministro Manuel Alves Branco elevou as tarifas de cerca de 3.000 produtos importados, grande parte em 20% ou 30%, ou ainda mais altas, entre 40% e 60%, para mercadorias que o Brasil tinha condições de produzir.

A tarifa estabelecida pelo ministro da Fazenda, a revestir-se de caráter protecionista, possibilitou iniciativas de caráter industrial e reanimou a economia do país. O Brasil, a partir de então, passou a rejeitar a assinatura de novos tratados de comércio que entorpeciam os verdadeiros interesses nacionais, conforme declarou, em 1847, o 2º Barão de Cairu, Bento da Silva Lisboa, ministro dos Negócios Estrangeiros. Cuidou de se desembaraçar os compromissos e os tratados que correspondiam às necessidades de desenvolvimento, quando já decrescia a influência dos barões do açúcar e ainda não se firmara o predomínio dos plantadores de café. Diante de tais atitudes do Brasil, rechaçar o novo tratado de comércio e instituir a Tarifa Alves Branco, a Grã-Bretanha duramente reagiu. O Parlamento do Reino Unido, em 1845, aprovou o Slave Trade Suppression Act ou Bill Aberdeen, apresentado pelo ministro de Assuntos Estrangeiros, George Hamilton-Gordon, 4º Earl Aberdeen, autorizando a Armada Inglesa a inspecionar e apreender, no Atlântico, navios de quaisquer nacionalidades que estivessem a transportar escravos africanos, além de permiti-la julgar os comandantes. Era uma afronta à soberania nacional dos países. De qualquer forma, assim sob pressão, o Brasil terminou por suspender o tráfico de escravos, ainda que oficialmente, com a aprovação da Lei Eusébio de Queirós, em 4 de setembro de 1850. Entretanto, nenhum tratado comercial voltou a assinar com a Grã-Bretanha ou qualquer outra potência, até o fim da Monarquia, em 15 de novembro de 1889.

O fim do Tratado de Amizade, Navegação e Comércio com a Grã--Bretanha, a Tarifa Alves Branco, ao implicar a proteção do mercado interno, e a suspensão oficial do tráfico de escravos possibilitaram que capitais, até então empregados no comércio da África, o mercado negreiro, passassem a ser aplicados em oficinas e fábricas para a produção de manufaturas, entre as quais artefatos de couro, sabão, papel e bens de consumo, antes importados. A esse tempo, o Barão de Mauá, ao depois Visconde de Mauá, Irineu Evangelista de Souza (1813-1889), impulsou a industrialização do Brasil com grandes empreendimentos, entre os quais a Fundição e Estaleiros da Ponta d'Areia, em Niterói, que produziu, entre 1846 e 1877, cerca de 72 navios para transporte de cargas, cabotagem e, inclusive, navios de guerra, canhões, pontes, trilhos e outros artefatos de ferro. Outrossim, ademais de várias empresas, fundou o Banco Mauá, ligado à MacGregor & Cia, e espraiou suas sucursais aos países da Bacia do Prata – Argentina e Uruguai.

A partir de 1857, em meio a uma crise econômica internacional, a tarifa alfandegária, instituída pelo ministro Domingos Alves Branco, foi sucessivamente reduzida, primeiro por João Mauricio Wanderley (1815-1889), então secretário de Estado dos Negócios da Fazenda e Presidente do Tribunal do Tesouro Nacional, e, logo depois, por seu sucessor, no cargo, Bernardo de Sousa Franco (1805-1875). Tais decretos, ao permitir a entrada no mercado nacional de artigos de consumo, alimentos e manufaturas, sem maiores ônus tarifários, entorpeceram o processo de industrialização do país. O colapso financeiro, que irrompeu na Europa e alcançou os Estados Unidos, em 1873, provocou longa recessão mundial, até 1878, pelo menos, e a Grã-Bretanha aproveitou-se das franquias alfandegárias e outras, que o Brasil teve de fazer, a fim de obter recursos, antes e durante a guerra contra o Paraguai (1864-1870), para atacar seu mercado interno. O primeiro a tombar, sob pressões e manobras da Casa Rothschild, foi o Banco Mauá. Sem contar com o apoio do governo, faliu, em 1878, juntamente com os estaleiros de Ponta da Areia e todas as demais empresas.

O surto industrial, que ocorrera, não gerou imediatamente significativo contingente operário. O trabalho ainda era exercido, sobretudo, por escravos de ganho e libertos. Entretanto, desde o início dos anos 1840, ideias utópicas, nem sempre claras, de socialismo, começaram a entrar no Brasil, procedentes da Europa, no estilo do que o economista francês Jerôme Blanqui (1798-1854) denominou de socialismo utópico, em 1839,[4] definição também adotada, posteriormente, por Friedrich Engels (1820-1895). Segundo o jornalista Nereu Rangel Pestana, nesse mesmo ano, 1839, foi publicado, no Rio de Janeiro, o jornal O Socialista, com um apelo "para que se lançassem as bases de uma organização que estabelecesse a 'cidadania universal'", inspirado, quiçá, por imigrantes alemães.

Pouco depois, o médico homeopata Benoît-Jules Mure (1809-1858) e o engenheiro Louis Leger Vauthier (1815-1901), ambos franceses, tentaram empreender no Brasil algumas iniciativas de reforma da sociedade. Benoît-Jules Mure chegou ao Brasil em novembro de 1840, com 31 anos, e o imperador Dom Pedro II (1825-1891), recém-aclamado e coroado aos 14 anos (14 de julho de 1841) e a quem foi apresentado como representante oficial da Société Union Industrielle, fundada em Lyon, estava interessado na colonização e autorizou o governo conceder-lhe terras e financiamento para a realização de seu projeto de construir uma sociedade para as "classes sofredoras" da França.[5] Quem intermediou o encontro, aparentemente, foi o primeiro-ministro do Império (Ministério da Maioridade), Antônio Carlos Ribeiro de Andrada Machado e Silva (1773-1845), que promovera o movimento para antecipar a maioridade de Dom Pedro II e que, em 7 de outubro de 1840, assinara com o francês Camille Trinocq, professor de história e geografia no Rio de Janeiro, um contrato de sociedade em comandita para a criação de uma colônia societária, nos moldes de um *phalanstère* – a Vila Andrada – na região do Rio das Pedras, província de São Paulo.[6]

O governo imperial havia designado o sul do Brasil – Paraná, Santa Catarina e Rio Grande do Sul – para o povoamento com imigrantes oriundos da Europa, com o objetivo de colonizar e defender o território. E, em 1841, entraram os primeiros 117 colonos franceses para integrar a colônia societária, o falanstério que Benoît-Jules Mure projetava fundar entre os rios Saí-Guaçu e Saí-Mirim, na Península do Saí, próxima de São Francisco do Sul (Santa Catarina), cujos membros trabalhariam no que tivessem vocação e o que produzissem seria distribuído a cada família de acordo com suas necessidades.[7] Outras três levas de franceses aportaram no Rio de Janeiro e foram para Santa Catarina. Mas o falanstério, que chegara a ter mais ou menos 500 imigrantes franceses, cindiu-se, devido às divergências que tiveram Benoît Mure com Michel Marie Derrion (1803-1850),[8] desde que chegaram ao Brasil, e foi outro falanstério estabelecido em Palmital, distante algumas léguas de Saí.[9] As experiências, porém, fracassaram. Benoît-Jules Mure, em Santa Catarina, permaneceu de janeiro de 1842 a setembro de 1843, quando regressou ao Rio de Janeiro. E Michel Marie Derrion defrontou-se com as intempéries da região e a falta de recursos, o que o levou a abandonar o falanstério e seus habitantes dispersaram-se.

Pouco tempo depois, 1847, outro médico, Jean Maurice Faivre (1795-1858), nascido em Jura, fronteira da França com a Suíça, e adepto das doutrinas socialistas de Fourier, Saint Simon e Robert Owen (1771-1858), inaugurou, entre os rios Ivaí e Ivaizinho, na região central da província do Paraná, uma espécie de falanstério com imigrantes europeus – 25 famílias, num total de 63 pessoas – e brasileiros, denominado Colônia Agrícola Tereza Cristina, nome da imperatriz, em virtude do apoio que recebeu do imperador Dom Pedro II, um homem aberto a esses experimentos, de modo a colonizar o país e substituir, gradativamente, a força de trabalho escrava pelo trabalho livre.[10] As terras, ao empreendimento, foram repartidas, os gastos do trabalho, bem como os lucros, seriam divididos, e a produção da colônia distribuída coletivamente. O naturalista francês Gustave Rumbelsperger (1814-1892), grande amigo de Dom Pedro II e do comandante (depois almirante) Luiz Felipe Saldanha da Gama (1846-1895), participou da fundação da Colônia Agrícola Tereza Cristina e passou a dirigi-la quando, em 1858, Jean Maurice Faivre faleceu, em consequência de estranha febre. A Colônia Agrícola Tereza Cristina ainda resistiu mais dez anos, porém, desvaneceu-se isolada, como todas as outras tentativas de construir uma utopia em terras brasileiras.

Outro adepto das ideias de Charles Fourier, Louis Leger Vauthier, contratado para a execução de obras públicas pelo governo de Pernambuco, trabalhou na cidade de Recife e lá se empenhou em difundir a doutrina do falanstério. Colaborou com Antônio Pedro Figueiredo (1814 ou 1822-1859), conhecido como Cousin Fusco, e ajudou-o a fundar a revista O Progresso, na qual propagou as ideias socialistas, importadas da Europa.[11] Outrossim, em 1 de agosto de 1845, Manuel Gaspar de Siqueira Rêgo começou a editar, na cidade de Niterói, o jornal O Socialista da Província do Rio de Janeiro e, no editorial, explicou que

O vocábulo – Socialista – sob cuja denominação sai hoje à luz a nossa folha, define exuberantemente o objeto principal com que ela é publicada: a conservação e melhoramento do pouco de bom que existe entre nós; a extirpação de abusos e vícios provenientes da ignorância, falsa educação e imitação sem critério: a introdução de novidades no progresso universal: enfim, todo o aperfeiçoamento de que for suscetível a sociedade, provincial, nacional e universal, quer na parte moral, quer na material, em que naturalmente está dividida a vivenda humana no mundo terreno. Assim, pois O Socialista tratará de agronomia prática, economia social, didática jacotista,[12] política preventiva e medicina doméstica, e sobretudo do socialismo, ciência novamente explorada, da qual basta dizer que seu fim é ensinar aos homens a se amarem uns aos outros. [...]"[13]

No número 26, publicado em 5 de outubro de 1845, O *Socialista da Província do Rio de Janeiro* publicou que "hoje o socialismo tende a associar os povos" e defendeu a organização de uma "liga americana que possa opor-se às exigências à mão exorbitante das potências europeias, que possa estabelecer uma justa reciprocidade".[14] Adeptos de Fourier, tais como Benoît-Jules Mure, o ex-cônsul da Bélgica no Rio de Janeiro, Edmond Tiberghien, o médico homeopata João Vicente Martins e diversos intelectuais colaboraram em O *Socialista da Província do Rio de Janeiro*, que circulava três vezes por semana. Em agosto de 1847, sua publicação parou, certamente por falta de recursos financeiros.

Alguns anos depois, em 1855, o general José Ignácio de Abreu e Lima (1794-1869),[15] que participara da guerra de libertação da Grã-Colômbia (Colômbia e Venezuela) ao lado de Simon Bolívar, publicou um livro, intitulado O *Socialismo*, no qual iniciava dizendo que "o socialismo não he uma sciencia, nem uma doutrina, nem uma religião, nem uma seita, nem um systema, nem um principio, nem uma idéa: he mais do que tudo isto, porque he um designio da Providencia".[16] Homem culto, Abreu e Lima conhecia as ideias dos pensadores bem como os sistemas socialistas, como o *Phalanstère* pretendido por Charles Fourier, a sociedade cooperativa de Robert Owen (1771-1858), de Claude Henri de Rouvroye de Saint-Simon (1760-1825), além da filosofia de Auguste Comte (1798-1857), mas nenhum especificamente adotou, muito menos o radicalismo de François Noël Babeuf, chamado de Gracchus Babeuf (1760-1797).

Gracchus Babeuf, durante a Revolução Francesa (1789-1799), organizou a Conjuration des Égaux, a primeira manifestação realmente política do comunismo na Europa.[17] Denunciou a propriedade *"individuelle"* como *"cause de l'esclavage"* e defendeu *"l'égalité parfaite"* social, *"l'égalité de biens et des travaux".*[18] *"Détruire cette inégalité et donc tâche d'un legislateus vertueux"*, disse Babeuf, ao concluir que também *"l'esclavage des nations est tout entière dans l'inégalité, et que, tant qu'elle existera, l'exercice de leurs droits sera à peu près illusoire [...]"*.[19] A Conjuration des Égaux foi delatada em 1796, e Babeuf guilhotinado em 8 prairial, ano V (27 de maio de 1797), juntamente de Augustin Darthé.[20] A esse movimento foi que Abreu e Lima referiu-se e rejeitou a sua própria identificação com o comunismo, "porque não somente ataca as gerarchias sociais, mas também a família e a propriedade, sem cujas bases seria impossível qualquer sociedade humana".[21] Para Abreu e Lima "a palavra *socialista* encerra em si uma missão divina, e a ninguém he lícito aviltal-a, prostituindo-a entre a escoria da espécie humana".[22]

Àquele tempo, meados do século XIX, o ideal socialista emigrou da França para o Brasil e influenciou intelectuais, mas a construção de falanstérios, empreendida por Benoît-Jules Mure, Michel-Marie Derrion, Jean Maurice Faivre e outros, não prosperou. Tendências anarquistas e outras socialistas começaram a difundir-se em conjunto de migrantes crescentes, chegando os estrangeiros a representar 3,8%, em uma população de 10 milhões de habitantes, dos quais 15,24% eram escravos, segundo o Censo de 1872.[23] E certa repercussão tiveram as notícias sobre insurreição dos trabalhadores e a instauração da *commune* implantada em Paris por anarquistas, socialistas e revolucionários de todas as nuances,[24] após a derrota da França de Napoleão III (Charles-Louis Napoleon Bonaparte – 1808-1873), em Sedan, pelas tropas do *Kanzler* da Prússia, Otto von Bismarck (1815-1898), na guerra de 1870-1871. Essa *commune* resistiu dois meses, de 18 de março a 28 de maio de1871, mas foi esmagada pelas tropas de Adolphe Thiers (1797-1877), presidente de França, instalado em Versailles, que desencadeou feroz e sangrenta repressão, com execuções massivas e sumárias de milhares de revolucionários sem julgamento. Calcula-se o número de mortos entre 17.000 e 20.000 *communards*.[25] Os massacres em massa começaram em 5 de abril, durante a guerra civil, com o fuzilamento dos prisioneiros, em Versailles,[26] e continuaram em Paris, até meados ou fins de junho de 1871, lotando os cemitérios de Père-La-Chaise, Montmartre, Montparnasse e outros, ademais da cremação de cadáveres putrefatos, tendo a repressão prosseguido, pelo menos até 1874, com os conselhos de guerra a condenar os *communards* à pena de morte ou à deportação.[27]

O episódio da Comuna de Paris repercutiu na imprensa brasileira. Quando os soldados prussianos, enviados pelo *Kanzler* Otto von Bismarck para ajudar o esmagamento da *Commune*, entraram em Paris e ocuparam os Champs-Élysées, entre 1° e 3 de março de 1871, o *Diário do Rio de Janeiro* comentou que "pensávamos até aqui que o governo alemão, inspirado em sentimentos de moderação e de sensatez, se abstivesse de infligir ao povo francês a grave humilhação de ver desfilar pelos boulevards de Paris o Exército prussiano em marcha ostentosa de triunfo [...]".[28] No Parlamento brasileiro, o deputado Theodoro Machado Freire Pereira da Silva (1832-1910) advertiu os colegas para o comunismo, que chamou de "cancro do mundo moderno".[29] Assim, referências às ideias de Karl Marx (1818-1883) começaram a aparecer na imprensa, como no jornal *O Seis de Março*, publicado em Recife, em 25 de março de 1872, sob a direção de Afonso d'Albuquerque Melo.[30]

Àquele tempo, ao iniciar a década de 1870, a classe operária ainda não se formara no Brasil, um país que contava com 15,24% de escravos em uma população da ordem de 10 milhões de pessoas, das quais 3,8% eram imigrantes europeus, segundo um censo realizado em 1872.[31] A abolição da escravatura era, portanto, o que a configurava como grave questão social. Porém, a estrutura econômica e social do Brasil estava, então, a mudar. O café, cultivado em São Paulo, suplantava o açúcar e se consolidava como o principal produto de exportação do Brasil, absorvido, sobretudo, pelo mercado dos Estados Unidos, onde o povo o consumia em quantidade cada vez maior, como sucedâneo do chá, desde que foi estabelecido o aumento do imposto de circulação pelo Tea Act de 1773 e se iniciou a guerra revolucionária contra a Inglaterra (1775-1783). E para lá, América do Norte, emigraram, entre 1846 e 1875, cerca de 9 milhões de europeus, que passaram a beber mais e mais café na medida em que avançaram na conquista do oeste.

O café era, no entanto, um produto de elasticidade negativa (menos que 1%) e seus preços oscilavam, *i.e.,* frequentemente se deterioravam e caiam, no mercado internacional. Daí que o fazendeiro, para enfrentar as crises, passou a investir também no comércio e na indústria. Muitos capitais fluíram das plantações de café para o estabelecimento ou associação com as fábricas de tecelagem, metalurgia, bens de consumo e outros manufaturados, que substituíssem as importações e permitissem o Brasil superar as dificuldades financeiras para saldar suas contas externas. Contudo, segundo o professor Leôncio Martins Rodrigues, a implantação das primeiras fábricas, no Brasil, decorreu, "geralmente de iniciativa de imigrantes, grande parte dos recursos, tanto para sua instalação quanto para a posterior ampliação, veio de empréstimos externos", mesmo quando a propriedade pertencia às famílias de imigrantes lá radicadas.[32] E, assim, começou a desenvolver-se um parque industrial nas cidades, sobretudo no Rio de Janeiro e em São Paulo, bem como, consequentemente, uma classe operária, formada significativamente por imigrantes europeus. Também artesãos; agricultores, como Francisco Matarazzo, que chegou ao Brasil em 1881; e muitos outros levaram recursos e passaram a investir em oficinas e fábricas de bens de consumo, sobretudo tecidos e alimentos.

O fluxo de europeus – italianos, portugueses, espanhóis, alemães e outros – para o Brasil, com passagens subvencionadas pelo governo, recresceu na segunda metade do século XIX, devido à crescente escassez de força de trabalho, consequência dos escravos em cada vez menor número e mais caros, nas fazendas de café, no Vale da Paraíba e em São Paulo, e nos engenhos de açúcar do nordeste, resultante das dificuldades do tráfico, após o Bill Aberdeen e sua proibição oficial pelo governo brasileiro, em 1850. Ao fim da década de 1880, os imigrantes respondiam por dois terços da produção de café e constituíam grande ou quiçá a maior parte dos trabalhadores de fábrica, no Rio de Janeiro e, principalmente, em São Paulo, onde os estrangeiros passaram a representar 90% da classe operária.[33] Cerca de 735.076 europeus entraram no Brasil, ao longo dos anos 1890.[34] E, com a crescente oferta de força de trabalho, devido, outrossim, à entrada dos escravos libertos no mercado, a reduzir ao mínimo o custo de contratação, os salários, a questão social conformou-se e recrudesceu. A exploração da força de trabalho, inclusive de crianças e mulheres, tanto nas fazendas como nas fábricas, era brutal. O déficit orçamentário para viver, de uma família operária com quatro membros, no Rio de Janeiro,[35] era, no mínimo, de 7$000 (sete mil réis), em 1890, e estava a recrescer mais e mais, aumentando o excedente econômico das indústrias. E as fábricas geralmente funcionavam em galpões fechados, sob a vigilância de guardas armados, que revistavam os trabalhadores quando entravam e saíam do estabelecimento. A repressão era contínua e sistemática.

Os ideais socialistas ainda eram vagos e difusos, com predominância das tendências anarquistas e anarcossindicalistas – oriundas de Errico Malatesta (1853-1932), Mihail Aleksandrovitch Bakunin (1814-1876) e o príncipe Pyotr Alekseevič Kropotkin (1842-1921) –, que entraram no Brasil com imigrantes italianos, portugueses e espanhóis. Diversos clubes socialistas surgiram de 1878 em diante, não mais inspirados pelo socialismo dos discípulos de Fourier, mas a espelhar, sem muita nitidez, as ideias divulgadas pelo Partido Social-Democrata dos Trabalhadores da Alemanha (Sozialdemokratische Arbeiterpartei Deutschlands, SDAP), fundado, em 1869, por Ferdinand August Bebel (1840-1913), Wilhelm Liebknecht (1826-1900) e Ferdinand Lassalle (1825-1864). O aparecimento de jornais de militância social, embora de curta duração, consequentemente, aumentou, no Rio de Janeiro, São Paulo e nas mais diversas cidades do Brasil. Em 1875, circulou *Gazeta dos Operários*; em 1876, *A Revolução Social*; em 1877, *A Barricada* e *O Proletário*; em 1878, *O Socialista*; em 1881, *A Barricada*; em 1881-1882, *O Carbonário* e *A Revolução*; em 1882-1883, *O Nihilista*, que se declarava "órgão dos operários do Exército e da Armada".[36] Circulavam livremente, assim como os jornais republicanos, *A República*, órgão do Partido Republicano, e mais de vinte surgiram, a divulgar a mesma ideologia, entre 1870 e 1872.[37]

As rebeliões de escravos nos engenhos de açúcar e nas fazendas de café estavam, então, a recrescer e se intensificaram, na década de 1880, com o encorajamento, muitas vezes, de estudantes, advogados, parcela da intelectualidade e das classes médias. Um jornalista, em 1882, escreveu que a abolição da escravatura devia ser feita imediatamente por decreto e acrescentou que restava saber "se esse Decreto será um acto do poder publico, sabio e fecundo; ou se será um Decreto do destino – revolucionario e violento".[38] O temor de uma sublevação em massa dos escravos cada vez mais aumentava.[39] Os escravos insurgiam-se, conquistavam a liberdade com as próprias mãos e os próprios pés. Somente no município de Campos (Estado do Rio de Janeiro), entre 11 de março e 5 de abril de 1888, cerca de 8.727 escravos rebelaram-se e fugiram.[40] Muitas fazendas ficaram quase desertas. Maltas de escravos africanos e crioulos fugitivos espalhavam-se pelas cidades, sem que a polícia nada pudesse fazer, ou agrupavam-se na Mata Atlântica, nos arredores da cidade do Rio de Janeiro. Outros, no interior da província, em Campos dos Goytacazes e adjacências, e no Nordeste, incendiavam canaviais e, em São Paulo, destruíam plantações de café e formavam quilombos no Vale da Ribeira, Cubatão e Jabaquara, em Santos. Os confrontos com os senhores dos cafezais tornaram-se frequentes e cada vez mais graves nas regiões de Belém do Descalvado, Pirassununga, Rio Claro e Campinas.[41] As punições e os maus-tratos, que os escravos sofriam, eram terríveis, insuportáveis, a tal ponto que, algumas vezes, revoltados, assassinaram fazendeiros e senhores de engenho. No Engenho de Itatigui, os estrangularam, em 1878, Alexandre Gomes de Argollo Ferrão, filho de marechal de campo Alexandre Gomes de Argollo Ferrão, Barão de Cajahyba (1801-1870), senhor do Engenho de Cajahyba, em São Francisco do Conde, Recôncavo da Bahia.[42] Os quilombos expandiam-se no Nordeste e na região centro-sul do país. A polícia não tinha meios de conter o crescente do alvoroto. E os oficiais do Exército, através do Clube Militar, manifestaram-se recusando-se a perseguir os escravos fugitivos sob a alegação de que não eram "capitães do mato". A abolição da escravatura tornara-se inevitável.

Com a Lei Áurea de 13 de maio de 1888, a Princesa Isabel, como regente, reconheceu uma situação irreversível. Os negros ganharam a liberdade sem que os senhores recebessem indenização, o que levou grande parte dos fazendeiros, sobretudo em São Paulo, a adensar o movimento republicano. Os escravos eram para eles um patrimônio, uma propriedade e, como propriedade, era sagrada. Níccoló Machiavelli, em *Il principe*, afirmou que "o homem esquece mais rapidamente a morte do pai que a perda do patrimônio".[43] E a Princesa Isabel, como regente, alienou-lhes o patrimônio. Assim pensavam e ressentiam. A escravatura, porém, fora uma necessidade da economia agrícola, um modo de produção, que historicamente se esgotara, estava superado, anacrônico, sob o impacto do capitalismo em nova fase de evolução e expansão mundial. A força de trabalho devia tornar-se mercadoria. Milhares de escravos, que se haviam rebelado e fugido, já se espalhavam pelas cidades. Afigurava uma sedição. Mas, com a abolição da escravatura, lançando à liberdade mais de 750.000 homens, *i.e.*, quase um milhão de homens, no valor de 2 (dois) contos de réis cada um, desarticulou o modo de produção e a crise econômica e social ainda mais se agravou. À maior parte dos senhores de terra, sobretudo do Rio de Janeiro e do Nordeste, faltava o meio circulante para alugar a força de trabalho, de que necessitavam nas fazendas de café e nos engenhos de açúcar. O trabalho com pagamento de grande número de ex-escravos, libertados para um novo tipo de escravidão, como assalariados, demandava maior oferta de meio circulante. E não havia. O desconforto e a insatisfação, destarte, aumentaram, a generalizar-se entre os membros da nobreza e da burguesia agrária, em todas as regiões do país. No Recôncavo da Bahia, a Baronesa de Alenquer, proprietária de vários engenhos de açúcar em Santo Amaro, São Francisco do Conde e Cachoeira, observou, um ano após a abolição da escravatura, que "quanto ao nosso governo, e a miséria que estamos passando, é uma calamidade! Deus nos acuda! Só vejo todos se queixarem, há uma falta de dinheiro nunca vista".[44] E na mesma carta aduziu: "Desde que me entendo até hoje, nunca ouvi dizer que no Brasil se morresse de fome e, há um ano para cá, só é o que se ouve dizer. Que desgraça!"[45]

O Visconde de Ouro Preto (1836-1912), Afonso Celso de Assis Figueiredo, do Partido Liberal, ao assumir a presidência Conselho de Ministros do Império, em 7 de junho de 1889, e acumular, em seguida, a função de ministro da Fazenda, tentou superar a crise com a mudança da política econômica, até então baseada nos princípios ortodoxos. Logo, tomou uma série de medidas a fim de atender à necessidade de circulação monetária do capitalismo emergente, impulsionado pela cafeicultura de

São Paulo, já em grande parte com trabalho assalariado, quanto pelo crescimento do parque industrial do Rio de Janeiro. Verteu no mercado o triplo do capital em moeda metálica, elevou o câmbio ao par e facultou às empresas, com capital de 5.000 e 10.000 contos de réis, a emissão garantida. O Visconde de Ouro Preto baixou os juros, ao mesmo tempo em que aumentou as tarifas de importação, na base de 50% e 60%, para a proteção das indústrias,[46] e não aceitou o tratado de livre comércio, proposto pelo secretário de Estado dos Estados Unidos, James Gillespie Blaine. A mudança da política econômica rapidamente produziu efeitos. A mesma Baronesa de Alenquer, em outra carta, datada de 14 de agosto de 1889, comentou que "o novo ministro [Visconde de Ouro Preto] tem já feito em benefício da lavoura [...] e o banco [está] dando dinheiro a 6% ao ano e com o prazo de até 15 anos, conforme as quantias."[47]

Em 1888 ou 1891, o joalheiro italiano Arturo Campagnoli (1874-1944) desembarcou em São Paulo, e com os recursos que levou adquiriu alguns alqueires de terra em Guararema, região situada entre o Alto Tietê e o Vale do Paraíba. Lá, fundou uma comuna ácrata com a participação de outros companheiros italianos, bem como espanhóis, franceses, russos e até brasileiros.[48] Dom Pedro II, naquele ano, 1888, estava em Milão (Itália), e era um imperador que nunca vestiu uma farda. Intelectual e democrata, "inimigo pessoal do luxo", e, como ressaltou o embaixador Manuel de Oliveira Lima (1861-1928), era "ainda menos disposto a encorajar os apetites de fortuna, que sentia serem latentes em torno de si"; preferia a companhia de escritores, como Victor Hugo e outros, "à dos arrivistas da riqueza e à das mediocridades sem requintes intelectuais".[49] Durante seu reinado, as liberdades nunca foram suprimidas – "não se podia sentir-lhe a falta".[50] E, receptivo a ideias avançadas de organização social, atendeu, então, a uma carta do médico-veterinário italiano Giovanni Rossi (1856-1943). Ao chegar ao Brasil, concedeu-lhe 300 alqueires de terra para que concretizasse o projeto de uma *comunità anarchica sperimentale*, uma espécie de socialismo agrário, libertário, pacífico e sem propriedade privada, em que tudo pertenceria a todos: homens, mulheres e filhos, uma comunidade poliândrica, em que até o amor seria livre.[51]

Esse experimento seria na comarca de Palmeira, já habitada pelos russos-alemães do Volga, província do Paraná,[52] vizinha de Santa Catarina, onde outrora os médicos franceses Benoît-Jules Mure e Jean Maurice Faivre tentaram construir colônias inspiradas por Charles Fourier. Mas as terras doadas pelo imperador Dom Pedro II, em 1888, somente começaram a ser ocupadas por Giovanni Rossi e os imigrantes italianos, em 1890, pouco depois do *coup d'État* que instaurou a República. A Colônia Cecília, como se denominou a *comunità anarchica*, chegou a ter 250 habitantes, porém não durou mais do que quatro anos. Desintegrou-se, gradativamente, devido a vários fatores, inclusive porque Giovanni Rossi havia recusado, como anarquista, a receber o título de propriedade e a legalizá-la.[53] Daí que, após a proclamação da República, Américo Pereira Leite Lobo (1841-1903), nomeado presidente da província do Paraná, não reconheceu a doação, ameaçou prender Giovanni Rossi e aos demais habitantes da Colônia Cecília, ademais de exigir o pagamento das terras e de impostos. A Colônia Cecília, criticada como ilusão utópica até pelo anarquista italiano Errico Malatesta e pelo socialista Filippo Turati (1857-1932),[54] sucumbiu em 1894.

## NOTAS

1. Roberto C. Simonsen, 1939, pp. 9-10; J.M. Pereira da Silva J. M., Garnier, 1864, p. 246.
2. Heitor Ferreira Lima, 176, pp. 40-47, 64-66; <http://www.historiacolonial.arquivonacional.gov.br/cgi/cgilua.exe/sys/start.htm?infoid=978&sid=107>; <http://revistapesquisa.fapesp.br/2011/11/30/por-mares-sempre-navegados/>
3. <http://www.historiacolonial.arquivonacional.gov.br/cgi/cgilua.exe/sys/start.htm?infoid=979&sid=107>.
4. G. D. H. Cole, 1957, p. 12
5. Lilian Fávero Remuszka, 1910, pp. 54-56.
6. Laurent Vidal, 2014, pp. 48-49, 82.
7. Isadora Tavares Maleval, dez./2011, pp. 150-177.
8. Michel Marie Derrion era, em Lyon, fabricante de estofos de seda e adepto das ideias de Saint-Simon, depois aderiu às de Charles Fourier e se juntou a Benoît Mure na fundação da colônia societária de Saí.

9. Ivone Gallo, jan.-jul./1990.
10. Jean Maurice Faivre assistiu à coroação de D. Pedro II, em 1849, ao casamento e acompanhou o nascimento de Dom Afonso Pedro (1845-1847), o primogênito do imperador, que morreu de epilepsia aos dois anos, e, na condição de médico, se tornou íntimo da família imperial. <http://www.webartigos.com/artigos/o--cooperativismo-em-suas-raizes-a-formacao-da-colonia-agricola-tereza-cristina--no-parana-do-seculo-xix/69459/>.
11. Era chamado de Cousin Fusco por ser mulato e haver traduzido *Cours d'Histoire de la philosophie moderne*, obra de Victor Cousin (1792-1867), *educador francês, defensor do ecletismo filosófico.*
12. Refere-se a Jean-Joseph Jacotot (1770-1840), professor de latim e grego e educador francês, que formulou o método pedagógico de emancipação intelectual (*émanciper les intelligences*), com base no postulado de que todas as inteligências são iguais (*l'égalité des intelligences*) e que toda criança poderia instruir-se por si só, sem o ensino de um mestre. Em 1823 publicou *Enseignement universel*. Esse método também fora adotado no falanstério de Saí por Benoît Mure. Laurent Vidal, 2014, p. 72.
13. *O Socialista da Província do Rio de Jane*iro, 1o de agosto de 1845 *apud* Ivone Gallo, 8 a 12 de setembro de 2008, CD-Rom.
14. *O Socialista da Província do Rio de Janeiro*, 5 de outubro de 1845. *Ibidem.*
15. O general José Ignácio de Abreu e Lima era filho do padre José Inácio Ribeiro de Abreu Lima, que largara a batina para se casar e, conhecido como Padre Roma, participou da sublevação de Pernambuco, em 1817, razão pela qual foi preso e, acusado de crime de lesa-majestade, condenado à morte por fuzilamento.
16. General José Ignácio de Abreu e Lima. 1979, p. 29. A transcrição mantém a ortografia original.
17. Análise da doutrina de Babeuf, dos manifestos e dos projetos de decretos vide: Ian H. Birchall., 2016, pp. 191-208; Rosa Luxemburg, 1973, Bd. 3, pp.178–186.
18. Philipe Buonarroti, 2015, pp. 80-83.
19. *Ibidem*, p. 81.
20. O *babouvisme*, tendência socialista revolucionária, inspirada por Gracchus Babeuf, reemergiu, em 1828, com a publicação, por Philippe *Buonarroti (1761-1837), do Conspiration pour l'Égalité, dite de Babeuf,* cujos métodos e ideais igualitários radicais muito influenciaram Louis-Auguste Blanqui (1805-1881), um dos líderes da revolução de 1848, na França, membro da Charbonnerie, sociedade secreta francesa à qual se vinculavam os *Carbonari*, da Itália. O *Manifeste des Égaux* foi escrito por Gracchus Barbeuf e Syvain Maréchal (1759-1803), o principal teórico da conjura contra o Directoire, o governo que se formou após a Revolução Francesa de 1789 e funcionou entre 26 outubro de 1795 (4 brumairean

IV) a 9 novembro de 1799 (18 brumairean VIII), quando Napoleão Bonaparte (1769-1821) assumiu o poder com um golpe de Estado.

21. General José Ignácio de Abreu e Lima, 1979, p. 63.

22. *Ibidem*, p. 63. Mantida a ortografia original.

23. <http://www.brasil.gov.br/governo/2013/01/censo-de-1872-e-disponibilizado-ao--publico>.

24. P. Luquet, s/d, pp. 30-32.

25. Prosper-Olivier, Lissagaray, 1995, pp. 282-289.

26. *La Commune de Paris (Actes et Documents – Episodes de la semaine sanglante)*,1921, pp. 38-39.

27. Francisco Foot Hardman, 2002, pp. 327-329.

28. <http://outubrorevista.com.br/wp-content/uploads/2015/02/Revista-Outubro--Edic%CC%A7a%CC%83o-6-Artigo-09.pdf>; <https://www.scribd.com/document/251483757/A-Comuna-de-Paris-no-Brasil>.

29. Leandro Konder, 2010, pp. 118-119.

30. Vamireh Chacon, 1981, p. 168.

31. <http://www.brasil.gov.br/governo/2013/01/censo-de-1872-e-disponibilizado-ao--publico>.

32. <http://static.scielo.org/scielobooks/5y76v/pdf/rodrigues-9788599662991.pdf>.

33. Sheldon Leslie Maran, 1979, pp. 15-16.

34. <http://www.revistas.usp.br/prolam/article/view/102283>.

35. <http://www.uff.br/geographia/ojs/index.php/geographia/article/viewArticle/54>.

36. <https://pcb.org.br/fdr/index.php?option=com_content&view=article&id=209:a--imprensa-operaria-no-brasil-palestra-de-astrojildo-pereira&catid=1:historia-do--pcb>.

37. Nelson Werneck Sodré, 1966, pp. 243-246.

38. <http://www2.senado.leg.br/bdsf/bitstream/handle/id/221753/000560432.pdf?sequence=3>.

39. Maria Helena Pereira Toledo Machado, 2010, pp. 80-81.

40. Celso Peçanha, 1969, p. 32.

41. Maria Helena Pereira Toledo Machado, 2010, p. 85.

42. Oswaldo Augusto Teixeira, 2011, pp. 239-240; Luiz Viana Filho, 1976, pp. 112-113.

43. *"...gli uomini dimenticano più presto la morte del padre che la perdita del patrimonio."* Niccoló Machiavelli, 1986, p. 130.

44. Carta de Francisca de Assis de Vianna Moniz Bandeira, Baronesa de Alenquer, ao seu filho Manuel Ignácio, Subaé, 2/5/1889. Arquivo do Autor.

45. *Ibidem*.

46. Pedro Calmon, 1961, p. 1816.

47. Carta de Francisca de Assis de Vianna Moniz Bandeira, Baronesa de Alenquer, ao seu filho Manuel Ignácio, Subaé, 14/8/1889. Arquivo do Autor.
48. Consta que a colônia teria existido até 1930. <http://bfscollezionidigitali.org/index.php/Detail/Object/Show/object_id/702>.
49. Manuel de Oliveira Lima, 1944, p. 257.
50. *Ibidem*, p. 258.
51. Afonso Schmidt, 2015, pp. 14-15, 35-37; <http://www.sarapegbe.net/articolo.php?quale=112&tabella=articoli>.
52. Giovani Rossi havia fundado na Itália em Stagno Lombardo (Cremona) uma colônia libertária – Associazione Agricola Cooperativa di Cittadella – que fracassou após três anos de experiência, entre 1887 e 1890, antes de ir para o Brasil.
53. Afonso Schmidt, 2015, pp. 150-151.
54. <http://www.revistamorus.com.br/index.php/morus/article/viewFile/251/226>.

## Capítulo 2

COUP D'ÉTAT DOS MILITARES EM 1889 • EXÍLIO DO IMPERADOR • A RESIS-
TÊNCIA NO RIO DE JANEIRO, BAHIA E SANTA CATARINA • TEMOR DOS NEGROS
DO RETORNO DA ESCRAVIDÃO • REAÇÃO DAS GUARDAS NEGRAS DA REDEN-
TORA • REVOLTAS CONTRA A REPÚBLICA • LEVANTE DO EXÉRCITO EM SÃO
CRISTÓVÃO • MASSACRE EM SANTA CATARINA • INFLUÊNCIA DOS ESTADOS
UNIDOS NO PUTSCH DE 15 DE NOVEMBRO • I CONFERÊNCIA PAN-AMERICANA

Apesar da grave crise econômica que o Brasil atravessava e da incerteza
que havia quanto à capacidade da Princesa Isabel para reger o país,
como Poder Moderador, e de estar casada com um príncipe francês,
Louis Philippe Marie Ferdinand Gaston d'Orléans, Conde d'Eu, a
Monarquia ainda tinha apoio do povo,[1] quando o marechal de campo
Manuel Deodoro da Fonseca (1827-1892), amigo do imperador Dom
Pedro II, prevaricou e decretou a implantação da República, ao fim da
tarde de 15 de novembro de 1889, sob a influência de alguns oficiais
positivistas, que estavam a conspirar havia longo tempo contra o regime. E o general-ajudante do Exército, Floriano Peixoto, que ocupava o
cargo mais importante depois do ministro da Guerra e fora promovido
a marechal de campo em julho de 1889, sabia do complot, bem urdido,
mas, astuciosamente, nada disse ao Visconde de Ouro Preto, presidente
do Conselho de Ministros, que confiava na sua lealdade.[2] Era o que Euclides da Cunha definiu como uma "figura insolúvel e dúbia"[3] e, tendo
o controle das tropas, se recusou a usá-las para reprimir o levante.

Os militares agiram à revelia dos civis, sem respaldo popular. Conforme
Boris Fausto observou, foi "um punhado de oficiais de baixa patente",

isolado da soldadesca, que parecia não se dar conta dos seus atos, que conspirou e, somente superficialmente e à última hora, se articulou com os oficiais superiores.[4] Após o golpe de Estado, o primeiro a ocorrer no Brasil, partiram do quartel de São Cristóvão uma coluna do Exército, com 450 praças de dois Regimentos de Cavalaria e um Batalhão de Artilharia, e 50 oficiais da Escola Superior de Guerra. A eles se juntaram os alunos, armados, da Escola Militar[5] e desfilaram no centro do Rio de Janeiro, as ruas desertas, o comércio fechado, a cidade parecia desabitada. O próprio jurista Aristides Lobo (1838-1896), líder republicano e jornalista, o primeiro a ocupar o Ministério da Justiça no Governo Provisório, comentou, em uma crônica publicada no *Diário Popular*, de São Paulo, que "o fato foi deles só (militares), porque a colaboração do elemento civil foi quase nula. O povo assistiu aquilo bestializado, atônito, surpreso, sem conhecer o que significava. Muitos acreditavam sinceramente estar vendo uma parada".[6]

A "inconsistência, a falta de lógica, nessa verdadeira comédia dos absurdos, começa com a própria proclamação", comentou o historiador Leôncio Basbaum, esclarecendo que "o Exército, em seu conjunto, não era republicano".[7] De acordo com o marechal José Antônio Correia da Câmara, 2º Visconde de Pelotas (1824-1893), que participara do *complot*, "a República foi feita por um pronunciamento militar representado pela quinta parte do Exército".[8] De efeito, unanimidade em favor da *coup d'État* não havia no Exército, nem também na Armada.[9] O general Antonio José Maria Pego Júnior (1842-1907), que comandava a Fortaleza de Santa Cruz, deixou hasteado o pavilhão imperial e foi ao paço da cidade convidar Dom Pedro II a sair com ele às ruas do Rio de Janeiro para ser aclamada pela maioria das tropas de terra e da esquadra.[10] O almirante Joaquim Marques Lisboa, marquês de Tamandaré (1807-1897), rogou, insistentemente, a Dom Pedro II, no Paço Imperial, autorização para que a Armada debelasse o levante. O imperador, porém, não quis a derrama de sangue. Cedeu à força e se inclinou diante das circunstâncias. Estava enfermo, cansado e sem um filho, herdeiro homem, ele próprio tinha dúvida de que a Princesa Isabel pudesse conservar o trono. E também repeliu a ajuda financeira de cinco mil contos de réis que o marechal Deodoro da Fonseca decretou e mandou oferecer-lhe.

O temor da reação foi o que levou os autores do *putsch* republicano a transportar, rápida e secretamente, o imperador, a partir do Cais Pharoux, atrás do Paço Imperial, para embarcá-lo e a toda a Família Imperial no pequeno cruzador *Parnaíba*, ancorado na Baía de Guanabara, perto da Ilha Fiscal. Eram, aproximadamente, 3 horas da madrugada de 16 para 17 de novembro. Depois, perto da Ilha Grande, foram todos transferidos para o paquete de passageiros *Alagoas*, a vapor, da Companhia Brasileira de Navegação, da marinha mercante, requisitado pelo governo do marechal Deodoro da Fonseca.[11] O grande engenheiro, negro nascido na Bahia, André Rebouças (1838-1898), embarcou para o exílio com Dom Pedro II, de quem era muito amigo. Nunca mais voltou ao Brasil. Morreu em Funchal, na Ilha da Madeira. O Arsenal de Guerra da Corte, situado na Ponta do Calabouço, Rio de Janeiro, estava em alta prontidão, com um "aparato bélico anormal", com canhões Krupp e canhões-revólver Hotchkiss preparados para combate.[12]

A República não nasceu pacificamente como, em geral, faz crer a historiografia brasileira. Emergiu com um *coup d'État* e foi instaurada por uma ditadura militar, que desprezou os direitos civis e eliminou as instituições representativas existentes na Monarquia Parlamentar. "Falsidade, infidelidade, deslealdade, traição e adesões instantâneas ao regime republicano contrastam com ingenuidade, indecisão, conformismo, covardia e decisões erradas que facilitaram o fim do regime monárquico", ressaltou Gláucia Soares de Moura,[13] primeiro-tenente do Quadro Técnico da Marinha e especialista em História Militar.[14] Não houve consenso nacional em torno da instituição da República, conforme demonstrou a professora Maria de Lourdes Mônaco Janotti.[15] O ministro da Marinha, almirante José da Costa Azevedo, Barão de Ladário (1823-1904), tentou resistir e um tenente ou coronel, embora a história oficial registre o autor como desconhecido, meteu-lhe a bala, em circunstâncias não reveladas. O Barão de Ladário sobreviveu e o caso foi abafado. Nada está claro. Alguma tentativa de resistência ao *putsch* dos positivistas do Exército houve na Armada. Quando marinheiros, gritando vivas ao imperador, aproximaram-se do Paço Imperial, onde Dom Pedro II e toda a família estavam detidos, os soldados da Infantaria do Exército, com baionetas e cavalarianos, que cercavam o prédio, abriram fogo. Houve mortos e feridos. Oficiais e subalternos da Armada, leais à Monarquia, foram sumariamente executados. E um oficial abateu a tiros de revólver um marinheiro, que se recusara a baixar o pavilhão do Império, a bordo do cruzador Parnaíba, onde Dom Pedro II seria embarcado.[16]

Diversos batalhões, aquartelados nas províncias, insurgiram-se contra o *putsch* e muitos conflitos armados ocorreram. A repressão foi brutal, e o Parlamento, dissolvido. O Visconde de Ouro Preto, Gaspar da Silveira Martins, líder do Partido Liberal no Rio Grande do Sul, e diversos outros, que ocupavam cargos no governo, foram depois banidos. Os presidentes das províncias, depostos. A ninguém os radicais da República pouparam. Militares monarquistas, leais ao regime constitucional, foram presos na Casa de Detenção do Rio de Janeiro, lá sofreram chicotadas e maus-tratos, e muitos foram deportados para a ilha de Fernando de Noronha ou para o Amazonas. E, em algumas províncias, ocorreram fuzilamentos de soldados e oficiais, que tentaram insurgir-se contra o *putsch* republicano, e, também, muitos foram civis mortos.[17]

A ruptura da legalidade, ao derrubar o imperador e a ordem monárquica, abalou a disciplina militar e gerou a erupção de uma série de motins e combates entre batalhões do Exército, em diversas províncias. O presidente da província da Bahia, conselheiro José Luiz de Almeida Couto, recusou-se a cumprir as ordens do marechal Deodoro da Fonseca. Manteve-se fiel às instituições legais da Monarquia. A Câmara Municipal de Salvador manifestou-lhe solidariedade e protestou contra o Governo Provisório, acusando-o de ser uma ditadura militar. Houve setores políticos que pensaram em resistência armada. E o marechal Hermes R. da Fonseca (1824-1891), irmão do marechal Deodoro da Fonseca, monarquista e comandante das Armas na Bahia, somente aceitou o Governo Provisório da República depois de saber que a Família Imperial embarcara para o exílio na Europa.

Em Desterro, capital de Santa Catarina, os praças do 25º Batalhão de Infantaria, amotinados, saíram às ruas, com a bandeira da Monarquia, sob o comando do cabo Candido Pedro Duarte, e atacaram o Clube Republicano. O major Firmino Rego, chefe de Polícia, convocou seus soldados para defendê-lo e, em seguida, ocupou o quartel. Travou-se a pugna, vários morreram e outros foram presos e fuzilados. Ruy Barbosa, nomeado ministro da Fazenda, interveio junto ao marechal Deodoro da Fonseca para que ele mandasse sustar a matança.[18]

A agência Reuters transmitiu a notícia de que, no Rio de Janeiro, "tropas brasileiras, que receberam ordens de partir para o Sul, recusaram obedecer".[19] No Maranhão, o presidente da província, Tito Augusto Pereira de Matos, também não aderiu à República, e o coronel João Luis Tavares, comandante do 5° Batalhão de Infantaria do Exército, assumiu o poder, no dia 17 de novembro. Logo deflagrou sangrenta repressão contra os que se supunha inimigos ou adversários da República, fechou a Escola de Aprendizes Artífices e dezenas de pessoas foram presas e torturadas. Os escravos libertos, a imaginarem que a República fora instalada para derrogar a Lei Áurea, invadiram as ruas de São Luís, capital da província, e trataram de empastelar o jornal de Paula Duarte, O Globo, republicano. O coronel João Luis Tavares, a fim de reprimir a revolta, convocou a tropa, abriu fogo e ordenou fuzilamentos em massa, inclusive dos negros, que idolatravam a Princesa Isabel por lhes outorgar a liberdade.[20]

Os ataques dos negros e mulatos aos republicanos ocorreram nas mais diversas províncias. Constituíram, naquelas circunstâncias, um aspecto das lutas sociais que se aguçavam e assumiam muitas vezes a forma de conflitos armados, no Rio de Janeiro, Salvador e outras cidades. Grupos de negros, sob a liderança de Manuel Benício dos Passos, apelidado Macaco Beleza, mestre de capoeira, abolicionista e fervoroso monarquista, líder da Guarda Negra, na Bahia, haviam já atacado os republicanos que foram ao porto receber o também republicano Antônio da Silva Jardim (1860-1891), quando ele chegou a Salvador, em 15 junho de 1889, para fazer campanha contra a Monarquia. Os conflitos estenderam-se a várias partes da cidade, ao Terreiro de Jesus, Baixa do Sapateiro e Taboão, onde os republicanos realizavam um ato contra a Monarquia; as maltas de capoeira da Guarda Negra, com a participação dos saveiristas,[21] realizaram um massacre com cacetes, pedras, bengalas, facas, navalhas e outros objetos, usados como armas.[22] Silva Jardim teve de se esconder e fugir. Os sangrentos conflitos entre camadas populares, escravos libertos e outros, e os republicanos não cessaram ao longo de 1888 e 1889. E, no dia 15 de novembro, as mal- tas populares, comandadas por Manuel Benício dos Passos, o célebre Macaco Beleza, percorreram outra vez as ruas de Salvador "dando morras à República e vivas à Monarquia",[23] enquanto apedrejavam e insultavam os republicanos.

Conforme reconheceu o historiador Braz do Amaral (1861-1949), a propaganda da República não convencera as camadas populares na Bahia,[24] como também em outras províncias. Os negros, africanos e crioulos, fugitivos ou libertos, haviam passado a venerar a Princesa Isabel, desde a Lei Áurea, e temiam que o objetivo do Partido Republi- cano Paulista (PRP), predominante em São Paulo, com o suporte cada vez mais ostensivo dos fazendeiros de café, fosse derrubar a Monarquia para restaurar a escravatura. Como escreveu a historiadora Camila Mendonça Pereira, a Lei Áurea representou mudanças que os ex-escravos julgavam importantes, principalmente a relação com os senhores, na condição básica da autoridade senhorial – mandar e ser obedecido – a liberdade de ir e vir sem serem confundidos com escravos foragidos, e outros direitos que ganharam.[25] Os libertos não mais estavam obrigados a permanecer nos lugares onde trabalharam como escravos, não mais po- diam ser cruelmente vergastados no pelourinho ou no tronco de madeira, existente nas fazendas, nem as mães separadas de seus filhos, vendidos para outros municípios no sul do país.[26] A expectativa era de que, na República, haveria novas formas segregação e discriminação, como na América do Norte, onde a República mantivera a escravidão até 1863 e, mesmo após a abolição, estabelecera várias formas de segregação e dominação racial, tais como leis antimiscigenação. Negros e mestiços não podiam frequentar as mesmas escolas ou viver nos mesmos bairros que os brancos e, no Exército, integravam batalhões diferentes, além de serem treinados para missões suicidas etc.[27]

A Sociedade Recreativa Habitante da Lua, reduto dos Nagóas na região de Santana, Rio de Janeiro, cultuava religiosamente a Princesa Isabel, a Redentora, e esperava o advento do terceiro reinado. Assim, quando recrudesceu a campanha da República, a partir da segunda metade de 1888, *i.e.*, desde a Lei Áurea, aumentou entre os negros o temor do retorno à escravidão. Entre os libertos, egressos da Guerra do Paraguai, e outros, como salientou o professor Carlos Eugênio Líbano Soares,

> Dom Pedro II e sua herdeira do trono, Isabel, eram vistos como simpatizantes de causas abolicionistas. Os políticos paulistas, que dominavam o Partido Republicano, eram conhecidos como irados senhores de escravos, que arrancavam *crioulos* de suas famílias no Nordeste para serem castigados nas senzalas do Vale do Paraíba.[28]

De fato, tanto Dom Pedro II, quanto a Princesa Isabel, sempre foram abolicionistas. Antes, Dom Pedro II não teve condições de acabar a escravatura por diversos motivos, tanto econômicos, quanto sociais e políticos. A Monarquia no Brasil era constitucional e parlamentar. O modo de produção da sociedade, predominantemente agrícola, estava assentado sobre o trabalho escravo e a classe dominante opunha-se à mudança. Eram senhores de escravos. Porém, a Princesa Isabel, com o respaldo do marido, o Conde d'Eu, teve as mãos mais livres e, desde década de 1870, colaborou com os abolicionistas José do Patrocínio (1854-1905), André Rebouças e outros mais. Como ressaltou o historiador Augusto de Oliveira Mattos, ela deu "apoio econômico direto à causa abolicionista, passando pela transformação do Palácio Imperial de Petrópolis, numa espécie de quilombo acolhedor de 'negros fujões'".[29] Sobre sua atividade em favor dos escravos "há farta documentação comprobatória", escreveu Augusto de Oliveira Mattos, a acrescentar que "por si só, este fato já justificaria a verdadeira devoção dos escravos à Regente", assim como seu envolvimento direto na campanha pela abolição e a guarida que dava aos negros foragidos provocavam "a indignação de vários setores sociais, principalmente os latifundiários do Vale do Paraíba e Norte Fluminense."[30] Os fazendeiros de café nunca perdoaram a Princesa Isabel por haver assinado a Lei Áurea.[31] E diziam que ela não estava preparada para tornar-se imperatriz

Aquela época, sob a influência do farmacêutico e jornalista José do Patrocínio (1854-1905), Emílio Rouède, dos libertos Hygino, Manoel Antônio, Jason, Aprígio Gaspar e outros, bem como de políticos do Partido Liberal, do Partido Conservador e maltas de capoeira, existentes não só no Rio de Janeiro como em outras províncias, Bahia, Maranhão etc., formaram a Guarda Negra, milícias com o fito de defender a Princesa Isabel e a Monarquia. O conselheiro João Alfredo Correia de Oliveira (1835-1919), do Partido Conservador e presidente do Conselho de Ministros (março de 1888 a junho de 1889), foi acusado pelos republicanos de respaldar a Guarda Negra.[32] E ele havia assegurado a sanção da Lei Áurea, assinada pela Princesa Isabel, quando regente, em virtude de estar Dom Pedro II na Europa.[33]

Segundo Ruy Barbosa a Guarda Negra da Redentora "instituiu-se, notória e confessadamente, no intuito de circular o trono com um baluarte de peitos humanos, resolvidos ao derramamento de sangue para defender a pretensa redentora outorgadora da redenção dos escravos contra o movimento liberal, que sucedeu a essa reforma".[34] Disse ele que a "malta de capoeiras, grupos de operários da alfândega, troços de libertos desciam a Rua do Ouvidor (Rio de Janeiro), espumando de cólera e morte contra os oradores democráticos e o jornalismo independente", *i.e.*, os republicanos. E acrescentou que, "nesses instrumentos do delírio sanguinoso a palavra de reunião e assalto era a defesa da rainha".[35] O líder republicano Antônio da Silva Jardim chamou os que integravam a Guarda Negra de "pretorianos negros", uma "agremiação secreta".[36] As versões sobre sua origem são várias, conforme os autores, e é difícil afirmar como efetivamente ocorreu, em virtude da insuficiência de documentação. Mas o fato é que a Guarda Negra passou a atacar os comícios, os jornais e todos os que lhe afigurassem inimigos da Monarquia. Os negros, alforriados e libertos, temiam o retorno à escravidão. A data de 13 de maio, para eles, significava a liberdade e estavam dispostos a defender de qualquer modo a Princesa Isabel e a Monarquia.[37] Mas a repressão desencadeada pelo chefe de polícia, João Batista Ferraz Sampaio, foi feroz. Dezenas de capoeiristas da Guarda Negra foram presos e enviados para trabalhos forçados na ilha de Fernando de Noronha.

A inquietação no meio do Exército, outrossim, não cessou. Um levante ocorreu no 2º Regimento de Artilharia, no bairro de São Cristóvão, em 18 de dezembro de 1889. Cerca de 80 soldados rebelaram-se "ao som do hino nacional, içaram a bandeira do Império no mastro do pátio, deram salvas e vivas à Monarquia", segundo noticiou *O Pharol*, de Juiz de Fora,[38] dado a imprensa monarquista estar impedida de circular e o noticiário político dos jornais submetido a forte censura. Essa, certamente, foi a *ratio stricta* do decreto nº 85-A, editado pelo marechal Deodoro da Fonseca, em 23 de dezembro de 1889, estabelecendo que quem conspirasse ou atentasse contra a República seria julgado por uma Comissão Mista Militar e punido com as "penas de sedição".[39] Era a chamada "Lei dos Suspeitos", que implicava cerceamento da liberdade de imprensa, baixada dois dias depois do decreto, que oficializava o banimento do imperador e de toda a família, ademais de obrigá-lo a vender todos os bens imóveis que possuísse no Brasil, dentro do prazo de dois anos. Os jornais, como *Tribuna Liberal, Jornal do Commercio*, no Rio de Janeiro, e inúmeros outros, nas mais diversas cidades do país sofreram atentados.[40] Poucos meses depois, o marechal Deodoro da Fonseca baixou outro decreto, o de nº 295, de 29 de março de 1890, a estabelecer punição para

> todos aquelles que derem origem ou concorrerem pela imprensa, por telegramma e por qualquer outro modo para pôr em circulação falsas notícias e boatos alarmantes, dentro ou fóra do paiz, como sejam os que se referirem á disciplina dos corpos militares, á estabilidade das instituições e á ordem publica.[41]

"O divórcio do Imperador das coisas militares, entendidas à espanhola, foi o que salvou a civilização brasileira, mas foi o que perdeu a Monarquia", comentou o escritor e jornalista Eduardo Prado (1860-1901).[42] Assinalou, também, que o marechal Deodoro da Fonseca, logo que assumiu a presidência da República,

> marcou a si mesmo um ordenado superior ao de todos os presidentes de República do mundo, exceto o da República Francesa. [...] Os cidadãos que se constituíram ministros dobraram os ordenados antigos de minis-tro. Estes simples atos indicam claramente que o Governo Provisório, em matéria de delicadeza e de escrúpulo, se parece com as demais tiranias militares da América.[43]

E aos bacharéis em direito do Partido Republicano – acentuou José Maria dos Santos – coube empreender, na Assembleia Constituinte, a "árdua tarefa [...] de emprestar forma jurídica ao novo estado de cousas", "isolados da nação, virtualmente abandonados dentro do círculo de baionetas onde haviam penetrado em busca de poder [...]".[44] Promulgada a primeira Constituição, em 24 de fevereiro de 1891, o marechal o Deodoro da Fonseca (1827-1892) foi eleito presidente da República pela Assembleia Nacional Constituinte, e o marechal Floriano Peixoto (1839-1895), vice-presidente, *i.e*, ambos consagrados nas funções ditatoriais, que já exerciam desde o *putsch* de 15 de novembro de 1889.

A instalação da República, a *manu militari*, não constituiu um acontecimento isolado do contexto internacional. Estava marcada pelos conspiradores para o dia 16 ou 17, porém, fora adiada para 18 de novembro de 1889, com o fim de coincidir (ao que tudo indica não casualmente) com a inauguração da Primeira Conferência Internacional dos Estados Americanos, em Washington, sob os auspícios do secretário de Estado americano, James G. Blaine. O boato de que o marechal Deodoro da Fonseca e Benjamin Constant Botelho de Magalhães seriam presos, difundido pelo major Frederico Sólon de Sampaio Ribeiro, afoitou os acontecimentos. Daí que o *putsch* ocorreu no dia 15 de novembro, três dias antes da data marcada. O desejo do secretário de Estado James G. Blaine era incorporar o Brasil e toda a América Latina, mediante uma área de livre comércio, ao espaço econômico dos Estados Unidos, então, a emergir como a maior potência industrial do mundo, para escoamento de sua superprodução industrial. Esse acordo de livre comércio, a "bolsa comum", fora rejeitado pelo imperador. Era lesivo aos interesses do Brasil, cujo parque manufatureiro, em 1889, possuía mais de 636 fábricas e poderia ser destruído com a entrada maciça de manufaturas dos Estados Unidos, livre de tarifas, no mercado nacional.

O projeto abortou devido à oposição do Chile e da Argentina, países então vinculados aos interesses da Grã-Bretanha. Porém, Salvador de Mendonça, republicano e cônsul em New York, que havia assumido a chefia da Legação do Brasil na Conferência Pan-Americana, em Washington, assinou em 31 de janeiro de 1890, dois dias após James G. Blaine reconhecer a República (29 de janeiro de 1890), um tratado bilateral que isentava de tarifas a entrada de manufaturas dos Estados Unidos no Brasil, sem a cláusula de reciprocidade nas exportações de açúcar para o mercado americano. E aí o Visconde de Ouro Preto (1836-1912), ex-ministro e presidente do último Conselho de Ministros do Império, constatou e declarou ao correspondente do jornal *The Washington Post*, em Paris, que o *putsch*, derrubando a Monarquia, foi de certo modo encorajado pelo secretário de Estado dos Estados Unidos, James Gillespie Blaine.

> *The Viscount of Ouro Preto is a remarkable man. His wonderful energy and the way in which he desist, when in power, with the anarchical elements were partly the cause of the revolution. In the course of our conversation, he gave me about the memorable events of November 1889. In Brazil, some facts not generally known. He called attention to Mr. Blaine's evident inclination to interfere in the internal affairs of other American States, and to his effort to influence the issue in armed struggles between who American nations, as in the case of the Haytian revolution, and of the Chilean-Peruvian war. In doing which Blaine strained every nerve to favor Peru, having obtained from this State the promise of a territorial cessions. Ouro Preto said he has reasons to suspect that Mr. Blaine had fostered the revolution in Brazil, encouraged the republican under the Empire, and given them some practical help to overthrow Dom Pedro II.*[45]

Houve decerto algum impulso externo. Ademais de outros interesses, também se temia, no Departamento de Estado, que o Conde d'Eu, da Casa d'Orleans, atraísse o Brasil para gravitar na órbita da França, caso a Princesa Isabel se tornasse imperatriz, sendo ele o príncipe consorte e um homem muito ativo, que percorrera quase todo o país. Receava-se, inclusive em alguns setores políticos do Brasil, que fosse o Conde d'Eu, na condição de marido, quem *de facto* seria o imperador. Ele era detestado por generais do Exército e muito difamado, em virtude de ser estrangeiro e haver substituído o marechal Luiz Alves de Lima e Silva, o Duque de Caxias (1803-1880), que renunciara ao comando das tropas, ao fim da guerra contra o Paraguai (1864-1870).

O *coup d'État* de 15 de novembro de 1889 não foi, contudo, contingente, nem aconteceu tão somente devido ao plausível encorajamento de James G. Blaine. Diversos fatores econômicos, sociais e de política doméstica haviam corroído as bases da Monarquia. Já houvera dissídios com o Exército e com a Igreja Católica. A propaganda republicana, apesar do lançamento do manifesto de 1870, e da fundação do primeiro Partido Republicano,[46] três anos depois, na Convenção de Itu, interior de São Paulo, crescera lentamente, não sensibilizara o povo e não se identificara com a campanha pela abolição da escravatura.

Contudo, as ideias republicanas, a partir da década de 1880, contaminaram setores das classes médias, principalmente entre os militares jovens do Exército, e ganharam forte apoio dos fazendeiros, senhores de escravos, após a decretação da Lei Áurea.[47] O deslocamento do eixo econômico do Brasil para o sul, a concentrar-se máxime em São Paulo, o desenvolvimento de relações capitalistas de produção e a emergência da burguesia cafeeira como bloco de poder político foram os fatores que viabilizaram e deram substância à República. Como Auguste Comte escrevera: a grande crise final começa, necessariamente, quando se torna *"irrécusable la impossibilité de conserver le régime ancien et le besoin croissant d'un ordre nouveau"*.[48]

## NOTAS

1. "Na verdade, a suposta impopularidade da monarquia, tão ressaltada por Osvaldo Orico, encontrava-se situada justamente na tribuna da Câmara, nos quartéis e na imprensa. Ou seja, naqueles espaços que favoreciam aos críticos do governo tecer opiniões e considerações sobre o regime, conforme sua tendência política. Se nos 'meetings' e nas páginas dos jornais a propaganda republicana atacava a monarquia, nas ruas, entretanto, o panorama era outro. A recepção pouco favorável às ideias republicanas descambava quase sempre em contendas violentas, tumultos e desordens como foi o caso do já citado comício republicano na Sociedade Francesa de Ginástica de 30 de dezembro de 1888, que deixou marcada a Cidade do Rio de Janeiro pela violência." <http://www.snh2011.anpuh.org/resources/anais/14/1307970600_ARQUIVO_ApresentacaoClicea_ANPUH2011.pdf>.

2. Pedro Calmon, s/d, pp. 295-296.
3. Euclides da Cunha, 1995, p. 129.
4. Boris Fausto, 1989, pp. 15-16.
5. <http://www.ebooksbrasil.org/eLibris/ouropreto.html>; José Maria Bello, 1956, pp. 78-83, 89-90.
6. *Apud* José Maria dos Santos, 1930, p. 204; Pedro Calmon, s/d, p. 13.
7. Leôncio Basbaum, 1958, p. 3.
8. <http://www.ebooksbrasil.org/eLibris/ouropreto.html>; Heitor Lyra, 1977, p. 194.
9. José Maria dos Santos, 1931, pp. 284-285.
10. *Ibidem*, p. 284.
11. <http://www.al.sp.gov.br/noticia/?id=346367>.
12. Francisco de Assis Barbosa, 1986, pp. 15-17.
13. Primeiro-Tenente do Quadro Técnico da Marinha do Brasil. Bacharel em Museologia pela Unirio e em História pela UERJ. Especialista em Supervisão Escolar pela UFRJ e em História Militar pela Unirio.
14. <http://www.revistanavigator.com.br/navig5/art/N5_art2.pdf>.
15. Maria de Lourdes Mônaco Janotti, 1986, pp. 17-20.
16. Francisco de Assis Barbosa, 1964, p. 24.
17. <http://www.revistadehistoria.com.br/secao/capa/delirio-das-bussolas>.
18. Maria de Lourdes Mônaco Janotti, 1986, pp. 15-18.
19. <http://www.ebooksbrasil.org/eLibris/fastos.html>.
20. *Ibidem*. <http://www.academiamaranhense.org.br/blog/a-proclamacao-da-republica-no-maranhao>; <http://www.blogsoestado.com/leopoldovaz/2009/08/27/a--guarda-negra/>.
21. Remadores (donos ou trabalhadores) de pequenos barcos usados para transporte e/ou pesca na Bahia.
22. Walter Fraga Filho, 2006, pp. 353-354; <http://bibliotecadacapoeira.blogspot.de/2011/08/macaco-beleza-e-o-massacre-do-tabuao.html>; <http://apeb.org.br/noticias1.asp?reg=413>; <http://anais.anpuh.org/wp-content/uploads/mp/pdf/ANPUH.S25.0794.pdf>.
23. Antônio Ferrão Moniz de Aragão, 1923, pp. 3-6; Walter Fraga Filho, 2006, p. 355.
24. *Apud* Walter Fraga Filho, 2006, pp. 352-354.
25. <http://anais.anpuh.org/wpcontent/uploads/mp/pdf/ANPUH.S25.0794.pdf>.
26. Joaquim Pimenta, 2009, p. 17; Walter Fraga Filho, 2006, pp. 312-313.
27. *Ibidem*, p. 355.
28. <http://docplayer.com.br/6097737-A-guarda-negra-a-capoeira-no-palco-da--politica.html>.
29. Augusto Oliveira Mattos, 2006, p. 110.
30. *Ibidem*, p. 110.

31. Augusto Oliveira Mattos, 2006.

32. <http://docvirt.com/docreader.net/docreader.aspx?bib=ObrasCompletasRuiBar bosa&pasta=Vol.%20XVI%20(1889)\Tomo%20VII&pesq=guarda%20negra>; <http://www.casaruibarbosa.gov.br/arquivos/file/ff%20-%20LaianaLannes.pdf>. Acessado em 01/3/2017.

33. Íntegra da lei Áurea, de 13 de maio de 1888. In Kátia de Queirós Mattoso, 1988, pp. 237-238.

34. Walmyra Ribeiro de Albuquerque, 2008/05.

35. <http://docvirt.com/docreader.net/docreader.aspx?bib=ObrasCompletasRuiBar bosa&pasta=Vol.%20XVI%20(1889)\Tomo%20VII&pesq=guarda%20negra>; Walmyra Ribeiro de Albuquerque, 2008/05; Disponível em: <https://www.scribd. com/document/62710841/Trabaho-A-Guarda-Negra-e-a-Monarquia>; <http:// www.seminariodehistoria.ufop.br/seminariodehistoria2008/t/mattos.pdf>.

36. <http://www.snh2011.anpuh.org/resources/anais/14/1307970600_ARQUIVO_ ApresentacaoClicea_ANPUH2011.pdf. Acessado em 1/3/2017>.

37. <http://portais4.ufes.br/posgrad/teses/tese_6067_Disserta%E7%E3o%20AN-DERSON%20DE%20FREITAS.pdf>; <http://www.capoeira.jex.com.br/croni-cas/capoeiragem+guarda+negra+o+fuzilamento+do+dia+17+parte+iii>; <http:// guardanegra.blogspot.com.br>; <http://www.vermelho.org.br/coluna.php?id_co-. luna_texto=5890&id_coluna=80>.

38. <http://www.ebooksbrasil.org/eLibris/fastos.html>.

39. <http://www2.camara.leg.br/legin/fed/decret/1824-1899/decreto-85-a-23-dezem-bro-1889-543749-norma-pe.html>. Mantida a ortografia original.

40. Maria de Lourdes Mônaco Janotti, 1986, p. 23.

41. <http://www2.camara.leg.br/legin/fed/decret/1824-1899/decreto-295-29-mar-co-1890-541739-publicacaooriginal-47734-pe.html>. Mantida a ortografia ori-ginal.

42. <http://www.ebooksbrasil.org/eLibris/fastos.html>.

43. Ibidem.

44. José Maria dos Santos, 1930, p. 218, pp. 250-251; <http://www.ajd.org.br/arti-gos_ver.php?idConteudo=75>; Nelson Werneck Sodré, 1968, pp. 152, 159-162.

45. Washington Post, 20 de mar. de 1891.

46. Outro Partido Republicano apareceu, posteriormente, no Rio de Janeiro, mas ambos não tinham maior peso eleitoral.

47. "O manifesto republicano de 1870 não tem palavra sobre a abolição". Pedro Calmon, s/d, p. 274.

48. Auguste Comte, pp. 114-116.

## Capítulo 3

PENETRAÇÃO DO POSITIVISMO NA ESCOLA MILITAR • RETROCESSO INSTITU-
CIONAL • POLÍTICA ECONÔMICA DA REPÚBLICA E O "ENCILHAMENTO" • DER-
RUBADA DO MARECHAL DEODORO DA FONSECA • GOLPE DENTRO DO GOLPE
E A DITADURA DE FLORIANO PEIXOTO • LEVANTE DA FORTALEZA DE SANTA
CRUZ • REVOLTA DA ARMADA • INSURREIÇÃO FEDERALISTA NO RIO GRANDE
DO SUL • OUTRA MATANÇA EM SANTA CATARINA • COMUNISMO CRISTÃO DE
CANUDOS • SANGUEIRA NO SERTÃO

A ideia da República penetrou em setores de jovens oficiais do Exército, na década de 1880, com a pregação positivista, feita pelo general de brigada Benjamin Constant Botelho de Magalhães (1833-1891), como professor na Escola Militar da Praia Vermelha e no Clube Militar, a infundir na oficialidade o conceito de soldado-cidadão/cidadão-armado e de *"realiser cette grande combinaison de l'esprit d'ordre avec l'esprit de progrès"*,[1] em meio ao agravamento da questão da escravatura, que atingiu o clímax em março de 1888, quando as fugas começaram a as-sumir o caráter de sublevação em massa. O centro econômico do Brasil já se deslocara virtualmente do Nordeste, com os engenhos de açúcar em decadência, para o Sudeste, *i.e.,* São Paulo, Rio de Janeiro e circun-vizinhanças, ao expandirem as relações capitalistas, desenvolvidas pelo novo modo de produção, pelas técnicas no cultivo de café, bem como pelos investimentos na criação de indústrias de bens de consumo, que a burguesia importadora passou a fazer, em virtude das dificuldades cambiais.[2]

Os fazendeiros de São Paulo, os oligarcas da exportação de café, haviam passado a aplicar em fábricas o excedente econômico, em virtude das crises e da queda do preço da *commodity* no mercado mundial. Também os fazendeiros do Rio de Janeiro o fizeram, dado que a exaustão do solo, no Vale do Paraíba, e a baixa produtividade dos cafezais lhes causaram enormes perdas. Ademais a penetração de capitais estrangeiros, para a implantação de estradas de ferro e outros meios de transporte, concorreram para desarticular as relações pré-capitalistas de produção ainda remanescentes no Brasil. O surto de industrialização havia começado a aluir os alicerces da ordem social e política em que a Monarquia se assentava.

O poder econômico da oligarquia rural da Bahia e de Pernambuco, bem como do Rio de Janeiro, estava em decomposição. Os barões do açúcar do Nordeste e os fazendeiros de café do Vale da Paraíba, dependentes dos comerciantes-comissários, em geral estrangeiros, seus credores, que lhes adiantavam o dinheiro e compravam a produção, a baixo preço, para exportar, tinham suas terras hipotecadas; e os engenhos, movidos a vapor, a força hidráulica ou a tração animal, não eram mais produtivos e rentáveis.[3] O açúcar brasileiro perdeu grande parte do mercado da Europa, principalmente o da Alemanha, ao concorrer com o produto das Antilhas e com o consumo do açúcar (*Zuckerrüben*) extraído de raízes de beterraba.[4]

A República não significou que o povo assumiu o *self government*. Ela centralizou o poder em mãos do presidente, muito mais do que tinha o imperador na Monarquia constitucional e parlamentar, até então existente no Brasil.

"Em lugar desse regimen [Monarquia parlamentar], temos um governo pessoal, expressão poderosa e indomavel da vontade de um só homem, que ás vezes póde não reunir os predicados necessarios para o desempenho da difficil e ardua missão de que se acha investido", escreveu o coronel Malvino Reis, em 1899.[5] Ocorreu no Brasil um retrocesso institucional. Os militares instalaram uma República, não uma democracia, e prepararam o país para a mutação de um bloco social historicamente no poder. Conforme assinalou José Maria dos Santos, "o sistema copiado dos americanos do Norte" resultou em "desastre incalculável".[6] A contradição do poder Executivo com o poder Legislativo pronto ocorreu. As rivalidades políticas e a insatisfação de setores do Exército e da Armada, assim como o dissídio latente entre militares e cafeicultores paulistas, aguçaram-se e levaram o marechal Deodoro da Fonseca a dar outro *coup d'État*. A Constituição não permitia, porém, ele dissolveu o Congresso e decretou o estado de sítio, em 3 de novembro de 1891, quando a oposição tentou aprovar a Lei das Responsabilidades, reduzindo as atribuições do poder Executivo, bem como não aceitou a contestação dos governadores de São Paulo, Minas Gerais e outros Estados. Assim restaurou a ditadura, mas, não teve meios de sustentá-la. O Rio Grande do Sul e vários Estados insurgiram-se. A esquadra, sob o comando do contra-almirante Custódio José de Melo, amotinou-se na Baía de Guanabara. A resistência formou-se no país. E o marechal Floriano Peixoto, homem ambíguo e indecifrável, que estava a conspirar para derruir a base de qualquer apoio ao marechal Deodoro da Fonseca no Exército, transmudou "a própria infidelidade no fiel único da situação", como disse Euclides da Cunha,[7] e deu outro golpe. Compeliu o marechal Deodoro da Fonseca, muito enfermo e ressentido, a renunciar, a fim de evitar uma guerra civil. Impassível, o marechal Floriano Peixoto, como vice-presidente, assenhoreou-se do poder.[8]

O marechal Floriano Peixoto assumiu o governo, não obstante a oposição dos monarquistas e também de vastos setores republicanos, que não reconheciam a legalidade de sua investidura no cargo, porquanto a Constituição estabelecia que deveria haver nova eleição e que o vice-presidente só poderia assumir o governo, sem convocá-la, após dois anos de mandato do Presidente. A demanda era de nova eleição para a presidência da República. Pouco depois, entre o fim de dezembro de 1891 e o começo de 1892, os trabalhadores na rede ferroviária da Central do Brasil, Rio de Janeiro, entraram em greve, encorajados pelo tenente da Marinha e deputado José Augusto Vinhaes, líder do Partido Operário,[9] ameaçando o abastecimento da cidade, a pretexto da prisão de dois guarda-freios da estação de Riachuelo. Os conflitos com a polícia foram violentos, com troca de tiros, vários feridos e 600 presos. Com o recrescer da oposição nos meios militares e políticos, o marechal Floriano Peixoto prendeu, pessoalmente, vários generais, reformou-os e decretou o estado de sítio.[10] O notável jurista Ruy Barbosa (1849-1923), ex-secretário de Estado dos Negócios da Fazenda, no Governo Provisório, impetrou *habeas corpus* em 18 de abril de 1892. O marechal Floriano Peixoto, quando o soube, comentou, ironicamente: "Esta notícia me contraria sobremodo. Se os ministros do Supremo concederem *habeas-corpus* aos políticos, eu não sei quem, amanhã, lhes dará o *habeas corpus*, que por sua vez, necessitarão...".[11] O Supremo Tribunal Federal (STF) negou o *habeas corpus*, acovardado. E assim funcionou o que José Maria dos Santos denominou de "democracia autoritária",[12] realmente autoritária, dado que o presidente da República, mesmo em vigência da Constituição tenha e tem mais poderes que o imperador, como Poder Moderador, na Monarquia parlamentar, que foi derrocada.

O marechal Floriano Peixoto não se intimidava. E, mesmo durante os períodos de crise mais aguda, saía depois de meia-noite, sozinho, pelas portas atrás do Palácio do Itamaraty, onde era a sede do governo, a fim de não ser visto pelos encarregados de sua segurança, e tomava o bonde para casa. Homem frio, de coragem, era austero e pagava com seu dinheiro a própria passagem. No entanto, sua prepotência e despotismo – para ele a Constituição de 1891 não existia, era ele próprio – aprofundaram o descontentamento com a República. Em 22 de janeiro, ocorreu um levante na Fortaleza de Santa Cruz; em 31 de março de 1892, treze generais de mar e terra lançaram um manifesto contra a deposição dos governadores dos Estados, nos quais as províncias foram transformadas, e reclamando eleição imediata para a presidência da República; e, em 10 de abril, eclodiu uma revolta popular nas ruas do Rio de Janeiro. O marechal Floriano Peixoto enfrentou e debelou tais tentativas de contestar a ditadura e, posteriormente, desterrou generais e almirantes para a ilha de Fernando de Noronha, além de confinar outros em diversas prisões, como as fortalezas de Lage, Villegaignon e São João, no Rio de Janeiro.

O *trasfondo* da inquietação e da crise social e política era a forte expansão monetária, que gerou inflação, iniciada na gestão do Visconde de Ouro Preto. Ruy Barbosa, como secretário de Estado dos Negócios da Fazenda, a agravou ainda mais, no governo do marechal Deodoro da Fonseca, com a reforma que permitia aos bancos a emissão de moedas sem lastro. Seu objetivo fora suprir a escassez de meios circulantes, gerada pelo aumento do trabalho assalariado, em consequência da abolição da escravatura, do incremento da imigração de trabalhadores estrangeiros, da industrialização e urbanização, bem como do crescimento do mercado consumidor de bens duráveis e não duráveis, máxime nas praças comerciais do Rio de Janeiro e São Paulo. Seu sucessor, o Barão de Lucena, Henrique Pereira de Lucena (1835-1913), deu continuidade a essa política, celebrizada como "encilhamento".[13]

A intenção do conselheiro Ruy Barbosa e do Barão de Lucena fora estimular a atividade econômica e promover a evolução industrial do Brasil, fundamental para o progresso científico, a civilização moderna e l'esprit positif, conforme a filosofia de Auguste Comte, que os militares, pais fundadores da República, adotavam.[14] O marechal Floriano Peixoto determinou a concessão de ajuda financeira à indústria nacional, bem como concedeu outros favores e elevou a taxa de importação sobre manufaturas já fabricadas no Brasil. Porém, as exportações de café haviam caído, com a abolição da escravatura, abalando toda a economia, e com a consolidação do golpe militar, de 15 de novembro de 1889, a crescente instabilidade política inquietou os banqueiros e os comerciantes que fizeram grandes remessas de ouro para o exterior. As reservas, em Londres, declinaram, continuamente, baixando a níveis de extrema depressão, em virtude da queda do câmbio, dos gastos com armamentos e das dissensões políticas e militares. E o "encilhamento", com a massa em dinheiro posta em circulação pelos bancos emissores, resultou em uma bolha especulativa, jogatina e incontrolável orgia financeira.

A situação econômica e financeira do Brasil ainda era caótica no início dos anos 1890. A abolição da escravatura, seguida pela quebra da ordem constitucional, com a derrubada da Monarquia, conjugou-se com os esforços de expandir a produção de café e, ao mesmo tempo, impulsar a indústria e encorajar a entrada de imigrantes da Europa.[15] O que engravesceu ainda mais a instabilidade do país foi a crise financeira internacional, desencadeada, em 1890, pelo colapso da casa bancária

Barings Brothers, em decorrência do default da Argentina, país do qual era o maior credor. Os valores da dívida soberana do Brasil caíram 31% entre julho de 1890 e junho de 1892 e 19% entre julho de 1890 e junho de 1894.[16] Esse acontecimento afugentou ainda mais os capitais estrangeiros do Brasil.

Assim, a pique de uma crise generalizada, em 6 de setembro de 1893, os navios da Armada, sob o comando dos almirantes Custódio José de Melo (1840-1902), que rompera com o marechal Floriano Peixoto,[17] e Luiz Felipe Saldanha da Gama (1846-1895), alçaram-se, com o apoio de monarquistas e republicanos desiludidos, e abriram fogo contra a cidade do Rio de Janeiro, revoltados com a situação em que o Brasil se encontrava, sob o governo "inconstitucional do Sr. vice-presidente da República e sua política antipatriótica e sanguinária nos Estados, principalmente no Rio-Grande do Sul".[18] O marechal Floriano Peixoto, ao contrário do marechal Deodoro da Fonseca, não se intimidou. Resistiu. E os Estados Unidos logo estacionaram em frente ao Rio de Janeiro "poderosa esquadrilha", o que "dava corpo à ideia de que estavam decididos a intervir, no momento oportuno, em favor da legalidade", conforme Joaquim Nabuco (1849-1910), ao depois embaixador do Brasil em Washington (1905-1910), comentou.[19] A legalidade a que se referiu Nabuco era a República, *i.e.*, o governo do marechal Floriano Peixoto, e os Estados Unidos estavam dispostos a intervir no Brasil se ele solicitasse sua assistência.[20] De tal intenção não apenas o Foreign Office sabia. O Barão de Rothschild também recebera várias vezes a informação, através do seu representante em New York, August Belmont, a informação de que os Estados Unidos poderiam intervir no Brasil, caso se comprovasse a interferência de outra potência para restaurar a Monarquia, afrontando a Doutrina Monroe, e lhe adiantou, confidencialmente, que: 1) o marechal Floriano Peixoto "seria mantido no poder até o fim do seu mandato"; 2) "seria sucedido por um civil"; 3) a República seria mantida a "qualquer custo".[21] Era uma decisão tomada em Washington. E sua informação, assim, se confirmou.

O levante da Armada somou-se e adensou a insurreição federalista, iniciada em 3 fevereiro de 1893, sob o comando de Gaspar da Silveira

Martins (1831-1901) e Gumercindo Saraiva (1852-1894), contra o governo de Júlio de Castilho (1860-1903), no Rio Grande do Sul, e a política centralizadora da República. Defendiam a reforma da Constituição e a adoção do parlamentarismo e a sublevação espraiou-se a Santa Catarina e Paraná. O capitão de mar e guerra Frederico Guilherme de Lorena, comandante da flotilha composta pelos *Palas*; *República*; *Marcílio Dias* e o couraçado *Aquidaban*, com o apoio dos maragatos, federalistas insurrectos do Rio Grande do Sul, instituiu o que se chamou Governo Nacional Provisório, em Desterro, capital de Santa Catarina. Mas foi derrotado em batalha naval, travada em 16 de abril de 1894, e o *Aquidaban*, comandado pelo capitão de fragata Alexandre Farias de Alencar, foi virtualmente a pique pelas torpedeiras *Silvado, Pedro Afonso* e *Gustavo Sampaio*.

O marechal Floriano Peixoto mandou então o tenente-coronel Antônio Moreira César (1850-1897), comandante do 7º Batalhão de Infantaria, assumir com poderes discricionários o governo de Santa Catarina, em Desterro.[22] Lá ele chegou, em 19 de abril de 1894, três dias depois da batalha naval. E, com um "temperamento desigual e bizarro de um epiléptico provado", conforme descreveu Euclides da Cunha, que o conheceu pessoalmente,[23] instituiu em Santa Catarina o *régime de la terreur*. Houve prisões em massa e, "após um ataque epiléptico", promoveu uma charqueada humana. Ordenou enforcamentos e fuzilamentos sumários sem julgamento de centenas de militares, oficiais e soldados, tanto da Marinha, quanto do Exército, e milhares de civis,[24] "com aparato imperdoável de maldade".[25] Restaurou, efetivamente, a pena de morte, abolida pela Constituição Federal.[26] Recusou-se a prestar contas de seus atos.

Como o tenente-coronel Moreira César, em Santa Catarina, o general Francisco Raimundo Ewerton Quadros, comandante do Distrito Militar de Curitiba, instituiu também no Paraná o *régime de la terreur*. Milhares de pessoas foram presas, muitas fuziladas. Ildefonso Pereira Correia, o Barão do Serro Azul (1849-1894), grande produtor de erva-mate, foi forçado a recolher-se ao quartel, juntamente com outros seis, e após alguns meses, em 24 de maio de 1894, foram conduzidos de trem e trucidados, pelo tenente Fileto de Oliveira Pimentel e o alferes João Leite de Albuquerque, perto do Pico do Diabo da Serra do Mar, a 65 km da ferrovia Curitiba-Paranaguá.[27] Os corpos caíram no precipício.

Aconteceu o que August Belmont, desde Washington, antecipara ao Barão de Rothschild: o marechal Floriano Peixoto, em 15 de novembro de 1894, passou o governo a um civil, Prudente José de Moraes e Barros (1841-1902), cujo pai, um boiadeiro, fora assassinado a facadas, em 1849, por um escravo que ele espancara. O marechal Floriano Peixoto, porém, não o recebeu na estação ferroviária da Central do Brasil, quando ele chegou ao Rio de Janeiro, nem lhe concedeu a audiência solicitada. Ignorou-o. Cerca de seis meses depois, em 29 de junho de 1895, faleceu na Fazenda Paraíso, Barra Mansa, Estado do Rio de Janeiro, aos 56 anos. A *causa mortis* foi esclerose hepática hipertrófica.

Contudo a sublevação no Rio Grande do Sul ainda estava a ser debelada. E o desenlace, em 24 de junho de 1895, aconteceu, durante a batalha no Campo Osório, frente à barra do rio Quaraí, nas proximidades de Santana do Livramento e da fronteira fluvial com o Uruguai. O almirante Saldanha da Gama, que estava a combater em terra, foi lanceado duas vezes pelo capitão Salvador Senna, conhecido como Tambeiro, caiu do cavalo e foi degolado.[28] Morreu com honra e dignidade.[29] Dos 105 homens da Marinha, por ele comandados, apenas 29 escaparam da carnificina. Não houve prisioneiros. Todos foram degolados pelos soldados do general Hipólito Ribeiro e do tenente-coronel João Francisco Pereira de Sousa, bem como pela polícia do governador Júlio de Castilho. A ninguém eles pouparam a vida, "nem mesmo às mulheres e às crianças das cercanias".[30] A guerra civil nos Estados do Sul foi a ferro e fogo estancada, em agosto 1895, após 31 meses de combates. As "sangras", as "degolas" e as atrocidades, que ambas as partes cometiam, custaram a vida de aproximadamente 10.000 pessoas, militares e civis, ou mais.[31]

À mesma época, 1893, ano em que irrompeu, no Rio de Janeiro, a Revolta da Armada, o camponês Antônio Vicente Mendes Maciel (1830-1897), que se afamou como Antônio Conselheiro, organizou no arraial de Canudos, à margem do rio Vaza-Barris e a 119 km distante de Monte

Santo, sertão da Bahia, uma comunidade, a conglomerar mais e mais camponeses, não só baianos, mas também centenas de outros, tanto o matuto, o tabaréu crendeiro, quanto o escravo liberto, o jagunço e o cangaceiro remido do crime pela religião, oriundos de todas as províncias do Nordeste, unidos na mesma fé em Deus e por princípios igualitários, muito próximos, similares, aos do comunismo dos primeiros cristãos. Os que para lá afluíam passavam a viver como na primeira comunidade cristã de Jerusalém, ao tempo do domínio de Roma, assim descrita nos Atos dos Apóstolos, escrito pelo evangelista São Lucas: "Entre eles nenhum necessitado havia, pois todos os que possuíam terrenos ou casas vendiam-nas, traziam o produto da venda e depositavam-no ao pé do Apóstolo. E a cada um era distribuído conforme a sua necessidade".[32] Euclides da Cunha comparou a comuna de Canudos a um falanstério, em que havia uma "forma exagerada de coletivismo tribal dos beduínos". A apropriação pessoal limitava-se aos objetos móveis e às casas; a comunidade tinha a propriedade "absoluta da terra, das pastagens, dos rebanhos e dos escassos produtos das culturas"; "os filhos não tinham na fronte o labéu indelével da origem" e o Conselheiro "se não estimulava, tolerava o amor livre".[33]

Outrossim, Edmundo Moniz, em sua obra *A guerra social de Canudos*, escreveu que a comuna societária de Antônio Conselheiro lembrava as doutrinas e as tentativas de Fourier e Robert Owen, em que à agricultura e ao pastoreio, organizados em forma comunal, ajustava-se, através da exportação de couro, a participação no mercado mundial.[34] Canudos era uma sociedade fundada nos moldes do comunismo de consumo, como a dos primeiros cristãos, e segregada da República, à qual Antônio Conselheiro não reconhecia legitimidade e não aceitou as tábuas do prefeito de Juazeiro, que decretava a autonomia do município e afixava os editais para a cobrança de impostos. A República afigurava-lhe uma heresia anticristã, um regime de ímpios, a instituir o casamento civil, separar a Igreja do Estado etc.

Canudos virtualmente convertera-se em reduto monarquista, de camadas populares, do campo e até mesmo de cidades circunvizinhas. E, embora Antônio Conselheiro não pretendesse subverter a ordem instituída, com uma sublevação camponesa, o exemplo da comuna societária afigurava subversivo aos latifundiários, os "coronéis" do sertão. Era uma revolução passiva. Atraía pobres camponeses oprimidos, os famélicos do Nordeste, e negros libertos, marginalizados. Sua população cada vez mais crescia. Avolumava-se. E eis porque a insólita organização social, para onde fluíam milhares de camponeses, levando seus bens para entregar a Antônio Conselheiro, como faziam os primeiros cristãos congregados pelos apóstolos, assustou as classes dominantes, os latifundiários do sertão. Assim, quando se soube da fragorosa derrota da expedição, sob o comando do coronel Moreira César e de sua morte, o radicalismo florianista exacerbou-se entre militares e civis republicanos. Porém, estudantes de quatro escolas superiores da Bahia publicaram um manifesto, no qual esclareceram que

> Agora, oppondo-se loucamente ao regimen da lei, que houve mister impôr-se pela força das armas, os conselheiristas não cogitam de certo em restaurar a instituição decahida. Nutrem, sim, a insana pretenção de se conservarem independentes, livres de toda a acção governamental; mas no egoísmo característico daquella ignorância invencível, nunca pensaram em destruir a republica.[35]

Outrossim, o ex-governador da Bahia, Antônio Moniz (1875-1931), acentuou que Antônio Conselheiro "nunca pensou em atentar contra o governo do Estado, quanto mais contra as instituições republicanas. Jamais atacou. Defendeu-se."[36]

De efeito, a burguesia cafeocrata, à qual o marechal Floriano Peixoto, que gostaria de continuar, teve de passar o poder, necessitava de um inimigo para combater e, assim, consolidar sua hegemonia. A imagem de Antônio Conselheiro, que decerto não aceitava e nem pregava contra a República, foi, então, construída pela imprensa e pelo governo com a dimensão de grande ameaça ao regime, era o jagunço,[37] à frente de religiosos fanáticos e perigosos etc. Daí que milícias da polícia do Estado da Bahia, primeiramente, e com batalhões do Exército, a partir de novembro de 1896, empreenderam expedições para destruir Canudos, uma simples aldeia, talvez com cerca de 20.000 a 30.000 habitantes,[38] entre os quais milhares de velhos, mulheres e crianças, situada no adusto sertão da Bahia. Havia uma simbiose dos sertanejos com a natureza da região e a solidariedade de populações das circunvizinhas, que lhes forneciam mantimentos, através dos mais diversos caminhos, durante o assédio pelas tropas do governo. Lutaram, com foices, facões, primitivos bacamartes, espingardas, garruchas, fuzis modernos e munições, capturados dos soldados abatidos, e fabricavam a pólvora com salitre extraído das camadas calcárias, existentes na região. Irrompiam, de modo súbito e inesperado, de todas as quebradas da serra, atacavam e desapareciam, "invisíveis como misteriosas falanges de duendes..., fugindo, sistematicamente, à batalha decisiva", contou Euclides da Cunha.[39] A tática era de guerrilha, adaptada à topografia do sertão.

Os sertanejos derrotaram duas expedições do Exército, afora duas das milícias do Corpo Policial da Bahia, até janeiro de 1897. E, em março, a terceira expedição também se desastrou. O 7º Batalhão de Infantaria, sob o comando do coronel Antônio Moreira César, apesar de equipado com os mais modernos armamentos, *artilharia* – com quatro canhões Krupp, granadas Sarapanel, fuzis de repetição Comblain, baioneta curta, Mannlichers – foi destroçado e dispersado pelos sertanejos. Os soldados debandaram e, na fuga, abandonaram o cadáver do coronel Antônio Moreira César, que falecera, após receber dois tiros, um no ventre, mortal. O coronel Pedro Tamarindo, que o substituiu no comando, não sobreviveu. Seu cadáver foi posto em cima de uma árvore seca, encontrado meses depois, e cabeças de soldados prisioneiros decepadas e espalhadas ao longo da estrada, para assustar as tropas que ainda viessem atacar o arraial de Canudos. Acendeu-se o pânico nas elites, máxime nas cidades do Rio de Janeiro e São Paulo, ante a propalada ameaça dos jagunços, como eram aqueles camponeses pejorativamente chamados, e na República em perigo. O radicalismo florianista inflamou-se no Exército. As paixões extremaram-se em capitais de Estados. Destarte, os militares florianistas e republicanos fanáticos se tornaram, cometeram violências, trucidaram o coronel Gentil José de Castro, amigo do imperador, já falecido, pilharam-lhe a casa, empastelaram os jornais monarquistas

*Liberdade* e *Gazeta da Tarde*, no Rio de Janeiro,[40] e várias ocorrências houve em São Paulo, Salvador e outras capitais.

Sitiada, bombardeada, ininterruptamente, e a sofrer sucessivos assaltos, de cerca de 10.000 a 12.000 soldados de 30 batalhões do Exército, procedentes de vários Estados, sob o comando do general Arthur Oscar de Andrade Guimarães e do próprio ministro da Guerra, Carlos Machado de Bittencourt (1840-1897),[41] bem como pelo 5° Corpo de Polícia da Bahia e outros, "Canudos não se rendeu", contou Euclides da Cunha, acrescentando que foi "exemplo único em toda a história, resistiu até ao esgotamento completo".[42] Era 5 de outubro de 1897. Antônio Conselheiro não assistiu ao fim. Enfermo, falecera em 22 de setembro.[43] O arraial foi devastado, cerca de 5.200 casas demolidas e/ou incendiadas.[44] Só ruínas e escombros restavam. Urubus e cães esfomeados devoravam cadáveres que apodreciam ao sol do sertão. Muitos feridos agonizavam entre as chamas das casas incendiadas e dinamitadas. Como sempre, ao longo da campanha, prisioneiros não houve. Homens e, inclusive, mulheres, velhos e moços, maltrapilhos, esfomeados e sedentos, que os soldados aprisionaram ou que se entregaram, cerca de 600 ou 4.000 (os números são incertos), todos foram degolados, tiveram a carótida cortada, era a "gravata vermelha", ou simplesmente desventrados a facão. Assim pereceram por ordem do ministro da Guerra, Carlos Machado de Bittencourt, e do general Arthur Oscar de Andrade Guimarães. Calcula-se que o total dos que tombaram em Canudos, ao longo da guerra, chegou a 20.000 ou 25.000 sertanejos. A estimativa é de que o Exército e as milícias do Corpo Policial da Bahia tiveram entre 5.000 a 6.000 baixas. Assim, somados todos os que expiraram, em combates ou massacres, de 1889 a 1897, a implantação da República custou mais do que 40.000 vidas. O Brasil sangrou.

## NOTAS

1. Auguste Comte, 1949, pp. 128-129, 140-141. A divisa Ordem e Progresso, do positivismo, foi inserida na bandeira brasileira, no lugar do emblema imperial, mas foram mantidas a bandeira, desenhada por Jean-Baptiste Debret, e as cores verde,

da casa de Bragança, e amarelo, da casa de Habsburgo, simbolizando a união matrimonial de Dom Pedro I com a imperatriz Maria Leopoldina (1797-1826), filha de Franz I, imperador da Áustria e da Confederação Germânica.

2. Raymundo Faoro, 1976, pp. 522-523.

3. *Ibidem*, pp. 504-505.

4. O químico alemão Andreas Marggraf (1709-1784) anunciou a descoberta do *Zuckerrüben*, em 1747. Seu discípulo, Franz Karl Achard (1753-1821), instalou depois, na Prússia, a primeira usina (*Rübenzuckerfabrik*) e desenvolveu o método de produção, que foi aperfeiçoado, gradativamente, no curso dos séculos XIX e XX.

5. Malvino Reis. 1899, p. 6. Mantida a grafia original.

6. José Maria dos Santos, 1930, p. 250.

7. Euclides da Cunha, 1995, p. 130.

8. *Ibidem*, p. 132.

9. Havia outro Partido Operário, no Rio de Janeiro, dirigido pelo tipógrafo Luiz França e Silva.

10. Assim foi que, em 10 de abril de 1893, "por méro decreto presidencial, foram reformados *treze* presos generaes de mar, e terra e com outros cidadãos, deportados para longínquas paragens, como Cucuhy, Tabatinga e S. Joaquim do Rio Branco, no extremo Norte". Malvino Reis, 1899, p. 21. Mantida a ortografia original.

11. José Maria Belo, 1956, p. 141; José Maria dos Santos, 1930, pp. 277-278.

12. *Ibidem*, p. 414.

13. "Encilhamento" é uma expressão da hípica, que significa arrear o cavalo para a corrida.

14. Auguste Comte, 1949, pp. 69-71, pp. 224-225.

15. <http://www.histecon.magd.cam.ac.uk/docs/contagion_triner.pdf>.

16. Ibidem. <http://www.helsinki.fi/iehc2006/papers1/Mitchener.pdf>. <http://www. scielo.br/pdf/ecos/v19n1/a06v19n1.pdf>.

17. O almirante Custódio José de Melo ocupou no governo do marechal Floriano Peixoto os Ministérios da Marinha, Guerra e Relações Exteriores.

18. Ofício do contra-almirante Custódio José de Melo. In Epaminondas Villalba, 1897, pp. 23-24.

19. Joaquim Nabuco, 1896, pp. 41, 52, 57, 84-86, 91, 92 e 114. Sobre o tema, ver Luiz Alberto Moniz Bandeira, 2007, pp. 211-217.

20. *Letter*, "August Belmont to N. M. Rothschild", New York, 17/11/1893. *Letter*, "Belmont to Lord Rothschild", New York, 22/11/1893. Sobre o tema, ver também Clodoaldo Bueno, 1984, pp. 33-52.

21. *Letter*, "August Belmont to Lord Rothschild", New York, 1/11/1893.

22. Desterro, capital de Santa Catarina, passou a chamar-se Florianópolis em homenagem ao marechal Floriano Peixoto.

LUIZ ALBERTO MONIZ BANDEIRA

23. Euclides da Cunha. 1995, p. 301.
24. Milton Miró Vernalha, 1984, pp. 353-358.
25. Euclides da Cunha, 1995, p. 303.
26. José Maria Belo, 1956, pp. 175-76.
27. Milton Miró Vernalha, 1984, pp. 350-353.
28. *Ibidem*, pp. 358-360.
29. General reformado do Exército Honorato Caldas, 1896, pp. 144-154. Ângelo Dourado, 1979, pp. 410-411.
30. Almirante Arthur Thompson, 1934, pp. 343-349.
31. "A tragédia de desterro". Disponível em: <http://www2.uol.com.br/historiaviva/ reportagens/a_tragedia_de_desterro_imprimir.html>, <http://hid0141.blogspot. de/2011/05/tragedia-de-desterro-uma-das-passagens.html>.
32. Atos dos apóstolos IV, pp. 34-35; Atos dos Apóstolos II, pp. 42-47, IV 32. *"Denn kein Notleidender war unter ihnen. Alle nämlich, die Grundstücke oder Häuser besaßen, verkauften sie und brachten den Erlös vom Verkauften und legten ihn zu den Füßen der Apostel, und es wurde einem jeden zugeteilt, je nachdem einer bedürftig war"*, Apostelgeschichte, 4 Kapitel, p. 34-35, *Das Neue Testament*, p. 159, in Die *Heilige Schrift des Alten und Neuen Testamentes*, 1965.
33. Euclides da Cunha, 1995, pp. 233, 306.
34. Edmundo Moniz, *A guerra social de Canudos*, 1978, p. 31,73.
35. Afonso Celso, s/d, p. 159, Brasiliana Digital, disponível em <http://www.brasiliana. usp.br/bitstream/handle/1918/00557300/005573_COMPLETO.pdf>. Foi mantida a ortografia original.
36. Antônio Moniz de Aragão, 1923, p. 122.
37. "Jagunço" era o termo usado para os capangas que os "coronéis" do sertão contratavam para defender suas terras ou ocupar outras, nas adversidades que surgiam. Foi aplicado pejorativamente aos sertanejos, adeptos de Antônio Conselheiro, habitantes de Canudos, na campanha política, apresentando-os como facínoras e fanáticos para, dessa forma, justificar a sangrenta repressão.
38. As estimativas variam e nenhuma dá qualquer certeza.
39. Euclides da Cunha, 1995, p. 609.
40. Afonso Celso, s/d, p. 159, Brasiliana Digital, disponível em <http://www.brasiliana. usp.br/bitstream/handle/1918/00557300/005573_COMPLETO.pdf>.
41. O general Carlos Machado de Bittencourt morreu apunhalado por anspeçada do 10º Batalhão de Infantaria, Marcellino Bispo de Mello (1849-1898), quando tentou evitar o assassinato do presidente Prudente de Moraes, durante a recepção das tropas que lutaram em Canudos, no Arsenal de Guerra, no Rio de Janeiro.
42. Euclides da Cunha, 1995, p. 513.

43. Antônio Conselheiro depois foi desenterrado, cortaram-lhe a cabeça e levaram-na para exame craniométrico, pelo professor Raimundo Nina Rodrigues (1862-1906), no Instituto de Medicina Legal da Bahia, conforme as teorias da antropologia criminal, do criminalista italiano Cesare Lombroso (1835-1909), criador da escola positivista de criminologia. O professor Nina Rodrigues constatou que nenhuma anomalia havia no crânio de Antônio Conselheiro que o predestinasse a ser um fanático ou criminoso.

44. Euclides da Cunha, 1995, p. 513.

## Capítulo 4

CONGRESSO DOS TRABALHADORES EM PARIS • FORMAÇÃO DA II INTERNA-CIONAL • LUTA PELA JORNADA DE OITO HORAS • MASSACRE EM CHICA-GO • MÁRTIRES DA CLASSE OPERÁRIA • ECOS DA LUTA PELA REDUÇÃO DA JORNADA DE TRABALHO NO BRASIL • IMIGRANTES ASSALARIADOS COMO NOVOS ESCRAVOS • EX-ESCRAVOS COMO *LUMPENPROLETARIAT* • TENTATIVAS DE FUNDAÇÃO DE PARTIDOS OPERÁRIOS • INTERNACIONAL SOCIALISTA NO BRASIL • SOCIAIS-DEMOCRATAS E ANARQUISTAS NO BRASIL

Seis meses antes do golpe de Estado perpetrado pelos militares positivistas, que instalaram a República no Brasil, um congresso dos trabalhadores realizou-se em Paris, no dia 14 de julho de 1889, data da queda da Bastilha e centenário da Revolução Francesa. Socialistas da Bélgica, da Alemanha e de mais 20 países fundaram, então, a Internacional Socialista ou II Internacional (1889-1916). Friedrich Engels (1820-1895) ajudou a preparar o evento, coordenado por Pablo Lafargue (1842-1911), nascido em Cuba e genro de Karl Marx, e Jules Guesde (1845-1922).[1] A II Internacional devia ocupar o *vacuum* deixado pela Associação Internacional dos Trabalhadores (AIT), ou I Internacional (1864-1876), dissolvida em 1876,[2] após o esmagamento da Comuna de Paris.[3] A dissolução ocorrera devido às divergências entre Karl Marx e os ideólogos do anarquismo, Mihail Bakunin (1814-1876) e Serguei G. Netchayev (1847-1882)[4] que publicaram a brochura *Der Revolutionskatechismus* (*O catecismo da Revolução*), com a pregação de que "um revolucionário [...] não conhece senão uma só ciência: a da destruição" e "para ele, o que é moral é o que favorece o triunfo da Revolução, o que é imoral e criminoso é o que a contraria".[5]

A II Internacional Socialista congregaria os partidos operários, que se haviam formado ou começavam a se formar, em diversos países, denominados socialistas, sociais-democratas ou trabalhistas, sob maior ou menor influência das doutrinas de Karl Marx (1818-1883), Friedrich Engels (1820-1895), Ferdinand Lassalle (1825-1864) e Jean Jaurès (1859-1914).[6] Os representantes de todos os países, exceto França, votaram pela exclusão das tendências anarquistas por não aceitarem a participação nas atividades políticas. Bakunin defendia somente a ação, o que significava promover greves, manifestações de massa, boicotes, sabotagens e outros atos de atos de terrorismo, como assassinatos e ataques com bombas.[7] Pierre-Joseph Proudhon (1809-1865) não cria na capacidade política da classe operária, visto que ela não tinha perfeita consciência da força que possuía por ser mais numerosa, se comparada à burguesia.[8]

Em 1879, Pablo Iglesias (1850-1925) havia fundado, na Espanha, o Partido Obrero Socialista Español e participou do Congresso dos Trabalhadores em Paris. Em Havres, na França, o Parti Ouvrier (PO), cujo prefácio do programa o próprio Marx escrevera, fora organizado, em 1880, por Jules Guedes (1845-1922) e Pablo Lafargue (1842-1911). Em 1883, Georgi Valentinovich Plekhanov (1857-1918), Pavel Borisovich Axelrod (1850-1928) e Vera Ivanovna Zasulich (1849-1919), que traduziu obras de Karl Marx para o russo, criaram, na Suíça, o grupo de Emancipação do Trabalho, núcleo gerador do Partido Operário Social-Democrata da Rússia (Rossiyskaya Sotsial-demokraticheskaya Rabochaya Partiya – RSDRP), fundado em 1898, na cidade de Minsk (capital da Bielorrússia).[9]

Em meio à Revolução Industrial, que se processou, na Inglaterra, entre as últimas décadas do século XVIII e até quase a metade do século XIX, houve tentativas de criar *trade unions* para defender a classe operária, submetida à mais cruel exploração. Lord Byron (1788-1824), no primeiro discurso que pronunciou, ao assumir em 1812 sua cadeira no Parlamento, a House of Lords, disse haver viajado pelas mais oprimidas províncias da Turquia, mas nunca viu, nem sob os mais despóticos governos, *"such squalid wretchedness"*, como viu, ao retornar à Inglaterra, *"in the very heart of a Christian country"*.[10] Ele estava a defender os luddistas, operários tecelões e outros, que, sob a liderança de um incerto Ned Ludd, assaltavam as fábricas e destruíam as máquinas, os novos teares, responsáveis pelo seu desemprego, miséria e fome, em Nottingham, leste da Midland da Inglaterra.[11] Os operários, homens, mulheres e crianças, todos igualmente trabalhando, continuaram a sofrer disenteria bacteriana e outras moléstias, fome e alta mortalidade, na miséria. As condições em que viviam eram terríveis.[12] Mas as tentativas de organizar, unificar e legalizar o movimento da classe trabalhadora, que não era homogêneo, defrontaram-se com maiores obstáculos, a começar pela constante hostilidade dos empresários. As associações operárias, que se formavam, eram consideradas ilegais e havia sanções, como o encarceramento de operários ou deportação para a Austrália.

Em 1830, agravou-se a crise econômica na Inglaterra, indústrias fecharam, o desemprego aumentou, salários foram reduzidos e surgiram sindicatos no norte do país. E o Parlamento, em 1833, aprovou The Slavery Abolition Act, acabando com a escravatura nas colônias, porém, apenas formalmente, uma vez que só os escravos com menos de seis anos de idade seriam libertados, os demais deveriam, *de facto*, trabalhar sob o rótulo de *"apprentices"*, além de que a abolição não se estendia *"to any of the Territories in the Possession of the East India Company, or to the Island of Ceylon, or to the Island of Saint Helena"*.[13]

Robert Owen (1771-1858), industrial e teórico do socialismo cooperativista, começou, desde 1800, a defender, na Inglaterra, a redução para dez horas da jornada de trabalho diária, uma vez que tal jornada chegava até 14 horas. Em 1834, ele criou a Grand National Consolidated Trades Union, quando forte agitação ocorria nos campos, ao norte da Inglaterra, por causa dos trabalhadores a queimar montes de feno e a quebrar máquinas.[14] William Lamb, Lord Melbourne,[15] como secretário de Estado para os Assuntos do Interior, mandou reprimir severamente participantes da revolta e alguns, acusados de sedição, foram deportados para a Austrália. A Grand National Consolidated Trades Union organizou manifestações, mas nada conseguiu.

Somente em 1847, o Parlamento por fim aprovou uma lei a reduzir a jornada de mulheres e crianças e, na prática, dos homens para dez horas diárias de trabalho, como Robert Owen reclamara por décadas antes. As *trade unions*, antes proibidas até o Combination Act de 1825 e depois semitoleradas, mas com restrições, só foram descriminalizadas e legalizadas pelo Trade Union Act de 1871, quando então se constituiu o Trades Union Congress (TUC). Em 1884, Henry M. Hyndman (1842-1921), um industrial que aderira às ideias de Marx, após ler *O Capital*, fundou a Social Democratic Federation (SDF). Seu programa era fundamentalmente socialista. Mas Henry M. Hyndman transformou o marxismo em dogma, conforme Kautsky escreveu a Engels, dessa forma, o SDF não passou de uma seita,[16] não sobreviveu muito tempo. Na década de 1890, das Trades Union Congress emergiram o Independent Labour Party e, depois, o Labour Party, sob a influência da Fabian Society. *Think tank* foi fundado em 1884, do qual Beatrice (1858-1943) e Sidney Webb (1859-1847) foram grandes expressões teóricas, juntamente com o grande dramaturgo George Bernard Shaw (1856-1950).

Nos Estados Unidos, o movimento operário começou a organizar-se, a partir de 1882, como Central Labor Union, sob a liderança do maquinista Mathews Maguire e do alfaiate Robert Blissert. A demanda pela redução da jornada de trabalho a 8 horas diárias tornara-se cada vez mais intensa, desde a grande depressão dos anos 1870. Em 1886, Peter James McGuire (1852-1906), membro da Brotherhood of Carpenters, e o carpinteiro Samuel Gompers (1850-1924), dirigentes da American Federation of Labor (AFL), fundaram, em Columbus, Ohio, o Socialist Labor Party (antes Social Democratic Party). Socialistas alemães, que emigraram para os Estados Unidos, após o fracasso da revolução de 1848-1849, a Primavera dos Povos, lá organizaram, por volta de 1876/1878, o Partido Operário Socialista (Socialist Labor Party), posteriormente adensado por outros alemães, também adeptos das doutrinas de Karl Marx e Friedrich Engels, bem como de Ferdinand Lassalle e anarquistas, fugitivos da repressão desencadeada pelo *Kanzler* Otto von Bismarck (1815-1898), após promulgar e o Reichstag aprovar a lei (*Sozialistengesetz*),[17] de 21 de outubro de 1878, proscrevendo como perigo público o Partido Operário Social-Democrata da Alemanha (Sozialdemokratische Arbeiterpartei Deutschlands – SDAP), constituído em 1869.[18] O pretexto foram os atentados fracassados, que o funileiro Emil Heinrich Max Hödel e o intelectual Karl Edward Nobiling cometeram contra a vida do imperador da Alemanha, Wilhelm I. Marx e Engels condenaram os atentados.[19] Engels considerou-os uma *"Dummheit"* [estupidez] e comparou-os aos atos de terror cometidos pelos Fenianos, no parque Phoenix (Irlanda), que ele qualificou como *"bloße Dummheit"* [mera estupidez] e *"pure bakunistische, renommistische, zwecklose 'propagande par le fait'"* [pura bakuninista, fanfarronesca, inútil "propaganda pelo fato"].[20] O que Bismarck temia era o crescimento da social-democracia e que ocorresse na Alemanha uma insurreição como a Comuna de Paris, em 1871. A *Sozialistengesetz* foi revogada em 1890, no ano seguinte à criação da II Internacional.

A fundação da Internacional Socialista ocorreu à mesma época que, nos Estados Unidos, se aguçara a demanda pela limitação da jornada a oito horas de trabalho. Três anos antes, em 4 de maio de 1886, a Central Labor Union e a Knights of Labor, em Chicago (Illinois), havia realizado a celebração do dia do trabalho, na Haymarket Square, onde se concentrara expressiva massa de cerca de 30.000 ou mais trabalhadores socialistas, anarquistas, sindicalistas e imigrantes de várias nacionalidades – poloneses, tchecos e alemães. As manifestações transcorreram pacificamente durante vários dias, mas, em 4 de maio, com a deflagração da greve na McCormick Reaper Factory, a violência eclodiu. Uma bomba estourou na Haymarket Square, matando um policial e ferindo oito que posteriormente morreram, porém, a repressão da polícia, instigada pelo empresariado e pela imprensa, sobremodo pelo diário *Chicago Tribune*, foi extremamente cruel. Dezenas de operários foram mortos e muitos capturados, em sua grande maioria estrangeiros, principalmente alemães.

O julgamento foi uma farsa. Evidência não havia, nem provas para incriminar os operários. Contudo, o tribunal condenou-os. Dos oito sujeitos à pena de morte, três – Michael Schwab (1853-1898); Oscar William Neebe (1850-1916), alemães; e Samuel Fielden (1847-1922), filho de ingleses – tiveram a pena comutada para prisão e quatro foram enforcados: dois americanos, Albert Richard Parsons (1848-1887) e

August Vincent Theodore Spies (1855-1887), e dois alemães, George Engel (1836-1887) e Adolph Fischer (1858- 1887). Caminharam para o patíbulo, cantando a Marselhesa. Um outro alemão, Louis Lingg (1864-1887), carpinteiro e anarquista, não quis dar ao inimigo o prazer de enforcá-lo. Suicidou-se com um pequeno explosivo (blasting cap)[21] na boca, um dia antes da execução, ocorrida em 11 de novembro de 1887. Seis anos depois, 6 de junho de 1893, o governador de Illinois, John Altgeld (1847-1902), nascido em Rheinland-Pfalz (Alemanha), e naturalizado americano, reconheceu que os condenados à morte, a pretexto da explosão da bomba na Haymarket Square, eram inocentes. Perdoou-os. E, em 1894, recusou-se a reprimir a greve na rede ferroviária Pullman, liderada pelo notável líder socialista Eugene V. Debs (1855-1926).

O massacre em Chicago e o martírio dos quatro operários executados causaram forte impacto na Europa. A Internacional Socialista, por proposta de Pablo Lafargue, lançou, então, a campanha pela jornada de oito horas de trabalho e decidiu celebrar o Primeiro de Maio como data de protesto, em homenagem aos mártires de Chicago. A luta pela redução da jornada de trabalho e o massacre dos operários de Chicago também ecoaram no Brasil, onde nas cidades do Rio de Janeiro e de São Paulo, as mais industrializadas, os trabalhadores deviam cumprir suas tarefas de 12 a 14 horas, no mínimo, ou mais, por dia, de segunda a sábado, e domingo, por até 12 horas, sem nenhum direito assegurado. Assim, a repercutir os acontecimentos de Chicago, o tipógrafo Luís da França e Silva, dirigente de um dos partidos operários existentes no Rio de Janeiro e editor do jornal A Voz do Povo,[22] apresentou, na Assembleia Nacional Constituinte de 1891, um projeto para redução da jornada de trabalho a oito horas diárias, que recebeu apoio de Lauro Müller (1863-1926). E, na Câmara de Pernambuco, em 1891, o ex-maquinista, ex-limador e dirigente da Sociedade dos Artistas Mecânicos e Liberais, Jerônimo José Telles Jr., eleito deputado pela Liga Operária, braço do Partido Operário de Pernambuco, apresentou, também, o Projeto de Lei n° 10, que determinava: "o número de horas de trabalho para o operário fica reduzido a oito por dia."[23] Não teve êxito. O Senado rejeitou-o.[24]

Conquanto em 1875 trabalhadores dos arsenais militares já houvessem editado o jornal a *Gazeta dos Operários*, a reclamar das más condições em que viviam, outras publicações apareciam na década de 1880, entre as quais *A Revolução Social, O Proletário, A Barricada* (1876-1878), *O Carbonário, O Operário, A Revolução, O Nihilista* e *Gazeta Operária* (1881-1883),[25] porém, no movimento operário, no Brasil, faltava consistência, além do ideal socialista afigurar-se difuso e caótico. Os jornais eram de efêmera existência e circulação restrita. E as fábricas instaladas, a maioria em São Paulo e no Rio de Janeiro, eram de pequeno e médio porte, produções voltadas, sobretudo, para tecelagens, alimentos e diversos outros bens de consumo. Eram relativamente poucas e várias, às vezes só funcionavam dois dias por semana. Ao fim do século XIX havia no país cerca, ou mais, de 903 fábricas, das quais 636, em São Paulo, que empregavam mais de 50.000 trabalhadores, cerca de 90% estrangeiros, quase a totalidade de italianos, entre homens, mulheres e crianças maiores de cinco anos.[26] O marechal Deodoro da Fonseca, em 17 de janeiro de 1891, já havia referendado um decreto do ministro do Interior, Cesário Alvim (1839-1903), a fim de "regularizar o trabalho e as condições dos menores em avultado número empregados nas fábricas do Distrito Federal [...]".[27] O decreto restringia o âmbito da regularização à cidade do Rio de Janeiro, então Distrito Federal. Mas o fato foi que as crianças, assim como homens e mulheres, não só no Distrito Federal, como também no resto do país, continuaram a viver na penúria, em casas insalubres sem nenhum conforto, ruas infectas com escassez de água, luz e esgotos, raras escolas e salário insuficiente para as suas necessidades diárias. Em tais circunstâncias, as greves tornaram-se contínuas, e a repressão intensificou-se durante ditadura do marechal Floriano Peixoto, sobretudo, quando eclodiu a Revolta da Armada. O governo republicano, segundo Mauricio de Lacerda, não descurou de aprovar leis de exceção em face das associações operária que surgiam.[28] E a polícia fechou os jornais operários *L'Asino Umano*; *La Giustizia*; *La Bestia Umana*; *L'Operaio* e *Paulistaner Echo*, bem como *A Platéa*; *La Patria Italiana* e *O Commercio de São Paulo*.

Os negros libertos, quase um milhão espalhados no país, enfrentavam ainda muito maiores vicissitudes para sobreviver. Se antes, como escravos, representaram investimentos de capital, razão pela qual os fazendeiros lhes davam comida, roupas, ainda que ruins, e lugar onde dormir, a senzala, a fim de lhes conservarem vivos e preservar sua força de trabalho, os negros libertados dificilmente encontravam emprego nas indústrias. Eram discriminados pelos empresários, considerados como pessoas sem capacitação e sem mentalidade, com outros hábitos e costumes, para o trabalho assalariado, daí a preferência pelos imigrantes, em geral, artesãos, trabalhadores desempregados e outros. De 1890 a 1900, em uma década, entraram no Brasil mais de 1,2 milhão de estrangeiros, procedentes da Europa.[29]

A Lei Áurea libertou os escravos do açoite, do trabalho forçado, da crueldade de fazendeiros, mas não lhes deu "garantia de segurança econômica, nenhuma assistência especial", como escreveu a historiadora Kátia de Queirós Mattoso.[30] Nem a República também lhes deu. Não havia recursos nem consciência do problema. Tornou-se difícil a reinserção social dos ex-escravos homens. Eles passaram, assim, a constituir o *Lumpenproletariat*, marginalizados do processo produtivo, nas cidades mais industrializadas, como São Paulo e Rio de Janeiro, onde muitos padeciam e sucumbiam de tuberculose, anemia e/ou outras doenças, caíam também na criminalidade, vagabundagem e mendicância. Enquanto isso, as mulheres se degradavam na prostituição, contaminadas por moléstias infecciosas venéreas, como a sífilis, ou encontravam emprego, na maioria das vezes, no serviço doméstico, como cozinheiras, lavadeiras etc. Daí que muitos africanos e crioulos, sobretudo no Nordeste, permaneceram ou voltaram a trabalhar nas fazendas, mesmo sem pagamento, somente para ter alimento e onde morar. Como escreveu José Maria Bello, os que desertaram dos "tradicionais feudos, na embriaguez da inesperada liberdade, mais nociva que benéfica à sua incapacidade de iniciativa" procuraram "de novo a sombra protetora das 'casas-grandes'".[31] E continuaram a trabalhar nas plantações de café, alguns na condição de meeiros, e não como assalariados, a sofrer, sobretudo em São Paulo, a concorrência dos imigrantes, que eram preferidos pelos fazendeiros, por serem culturalmente melhor qualificados.[32]

O Brasil ainda não apresentava condições materiais e subjetivas para a formação de partidos operários e socialistas *ad instar* os existentes na Europa, onde a luta de classes acirrou-se, desde os primórdios da Revolução Industrial, destruindo, na Inglaterra, e depois em quase toda a Europa, as guildas e o fabrico doméstico; proletarizando os artesãos, os jornaleiros, os pequenos camponeses etc., e concentrando mais e mais a riqueza, a partir da segunda metade do século XIX, com a expansão da indústria pesada e o surgimento de novas formas de organização empresarial monopolística. Daí que as ideias socialistas, elaboradas pela *intelligentsia* europeia, instilaram-se progressivamente no proletariado, sob as diversas modalidades, e depois atravessaram o Atlântico para as Américas.

A aspiração de constituir um partido socialista começou a manifestar-se, com maior nitidez, entre imigrantes estrangeiros, italianos, espanhóis, alemães etc., em meio às reivindicações de direitos sociais e interesses políticos. E, até o começo do século XX, diversas tentativas para a formação de centros ou partidos denominados operários ou socialistas ocorreram, não só no Rio de Janeiro e em São Paulo, mas também no Rio Grande do Sul, Pernambuco, Ceará, Alagoas, Bahia e outros Estados.[33] Já em 1876, houvera em Salvador, Bahia, uma Liga Operária Baiana, organizada por Manuel Querino (1851-1923), que, mais tarde, fundou, em junho de 1890, um Partido Operário, dissidência da União Operária Bahiana. O Partido Operário da Bahia durou apenas três anos e dele emanou, em 1893, o Centro Operário, formado por artesãos crioulos e mulatos, sempre em querelas com os brasileiros brancos, minoritários, e os estrangeiros.[34] Embora Fortaleza, Ceará, não fosse um centro fabril, lá igualmente apareceu, em fevereiro de 1892, um Partido Operário, composto, provavelmente, por homens humildes, padeiros, ferroviários e outros, sem maiores conhecimentos, ao tempo em que João da Rocha e João Benevides editavam o jornal O *Operário*, que se apresentava como "defensor da classe operária".[35]

Em várias cidades do Rio Grande do Sul, como Porto Alegre, Alegrete, Pelotas e Santa Maria, começaram a surgir ligas e centros de trabalhadores, desde o final dos anos 1880, havendo sido fundado um Partido Operário, em 1890. Seu Programa defendia o socialismo, a República, extinção da herança, imposto de renda e emancipação da mulher.[36] Esse Partido Operário, como os demais que surgiram no Brasil, teve curta vida. Porém, em 1892, trabalhadores de origem alemã fundaram, em Porto Alegre, a Allgemeiner Arbeiterverein (União Geral dos Trabalhadores)[37] e, depois, a Liga Operária Internacional, no ano de 1895, a fim de difundir a doutrina socialista. No ano seguinte, celebraram, em Porto Alegre, pela primeira vez, o Primeiro de Maio, conforme estabelecido pela II Internacional.

Já no início da República, fins de 1890, Silvério Fontes (1858-1928), Sóter de Araújo, Carlos Escobar e outros criaram, em Santos, o Círculo Socialista, denominado, a partir de 15 de janeiro de 1895, Centro Socialista, quando passou a editar o quinzenário *Questão Social*, difundindo as ideias de Marx,[38] mas sob forte influência de Benoît Malon (1841-1893) – um socialista independente, como se considerava, reformista possibilista, e editor da revista *La Revue socialiste*.[39]

A respeito desse Centro Socialista, o então anarquista (depois socialista) Augustine Hamon, no livro *Le Socialisme & le Congrès de Londres*, sobre o II Congresso da Internacional Socialista, ocorrido em agosto de 1896, assinalou que, no Brasil, *"le socialisme est à l'état embryonnaire"*, salvo nas províncias do Sul, São Paulo, Rio Grande do Sul, onde mais crescia, graças aos imigrantes alemães. Ressaltou, também, que o maior contingente do socialismo anárquico era dos italianos, a sofrer dura repressão, e se referiu à existência, em São Paulo, de um Partido Operário, social-democrata, que editava um hebdomadário, *O Socialista*, em quatro idiomas, e à União Geral dos Trabalhadores, formada por trabalhadores alemães.[40]

O nome de Karl Marx havia pela primeira vez aparecido na imprensa do Brasil, por volta de 1871-1872, ligado à Comuna de Paris e à Associação Internacional dos Trabalhadores. O filósofo e poeta Tobias Barreto de Menezes (1839-1889), em 1888, a ele também se referiu em seu livro *Questões vigentes* e citou *Das Kapital* dando como fonte o original alemão, ao comentar que "Karl Marx diz uma bella verdade, quando affirma que cada período histórico tem as suas proprias leis... Logo que a vida atravessa um dado período evolutivo, logo que passa de um estádio á outro, ella começa também á ser dirigida por leis diferentes".[41]

Trabalhadores alemães, que haviam emigrado após a promulgação da *Sozialistengesetz*, bem como suíços e austríacos, por causa da tentativa de organizar um partido, desde 1890, foram, no entanto, os que levaram o marxismo, como doutrina de transformação social, para o Brasil e estabeleceram vínculos com a Internacional Socialista. Entre 6 e 12 de agosto de 1892, realizou-se o Congresso Socialista, no Rio de Janeiro, reunindo diversos grupos socialistas. Na ocasião, fundou-se o Partido Operário do Brasil, sob a direção de trabalhadores imigrantes da Alemanha e da Suíça, José Winiger;[42] August Lux; Otto Bendix e Nikolaus Schneider.[43] A direção do Partido Operário enviou um relatório, com a íntegra do programa socialista (vide apêndice), ao Congresso da Internacional Socialista, ocorrido em Zürich (Suíça), em 1893, e solicitou ao "camarade Wilhelm Liebknecht" que o representasse.[44] O jornal *Die Neue Zeit* noticiou-o.[45] E, alguns meses depois, Karl Kautsky recebeu um exemplar do jornal *O Socialista* (*Der Sozialist*), iniciativa do Partido Operário, do Rio de Janeiro, e enviou-o a Friedrich Engels, em carta datada de 5 de janeiro de 1893, dizendo:

"Em anexo eu te mando um jornal que me foi enviado do Rio de Janeiro. Contém um artigo sobre o partido dos trabalhadores brasileiro e o seu programa. Infelizmente, eu não sei português e portanto só pude ocasionalmente adivinhar algumas partes do conteúdo. O artigo talvez te interesse. Eventualmente, se valer a pena, o Ede,[46] que é um poliglota, poderia fazer uma notícia dele. Eu já mencionei o movimento brasileiro em uma notícia sobre um jornal alemão de São Paulo."[47]

Engels, informado sobre o incipiente movimento operário no Brasil, país que recém-abolira a escravatura e de baixo nível de industrialização, certamente não viu maior relevância no jornal e respondeu a Kautsky: "Eu dei a Ede o jornal brasileiro, porém lhe disse que a importância desses partidos sul-americanos está sempre na relação inversa da jactância de seus programas."[48]

Durante o Congresso Socialista, realizado no Rio de Janeiro, o Partido Operário dividiu-se em três facções antagônicas, que constituíram dois partidos rivais; um sob a liderança do tipógrafo Luiz França e Silva; outro sob a chefia do tenente José Augusto Vinhaes (1858-1941), que depois participou do levante da Armada, em 1893.

Outro Congresso Socialista ocorreu em 15 de agosto de 1894, em São Paulo, onde também já existia um Partido Operário,[49] dirigido por

Francisco José Cascão, e originou o Centro Socialista Internacional, formado por alemães, italianos e alguns brasileiros.[50] Esse Centro Socialista, com sede na antiga Rua São José (atual Rua Líbero Badaró, nº 110), decidiu adotar as resoluções da II Internacional, notadamente, a de celebrar, pela primeira vez no Brasil, o Primeiro de Maio como data de protesto contra a execução dos operários de Chicago, conforme instituído pelo Congresso da Internacional Socialista, em 1889. Mas a reunião, em abril de 1893, foi dissolvida pela polícia, os operários espancados e presos, os estrangeiros transferidos para o Rio de Janeiro, onde penaram nas masmorras, durante nove meses, sem processo e julgamento.[51] Aí começou a deportação de operários estrangeiros que se envolvessem em manifestações de protestos e outras, com o anátema de "terroristas" estampado no passaporte. A repressão continuou intensa, nos anos seguintes, a atingir todo e qualquer movimento dos trabalhadores, anarquistas, comunistas libertários ou socialistas, marxistas internacionalistas, como se denominavam. A Constituição de 1891 não passava de uma folha de papel. O direito de greve, que a legislação e a jurisprudência asseguravam, nem o governo da República nem o governo dos Estados respeitavam. Consideravam a questão social do movimento operário, com suas reivindicações, *i.e.*, a contradição de interesses entre de trabalhadores e empresários, como "caso de polícia".[52] E a função do governo era a garantia da ordem social, conformada pela predominância dos interesses patronais. A greve configurava, portanto, um crime. Mesmo assim, as tentativas de organização de partidos socialistas, ainda que predominantemente libertários, prosseguiram. Um Partido Democrata Socialista, sediado na Rua Santa Thereza, nº 6, São Paulo, enviou carta a Kautsky, datada de 9 de março de 1897.[53]

Os diversos partidos, que se denominavam operários e/ou socialistas, refletiam o avanço da industrialização, com a entrada de imigrantes europeus, sobretudo em São Paulo, onde o número de estabelecimentos fabris saltou de 633, em 1889, para incalculável quantidade de tendas, sapatarias, marcenarias, fábricas de massas, graxa, óleo, tintas, bebidas, fundições etc., no final do século XIX.[54] Entre os imigrantes europeus, anarquistas, anarcossindicalistas italianos e espanhóis, socialistas alemães, suíços e outros, com alguma experiência de fábrica e lutas sociais, alentaram o movimento operário. Entretanto, tais partidos, que se intitulavam socialistas e/ou operários, não tinham maior expressão política, nem abrangência nacional. Eram grupos restritos, de caráter estadual, alguns apenas com objetivos eleiçoeiros.

Como diretores da Associação dos Trabalhadores de São Paulo, José Winiger, August Lux, Otto Bendix e Nikolaus Schneider, os mesmos que antes haviam fundado um Partido Operário do Brasil, no Rio de Janeiro, enviaram ao International Socialist Workers and Trade Union Congress (4º Congresso da II Internacional), realizado em Londres, entre 26 de julho e 1º de agosto de 1986, um amplo relatório (vide apêndice deste livro), no qual descreveram a situação econômica, social e política do Brasil. Alegaram que não puderam enviar um representante ao Congresso, porque o movimento operário no Brasil era muito frágil. A percepção que tinham do Brasil, exposta no relatório, era a de um país puramente agrícola, com uma "indústria insignificante", que, provavelmente, jamais tomaria envergadura, uma vez que até carvão e metais tinha de importar.[55] Observaram também que a cultura do café era mais rentável, razão pela qual ocupava toda terra arável, a impor, inclusive, a importação de alimentos, o que explicava a carestia. Os fazendeiros não pagavam impostos sobre as imensas propriedades de terra que possuíam, nem sobre o café que exportavam; as receitas do Estado resultavam dos elevados direitos aduaneiros, que os mais pobres pagavam tanto quanto os ricos; não era exagero dizer que o salário médio era mais baixo ou, fosse como fosse, não mais alto do que na Alemanha.

Segundo a percepção dos dirigentes sindicais – José Winiger; August Lux; Otto Bendix e Nikolaus Schneider –, que representavam Associação dos Trabalhadores de São Paulo e, decerto, vinculados à Sozialdemokratische Partei da Alemanha, o regime no Brasil era "autoritário", as ações das classes dominantes não visavam "favorecer o bem público, fazer o Brasil um país civilizado", mas atender unicamente ao "interesse de se enriquecer a custa de todos".[56] O Brasil inteiro dava "o espetáculo do inacabado"; apresentava "enormes contrastes: de um lado, os restos da barbárie, do outro, os aspectos mais modernos", concluíram.[57]

Em tais condições, como José Winiger, August Lux, Otto Bendix e Nikolaus Schneider informaram ao Congresso da Internacional Socialista, o movimento operário brasileiro era "dos mais modestos, pelo menos segundo as concepções europeias" e, até então, a única organização social-democrata em São Paulo era a Associação Geral dos Operários (AGO), que preparou esse relatório. Ressaltaram que a AGO era a única porque as associações sociais-democratas brasileiras, que se formaram aqui [cidade de São Paulo] e em Santos, não podiam ser consideradas como verdadeiras organizações de operários, ainda que seus líderes, da burguesia esclarecida, se esforçassem em difundir ideias socialistas para o povo. De fato, o operariado, no Brasil, ainda não constituía uma classe orgânica, era pequena minoria de "escasso peso social relativo", com baixa concentração, como observou o professor Osvaldo Coggiola.[58] Todo o conjunto estava dividido em diversas nacionalidades de imigrantes, de maioria italiana, em São Paulo e no sul do país.

Contudo, muitos conservadores, representantes da burguesia cafeicultora, defensora do livre-cambismo e adversa à industrialização, julgavam que imigrantes em demasia estavam a introduzir no Brasil as ideias socialistas. Em um relatório de 1897, encaminhado ao presidente Prudente de Moraes, Joaquim Murtinho (1848-1911), ministro da Indústria, Viação e Obras Públicas, denunciou o socialismo como séria ameaça, em virtude da industrialização, que se processava no país. Segundo afirmou:

> Em alguns pontos do Brazil esse phenomeno já começa a revelar-se de um modo inquietador, e basta o apparecimento, entre nós, embora confuso ainda, do socialismo, essa volta da sociedade á escravidão primitiva, para nos fazer ver o perigo que póde trazer-nos um desenvolvimento precipitado e imprudente. A idéa socialista está se infiltrando em nossa organização social de um modo insidioso; não temos partido socialista arregimentado, mas o socialismo está invadindo o espírito dos homens publicos do nosso paiz. [...] A causa de todos esses males, o inimigo a combater é o ideal socialista, que, infiltrando-se em nossa sociedade, transforma cada um de nós em um mendigo do Estado. E a confraria de pedintes que se estende por todo nosso territorio.[59]

Joaquim Murtinho, como homem de negócios vinculado à Companhia Mate Laranjeira e ao Banco Rio e Mato Grosso, exprimia a ideologia do liberalismo econômico, o livre-cambismo, adverso à proteção das indústrias pelo Estado. Era essa a mentalidade da classe social que assumiu o poder após a ditadura do marechal Floriano Peixoto. Regia o Estado a partir dos próprios interesses econômicos, determinados pelas exportações de café, a contrariar o protecionismo de Estado, com o fim de incentivar a industrialização como fator de progresso.

## NOTAS

1. Tristam Hunt, 2009, pp. 335-336, 341-343.
2. Karl Marx participou da fundação da AIT, ocorrida em Londres, em 1864, e de sua direção. A AIT foi dissolvida em 1876 devido às controvérsias entre os socialistas, adeptos da doutrina de Marx, e os anarquistas, liderados por Mikhail Bakunin.
3. O primeiro Congresso para organizar uma nova Internacional ocorrera em outubro de 1881, na cidade de Chur (Alpes Suíços), mais tarde realizaram-se vários outros até 1889. James D. Young, 1988, pp. 9-12.
4. Serguei G. Netchayev era um jovem de 20 anos, filho de servos russos, que o senhor permitiu cursar um seminário para se tornar mestre escolar. Ele chegou a Genebra, em março de 1869, apresentando-se como delegado de um suposto comitê de estudantes de St. Petersburg e fugitivo da prisão. Karl Mehring, 1985, p. 466. Francis Wheen, 1999, pp. 345-346. Karl Marx e Friedrich Engels, "Ein Komplot gegen de Internationale Arbeiterassociation – Im Auftrage des Haager Congresses verfaßter Bericht über das Treiben Bakunin's und der Alianz der socialistischen Democratie", in *idem*, 1976, p. 398.
5. O *Der Revolutionskateschismus* é dividido em quatro capítulos, com 26 itens. Alguns autores atribuem erroneamente sua autoria a Bakunin. De qualquer modo, porém, se Bakunin não o escreveu, ele o leu e o aprovou. G. D. H. Cole, 1958, p. 187.
6. Eric J. Hobsbawm, 1982, pp. 78-79.
7. Havia diversas correntes anarquistas, que recorriam a diferentes métodos de luta. Como o príncipe Pyotr Kropotkin, havia os partidários da transformação da sociedade por meios pacíficos, da ação direta não violenta e a desobediência civil, o não pagamento de impostos, a recusa de serviço militar e a recusa de prestar serviço militar e o não reconhecimento dos tribunais de justiça. Outros somente criam na violência, no terrorismo individual ou coletivo, a bomba e a destruição.

E alguns, os anarcossindicalistas, não aceitavam partidos, somente sindicatos. Todos, porém, eram contra qualquer governo, contra o Estado, opunham-se à organização político-partidária, à hierarquia, à autoridade a qualquer tipo de chefe. Eram a favor da descentralização e a autonomia administrativa e política, o federalismo, bem como a liberdade, a igualdade e o consenso. Eram contra qualquer formalismo ou formalidade e diziam que as mudanças deviam ocorrer primeiro na consciência, no comportamento do indivíduo, e, por fim, na sociedade. "A defesa da violência individual – em certos casos coletiva – é tônica bastante frequente para eles (anarquistas). " Edgard Carone, 1996, p. 145.

8. P.-J. Proudhon, 1865, pp. 50-55, 58-59, 240-241, 412-427.

9. G. D. H. Cole, 1958, pp. 396-403. Max Beer, s/d, pp. 556-557.

10. "Frame Work Bill Speech (Feb. 1812. Spoken in the House of Lords. Feb. 27th)", in Lord Byron, 2002, pp. 22-27. Lord Byron pronunciou o severo discurso, quando a Câmara dos Lordes estava a discutir e pretendia aprovar o Breaking Act, instituindo a pena de morte para os luddistas. As *trade unions*, associações de trabalhadores/sindicatos surgiram, na Inglaterra, ao longo da rebelião luddista e se expandiram com o cartismo (*chartism*), movimento assim conhecido por haver enviado ao Parlamento, em 1838, a "People's Charter", assinada por milhões de trabalhadores, reivindicando direitos políticos.

11. E. P. Thompson, 1966, pp. 546-547. Friedrich Engels, "Die Lage der arbeiten Klasse in England", in Karl Marx e Friedrich Engels, 1980, pp. 454-455. Henry Pelling, 1967, pp. 27-28. A. L. Morton, *A história do povo inglês*, 1970, pp. 319-320.

12. E. P. Thompson, 1966, pp. 546-547. Friedrich Engels, "Die Lage der arbeiten Klasse in England", in Karl Marx e Friedrich Engels, 1980, pp. 450-455.

13. "Slavery Abolition Act 1833, Section XII", 28/8/1833, disponível em <http://www.pdavis.nl/Legis_07.htm>.

14. Henry Pelling, 1967, pp. 41-43.

15. Sua esposa, Caroline (nascida em Ponsomby) Lamb (1775-1828), tivera um *affaire* amoroso com Lord Byron.

16. "Brief vom 12. August 1892 bis April 1895. Brief 125, First, Brading Road, Ryde, 12. Aug. 92", in *Friedrich Engels' Briefwechsel mit Karl Kautsky*, 1955, pp. 359-361.

17. *Gesetz gegen die gemeingefährlichen Bestrebungen der Sozialdemokratie*. Franz Mehring, 1980, pp. 591-596.

18. MILLER, Susanne & POTTHOFF. *Kleine Geschichte der SPD – Darstellung und Dokumentation – 1848-1883*. Bonn: Verlag Neue Gesellschaft Gmbh, 1988, pp. 44-48. O Partido Operário Social-Democrata da Alemanha depois mudou para Partido Social-democrata da Alemanha (*Sozialdemokratische Partei Deutschlands* – SPD).

19. Karl Marx, "Konspekt der Reichstasdebatte", in Karl Marx e Friedrich Engels, 1976, pp. 491-500.

20. Karl Marx e Friedrich Engels, "Ein Komplot gegen de Internationale Arbeiterassociation – Im Auftrage des Haager Congresses verfaßter Bericht über das Treiben Bakunin's und der Alianz der socialistischen Democratie", in *idem*, 1976, p. 398. Franz Mehring, 1985, p. 466. Francis Wheen, 1999, pp. 345-346.
21. Pequeno explosivo que se usa para detonar outro maior.
22. Alzira Alves de Abreu, 2015.
23. O projeto teve o nº 10, e esse era o seu texto: "Considerando que a classe operária, representante direta do proletariado neste Estado, é talvez a mais sobrecarregada e menos favorecida; Considerando que o número de horas de trabalho exigido para o operário é excessivo; Considerando que o operário precisa dispor de tempo e ter margem para preparar a sua educação relativa, condição indispensável de um regime democrático; Considerando que o operário não goza das mesmas vantagens do operário público. O Congresso Legislativo resolve: Art. 1º – O número de horas de trabalho para o operário fica reduzido a oito por dia. Art. 2º – O Governador do Estado expedirá o necessário regulamento para a execução da lei. Art. 3º – Revogam-se as disposições em contrário. Sala das sessões da Câmara dos Deputados de Pernambuco, 1º de setembro de 1891. (a) Teles Júnior – Estêvão de Oliveira – Artur de Albuquerque – Andrade Luna – Bolitreau – Constantino Braga". *Anais*. Recife, 1893, pp. 124-125. Marcelo Mac Cord. "Direitos trabalhistas em construção: as lutas pela jornada de oito horas em Pernambuco, 1890-1891", *Tempo*, jan.-abr. 2016, pp.175-195, disponível em <http://www.historia.uff.br/tempo/site/wp-content/uploads/2016/04/09-Marcelo-Marc.pdf.>.
24. Àquela época o poder legislativo dos Estados era bicameral.
25. Astrojildo Pereira, "A imprensa operária no Brasil", jul. 1947, disponível em <https://www.marxists.org/portugues/astrojildo/1947/07/imprensa.htm>.
26. Antonio Francisco Bandeira Junior, *A indústria no estado de São Paulo em 1901*, 1901, p. XIII, disponível em <http://docvirt.com/docreader.net/DocReader.aspx?bib=livrossp&pagfis=23083>. Noelio Dantaslé Spinola, 2009, p. 72. Sheldon Leslie Maran, 1979, pp. 15-16.
27. Maurício de Lacerda, 1980, p. 16.
28. *Ibidem*, p. XXVIII.
29. Maria Tereza Schorer Petrone, "Imigração", in Boris Fausto (org.), 2004, p. 100.
30. Kátia de Queirós Mattoso, 1988, pp. 239-240.
31. José Maria Bello, 1956, p. 221.
32. Warren Dean, s/d, pp. 10-11.
33. Luiz Sávio Almeida, 2006, pp. 76-77.
34. Aldrin A. S. Castellucci, "Política e cidadania operária em Salvador (1890-1919)", *Revista de História*, n. 162, 2010, pp.205-241, disponível em <http://www.revistas.usp.br/revhistoria/article/viewFile/19157/21220>.

35. Kleiton Nazareno Santiago Mota. *Mutualismo ferroviário: prover e proteger na Sociedade Beneficente do Pessoal da Estrada de Ferro de Baturité de 1891 aos Anos 1930*, dissertação (Mestrado em História Social), 2009, disponível em: <http://www.historia.ufc.br/admin/upload/DISSERTACAO_KLEITON%20 NAZARENO.pdf>.

36. Raúl Carrion, "O Partido Comunista do Brasil no Rio Grande do Sul (1922-1929)", disponível em: <http://www.raulcarrion.com.br/pcdob_antec.asp>. Fábio Melo, "Socialismo e Positivismo: As raízes do trabalhismo no Rio Grande do Sul", disponível em: <http://geaciprianobarata.blogspot.com.br/2015/10/ socialismo-e-positivismo-as-raizes-do.html>. Anderson Romário Pereira Corrêa, "Demetristas e cassalistas na fabricação da classe trabalhadora: alegrete na transição do Império para República", *Estratégia & Análise*, 16/10/2016, disponível em: <http://estrategiaeanalise.com.br/historia-pampeana/demetristas- -e-cassalistas-na-fabrica%C3%87%C3%83o-da-classe-trabalhadora:-alegrete- -na-transi%C3%87%C3%83o-do-imp%C3%89rio-pra-rep%C3%9Ablica,7741- 7f9408a8a6a5940c42d651d27dd1+01.html>.

37. O nome aludia à Associação Geral dos Trabalhadores Alemães (Allgemeiner Deutscher Arbeiter-Verein, ADAV), que Ferdinand Lassalle fundara em 23 de maio de 1863 e que se transformou no Partido Operário Social-Democrata da Alemanha.

38. Astrojildo Pereira, "Silvério Fontes, pioneiro do marxismo no Brasil", *Novos Rumos*, semana 23, 29/3/1962, disponível em: <http://memoria.bn.br/DocReader/Hotpage/ HotpageBN.aspx?bib=122831&pagfis=2006&url=http://memoria.bn.br/docreader#>.

39. Vide o excelente ensaio de Marly de Almeida Gomes Vianna, "Anarquistas e socialistas na imprensa da primeira metade o século XX", disponível em: <http:// encontro2008.rj.anpuh.org/resources/content/anais/1212147816_ARQUIVO_So- cialismoANPUH.pdf>.

40. Augustin Frédéric Hamon,, 1897, pp. 66-67, disponível em: <https://archive.org/ details/lesocialismeleco00hamo>.

41. Karl Marx, *Das Kapital – Drite vermehrte (sic) Auflage*, 1883, pp. XV, XVII, *in* Tobias Barreto, *Obras completas IX: Questões vigentes*, 1923, p. 217, disponível em: <http://www.stf.jus.br/bibliotecadigital/DominioPublico/44281/pdf/44281. pdf>. A ortografia da referência original foi mantida, bem como a do alemão, que Tobias Barreto transcreveu com erros ortográficos da edição supostamente por ele lida. O correto: *Dritte Vermehrte Auflage*. *Questões vigentes*, de Tobias Barreto, foi publicado pela primeira vez em Pernambuco pela Livraria Fluminense, em 1888.

42. Suíço naturalizado brasileiro.

43. G. Haupt, "Militants sociaux-démocrates allemands au Brésil (1893 – 1896)", *in Le Mouvement Social: Bulletin Trimestriel de l'Institut français d'Histoire Sociale*, disponível em: <http://gallica.bnf.fr/ark:/12148/bpt6k5740865w/texteBrut>. Jacy Alves de Seixas, 1992, pp. 72-73.

44. "Rapport de la Commission Executive du Parti Ouvrier du Brésil à présenter au Congrès Socialiste International de Zürich – 1893". G. Haupt, *ibidem*. O manuscrito escrito em alemão é conservado no Sozialarchiv em Zürich.

45. Udo Achten, Mathias Reichelt e Reinhard Schultz, *Geschichte des 1. Mai 1886 bis Heute*. Oberhausen: Asso Verlag, 1986, pp. 241-243. "Briefe Januar 1893 bis Juli 1895, Red Army Theory Fraction, DEA", disponível em: <http://www.dearchiv. de/php/dok.php?archiv=mew&brett=MEW039&fn=545-615.39&me>.

46. Referência a Eduard Bernstein (1850-1832), líder socialista alemão, amigo íntimo de Kautsky e Engels, de quem foi o herdeiro literário.

47. "*Beiliegend sende ich Dir ein Blatt, welches mir aus Rio de Janeiro zugeschickt wurde. Es enthalt einen Artikel über die brasilianische Arbeiterpartei und ihr Programm. Leider kann ich nicht portugiesische und konnte daher nur hie und einiges aus den Inhalt errathen. Vielleich interessiert Dich der Artikel. Eventuell, wenn es der Mühe lohnt, könnte Ede, der ja auch ein Polyglotte, ein Notiz daraus machen. Erwähnt ich habe die brasilianische Bewegung schon einmal in einer Notiz nach einen deutschen Zeitung aus São Paulo.*" "1893 – Brief CX Stuttgart, den 5/1893", in *Friedrich Engels' Briefwechsel mit Karl Kautsky*, 1955, pp. 376-378.

48. "*Das brasilianische Blatt habe ich na Ede gegeben, ihm aber gesagt, das die Wichtigkeit dieser südamerikanischen Parteien stets im umgekehrten Verhältnis steh zur Großtuerei ihrer Programme*", Engels an Kautsky in Stuttgart, 26/1/93, in Karl Marx e Friedrich Engels, 1978, pp. 17-18.

49. Tanto esse Partido Operário não era definidamente socialista ou anarquista, como os existentes no Rio de Janeiro. Marcos Vinícius Pansardi, "O movimento operário e a República", disponível em: http://seer.fclar.unesp.br/estudos/article/ viewFile/887/748>. Acessado em 22/2/2017. Este artigo faz parte da dissertação de mestrado em Ciência Política defendida na Unicamp, sob o título de *Republicanos e Operários: os primeiros anos do movimento socialista no Brasil (1889-1903)*.

50. Os presos foram Eugenio Gastaldetti; Serafino Suppo; Arturo Campagnoli; Alfredo Capricci; Francesco Patelli; Galileo Botti; Antonio Maffuci; Augusto Bargioni. Acervo Permanente – Polícia – C2769, AESP. 3 "Fotografias da Polícia – São Paulo – Socialista e Anarquistas retratados na Correção no dia 19 de abril de 1894 à ordem do sr. dr. Chefe da Polícia" Acervo Permanente – Polícia – C2741, AESP; Relatório apresentado ao Secretário dos Negócios da Justiça do Estado de São Paulo pelo Chefe de Polícia Theodoro Dias de Carvalho. Disponível em: <https://www.passeidireto.com/arquivo/18796528/leal-c-pensiero-e-dinamite- -anarquismo-e-repressao-em-sp-nos-anos-1890/10>. Claudia Feierabend Baeta Leal, "Anarquismo e segurança pública: São Paulo, 1894", *História Social*, n. 16, 2009, pp.45-62, disponível em: <http://www.ifch.unicamp.br/ojs/index.php/rhs/ article/viewFile/233/219>.

51. Everardo Dias, 1977, pp. 47-48. Claudia Feierabend Baeta Leal, "Anarquismo e segurança pública: São Paulo, 1894", disponível em: <http://www.ifch.unicamp.br/ojs/index.php/rhs/article/view/233>. Milton Lopes, "Anarquismo e 1º de Maio no Brasil", Núcleo de Pesquisa Marques da Costa, disponível em: <https://marquesdacosta.wordpress.com/artigos-do-npmc/milton_lopes_anarquismo_e_1_de_maio/>.

52. Gustavo Silveira Siqueira e Fatima Gabriela Soares de Azevedo, "O tratamento jurídico da greve no início do século XX: o direito e a violência na greve de 1906", *Revista Direito e Práxis*, vol. 4, n. 7, 2013, pp. 68 -84, disponível em: <http://www.epublicacoes.uerj.br/index.php/revistaceaju/article/viewFile/7285/6380>.

53. "Archive: International Institute of Social History D XXI 160. Brasilien: Partido Democrata Socialista (S. Paulo). Undat. 1 Brief", disponível em: <https://search.socialhistory.org/Record/ARCH00712/ArchiveContentList>.

54. Antonio Francisco Bandeira Junior, *A indústria no estado de São Paulo em 1901*, 1901, p. XI, disponível em: <http://docvirt.com/docreader.net/DocReader.aspx?bib=livrossp&pagfis=23083>.

55. "Rapport de L'association Générale Des Ouvriers de São Paulo au Congrès International Ouvrier de Londres (Juillet 1896)", José Winiger, August Lux, Otto Bendix, Nikolaus Schneider, *Le Mouvement Social: Bulletin Trimestriel de l'Institut Français d'Histoire Sociale*, édition 1973-07, disponível em: <http://gallica.bnf.fr/ark:/12148/bpt6k5740865w/texteBrut>.

56. *Ibidem.*

57. *Ibidem.*

58. Osvaldo Coggiola, "Origens do movimento operário e do socialismo no Brasil", disponível em: <https://mrzodonato.files.wordpress.com/2015/12/oc_-origens--mov-operario-socialista-no-brasil.pdf>.

59. "Relatório – Apresentado ao sr. Presidente da República pelo Ministro da Indústria, Viação e Obras Públicas, doutor Joaquim Murtinho", 1897, "Introdução", *in Política Brasileira – Um Estadista da República*, 1897, p. 48, 60. Mantida a ortografia original. Biblioteca do Senado Federal, registro 273-F, 1976. Angela de Castro Gomes, 2005, p. 60.

# Capítulo 5

BRASIL DEPENDENTE DO CAFÉ • MINISTÉRIO DE JOAQUIM MURTINHO NA PRESIDÊNCIA DE CAMPOS SALLES • EXPLORAÇÃO DOS TRABALHADORES IMIGRANTES NOS CAFEZAIS E NAS FÁBRICAS • FUNDAÇÃO DO PARTIDO SOCIALISTA BRASILEIRO E DE OUTRAS ORGANIZAÇÕES • RUPTURA ENTRE SOCIALISTAS E ANARQUISTAS • PREDOMINÂNCIA DAS IDEIAS ANARQUISTAS NO MOVIMENTO OPERÁRIO BRASILEIRO • GREVE DE 1903 NO RIO DE JANEIRO • POLÍTICA ECONÔMICA DE RODRIGUES ALVES • MODERNIZAÇÃO DO RIO DE JANEIRO • REVOLTA DA VACINA

Ao fim da primeira década, desde a implantação da República, as rendas do Brasil continuavam a depender, quase que exclusivamente, das boas ou más safras e dos preços do café no mercado internacional, daí os constantes desequilíbrios financeiros, os déficits, sempre cobertos por *funding loans* da Casa Rothschild. Entre 1889 e 1891, a inflação explodiu e, durante a década, a expansão monetária conjugou-se com a desvalorização cambial, em meio à superprodução e à queda dos preços do café no mercado internacional. Ao suceder Prudente de Moraes na presidência, Manuel Ferraz de Campos Sales convidou Joaquim Murtinho para o Ministério da Fazenda. Ambos entendiam que a vocação do Brasil era a agricultura, as plantações de café, por isso havia a necessidade do livre-cambismo, sem qualquer entrave ao comércio exterior. E Joaquim Murtinho, adepto da ortodoxia monetária e do equilíbrio fiscal, era contrário à proteção tarifária para favorecer indústrias, por ele consideradas artificiais, pois a produção não representava resultado econômico, e os capitais nelas empregados não eram fatores, mas antes agentes parasitários da riqueza pública.

O surto industrial, que começara na década de 1880, continuou, tomou impulso com o "encilhamento" e de 1890 a 1895 mais 452 fábricas foram implantadas no Brasil.[1] Mas, depois, arrefeceu. Não mais contou com o apoio do governo. As indústrias da mesma forma que as explorações agrícolas – pensava Joaquim Murtinho – deviam obedecer ao princípio de seleção das espécies, à lei do mais forte, no reino animal de Charles Darwin (1809-1882), a competir dentro do mercado, no qual os capitalistas convertiam em moeda o excedente econômico e onde somente empreendimentos que possuíssem mais recursos tecnológicos, mais capital, e/ou outras vantagens podiam sobreviver. A principal tarefa de Joaquim Murtinho foi, portanto, de ajustar as finanças públicas. E eis porque expandiu a carga tributária a níveis insuportáveis e tratou de queimar superabundância, o excesso de papel-moeda circulante e enxugar no mercado. Assim promoveu a deflação, com o que arruinou quase todas as novas iniciativas de industrialização e levou à falência inúmeros bancos nacionais, bem como incontáveis casas de comércio à liquidação e concordata. Imenso foi o colapso econômico, o *crack*, no país, cuja produção exportável então se restringia, virtualmente, ao café de São Paulo e à borracha do Amazonas.[2] Em 1899, dez anos após a implementação da República, o coronel Malvino Reis anotou que "o povo luta pela vida, afflicto pela fome; já não tem com que compre o necessario; mas vê o fructo de seu trabalho adquirido com o suor de sua fronte, incinerado para satisfazer insaciável credor estrangeiro!"[3] E, adiante, observou que "as industrias estão ainda em estado quasi que primitivo e não pódem medrar oneradas de imposto".[4] E as greves recrudesceram. Cerca ou mais de 37 greves ocorreram desde a instalação da República até 1899.

O governo do presidente Campos Sales conseguiu, finalmente, ordenar as finanças do país e a cafeocracia consolidou seu poder. Mas a desilusão com a República recresceu. O operariado ainda não havia conseguido a regulamentação do trabalho e assegurar seus direitos. O valor dos salários não cobria suas necessidades. Oscilava conforme a conjuntura do mercado e a vontade do empresário. O trabalho assalariado configurava outra forma de escravidão, quer nas fábricas quer nas fazendas de café. Os cafeicultores, em São Paulo, tratavam os colonos estrangeiros como faziam com os escravos negros. Talvez até pior. Os escravos negros representavam capital investido, custavam caro, e depois de 1850 se tornou cada vez mais difícil sua substituição. Os imigrantes, *gli schiavi bianchi*, não foram porém adquiridos, no mercado, como os negros, sobre os quais o proprietário tinha todos os direitos, de vida e morte, e podia alugar, doar, vender ou mesmo eliminar, uma vez que eram tratados como "coisa". Os imigrantes, trabalhadores, foram para as fazendas vender a força de trabalho e mais e mais chegavam da Itália e outros países, a aumentar o exército de reserva, subsidiados pelo governo do Brasil. E o espírito avarento do capitalismo, emergente nos fazendeiros de café, adensou e lhes robusteceu a cultura escravocrata. A todos os procedimentos recorriam para reduzir o salário dos colonos, trabalhadores rurais, e apropriar-se do maior excedente econômico possível.

As greves nas fazendas tornaram-se frequentes a partir dos anos 1890. Também rebeliões e fugas de colonos eram constantes. E alguns fazendeiros e capangas foram mortos.[5] Abusos sexuais sempre aconteceram. Fazendeiros e seus homens de confiança, encarregados de vigiar e policiar os colonos, os feitores, violentavam, quase sempre, as jovens, filhas dos colonos, como se tivessem o direito de primícias,[6] o *jus priamae noctis*, na Idade Média. Raul Sales, sobrinho do então presidente Campos Sales, estuprou a bela italiana Isabella Longaretti e tentou também deflorar as outras duas irmãs. Francesco Longaretti, o pai da jovem, foi protestar e o proprietário da fazenda, Diogo Sales, violentamente, o rechaçou e o agrediu, derrubando-o no solo. Angelo Longaretti tratou de defender o pai e matou o prepotente e truculento fazendeiro com tiro de uma garrucha.[7] O assassinato ocorreu na Fazenda Nova América, região de Araraquara, em 1900, e muito repercutiu. No ano seguinte, 1901, os colonos agarraram o fazendeiro Francisco Augusto Almeida Prado, quando ele percorria as plantações, sem guarda-costas, e o esfaquearam, a facão, e o esquartejaram com machados e enxadas.

A situação nas fábricas não era muito diferente. A jornada de trabalho, tanto de homens quanto de mulheres e crianças, era exaustiva, quase sempre de 14 horas, com apenas uma hora para o almoço, todos a sofrerem enorme controle e coerção, sempre vigiados e intimidados pelos contramestres, gerentes das indústrias ou fazendeiros, bem como da polícia, a pairar sobre os estrangeiros a ameaça de deportação. Não havia limites para exploração da força de trabalho, quer na cidade quer no campo, a fim de propiciar ao industrial ou fazendeiro um excedente econômico maior possível. O patronato recebia todo o apoio das autoridades policiais. E eram imundos, fétidos, antros, onde os trabalhadores moravam, sem assistência hospitalar ou qualquer outra garantia, e tinham até descontados dos salários os dias que faltavam por motivo de doença.[8] A miséria continuava e as associações de classe estavam mais e mais sujeitas a feroz repressão.

Conforme Hélio Negro e Edgard Leuenroth, no livreto *O que é maximalismo ou bolchevismo*, "quando as epidemias assaltavam as senzalas, o fazendeiro corria em defesa de seus escravos, com o abrigo, o socorro médico, farmacêutico e alimentos, porque cada escravo morto representava um prejuízo sobre o seu patrimônio".[9] E acrescentaram, referindo-se aos imigrantes, os trabalhadores assalariados: "Hoje, a colônia poderá perecer toda, ao abandono; a doença poderá dizimar os trabalhadores – porque esse flagelo já não representa a ruína do antigo senhor de escravos".[10] Os imigrantes assalariados eram descartáveis, nada custavam, se morressem não davam prejuízo ao patrão, não representavam investimento, chegavam levas ao Brasil, gratuitamente, para vender sua força de trabalho, a qualquer preço.

Entretanto, as tentativas de organizar um partido que representasse politicamente os interesses da classe operária não cessaram. Em 1902, realizou-se em São Paulo, entre 28 de maio a 1º de junho, o Segundo Congresso Socialista Brasileiro, com a representação de 44 delegados de associações operárias dos estados de Pernambuco, Pará, Paraíba, Paraná, Bahia, Rio Grande do Sul e São Paulo.[11] Silvério Fontes, dirigente do Centro Socialista de Santos, participou, assim como operários de origem alemã, que haviam fundado a Allgemeiner Arbeiterverein e o Sozialistcher Leserzirkel, em São Paulo, e diversos grupos italianos. O médico Estevam Estrella, socialista, e Ludgero de Souza, da delegação da Bahia,[12] o alfaiate português radicado no Rio Grande do Sul, Antonio Guedes Coutinho (1868-1945),[13] e o expoente do sindicalismo revolucionário, Alceste de Ambris (1874-1934), que fugiu da Itália, para o Brasil, em 1898, elaboraram o programa mínimo e também o máximo do Partido Socialista Brasileiro.

Os italianos, cerca de 28, constituíam a grande maioria dos socialistas, que participaram do Congresso Socialista,[14] sob a liderança de Alcebíades Bertollott e Antônio Piccarolo, e delegaram ao Conselho Geral "a incumbência de organizar, sob o ponto de vista econômico e político, o Partido Socialista Brasileiro, em harmonia com o socialismo cientifico",[15] *i.e.*, o marxismo, que debelara as teorias de Lassalle e se tornara ideologicamente predominante na social-democracia alemã, durante os doze anos de sua proscrição, pela *Sozialistengesetz*, a Lei Anti-Socialista, entre 1878 e 1890.[16] O programa do PSB, com 36 pontos dentro dos princípios estabelecidos pelos dois sociais-democratas alemães participantes do Congresso[17] foi aprovado com apoio de Alcebíades Bertollott e dos demais italianos, além de dois espanhóis e treze brasileiros, e publicado no jornal *O Estado de S. Paulo*,[18] na edição de 2 de junho de 1902. Entre reivindicações, reclamava a imposição de imposto progressivo sobre a renda; imposto sobre a herança; abolição dos impostos indiretos; redução para oito horas da jornada de trabalho etc.[19] As reivindicações foram, aparentemente, pautadas no programa de Erfurt, que o Partido Social-Democrata da Alemanha aprovara em 1891, e deviam servir de modelo, embora adaptado, para os programas dos partidos da II Internacional. O jornal *Neue Zeit* publicou um artigo sobre a realização do Congresso Socialista, em São Paulo, e a criação do PSB, referindo-se como "grupo da social-democracia, um programa e uma organização sólida".[20]

Em 1894, o médico e professor Juan Bautista Justo (1865-1928), que traduziu para o espanhol *Das Kapital*, de Karl Marx, havia formado, na Argentina, o Partido Socialista Operário Internacional, e logo o incorporou à II Internacional.[21] Era muito bem-organizado, ativo, e contava com sindicatos bem-estruturados e combativos. Entretanto, no Brasil, que recém abolira a escravatura e ainda possuía um baixo nível de industrialização, a criação de um partido nos moldes dos existentes na Itália e em outros países da Europa não germinou. Igualmente, abortou o Partido Socialista Coletivista, fundado no Rio de Janeiro pelo jornalista Gustavo de Lacerda e Vicente de Souza, em 28 de agosto de 1902. À mesma época, formaram-se em diversas cidades do interior de São Paulo, Jaú, Campinas, Sorocaba, São Carlos, Araraquara e outras, o Circolo Socialista International; Circolo Socialista Karl Marx; Circolo Socialista 1° Maggio e muitos mais.[22]

Os anarquistas ou comunistas libertários e anarcossindicalistas (que rejeitavam a vinculação dos sindicatos a partidos políticos) haviam sido já excluídos, definitivamente, da II Internacional, desde o Congresso de Londres (1896), por proposta de Wilhelm Liebknecht, aprovada pelos delegados de todos os países, exceto França. Não admitiam a tática ambivalente dos marxistas, sociais-democratas, que defendiam a luta revolucionária contra o Estado, e ao mesmo tempo participavam do processo político e eleiçoeiro, a fim de obter reformas através do Parlamento, o que significava, assim entendiam, aceitar o Estado burguês. E eles, comunistas libertários, anarquistas, eram contra o Estado burguês e contra qualquer tipo de Estado e, por conseguinte, contra todas as suas representações, *i.e.*, partidos políticos, eleições, parlamento etc. Rechaçavam a moralidade como preconceito burguês e não admitiam limites para a ação revolucionária. Seu principal método para destruir a sociedade capitalista consistia na ação direta, *i.e.*, realização de greves, boicotes, destruição de máquinas, sabotagens, incêndio de fábricas, manifestações de massa, ou assassinato e a bomba, a *propagande par le fait*, conforme a teoria do médico francês Paul Brousse (1844-1912), de modo a ensinar aos trabalhadores por meio de atos e da experiência as necessidades da revolução. Poucos consideravam tais feitos como terrorismo. E chamavam os sociais-democratas, marxistas, de estatistas porque reconheciam a necessidade histórica do Estado e, em consequência, a necessidade histórica da repressão, a ditadura do proletariado, nunca, aliás, explicada por Marx o que e como seria.

A grande maioria dos imigrantes, que trabalhavam nas fábricas do Brasil, concentrada, sobretudo, no Rio de Janeiro, São Paulo e Porto Alegre, procedia da Itália, Portugal e Espanha, países, mais atrasados, ainda sem organização e disciplina de trabalho, onde o anarquismo prosperava. Os sociais-democratas alemães e suíços constituíam minoria e, como eles informaram ao Congresso Socialista de Londres, em 1896, raros falavam suficientemente o português para difundir o socialismo científico, *i.e*, o marxismo,[23] ainda que sob as diversas tendências, como se configurava na Alemanha, então a segunda maior potência industrial do mundo. Lá, o Partido Social-Democrata, ao ser derrogada, em 1890, a lei que o proscrevera, obteve grande vitória. Ganhou 35 cadeiras no *Reichstag* (Parlamento), nas eleições realizadas naquele mesmo ano, e o imperador Wilhelm II (1859-1941) estabeleceu uma legislação durante seu reinado (1888-1918), efetivando muitas das reivindicações trabalhistas.[24] Karl Kautsky até admitia que o proletariado pudesse alcançar a maioria absoluta no Parlamento (*Reichstag*), *i.e.*, conquistar o poder, e assim exercer a ditadura, da mesma forma que a burguesia até então realizava, sem derrogar a democracia política.

O gráfico e jornalista Everardo Dias (1883-1966),[25] ativo participante do movimento operário, nas duas primeiras décadas do século XX, reconheceu que "as tendências ideológicas do proletariado, a base em que se apoiavam os Partidos Socialistas, se nos países desenvolvidos da Europa estavam mais ou menos definidas, aqui, no Brasil, ainda não tinham consistência".[26] A legislação eleitoral não facilitava "a entrada de qualquer representante nitidamente proletário tanto no Congresso Nacional como nas Câmaras Municipais".[27] Antônio Piccarolo (1863-1947), fundador do Partido Socialista da Itália, vinculado à II Internacional, escreveu que, se as condições da agricultura, no Brasil, estavam atrasadas, as da indústria estavam muito mais, com um "desenvolvimento muito tardio", e com uma atuação restrita propriamente a duas cidades, Rio e São Paulo, e ainda assim em "forma incipiente".[28]

Todo o sistema jurídico funcional operava em favor dos empresários. Outrossim, a mentalidade do povo, a refletir a situação econômica, social, política e cultural em que o Brasil se encontrava, era bastante diversa da que adubou os partidos socialistas e sociais-democratas na Alemanha e outros países mais avançados da Europa. Além disso, italianos, portugueses e espanhóis conformavam a maioria do proletariado, e a afinidade linguística favorecia a propagação das ideias de Élisée Reclus (1830-1905), Errico Malatesta, Pyotr Kropotkin e outros.

A baixíssima base salarial dos operários era insuficiente para a renovação da força de trabalho. Eles eram brutalmente explorados, subalimentados, comiam apenas feijão, arroz, farinha de mandioca e carne seca,[29] como antes os escravos, nas fazendas e engenhos, e tais condições de miséria formavam o húmus para que os comunistas libertários se expandissem e predominassem. Em 1903, uma greve geral abalou o Rio de Janeiro, então o maior centro industrial do Brasil, a assustar empresários e o governo, entre 12 e 15 de agosto e 5 de setembro de 1903.[30] A paralisação iniciou na maior indústria têxtil do país, a Companhia de Fiação e Tecidos Alliança, localizada no bairro das Laranjeiras,[31] por vários fatores, *inter alia*, a morte acidental de um trabalhador e o assédio sexual a uma operária efetuado pelo contramestre, e abrangeu a tecelagem Cruzeiro, no Andaraí, alastrando-se também a outras fábricas de tecidos e a vários ramos, em distintos bairros, desde a fábrica de vidros Esberard, em São Cristóvão, e a Confiança Industrial, em Vila Isabel, a Corcovado, em Botafogo, e a Carioca, no Jardim Botânico.

Os estivadores do porto aderiram, com as demandas, *inter alia*, de redução da jornada de trabalho e aumento de salários em 40%.[32] Estimou-se que entre 22.000 a 25.000 trabalhadores participaram do paro e o chefe da Polícia do Distrito Federal, o advogado e professor Antônio Augusto Cardoso de Castro (1860-1911), deflagrou intensa e feroz repressão, espancamentos, dezenas de prisões e, ao fim, algumas categorias conseguiram obter várias reivindicações, outras menos, sem que houvesse uniformidade de acordos entre os empresários e trabalhadores.[33] De modo geral, porém, os trabalhadores sofreram uma derrota. Não alcançaram importantes demandas, que uniram todas as categorias, *e.g.* o aumento dos salários em 40% e a redução da jornada de trabalho para nove horas e meia.[34]

Euclides da Cunha, em artigo intitulado "O Velho Problema" e publicado no jornal *O Estado de S. Paulo*, em 1° de maio de 1904, após referir que foi com Karl Marx, "este inflexível adversário de Proudhon, que o socialismo científico começou a usar uma linguagem firme, compreensível e positiva", acentuou que "a fonte única da produção e do seu corolário imediato, é o trabalho", que "nem a terra, nem a máquina, nem o capital ainda coligados os produzem sem o braço operário", razão pela qual a riqueza produzida devia "pertencer toda aos que trabalham".[35] "[...] Cada homem produz sempre mais do que consome, persistindo os frutos do seu esforço além do tempo necessário à sua reprodução", assim Euclides da Cunha buscou sintetizar a teoria do valor, que Marx havia formulado, e acusou: "A exploração capitalista é assombrosamente clara, colocando o trabalho num nível inferior ao da máquina".[36] E, no mesmo artigo, descreveu as moléstias que o operário passava a sofrer, "adstrito a salários escassos demais à sua subsistência", denunciou a "pecaminosa injustiça que o egoísmo capitalista agrava" e apontou o duplo princípio que era unanimemente aceito e dominava toda a heterodoxia socialista, cujas numerosas cisões consistiam nos meios de atingir o objetivo: "Socialização dos meios de produção e circulação. Posse individual somente dos objetos de uso".[37] E, ao arrematar o artigo, Euclides da Cunha, imputou:

Nada mais límpido. Realmente as catástrofes sociais só podem provocá--las as próprias classes dominantes, as tímidas classes conservadoras, opondo-se à marcha das reformas – como a barragem contraposta a uma corrente tranquila pode gerar a inundação. [...] O caráter revolucionário do socialismo está apenas no seu programa radical. Revolução: transformação. Para a conseguir, basta-lhe erguer a consciência do proletário, e – conforme a norma traçada pelo Congresso Socialista de Paris, em 1900 – aviventar a arregimentação política e econômica dos trabalhadores. [...] A revolução não é um meio, é um fim; embora, às vezes, lhe seja mister um meio, a revolta. Mas esta sem a forma dramática e ruidosa de outrora. As festas do Primeiro de Maio são, quanto a este último ponto, bem expressivas. Para abalar a terra inteira, basta que a grande legião em marcha pratique um ato simplíssimo: cruzar os braços...[...] O seu triunfo é inevitável.[38]

Em 1904, ano em que Euclides da Cunha publicou o artigo "O Velho Problema", sobre o Primeiro de Maio, e indicou a greve geral, como instrumento para induzir a transformação da sociedade, o Rio de Janeiro tinha 700 mil habitantes, os bairros mais pobres, com ex-escravos e trabalhadores estrangeiros, aglomerados em cortiços, sofriam com a deficiência da rede de água e esgoto, o lixo nas ruas, falta de saneamento básico, o que facilitava a ocorrência de graves enfermidades, como tifo, tuberculose, sarampo, difteria, peste bubônica, varíola, febre amarela etc. Havia descontentamento no espírito da população, as sementes da revolta germinavam, devido a diversas medidas tomadas pelo governo do presidente Francisco de Paula Rodrigues Alves (1848-1919), outro representante da burguesia cafeeira de São Paulo, que deu continuidade à política econômica e financeira de Campos Sales e Joaquim Murtinho. Seu ministro da Fazenda, José Leopoldo de Bulhões Jardim (1856-1928), usou as tarifas aduaneiras apenas com finalidade fiscal, sem proteção para as indústrias, e manteve elevada a taxa cambial, o que dificultava a importação de bens de capital, *i.e.*, máquinas e matérias, para modernização e expansão das fábricas; e também aumentava o desemprego e a carestia do custo de vida, ao encarecer a importação de bens de consumo. O modelo agroexportador destarte se preservou.

Entretanto, com recursos emprestados pelo grupo Rothschild, de Londres, o presidente Rodrigues Alves e o prefeito do Rio de Janeiro, Francisco Pereira Passos (1936-1913), trataram de executar um plano de urbanização e modernização da cidade Rio de Janeiro, o Distrito Federal, reaparelhamento do porto, alargamento e pavimentação de ruelas, abertura de avenidas, no estilo de Paris, praças com jardins etc. Também o objetivo, *inter alia*, consistia em erradicar epidemias responsáveis por grande mortandade de pessoas, sobretudo, a varíola, a peste bubônica, transmitida, pelos ratos, que infestavam os esgotos e os cortiços no centro da cidade, as vilas operárias, e a febre amarela, levada para o Brasil, provavelmente, por uma espécie mosquito originário da África, em 1849. O saneamento era necessário, dado que até navios estrangeiros não mais atracavam no porto do Rio de Janeiro.

O espírito das camadas mais pobres, operários e pessoas de diferentes categorias, na cidade do Rio de Janeiro, era de insatisfação e resistência à obrigatoriedade da vacina. Na realidade, o sentimento era de oposição ao governo da República, o manto sob o qual se disfarçava a ditadura da oligarquia cafeeira de São Paulo e do Vale do Paraíba (Rio de Janeiro). Em tais circunstâncias, no dia 5 de novembro de 1904, dirigentes sindicais, anarquistas, monarquistas, oficiais do Exército descontentes, liderados pelo general e senador Lauro Sodré (1858-1944), ex-governador do Pará, o coronel e senador Lauro Müller (1863-1926) e os deputados Alexandre José Barbosa Lima (1862-1931) e Alfredo Varela (1864-1943), diretor do *Jornal do Commercio*, reuniram-se no Centro das Classes Operárias, que congregava várias categorias de trabalhadores, principalmente estivadores e ferroviários, sob a direção do médico socialista Vicente de Souza,[39] e fundaram a Liga contra a Vacina Obrigatória. Aí, querendo ou não, desataram a ira do povo, que depois não tiveram meios de controlar. A Prefeitura havia começado a empreender as obras de urbanização e saneamento, de forma atrabiliária. Com a desapropriação de prédios antigos, pardieiros e cortiços, e a usar violência, desalojou operários, a maioria estrangeiros, ex-escravos e outras pessoas pobres, por modo a demolir suas moradias, o que chegou ao total de 614. Havia, possivelmente, especulação mobiliária por trás do projeto de urbanização, desalojando a população mais pobre, sem lhes dar qualquer alternativa, senão a de construir barracos nos morros, nos mangues, na periferia da cidade e formar favelas.[40] E, ao vazar a notícia da Lei de Vacinação Obrigatória, elaborada pelo cientista Oswaldo Cruz (1872-1917), diretor-geral de Saúde Pública, e a forma como foi executada, à força, inclusive com a invasão de domicílios pelos sanitaristas encarregados da vacinação, chamados "mata-mosquitos", a revolta explodiu.

Espaventadas, com medo de contaminação por meio da vacina, sem confiar na sua eficácia, dúvida que alguns órgãos da imprensa difundiam, milhares de pessoas dos bairros mais pobres, enfuriadas com a perspectiva de perder suas moradas, não aceitaram que suas casas fossem invadidas e que ainda tivessem de tomar uma vacina contra a vontade. Daí que convulsionaram as ruas do Rio de Janeiro, durante uma semana, o auge entre 10 e 16 de novembro de 1904. Ergueram barricadas, barreiras de fogo nas ruas, atacaram lojas, bondes, quebraram lampiões, incendiaram prédios e enfrentaram forças da polícia, os sabres da soldadesca, carga de cavalaria, contingentes do Corpo de Bombeiros, Exército e Marinha. Os conflitos alastraram-se do Centro à Zona Norte e Zona Sul, do Catumbi, ao Rio Comprido, Engenho Novo, Tijuca, Gamboa, Saúde etc., bem como a Botafogo, Laranjeiras e adjacências. Os operários das fábricas de tecidos, na Gávea, saíram às ruas e impulsionaram também a revolta. No bairro da Saúde, os rebeldes ergueram trincheiras, com trilhos de bonde arrancados e sacos de areia, troncos de árvores e madeiras, uma virtual fortificação que denominaram Porto Arthur, referência ao lugar na Manchúria, onde começou a guerra entre a Rússia e o Japão, na madrugada de 8 para 9 de fevereiro de 1904. Estavam armados com revólveres e carabinas e possuíam bombas de dinamite.[41] Houve tiroteios, mortos, muitos feridos e presos, que foram levados para a central de Polícia, barbaramente espancados, e depois remetidos para os calabouços da ilha das Cobras, abaixo do nível do mar.[42] E o levante espargiu-se. Não se limitou à população civil.

Os senadores Lauro Müller e Lauro Sodré, os deputados Barbosa Lima e Alfredo Varela, e o general Sylvestre Travassos (1848-1904), sublevaram cerca de 300 cadetes da Escola Militar, na Praia Vermelha.[43] Quando passaram pela Praia Vermelha, em direção a Botafogo, receberam, no caminho, a adesão de um Esquadrão de Cavalaria e de uma Companhia de Infantaria do Exército. Os militares estavam armados e contavam com apoio dos sindicatos, sob a liderança do socialista Vicente de Souza, dirigente do Centro das Classes Operárias, e da massa insurrecta de trabalhadores urbanos, funcionários públicos, profissionais autônomos, pequenos comerciantes, e os capoeiras das antigas Guardas Negras[44] – liderados pelo estivador Horácio José da Silva, um negro de trinta anos, conhecido como o Prata Preta, o mais destemido líder das barricadas na Saúde (Praça da Harmonia) e do Morro do Livramento. Os combatentes que Prata Preta chefiava eram homens maltrapilhos, descalços, armados com garruchas e navalhas.[45]

Os cadetes da Escola Militar e toda a massa que os respaldava, na Rua da Passagem, defrontaram-se, porém, com as tropas da Brigada Policial, comandadas pelo general Antônio Carlos da Silva Piragibe (1845-1905). Houve combates. Muitos tombaram mortos, outros feridos. O senador Lauro Müller, ao que parece, recebeu um tiro; o senador Lauro Sodré, também. Ambos escaparam e depois foram presos. O general Sylvestre Travassos foi gravemente baleado e conduzido para o Hospital do Exército, onde expirou em 22 de novembro. Sem chefes, os cadetes, atacados no reduto da Escola Militar, capitularam. Houve outro combate, simultaneamente, na Rua Senhor dos Passos. Cerca 2.000 pessoas ainda resistiram, no Distrito Federal, e a rebelião militar ameaçou expandir-se a outros Estados, Bahia e Pernambuco, porém logo foi sufocada. O presidente Rodrigues Alves pediu reforço militar aos Estados de São Paulo e Minas Gerais. Decretou o estado de sítio e esmagou a sedição. Porém, recuou, a revogar a Lei de Vacinação Obrigatória. E o resultado foi que, nas pelejas e entreveros dos rebeldes com as tropas do governo, morreram, oficialmente, 30 pessoas, mas o número talvez tenha sido muito maior. Cerca de 110 foram feridas, entre 945 ou mais de 1.000 foram presas, conforme as fontes, e, 461, deportadas para o Acre,[46] cuja anexação ao seu território o Brasil acabara de concluir (1903). Os militares envolvidos foram encarcerados e, os cadetes, excluídos e deportados para as fronteiras do país. Por fim, o Exército fechou a Escola Militar da Praia Vermelha.

A revolta da vacina não foi absolutamente contingente. Foi uma revolta social, a encapar uma conspiração política, em que se entrelaçavam altos escalões do Exército – florianistas radicais, a sonharem com outra república, a partir de uma ditadura positivista –, além de parlamentares e jornalistas, ademais de ativa participação de monarquistas, e, à frente da massa popular, operários anarquistas, socialistas e sindicalistas. O *coup d'État*, com o assalto ao Palácio do Catete e a deposição do presidente Rodrigues Alves, estava programado para o dia 15 novembro, data da proclamação. E abortou.[47] O coronel e senador Lauro Müller, o senador Lauro Sodré, os deputados Barbosa Lima e Alfredo Varela e Vicente de Souza, que incentivaram a revolta popular e o levante na

Escola Militar, eram todos positivistas. O objetivo consistia em acabar com a preeminência da burguesia cafeeira de São Paulo; com o programa político e econômico defendido pelo presidente Rodrigues Alves e pelo ministro Leopoldo Bulhões, submissos às cláusulas do *funding-loan*, e negociado com credores internacionais; além de diversificar a agricultura e estimular a industrialização da sociedade, necessária ao progresso do Brasil, conforme a doutrina de August Comte.

## NOTAS

1. Roberto C. Simonsen, 1973, p. 16. Milton Lopes, "Anarquismo e 1º de Maio no Brasil", Núcleo de Pesquisa Marques da Costa – Federação Anarquista do Rio de Janeiro (FARJ), disponível em <https://marquesdacosta.wordpress.com/artigos-do npmc/milton_lopes_anarquismo_e_1_de_maio>.
2. José Maria Santos, 1930, pp. 400-402.
3. Malvino Reis, 1899, p. 19.
4. *Ibidem*, p. 50.
5. Osvaldo Pasqual Castanha, 2013, pp. 50-52.
6. Antonio Piccarolo, 1932, p. 30.
7. Carlo Romani, 2002, pp. 150-154, 165-167. Angelo Trento, 1989, pp. 112-114. "Angelo Longaretti Matou o truculento irmão do presidente Campos Sales", *Náufragos da Utopia*, disponível em <https://naufragodautopia.wordpress.com/2014/12/02/ancestral-ilustre-angelo-longaretti-matou-o-truculento-irmao-do-presidente-campos-salles/>. Celso Lungaretti, "Antepassado Ilustre: Angelo Longaretti matou o truculento irmão do presidente Campos Sales", *O Rebate*, disponível em <http://jornalorebate.com.br/site/canais/colaboradores-do-rebate/12622-antepassado--ilustre-angelo-longaretti-matou-o-truculento-irmao-do-presidente-campos-s>. Christiano Eduardo Ferreira, "O senhor é morto: colonato e criminalidade em duas localidades paulistas (1900-1901)", Anais Anpuh – XXV Simpósio Nacional de História, 2009, disponível em <http://anais.anpuh.org/wp-content/uploads/mp/pdf/ANPUH.S25.1083.pdf>.
8. Edgard Carone, 1970, pp. 191-197.
9. Hélio Negro e Edgard Leuenroth,, 1919, p. 41.
10. *Ibidem*. pp. 41-42.
11. Robert J Alexander, 2003, pp. 29-31.

12. Aldrin Armstrong Silva Castellucci, "Os socialistas e as comemorações do Primeiro de Maio em Salvador: ritualização e afirmação de uma identidade operária nas duas primeiras décadas republicanas", Anais Anpuh – XXVI Simpósio Nacional de História, jul. 2011, disponível em <http://www.snh2011.anpuh.org/resources/anais/14/1308158209_ARQUIVO_AldrinCastellucci-ComunicacaoXXVIS-NH2011.pdf>.

13. Benito Bisso Schmidt, "A diretora dos espíritos da classe: a Sociedade União Operária de Rio Grande (1893-1911)", disponível em <https://www.ifch.unicamp.br/ojs/index.php/ael/article/.../1891>.

14. Angelo Trento, 1989, pp. 225-226.

15. Valdelice Borghi Ferreira, "As organizações operárias e a demanda por educação: 1889-19201", disponível em <http://www2.faced.ufu.br/colubhe06/anais/arquivos/274ValdeliceBorghiFerreira.pdf>.

16. Vernon L. Lidtke, 1986, p. 320.

17. Artigo do *Neue Zeit*, XX, Bd 2, p. *525 apud Le Mouvement social*: bulletin trimestriel de l'Institut français d'histoire sociale, disponível em <http://gallica.bnf.fr/ark:/12148/bpt6k5740865w/texteBrut>.

18. Artur José Renda Vitorino, 2000, p. 169.

19. *Ibidem.*

20. Artigo do *Neue Zeit*, XX, Bd 2, p. *525 apud Le Mouvement social*: bulletin trimestriel de l'Institut français d'histoire sociale, disponível em <http://gallica.bnf.fr/ark:/12148/bpt6k5740865w/texteBrut>.

21. G. D. H. Cole, 1960, vol. 4, pp. 277-280. Claudio H. M. Batalha, "José Ingenieros e os socialistas brasileiros na virada do século XIX", Fundação Perseu Abramo, n. 9, ano 7, 2013, disponível em <https://fpabramo.org.br/csbh/wp-content/.../3/.../T09perseu9.pdf>.

22. Angelo Trento, 1989, pp. 225-226.

23. "Rapport de la Commission Executive du Parti Ouvrier du Brésil à présenter au Congrès Socialiste International de Zürich – 1893". G. Haupt, "Militants sociaux-démocrates allemands au Brésil (1893 – 1896)", *in Le Mouvement social: bulletin trimestriel de l'Institut français d'histoire sociale*, disponível em <http://gallica.bnf.fr/ark:/12148/bpt6k5740865w/texteBrut>. O manuscrito em alemão é conservado no *Sozialarchiv*, em Zürich.

24. Vernon L. Lidtke, 1986, pp. 122-123.

25. Everardo Dias nasceu em Pontevedra, Espanha, em 1883. Mudou-se para o Brasil, com o pai, quando tinha apenas dois anos de idade.

26. Everardo Dias, 1977, p. 45.

27. *Ibidem*, p. 50.

28. Antonio Piccarolo, 1932, pp. 40-42.

29. *Ibidem*, p. 45.
30. Marcela Goldmacher, A *"Greve Geral" de 1903*: o Rio de Janeiro nas décadas de 1890 a 1910". Tese (Doutorado em História), Departamento de História, Universidade Federal Fluminense, 2009, disponível em <www.historia.uff.br/stricto/td/1152.pdf>.
31. Isabelle Cristina da Silva Pires, "Luta operária: trabalhadores (as) da Companhia de Fiação e Tecidos Alliança na 'Greve Geral' de 1903", *Espaço Plural*, ano XVII, n. 34, 1° semestre de 2016, pp.437-466, disponível em <e-revista.unioeste.br/index.php/espacoplural/article/.../10149>.
32. *Ibidem*, pp. 444-445. Carlos Augusto Addor, "A greve de 1903: primórdios do movimento operário no Rio de Janeiro", *História, Ciências, Saúde*, vol. 14, n. 2, abr.-jun., 2007, pp. 635-639, disponível em <http://www.redalyc.org/pdf/3861/386138013018.pdf>.
33. *Ibidem*. Marcela Goldmacher, A *"Greve Geral" de 1903*: o Rio de Janeiro nas décadas de 1890 a 1910". Tese (Doutorado em História), Departamento de História, Universidade Federal Fluminense, 2009, disponível em <www.historia.uff.br/stricto/td/1152.pdf>.
34. *Ibidem*, p. 2.
35. Euclides da Cunha, "Contrastes e confrontos", in *idem*, 1905, pp. 215-220.
36. *Ibidem*, p. 219.
37. *Ibidem*, p. 219.
38. *Ibidem*, p. 220.
39. Clara Araújo, Maria Celi Scalon, "Gênero, família e trabalho no Brasil", in Angela de Castro Gomes, 2007, pp 72-73.
40. Ao voltarem ao Rio de Janeiro, em 1897, muitos soldados foram desmobilizados pelo Exército, mas não sabiam para onde ir nem tinham, ergueram barracões com suas famílias, em um morro situado atrás do Ministério da Guerra, no Campo de Santana, e o passaram a chamar de "favela", nome do morro onde instalaram a base das operações contra Canudos. Devido à migração dos sertanejos para o Rio de Janeiro, à baixa renda e ao déficit-habitacional esse tipo de aldeia construída pobremente nos morros, à margem, espalhou-se e a denominação de favela se difundiu.
41. Sertório de Castro, A *República que a revolução destruiu*, 1932, edição digital: eBooks-Brasil, 2002, disponível em <http://www.ebooksbrasil.org/eLibris/sertorio.html>.
42. "1904 – Revolta da vacina. A maior batalha do Rio", *Cadernos da Comunicação: série Memória*, Secretaria Especial de Comunicação Social, 2006, p.120, disponível em <http://www.rio.rj.gov.br/dlstatic/10112/4204434/4101424/memoria16.pdf>.
43. "Vencido e morto", *República – Órgão Republicano*, anno V, 27/11/1904, p.1, disponível em <http://obrasraras.sibi.usp.br/xmlui/bitstream/handle/123456789/3905/Republica_ano5_n380_1904.pdf?sequence=1>.

44. Fabio Samu da Cunha, "Capoeiras e a Revolta da Vacina", *Revista Espaço Acadêmico*, n. 166, mar. 2015, ano XIV, disponível em <www.periodicos.uem.br/ojs/index.php/.../article/.../14491>.

45. Prata Preta foi preso depois de lutar com os policiais, posto em camisa de força e levado para a Polícia Central. Depois desapareceu. Não se sabe se foi deportado para o Acre ou assassinado pela polícia.

46. "1904 – Revolta da vacina. A maior batalha do Rio", *Cadernos da Comunicação: série Memória*, Secretaria Especial de Comunicação Social, 2006, p.120, disponível em <http://www.rio.rj.gov.br/dlstatic/10112/4204434/4101424/memoria16.pdf>; Marcus Fernandes Marcusso, *A Escola Militar do Realengo e a formação do oficial do Exército Brasileiro (1904-1929)*, dissertação (Mestrado em Educação), Centro de Educação e Ciências Humanas, Universidade Federal de São Carlos, 2012, disponível em <https://repositorio.ufscar.br/bitstream/handle/ufscar/2620/4262.pdf?sequence=1>.

47. Sertório de Castro, *A República que a revolução destruiu*, 1932, edição digital: eBooks-Brasil, 2002, disponível em <http://www.ebooksbrasil.org/eLibris/sertorio.html>.

## Capítulo 6

INDUSTRIALIZAÇÃO DA RÚSSIA ENTRE FINS DO SÉCULO XIX E INÍCIO DO SÉ-
CULO XX • REVOLUÇÃO RUSSA DE 1905 • DOMINGO SANGRENTO • RE-
VOLTA DOS MARINHEIROS DO COURAÇADO *POTYOMKIN* • GREVE GERAL
NA RÚSSIA • CZAR E O MANIFESTO DE OUTUBRO • CRÍTICAS NO BRASIL À
REPRESSÃO NA RÚSSIA • CARTA DE KROPOTKIN A NENO VASCO E EDGARD
LEUENROTH • GREVES DE 1905 E 1906 NO BRASIL • LEIS ADOLFO GORDO
• REVOLTA DA CHIBATA • MATANÇA NA ILHA DAS COBRAS

Anarquistas, sindicalistas revolucionários, comunistas libertários, socialistas, como se denominavam as diversas tendências no movimento operário, impulsaram, evidentemente, a intensa participação dos trabalhadores
de todas as categorias na revolta contra a vacina obrigatória, no Rio de
Janeiro, então o maior centro industrial, onde estavam concentradas
em torno de 33% das fábricas existente no Brasil, contra 16% em São
Paulo. O número de operários em todo o país, no entanto, era muito
pequeno e, na maioria, estrangeiros. Quiçá cerca de 150.841, mais ou
menos, trabalhavam em 3.258 empresas, conforme o censo industrial
de 1907,[1] uma vez que o investimento em novas fábricas virtualmente
estagnara desde o governo de Campos Sales. Os ferroviários e estivadores
formavam os maiores e mais ativos contingentes de trabalhadores, tanto
no Rio de Janeiro, como em Santos. E, tanto no Rio de Janeiro como em
São Paulo, os que se destacavam à frente do movimento operário eram
italianos, como os jornalistas António Piccarolo, socialista e diretor do
jornal *Avanti*, e Orestes Ristori, anarquista ligado à revista *La Battaglia*,

jovens da *intelligentsia* da classe média. Outros foram brasileiros e estrangeiros, de origem modesta, entre eles José Oiticica, Edgard Leuenroth, Neno Vasco, Joaquim Pimenta, Benjamin Motta, Manuel Moscoso, Astrojildo Pereira e o espanhol Primitivo Raimundo Soares (pseudônimo era Florentino de Carvalho), que se tornara ácrata, após ler, em 1901, *A conquista do pão* (*La Conquête du Pain*),[2] de Pyotr Kropotkin.[3] Joaquim Pimenta, Astrojildo Pereira e outros aderiram também ao anarquismo com a leitura de *A conquista do pão*. Os anarquistas, no Brasil, assim, se voltaram para a Rússia e, decerto, conseguiram algum contacto com Kropotkin, antes ou da quando erupção revolucionária de 1905.

A perspectiva da revolução, na Rússia, despertava, desde 1904, o interesse e a simpatia do povo brasileiro, principalmente dos intelectuais e do proletariado. Os militantes anarquistas e socialistas, em 15 de julho 1904, criaram uma Comissão Pró-Mártires da Rússia, que, distribuiu e publicou, nos jornais *Avanti e La Bataglia,* um manifesto Pró-Mártires da Rússia, redigido em italiano e português:

> O grito angustioso que parte da inóspita Sibéria, trazendo-nos a dor dos inúmeros condenados russos, atravessa os mares e chega até nós pedindo o nosso conforto, a nossa solidariedade. A crueldade da Rússia autocrática contra seus filhos, culpados de um só crime, o de terem amado a liberdade e o bem dos próprios irmãos, é bastante conhecida para que tenhamos de relembrar a sua história, toda feita de dores, de martírios e de heroísmos que honram a humanidade...[4]

O *Amigo do Povo,* jornal operário editado em São Paulo, na sua edição de 20 de agosto de 1904, noticiou a realização de um comício de solidariedade aos revolucionários russos, no qual falaram os socialistas e anarquistas Antônio Piccarolo, Orestes Ristori, Ricardo Gonçalves, Benjamin Motta, Valentim Diego, Gabriel Salab e Ernestina Lesina.

A conjuntura na Rússia era, então, convulsiva e o magma social começava a extravasar. Ao contrário do Brasil, o capitalismo na Rússia estava solidamente instalado. A rápida industrialização, promovida pelo conde Sergei Y. Witte (1849-1919), quando ministro das Finanças (1892-

1903),[5] acelerou o processo de urbanização e aguçou as contradições sociais. Milhões de camponeses (*mujiks*) migraram para as cidades, cada vez mais superpovoadas. As condições habitacionais eram péssimas, as moradas estreitas e impróprias para o número de pessoas que acolhiam. Os operários tinham de trabalhar 15 ou 16 horas por dia, sob constante vigilância e opressão, sem direitos legais, garantias e proteção. Ganhavam salários que mal davam para sobreviver. As greves eram ilegais, proibidas, e os agentes da Okhrana (*okhrannoye otdelenie*), o departamento de guarda e segurança, infiltrados, estavam prontos para reprimir qualquer manifestação de inconformismo e revolta. Havia, então, cerca de 2 1/2 milhões e 3 milhões de operários na indústria, mas o exército de reserva era 100% superior, *i.e.*, situava-se em torno de 5 milhões de desempregados. Os trabalhadores não podiam constituir sindicatos. Eram proibidos. Muitos passavam fome nos campos e nas cidades. E a insatisfação dos camponeses recrescia, devido aos cada vez mais pesados impostos que o czar Nicholas II (1868-1917) exigia para a sustentação do regime.

Em 9 de janeiro de 1905 (22 de janeiro no calendário gregoriano), um domingo, milhares de trabalhadores, homens e mulheres, conduzidos pelo padre cristão ortodoxo Georgy Gapon,[6] aproximaram-se pacificamente do Palácio de Inverno, em Sankt-Peterburg (St. Petersburg), portando ícones religiosos, estandartes eclesiásticos, retratos do czar e a levar uma petição com 130.000 assinaturas e várias reivindicações, *inter alia*, redução da jornada de trabalho para oito horas. O czar Nicholas II não estava no Palácio de Inverno, mas o fato foi que a Guarda Imperial alinhou-se nos dois lados do caminho e abriu fogo contra a multidão.[7] Entre 4.000 e 5.000, conforme algumas versões, pereceram ou foram feridas.[8] Somente em 15 dos 46 hospitais, existentes em St. Petersburg, estavam 2.195 cadáveres.[9] O "Domingo Sangrento", assim celebrizado, impulsou na Rússia o processo revolucionário.

A humilhante derrota da Rússia na guerra contra o Japão, ao perder a batalha naval no estreito de Tsushima, entre a Coreia e o mar do Japão, em 27 e 28 maio de 1905 (14 e 15 de maio no calendário juliano), concorreu, outrossim, para espraiar a revolta à Armada. E, em junho de 1905, os marinheiros do couraçado *Potyomkin* (Потёмкин),[10] da frota do Mar Negro, amotinaram-se, liderados pelos marinheiros Afanasy Matyushenko e Gregory Vakulenchuo,[11] e içaram um estandarte vermelho da social-democracia com os dizeres – "Liberdade, Igualdade, Fraternidade"[12] – em frente ao porto de Odessa. E o povo apoiou-os. A repressão desfechada pelas forças do czar, porém, foi cruenta; quatro marinheiros foram fuzilados, dois enforcados e dezenas presos e remetidos para trabalhos forçados.[13] Motins também ocorreram nas bases navais de Kronstadt, Vladivostok e Sevastopol, onde os marinheiros organizaram os próprios *Soviets* (Conselhos). A Rússia alternativa não teve senão terminar a guerra com o Japão (1904-1905). Em 5 de setembro, o conde Sergei Y. Witte, como presidente do Conselho de Ministros da Rússia, assinou o Tratado de Portsmouth, nos Estados Unidos,[14] negociado com o marquês Komura Jutarō, ministro de Assuntos Exteriores do Japão, formalizando o fim do conflito, causado pela disputa da predominância sobre a Coreia e a Manchúria.

As greves, porém, generalizaram-se na Rússia, e os gráficos em St. Petersburg formaram um *Soviet*, ao qual aderiram outras categorias de trabalhadores. O advogado Georgiy Khrustalyov-Nosar (1877-1918) assumiu a presidência. A erupção revolucionária havia, então, atingido o auge, em outubro de 1905. E o governador de St. Petersburg, general Dmitri F. Trepov (1850-1906), intensificou cruel e sangrenta repressão. Não obstante o assassinato de Vyacheslav Konstantinovitch Plehve (1846-1904), em 1904, os *pogroms* antissemitas, que ele, como ministro dos Assuntos Interiores, mandava a Okhrana organizar ou permitir, prosseguiram e recrudesceram nas mais diversas províncias do Império Russo, tais como Kiev, Odessa, Bessarábia, Kherson, Tauria, Ekaterinoslav, Poltava, Chernigov, Podolia e dezenas de outras.[15] Tais massacres configuravam a reação da direita nobiliárquica. Eram em parte espontâneos e, em parte, organizados por agentes da Okhrana, massacres rituais e devastação de forma quase profissional (*pogromshchiki*). E o czar não se importava. Mas a greve geral virtualmente ameaçava desestabilizar o Império Russo.

Diante do engravescimento da situação, quase sem condições de conter pela força a eflorência insurrecional, o czar Nicholas II aceitou, apressadamente e sob a influência do Conde Witte, assinar e divulgar, em 17 de outubro, o Manifesto de Outubro (Октябрьский манифест), *i.e.*, "Manifesto sobre a Melhoria da Ordem do Estado", esboçado pelo príncipe Aleksei D. Obolensky e no qual prometia uma Constituição; conceder liberdades civis; sufrágio universal e instituir a Duma Imperial (Parlamento) etc., com o que renunciaria a grande parte de seu poder autocrático.[16] Contudo, em 26 de novembro, os cossacos invadiram a Universidade de St. Petersburg, para onde o *Soviet* fora transferido do Instituto Tecnológico e estava a reunir-se, e prenderam Khrustalyov- -Nosar. Na vacância, Leon Trotsky (1879-1940)[17] ocupou a presidência, com o apoio dos mencheviques (меньшевик), facção do Partido Operário Social-Democrata da Rússia, mas, em 3 de dezembro, também foi preso.[18] O movimento operário perdeu fôlego, a greve geral não podia permanentemente perdurar e a revolução perdeu o seu *momentum*. Contudo, o czar Nicholas II cumpriu as promessas, se bem que, apenas, formalmente. Em 23 de abril de 1906, promulgou uma Constituição e instituiu a Duma (duas casas). E as liberdades civis concedidas foram, na realidade, bastante limitadas. A autocracia, ainda que parcialmente amputada, o czar Nicholas II preservou. E a turbulência social e política, nos campos e nas cidades, não obstante, perdurou até 1907 e a brutal repressão prosseguiu.

Os dramáticos acontecimentos na Rússia causaram impacto no Brasil. O Domingo Sangrento chocou, sobretudo, os meios intelectuais.[19] Houve comícios, em São Paulo, em prol dos mártires da revolução. *O País*, de 30 de janeiro de 1905, publicou, na primeira página, o último artigo de José do Patrocínio,[20] ao lado da notícia do seu falecimento, ocorrido no dia anterior. Intitulava-se "Ave, Rússia", e nele o velho abolicionista comentava que

> O Czar e sua corte de grão-duques mandam, porém, parar, sob pena de ser corrida à pata de cavalo, a vergastadas e à bala, a multidão peticioná- ria e, mais selvagens que as tribos africanas, mandam-na espingardear e retalhar a sabre, porque ela insiste em ser ouvida. [...] E sobre a multidão indefesa dão-se cargas mortíferas de cavalaria. Nos claros abertos na

massa agredida, destacam-se mulheres agonizantes, crianças com os crânios esmigalhados pelas patas dos cavalos. É a esse crime sem nome, que responde o brio do povo, convertendo-se em barricada viva. Sargaço sobre o vagalhão, o seu brio transmuda o sopro da vida em arma e faz do cadáver trincheira contra os agressores. Era impossível vencer três mil homens armados, revezando-se na embriaguez da superstição e da sangueira, no ofício desumano do fratricídio.

Mais adiante advertiu:

As revoluções justas são a escola intuitiva do direito humano. O próprio egoísmo comove-se diante dessas lições de sacrifício dos abnegados. Os que resignavam ao cativeiro, despertam do seu aviltamento e começam a pensar que a liberdade é o dom mais precioso, porque merece dos seus apóstolos o holocausto da vida. [...] A derrota é o adiamento e nada mais, nas lutas da liberdade. [...] Atirando contra as crianças, a autocracia facinorosa da Rússia julga ter espingardeado o futuro. Engana-se. Descarnando almas, ainda não contaminadas pelos vícios da vida, ela destacou, em torno de seus crimes, rondas invencíveis de anjos formidáveis como o querubim de espada flamívoma, destacando às portas do Éden. E essa chama inextinguível há de atear o incêndio aos preconceitos, devorá-los nas suas labaredas, dissipá-los como fumarada, para que triunfem, numa apoteose, os princípios do *ab eterno* escrito na consciência humana. A morte dos inocentes obriga a conspiração de Deus. [...] Seria um atentado contra a sã razão acreditar que esse morticínio, completamente sinistro de uma guerra injusta e tributo hediondo imposto à liberdade pela perpetuidade de um regime de extorsão e de extermínio, pudesse ficar impune.

E José do Patrocínio, a concluir, vaticinou:

O czarismo há de ser vencido. A treva só impera enquanto não chega a luz e esta começa a fazer-se pela pertinácia dos que preferem o martírio à escravidão. E há de irradiar, quer pela ação do livro, quer pelo estertor da agonia das vítimas do dever. [...] A hora da liberdade há de soar na Rússia, como soou na França trágica e vingadora. A voz evangélica de Tolstoi será transformada num estrondo da explosão e não haverá clemência para os que servem ao povo russo como único alimento uma açorda de sangue. [...] Rússia! Ave, mártir desolada! Bem cego é o que não vê debruçada sobre ti, recolhendo teus gemidos e pensando as tuas feridas, esta consciência revoltada da Humanidade.

O notável poeta parnasiano Olavo Bilac, então no auge da fama, comentou, na revista *Kosmos*, que durante o mês de janeiro houve um "acontecimento de interesse universal, que apaixonou e comoveu todas as almas".[21] Esse acontecimento

foi a revolução do proletariado russo, revolução afogada em sangue, reprimida e jugulada a chicote e à bala. [...] Alguma coisa lucrou o povo russo com esse desesperado esforço para conquistar a liberdade: em todas as nações da terra, todos os homens de bons sentimentos aplaudiram a coragem heroica dos revolucionários e amaldiçoaram mais uma vez aquele governo que só se sustenta pelo apoio cego e irracional de cossacos ignorantes e sanguinários.

E mais:

A verdade é que, quando uma causa social consegue apaixonar desse modo a totalidade dos homens civilizados, o seu definitivo triunfo está próximo. O governo russo vai entrar pelo terreno das concessões, e, em breve, os pobres filhos d'aquella immensa terra receberão a única esmola que pedem: o direito de ser tratados como homens e não como uma bestiagem miserável...[22]

Na mesma revista *Kosmos*, o intelectual Silva Marques escreveu

É loucura, para os homens, como para os Estados, fugir ao império das ideias triunfantes. A forma igualitária, produto dum choque natural da razão contra o absurdo, é uma conquista tão poderosa que pode ser falseada mas nunca suprimida... Quem poderá conter a explosão? Que a estrela do povo russo, tanto tempo desmaiada e perdida na sombria noite do czarismo, possa iluminar os seus destinos, poupando-lhe o eclipse do terror que precedeu os primeiros albores da democracia na França! Mas isso não passará talvez de um voto, o de todos os espíritos contrários a violências inúteis.

E, ao fim, profetizou que "a Rússia do século XX viverá sem dúvida a França de 1789 [...], a história se repete, os povos obedecem aos mesmos destinos".[23]

Os libertários, em São Paulo, enviaram 4 libras esterlinas a Kropotkin, que agradeceu em carta a Neno Vasco e Edgard Leuenroth, a dizer que a subscrição não chegava tarde demais. E acrescentou:

> A revolução na Rússia não se fará num dia. Ela exigirá dois, três anos para se realizar, como a Revolução Francesa e a Inglesa (de 1648). Neste momento, sofremos um instante de reação terrível. Mata-se, fere-se, viola-se. Os horrores praticados pela Guarda Imperial, nas províncias bálticas, na estrada de ferro Moscou-Kazan, contra os camponeses que se revoltam, e, enfim, contra as raparigas que, cansadas de ver esses horrores, atiraram sobre o chefe da polícia em Minsk e sobre o vice--governador em Tambov – esses horrores excedem tudo quanto se teria podido conceber. É necessário remontar à Idade Média para imaginar o que essas duas heroínas, Alexandra Ismailovitch,[24] em Minsk, e Maria Spiridonova (1884-1941),[25] em Tambov, sofreram. E, no entanto, são as contorções do animal que morre. Por toda a parte penetra o espírito da revolução. Por toda a parte há um sopro novo. A imprensa toma a liberdade e, apesar das perseguições, diz tudo. A nossa literatura anarquista aumenta e circula. E, como sempre em Revolução, acham-se lado a lado os contrastes mais frisantes, de terror branco e de liberdade tomada.

À mesma época, entre 1905 e 1906, sucessivas greves afetaram diversos setores produtivos no Brasil. Em 1905, os trabalhadores dos portos de Santos e do Rio de Janeiro paralisaram suas atividades; em 1906, os ferroviários igualmente decretaram greve. E as ligas de resistência e sindicatos, carpinteiros, empregados em ferrovias, padeiros, sapateiros, marceneiros, chapeleiros e outras categorias fundaram, em São Paulo, a

Federação Operária de São Paulo (FOSP), em 1905,[26] e os anarcocomu-nistas, anarcossindicalistas e os ácratas, de modo geral, opuseram-se às tendências reformistas do sindicalismo de alguns militantes, tais como Alessandro Cerchiai, Gigi Damiani, Angelo Bandoni Orestes Ristori e Florentino de Carvalho. Essas contradições aguçar-se-iam durante o I Congresso Operário Brasileiro, realizado entre 15 e 20 de abril de 1906, com a participação de um total de 43 delegados de 28 sindicatos, na sua maioria do Rio e São Paulo.[27] Esse Congresso lançou as bases para a fundação da Confederação Operária Brasileira (COB), que significou um relativo progresso do movimento sindical, mas a oposição predominante dos anarcossindicalistas frustrou a criação de um Partido Socialista, ins-pirado pela doutrina de Marx e Engels, ainda que bastante filtrada "pelas interpretações que sofreram na Europa, quase sempre bastante modificadas em relação ao marxismo original", como observou a professora Marly de Almeida Gomes Vianna.[28] Os ácratas, como sempre, desprezavam a luta política, o partido político como instrumento de conquista do poder, e o que valia, o que importava, era a ação direta nas fábricas e nas ruas.

Naquele mesmo ano, 1906, a Câmara Federal aprovou um Projeto de Lei, de iniciativa do deputado Adolfo Afonso da Silva Gordo (1858-1929), republicano histórico, e o presidente Afonso Penna (1847-1909) sancionou o decreto nº 1.641, em 7 de janeiro de 1907, a estabelecer, logo no Art. 1º, que "o estrangeiro que, por qualquer motivo, comprometter a segurança nacional ou a tranquillidade publica, póde ser expulso de parte ou de todo o territorio nacional".[29] A aprovação da Lei Adolfo Gordo, assim afamada, não constituiu, evidentemente, mera coincidên-cia, mas uma resposta à criação da COB, com o objetivo de agourentar a preeminência anarquista, que mais e mais recrescia no movimento operário. Como salientou Everardo Dias, o fazendeiro podia ameaçar o colono; o industrial podia ameaçar o operário, coagir o trabalhador estrangeiro, imigrante, a se submeter "a qualquer iniquidade, a aceitar condições vexatórias e prejudiciais, ou eram denunciados como elementos perigosos à tranquilidade pública".[30]

As deportações de trabalhadores estrangeiros começaram durante a ditadura do marechal Floriano Peixoto. Em 1893, a polícia havia invadido o Centro Socialista, na antiga Rua São José (atual Rua Líbero Badaró, nº 110), em São Paulo, e não apenas prendeu como espancou militantes socialistas e anarquistas, que preparavam as comemorações do Primeiro de Maio. Tais homens foram enviados para o Rio de Janeiro, onde permaneceram vários meses confinados e, dentre eles, 15 ou 16 estrangeiros foram deportados. No ano seguinte, 1894, um Projeto de Lei (projeto nº 109-B), dispondo sobre a expulsão de estrangeiros de parte ou de todo o território nacional, foi apresentado, tendo sido aprovado pela Câmara dos Deputados, mas não pelo Senado. O projeto nº 317-A, de 1902, o Senado também não aprovou. Porém, a repressão recrudesceu, na medida em que as relações capitalistas de produção irradiaram-se, com o trabalho assalariado, e as lutas de classe intensificaram-se, tantos nas fábricas, como nas fazendas de café. Assim, em 1906, a questão voltou à pauta do Congresso e o presidente da República sancionou a Lei Adolfo Gordo.

A deportação de ativistas do movimento operário constituiu "uma arma ainda mais potente para as elites brasileiras", pois, conforme salientou Sheldon Leslie Maran, "o sindicalismo brasileiro era um dos raros movimentos constituídos quase exclusivamente de trabalhadores estrangeiros".[31] Com base na Lei Adolfo Gordo, o governo podia reprimir, prender e deportar os militantes anarquistas e socialistas, quaisquer que fossem as tendências, sem perder a fachada da democracia e da legalidade. Os conflitos sociais, contudo, não esmoreceram. Após a promulgação da Lei Adolfo Gordo, a Federação Operária de São Paulo, sob a liderança dos anarquistas, comemorou o Primeiro de Maio, com um ato na praça, e deflagrou a paralisação da cidade de São Paulo. A greve começou com os metalúrgicos e, em seguida, envolveu trabalhadores das áreas de construção civil, alimentos, gráficos, sapatos e de vários outros ramos da indústria, ademais de funcionários das estradas de ferro. De 8 a 22 do mês de maio, cerca de dezoito categorias profissionais aderiram ao paro, que se alastrou a outras cidades do estado, como Campinas, São Bernardo do Campo, Ribeirão Preto, Itu, São Roque, Araraquara, São Bernardo do Campos, Jundiaí, Santos e outras. De certo, houve significativo nível de organização e articulação com o fim de obter a redução da jornada de trabalho para oito horas e outros direitos sociais, *e.g.*, assistência médica e hospitalar, direito a férias, aposentadoria, proibição do trabalho infantil e do trabalho noturno feminino. A polícia reprimiu violentamente a greve. E os empresários concederam a redução da jornada de trabalho apenas para dez horas, e não para oito, como os trabalhadores almejavam. A paralisação terminou, virtualmente, em 15 de junho. Depois, em 1907, o governo do presidente Afonso Penna expulsou 132 estrangeiros.[32]

As leis de repressão não podiam conter o descontentamento, que levedava nas classes subalternas, nas camadas pobres da sociedade brasileira. E era inevitável que contaminasse os baixos escalões da Armada, os marujos, a maioria negros e mulatos, analfabetos e muitos marginais recrutados à força,[33] para preencher as vagas na tripulação, todos sob o comando de oficiais brancos, originários da elite dominante. Tais homens viviam em condições similares às dos escravos, dos quais, na maioria, eram filhos ou netos, descendentes de primeira geração.[34] Assim, latejavam as tensões étnicas e de classe entre marujos e oficiais, social e hierarquicamente superiores. A revolta explodiu durante a noite de 22 de novembro de 1910, com dois tiros de canhão, disparados a partir do couraçado *Minas Gerais*. Alastrou-se a outros seis navios da esquadra, os couraçados *São Paulo* e *Deodoro*, os cruzadores *Timbira* e *Tamoio*, o cruzador ligeiro (*scout*) *Bahia* e outros menores na Baía de Guanabara.[35] Essa revolta foi articulada, durante dois anos, pelo marinheiro de 1ª classe João Cândido Felisberto (1880-1969), da 40ª Companhia do Corpo de Marinheiros, filho de ex-escravos, com a colaboração de Francisco Dias Martins, que formaram, clandestinamente, um Comitê Geral para organizá-la, tanto no couraçado (*dreadnought*) *Minas Gerais*, nau Capitânia da Armada, quanto nos demais navios da esquadra. A marujada tinha fortes razões para a rebelião: soldos insuficientes; alimentação ruim; excesso de trabalho; péssimas condições em que serviam, sem condições higiênicas, nos porões incômodos onde dormiam; e cruéis castigos corporais, com látegos cravejados de pequenos pregos de aço, por causa de contravenção disciplinar.[36]

Tais punições desumanas foram abolidas um dia após a proclamação da República, porém, o marechal Deodoro da Fonseca, chefe do Governo

Provisório, em abril 1890, não só as restabeleceu, com o decreto n° 328, de 12 de abril de 1890,[37] como criou uma Companhia Correcional, encarregada de classificar as contravenções disciplinares e estabelecer as normas relativas à amplitude e à aplicação das penas. A punição (chibata, golilha, prisão a ferros, palmatória, solitária) a bordo era definida por um Conselho de Disciplina, que o comandante compunha com dois outros oficiais. Embora o decreto n° 328 fixasse em 25 o número de açoites máximos, na prática, prevalecia, na maioria das vezes, a lei do convés. Dessa forma, os comandantes ordenavam *ad libitum* quantas chibatadas quisessem.[38] E, assim, agiu o capitão de mar e guerra João Batista das Neves, comandante do couraçado *Minas Gerais*. Excedeu-se. No dia 16 de novembro, mandou vergastar 250 vezes o marinheiro Marcelino Rodrigues Menezes, diante de toda a tripulação, por ter ferido a navalha um cabo que o denunciara de haver levado cachaça para bordo. Marcelino Rodrigues de Almeida desmaiou e, mesmo inerme, com o corpo a sangrar, continuou a receber chicotadas.

Esse fato afoitou a rebelião, antes marcada para 24 ou 25 de novembro. E o sangue logo se espargiu a bordo do *Minas Gerais*. O comandante João Batista das Neves, ao voltar do jantar a bordo do cruzador francês *Duguay-Trouin*, foi trucidado a golpes de machado e baioneta pelo marinheiro João José do Nascimento e outros; e o marinheiro Aristides Pereira urinou sobre seu cadáver.[39] Com o comandante Batista das Neves, tombaram, lutando, os capitães-tenentes José Cláudio da Silva Junior e Mario Carlos Lahmeyer. Outros oficiais logo foram mortos. Também o carrasco de Marcelino Rodrigues de Almeida e marinheiros que não se abandearam para motim. Os navios hastearam, no mastro dianteiro, uma pequenina bandeira triangular vermelha, que evocava, consciente ou inconscientemente, o levante do Potyomkin, em 1905. E o marinheiro João Cândido, mais tarde celebrizado como o "Almirante Negro", assumiu o comando de parte da moderna esquadra, com 2.379 marinheiros, e ameaçou arrasar o Rio de Janeiro. O escritor paulista Oswald de Andrade (1890-1954), um dos promotores da Semana de Arte Moderna de 1922, narrou, em suas memórias, que, à noite, se aproximou do cais e, entre sinais verdes e vermelho, escutei um prolongado soluço da sereia. Aquele grito lúgubre no escuro me dava a exata medida da subversão. Que seria? [...] Resolvi recostar-me num banco e esperar o alvorecer para ver o que sucederia. Adormeci. [...] Acordei em meio duma maravilhosa aurora de verão. A baía esplendia com seus morros e enseadas. Seriam talvez quatro horas da manhã. E vi imediatamente na baía, frente a mim, navios de guerra, todos de aço, que se dirigiam em fila para a saída do porto. Reconheci o couraçado *Minas Gerais* que abria a marcha. Seguiam-no o *São Paulo* e mais outro. E todos ostentavam, numa verga do mastro dianteiro, uma pequenina bandeira triangular vermelha. Eu estava diante da revolução. Seria toda revolução uma aurora? [...] Era contra a chibata e a carne podre que se levantavam os soldados do mar. [...] Quando mais tarde assisti à exibição do filme *Couraçado Potemkin*, vi como se ligavam às mesmas reivindicações os marujos russos e brasileiros. [...][40]

E Oswald de Andrade arrematou:

A revolta de 1910 teve o mais infame dos desfechos. Foi solenemente votada pelo Congresso a anistia aos rebeldes, mas uma vez entregues e presos, foram eles quase todos massacrados e mortos. Escapou o "Almirante" e, quando na década de 30, o jornalista Aporelli tentou publicar uma crônica do feito foi miseravelmente assaltado por oficiais da nossa Marinha de Guerra que o deixaram surrado numa rua de Copacabana.[41]

O professor Mario Maestri, autor do livro *Cisnes negros*, reconheceu que "diversos atos e comportamentos dos brasileiros indicam que foram influenciados pela revolta do *Potemkin*".[42] De fato, a revolta dos marinheiros, no Brasil, foi *ad instar* o que ocorreu no couraçado *Potyomkin*, embora não se possa saber se esse episódio, no porto de Odessa, em 1905, chegou ou como chegou ao conhecimento de João Cândido, Francisco Dias Martins e outros, ou se houve qualquer influência ideológica, mas os motivos foram, essencialmente, similares, inclusive o fator da má alimentação, como a carne apodrecida e com vermes que os marinheiros russos repulsaram.[43] É possível que os marujos brasileiros houvessem ouvido sobre o motim no couraçado *Potyomkin*, nos estaleiros da W.C. Armstrong Whitworth & Company, em Newcastle-on-Tyne, Inglaterra, onde foram construídos os couraçados *Minas Gerais* e *São Paulo*, da classe *HMS Dreadnought*, onde estiveram para aprender a manejar os novos equipamentos. De qualquer modo, os chefes do motim na esquadra brasileira deviam ter alguma instrução, como evidenciou a mensagem enviada pelo marinheiro Francisco Dias Martins ao marechal Hermes da Fonseca (1855-1923), recém-empossado, em 15 de novembro, na presidência da República, a demandar a reforma do código disciplinar da Armada:

Ilmo. e Exmo. Sr. Presidente da República Brasileira.

Cumpre-nos comunicar a V. Exa. como Chefe da Nação brasileira: Nós, marinheiros, cidadãos brasileiros e republicanos, não podendo mais suportar a escravidão na Marinha brasileira, a falta de proteção que a Pátria nos dá; e até então não nos chegou; rompemos o negro véu que nos cobria aos olhos do patriótico e enganado povo. Achando-se todos os navios em nosso poder, tendo a seu bordo prisioneiros todos os oficiais, os quais têm sido os causadores da Marinha brasileira não ser grandiosa, porque durante vinte anos de República ainda não foi bastante para tratar-nos como cidadãos fardados em defesa da Pátria, mandamos esta honrada mensagem para que V. Exa. faça aos marinheiros brasileiros possuirmos os direitos sagrados que as leis da República nos facilitam, acabando com a desordem e nos dando outros gozos que venham engrandecer a Marinha brasileira; bem assim como: retirar os oficiais incompetentes e indignos de servir à Nação brasileira. Reformar o código imoral e vergonhoso que nos rege, a fim de que desapareça a chibata, o bolo e outros castigos semelhantes; aumentar o nosso soldo pelos últimos planos do ilustre Senador José Carlos de Carvalho, educar os marinheiros que não têm competência para vestir a orgulhosa farda, mandar pôr em vigor a tabela de serviço diário, que a acompanha. Tem V. Exa. o prazo de 12 horas para mandar-nos a resposta satisfatória, sob pena de ver a Pátria aniquilada.

Bordo do couraçado. São Paulo,
em 22 de novembro de 1910.

A base para a rendição e a entrega dos navios era anistia para todos os insurrectos. O capitão de mar e guerra e deputado federal José Carlos de Carvalho intermediou a negociação. O marechal Hermes da Fonseca relutou, mas, depois, cedeu e concedeu anistia aos revoltosos, em 25 de novembro de 1910, por meio do decreto legislativo n.º 2.280, aprovado pelo Congresso.[44]

"A revolta de 1910 teve o mais infame dos desfechos", comentou Oswald de Andrade, a ressaltar que "foi solenemente votada pelo Congresso a anistia aos rebeldes, mas uma vez entregues e presos, foram eles quase todos massacrados e mortos. Escapou o almirante João Cândido [...]."[45] De efeito, os marinheiros cumpriram o acordo e entregaram os navios. O presidente Hermes da Fonseca, não. A anistia não durou mais que 48 horas. A quebra da disciplina e da hierarquia era absolutamente inadmissível para a oficialidade, tanto da Marinha, como do Exército. E, em 28 de novembro, o marechal Hermes assinou outro decreto, nº 8.400, autorizando o ministro da Marinha, contra-almirante Joaquim Marques Baptista de Leão, a excluir os marinheiros "cuja permanência se tornar inconveniente à disciplina".[46] Cerca, ou mais, de 1.000 foram expulsos. Depois, dezenas a Polícia prendeu, na Rua do Lavradio (Lapa), no bairro da Piedade, e na Zona Norte, onde moravam os trabalhadores, as classes pobres do Rio de Janeiro. Daí que se reacendeu o agastamento entre marinheiros e oficiais, que desejavam vingar seus companheiros mortos, na noite 22 de novembro. Havia desconfiança mútua.[47]

A eclosão de outra revolta era o que, aparentemente, o governo desejava e pretendia provocar, a fim de reprimi-la, violentamente, e lavar a honra, que julgava haver perdido com a capitulação, concedendo anistia aos insurrectos, de 22 de novembro.[48] E a rebelião outra vez eclodiu, em 9 de dezembro, no cruzador ligeiro *Rio Grande do Sul*. O ministro da Marinha, contra-almirante Joaquim Marques Batista de Leão (1847-1913), fora avisado pelo comandante, o capitão de fragata Pedro Max Fernando Frontin (1867-1938), sobre a possibilidade do levante, mas não deu importância. E o motim, de fato, ocorreu depois que o oficial no comando mandara amarrar a ferros um marinheiro na proa do navio.[49] Era uma provocação. Em seguida, no dia 10 de dezembro, o Batalhão Naval, com 600 fuzileiros e sob a liderança do cabo Jesuíno da Lima Carvalho, vulgo cabo Piaba, do primeiro-sargento Benedicto Rodrigues de Oliveira, insurgiu-se na antiga Fortaleza de São José da Ilha das Cobras. Naturalmente que a sua composição étnica e social – 80% negros e pardos – era a mesma dos marinheiros e, na maioria, analfabetos. Porém, já não havia razão objetiva para o levante, nem mesmo de solidariedade, uma vez que a revolta dos marinheiros da esquadra, virtualmente, terminara com a anistia, outorgada, embora não cumprida, cerca de 15 dias antes. Não se conhece a motivação. João Cândido desconfiou de que se tratava de uma provocação, com o fito de dar ao governo pretexto para vingar-se da cedência que a concessão da anistia representara.[50] E tudo indica que realmente foi uma provocação.

O levante, no cruzador *Rio Grande do Sul*, o comandante Pedro Max Fernando Frontin conseguiu dominar, após um entrevero em que pereceram o capitão-tenente Francisco Xavier Carneiro da Cunha e um marinheiro.[51] A rebelião na Ilha das Cobras, provavelmente, instigada também por algum *agent provocateur*, resultou, entretanto, em carnificina. O governo do marechal Hermes da Fonseca estava preparado para esmagá-la. A Ilha das Cobras foi bombardeada. As tropas do Exército e da Polícia invadiram a fortaleza e efetivaram a matança. Apenas 60 dos 600 rebelados do Batalhão Naval sobreviveram. As forças do governo tiveram 20 mortos e 60 feridos; 9 civis morreram e 120 foram feridos.[52]

João Cândido e demais líderes da revolta de 22 de novembro não participaram dos motins no cruzador *Rio Grande do Sul* e do Batalhão Naval. Mas o governo do marechal Hermes da Fonseca aproveitou o episódio para decretar o estado de sítio, prendê-los, apesar de anistiados, e imputar-lhes novas acusações. Cerca de 293 marinheiros e alguns civis, simpatizantes da revolta, a Marinha lançou nos porões do *Satélite*, um navio cargueiro alugado ao Lloyd brasileiro, e deportou para trabalho forçado nos seringais da Amazônia. No meio da viagem, sob a alegação de que planejavam um motim, 28 foram fuzilados, em frente dos demais. Eram, certamente, os chamados "faixas-pretas", os mais radicais da rebelião de 22 de novembro. Os que chegaram à Amazônia provavelmente lá sucumbiram com malária, febre amarela ou outras doenças tropicais. O governo do marechal Hermes da Fonseca estava, assim, a condená-los à degradação, à morte, sem, aparentemente, violar a anistia e o término do estado de sítio.[53]

Centenas de marinheiros e soldados do Batalhão Naval da Marinha haviam sido encarcerados no presídio da fortaleza da Ilha das Cobras, construída na primeira metade do século XVIII. João Cândido e mais 17 marinheiros também foram confinados em uma de suas masmorras, abaixo do nível do mar.[54] Somente recebiam pão e água. Às vezes tinham de beber a própria urina para matar a sede, tanto calor fazia.[55] Cal virgem era jogado diariamente na cela, estreita para 18 homens, insalubre e muito mal ventilada, sem renovação de ar. Dos 18 marinheiros somente João Cândido e um outro marinheiro, João Avelino Lira, em tais circunstâncias, sobreviveram. Ele, João Cândido, tornou-se mentalmente perturbado. Após 18 meses de reclusão na Ilha das Cobras, foi transferido para um hospício. E, em começo de dezembro de 1912, o Conselho de Guerra absolveu-o, juntamente com mais dez marinheiros. João Cândido não conteve as lágrimas.[56] Excluído do serviço da Marinha, "por ser inconveniente à disciplina", de acordo com o decreto nº 8.400, de 23 de novembro de 1910, "a perseguição que sofreu posteriormente, não obtendo permissão para exercer tarefas para as quais estava habilitado, foi, no entanto, desnecessária", reconheceu o vice-almirante (EN-RM1) Armando de Senna Bittencourt, diretor do Patrimônio Histórico e Cultural da Marinha. João Cândido, assim, viveu e faleceu, na penúria, aos 89 anos, em 1969. A Marinha não o considera herói, porém, não negou os fatos, considerando a morte dos marinheiros na prisão da Ilha das Cobras como um acontecimento "horrível",[57] embora a percepção, a versão e os números divulgados possam, obviamente, não coincidir com os de outras fontes da história.[58]

## NOTAS

1. Osvaldo Coggiola, "Origens do Movimento Operário e do Socialismo no Brasil", p. 10, disponível em <https://portalseer.ufba.br/index.php/revistagerminal/article/view/14971>.

2. Kropotkin publicou originalmente *La Conquête du Pain* em francês, com prefácio de Élisée Reclus, não em russo.

3. Maria Luiza Carneiro Tucci, Boris Kossoy, 2003, pp. 24-28, 50.

4. Arquivo Edgard Leuenroth.

5. Александр Павлович Шиманский (Публикатор), "Witte and Industrialization in Revolutionary Russia", 4/9/2007, disponível em <http://portalus.ru/modules/english_russia/rus_readme.php?subaction=showfull&id=1188905401&archive=&start_from=&ucat=&>.

6. O padre Georgy Gapon estava a trabalhar para a polícia secreta da Rússia, a Okrana, como *agent provocateur* e, desmascarado pelo engenheiro Pinhas Rutenberg (1879-1942), foi justiçado. Os militantes da Organização de Combate do Partido Socialista-Revolucionário (populista) enforcaram-no nas imediações de St. Petersburg, em março de 1906. Fredric S. Zuckerman, 1996, pp. 117- 120, 131-139, 140-148.

7. Bertram D. Wolf, 1948, pp. 284-285.

8. Leon Trotsky, 1975, pp. 72-79.

9. Walter Sablinsky, 1976, pp. 250-261, 260-262.

10. O nome real do couraçado era *Kniáz' Patiômkin Tavritchéski* (Príncipe Potemkin de Táurida).

11. Neal Bascomb, 2007, pp. 24-23, 35-39.

12. *Ibidem*, p. 288

13. Leon Trotsky, 1975, pp. 152-160.

14. A mediação para o término da guerra entre o Japão e a Rússia, que o Tratado de Portsmouth, oficialmente, terminou, foi feita pelo presidente dos Estados Unidos, Theodore Roosevelt (1858-1919).

15. Don C. Rawson, 1995, pp. 110-112. Heinz-Dietrich Löwe, "Pogroms in Rußland 1903-1905/6. The Pogroms in Kishinev and Gomel: Preliminary Skirmishes of the Revolution", Seminar für Osteuropäische Geschichte – Mitarbeiter, disponível em <http://www.uni-heidelberg.de/fakultaeten/philosophie/zegk/sog/loewe_artikel_pogrome.html>. Natan M. Meir, *Kiev,* 2010, pp. 122-128, 245-246. John Klier, 2011, pp. 51-53, 85-86.

16. Isaac Deutscher, 1968, pp. 141-143.

17. Seu nome real era Lev Davidovich Bronstein.

18. Robert Service, 2009, pp. 94-95.

19. José João Cury, 2003, pp. 68-79, 113-114.

20. Eridan Passos, 2016, pp. 48, 184.

21. Olavo Bilac, "Chronica", *Kósmos*, n. 2, anno II, fev. de 1905, disponível em <http://memoria.bn.br/pdf/146420/per146420_1905_00002.pdf>. Eloi Pontes, 1944, pp. 568-578.

22. *Ibidem*, pp. 568-578.
23. Silva Marques, "Pelo Mundo – A Revolução Russa", *Kosmos*, n° 3, anno II, março de 1905, disponível em <http://memoria.bn.br/pdf/146420/per146420_1905_00003.pdf>.
24. Alexandra Ismailovitch era filha de um general russo e militava na ala esquerda do Partido Socialista-Revolucionário.
25. Maria Spiridinova era do Partido Socialista-Revolucionário e matou G. N. Luzhenovsky, um grande latifundiário e chefe da segurança em Borisoglebsk, cidade a sudeste de Tambov. Presa e barbaramente torturada, abusada pelos cossacos, tornou-se uma heroína. Teve a pena de morte comutada para prisão na Sibéria, depois em Maltzevskaya e somente foi libertada da prisão de Nerchinsk, após a queda do czar, em fevereiro de 1917. Liderou os socialistas-revolucionários que se aliaram a Lenin, na Revolução de Outubro. Mas depois, afastou-se. Durante os expurgos promovidos por Stalin, em 1931, foi presa e, em 1941, sumariamente executada.
26. Amir El Hakim de Paula, 2015, pp. 150-160.
27. "Bases do Acordo da Confederação Operária Braziliera aprovadas pelo 1° Congresso Operário Braziliero realizado em 1906", Arquivo Nacional.
28. Vide o excelente ensaio de Marly de Almeida Gomes Vianna, "Anarquistas e socialistas na imprensa da primeira metade o século XX", XII Encontro de História Anpuh-Rio, disponível em <http://encontro2008.rj.anpuh.org/resources/content/anais/1212147816_ARQUIVO_SocialismoANPUH.pdf>.
29. Decreto n° 1.641, de 7 de janeiro de 1907, *Diário Official*, 9/1/1907, p. 194, disponível em <http://www2.camara.leg.br/legin/fed/decret/1900-1909/decreto-1641-7-janeiro-1907-582166-norma-pl.html>; foi mantida a grafia original. Leis Adolfo Gordo, disponível em <http://cpdoc.fgv.br/sites/default/files/verbetes/primeira-republica/LEIS%20ADOLFO%20GORDO.pdf>. Bruno Corrêa de Sá e Benevides, "Anarquista, um profissional do crime: uma aproximação entre as concepções lombrosianas sobre o anarquismo e os discursos do deputado Adolfo Gordo sobre as leis de expulsão de estrangeiros (1907/1913)", *História e Cultura*, v. 5, n. 3, dez. 2016, pp. 25-47.
30. "Repressão ao Anarquismo no Brasil". *Boletim do Núcleo de Pesquisa Marques da Costa*. Rio de Janeiro, ano X, n. 26, fev. de 2014, disponível em <https://bibliotecasocialfabioluz.files.wordpress.com/2014/03/emece_26.pdf>.
31. Sheldon Leslie Maran, 1979, p. 39.
32. Cláudio Batalha, "Limites de liberdade, relações de trabalho e cidadania durante a Primeira República", *in* Douglas Cole Libby, Júnia Ferreira Furtado (orgs.), 2006, p. 160. Sheldon Leslie Maran, 1979, pp. 39-45. Adolfo Gordo, "A expulsão de estrangeiros", eBooksBrasil, 2006, disponível em <http://www.ebooksbrasil.org/eLibris/gordo.html>.

33. Entre 1840 e 1888, de 15.317 marinheiros, apenas 460, *i.e.*, 3% foram voluntários. Os demais, recrutados à força. Zachary R. Morgan, "The Revolt of the Lash", *in* Christopher Bell, Bruce Elleman, 2003, p. 30.

34. Álvaro Pereira do Nascimento, "Sou escravo de oficiais da Marinha: a grande revolta da marujada negra por direitos no período pós-abolição (Rio de Janeiro, 1880-1910)", *Revista Brasileira de História*, v. 36, n. 72, maio-ago. 2016, pp. 3-4, disponível em <http://dx.doi.org/10.1590/1806-93472016v36n72_009>.

35. Edmar Morel, 1986, pp. 63-64.

36. Os estatutos da Marinha de Guerra de todas as potências da Europa previam castigos físicos, e a pena de morte, para os marinheiros, até o fim do século XIX.

37. Mário Maestri, 2014, pp. 41-43, 90-92.

38. Raul Coelho Barreto Neto, "Leis conflitantes, conveses instáveis: antecedentes das revoltas marinheiras de 1910", I Encontro de História do CAHL, disponível em <http://www3.ufrb.edu.br/lehrb/wp-content/uploads/2011/08/RaulBarretoNeto.pdf>.

39. Joseph L. Love, 2012, p. 87.

40. Oswald de Andrade, 2002, pp. 93-96. Luciana Marino do Nascimento, "A cidade como palco da revolta", *in* Francisco Bento da Silva, Luciana Marino do Nascimento (orgs.), 2013, pp. 127-138. Carlos Haag, "O almirante negro e seu encouraçado prateado – 100 anos da Revolta da Chibata", *Revista Pesquisa*, n. 166, dez. 2009, disponível em <http://revistapesquisa.fapesp.br/2009/12/01/o-almirante-negro-e--seu-encouracado-prateado-3/>.

41. Oswald de Andrade, 2002, p. 96.

42. Mário Maestri, 2014, p. 10.

43. Joseph L. Love, 2012, p. 34.

44. "O Presidente da Republica dos Estados Unidos do Brazil: Faço saber que o Congresso Nacional decretou e eu sancciono a resolução seguinte: Art. 1°. É concedida amnistia aos insurrectos de posse dos navios da Armada Nacional, si os mesmos, dentro do prazo que lhes fôr marcado pelo Governo, se submetterem ás autoridades constituidas. Art. 2°. Revogam-se as disposições em contrario. Rio de Janeiro, 25 de novembro de 1910, 89° da Independencia e 22° da Republica. Hermes R. da Fonseca. Rivadavia da Cunha Corrêa. Este texto não substitui o publicado na CLBR, de 1910", Presidência da República, Casa Civil – Subchefia para Assuntos Jurídicos, Decreto n° 2.280, de 25 de Novembro de 1910, "Concede amnistia aos insurrectos de posse dos navios da Armada Nacional", disponível em <http://www.planalto.gov.br/ccivil_03/decreto/Historicos/DPL/DPL2280.htm>.

45. Luciana Marino do Nascimento, "A cidade como palco da revolta", in Francisco Bento da Silva, Luciana Marino do Nascimento (orgs.), 2013, pp. 127-138. Carlos Haag, "O almirante negro e seu encouraçado prateado – 100 anos da Revolta da Chibata", *Revista Pesquisa*, n. 166, dez. 2009, disponível em <http://revistapesquisa.fapesp.br/2009/12/01/o-almirante-negro-e-seu-encouracado-prateado-3/>.

46. Câmara dos Deputados, Legislação Informatizada, Decreto n° 8.400, de 28 de novembro de 1910, Diário Oficial da União, Seção 1, 29/11/1910, p. 10042, disponível em <http://www2.camara.leg.br/legin/fed/decret/1910-1919/decreto-8400-28-novembro-1910-519237-publicacaooriginal-1-pe.html>; foi mantida a grafia original.
47. Joseph L. Love, 2012, pp. 87-88.
48. *Ibidem*, pp. 87-90.
49. Mário Maestri, 2014, p. 142.
50. Zachary R. Morgan, 2014, pp. 239-245.
51. Joseph L. Love, 2012, p. 90.
52. Hernâni Donato, 1996, p. 460.
53. Francisco Bento da Silva, *Acre, a "pátria dos proscritos"*: prisões e desterros para as regiões do Acre em 1904 e 1910". Tese (Doutorado em História), 1910.
54. O autor desta obra foi preso pelo Cenimar (Centro de Informações da Marinha), no começo de dezembro de 1969, e levado para igual calabouço abaixo do nível do mar, no Presídio Naval da Ilha das Cobras, recebia comida com verme e toda meia-noite era retirado para interrogatório pelo comandante João Maria Perestrello Feijó, que se apresentava com o codinome de dr. Asdrúbal.
55. Silvia Capanema,"Crime and Punishment in the 20th Century Brazilian War Navy: Punishment of Rebellious and Insubordinates Seamen", *in* Marion Charret-Del Bove, Fabrice Mourlon (eds.), 2014, pp. 73-77.
56. Fernando Granato, 2010.
57. Carta do Diretor do Patrimônio Histórico e Cultural da Marinha ao Conselho Editorial da *Revista de História da Biblioteca Nacional*, de 1910, divulgada na página de internet dessa revista. 30 de maio de 2008. Arquivo da Marinha – Diretoria do Patrimônio Histórico e Documentação da Marinha. Comentário do Diretor da DPHCM sobre um artigo publicado na *Revista de História da Biblioteca Nacional* em seu número de maio de 2008. Vice-Almirante (EN-RM1) Armando de Senna Bittencourt – Diretor. *Navigator* 7, ano 3, n. 32, disponível em <http://www.revistanavigator.com.br/navig7/doc/N7_doc.pdf>.
58. Assis Coelho, 2010, pp. 121-128; vice-almirante Helio Leôncio Martins, "João Cândido e a Revolta de 1910", *Revista Navigator* 7, disponível em <http://www.revistanavigator.com.br/navig1/art/N1_art6.pdf>. Carta do Diretor do Patrimônio Histórico e Cultural da Marinha ao Conselho Editorial da *Revista de História da Biblioteca Nacional*, de 1910, divulgada na página de internet dessa revista. 30 de maio de 2008. Arquivo da Marinha – Diretoria do Patrimônio Histórico e Documentação da Marinha. Comentário do Diretor da DPHCM sobre um artigo publicado na *Revista de História da Biblioteca Nacional* em seu número de maio de 2008. Vice-Almirante (EN-RM1) Armando de Senna Bittencourt – Diretor, *Navigator* 7, ano 3, n. 32, disponível em <http://www.revistanavigator.com.br/navig7/doc/N7_doc.pdf>.

# Capítulo 7

TRABALHADORES NA MISÉRIA • BRUTAL EXPLORAÇÃO DA FORÇA DE TRABA-
LHO • CRÍTICA DE LIMA BARRETO À INFECÇÃO DO DINHEIRO NO BRASIL • SO-
FRIMENTO DOS IMIGRANTES E AMEAÇA DE GREVE NOS CAFEZAIS • NOVA LEI
ADOLFO GORDO PARA REPRIMIR AS LUTAS SOCIAIS • CAPITAIS DA ALEMANHA
E A OLIGARQUIA DE SÃO PAULO • TORPEDEAMENTO DE NAVIOS E O BRASIL
NO CONFLITO MUNDIAL DE 1914 • MANIFESTAÇÕES DOS TRABALHADORES
CONTRA A GUERRA

A revolta dos marinheiros, em 22 de novembro de 1910, constituiu, na realidade, uma revolta social, e os fatores determinantes assemelharam--se, na sua essência, aos mesmos que fomentavam o profundo descontentamento entre os trabalhadores, tanto nas fábricas, nas cidades, quanto nos campos, nas plantações de café: aumento dos soldos e salários insuficientes para sua manutenção, condições exaustivas e desumanas de serviço, maltrato, intimidação policial etc. A burguesia, emergente com a implantação da República, nunca se dispôs a atender às reivindicações sociais, inclusive a redução da jornada para oito horas de trabalho, descanso semanal etc. Empenhava-se em extrair ao máximo, a níveis inimagináveis, o excedente econômico da força de trabalho dos assalariados, na imensa maioria imigrantes, e limitadíssimo o número de brasileiros. As exportações puderam, com enorme receita das exportações de café, reproduzir a massa de rendimento necessário à formação do mercado e aos investimentos nas indústrias substitutivas de bens de consumo, dado o constrangimento cada vez maior da capacidade de importação.

"A República, mais do que o antigo regime, acentuou esse poder do dinheiro, sem freio moral de espécie alguma", escreveu o romancista e jornalista Afonso Henriques de Lima Barreto (1881-1922).[1] E, mais adiante, aduziu que

> todo mal-estar atual, todo o cinismo dos especuladores [...] vêm desse maléfico espírito de cupidez de riqueza, com que São Paulo infeccionou o Brasil, tacitamente admitindo que não se deve respeitar qualquer escrúpulo, [...] o trabalho e a dignidade dos imigrantes, os quais lhes servem, quando curvam a cerviz à sua desumana ambição crematística.[2]

As vicissitudes não apenas sofriam os trabalhadores, os imigrantes, nas fábricas e nas fazendas. Os estivadores, na maioria espanhóis, italianos e portugueses, nos portos de Santos e do Rio de Janeiro, os ensacadores de café e os ferroviários também as padeciam. As greves urbanas recresceram em 1912. Quando, então, o deputado Adolfo Gordo tratou de endurecer ainda mais o decreto nº 1.641, de 7 de janeiro de 1907 (Lei Adolfo Gordo), e apresentou à Câmara Federal outro projeto "contra agitadores estrangeiros profissionais que vêm ao nosso país com o intuito exclusivo de perturbar a ordem pública, provocando desordens, conflitos e crimes."[3] Seu principal objetivo, no entanto, era conter as greves que estavam a ocorrer em algumas fazendas de café e municípios de São Paulo, onde havia 3,5 milhões de habitantes, dos quais 1,2 milhão eram estrangeiros, trabalhadores e colonos em grande maioria.

Outrossim, havia informe de que ocorreria uma greve geral dos trabalhadores – a maioria de italianos e outros estrangeiros – nas fazendas de café, ao tempo da colheita, que, se fosse realizada, provocaria a perda da safra de 1913. O deputado Adolfo Gordo pretendia, então, revogar os artigos 3º e 4º do decreto nº 1.641, de 1907, que excluíam a possibilidade da pena de expulsão aos estrangeiros residentes no Brasil havia mais de dois anos e aos que fossem casados com brasileiras e tivessem filhos nascidos no país. Ele argumentou que o imigrante residente havia mais de dois anos no Brasil podia ser até mais perigoso que o recém-chegado, situação que também valeria para o trabalhador casado com brasileira e pai de filhos aqui nascidos, já que tal medida, supostamente, não atingiria os familiares.[4] Essa reforma da Lei Adolfo Gordo foi aprovada e sancionada pelo presidente marechal Hermes da Fonseca. A questão social, para a oligarquia dominante, era tratada como caso de polícia.

Não obstante a reforma da Lei Adolfo Gordo, buscando aterrorizar a massa da classe trabalhadora, constituída majoritariamente por imigrantes, a Central Operária Brasileira (COB) realizou, entre 8 e 13 de setembro de 1913, o 2° Congresso Operário, no qual reiteraram todas as reivindicações: redução da jornada de trabalho para oito horas, regulamentação do trabalho de menores e das mulheres, pois, como escreveu um operário, com toda a simplicidade, "o capital não é uma instituição que possua o direito de sangrar sua vítima até a última gota de sangue."[5] O Congresso Operário repulsou a "estúpida" Lei Adolfo Gordo, a ressaltar que "o operário, ignorante do seu valor social, não percebeu o quanto degradante se tornava para si a decretação de semelhante lei – eloquente retrocesso à barbaria escravista, abolida em 1888".[6]

Bastante perceptível já se tornava, desde 1911, que as grandes potências se preparavam para um confronto armado e diversos fatores econômicos, políticos e ideológicos impulsavam a sua conflagração. Nenhuma das potências ocultava seus preparativos. Todas queriam a guerra. O Deuxième Bureau do Exército Francês, em 1913, já havia coletado bastante inteligência sobre a convocação pelo governo da Alemanha das reservas militares para as tropas ativas.[7] Com o desenvolvimento da indústria pesada e a consequente transformação da tecnologia de guerra, o militarismo converteu-se em campo privilegiado da acumulação de capital, na Europa e nos Estados Unidos, e as grandes indústrias de armamentos, munições e navios – a Fried. Krupp A.G, da Alemanha, com enorme excedente de material bélico;[8] a Schneider-Creusot, da França; a Vickers-Armstrong Ltd. e outras – passaram a competir por mercados e a fomentar guerras para o consumo de sua produção.

Àquele tempo, 1912, a Alemanha ocupava o segundo lugar nas importações do Brasil, suplantada apenas pela Inglaterra, e o segundo lugar nas exportações, dado que os Estados Unidos eram o maior mercado para o café e absorviam quase 70% de sua produção. Ademais diversas companhias alemãs, entre as quais a Krupp, Brasilianische Bank für Deutschland, Deutsche Südamericanischen Gesellschaft E.V., Bromberg & Comp., Companhia Fábrica de Meias Hoffmann, Theodor Wille & Comp., Schmidt, Trost & Comp., Hacker & Comp., estavam umbilical-mente entrelaçadas com a oligarquia paulista – associadas às famílias Rodrigues Alves, Cardoso de Melo, Souza Aranha, Eloy Chaves, Álvaro de Carvalho, Bernardino de Campos etc. Capitais alemães controlavam grande setores da economia de São Paulo, companhias de eletricidade, fábricas de têxteis etc. E, entre fim de abril e começo de maio de 1912, elas receberam instrução de Berlim, no sentido de que se "nacionalizassem", *i.e.*, passassem (formalmente) o controle para as mãos de brasileiros, inte-ressando nelas políticos do país.[9] O governo do kaiser Wilhelm II previa, decerto, problemas, como a lista negra para expropriação das empresas alemãs, em caso de que o Brasil se alinhasse com a França e a Grã-Bre-tanha, quando a guerra eclodisse. A Central Elétrica de Rio Claro, pela sociedade com Theodor Wille & Comp., nacionalizou-se, e outras também o fizeram.[10] Quase todo capital das empresas comerciais de importação e exportação, controladas por alemães e ou seus descendentes, transferiu-se para a indústria. No Rio Grande do Sul, Félix Kessler, Oscar Teichmann e Frederico Bier investiram em fábricas de tecelagem e vestuário. Emme-rich Berta, Johan Gerdau, Armando Martau, Pedro Wallig, Alberto Bins e vários outros aplicaram os capitais na mecânica e metalurgia.[11] As leis, na época, não exigiam o registro dos capitais investidos vigente não exigir que fosse registrada a origem dos capitais investidos no Brasil. E as nuvens da guerra já escureciam o horizonte.

Em 25 de julho de 1914, o líder socialista francês, Jean Jaurès, pro-nunciou um discurso, em Lyon-Vaise, e advertiu sobre as consequências da guerra: *"Songez à ce que serait le désastre pour l'Europe: ce ne serait plus, comme dans les Balkans, une armée de 300.000 hommes, mais 4, 5 et 6 armées de deux millions d'hommes. Quel désastre, quel massacre, quelles ruines, quelle barbarie!"*[12]

Três dias depois, a grande conflagração começou. Em 28 de julho, a Áustria declarou guerra à Sérvia; em seguida, a Alemanha declarou guerra à Rússia (1º de agosto) e à França (3 de agosto), ao mesmo tempo em que invadiu a Bélgica (4 de agosto). A Grã-Bretanha, a manter a Entente Cordiale com a França e a Rússia desde 1904, entrou em guerra à Alemanha (4 de agosto). Jean Jaurès já então estava morto. Um estudante de 29 anos, Raoul Villain, militante da Ligue des jeunes amis de l'Alsace-Lorraine, partidário da guerra, assassinara-o, no dia 31 de julho, às 21h40, com dois tiros no crânio, quando ele se encontrava no Café du Croissant, em Montmartre, coração de Paris. Porém, como Jaurès antevira, a conflagração sangrou toda a Europa e virtualmente se espraiou por cerca de 57 estados, em quatro continentes, e deu às grandes potências a oportunidade de experimentar, em guerra real, novas armas – granadas, fosgênio, gases lacrimogênios e mostarda, aeroplanos, submarinos etc. – consumir sua superprodução e produzir a primeira grande catástrofe do século XX, a mortandade de milhões de pessoas na Europa, o principal teatro da guerra.

Coube ao proletariado, agrupado na Confederação Operária Brasileira (COB), lançar a campanha contra a guerra. O Congresso Operário, de 1913, aprovou uma longa moção, na qual ressaltava que as guerras eram "a sequência lógica das ambições burguesas em detrimento exclusivo da classe trabalhadora, que é a única que vai derramar o seu sangue na defesa de sinistros interesses que não lhe pertencem", e assim conclamou o proletariado a declarar "greve geral revolucionária", se o Brasil entrasse na conflagração. O Centro de Estudos Sociais, com sede na Rua dos Andradas, nº 78, antigo Largo do Capim, coordenou o movimento. Delegados de organizações sindicais e representantes de jornais operários, em assembleia realizada no dia 26 de março de 1915, criaram uma Comissão Popular de Agitação contra a guerra. As manifestações, promovidas pela Comissão, culminaram num ato de Primeiro de Maio, que levou às ruas cerca de 5.000 participantes, concentrados no Largo de São Francisco. Leu-se, na ocasião, o manifesto "Pela Paz!". A *Voz do Trabalhador*, órgão da Confederação Operária Brasileira, noticiou o comício como:

> o ato mais importante entre nós realizado... Grande era a multidão que se estendia desde as escadarias da Politécnica até à estátua de José Bonifácio. Com aclamações de paz e de revolta, os nossos cartazes, rubros e brancos, gritavam: "Viva a Internacional", "Abaixo a guerra", "Queremos a paz".

Em São Paulo, formou-se a Comissão Internacionalista Contra a Guerra, recebendo a adesão do Centro Socialista Internacional; Centro Libertário, Deutschen Graphischen Verbandes für Brasilien; Universidade Popular de Cultura Racionalista; Allgemeine Arbeiterverein; Círculo de Estudos Sociais Francisco Ferrer; Grupo Anarquista "Os sem Pátria"; União dos Canteiros; Federação Espanhola; jornais *Avanti*, La Propaganda Libertaria; A Lanterna; Volksfreund, jornal social-democrata, que, além de promover um comício no dia Primeiro de Maio, fez publicar um manifesto pela imprensa, exortando: "Abaixo a Guerra! Viva a Internacional dos Trabalhadores!"[13]

No mesmo ano, a Confederação Operária organizou um Congresso da Paz que se reuniria no Rio, entre os dias 14, 15 e 16 de outubro, com delegações de São Paulo, Pernambuco, Alagoas, Estado do Rio de Janeiro, Minas Gerais e Rio Grande do Sul, além de delegados argentinos, espanhóis e portugueses. "Os debates e resoluções – relata Astrojildo Pereira (1890-1965) – do Congresso, imbuídos da ideologia anarcossindicalista, perderam-se, afinal de contas, em declarações verbais sem alcance prático".[14] Enorme debilidade houve na organização e orientação do Congresso da Paz de 1915, porém marcou, com incontestável relevo, uma posição decidida de luta contra a guerra e em defesa da paz e da liberdade".

A esse movimento se somou o Congresso Anarquista Sul-Americano, reunido também no Rio, na sede da Federação Operária do Rio de Janeiro, nos dias 18, 19 e 20 de outubro de 1915. As teses foram publicadas, integralmente, no periódico *Barricada*, editado na data de 14 de outubro do mesmo ano. Entre os dois conclaves, a Confederação Operária Brasileira realizou "grande comício internacional de protesto contra a guerra", às 17 horas, no domingo, 17 de maio, que se mostrou como "uma significativa manifestação de caráter internacional contra o monstruoso crime guerreiro, flagelo desta geração".[15]

Em Primeiro de Maio, antes do "comício monstro" na barreira do Senado, realizou-se, pela manhã, um *meeting*, na Praça dos Arcos, quando falaram José Madeira, José Caiazzo, Manuel González e José Esteves. Encerrado o *meeting*, foram em passeata até à sede da Federação Operária, localizada na Praça Tiradentes, portando faixas e cartazes de protesto contra a guerra. Para a Barreira do Senado levaram "enorme flâmula vermelha em que se lia: Salve a Internacional – Data do Trabalho".[16] Outras faixas reproduziam o verso de "A Internacional": "Paz entre nós, guerra aos senhores".

Como resolução do comício de Primeiro de Maio, a Federação Operária do Rio de Janeiro enviou mensagem ao Congresso, opondo-se a que o Brasil entrasse na guerra porquanto teria de contrair empréstimos no estrangeiro, o que significaria "a nossa bancarrota". Os operários apresentaram um programa de governo, enviado também ao presidente Venceslau Brás (1868-1966), que assumira o mandato, com a proposta de cultivar os campos, movimentar estaleiros, recuperar minas abandonadas, através de comitês paritários com o governo.[17]

O Brasil, até então, mantivera neutralidade, declarada em 4 de agosto de 1914. Porém, em dia 5 de abril de 1917, o torpedeamento do *Paraná*, um dos maiores navios da marinha mercante (4.466 toneladas), carregado de café, por um submarino *U-32* da Alemanha, serviu para incendiar os espíritos. Ato que o governo do presidente Venceslau Brás, em 11 de abril de 1917, a romper relações com a Alemanha, contra a qual, cinco dias antes, os Estados Unidos haviam declarado guerra. *A Noite* e outros jornais moveram campanha contra Lauro Müller, ministro das Relações Exteriores, devido à sua ascendência alemã, e ele teve de renunciar ao cargo, embora houvesse implementado até então a política exterior do Brasil "ao compasso de Washington". O ex-presidente da República Nilo Peçanha substitui-o, a exaltar o "pan--americanismo". E, por haver o Brasil quebrado sua neutralidade com o decreto nº 12.533, de 28 de junho de 1917, Lima Barreto comentou, ironicamente, amargurado:

A escolher, sim senhor, eu preferia mil vezes a Alemanha. Não posso dizer nada e não direi. Aqui fica o meu protesto mudo. Coisa curiosa. Lauro não quis dar o seu assentamento a tal coisa; o Nilo deu. Ao primeiro chamam de alemão; e ao segundo, de moleque? Em que vai parar isto? Não sei, mas, se a sangueira já é grande, julgo que ela vai ser ainda maior depois. Tudo o que é revoltante e grosseiro vai por baixo disso tudo, sob o pretexto de pátria. É de causar horror, tanto mais que os fortes burgueses querem, aproveitando o estado dos espíritos, matar o indivíduo em proveito do Estado, que são eles.[18]

O torpedeamento de navios brasileiros não era motivo suficiente para a quebra da neutralidade, o que a Argentina não o fizera, apesar de alguns dos seus mercantes haverem sido afundados. O torpedeamento do *Paraná* não fora ilegal. O Auswertigesamt (Ministério de Assuntos Exteriores da Alemanha) havia notificado à Legação do Brasil em Berlim, em 31 de janeiro de 1917, que a kaiserliche Marine passaria a exercer irrestrito bloqueio marítimo em determinadas coordenadas do Atlântico Norte e o Reich não se responsabilizaria pelo afundamento de qualquer navio que entrasse na zona de isolamento, de proibição do tráfego marítimo.[19] A Alemanha tomara a iniciativa de fazer a irrestrita guerra submarina, devido ao fato de que navios da Grã-Bretanha haviam passado a usar bandeiras de países neutros, em águas internacionais, e a transportar armamentos em navios mercantes. No entanto, o Brasil, que exportava café, borracha e cereais para a França e a Grã-Bretanha, não se conformou com o bloqueio e seus navios continuaram a seguir para a Europa. O fato de haver declarado neutralidade, desde que a guerra começara, em 1914, não podia evitar, porém, que seus navios fossem torpedeados no Atlântico Norte. E o afundamento do *Paraná*, que se destinava ao porto de Havres, ocorreu na costa ocidental da França, nas proximidades do cabo Barfleur, zona de irrestrito bloqueio, efetuado pelos submarinos da Alemanha.

As perdas do Brasil, em termos de tonelagem e de valor, foram pequenas em relação ao que anualmente comercializava. Domício da Gama, embaixador do Brasil em Washington, não foi a favor da quebra da neutralidade do Brasil, uma vez que significaria obedecer aos interesses dos Estados Unidos. Contudo, o chanceler Nilo Peçanha havia já tratado de ajustar com Washington o alinhamento do Brasil com os Aliados, em troca de vantagens políticas e econômicas, além de garantias diplomáticas. Ao mesmo tempo, Nilo Peçanha também negociou com a Grã-Bretanha a exclusão do café da *statutory list*, *i.e.*, conhecida, popularmente, como "lista negra" (*blacklist*), proibindo suas exportações, o que daria imenso prejuízo aos cafeicultores de São Paulo, Rio de Janeiro e Minas Gerais. E a empresa Theodor Wille & Comp., de capital alemão, monopolizava, entretanto, os estoques de café a serem exportados para a Europa e Estados Unidos como garantia do empréstimo feito aos estados de São Paulo, Rio de Janeiro e Minas Gerais.

Entrementes, a violência chegou a tal ponto que, em Santos, no dia 5 de novembro 17, grupos atacaram e depredaram a sede do jornal *A Notícia*, sob a acusação de germanófilo. A polícia, que fazia vistas grossas para esses excessos, teve de intervir. A declaração de guerra alcança o navio *Coburg*, de bandeira alemã, no porto do Rio de Janeiro. Seus tripulantes foram presos como espiões, pois estariam tramando assaltar um paiol de munição na Ilha do Governador.

O chefe de polícia do Rio de Janeiro, Aurelino Leal (1877-1924), que Lima Barreto chamou de "Trepov", alusão ao general russo responsável pelo massacre do Domingo Sangrento, aproveitou a quebra da neutralidade para deter chefes operários, proibir comícios da Federação, deportar anarquistas e esmagar greves. O deputado Maurício de Lacerda protestou na Câmara Federal contra seus abusos. No entanto, a conjugar violência e demagogia, o governo conseguiu conter, momentaneamente, alguns setores da classe operária. A União dos Tecelões mandou suspender greves, atendendo ao apelo do presidente da República. E, em outubro, quando o Brasil declarou guerra à Alemanha, o Sindicato dos Sapateiros saiu pelas ruas, a recolher óbolos para a Cruz Vermelha. Inúmeros operários ingressaram no Batalhão Rui Barbosa e o conselheiro subiu escadas de sedes de sindicatos, para explicar o sentido da guerra.

Entretanto vários intelectuais criticaram e atacaram o alinhamento do governo do presidente Venceslau Brás com os Estados Unidos, na guerra contra a Alemanha. O notável escritor José Bento Monteiro Lobato proclamou-se, audaciosamente, "germanófilo". Em carta que escreveu a Godofredo Rangel, em 11 de outubro de 1916, em pleno calor da Primeira Guerra, Monteiro Lobato criticou Ruy Barbosa, do qual disse estar "divorciado [...] por motivos bélicos, esclarecendo que: 'Como torço pela vitória da Alemanha e Ruy é o paladino da derrota alemã, resumo minha opinião sobre ele com a imbecilidade de um calouro: 'É uma besta!'"[20]

Lima Barreto já havia denunciado, no *Correio da Noite*, de 19 de novembro de 1914, "o nosso regime atual é da mais brutal plutocracia, é da mais intensa adulação aos elementos estranhos, aos capitalistas internacionais, aos agentes de negócios, aos charlatães tintos com uma sabedoria de pacotilha".[21] E condenou a quebra da neutralidade do Brasil. "O Brasil quebrou a sua neutralidade, sem nenhuma justificativa, em favor dos americanos e do seu almirante Caperton,[22] que, segundo a *Revista Americana*, possui na Marinha dos Estados Unidos a triste especialidade de intervir nas nossas pobres repúblicas mais ou menos escuras".[23] Lima Barreto referia-se ao fato de que, em junho de 1917,[24] a Frota dos Estados Unidos no Pacífico, sob o comando do almirante William B. Caperton, visitou o Rio de Janeiro e, a lamentar "a dolorosa situação dos homens de cor nos Estados Unidos", disse entristecer-se com a chegada dos *marines* ao Rio de Janeiro.[25]

A quebra da neutralidade significou que os portos estavam abertos à esquadra dos Estados Unidos, que entrou triunfalmente, em meio à explosão do júbilo popular. Daí a indignação de Lima Barreto. A campanha belicista recrudesceu. A febre militarista exacerbou-se. O poeta Olavo Bilac (1865-1918) lançou apelo nacional em prol da mobilização do Exército. Desde alguns anos antes, tornara-se propagandista do serviço militar e proclamou-se "aliadófilo". A verdade é que Bilac encurtou sua vida com tal esforço, superior às suas forças físicas: fazia, diariamente, conferências e declamações, enfrentando até mesmo o ridículo de João do Rio (1881-1921),[26] que o ironizava e ao seu patriotismo nas colunas do *O País*. Os Tiros de Guerra, batalhões de reservistas, formaram-se em todos os clubes e colégios. Nem mesmo as mulheres ficaram isentas à campanha. O Partido Republicano Feminino contratou um instrutor do Exército para adestrar suas "amazonas", aumentando as voluntárias para a Cruz Vermelha e para a Escola de Enfermagem. A Liga de Defesa Nacional logo apareceu e tentou, inutilmente, revitalizar a Guarda Nacional. Para o desfile de Sete de Setembro no Rio de Janeiro, chegaram ao Rio, dos mais distantes locais do Brasil, representações dos Tiros de Guerra. Desfilaram garbosamente ante multidão extasiada. O poeta e jornalista José Joaquim Medeiros e Albuquerque (1867-1934) conclamou, diariamente, o Brasil à guerra e levou a tal ponto a agitação que, num artigo de primeira página, publicado em *A Noite* de 7 de maio, acusou o Estado de Santa Catarina de "cunha do imperialismo germânico".

Os operários de tecidos, em greve, no Rio de Janeiro, atenderam a um apelo solene do presidente Venceslau Brás e, em nome da "pátria estremecida"; a União dos Tecelões fez suspender a greve. O próprio chefe de polícia, Aurelino Leal, presidiu a reunião entre patrões e operários, saudada como "auspiciosa" pelo *Correio da Manhã*. Porém, a Federação Operária, ademais de haver realizado manifestações pela paz na comemoração do Primeiro de Maio de 1917, promoveu uma série de comícios contra a guerra, em diversos pontos da cidade do Rio de Janeiro. No Largo de São Clemente, o líder operário Antônio de Oliveira declarou-se pacifista. Na Praça da Piedade, falaram Maximiano de Macedo, Bento Alonso Alves e Paschoal Gravina, quando distribuíram "um violento manifesto", aconselhando os operários a lutar contra a guerra e a fome e, "caso tardassem as providências do governo, o saque dos trapiches" ocorreria, pois segundo inquérito feito pela Federação Operária, eles estavam abarrotados de gêneros alimentícios.[27] Na Ponte das Tábuas, num comício para mais de trezentas pessoas, falaram José Calado e José Maria Esteves com a mesma tônica. Na Praça Sete, usaram da palavra Valentim Rodrigues, Pedro Mattera e Constantino Machado. E o governador de São Paulo, Altino Arantes (1876-1965), chamou de "traidor" o proletariado, que protestava contra a guerra e a carestia.[28]

O afundamento seguido de navios brasileiros, como o *Tijuca*, em 20 maio de 1917, e o *Lapa*, em 26 de maio de 1917, desencadeou violências por toda a parte. Em Porto Alegre, atearam fogo ao Clube Germânia e a uma fábrica de gasosas de propriedade de Vítor Fisher, onde se encontrou, inclusive, uma "guitarra" e muito dinheiro falso segundo o que a imprensa divulgou. No Recife, depredaram a agência da firma Hermann Stoltz e a Brahma Bier. No Rio, a Farmácia Alemã, Theodor Wille & Cia., Werner Hilpert, Banco Germânico, o Bar Brahma, o Clube Germânia do Rio, a Escola Alemã e a Hasenclever também foram atacados. Empastelou-se o *Diário Alemão*. Alguns sírios, por precaução, colocaram às suas portas letreiros explicando que não eram turcos, uma vez que o Império Otomano estava aliado aos Impérios Centrais (Alemanha e Áustria-Hungria). E, com base no decreto legislativo nº 3.266, aprovado pelo Congresso em 1º de junho de 1917, o presidente Venceslau Brás ordenou o confisco de 44 navios, pertencentes às companhias Hamburg Amerika Line (HAPAG); Norddeustcher Lloyd; Hamburg Sud; Hansa Line; Hamburg-Bremen; Afrika Line; Woernann Line; Union Line e Roland Line.

O atrito entre os dois países aí não cessou. Dado o torpedeamento de outros navios brasileiros, o presidente Venceslau Brás declarou guerra à Alemanha, em 26 de outubro de 1917, embora o Brasil não estivesse em condições de tomar parte ativa no conflito, conforme o chanceler Nilo Peçanha informou a Alexander Benson, encarregado de Negócios dos Estados Unidos no Rio de Janeiro.[29] De efeito, o Brasil não estava preparado para qualquer guerra na Europa. O País iniciou a campanha pela vinda de missão militar francesa, que só chegou ao Brasil em 1918. Criou-se a aviação militar. Extinguiu-se a Guarda Nacional. As brigadas policiais passaram à 2ª linha do Exército, mas o Brasil não conseguiu organizar o corpo expedicionário, antes de terminar o conflito. Somente a Marinha, melhor equipada, tendo o almirante Pedro Max Fernando Frontin (1867-1939) como comandante em chefe da Divisão Naval em Operações de Guerra (DNOG), operou com as esquadras da Grã--Bretanha, França e Estados Unidos nos mares da Europa e da África, no patrulhamento do Mediterrâneo e do Atlântico.

## NOTAS

1. Afonso Henriques de Lima Barreto, 1956, p. 52.
2. *Ibidem*, p. 55.
3. Adolfo Gordo, A expulsão de estrangeiros – discursos pronunciados na Câmara de Deputados nas sessões de 29 de novembro e 14 de dezembro de 1912, edição digital: eBooksBrasil, São Paulo, 2013, disponível em <http://www.ebooksbrasil.org/eLibris/gordo.html>. Paulo Alves, 1997, pp. 40-44.
4. *Ibidem*.

5. Arquivo Nacional do Brasil, Microfilme n° NA – 545-2004, Fundo Congresso Operário (COB), período 1906-1903, Fundo COC 01 a COC 10, COR 11 a COR 54. Arquivo Nacional do Brasil, Microfilme n° NA – 546-2004, Fundo Congresso Operário (COB), período 1906-1903, Fundo COR 55 a COR 78 – REL. 79 a REL 104.

6. "Documentos do Movimento Operário: um relatório", datado de 1913. In *Estudos Sociais*, vol. V, n° 18, pp. 200-203.

7. Barbara Tuchman, 1979, p. 61, 69 e 73.

8. William Manchester, 1968, p. 279. Karl Liebknecht, 1973, pp. XIII, XXI e 38.

9. Ivan Subiroff (Nereu Rangel Pestana), 1919, pp. 12-13, 42-43, 120-123.

10. *Ibidem*, p. 89

11. Stefan Chamorro Bonow, "As listas negras e a grande guerra: repercussões sobre capital e trabalho germânicos em Porto Alegre", *Revista Mundos do Trabalho*, vol. 2, n. 4, ago.-dez. de 2010, pp. 280-304, disponível em <https://periodicos.ufsc.br/index.php/mundosdotrabalho/article/viewFile/1984-9222.2010v2n4p280/17237>.

12. Comité Pour la reprise des Relations Internationales, "Jean Jaurès et les Causes de la Guerre", p. 13, disponível em <http://archivesautonomies.org/IMG/pdf/antimilitarisme/14-18/crri/jaures-guerre.pdf>. Jean Jaurès, "Dernier discours", 25/7/ 1914, disponível em <https://www.marxists.org/francais/general/jaures/works/1914/07/jaures_19140725.htm>.

13. Joel Wolfe, 1998, pp. 14-15. Astrojildo Pereira, "A Revolução de Outubro e o Movimento Operário Brasileiro", *Voz Operária*, 21/11/1957, p. 4.

14. *Ibidem*.

15. *Barricada*, São Paulo, 14/10/1915.

16. *Ibidem*, 1/5/1917.

17. *Ibidem*, 17/5/1917.

18. Afonso Henriques de Lima Barreto, 1997, p. 34.

19. Stefan Chamorro Bonow, "As listas negras e a grande guerra: repercussões sobre capital e trabalho germânicos em Porto Alegre", *Revista Mundos do Trabalho*, vol. 2, n. 4, ago.-dez. de 2010, pp. 280-304, disponível em <https://periodicos.ufsc.br/index.php/mundosdotrabalho/article/viewFile/1984-9222.2010v2n4p280/17237>.

20. Rafael Bán Jacobsen, "Rui Barbosa x Monteiro Lobato – Divergências ideológicas de dois gigantes brasileiros na Primeira Guerra Mundial", *Amalgama*, disponível em <https://www.revistaamalgama.com.br/06/2014/rui-barbosa-monteiro-lobato--primeira-guerra-mundial>.

21. *Apud* Nelson Werneck Sodré, *História da Imprensa no Brasil*. Rio de Janeiro: Civilização Brasileira, 1966, p. 238.

22. Referência ao almirante William B. Caperton (1855-1941), comandante da Frota do Pacífico, que atuou também no Caribe e, entre 1914 e 1915, comandou o ataque

a Vera Cruz, México, e as intervenções dos Estados Unidos no Haiti, Santo Domingo e a Nicarágua. Thomas Leonard, Jurgen Buchenau, Kyle Longley, Graeme Mount, 1912, pp. 131-132.

23. Afonso Henriques de Lima Barreto, 1956, p. 153.

24. Jamie Bisher, 2016, p. 160.

25. Afonso Henriques de Lima Barreto, 1997, pp. 33-34. Emanuelle Oliveira-Monte, "A Brazilian Pan-Africanist at the Turn of the Century", *in* Lamonte Aidoo, Daniel F Silva (eds.), 2014, pp. 85-88.

26. Pseudônimo do jornalista e teatrólogo João Paulo Emílio Cristóvão dos Santos Coelho Barreto.

27. *A Noite*, 29/4/1917.

28. Ivan Subiroff, 1919, pp. 124-125.

29. Joseph Smith, 1991, pp. 112-115. Esse grupo virtualmente monopolizava os estoques de café exportado para Europa e Estados Unidos como garantia do empréstimo feito aos Estados de São Paulo, Rio de Janeiro e Minas Gerais. Uma das fórmulas que as companhias alemãs usaram, como a Gebrüder Goedhard A. G., foi converter as ações ao portador em ações nominativas, de modo a encobrir a nacionalidade do capital.

# Capítulo 8

REVOLUÇÃO DE FEVEREIRO NA RÚSSIA • QUEDA DO CZAR NICHOLAS II E GO-
VERNO PROVISÓRIO • SURTO INDUSTRIAL BRASILEIRO DURANTE A PRIMEIRA
GUERRA MUNDIAL • PROSPERIDADE DAS EMPRESAS E PROLETARIADO NA
MISÉRIA • GREVE NO RIO DE JANEIRO EM 1917 • GREVE GERAL DE 1917 EM
SÃO PAULO • DISCÍPULOS DE KROPOTKIN • ACORDO ENTRE PATRÕES E TRA-
BALHADORES • TRABALHADORES LUDIBRIADOS E REPRESSÃO DO GOVERNO
DE ALTINO ARANTES

Em 1917, terceiro ano da Primeira Guerra Mundial, a Europa começava a entrar em combustão social e política. Profunda crise estremecia
quase todos os países e havia a ameaça de uma erupção revolucionária
sem precedentes.[1] Greves operárias, manifestações de pacíficas donas
de casa, motins militares, deserções em massa e tropas a se recusarem
seguir para o *front*. A revolução era "força viva na atmosfera espiritual
da Rússia", a força oculta de paixões havia séculos contidas, como
assinalou I. N. Steinberg.[2] Em janeiro de 1917, o presidente da Duma,
Mihail Rodzianko (1859-1924), reuniu-se com o czar Nicholas II, em
Tsarskoye Selo, e advertiu-o sobre a perspectiva de uma insurreição em
massa no país. O povo estava cansado da guerra. As baixas no Exército
já alcançavam quase o total de dois milhões de soldados, com cerca de
três milhões de feridos, e mais de dois milhões de prisioneiros. Eram
muito pesadas as perdas de vida e as condições tornavam-se intoleráveis
para a continuidade da Rússia na guerra. As tropas careciam de armamentos, munições e, até mesmo, de botas, contou Leon Trotsky.[3] Havia

fome em Petrogrado. Os estoques de trigo já se esgotavam. Cerca de 90.000 operários paralisaram o trabalho, em 58 fábricas. E, em 23 de fevereiro, o levante em massa, que Rodzianko previra, aconteceu. Mais de 180.000 homens e mulheres, operários, viúvas etc. saíram às ruas de Petrogrado, e a multidão, a protestar, recresceu, nos dias seguintes, com a adesão de soldados e cossacos.

A Duma reuniu-se no Palácio Tauride, que a czarina Catarina, a Grande (1729-1796), e seu amante, o príncipe Grigori Potyomkin (1739-1791), mandaram construir entre 1783–1789. O soviet de Operários, Soldados e Camponeses também lá se reuniu. O general Sergei S. Khabalov, comandante do Distrito Militar de Petrogrado, recebeu um telegrama do czar, ordenando a repressão, porém o Regimento Pavlovsky rebelou-se e o 181º Regimento de Infantaria, igualmente.[4] As bases navais de Kronstad e do Báltico insurgiram-se. A facção bolchevique (majoritária) do Partido Operário Social-Democrata da Rússia, no distrito operário de Vyborg, começou a preparar a insurreição. O incêndio alastrava-se por toda a Rússia como fogo na pradaria. Alexander Guchkov (1862-1936), presidente da Terceira Duma, e Vasilin Shulgin (1878-1976) foram a Pskov Oblast persuadir o czar a abdicar. E, em 2 de março (15 de março no calendário gregoriano), após receber um telegrama do general Nikolai Ruzsky (1844-1918), comandante do Exército, Nicholas II decidiu transferir os direitos de soberania para seu filho o czarevich Alexis (1904-1818), que tinha 14 anos, e, dessa forma, o império ficaria sob a regência do grão-duque Mihail Alexandrovitch da Rússia, irmão mais novo do monarca que deixava o cargo. Depois, não querendo separar-se do filho, hemofílico, mudou de ideia e abdicou do poder imperial em favor de seu irmão. Porém, a Duma não aceitou conceder-lhe poderes especiais, foi deposto e o príncipe Georgy Y. Lvov (1861-1925) formou o Governo Provisório.[5] Pavel N. Milyukov (1859-1943), do Partido Constitucional Democrático (Kadete), assumiu o Ministério do Exterior. O processo revolucionário, entretanto, prosseguiu.

O noticiário das agências Havas, United Press e outras, publicado na imprensa do Rio de Janeiro, contou, porém, que a Duma, sob a presidência de Mihail Rodzianko, organizou uma conspiração ao pressentir que o czar Nicholas II iria dissolvê-la, através de um *ukase*. Ganhou para a sua causa a guarnição de Petrogrado, com o apoio da população. Estalou a greve e o czar, vendo que não mais podia controlar a situação, preferiu abdicar em favor do seu irmão, o grão-duque Mihail Aleksandrovitch. O *Jornal do Brasil* divulgou que o czarevich Alexis governaria com o nome de Alexandre IV e publicou sua biografia. Anunciou-se que o czar iria para a Suécia, enquanto Alexis se prepararia para substituí-lo, ao completar a maioridade. E o grão-duque Mihail Aleksandrovitch, como não obteve os poderes especiais que pretendia, resignou, a acompanhar o irmão, o czar. Assim, constituiu-se o Governo Provisório, sob a chefia do Príncipe Lvov.

Conquanto de outra forma, não tão grave e profunda, como na Rússia, forte turbulência social, outrossim, abalou o Brasil, que sentiu os efeitos da guerra, mormente quando submarinos da Alemanha interromperam o comércio com a Europa. Até então, o Brasil importava quase todos os bens manufaturados. O precário parque industrial, que se arrastava desde os começos da República, deu um salto. A incipiente indústria nacional, até o início do conflito europeu, atendia, em média, a 5% das necessidades nacionais. Se, em tecidos, a produção chegava a 50%, em outros setores estava, praticamente, reduzida a zero. Porém, em cinco anos, de 1915 a 1919, surgiram 5.940 empresas industriais, quase o mesmo número das que se criaram entre 1890 e 1914, ou seja, 6.946.[6] Em 1920, o Recenseamento Geral da República demonstrou a existência de 13.336 indústrias, com 275.512 trabalhadores empregados.[7] O valor da produção aumentou de 1.350.000 contos de réis, em 1914, para cerca de 3.000.000 contos de réis, ao fim da década. O proletariado brasileiro começava a representar algum peso social, em um país com uma população quase a chegar a 30 milhões de habitantes,[8] durante os anos do conflito mundial. E cerca de 30% dos operários industriais, mais ou menos 84.000,[9] estavam concentrados no estado de São Paulo.[10]

As empresas atravessavam um período de expansão e prosperidade. O proletariado, no entanto, continuava a enfrentar as mais duras condições de vida e trabalho. A jornada média oscilava entre 12 e 16 horas diárias; nas fábricas, nas oficinas e na construção civil, principiava às 6 horas da manhã, com intervalo de uma hora para almoço, e somente terminava às 18 horas da tarde. No comércio era pior, pois, o horário estendia-se até as 19 ou 20 horas, inclusive aos sábados. Salários aviltantes, que variavam entre 80$000 e 120$000, e não atendiam ao custo de vida, exploração do trabalho de menores e mulheres, não havia leis de proteção e segurança social, e cada fábrica estabelecia o próprio regulamento de trabalho, a impor multas e castigos físicos como punição. O excedente econômico de que o empresário se apropriava era, por vezes, de mais de quatro horas de trabalho do empregado. Alguns proprietários retinham um mês de salário dos trabalhadores. Quando adoeciam, não lhes pagavam o soldo correspondente aos dias que tiveram de faltar. Assim os donos sempre faziam. Também havia uma espécie de "cambão urbano". Os Jafets, *e.g.*, adotavam o desumano Trucksystem, que obrigava os empregados a comprar no armazém do mesmo grupo para o qual trabalhavam, por preço bem mais alto do que podiam adquirir em outros estabelecimentos de comércio. O operário tinha de firmar um documento assim:

Armazem de Seccos e Molhados – Rua Silva Bueno, 107 – Ipiranga.

Eu, abaixo assinado, pela presente, autorizo ao Sr. Miguel João a receber mensalmente os meus salários na Fiação T. E. Estamparia Jafet, cujas quantias serão destinadas ao pagamento do meu débito para com o Sr............... Para clareza e todos os efeitos, passo a firmar a presente".

Este documento era exigido pelo "armazém de secos e molhados".[11] Esta situação se tornava insuportável, agravada ainda mais pelo crescente custo de vida que, em 1916, alcançara 48,3%, atingindo em alguns artigos, níveis bem mais altos: carne seca; 76%; feijão 74%; milho 63%; farinha de mandioca 52%; batata 47%; banha 41%.[12] Em tais circunstâncias, enquanto a guerra prosseguia, na Europa, a sangrar, máxime, o proletariado, que sempre fornecia o maior contingente de soldados, e a revolução abrasava o Império Russo, o Brasil, de norte a sul, entrou em ebulição. Rio de Janeiro, São Paulo, Rio Grande do Sul, Bahia, enfim, em quase todos os Estados da Federação propagou-se o ânimo da revolta.

Várias greves começaram a ocorrer. A imprensa referiu-se, abertamente, à possibilidade de levantes. O *Jornal do Brasil,* na sua edição de 1º de março de 1917, comentou:

> Está certo o Governo de Pernambuco de que ia dar-se um levante de forças de Estado por influência das dissensões políticas que atualmente trabalham naquela terra [...], em toda nossa história ainda não tivemos uma fase mais delicada e melindrosa do que esta. Ao mesmo tempo que nos sentimos urgidos por compromissos financeiros os mais sérios, assistimos ao colapso econômico do País, à diminuição de todos os nossos recursos, não nos sendo ainda possível prever até quando se prolongará semelhante estado de coisas [...] a dolorosa realidade em que se encontra a maioria da população nacional, sem trabalho e sem meios de subsistência.

Em 1º de março de 1917, o *Jornal do Brasil* noticiou: "O proletariado agita-se". Tratava-se de "mais um comício no Engenho de Dentro", que os trabalhadores realizariam para protestar contra a carestia da vida e os aumentos dos impostos. De fato, o Comitê Central de Agitação e a Federação Operária, no Rio de Janeiro, estavam a promover manifestações contra a carestia.[13] Os trabalhadores da fábrica de móveis Moreira Mesquita & Cia. entraram em greve, e o *Jornal do Brasil,* no dia seguinte, 2 de março, explicou que os proprietários da empresa "nunca responderam à representação dos reclamantes, dando motivo a desgostos entre os operários que também sofrem o desconto mensal de 2$000 para uma caixa beneficente, que ainda não foi organizada legalmente". Em 4 de março, ocorreram comícios contra a alta do custo de vida em diversos pontos da cidade, Praça Onze, Paracambi e Praça da Harmonia. Os operários desfilaram, nas ruas do Rio de Janeiro, com bandeiras vermelhas e cantando "A Internacional". O chefe de polícia, Aurelino Leal, mandou fechar a Federação Operária. O exército entrou de prontidão. No mesmo dia, os operários da fábrica de móveis da firma Moreira Mesquita & Cia. fizeram o paro. Motivo: desde o início da guerra, recebiam seus salários com um desconto de 15%, devido à

crise. Houve piquetes. O comissário Teixeira Mendes prendeu os operários Manuel da Silva, Antônio de Almeida, Joaquim Correia e Severino
Regaço, apontados como chefes do movimento.

Os operários da fábrica de tecidos Corcovado, no Rio de Janeiro,
faltaram ao trabalho, em 1º de maio, por entenderem que o estabelecimento devia participar das comemorações da data do proletariado, como
todos os outros faziam. A direção da empresa puniu os empregados. A
greve, no dia seguinte, eclodiu. Os operários só voltariam ao trabalho
se a empresa garantisse o pagamento correspondente ao 1º de maio e
aos dias subsequentes. Não houve acordo. O movimento alastrou-se a
outras indústrias, depois que a polícia reprimiu, violentamente, o comício realizado na Ponte de Tábuas. *A Noite,* de 11 de maio, noticiou que
"[...] terminado o *meeting* os operários foram em passeata em direção à
fábrica, quando a polícia carregou, principalmente com sua cavalaria".
Do conflito, o jornal somente guardou os nomes dos policiais feridos a
pedradas. Depois que o movimento se espalhou por diferentes fábricas
do Rio de Janeiro e a Federação Operária do Rio de Janeiro decidiu
apoiá-lo, *A Noite*, na edição de 13 de maio, assinalou que "as atitudes
assumidas pela polícia e pela Federação Operária, aquela proibindo
terminantemente a continuação de *meetings,* que deviam ser realizados hoje, acontecesse o que acontecesse, faziam prever acontecimentos
extraordinários, de caráter um tanto grave". E acentuou que essa era
a expectativa e que o chefe de polícia, em nota oficial, declarou que,
positivamente, se tratava "não de uma agitação operária, mas de uma
exploração anarquista, obrigando-o assim a tomar medidas excepcionais
[...]" No dia 22 de junho, a greve ainda não tinha chegado a seu término. Com intuito de esclarecer a população dos motivos da parede, os
operários da fábrica Carioca entregaram aos jornais do Rio de Janeiro
um manifesto, denunciando:

> Na estação calmosa, há repartições que são verdadeiras estufas, pois são
> quase hermeticamente fechadas; respiramos o ar empestado da multidão
> acotovelada nas salas. As reservadas são buracos abertos no solo e quase
> expostos aos olhos dos transeuntes e companheiros. O médico não põe

suas vistas nesses lugares e apenas entra na sala do diretor. Nos bons dias os serões eram das 6 às 9 e ganhávamos um dia; hoje a diretoria quer que façamos 3 serões, das 6 às 8:40 e rouba-nos meio dia de salário. E nem um pio. Agora, Exmo. Sr., é justo, decente e humano que pobres criancinhas possam suportar esse trabalho exaustivo e ganham por noite 300, 400 e 500 réis? Desumanidade incrível! A tuberculose se alastra assustadoramente entre nós e pudera não ser assim, quando temos tantas causas: malcomidos, mal dormidos e chupando lançadeiras o dia inteiro, porque é preciso proteger a indústria inglesa, embora todas as outras fábricas trabalhem com as de enfiar. Para terminar esse rosário de sofrimentos e não roubarmos seu tempo perguntamos se é injustiça rematada, para não empregarmos outro termo, pagarmos mil réis (as crianças) e mil e quinhentos os maiores, por mês, para o médico, aliás um mocinho excelente, que percebe o ordenado mensal de... 600$000.[14]

A classe operária em São Paulo vivia e trabalhava em condições semelhantes, agravadas ainda pelos altos preços dos bens de consumo, conjugados com a estagnação dos salários e o aumento do horário de trabalho para apropriação de maior excedente econômico pelos empresários. Um operário ganhava um salário médio em torno de 100$000 réis, porém o consumo básico de um casal com dois filhos, uma família, era, no mínimo, de 207$000 réis. A redução do poder de compra foi enorme, ainda mais com a inflação na escalada de 14% ao ano. E Lima Barreto, àquela mesma época, escreveu que

todo o nosso mal-estar atual, todo o cinismo dos especuladores com a guerra [...] vêm desse espírito de cupidez de riqueza com que São Paulo infeccionou o Brasil, tacitamente admitindo não se dever respeitar qualquer escrúpulo, fosse dessa ou daquela ordem, para obtê-las, nem mesmo o de levar em conta o esforço, a dignidade e o trabalho dos imigrantes, os quais só lhe servem, quando curvam a cerviz à sua desumana ambição crematística.[15]

Com os reflexos da guerra na Europa, agravou-se o mal-estar no Brasil, refletindo-se profundamente nas condições de vida das massas trabalhadoras. Os gêneros alimentícios sumiram do mercado. Os aluguéis atingiram níveis proibitivos. Fecharam-se as pequenas operações de crédito. Os agiotas pululavam às portas das fábricas e às repartições públicas. Os industriais intensificaram ainda mais a exploração dos assalariados. Os comerciantes estocaram mercadorias, a aguardar melhores preços ou condições de aumentá-los. A verdade é que, como Nereu Rangel Pestana ressaltou, "durante mais de 20 anos, só os discípulos de Kropotkin sofreram pelo povo, pregaram às massas, sentiram as misérias da 'santa canalha'."[16] E acrescentou: "Por isso, o operariado brasileiro passou da escravidão à anarquia. Fez a sua evolução nas trevas e vê a aurora da redenção surgir das estepes da Rússia [...] O *Mir*[17] é hoje, de fato, o ideal de Jeca Tatu".[18]

Os trabalhadores imigrantes, meio camponeses, meio operários, haveriam, mais cedo ou mais tarde, de se revoltar, sob a forma de uma greve geral, e, para isso, condições espontaneamente se formaram, de modo que os anarquistas pudessem preparar e conduzir a paralisação das empresas e dos serviços na cidade de São Paulo. Formaram-se Ligas Operárias, Uniões Operárias e existiam sindicatos, ainda que irregularmente, devido às intervenções da polícia e à prisão de seus membros etc.[19] Em 1915, a Cia. Puglisi, proprietária das empresas União dos Refinadores – Açúcar e Café,[20] Moinho Santista e Manufatura de Chapéus, duplicou seus lucros, mas os salários dos trabalhadores não tiveram qualquer aumento.[21] O espectro da fome começou a rondar as camadas mais pobres da população. O Centro Libertário, em São Paulo, divulgou as denúncias, defendendo o proletariado, em imensa maioria composto de italianos ou descendentes, através do jornal *Guerra Sociale*, editado na língua italiana. E, em 9 de junho de junho, o tipógrafo e jornalista Edgard Leuenroth (1881-1968) começou a publicar *A Plebe*, com o fito de denunciar as mazelas econômicas e sociais em que viviam os trabalhadores de São Paulo.

Em 1917, muitas greves ocorreram no Brasil, a sintonizarem com o ascenso de massas na Europa, em meio à sangueira e à destruição que a guerra estava a causar. E o movimento de maior proporção, que tomou caráter insurgente, aconteceu em São Paulo, quando cerca de 400 operários e operárias da seção têxtil do Cotonifício Crespi, na Mooca, entraram em greve, em 10 de junho de 1917.[22] O proprietário, Rodolfo Crespi, negara-se a dar um aumento de 25%, que eles demandavam. Outros trabalhadores, de diferentes fábricas de tecidos, Estamparia Ipiranguinha, de Nemi Jaffet & Cia. e Votorantim, aderiram, em solidariedade aos companheiros do Cotonifício Crespi. Então ocorreram distúrbios e tiroteios com a polícia em alguns bairros proletários, Mooca, Brás, Barra Funda, Lapa, Água Branca e Bom Retiro. Os operários armaram barricadas, a fim de impedir a passagem da polícia. Mulheres derretiam sabão para jogar nas ruas e derrubar os cavalos dos milicianos que investiam contra os operários.

A greve havia um mês que se expandia, quando, em 9 de julho, centenas de trabalhadores marcharam através das ruas da Mooca, a caminho do Brás, e a cavalaria da Polícia investiu para dispersá-los. Um tiro abateu, então, o sapateiro espanhol José Ineguez Martinez, de 21 anos, em frente à Fábrica de Fiação e Tecelagem Mariângela, na Rua Monsenhor Andrade. A bala perfurou-lhe fígado, estômago e intestinos. Os operários acusaram a Polícia. A Polícia alegou que o tiro partiu de algum dos manifestantes. O fato foi que houve troca de tiros entre as duas partes. E o próprio subdelegado Pamphilo Marmo só escapou de ser morto porque um lhe deu uma rasteira, atirando-o ao chão, no momento em que outro grevista tentava alvejá-lo. Entre os operários, havia outros levemente feridos e alguns com graves lesões: André Belotti e Adolfo Heyer.

Mas José Ineguez Martinez não resistiu aos ferimentos e faleceu às 9 horas da manhã do dia 10 de julho, no Hospital da Santa Casa. No mesmo dia, a notícia correu por todas as fábricas e a maioria imensa do operariado paulista, em greve ou não, rumou para a residência da família, a fim de prestar uma última homenagem ao companheiro morto. "[...] O enterro dessa vítima da reação (o sapateiro José Ineguez Martinez) – relatou Edgard Leuenroth – foi uma das mais impressionantes demonstrações populares até então verificadas em São Paulo". O féretro partiu da Rua Caetano Pinto, no Brás, "estendeu-se o cortejo, como um oceano humano, por toda a Avenida Rangel Pestana até a então Ladeira do Carmo em caminho da cidade, sob um silêncio impressionante, que assumiu um aspecto de advertência". Edgard Leuenroth contou que a multidão rompeu todos os cordões que a Polícia levantou para cercar as principais ruas do centro e prosseguiu "sua impetuosa marcha até o cemitério".[23]

O *Combate* reportou que "os membros da comissão queriam que o féretro passasse pela Polícia Central", mas não foi consentido e o cortejo tomou a Rua da Fundição, Largo da Sé, e a Rua 15 de Novembro.[24] Aí houve um conflito. A marcha parou e os operários baixaram o féretro no meio da rua, enquanto uma comissão de mulheres, perto de 100, dirigiu-se à Repartição Central de Polícia para reclamar a libertação do sapateiro de origem russa Antônio Nalepinsky, detido, preventivamente, na véspera do enterro.[25] Mas o delegado não o soltou e disse que só o faria após o enterro. Ele não estava no xadrez e sim numa sala. Sua prisão devia-se ao motivo de ser conhecido como bom agitador, com uma boa oratória capaz de inflamar as massas. Houve novos protestos e a polícia interveio para dispersar a multidão.[26]

Ao voltarem do cemitério do Araçá, os operários apedrejaram e assaltaram o edifício da indústria O. Peterson & Cia e da fábrica de cigarros Tropani, bem como as fábricas de cigarros Sudan e Castelões. Houve novos conflitos com a polícia. Os militantes sindicais promoveram dois comícios: um na Praça da Sé e outro em frente à casa do operário morto. Como um rastilho de pólvora, a revolta percorreu os mais diversos setores operários e, dentro de pouco, as ruas estavam cheias de homens, mulheres e crianças. A primeira vítima da massa faminta e revoltada foi um carrinho de pão. Deu-se a explosão. As massas saquearam grande número de estabelecimentos comerciais que negociavam com gêneros alimentícios. Os choques com a polícia sucederam-se continuamente, mas os operários não se dobraram com a repressão.

À frente do movimento estavam os anarquistas e sindicalistas Edgard Leuenroth, Neno Vasco, José Sarmiento Marques, Giulio Sorelli, Antônio Candeias Duarte, Florentino de Carvalho, Silvio Antonelli, bem como os socialistas Giuseppe Sgai e o marceneiro e líder sindical Theodoro Monicelli, enviados expressamente pelo Partido Socialista Italiano, da II Internacional, para organizar os operários de São Paulo, na maioria italianos, e o partido socialista no Brasil.[27] O Comitê de Defesa Proletária (CDP) então se constituiu para conduzir a greve geral, cuja preparação começara, desde maio de 1917, e realizava, clandestinamente, as reuniões, sempre mudando de lugar, a fim de evitar a prisão dos seus membros.

Outrossim, em 10 de junho, circulou um *Manifesto aos soldados*, assinado por mulheres, conclamando-os à insubordinação, a não servirem à opressão dos Gamba, Matarazzo, Crespi e Hoffman, "capitalistas que levam a fome ao lar dos pobres".[28] O apelo teve efeito. Alguns soldados insubordinaram-se nos 1º e 4º Batalhões da Força Pública e, também, soldados do 2º batalhão rebelaram-se, outros ainda desertaram. Eram mal pagos e estavam cansados de consecutivas prontidões. Muitos passaram para o lado dos trabalhadores.[29] O jornal *A Razão*, ao referir-se a um dos manifestos lançados pelos operários, comentou: "Os sintomas de mal-estar geral chamarão à realidade a oligarquia paulista, sindicato nacional que explora o povo e empobrece a nação".[30] *O Combate* justificou a revolta do povo paulista, a salientar que os

pais de família, que vivem sendo explorados pelos patrões, que veem a esposa em andrajos e os filhos sem pão, que veem os industriais fazendo-se milionários à custa do seu suor e da sua miséria, esses pais não podem ter a calma precisa para reclamar dentro de uma lei que não os protege, antes permite que o seu sangue seja sugado por vampiros insaciáveis.[31]

Calcula-se que aproximadamente 80.000 trabalhadores paralisaram a indústria, os transportes e os demais serviços de São Paulo, em 1917.

Até então, segundo estatística publicada nos jornais de São Paulo, havia cerca de 15.000 operários em greve. Daquele dia em diante, a partir do tiroteio diante da fábrica de fiação e tecelagem Mariângela, com a morte do sapateiro José Ineguez Martinez, a greve atingiu o ápice. Generalizou-se. E não só a capital de São Paulo parou. A greve alastrou-se a várias cidades do interior do Estado. Os operários das indústrias de mármore e granito, de Ribeirão Pires, Louveira e Cotia, paralisaram o trabalho e a greve estendeu-se a Itaquera, Rio Claro, Sorocaba, Campinas e outras cidades do interior do estado.

A população manifestou simpatia pelos grevistas. As autoridades mostraram-se incapazes de dominar a situação. A violência de nada servia. As tropas, ao fim de alguns dias, estavam alquebradas, vencidas, sem que houvesse uma só batalha. Longas vigílias, alarmas, patrulhamento constante das fábricas, armazéns e estações, arrefeceram o ânimo e abateram o moral da força policial. Irrompiam incêndios, em vários pontos, e os bombeiros, mobilizados para reprimir os trabalhadores, não podiam acorrer a todos os locais para combater o fogo.

O presidente de São Paulo, Altino Arantes (1876-1965), fugiu da capital com todas as demais autoridades. O Comitê de Defesa Proletária exerceu o poder, alguns dias, sobre a cidade. Os operários assenhorearam-se da situação. Só permitiam que o leite e a carne chegassem aos hospitais. Everardo Dias, que participou dos acontecimentos, relembrou:

> São Paulo é uma cidade morta: sua população está alarmada, os rostos denotam apreensão e pânico, porque tudo está fechado, sem o menor movimento. Pelas ruas afora alguns transeuntes apressados, só circulavam veículos militares, requisitados pela Cia. Antártica e demais indústrias, com tropas armadas de fuzis e metralhadoras. Há ordem de atirar sobre quem fique parado na rua. Nos bairros fabris do Brás, Mooca, Barra Funda, Lapa sucedem-se tiroteios com grupos de populares; em certas ruas já começaram a fazer barricadas com pedras, madeiras velhas, carroças viradas e a polícia não se atreve a passar por lá, porque dos telhados e cantos partem tiros certeiros. Os jornais saem cheios de notícias sem comentários quase, mas o que se sabe é sumamente grave, prenunciando dramáticos acontecimentos.

Entrementes, dois ou três navios da Armada aportaram em Santos, mas não conseguiram intimidar e conter o proletariado, que saqueava os armazéns do porto e repartia os gêneros alimentícios. Nas cidades do interior paulista, a situação não era menos grave. Em Campinas, vários operários morreram em choques com a polícia. E o CDP, após reunião com militantes de várias categorias sindicais, divulgou, publicamente, os objetivos a serem alcançados para o fim da greve:

1º) Que sejam postas em liberdade todas as pessoas detidas por motivo de greve;

2º) Que seja respeitado do modo mais absoluto o direito de associação para os trabalhadores;

3º) Que nenhum operário seja dispensado por haver participado ativa e ostensivamente do movimento grevista;

4º) Que seja abolida de fato a exploração do trabalho de menores de 14 anos nas fábricas, oficinas etc.;

5º) Que os trabalhadores menores de 18 anos não sejam ocupados em trabalhos noturnos;

6º) Que seja abolido o trabalho noturno das mulheres;

7º) Aumento de 35% nos salários inferiores a 5$000 e de 25% para os mais elevados;

8º) Que o pagamento dos salários seja efetuado pontualmente, cada 16 dias, ou, a mais tardar, 5 dias após o vencimento;

9º) Que seja garantido aos operários trabalho permanente;

10º) Jornada de oito horas e semana inglesa;

11º) Aumento de 50% em todo o trabalho extraordinário.

Ademais de tais reivindicações, considerando que o aumento dos salários, como quase sempre acontecia, podia vir a ser frustrado por uma elevação – e não pequena – no custo dos gêneros de primeira necessidade, a considerar o mal-estar econômico, o CDP sugeriu outras medidas de caráter geral, condensadas nas seguintes propostas:

1º) Que se proceda ao imediato barateamento dos gêneros de primeira necessidade, providenciando-se, como já se fez em outras partes, para que os preços, devidamente reduzidos, não possam ser alterados pela intervenção dos açambarcadores;

2º) Que se proceda, sendo necessário, à requisição de todos os gêneros indispensáveis à alimentação pública, subtraindo-os assim do domínio da especulação;

3º) Que sejam postas em prática imediatas e reais medidas práticas para impedir a adulteração e falsificação dos produtos alimentares, falsificação e adulteração até agora largamente exercitadas por todos os industriais, importadores e fabricantes;

4º) Que os aluguéis das casas, até 100$000, sejam reduzidos de 30%, não sendo executados e nem despejados por falta de pagamento os inquilinos das casas cujos proprietários se oponham àquela redução.[32]

A enfrentar todos os riscos, o CDP resolveu ainda realizar um grande comício. O lugar escolhido foi o Brás – o vasto Hipódromo da Mooca. Conforme contou Edgard Leuenroth:

> [...] Foi indescritível o espetáculo que então a população de São Paulo assistiu, preocupada com a gravidade da situação. De todos os pontos da cidade, como verdadeiros caudais humanos, caminhavam as multidões em busca do local que, durante muito tempo, havia servido de passarela para ostentação de dispendiosas vaidades, justamente nesse recanto da cidade de céu habitualmente toldado pela fumaça das fábricas, naquele instante vazias dos trabalhadores que ali se reuniam para reclamar o seu indiscutível direito a um mais alto teor de vida.[33]

Nereu Rangel Pestana, diretor de *O Combate,* tomou a iniciativa de organizar uma Comissão de Jornalistas para entrar em entendimento com industriais e autoridades governamentais e, assim, o CDP conseguir o fim da greve. No dia 14 de julho, na sede de *O Estado de S. Paulo* reuniram-se: R. Crespi; Jorge Street; Boyes & Cia; E. P. Gamba; G. H. Ford; S. T. Smith, da São Paulo Alpargatas; A. Siciliano; C. Panayotti & Co.; Ermelino Matarazzo, pela S. A. indústrias Reunidas F. Matarazzo; George A. Graig, pela Viúva Graig & Co.; Pocai & Co.; P. Sarcinelli; Nestor Rangel Pestana (*O Estado de S. Paulo*); Valente de Andrade (*Jornal do Commercio*); Paulo Mazzoldi (Piccolo); Amadeu Amaral (*O Estado de S. Paulo*); E. Hollender (*Messaggero de São Paulo*); João Silveira Júnior (*Correio Paulistano*); Melchiades Pereira (Plateia); Umberto Serpiere (Fanfulla); E. França Ferreira (*Diário Alemão*); Felipe Lima (*A Propaganda*); João Castaldi (*A Capital*); Nereu Rangel Pestana (*O Combate*); A. A. de Covello (*A Gazeta*); José Maria Lisboa Júnior (*Diário Popular*); José Eiras Garcia (*Diário Espanhol*); Antônio Figueiredo (*A Nação*) e Henrique Geenen (*Germanial*).[34]

Com as garantias de que não seriam presos, alguns membros do CDP compareceram na mesma noite à sede do jornal. O médico e industrial Jorge Luiz Street (1863-1939), proprietário da Companhia Nacional de Tecidos Juta, logo no início do conflito social, assumiu posição favorável aos operários, a defender, inclusive, suas reivindicações e o direito de greve, e desempenhou relevante papel nos entendimentos com o patronato. Depois de várias outras reuniões, deliberou-se que a Comissão de Imprensa manteria entendimentos com o presidente do estado de São Paulo, comprometendo-se Altino Arantes a:

1º) o governo poria em liberdade, imediatamente após a volta dos operários ao trabalho, todos os indivíduos presos por motivos estritamente relativos à greve, isto é, excetuando-se apenas os que foram réus de delito comum, os quais, aliás, não são operários;

2º) o governo, como costuma proceder, e baseado nas leis e na jurisprudência dos nossos tribunais, reconhecerá o direito de reunião, quando este se exercer dentro da lei e não for contrário à ordem pública;

3º) que o poder público redobrará os esforços para que sejam cumpridos em seu rigor as disposições de lei relativas ao trabalho dos menores nas fábricas;

4º) que o poder público se interessará, pelos meios ao seu alcance, para que sejam estudadas medidas que defendam os trabalhadores menores de 18 anos e as mulheres no trabalho noturno;

5º) que o poder público estudará desde já as medidas viáveis tendentes a minorar o atual estado de encarecimento da vida, dentro de sua esfera de ação, procurando outrossim exercer a sua autoridade, oficiosamente, junto ao grande comércio atacadista, de modo a ser garantido aos consumidores um preço razoável para os gêneros de primeira necessidade;

6º) que o poder público, aliás no desempenho de um dever que lhe é muito grato exercer, porá em execução medidas condizentes a impedir a adulteração e falsificação dos gêneros alimentícios.[35]

Levou-se o compromisso firmado pelo presidente de São Paulo e pelos secretários de Justiça e Agricultura ao CDP, formado por: Antônio Candeias Duarte, comerciário; Francisco Cianci, litógrafo; Rodolfo Felipe,

serrador; Gigi Damiani, pintor, e diretor do jornal *La Bataglia*; Teodoro
Municeli, diretor do jornal socialista *Avanti*; e Edgard Leuenroth, secretário de Comitê e diretor do jornal anarquista *A Plebe*.

Após o acordo, ocorreram vários comícios, em diferentes bairros de
São Paulo e no interior. A cidade retomou a vida normal. A maioria dos
jornais de São Paulo colocou-se ao lado dos grevistas, mas houve uma
minoria que os atacava diariamente e, dentre eles, o *Jornal do Commercio*, que se prestava a divulgar falsas informações contra os operários,
a reclamar contra "os Lenin paulistas uma repressão tão enérgica que
para ser plenamente eficaz seja necessário a decretação da lei marcial
[...]" Esse mesmo periódico chegou a afirmar que a bala que matou José
Ineguez Martinez "não saiu das armas da polícia e sim das dos próprios
companheiros". Alguns industriais passaram a criticar Jorge Street e
considerá-lo como maximalista, socialista etc.[36] E, como sempre, nem
o governo de Altino Arantes, nem o empresariado, cumpriram todos
os compromissos. Pouco depois, Edgard Leuenroth, um dos principais
líderes do movimento, foi preso e transferido de cadeia em cadeia, para
evitar o *habeas corpus*, até encarcerá-lo definitivamente na Casa de
Detenção. Seis meses após, submeteram-no a julgamento, como o "autor
psicointelectual da greve". Defendido pelo jurista Evaristo de Morais
Filho e auxiliado pelo advogado José Adriano Marrey Júnior teve o caso
encerrado em 24 de setembro de 1917.[37] Aos 87 anos, dois anos antes de
falecer, Edgard Leuenroth, a rememorar a greve que paralisou o estado
de São Paulo e da qual foi um dos líderes, escreveu:

A greve geral de 1917 foi um movimento espontâneo do proletariado,
sem a interferência, direta ou indireta, de quem quer que seja. Foi uma
manifestação explosiva, consequente de um longo período da tormentosa
vida que então levava a classe trabalhadora. A carestia do indispensável
à subsistência do povo trabalhador tinha como aliada a insuficiência
dos ganhos; a possibilidade normal de legítimas reivindicações de indispensáveis melhorias de situação esbarrava com a sistemática reação
policial; as organizações dos trabalhadores eram constantemente assal-
tadas e impedidas de funcionar; os postos policiais superlotavam-se de

operários, cuja residência era invadida e devassada; qualquer tentativa de reunião de trabalhadores provocava a intervenção brutal da polícia. A reação imperava nas mais odiosas modalidades. O ambiente proletário era de incertezas, de sobressaltos, de angústias. A situação tornava-se insustentável.[38]

Em meio à onda militarista que sacudiu o Brasil, com o torpedeamento dos navios por submarinos da Alemanha, o governo de São Paulo vingou-se dos principais líderes da greve geral. Prendeu-os e deportou-os.

Confiantes os operários – escreveu João Castaldi diretor do *A Capital* – no compromisso de honra assumido pelo governo Altino Arantes, foram surpreendidos com prisões vingativas de muitos companheiros. Reclamada a intervenção da imprensa esta não quis intervir e os operários de São Paulo sofreram uma de suas maiores decepções depois de uma luta terrível de mais de um mês, para obterem alguns mil réis individuais de aumento em seus salários de fome. A história do trabalhador de nossa terra é escrita assim.

E, em *Contribuição à história das lutas operárias no Brasil*, o historiador Hermínio Linhares assinalou que, nessa greve, como em muitas outras, "o governo agiu com sua habitual má-fé; não cumpriu as promessas que assinara; prendeu, espancou, processou e expulsou a maioria dos chefes do movimento. Mais uma vez o operariado espoliado seria vilmente ludibriado pelas forças da reação".[39]

## NOTAS

1. Stephen C McDonald, "Crisis, War, and Revolution in Europe in 1917-23", in Hans A. Schmitt (ed.), 1988, pp. 235-239.
2. I. N. Steinberg, 1958, p. 12.
3. Leon Trotsky, 1977, vol. 1, p. 35.
4. General Sergei Khabalov, "Testimony on the February Revolution", *in* Thomas Riha, 1969, pp. 501-503.

5. N. N. Sukhanov, 1962, pp. 158-159.
6. Roberto C. Simonsen, 1973, p. 20.
7. *Ibidem*, p. 17.
8. O Censo de 1920 registrou uma população de 30.635.605 pessoas no Brasil. Disponível em <http://vamoscontar.ibge.gov.br/atividades/ensino-fundamental-6--ao-9/45-a-populacao-cresce.html>. Ministerio da Agricultura, Industria e Commercio – Directoria Geral de Estatística e Recenseamento do Brazil realizado em 1 de Setembro de 1920, volume IV, 1925, disponível <http://biblioteca.ibge.gov.br/visualizacao/livros/liv6478.pdf>.
9. Francisco Foot Hardman, 2002, p. 277.
10. Marcin Kula, "Formação da classe operária no Brasil", *Estudios Latinoamericanos* 1, 1972, pp. 155-258, disponível em <http://www.ikl.org.pl/Estudios/EL01/el01_04_kula.pdf>.
11. Ivan Subiroff, 1919, pp. 139-140.
12. Dados do relatório que a Liga do Comércio do Rio de Janeiro enviou ao prefeito em 1919.
13. Robert Jackson Alexander, Eldon M. Parker, 2003, p. 22.
14. Arquivo de Edgar Leuenroth.
15. Afonso Henriques de Lima Barreto, 1956, p. 55.
16. Ivan Subiroff, 1919, pp. 275-276.
17. O *Mir* (мир) era a comuna rural autônoma (*Selskoye obshestvo* – Сельское общество), que se formou na Rússia, uma vez abolida a servidão, em 1760, e era vista pelos *Narodniki* (populistas) como o embrião da futura sociedade socialista.
18. *Ibidem*. Jeca Tatu é um personagem camponês, um trabalhador rural, caipira, criado por Monteiro Lobato em sua clássica coletânea de contos, *Urupês*, publicada em 1918.
19. Everardo Dias, 1977, p. 201.
20. Essa companhia foi fundada, em 1910, pelos irmãos Giuseppe e por Nicola Puglisi Carbone, imigrantes da Itália.
21. Alzira Alves de Abreu (coord.), 1915. Luigi Biondi, "Greve geral de 1917 em São Paulo", disponível em <http://cpdoc.fgv.br/sites/default/files/verbetes/primeira--republica/GREVE%20GERAL%20DE%201917%20EM%20S%C3%83O%20PAULO.pdf>.
22. Everardo Dias, 1977, pp. 290-291.
23. Edgard Leuenroth, "Greve de 1917" (Carta enviada ao jornal *O Estado de S. Paulo*), *Dealbar*, ano II, n. 17, dez. 1968, p. 3, disponível em <https://bibdig.biblioteca.unesp.br/bitstream/handle/10/8895/0017.pdf?sequence=2&isAllowed=y>.
24. *O Combate*, 11/7/1917.
25. Christina da Silva Roquette Lopreato, 2000, p. 32.

26. *Ibidem.*
27. Luigi Biondi, "Desenraizados e integrados. Classe, etnicidade e nação na atuação dos socialistas italianos em São Paulo (1890-1930)", "Migrações, migraciones", dossiê coordenado por Mônica Raisa Schpun, *Nuevo Mundo – Mundos Nuevos,* 12/3/2007, disponível em <https://nuevomundo.revues.org/3720>.
28. *Apud* Christina da Silva Roquette Lopreato, 2000, p. 39.
29. *Ibidem*, p. 39. Everardo Dias, 1977, p. 85.
30. *A Razão*, 10/7/1917.
31. *O Combate*, 12/7/1917.
32. *O Combate*, 12/7/1917.
33. *O Estado de S. Paulo*, 27/3/1966.
34. *O Estado de S. Paulo*, 15/7/1917.
35. *O Combate*, 16/7/1917.
36. Acredita-se que Jorge Street, filho de austríaco de origem inglesa e francesa, houvesse recebido influência das ideias dos socialistas utópicos Owen e Fourier. Ele criou a primeira vila operária em São Paulo, a Vila Maria Zélia, assim denominada por causa de sua filha morta, vitimada pela tuberculose. A vila contava com creches, escolas leigas, igreja, e empregava 1.000 pessoas, enquanto, na fábrica, 3.500 trabalhavam. Concedeu vários direitos aos próprios operários e na greve geral de 1917 mandou fechar suas fábricas. Não discriminava ninguém nas contratações, fossem anarquistas ou não, e rasgava as listas com os nomes daqueles que eram "perigosos". Eva Alterman Blay, 1985, pp. 224-227.
37. Paulo Alves, 1997, p. 91.
38. *O Estado de S. Paulo*, 17/3/1966.
39. Hermínio Linhares, 1977, pp. 71-72.

## Capítulo 9

GREVE GERAL DE 1917 EM SÃO PAULO • REVOLUÇÃO DE FEVEREIRO NA RÚSSIA • GREVE DOS TRABALHADORES NO RIO GRANDE DO SUL • JULGA-MENTO DOS DEGREDADOS DO NAVIO *CURVELO* • GREVES EM PERNAMBUCO E ESPRAIAMENTO NO NORDESTE • REPRESSÃO DO GOVERNO VENCESLAU BRAZ • CHEGADA DE LENIN À ESTAÇÃO FINLÂNDIA • RÚSSIA NA GUERRA CONTRA A ALEMANHA • ALIADOS E O GOVERNO DE KERENSKY • TENTATIVA DE GOLPE DO GENERAL KORNILOV

A greve geral, em São Paulo, assumiu tal dimensão social e política que assustou, profundamente, a burguesia industrial emergente, em larga medida também formada por imigrantes italianos e de outras nacionalidades. Em 20 de setembro de 1917, o presidente do Estado, Altino Arantes, recebeu uma comissão do Centro Industrial, constituída pelos empresários Gustavo Pujol, Rodolfo Crespi, J. P. Veiga, Jorge Street e Marcelino de Carvalho, que lhe manifestaram as "apreensões de um avançado socialismo", relacionadas com o Código de Trabalho que fora apresentado pelo deputado Maurício de Lacerda, na Câmara Federal.[1] Queriam que ele interviesse junto à bancada de São Paulo para sustar sua aprovação do Código, visto que continha "exageros doutrinários" e, se convertido em lei o projeto, colocaria os industriais "na contingência de fechar suas fábricas e suas oficinas".[2] O fato é que os industriais não entendiam que a greve não era um problema de ordem pública e a questão social não cabia – nem podia – à polícia resolver. Como bem Maurício de Lacerda acentuou, o governo da República não descurou "da aprovação de leis de exceção em face do surto [...] das primeiras associações operárias como órgãos de classe", e das ligas de resistência, que começaram a surgir, a partir, sobretudo, de 1897, assustando o empresariado, refratário a qualquer legislação de defesa dos direitos dos trabalhadores.[3] A greve geral de 1917, em São Paulo, aumentou o pânico e o jornal *O Estado de S. Paulo* comentou:

> A torre dos privilégios desaba. Fê-la tremer em seus alicerces seculares a teoria socialista, a equivalência, ainda não reconhecida mas já vitoriosa, do capital e do trabalho. Os capitalistas bem avisados não ignoram, os governos cautos estão fartos de o terem notado, e ambos os grupos se harmonizam e colaboram à procura de uma solução sem conflito violento com a nova força que se apresenta em campo revestida de uma pujança invencível.[4]

As greves não se limitaram a São Paulo. Também ocorriam, à mesma época, em vários Estados do Brasil. Estavam a ecoar os acontecimentos na Rússia, a Revolução de Fevereiro, que destruiu a tirania do czar e os ensinamentos de Kropotkin, Bakunin e Tolstoy. Em Salvador, o jornal *A Tarde*, de 26 de julho de 1917, anunciou, em manchete "A greve explodirá na Bahia?" A informação era de que havia que havia um "plano horrível contra a *Chemins de Fer*,[5] que iria da dinamite nas pontes à paralisação do tráfego". E seguia o comentário:

> Parece que mãos ocultas atearam fogo no rastilho das desordens na Rússia e, atualmente, na Espanha, que chegaram até o Brasil, no cumprimento de uma missão de desorganizações sociais e pesando sobre as fábricas, em todos os centros de trabalho, no intuito sinistro de atentar contra a segurança das classes conservadoras, determinando a paralisação de toda a nossa vida econômica. Ainda não se normalizou São Paulo, cuja capital entra por mais de 40 horas privada de carne, de leite e pão, a lutar o poder público, com uma formidável massa de 40.000 grevistas. Levas de desordeiros, de cima dos telhados, com audácia resistem à bala da polícia.

A nota, após referir-se a "um movimento de 100.000 operários de fábricas e oficinas", no Rio de Janeiro, ameaçando com a revolução, acrescentou que se achavam na Bahia "agentes do complô da anarquia em todo o país". Houve prisões, por causa do suposto *complot* contra a Chemins de Fer, mas nada se apurou nem se encontrou, exceto um revólver carregado, marca Smith & Wesson. Os acusados tudo negaram. Nos meses seguintes ocorreram novas agitações, com lutas nas ruas e, em 13 de agosto, *A Tarde* novamente noticiou: "Haverá greve geral, inclusive na Chemins". Tratava-se da Compagnie des Chemins de Fer Fédéraux de l'Est Brésilien, arrendatária da rede de viação férrea federal da Bahia. A greve, ao que parece, não se efetivou.

Porém, o movimento de operários a que *A Tarde* aludiu, realmente, estava a acontecer no Rio de Janeiro. Os operários outra vez se haviam levantado, acompanhando a paralisação de São Paulo. A Federação Operária do Rio de Janeiro (FORJ) convocou a greve geral, que começou em duas fábricas de móveis e, no dia 23 de julho, cerca de 50.000 operários já haviam paralisado o trabalho. Também aproximadamente 20.000 metalúrgicos abandonaram as oficinas. No dia seguinte, houve grandes manifestações e, quando a cavalaria da polícia atacou, a multidão dirigiu-se para o Largo de São Francisco, com uma bandeira vermelha e gritando "abaixo o capital". Como sempre, os anarquistas estavam à frente das reivindicações do proletariado. O Centro Industrial do Brasil, então, concordou com a semana máxima de 56 horas de trabalho, concedeu um aumento dos salários em 10% e comprometeu-se a não dispensar nenhum trabalhador.[6] Em agosto, porém, o chefe de polícia, Aurelino Leal, mandou fechar a Federação Operária do Rio de Janeiro. As greves alastravam-se ao longo de outros Estados do Brasil. Os ferroviários da Rede Sul-Mineira de Estradas de Ferro Federais Brasileira – Rede Sul-Mineira (CEFFB) paralisaram o trabalho, devido ao atraso no pagamento dos salários. Os trens pararam. As oficinas, *idem*. Houve choque com a polícia e os grevistas venceram. Em Belém do Pará, os condutores de bondes fizeram uma parede e conseguiram paralisar todo o tráfego da cidade. De norte a sul do Brasil, ao correr dos meses de 1917, a revolta estava a eclodir em greves e manifestações de massas.

Entrementes, no Rio Grande do Sul, o movimento operário, desde maio de 1917, estava a efervescer. A Federação Operária do Rio Grande do Sul (FORGS), de orientação social-democrata, e a Liga de Defesa Popular articularam uma greve geral. Com efeito, diversas categorias profissionais – empregados da Cia. Força e Luz, carpinteiros, marceneiros, comerciários, metalúrgicos, tecelões, motorneiros e cobradores da Cia. Força e Luz etc. – entraram em greve, em 1º de agosto, a exigirem, *inter alia*, aumento de salários em 25%, redução da jornada de trabalho e repouso de um dia por semana. As mesmas reivindicações faziam os ferroviários da Viação Férrea do Rio Grande do Sul (VFRGS), companhia pertencente ao consórcio entre a Brazil Railway, do grupo do empresário americano Percival Farquhar (1864-1953) e a Compagnie Auxiliaire des Chemins de Fer au Brésil (Société Anonyme – Bélgica). Não sendo atendidas, adiantaram-se e, já no dia 31 de julho, paralisaram o trabalho e declararam greve, desde Porto Alegre, onde os trabalhadores virtualmente dominaram a cidade, até as cidades do interior do Rio Grande do Sul, entre elas, Rio Grande, Bagé, Gravataí, Passo Fundo, Couto, Cacequi, Rio Pardo, e Santa Maria, na época, principal entroncamento ferroviário do Estado. Cerca de 180 empresas fizeram concessões parciais.

Em Santa Maria, o general Carlos Frederico de Mesquita, comandante da 7ª Região Militar, reprimiu a greve com a maior truculência. O conflito com o inspetor geral da Viação Férrea, W. N. Cartwright, persistiu e os ferroviários, cujas demandas ele não atendia, voltaram, em outubro, a paralisar os trabalhos. E, no dia 16 de outubro, o movimento assumiu então o caráter de levante popular, depois que o inspetor geral da Viação Férrea, W. N. Cartwright, começou a demitir os líderes do movimento. Os trabalhadores arrancaram os trilhos da estrada, destruíram locomotivas, bloquearam as vias com os dormentes, derrubaram pontes etc. O general Carlos Frederico de Mesquita informou ao ministro da Guerra, marechal graduado José Caetano de Faria (1855-1936), que a situação de algumas cidades do Rio Grande do Sul era muito grave, devido à greve dos ferroviários e que, em Santa Maria, os grevistas tentaram assaltar o hotel onde se achava hospedado o inspetor-geral da Viação Férrea, W.

N. Cartwright, com o fito de assassiná-lo.[7] O governador do Rio Grande do Sul, Antônio Augusto Borges de Medeiros (1863-1961), não lançou a Brigada Militar contra o movimento dos ferroviários.[8] Tinha objetivos políticos e não queria perder a capacidade de intermediar entre as partes e solucionar a questão. Mas a repressão do Exército foi brutal. Em 20 de outubro de 1917, o general Manuel Carneiro da Fontoura ordenou para tropa abrir fogo contra os ferroviários, que se concentravam com as famílias, inclusive crianças, em um comício a reclamarem o comparecimento do inspetor-geral da Viação Férrea, W. N. Cartwright. Houve pânico, com mortos e feridos.[9] E a maioria dos jornais do Rio de Janeiro, no dia 24 de outubro, noticiou: "Protestos dos grevistas contra a atitude da força federal e tiroteio causa a morte de, pelo menos, quatro pessoas e 36 feridos. Grevistas depredam o material da ferrovia e botam uma ponte metálica abaixo". Em face dos acontecimentos, o governador Borges de Medeiros enviou ao ministro da Justiça e Negócios Interiores, Carlos Maximiliano Pereira dos Santos (1873-1960), um telegrama, datado de 26 de outubro, advertindo-o de que a greve recrudesceria porquanto a companhia arrendatária nada fizera "para aplacar ou satisfazer o seu pessoal, parecendo antes querer subjugá-lo pela força, exclusivamente". "A greve é legítima, por isso conta com as simpatias gerais da população rio-grandense", ponderou o governador Borges de Medeiros.

A contrastar a atitude moderada do governador Borges de Medeiros, respondendo ao pedido de informações sobre três grevistas presos, disse o general Manuel Carneiro da Fontoura: "...os indivíduos citados na informação praticaram violências graves como o crime de desrespeitar e agredir uma autoridade federal; procuraram impedir a saída de um trem (conduzido por um maquinista do Exército) e, por isso, avariaram parte do material rodante, sendo presos com armas na mão e atitudes agressivas".[10] O governador Borges de Medeiros, do Rio Grande do Sul, no dia 1º de novembro, conseguiu, entretanto, levar operários e patrões a um entendimento, quase um mês após a decretação da greve. E o acordo consistiu em que: 1) A Viação Férrea aumentaria os salários na proporção de 15% até 100$000 e 10% sobre o excedente de até 400$000; 2) Assistência médica e salário integral nos casos de acidente de trabalho;

3)Reorganização da Caixa de Socorros Cooperativos; 4) A jornada de trabalho nas oficinas será de oito horas e meia, excedendo haverá pagamento de extraordinário e o pessoal de tração dos trens, terão revistas as escalas de serviço; 5)A sede dos escritórios da Viação será em Santa Maria; 6) O empregado dispensado teria passe para si e para sua família a fim de se retirar.[11] Os trabalhadores gaúchos, em circular endereçada aos jornais de Porto Alegre, concitaram-nos a refletir sobre o fato de que eles eram brasileiros em luta contra uma companhia estrangeira. O diretor da Viação Férrea, Cartwright, procurou neutralizar a invocação nacionalista, com a descrição de "desatinos" praticados pelos "anarquistas", revelando que os operários fizeram máquinas chocar-se, umas contra as outras, para danificá-las, ocuparam à mão armada as estações de Montenegro, Caceguy e Passo Fundo e tomaram o poder, praticamente, em Santa Maria, a ponto de não permitir a entrada de nenhum representante da companhia na cidade. O diretor da Viação Férrea, Cartwright, terminou por demitir-se do posto.[12] Àquela época, o navio *Curvelo*, que conduzia líderes operários de São Paulo, degredados, aportou em Recife. E Primitivo Raimundo Soares, brasileiro; Antônio Nalepinsky, russo; e Francisco Aroca, brasileiro, tentaram fugir a bordo da lancha *Beberibe*, naturalmente com a cumplicidade da tripulação. Descobertos, a polícia jogou-os nas celas da Casa de Detenção. O repórter, que os visitou, escreveu que o aspecto dos presos era digno de compaixão, eles viviam em estado de penúria, privados de tudo, em virtude da perseguição da polícia. O advogado Evaristo de Morais Filho requereu, perante o Supremo Tribunal Federal, ordem de *habeas corpus*, em favor dos degredados, bem como para outros presos – Antônio Lopes, Francisco Perneta, Moreira Megia, Virgílio Niunego, José Sarmento Marques, Zeferino Oliva, José Minieri, Edmundo Coll, José Cicco, Pascoal Adreani e Emílio Gutler. Morais Filho arguiu a inconstitucionalidade da Lei Adolfo Gordo, de 1913, como foi, aliás, declarada no ano seguinte, em dois acórdãos. Ora, desde 1841, a legislação brasileira assegurava igualdade civil a nacionais e a estrangeiros e a Lei Adolfo Gordo, de 1907, estatuía que estrangeiros com profissão definida e com mais de dois anos de residência, mulher ou filhos brasileiros, não poderiam ser expulsos. O deputado Adolfo Gordo, em seu projeto, depois convertido em diploma legal, abrira a exceção para "o estrangeiro que, por qualquer motivo, atentar contra a tranquilidade pública e a segurança nacional". E assim, aberta foi a porta para qualquer ignomínia.[13]

O STF, que julgava com brandura a expulsão de espanhóis ricos, proprietários de casas de encontros, francesas donas de bordéis, e estrangeiros que viviam do comércio de prostitutas, mostrava-se extremamente rigoroso com os operários. Tanto expulsava, como concedia extradição. O julgamento do *habeas corpus* pelo STF ocorreu no dia 29 de dezembro de 1917. A acusação contra os deportados era de que se tratavam de perigosos anarquistas, que articulavam uma greve geral, crime que não existia na lei. O ministro Sebastião de Lacerda (1864-1925), ao dar seu voto, nem sequer o fundamentou. Apenas alegou: "a medida se impõe como medida de soberania". E acrescentou: "Estão em jogo os interesses nacionais". Tal situação obrigou o ministro Antônio Joaquim Pires de Carvalho e Albuquerque (1865-1954), *vir doctus*, a fazer, com muita lucidez, a oportuna declaração: "Os crimes do poder são sempre desculpados com a alegação de interesse público". Pedro Lessa, Guimarães Natal, Pedro Mibieli e Edmundo Lins acompanhavam o voto vencido, que partiu, aliás, do relator. O deputado Maurício Lacerda, no Congresso, discordou do voto de seu pai, o ministro Sebastião de Lacerda, acentuando que ele "catalogava entre as categorias de delitos o anarquismo", e acusou o governo Venceslau Brás de "preparar nesta República americana, o advento das instituições carbonárias", com adoção de medidas violentas. O presidente de São Paulo, Altino Arantes, alegou que mandara deportar os líderes operários, presos no navio *Curvelo*, porque "como anarquistas e caftens, eram perniciosos à ordem social". Tudo valia para reprimir o movimento dos trabalhadores e, conforme o *Diário do Recife*, "antes do embarque, a polícia de Santos despojou os anarquistas do último tostão".

A atitude do STF surpreendeu até mesmo círculos liberais e jornais, como *A Época*, do futuro desembargador Vicente Piragibe, e *A Razão*, do comendador Matos, profligaram-na. *O Combate*, de Nereu Rangel Pestana, denunciou: "o trepovismo[14] paulista foi quem fez o estado de sítio". "Nesse caso quando vier o sítio, é possível, é provável que tenhamos uma nova edição, talvez aumentada do Terror que encarcerou Leuenroth e deportou Sarmento, Lopes, Antônio Nalepinsky e outros".[15] O jornal também fala numa certa "chacina de Santos", ordenada pelo Carvalhal Filho, em que a polícia local teria assassinado o motorista Eugênio Henrique.

O *Combate* equivocou-se sobre a concessão de *habeas corpus* a José Sarmento Marques e Gigi Damiani. O fato foi que, no voto vencedor, se reconhecera, realmente, que não se poderia expulsar o estrangeiro com mais de dois anos de residência e profissão definida. Mas o STF admitiu também que o princípio não vigia em casos de "segurança nacional". E, com relação a Damiani, a polícia paulista fez desenterrar um processo, do qual saíra absolvido, de sedução de menor. A respeito de Sarmento, alegou-se que "cumprira pena vinte anos atrás em Portugal", motivo mais que suficiente para afirmar a sua "periculosidade", segundo os venerandos ministros.

*A Noite* publicou que "o governo de São Paulo afirma que os operários paulistas deportados são anarquistas e cáftens, perniciosos à ordem pública e aos quais o Supremo Tribunal Federal negou uma ordem de *habeas corpus,* baseado em que não ficou provada a residência dos acusados."[16] O advogado Evaristo de Morais foi, novamente, ao STF e impetrou novo pedido de *habeas corpus*, sendo que, desta vez, o advogado juntou documentos comprobatórios da residência dos acusados. E Nereu Rangel Pestana, diretor de *O Combate*, de São Paulo, denunciou que, no julgamento, foram desprezadas as provas, apesar de estarem juntas aos autos:

> Antônio Candeias Duarte, que é cidadão brasileiro naturalizado, conforme certidão apresentada pelo advogado Evaristo de Morais, é comerciante, estabelecido à rua da Mooca, nº 292, tem seis filhos brasileiros;
> José Sarmento Marques, outro brasileiro deportado a bordo do *Curvelo*, é cidadão naturalizado desde 1890, reside em São Paulo há 20 anos, já foi empregado da Estrada de Ferro Central do Brasil. A seguir dá vários nomes que podem atestar que Sarmento residia em São Paulo

há 20 anos. Sarmento é oficial chapeleiro e fez parte do Comitê de Operários que juntamente com o Comitê dos Jornalistas, pôs fim à greve no dia 16 de julho às 3,1/2 horas na redação de O Estado de S. Paulo; e Antônio Nalepinski, residente no Brasil há vinte e tantos anos, é casado e tem filhos brasileiros, cujos atestados de nascimento foram anexados ao processo. Uma de suas filhas, Socialina, nasceu há 15 anos em Porto Alegre, e o seu nome revela o ardor das opiniões socialistas do pai. Sapateiro, residente no Ipiranga, é acusado de viver da exploração de sua mulher. Acusação feita pelo governo de São Paulo, falsa, porquanto apenas esta mulher foi cozinheira da decaída Regina Boiaski, moradora à rua Senador Feijó, n° 15, ganhando apenas 60.000 réis por mês.

A agitação operária em todo o país contribuiu como fator psicológico de pressão sobre o STF. No Rio de Janeiro, havia greve nas fábricas de calçados Cleveland e Polar; na Fábrica de Tecidos Botafogo e na tipografia Casa Pimenta Melo & Cia. A União Geral dos Metalúrgicos, presidida por Paschoal Gravina, estava em assembleia geral. No porto, chocavam--se operários de transportes e estivadores com os usineiros de Campos, a Associação Comercial e a Federação das Indústrias. Nos Estados as notícias não variavam: greve no Pará, na Bahia, no Rio Grande do Sul, em Pernambuco etc.

A greve geral do Recife teve, como a do Rio Grande do Sul, repercussão no Rio de Janeiro. Os deputados Gonçalves Maia e Maurício de Lacerda apresentaram, no Congresso, a seguinte proposição: "Requeremos que, por intermédio da Mesa da Câmara, o Sr. Ministro da Guerra informe se alguma instrução foi transmitida à força federal, em Pernambuco, em virtude da greve e dos acontecimentos operários que ali se estão passando, e quais essas instruções". "É que o Exército, a exemplo do Rio Grande do Sul, interveio, diretamente, ocupando oficinas, prendendo líderes e se chocando com operários, os quais, tanto num, como noutro Estado, reagiram."

A greve começou no dia 5 de setembro, convocada pela União dos Trabalhadores da Construção Civil do Recife, na qual sempre houve forte influência anarquista. Os estivadores a ela aderiram e, em consequência, o porto paralisou. Estivadores, motorneiros e ferroviários também paralisaram. A greve atinge além de Pernambuco, Alagoas e Rio Grande do Norte. Os motorneiros da Tramways, companhia inglesa de bondes, resolveram entrar e, como tinham um pacto intersindical com os ferroviários da Great Western, a greve tornou-se geral e atingiu os demais Estados servidos por ela: Alagoas, Paraíba e Rio Grande do Norte. Houve choques com a polícia, que prendeu o espanhol José Soelino de Santos Minhocal, "o maior fomentador do movimento", segundo telegrama publicado em *A Época*.[17]

Esse mesmo jornal – *A Época* – voltou a comentar a situação em Pernambuco ao afirmar que o movimento dos operários de Pernambuco tinha recebido enormes adesões das classes trabalhadoras. O tráfego do porto continuava paralisado ainda e o paquete *São Paulo* ainda se achava ancorado. E *A Época* aduziu que "não é pois um movimento político a parede daqueles operários, como se tem procurado fazer acreditar; são apenas os frutos da atual crise... é a fome a invadir o lar proletário".[18] O movimento extinguiu-se aos poucos, por causa da falta de organização e da inexistência de abastecimento alimentar para as famílias dos trabalhadores. A Associação Comercial e a Federação das Indústrias fizeram pequenas concessões. Os ingleses recusaram-se a qualquer acordo, efetuaram demissões em massa e criaram, assim, os elementos da grande revanche de 1919/1920. A declaração de guerra do Brasil aos Impérios Centrais e a subsequente decretação do estado de sítio, logo, mudou o rumo dos acontecimentos. E o governo Venceslau Brás aproveitou-se do estado de sítio para deportar anarquistas, fechar as uniões de resistência, prender líderes operários e desbaratar as organizações operárias.

Conquanto as condições fossem muito diferentes, havia certo paralelismo entre o que ocorria no Brasil e os acontecimentos na Rússia, onde a revolução continuava, entrementes, a crepitar em todo o seu território, com bem maior intensidade e dimensão. O Soviet – o Conselho de Deputados Operários, Soldados e Camponeses – ressurgiu em Petrogrado, a confrontar a Duma e o Governo Provisório do príncipe Georgy Y. Lvov. O poder dualizou-se. Os marinheiros da base naval de Kronstad, sob a liderança dos anarquistas, proclamaram um autogoverno. Vladimir I.

Ulianov Lenin (1870-1924) chegou a Petrogrado, à noite de 3 de abril de 1917, desembarcou na Estação Finlândia – Finlyandsky – e falou à massa, de cima de um carro de assalto. Terminou o discurso com um "Viva a revolução socialista!" E, em 16 de abril, lançou as teses (*Teses de Abril*), sobre desdobramento da revolução na Rússia. Denunciou a guerra como imperialista, guerra de rapina, e defendeu a saída da Rússia do conflito mundial, o confisco das terras senhoriais, o controle social da produção e, *inter alia*, a República dos soviets de deputados operários e camponeses como a "única forma possível"[19] de governo revolucionário.[20] Desde aí, os bolcheviques, facção do Partido Operário Social-Democrata da Rússia, trataram de assumir a dianteira dos acontecimentos.[21]

Leon D. Trotsky, que estava asilado em New York, onde pobremente vivia com o rendimento de artigos que escrevia para alguns jornais, conseguiu chegar a Petrogrado, no navio *Helig Olaf*, em 4 de maio, um mês depois de Lenin. Quando regressava a Petrogrado, ele havia sido preso, em 27 de março, a bordo do navio *SS Christianiafjord*, pela Naval Intelligence Division da Grã-Bretanha, em Halifax,[22] e só foi libertado devido à interferência de Milyukov, ministro do Exterior do Governo Provisório, junto às autoridades de Londres, pressionado pelo Soviet de Petrogrado.

Em meados de junho, Alexander F. Kerensky, como ministro da Guerra, realizou uma ofensiva contra as forças da Alemanha e sofreu devastadora derrota. Cerca de 150.000 russos tombaram no campo de batalha e em torno de 250.000 foram feridos. O povo não mais suportava a guerra. A Rússia havia mobilizado aproximadamente 18,5 milhões de homens, entre 1914 e 1917, e sofreu baixas entre 1.700.000 e 2.254.369 milhões de soldados, nos campos de batalha.[23] Os *pogroms*, embora isolados, recomeçaram. A situação na Rússia já se tornava intolerável, e o Governo Provisório do Príncipe Lvov não retirava a Rússia da guerra. A Rússia, desde a guerra contra o Japão (1904-1905) e a revolução de 1905, que causaram profundo impacto em suas finanças, estava cada vez mais economicamente debilitada.[24] Suas reservas de ouro se esvaíram para atender aos credores, os bancos da França e, sobretudo, da Grã-Bretanha. A Rússia acumulou múltiplos compromissos com os bancos estrangeiros até 1914, quando, em janeiro, sua dívida externa atingiu o total de 5,404 milhões de rublos.[25] Suas grandes empresas de armamentos – Putilov, Sormovo, Tula Cartridge, Brianki e Koloma Engineering – tinham estreitas conexões com bancos e indústrias bélicas da Grã-Bretanha e França, *e.g.* Vickers e Schneider-Creusot.[26]

Desde que a revolução irrompeu, em fevereiro (março) de 1917, aproximadamente, 568 empresas fecharam suas portas, deixando mais de 140.000 trabalhadores desempregados, ao mesmo tempo em que os preços saltaram em média 248%, em relação a 1913, e os salários caíram 57,4%. Em 1915, suas exportações despencaram 75% em comparação com o nível pré-guerra, devido ao fechamento das rotas de exportação. O montante de rublos em circulação, da ordem de 1,630 milhão, em julho de 1914, quando a conflagração começou, subiu para 9,950, em março de 1917, e, até outubro, duplicou para 17,290 milhões.[27] O valor do rublo, portanto, abismou-se, e a inflação agravou-se ainda mais, enquanto severos reveses as tropas da Rússia estavam a sofrer no front com a Alemanha. O país continuou a depender de recursos dos Aliados, sobretudo da Grã-Bretanha, para cobrir o déficit orçamentário. Com a guerra e a revolução, sua dívida externa saltou para 9.950 milhões, em março de 1917, e, em poucos meses, até outubro, alcançou o montante de 11,194 milhões de rublos.[28]

As agitações de Petrogrado intensificaram-se em maio. "Os últimos distúrbios desta capital foram provocados por agentes alemães", noticiou o *Jornal do Brasil*, estampando cabograma da United Press.[29] Os telegramas informavam sobre manifestações em frente às embaixadas da França, Grã-Bretanha e Itália. O embaixador da Grã-Bretanha, George Buchanan, "falou da varanda da embaixada incitando os russos a sustentarem o Governo Provisório". O embaixador dos Estados Unidos, David R. Francis (1850-1927), comunicou ao seu governo que tudo se devia ao "agitador" Lenin" e advertiu que ele e Trotsky estavam a realizar a "*disastrouse desintegration*" da sociedade na Rússia, "*liberaly provided with German money*".[30]

Um sindicato, formado pela National City Bank, dos Estados Unidos, já havia concedido à Rússia, ainda sob o regime do czar, em 1916, um empréstimo no montante de US$ 50 milhões.[31] Um ano depois, junho de 1917, Washington enviou a Petrogrado uma missão, chefiada pelo embaixador Elihu Root (1845-1937), a fim de discutir a concessão de financiamento e a pressionar a Rússia para que não fizesse a paz em separado com a Alemanha, consequentemente saindo da guerra.[32] A advertência do embaixador David R. Francis valeu para ativar a subscrição do Empréstimo Russo pela Liberdade. Somente numa semana, em New York, arrecadaram US$30 milhões e, ao fim de um mês, US$500 milhões. "Salvemos a Rússia" era o grito que se ouvia na Wall Street, uma vez que companhias americanas, *inter alia*, a Russian-Asiatic Corporation, à frente da qual estava Herbert Hoover (1874-1964), tinham interesses na exploração de cobre, petróleo e outros minérios na região do Cáucaso.[33] Lançou-se o Empréstimo da Liberdade, simultaneamente, no Rio de Janeiro. "O empréstimo em questão será emitido em todas as praças do mundo, entre outras na do Brasil, ao tipo de 85, juros de 5%, o prazo de resgate pelo nominal será de 49 anos, a principiar de 1922."[34] O governo de Kerensky não tinha recursos, e o jornal *A Razão*, do Rio de Janeiro, noticiou, criticando o primeiro-ministro, pois, ele até pretendia vender ícones e peças de museus aos americanos, peças milenares, raríssimas, operação essa acobertada com o "fim patriótico" de obter fundos para pagar aos soldados nas trincheiras.

Na Duma, a fração bolchevique exigiu "o repúdio aos tratados secretos" e elaborou as bases de "um programa de paz sem anexações, nem indenizações".[35] O Soviet, desde maio, ganhara mais poder que o Governo Provisório e emitiu nota proibindo que as "guarnições de Kronstadt, Tzarkoie-selo, Kranci-selo e Peterov e outras localidades enviassem tropas a Petrogrado, sem a requisição do comitê".[36] *The Evening World*, de New York, comentou: "Nunca se viu tanta agitação na Rússia como nas últimas 36 horas após a nota do Sr. Milyukov".

Os Aliados haviam imposto à Rússia o impossível: lançar uma ofensiva, no front oriental, contra a Alemanha, diante da qual eles próprios evitavam jogar diretamente suas forças, enquanto empreendiam manobras, com escaramuças de trincheiras. Kerensky, ministro da Guerra, era inepto na questão militar e tampouco contava com o suporte interno, principalmente do primeiro Congresso dos Soviets da Rússia. Desde 1º de julho de 1917, Petrogrado encontrava-se em meio a uma erupção quase insurrecional. Soldados de infantaria recusavam-se a seguir para o front.

A Rússia entrara em convulsão. Havia fome nas cidades. Cerca de 400.00 trabalhadores e soldados levantaram-se em protesto contra a guerra, nas mais diversas cidades do Império Russo, desde Petrogrado e Moscou até Kharkov e Kiev, e marcharam pelas ruas a gritar "todo o poder aos Soviets", a palavra de ordem que Lenin havia lançado. Decerto, não tinham ideia do que era marxismo ou socialismo ou, se tinham, era vaga e confusa, porém queriam paz e pão, assim os camponeses rebelados lutavam pela terra. Era o que Lenin defendia. Os marinheiros da base naval de Kronstad estavam amotinados. Ao voltar do front, em 5 de julho, Alexander Kerensky, ministro da Guerra, ordenou a prisão de Lenin, a acusá-lo de agente a serviço da Alemanha.[37] Lenin, porém, já havia submergido na clandestinidade. E, três dias depois, 8 de julho, o Príncipe Lvov resignou, e Kerensky assumiu o poder, se é que poder ainda havia, em meio à deserção em massa de soldados e marinheiros, com a insurgência a se expandir.

Em 16 de julho, revoltou-se o bairro operário de Vyborg. Ali nasciam as manifestações de rebeldia, como o levante no bairro de Saint Antoine que levou à queda da Bastilha e deflagrou a Revolução Francesa (1789). Enorme multidão saiu em direção ao Palácio Tauride, onde funcionava o Governo Provisório. Ao chegar ao centro, eram dezenas de milhares os manifestantes. Kerensky tentou dissuadir com palavras pacifistas, mas, como elas não produziram o efeito esperado, mandou abrir fogo contra os operários, imitando o czar no Domingo Sangrento, de 1905. Em seguida, desencadeou feroz repressão contra os bolcheviques, acusados de todos os crimes. Mandou prender os que encontrou. Trotsky foi preso em 23 de julho.

O embaixador Elihu Root, ao regressar aos Estados Unidos, após sua estada em Petrogrado, declarou perante a Union League que *"the people of Russia is practically without government. The provisional Government had no power to execute a decree. Without police, without law* [...]".[38] Acusou a Alemanha de *"making common cause with hose extremist, who would break down the industrial organization, the national authority [...], to pervert the minds of the Russian people"*. E adiantou que seus agentes enxameavam as fronteiras *"and they spent by millions in by adherents [...]"*.[39] O embaixador Elihu Root reconheceu, porém, que os russos estavam cansados da guerra, como, aliás, todos os povos, e que um sagaz observador lhe disse: *"According all the rules of the game, Russia is out of the war"*.[40]

Convocada por Kerensky, em agosto, realizou-se, em Moscou, uma Conferência de Estado com representantes, não só do Congresso dos Industriais, como da União dos Camponeses e dos próprios Soviets. Os Soviets opuseram-se e, não obstante algumas discrepâncias, acertaram decretar greve de um dia contra a Conferência de Estado. Cerca de 400.000 trabalhadores entraram em greve. A dualidade de poderes entre Governo Provisório e Soviet acentuou-se e refletiu-se também no plano internacional. O Soviet dirigiu ao mundo uma proposta de paz sem anexações, nem indenizações, bem-recebida pelo marechal de campo Paul von Hindenburg (1847-1934), que de fato governava a Alemanha, como chefe do Estado-Maior do Exército, e o primeiro-ministro Georges Clemenceau deu uma explicação de que a França lutava apenas para reaver a Alsácia e Lorena.

Pavel Milyukov, líder do Kadete, descreveu a situação da Rússia, em fins de julho, como completo caos, "caos no Exército, caos na política exterior, caos na indústria e caos nas questões nacionais".[41] O general Lavr Kornilov, comandante em chefe do Exército, estava em Riga e requereu a Kerensky permissão para retornar a Petrogrado, uma vez que o Governo Provisório lhe afigurava fraco e sem energia para esmagar o Soviet e restabelecer a ordem e disciplina. Kerensky negou-lhe. E o general Kornilov, abandonando o front de Riga, insurgiu-se e tentou dar um *coup d'État*, marcado para 28 de agosto.[42] A comunidade dos homens de negócios estava alarmada. O episódio foi confuso. Kerensky estava, provavelmente, envolvido no *complot* para esmagar os soviets e estabelecer uma ditadura dual com o general Kornilov, como comandante em chefe do Exército. Ao que tudo indicou, esse era o que haviam planejado, e Kerensky realmente havia pedido o envio das tropas para

Petrogrado.[43] Porém, mudou, ao saber pelo Príncipe Lvov que o desejo do general Kornilov, a comandar os cossacos da Divisão Selvagem e a 4ª Brigada de Artilharia, era tornar-se ele próprio o ditador. E era realmente ao que o general Kornilov aspirava.[44] O comportamento de Kerensky foi bisonho.[45] E o fato foi que a Sociedade para a Reabilitação Econômica da Rússia arrecadou o montante de 4 milhões de rublos, para a propaganda antissocialista, efetuada durante o verão (junho, julho e agosto) de 1917 e o general Kornilov recebeu 800.000 do total. O dinheiro para financiar o *coup d'État* proveio, principalmente, dos bancos – Russian-Asiatic Bank; Azov-Don Bank; Siberian Bank; International Bank etc.[46] O *Correio da Manhã* vaticinou, com um telegrama de New York: "A Rússia vai ter um ditador militar".[47]

Então estavam presos os grão-duques Mihail e Pavel, acusados de *complot* para restaurar o czarismo, e a Duma concedeu poderes excepcionais a Kerensky, que se autonomeou comandante em chefe do Exército. Entrementes, o general Kornilov enviou o general Aleksandr Krymov (1871-1917), à frente da 1ª Divisão dos Cossacos do Don, com a missão de ocupar militarmente Petrogrado, desarmar os bolcheviques, o proletariado e a soldadesca rebelada e dissolver o Soviet, que se havia transferido para o Smol'nyi, antigo instituto para a educação das moças da nobreza. O pretexto era fortalecer o Governo Provisório. O trem, no entanto, foi detido pelos trabalhadores na cidade de Luga, onde soldados e oficiais se reuniam e a maioria dos cossacos desertou para o lado dos insurrectos.[48] O general Krymov seguiu, depois, para Petrogrado, sem tropas, e apresentou-se a Kerensky. Explicou-lhe que o objetivo do deslocamento para Petrogrado fora defender o Governo Provisório, porém Kerensky acusou-o de traição, duplicidade e ordenou-lhe que se recolhesse preso ao domicilio até ser submetido à corte marcial. O general Krymov foi para o apartamento de um amigo e entrou em um quarto, alegando que iria descansar. Escreveu então um bilhete para o general Kornilov e deu um tiro no peito.[49]

O Soviet criou o Comitê Militar Revolucionário, proposto pelos mencheviques internacionalistas e a esquerda dos socialistas-revolucionários. Então, Kerensky teve de decidir com rapidez o seu rumo e apelou para os operários, soldados e marinheiros de Kronstad, os que realmente possuíam as armas e à frente dos quais estavam os bolcheviques. Mandou libertar Trotsky. O Soviet do distrito de Peterhof criou as organizações dos Guardas Vermelhos e dos combatentes *druzhiny* (destacamentos de voluntários) com o fito de deter o avanço de Kornilov. Mais de 13.000 Guardas Vermelhos concentraram-se em Petrogrado, para onde também foram os marinheiros de Kronstad.[50] E diversos outros fatores determinaram o colapso da contrarrevolução.[51] Os soldados prenderam o general Anton I. Denikin (1872-1947), comandante do Exército no front ocidental e nomeado chefe do gabinete do general Mihail V. Alekseev (1857-1918), que foi incumbido de prender o general Kornilov, os trabalhadores descarrilaram as linhas de trem, as deserções nas tropas de Kornilov foram muitas etc.[52]

Uma vez derrotada a *kornilovites*, Kerensky ordenou a prisão do Príncipe Lvov, a quem devia a entrada na política e o seu primeiro cargo, e, também, a de Lenin.[53] Kornilov, por sua vez, apressou-se em dar entrevista ao *Times*, de Londres, a explicar ao mundo que "enviara tropas para Petrogrado por lhe constar que ali rebentaria uma revolução maximalista contra o Governo Provisório". "Encarreguei o Príncipe Lvov de explicar ao Sr. Kerensky as razões desse ato". "O Príncipe Lvov é que alterou a verdade dos fatos, obrigando o Sr. Kerensky a agir contra mim".[54] O Príncipe Lvov disse realmente que a opção do general, com quem ele conversara, era assenhorear-se ele mesmo do poder e impor uma ditadura militar, e era essa, de fato, sua intenção.[55] Mas o papel de Kerensky, a quem o general Kornilov também atribuiu a ordem de mandar tropas para Petrogrado, foi ambíguo.[56]

A Rússia não tinha evidentemente condições de prosseguir na guerra. Contudo, Kerensky cedeu à pressão e ordenou a ofensiva, reclamada pelos Aliados, contra os exércitos dos Impérios Centrais. O general Alexei Brusilov (1853-1926) comandou esse supremo esforço da Rússia e não faltaram exemplos de grande heroísmo e de sacrifício dos seus soldados. A luta estendeu-se por uma frente que ia do Báltico ao Mar Negro e ao Cáucaso. Porém, não obstante os sucessos iniciais, as tropas da Rússia não suportaram os embates, entraram em colapso e tiveram de recuar, a sofrer pesadas perdas, cerca de 40.000 mortos e 20.000 feridos. As grandes moles humanas derramavam-se pelos campos, que ficavam juncados de cadáveres. Os alemães transferiram, às pressas, grandes efetivos e concentraram impressionante poderio de fogo. Lançaram máquinas, aviões e trens artilhados, apelaram para o gás e romperam, a duras penas, as linhas russas.

Também, em Riga, o 4° Exército da Alemanha, comandado pelo general Oskar von Hutier, entre 1 e 3 de setembro de 1917, devastou tropas russas do 20° Exército, comandadas pelo general Valdislav Klembosky. Mais de 25.000 soldados russos tombaram no campo de batalha. Os sobreviventes foram, na maioria, os que não tentaram lutar contra os alemães. Debandaram. Um desastre colossal que exauriu a Rússia. A *débâcle* provocou motins em Petrogrado. "Houve festa no Bolcheviki para comemorar a queda de Riga, fato que para os socialistas apressará a paz", noticiou telegrama da Havas. Os bolcheviques, realmente, eram derrotistas. Não queriam que a Rússia fizesse a paz em separado com a Alemanha e saísse da guerra. Queriam, sim, a derrota, porquanto a derrota haveria de favorecer a derrocada de Kerensky e a continuidade da revolução. Em tais circunstâncias, entre a pressão da Grã-Bretanha, França e Estados Unidos para manter a Rússia na guerra e a oposição da massa de operários, soldados e camponeses, que demandavam paz, pão e terra, Kerensky não mais teve condições de sustentar o *statu quo*. Sob o manto da defensiva contra o *coup* do general Kornilov, Trotsky organizou os Guardas Vermelhos para a captura do poder pelos bolcheviques. Como assinalou Curzio Malaparte, *"se lo stratega della rivoluzione bolscevica è Lenin, il tático del colpo di stato dell'Octubre 1917 è Trotsky"*.[57]

NOTAS

1. Christina da Silva Roquette Lopreato, 2000, p. 202, nota 402.
2. *Ibidem.*
3. Joel Wolfe, 1993, pp. 24-26.

4. *O Estado de S. Paulo*, 27/9/1917.
5. Tratava-se da Compagnie des Chemins de Fer Fédéraux de l'Est Brésilien, arrendatária da Rede de Viação Férrea Federal da Bahia.
6. Raul Carrion, "Dos primeiros partidos operários à formação do Partido Comunista do Brasil", disponível em <http://www.raulcarrion.com.br/prim_partidos.asp>.
7. *A Noite*, 22/10/1917.
8. Mário Alex Cordeiro Biavaschi, "O setor ferroviário em Santa Maria e suas conexões com o coronelismo durante o período borgista (1898-1928)," *Métis: História & Cultura*, v. 3, n. 6, pp. 201-218, jul.-dez. 2004, p. 212, disponível em <http://www.ucs.br/etc/revistas/index.php/metis/article/view/1166>.
9. Célia Maria Lange, *A construção de conhecimentos em espaços de economia popular solidária (O sentido pedagógico do projeto Esperança/Co-esperança)*. Dissertação (Mestrado em Educação nas Ciências), 2006.
10. *A Noite*, 25/10/1917.
11. *O Imparcial*, 4/11/1917.
12. Alexandre Fortes, 2004, pp. 272-275.
13. Maria Pia dos Santos Lima Guerra, *Anarquistas, trabalhadores, estrangeiros: a construção do constitucionalismo brasileiro na Primeira República*, dissertação (Mestrado em Direito), 2012, disponível em <http://repositorio.unb.br/bitstream/10482/10824/1/2012_MariaPiadosSantosLimaGuerra.pdf>.
14. Alusão a Dmitri Trepov, que ordenou o massacre do Domingo Sangrento de 1905, na Rússia.
15. *O Combate*, 12/11/1917.
16. *A Noite*, 8/10/1917.
17. *A Época*, 10/11/1917.
18. *Ibidem*, 12/11/1917.
19. Grifo do original.
20. "Las Tareas del Proletariado en la Actual Revolución", *in* Lenin, 1948, pp. 7-12.
21. Leon Trotsky, 1977, p. 247.
22. Nigel West, 2014, p. 223.
23. Peter Waldron, "War, the Wounded and Politics". Russia's Great War & Revolution. Disponível em <http://russiasgreatwar.org/media/military/wounded.shtml>. Acessado em 27/4/2017.
24. Peter Waldrom, "Russia's Finances and 1905", in Felicitas Fischer von Weikersthal *et al.* (eds.), 1913, pp. 313-315, 318-319.
25. Peter Gatrell, 2014, pp. 133-134.
26. *Ibidem*, pp. 122-123.
27. *Ibidem*, p. 144.
28. *Ibidem*, pp. 143-145.

29. *Jornal do Brasil*, 7/5/1917.
30. David R. Francis, 1921, pp. 113-114.
31. *Ibidem*, p. 19
32. Anthony d'Agostino, 2011, pp. 43-44.
33. Richard A. Pierce, 1960, pp. 192-193.
34. *Jornal do Brasil*, 3/5/1917.
35. *Ibidem*, 8/5/1917.
36. *Ibidem*, 7/5.
37. N. N. Sukanov, 1962, pp. 499-505. Leon Trotsky, 1977, pp. 488-ss.
38. "Germany, Russia and the United States", *in* Elihu Root, 1918, pp. 47-48.
39. *Ibidem*, p. 48.
40. *Ibidem*, p. 48.
41. N. N. Sukanov, 1962, pp. 499-505. Rex A. Wade, 1962, pp. 195-197.
42. N. N. Sukanov, 1962, pp. 502-503.
43. Nigel West, 2014, p. 192.
44. William Voorhees Judson., 1998, pp. 75-78, 80-81, 98.
45. David R. Marples, 2000, pp. 40-42.
46. Robert Paul Browder, Alexander F. Kerensky, 1961, pp. 1530-1534.
47. *Correio da Manhã*, 8/9/1917.
48. Robert Paul Browder, Alexander F. Kerensky, 1961, p. 1534. N. N. Sukanov, 1962, p. 511. Pavlo Petrovych Skoropadśkyĭ, 1999, pp. 76-79.
49. Alexander Rabinowitch, 2004, pp. 144-150.
50. David R. Marples, 2000, p. 41.
51. Rex A. Wade, 1984, pp. 133-137.
52. Vladimir Nikolayevich Ipatieff, Xenia Joukoff Eudin, 1946, p. 250, 541.
53. *Correio da Manhã*, 29/9/1917.
54. *Ibidem*, 11/10/1917.
55. John M. Thompson, 1989, pp. 97-99, 105-107.
56. Steve Phillips, 2000, pp. 27- 28. Arthur T. Frame, "Kornilov, Lavr Georgievich", Timothy C. Dowling, "Kornilov Rebellion (1917)", *in* Timothy C. Dowling, 2015, pp. 430-432.
57. Curzio Malaparte, 2002, p. 92.

# Capítulo 10

IMAGEM DE LENIN NAS AGÊNCIAS INTERNACIONAIS DE NOTÍCIA • APOIO FI-
NANCEIRO E MILITAR DA FRANÇA DE LUÍS XVI À INDEPENDÊNCIA DOS ESTADOS
UNIDOS • RÚSSIA NA PRIMEIRA GUERRA MUNDIAL • FINANCIAMENTO DA
ALEMANHA AOS BOLCHEVIQUES PARA A REVOLUÇÃO NA RÚSSIA • INTER-
MEDIAÇÃO DE PARVUS E KESKÜLA • ACORDO DE LENIN COM O GOVERNO
DA ALEMANHA PARA O REGRESSO DE 32 BOLCHEVIQUES A PETROGRADO EM
TREM FECHADO

O nome de Lenin havia começado a aparecer no noticiário, como "espião alemão", "agente do kaiser" e "vendido aos Impérios Centrais", a
partir de abril, quando ele chegou a Petrogrado, em vagão fechado de um
trem procedente de Zürich, cuja travessia pelo território da Alemanha
o kaiser Wilhelm II (1859-1941) aprovara, com o aval do general Erich
Ludendorff (1865-1937). Noticiou-se que o kaiser Wilhelm II permitira
sua passagem pela Alemanha, da Suíça para a Rússia, num trem blindado, ao qual também teria dado cobertura aérea, durante o seu trajeto.

A *Noite* noticiou:

> Em certos pontos, porém, trabalhadores dirigidos por agentes alemães
> quiseram fazer demonstrações contra a guerra, os demais operários
> protestaram, travando-se conflitos de certa importância que exigiram
> a intervenção da polícia. Em três pontos da cidade explodiram bombas
> durante os comícios, sendo presos vários suspeitos, entre os quais al-
> guns conhecidos ácratas. Uma dessas bombas, lançada de um grupo

de operários germanófilos, ao explodir matou o general Kostianlinsky, antigo comandante da força de Riga e atualmente comandante da guarnição de Petrogrado.[1]

E concluiu: "O correspondente de um jornal norueguês, na fronteira da Finlândia, anunciou também que foi assassinado em Petrogrado, ontem de manhã, o socialista Lenin, apontado como agente alemão e que fazia propaganda a favor da paz".[2]

*A Noite* outra vez repetiu: "Londres, 11 – Telegrama de Estocolmo: consta insistentemente que o socialista russo, Lenin, apontado como espião alemão, foi assassinado na noite de domingo, em Petrogrado, durante uma rusga entre operários e soldados".[3]

Às vésperas da insurreição, o *Correio da Manhã* ainda difundia a *fake new* de que Lenin morrera: "O célebre agitador Lenin faleceu em 1916 na Suíça e o falso Lenin que ultimamente tem agitado a Rússia não é outro senão um certo Zaberlun, antigo amigo de Lenin".[4] O objetivo das agências de notícias não era informar. Mas desinformar. Simplificava-se para confundir. Confundia-se para simplificar. Lenin e seus partidários não passavam de anarquistas e agentes do kaiser. As agências de notícias internacionais enquadravam-se como instrumento na estratégia global da guerra psicológica dos Aliados.

Dezenas de vezes os jornais brasileiros, ao transcreverem telegramas das agências internacionais, descobriam a "verdadeira identidade" do "perigoso agente alemão". *O Combate* publicou manchete: "Lenin já está preso". Dizia o telegrama: "O agitador Lenin, acusado de exercer a espionagem por conta da Alemanha, apresentou-se à prisão".[5] E os despachos aumentavam, continuamente, a confusão. Diversas vezes, as agências anunciaram a morte ou a prisão de Lenin. A guerra psicológica não tinha trégua. Era a propaganda sistemática para desmoralizar Lenin e os bolcheviques como agentes da Alemanha. "Espiões alemães libertados pelos anarquistas russos", noticiou *O Combate*. E o telegrama deu detalhes: "Petrogrado, 5 – Um numeroso grupo de anarquistas atacou a prisão de Kresty,[6] onde se achavam presos 8 espiões alemães e libertou-os".[7]

Em 19 de julho, o mesmo jornal interrogou: "A Rússia novamente anarquista?" E o despacho informava: "Petrogrado, 19 – A situação torna-se cada vez mais grave, em vista da agitação promovida pelos partidários do anarquista Lenin". Em outra edição, o mesmo jornal – *O Combate* – publicou, sob o título "Quem é Lenin?" E transcreveu que

> telegramas de Petrogrado dizem que está apurado que o verdadeiro nome de Lenin é Leão Uliadov e que ele pode ser considerado como chefe da espionagem alemã na Rússia, tendo gasto nos últimos meses vários milhões de rublos. Lenin comunicava-se continuamente com o governo de Berlim por intermédio do contrabandista Ganetski, que foi preso e ainda de outros indivíduos que iam a Estocolmo levar e buscar correspondência. Agora, tendo sido interceptada parte dessa correspondência epistolar e telegráfica, o governo provisório tem nas mãos toda a organização da espionagem alemã na Rússia. Lenin é considerado um criminoso de alta traição.[8]

E outro telegrama, transmitido de NovaYork, informou que "comunicam de Petrogrado que toda a nação está empenhada na caça do famoso Lenin. Em algumas cidades os soldados vão às casas onde suspeitam estar refugiado o traidor e dão buscas minuciosas. Athlow, companheiro de Lenin, já foi preso na Finlândia".[9]

Dias mais tarde, *O Combate* abriu o noticiário internacional com outra manchete: "A fuga de Lenin". E informou que "o agitador Lenin conseguiu evadir-se, havendo chegado a Estocolmo".[10] Ora Lenin estava preso, ora foragido. Ele, porém, não esteve detido uma só vez, desde que regressara a Petrogrado, ainda que tivesse de viver na clandestinidade, para evitar sua captura e uma grande vitória a Kerensky. Porém, as agências insistiam em chamá-lo de "traidor", de "agente alemão", e a campanha prosseguiu. As notícias, a acompanhar o nome de Lenin com o epíteto de "espião", "agente" da Alemanha etc., visavam simplesmente a difamá-lo. A imprensa servia simplesmente como veículo das operações de guerra psicológica. Sob o título "A água suja russa", o *Correio da Manhã* transcreveu:

New York, 4 (A.A.) – Telegrama de Paris – O correspondente da agência Havas entrevistou o Sr. Vladmir Burtzev,[11] líder revolucionário, o qual declarou que o partido maximalista é instrumento da Alemanha, da qual recebe dinheiro; os chefes são os principais culpados da decomposição russa e da derrocada do Exército. A Rússia maldiz os seus nomes. Quanto a Máximo Gorky declarou que é um notável escritor, mas, político cego e fraco, é sustentáculo dos maximalistas.[12]

O *Imparcial* transmitiu a informação de divergência entre Máximo Gorky (1868-1936) e o partido que Lenin dirigia:

> O célebre escritor Máximo Gorky, escrevendo hoje em *Novoie Zin*, denuncia esses elementos que se propõem a fazer repetição dos abomináveis acontecimentos de julho. Sem dúvida alguma, esses acontecimentos assumirão as mais graves consequências. Esses agitadores, sem religião, sem lei, pretendem implantar na Rússia a guerra civil, afogando em mar de sangue os cidadãos que fizeram a revolução. Se estes indivíduos estão mancomunados com os aventureiros ou com os políticos ou com os assassinos profissionais; se o "comitê" maximalista não é um joguete nas mãos de loucos e fanáticos, deve, quanto antes, desmentir com fatos estes boatos.[13]

Máximo Gorky, em 1917, divergiu e atacou ferozmente Lenin e "seus camaradas em armas",[14] mas não se pôde comprovar se ele usou exatamente as palavras reproduzidas no telegrama, publicado pelo jornal. Muitas informações eram distorcidas e outras efetivamente falsas. *A Época* estampou uma falsa foto de Lenin com um chapéu redondo, abas viradas para cima, muito mais moço e a foto tem como fundo uma cidade russa. A legenda não era menos falsa: "O governo russo prende o traidor Lenin".[15] O texto acentuou:

> Os despachos de ontem recebidos referiam a prisão de Lenin por ordem do governo russo. Lenin, como é sabido, foi denunciado publicamente como agente a soldo da Alemanha. É ele o chefe dos "bolcheviques", desse partido anarquista e extremista que inscreveu à testa do seu irrealizável programa

a repartição dos bens e a supressão da riqueza. Jornalistas atribuem a este homem maldoso uma origem judaica-alemã e emprestam-lhe os nomes de Goldberg e Zederblun. É um erro, Lenin, de seu verdadeiro nome, é Vladmir Ulianov, é um gentil-homem originário de Pekov.[16] É um doutrinário obtuso, obstinado, retilíneo, altercador, pregador de transtornos gerais. O que lhe interessa é demolir. A reconstrução da sociedade futura preocupa--o, no fundo, muito menos. O seu exterior é dos mais banais. Lenin é um homenzinho de cinquenta anos, pequeno, calvo, com um aspecto de pescador de linha, que uma péssima indigestão pôs em mau estado e nervoso. O seu modo de vestir é dos mais descuidados... o que não impede de pôr, desde a revolução, diamantes nos botões de punho das camisas.[17]

Muitos intelectuais não acreditaram e trataram de refutar a acusação de que Lenin e os bolcheviques fossem agentes e que estavam a serviço da Alemanha. Em artigo publicado em O Debate, intitulado "Quem é Lenin?", o socialista Robert Raport tratou de desmentir a versão de que Lenin trabalhava para a Alemanha e afirmou:

A força de Lenin é a sua vontade de ferro, a clareza e a simplicidade dos seus lemas, o seu absoluto desinteresse, a sua incorruptibilidade, a sua ação metódica e uma habilidade organizadora consumada. Tinha sempre consigo a maioria dos proletários conscientes dos centros operários. É o perfeito homem de ação, mínimo de pensamento e máximo de atividade. Tudo sacrifica pelo fim a atingir. Tudo simplifica. [...] O seu erro fundamental é o desconhecimento da complexidade da vida social, "da continuidade histórica", ignorância da lei fundamental da história, a saber: se às vezes minorias fazem de surpresa a história, as maiorias desfazem. Gênios como Marx e Jaurès compreenderam-no. Lenin está completamente tapado dessa banda.[18]

A introduzir, o artigo de Raport, Astrojildo Pereira acentuou:

Desde o começo da revolução russa que o nome do agitador Lenin percorre o mundo, através dos fios e das ondas do telégrafo, pelas colunas dos grandes diários e sempre acompanhado dos comentários e qualificativos os mais disparatados. A versão mais geralmente corrente nesses telegramas dá Lenin como agente alemão disfarçado em socialista (por mais de uma vez têm os correspondentes telegráficos afirmado ter Lenin ido à Alemanha receber ordens e dinheiro para a sua obra). Chegam mesmo a precisar a quantia mensal que lhe é entregue. E assim, o mundo inteiro, guiado pelo que diz a imprensa moderna, está absolutamente convencido que Lenin é, de fato, um traidor da pior espécie, fomentador de desordens que aproveitam os inimigos da Rússia, miserável vendido ao ouro teutônico... É a história que se escreve!

O jornalista Nereu Rangel Pestana, em sua obra *A oligarchia paulista*, assinada com o pseudônimo de "Ivan Subiroff, delegado da República dos Soviets Russos em São Paulo", ironizou várias vezes a acusação de que Lenin e Trotsky eram agentes da Alemanha. "Simplesmente magnífico! Trotsky e Lenine estão vendidos aos allemães porque não querem a guerra entre os povos e não têm ódio aos trabalhadores da Germania", exclamou em uma de suas páginas.[19] O escritor Lima Barreto, por sua vez, escreveu que "há por aí alguns burguesinhos limitando-se a acoimar Lenin, Trotsky e seus companheiros como vendidos aos alemães".[20]

O embaixador dos Estados Unidos em Petrogrado, David R. Francis, escreveu, em suas memórias, que o governo do Príncipe Lvov não executou Lenin e Trotsky pelo crime de alta traição, sob a acusação de servir à Alemanha, talvez porque se sentiu fraco e/ou não os quis transformar em mártires, porém, se o houvesse feito, *i.e.*, "*the consequence of executing Lenin and Trotsky would have been in benefit to Russia in the lon run and would have produced less unrest than now previls throughout the world*". E aduziu: "*I doubt whether two more as strong characters as Lenin and Trotsky could have been found among the Bolsheviks of the entire world*".[21]

Nem Lenin nem Trotsky, cujos nomes os jornais, quase sempre juntos conjugavam, eram agentes ou espiões da Alemanha.[22] Tampouco George Washington, Thomas Jefferson, Benjamin Franklin e demais *Founding Fathers* dos Estados Unidos eram agentes da França. No entanto, quando empreenderam a revolução americana, entre 1875 e 1783, receberam do rei Louis XVI milhões de livres (francos), em dinheiro, armamentos, munição, fardas e outros suprimentos. Charles Gravier, Comte de Vergennes, secretário de Estado para os Assuntos Estrangeiros de França, foi que formulou essa estratégia para enfraquecer, econômica e politicamente, a Grã-Bretanha, com a qual a França rivalizava, e sugeriu a Louis XVI dar ajuda secreta de milhões de livres aos revolucionários das 13 colônias da América, não obstante a difícil situação financeira em que a França se encontrava.[23] Benjamin Franklin (1706-1790), que então fora viver em Paris, enviado pelo Congresso Continental, efetuou as negociações.[24] E o dramaturgo, escritor Pierre-Augustin Caron de Beaumarchais (1732-1799), autor das comédias *Le Barbier de Séville* e *Le Mariage de Figaro*, gastou muito do seu dinheiro, a serviço de Louis XVI, e ainda recebeu do Comte de Vergennes, em 10 de junho de 1776, um milhão de livres para compra e envio de armamentos aos insurgentes das 13 colônias da Grã-Bretanha.[25] A partir de 1778, quando assinou o tratado de aliança com os Estados Unidos, após reconhecer sua independência, Louis XVI enviou contingentes militares, sob o comando do marechal Marie-Joseph-Paul du Motier, marquês de La Lafayette (1757-1834), e do marechal Jean-Baptiste, Comte de Rochambeau, à frente de 5.500 soldados, bem como a frota da Marinha, sob o comando do almirante Jean-Baptiste-Charles, Comte d'Estaing (1729-1794).[26] Na batalha de Yorktown (setembro-outubro de 1881), combateram 7.800 soldados franceses e 8.845 americanos, e as baixas francesas foram mais do que o dobro das que ocorreram nas tropas de George Washington: tombaram 200 soldados franceses e 80 americanos.[27] Segundo a historiadora e jornalista Stacy Schiff, *"without French funds the Revolution would have collapsed; by a conservative estimate America's independence cost France more than 1,3 livres,*[28] *the equivalent of US 13 billion today"*.[29]

Não se podia estranhar que Lenin aceitasse o apoio da Alemanha, assim como George Washington recebeu toda a espécie de suporte da França. Houve uma confluência de interesses, entre o governo do kaiser Wilhelm II e Lenin, que então vivia asilado na Suíça. O objetivo de Lenin era derrubar a tirania do czar Nicholas II, empreender a revolução na Rússia e a luta não se podia travar, sem as astúcias e artimanhas da guerra. E se a verdade, como acentuou Francis Bacon, é que o dinheiro é o nervo da guerra (*"Quam verum, quod nervi belli sint pecuniae"*),[30] o dinheiro também o é, *"apertis verbis"*, o nervo da política e da revolução. A determinação de Lenin era realizar a revolução na Rússia, quaisquer que fossem os meios. E, nas circunstâncias de ter enfrentar, no *front* ocidental, as tropas da França e da Grã-Bretanha, convinha, decerto, à Alemanha tirar a Rússia da guerra, no front oriental, e aliviar seus exércitos, o que somente poderia conseguir, se derrubasse o governo czar Nicholas II e dos seus sucessores, Lvov e Kerensky, após a revolução de fevereiro.

A Suíça, dado ser país neutro, tornara-se o centro das conversações e entendimentos secretos, bem como das estações de espionagem. E, pouco mais de um mês após a eclosão do conflito mundial, em 1914, o social-democrata estoniano Alexander Eduard Kesküla (1882-1863), que participara da revolução de 1905 e a quem o Ausland Narichten-dienst, serviço de inteligência da Alemanha, fornecera um passaporte com o nome de Alexander Stein e um bom estipêndio,[31] conversou com o ministro plenipotenciário da Alemanha, em Berna, Gisbert Freiherr von Romberg (1866-1939). E este, em telegrama cifrado, sugeriu ao subsecretário de Estado do Ministério do Exterior (Auswärtiges Amt), Arthur Zimmermann (1864-1940), como conceito estratégico para der-rotar a Rússia e tirá-la da guerra, dar apoio aos revolucionários russos, de modo que pudessem derruir o regime do czar Nicholas II.[32] Kesküla nunca deixou de estar em conexão com o ministro von Romberg, a quem passava as informações obtidas através de outro bolchevique estoniano, Arthur Siefeldt,[33] infiltrado entre exilados russos, e em setembro de 1915, entregou-lhe o programa de Lenin.[34] Os objetivos do programa consistiam, *inter alia*, construir na Rússia uma República; confisco das grandes propriedades; estabelecer a jornada de oito horas de trabalho; completa autonomia das nacionalidades; proposta de paz sem capitu-lação, anexações e pagamentos de indenização de guerra; desocupar a Turquia e consequentemente Constantinopla e Dardanelos, anular as dívidas da Rússia com a França e a Grã-Bretanha etc.[35]

Outrossim, sem qualquer conexão com Kesküla, o social-democrata Aleksandr Izrail Lazarevich Gelfand/Helphand (1867-1924), codinome

Alexander Parvus, que também participara da revolução de 1905, atuou, junto à Embaixada da Alemanha na Turquia.[36] Helphand-Parvus era um judeu enigmático e complexo, mescla de revolucionário e homem de negócios, que nasce em Berezino, província de Minsk, participara da revolução de 1905, contribuiu para a teoria da revolução permanente, que Trotsky formulou, manteve boas relações com Lenin, Rosa Luxemburg, Kautsky, Victor Adler e vários outros expoentes da social-democracia na Rússia, Alemanha e Áustria. Porém, depois que Lenin e Trotsky dele se afastaram, e Parvus desapareceu, viveu algum tempo na Turquia, de onde ressurgiu riquíssimo, como traficante de armas, representante da Waffenverkäufers Basil Zaharoff e Krupp-Konzern, e apresentou ao embaixador da Alemanha, em Constantinopla, Hans Freiherr von Wangenheim (1859-1915), o plano para derrocar o regime da Rússia e afastá-la guerra, usando como arma a revolução que os sociais-democratas bolcheviques, comandados por Lenin, tratavam de empreender. O plano previa várias ações, *inter alia*, publicar jornais com a propaganda de paz e desencadear uma greve geral, a fim de paralisar a Rússia. O embaixador von Wangenheim, em 8 de janeiro de 1915 enviou então telegrama ao Auswärtiges Amt e ao secretário de Estado, Gottlieb von Jagow (1863-1935).[37]

Ao que tudo indica, Helphand-Parvus já estava ou aí passou a trabalhar para o Geheimdienst Abteilung III (militärischen Nachrichtendienstes III B), o serviço de inteligência militar da Alemanha, chefiado pelo coronel Walter Nicolai (1873-1947).[38] Ele, em Berlim expôs suas ideias ao secretário de Estado, Gottlieb von Jagow, e ao seu assessor político, o diplomata Kurt Riezler (1882-1955), solicitando o montante de 7 milhões de Reichsmarks. Porém, o kaiser Wilhelm II, com o endosso do Alto Comando do Exército, autorizou, em 11 de março de 1915, a concessão de 2 milhões de Reichsmarks, por meio do que ex-*Kanzler* Otto von Bismarck denominava de *reptilienfonds*[39] (fundos dos répteis, *i.e.*, clandestinos, não contabilizados) para financiar os bolcheviques, a facção da social-democracia que se opusera e se opunha à guerra, de modo que pudesse incrementar na Rússia a propaganda revolucionária,[40] um armistício imediato com a Alemanha e o início das negociações de paz, sem indenizações nem anexações.[41]

A Dinamarca, como a Suíça, era também um país neutro, ideal também para as articulações secretas, e lá, em Copenhague, Helphand--Parvus se instalou como diretor de um instituto para os estudos das consequências sociais da guerra e estabeleceu uma empresa, a Handels og-Eksport Kompagniet, com o polonês Yakov Fürstenberg, o Hanecki (codinome de Yakov Stanislavovich Ganetsky), que realizava os negócios com a Rússia. Importava da Alemanha bens de consumo e outros de que a Rússia necessitava e, para burlar o bloqueio, mudava, na Dinamarca, os rótulos da procedência e exportava para a Rússia.[42] Os lucros não iam para os fornecedores na Alemanha, mas para financiar as atividades de agitação e propaganda dos militantes da facção bolchevique, que operavam como profissionais pagos, conforme a concepção de partido que Lenin defendera em 1903, cindindo o Partido Operário Social--Democrata da Rússia, entre bolcheviques (majoritários) e mencheviques (minoritários). Lenin tinha relações com Ganetsky, *alias* Fürstenberg, mas não recebeu nenhum dinheiro, vivia muito modestamente em Zürich, para onde mudara sua residência em fevereiro de 1916, e desconfiava de Parvus, apenas intuía que o dinheiro provinha da Alemanha.

Em fins de 1916, a atmosfera política na Rússia já se tornava insustentável. Seus exércitos haviam perdido cerca de 5 milhões de soldados, entre mortos, feridos e desaparecidos.[43] A Alemanha bloqueou a França e a Grã-Bretanha, com os submarinos a torpedear todos os navios que se dirigissem para seus portos. E, no início de 1917, o confronto com os Estados Unidos afigurava inevitável. Em tais circunstâncias, Helphand--Parvus excogitou e sugeriu ao ministro plenipotenciário Ulrich Graf Brockdorff-Rantzau (1869-1928), com quem já tinha conversado sobre o tema, que articulasse com o Auswärtiges Amt o retorno a Petrogrado de Lenin e demais exilados bolcheviques, asilados na Suíça. Assegurou-lhe que Lenin poderia derrubar o governo do Príncipe Lvov, que mantinha a Rússia na guerra, e firmar a paz em separado com a Alemanha, de modo aliviar o front oriental e permitir o deslocamento das tropas para o front ocidental, contra a França e a Grã-Bretanha.[44] Ganetsky consultou Lenin, informando que desejava, pessoalmente, operar e dirigir na Rússia o processo revolucionário, e como todos os caminhos para seu regresso a Petrogrado, alternativa senão aceitar um entendimento com a Alemanha.[45] Da negociação com agentes alemães participou Mieczysław Bronski-Warszawski (1882), bolchevique polonês ligado a Lenin.[46]

No acordo para a travessia da Alemanha, Lenin estabeleceu como condições o direito absoluto de extraterritorialidade: nenhum controle do contingente de viajantes, dos passaportes e da bagagem, e ninguém teria direito a entrar no vagão durante o percurso. O grupo de emigrados, por sua vez, comprometia-se a reclamar a libertação, na Rússia, de um número correspondente de prisioneiros civis alemães e austro--húngaros.[47] O ministro Graf Brockdorff-Rantzau levou o assunto ao secretário de Estado, Walter Rathanau (1867-1922), e ao ministro do Exterior, Arthur Zimmermann (1864-1940), no Auswärtiges Amt. E o *Reichkanzler* Theobald von Bethmann-Hollweg (1856-1921), após consultar o alto comando do exército (Oberste Heeresleitung – OHL) e obter a aprovação do kaiser Wilhelm II, autorizou a viagem de Lenin, da esposa Nadezhda Krupskaya e de mais trinta bolcheviques, entre os quais Inessa Armand, também conhecida como Elisabeth-Inès Stéphane d'Herbenville (1874-1920),[48] a quem ele muito amava;[49] Grigoriy Zinoviev (1883-1936) etc.[50] Em 9 de abril de 1917, no mesmo dia em que o presidente dos Estados Unidos, Woodrow Wilson (1856-1924), declarou guerra à Alemanha, Lenin partiu da estação de Zürich para Petrogrado, via Suécia e Finlândia.[51]

Os recursos financeiros que contribuíram para impulsar a revolução na Rússia não apenas saíram do governo da Alemanha. O magnata do Ruhr, Emil Kirdorf, como representante da indústria pesada da Renânia--Vestefália, autorizou o Diskontobank e o Nia Bank, em Estocolmo, assim como o Deutsche Bank, na Suíça, a conceder mais recursos aos bolcheviques russos, que alcançaram um total de 15 milhões de Reichsmarks para a propaganda revolucionária, em 1917. E, em 18 de junho de 1917, Lenin recebeu o montante de 350.000 Reichsmarks, transferidos da Diskontogesellschaft, por encargo de Emil Kirdorf, para a sua conta em Kronstad, e mais 207.000 Reichsmarks, em 12 de setembro.[52] Alexander F. Kerensky, chefe do Governo Provisório, instituído com a revolução de março, recebeu a denúncia desse financiamento, abriu uma

investigação e, em julho de 1917, ordenou a detenção de Lenin, bem como de Trotsky, que foi libertado por pressão dos bolcheviques depois de algumas semanas no cárcere.[53]
O apoio financeiro da Alemanha aos bolcheviques, entretanto, não cessou. Trotsky, em 21 de setembro, foi informado de que uma conta fora aberta em seu nome, no Bureau des Bankhauses M. Warburg (banco sueco), e alguns dias depois, em 2 de outubro, pediu que 400.000 coroas fossem entregues à militante de nome Sônia.[54] Esses recursos destinaram-se à compra de armas e ao pagamento do transporte até Lulea e Varde; e em 9 de novembro de 1917, as contas já estavam vazias, tendo então o Außenministerium (Ministério do Exterior) do kaiser solicitado ao ministro das Finanças que pusesse à sua disposição o montante de 15 milhões de Reichsmarks para fins de propaganda revolucionária na Rússia.[55]

## NOTAS

1. *A Noite*, 2/5/1917.
2. *A Noite*, 5/5/1917.
3. *A Noite*, 11/5/1917.
4. *Correio da Manhã*, 6/11/1917.
5. *O Combate*, 27/6/1917.
6. Prisão construída em St. Petersburg (Petrogrado), em 1893, com 960 celas, para isolamento e investigação de mais de 1.150 detidos. N. N. Sukhanov, 1962, p. 6.
7. *O Combate*, Rio de Janeiro, de 5/7/1917.
8. *Ibidem*, 25/7/1917.
9. *Ibidem*, 26/7/1917.
10. *Ibidem*, 31/7/1917.
11. Vladimir L'vovich Burtsev (1862-1942).
12. *Correio da Manhã*, Rio de Janeiro, 5/9/1917.
13. *O Imparcial*, Rio de Janeiro, 4/11/1917.
14. Dmitri Volkogonov, 1994, p. 76.
15. *A Época*, Rio de Janeiro, 1/10/1917.
16. Provavelmente o jornalista queria se referir a Pskov, que se pronuncia "Pleskov", uma das mais velhas cidades medievais da Rússia. Lenin, porém, era originário de Simbirsk, a mesma cidade onde nascera Kerensky.

17. *A Época*, Rio de Janeiro, 1/10/1917.
18. *O Debate*, Rio de Janeiro, 29/9/1917.
19. Ivan Subiroff, 1919, pp. 16
20. Afonso Henriques de Lima Barreto, "Sobre o maximalismo", *in Bagatelas*, 1956, p. 157.
21. David R. Francis, 1921, pp. 142-143.
22. Fred Weekes, 2009, pp. 85-87.
23. Charles Gravier, 1982, pp. 235-236, 242-244.
24. *Ibidem*, pp. 235-236, 242-244. "La France aux Etats-Unis – Ambassade de France à Washington, D.C." "La guerre d'Indépendance américaine", 14/ 11/2007, disponível em <http://fr.franceintheus.org/spip.php?article398>.
25. Donald C. Spinelli, "Beaumarchais Correspondance. Tome V (1779)", disponível em <http://archive.clas.wayne.edu/Multimedia/languages/files/spinelli/Beaumarchais, Volume, V (1).pdf>. "Pierre-Augustin Caron de Beaumarchais to the American Commissioners, 13 February 1789 [*i.e.*, 1779]", *Founders Online*, disponível em <https://founders.archives.gov/documents/Franklin/01-28-02-0445>.
26. Charles M. Dobbs, "France and the American Revolution", *in* Stanley Sandler (Ed.), 2002, p. 290. Paul Johnson, 2002, pp. 166-168. Allan Nevins, Henry Steele Commager, 1986, p. 112.
27. Herbert Aptheker, 1969, pp, 130-131. "Battle of Yorktown", British Battles, disponível em <http://www.britishbattles.com/war-of-the-revolution-1775-to-1783/battle-of-yorktown/>. Les combattants français de la guerre américaine 1778-1783: Listes établies d'après les documents authentiques déposés aux Archives nationales et aux Archives du Ministère de la Guerre, 1903.
28. Livre (libra) foi a moeda corrente na França até 1794.
29. Stacy Schiff, 2005, pp. 4-5.
30. Francis Bacon (1561-1626), 1824, vol. 10, p. 80.
31. Jefferson Adams, 2009. pp. 229-230.
32. Dokumente Nr. I – Der Gesandeten Freiherr von Romberg Telegramm in Ziffern. Konzept von der Hand des Gesandeten Freiherr von Romberg. (AGB/AGT.A Rußl. Nr. 161; zZt FO). Nr. 578 – Geheim! In HAHLWEG, Werner. Lenins Rückkehr nach Russland 1917: Die deutschen Akten. Studien Geschichte Osteuropas IV (Herausgegeben von W. Phillip, Freie Universität Berlin & P. Scheibert, Universität Köln), 1957, p. 39. Z. A. B. Zeman (ed.), 1918, pp. 6-7.
33. Elisabeth Heresch, 2013, pp. 131, 146. Jefferson Adams, 2009, pp. 229-231. Arthur Siefeld seria possivelmente codinome de algum agente.
34. Gerd Koenen, 2005, pp. 90-93. Vide também Dok. Nr. 3 – Der Gesandte in Bern Freiherr von Romberg an den Reichskanzler von Bettmamm von Hollweg – Konzept Romberg – AGB/Abt.A/Rüßl. Nr. 161: z.Zt. FO – Ausfertigung in AA/Pol. A.A/

Allg. Ang.Rußl. Nr. 61 – Nr. 794 (durch Despeschenkasten) – Dat: Bern, den 30 Sept. 1915. Geheim!, *in Werner Hahlweg*, 1957, p. 40. Gerd Koenen, 2005, pp. 90-93.

35. *Ibidem*, pp. 40-41. Z. A. B. Zeman (ed.), 1918, pp. 6-7. Elisabeth Heresch, 2013, pp. 214-221, 262.

36. Boris Chavkin, *in* Nikolaus Lobkowicz, Leonid Luks, Alexei Rybakov (Herausgegeben von), *Forum für osteuropäische Ideen – und Zeitgeschichte*, 2007, p. 38-ss. Nigel West, 2014, pp. 165-166.

37. Elisabeth Heresch, 2013, pp. 14-16.

38. Jefferson Adams, 2009, pp. 229-231. Wolfgang Krieger, 2009, pp. 183-186. Boris Chavkin, "Alexander Parvus – Financier der Revolution", *in* Nikolaus Lobkowicz *et al.* (Herausgegeben), *Russische Revolution. Forum für osteuropäische Idee- und Geschichte*, 2007, pp. 38-50. Deanna Spingola, 2012, pp. 517-519.

39. Alan Axelrod, 2009, p. 29.

40. Ulrich Völklein, "Die gekaufte Revolution", *in Stern*, nr. 11, 11/3/1993, pp. 200-204. Ver também Dmitri Volkogonv, 1994, p. 116.

41. S. Grumbach, 1918, pp. 20-21.

42. *Ibidem*, p. 116. Catherine Merridale, 2016, pp. 66-67. Dmitriĭ Antonovich Volkogonov, 1998, pp. 41-43.

43. Catherine Merridale, 2016, p. 50.

44. Jörn Leonhard, 2014, pp. 653-654. Deanna Spingola, 2012, pp. 518-521.

45. Louis Fischer, 1967, vol.1, p. 153. Alfred Erich Senn, "Documents. New Documents on Lenin's Departure from Switzerland", 1917, disponível em <https://www.cam­bridge.org/core/services/aop-cambridge-core/content/view/9E94AAC98F2C5FAE 564E24FA491DDF96/S0020859000004648a.pdf/div-class-title-new-documents­-on-leninandapos-s-departure-from-switzerland-1917-div.pdf>.

46. *Ibidem*.

47. Leon Trotsky, 1977, vol. I, p. 254.

48. Inessa Armand, revolucionária, morreu aos 46 anos, ao contrair cólera, durante uma epidemia em Moscou, em 1920.

49. R. C. Elwood, 2002, pp. 186-191.

50. Kurt Riezler, s/d, pp. 84-87. Wolfgang Krieger, 2009, pp. 183-186. Catherine Merridale, 2016, pp. 55, 58-62.

51. Jörn Leonhard, 2014, pp. 651-654.

52. Os documentos foram encontrados nos arquivos do Comitê Central do PCUS, em Moscou, sob o título "Wladimir Iljitsch Lenin", signature (códice): 4-3-52, e revelados pelo jornalista alemão Ulrich Völklein. Vide Ulrich Völklein, "Die gekaufte Revolution", *in* Stern, nr. 11, 11/3/1993, pp. 200-204. Em 1918, um jornalista americano, Edgard Sisson, levou para os Estados Unidos uma série de

documentos sobre o financiamento da Alemanha para a revolução. O presidente Woodrow Wilson mandou publicar "Committee of Public Information – United States". Posteriormente, o embaixador George Kennan, profundo conhecedor da Rússia, contestou a autenticidade dos documentos. Realmente, os documentos, na maioria, eram falsos, embora o conteúdo fosse verdadeiro. Somente alguns eram de fato autênticos. Há uma edição em alemão: *Die Deutsch-Bolschewistische Verschwörung – 70 Dokumente. Herausgegeben vom Committee of Public Information – United States*, Bern, Der Freie Verlag, 1919.

53. Kerensky denunciou Lenin como agente dos alemães e Trotsky, em sua autobiografia, contestou-o, dando a sua versão dos fatos. Vide Leon Trotsky, s/d, pp. 297-315.

54. Ulrich Völklein, "Die gekaufte Revolution", *in* Stern, nr. 11, 11/3/1993, p. 204.

55. *Ibidem*, p. 204. Elisabeth Heresch, 2013, pp. 338-339.

## Capítulo 11

IMPRENSA BRASILEIRA E A REVOLUÇÃO NA RÚSSIA • RECONHECIMENTO
DO GOVERNO PROVISÓRIO PELO PRESIDENTE VENCESLAU BRAZ • OPÇÃO DO
GOVERNO PROVISÓRIO PELA CONTINUIDADE DA RÚSSIA NA GUERRA MUN-
DIAL • MISÉRIA E FOME NA RÚSSIA • SUBLEVAÇÃO DE OPERÁRIOS E REVOLTAS
CAMPONESAS • REPRESSÃO DOS BOLCHEVIQUES • LENIN NA CLANDESTINI-
DADE • TENTATIVA DE GOLPE DO GENERAL KORNILOV • TROTSKY NA PRESI-
DÊNCIA DO SOVIET DE PETROGRADO

O Brasil acompanhou a queda do czar e a derrocada de Alexander
Kerensky pelas retinas de agências internacionais de notícias, como a
Havas, United Press, entre outras. A imagem que elas projetavam da
Revolução Russa era a imagem negativa que as altas de finanças de New
York, Londres e Paris tinham da tomada do poder por Lenin e Trotsky,
em Petrogrado. O volume de falsas informações ou notícias com viés
ideológico era de tal monta que o escritor e diplomata Gilberto Amado
(1887-1969) escreveu na *Gazeta de Notícias*: "A United Press e a Havas
continuam a nos julgar indignos da verdade, pobres bugres que convém
manter no alheamento completo do que se passa no mundo".[1]

As notícias da imprensa quase sempre refletiram posições de classes
hegemônicas, seus interesses econômicos e/ou políticos e geopolíticos.
Acontecimentos, manipulados no papel e transmitidos pelo telégrafo,
valiam e continuam a valer mais, decerto, que as opiniões solenemente
inseridas em um editorial de quarta página. Mais facilmente enganam e
iludem. Atrás da aparente objetividade escondem-se fins de propaganda

a incutir, nos leitores e na população, em geral, a consciência falsa da realidade e do processo histórico, com o objetivo de manipular o *Volksgeist* (espírito do povo). Fundem-se realidade e desejos. Confundem-se o fato e o boato. Difundem-se informações, formadas ou deformadas ao sabor das conveniências, em um contexto de permanente guerra psicológica. E, quanto mais entram em jogo os interesses vitais das elites dominantes, tanto mais desaparecem as fronteiras entre a ficção e a história, a consciência falsa infunde-se, a ideologia, "como disfarces mais ou menos conscientes da natureza real de uma situação [...]", conceito assim exposto pelo sociólogo austro-húngaro Karl Mannheim.[2]

Astrojildo Pereira (1890-1965), militante anarquista, dirigiu algumas cartas a diferentes jornais, sob o pseudônimo de Alex Pavel com o fim de contestar os escritos das agências internacionais de comunicação. Pavel procurava desfazer o emaranhado de notícias falsas e tendenciosas que os telegramas das agências de notícias transmitiam. Poucos tiveram a condescendência do diretor do *Jornal do Brasil* em publicá-las. As demais iam parar "na cesta dos papéis inúteis". Em fevereiro de 1918, o próprio Astrojildo Pereira reuniu as cartas num folhetim, o qual intitulou *A Revolução Russa e a Imprensa*, com o pseudônimo de Alex Pavel, a fim de demonstrar como as informações, sobre a Revolução Russa, eram distorcidas pelos jornais, ecoando as informações originárias das agências de notícias da Europa e dos Estados Unidos.[3] Ele mesmo editou o folhetim e gratuitamente o distribuiu. "Em vão" – contou Nelson Werneck Sodré – "a polícia (do Rio de Janeiro) andou à procura do 'perigoso agitador', presumivelmente estrangeiro".[4] Não era possível que Astrojildo Pereira tivesse, àquela época, outra fonte de informações, porém, com maior clarividência, percebia a malícia e tratou de dar outra interpretação aos fatos.

A imprensa liberal acolheu a revolução de março com simpatia e entusiasmo. A primeira repercussão, do Centro Israelita do Rio de Janeiro, resolveu "enviar à Duma russa uma mensagem de adesão à República e de aplausos ao movimento que pôs termo ao passado regime".[5] O *Jornal do Brasil* preveniu, porém, que era "cedo ainda para formar um juízo seguro sobre os resultados da revolução".[6] Após saudar "a nova Rússia integrada por completo no regime da Constituição e da liberdade que impera em quase todas as nações da Europa e da América", minimizou-a no que concerne à sua perspectiva histórica, comparando-a à instalação da República, em 1889, no Brasil; em 1910, em Portugal; e, em 1911, na China, só porque não houve grande efusão de sangue.

O *Debate,* que Adolfo Porto e Astrojildo Pereira dirigiram, em sua seção "Fatos do Exterior", comentou que era

[...] bem difícil, sem dúvida, é precisar o curso dos acontecimentos na Rússia. Aliás, seria rematada tolice pretender firmar tais ou quais traços definitivos do grande movimento que deu por terra, abruptamente, com a casta dos Romanov, e com ela, de cambulhada, todas as demais castas aristocratas e monopolizadoras das riquezas e do poder. Os dois núcleos orientadores do movimento, a Duma e o Comitê de Operários e Soldados, este surgido da própria revolução, logo tomaram posições antagônicas, terminado o primeiro golpe demolidor. A Duma, vinda do antigo regime, pode dizer-se, representa, em maioria, a burguesia democrática e moderada, ao passo que o Comitê de Operários e Soldados, composto de operários, representa o proletariado avançado, democrata, socialista e anarquista. A Duma deu o governo provisório e o primeiro ministério; o Comitê de Operários e Soldados derrubou o primeiro ministério, influiu poderosamente na formação do segundo e tem anulado quase por completo, se não de todo, a ação da Duma. A qual das duas forças está destinada a preponderância na reorganização da vida russa? O que se pode afirmar com certeza é que esta preponderância tem cabido até agora ao proletariado. E como o proletariado, cuja capacidade política já anulou o papel da Duma burguesa, está também com as armas na mão, não encontrando, pois, resistência séria aos seus desígnios, não muito longe da certeza andará quem prever sua contínua preponderância, até a completa absorção de todos os ramos da vida nacional, extinguindo-se, de tal modo, num prazo mais ou menos largo, a divisão do povo russo em castas diversas e inimigas. E inútil é insistir na influência que tais acontecimentos exercerão no resto do mundo, na obra de reconstrução dos povos, cujos alicerces estão sendo abalados pelo fragor inaudito dos grandes canhões destruidores".[7]

Astrojildo Pereira percebeu, no Brasil, a milhares de quilômetros de distância, o que também pensava o embaixador dos Estados Unidos, na Rússia, David R. Francis, e, em entrevista publicada no *Jornal do Brasil*, manifestou o temor de que "a minoria socialista" organizasse a "contrarrevolução" e tomasse o poder. Outra era a interpretação que o senador Ruy Barbosa tirou dos fatos, empenhado como estava na campanha militarista, que resultou na declaração de guerra do Brasil aos Impérios Centrais. Eis o que disse no comício do dia 14 de julho de 1917, realizado no Largo da Carioca:

> Vede, concidadãos; vede, refleti e explicai. A Rússia cuidava estar seriamente em luta contra os Impérios Centrais. Havia-lhes declarado guerra. Tinha seus exércitos contra eles em campanha. Exauria suas finanças em gastos colossais. Perdia nos campos de batalha milhões de homens. Estava ligada para a vida e para a morte às potências aliadas. Um pacto de honra a obrigava a não liquidar senão de acordo com elas a paz e a situação ulterior da Europa. Mas por baixo de todas as aparências – continuou – uma trama de Iscaríeis. O polvo de Wilhelmstraße[8] estende seus tentáculos até Petrogrado. O kaiser tem colaboradores no seio da nobreza russa, da dinastia russa, do exército russo. Generais, ministros, príncipes, trabalham envolvidos nessa teia, pela paz em separado e pelo abandono da aliança. A ação militar claudica, atrasam-se as operações, desastres inexplicáveis anulam o poder gigantesco das massas moscovitas. Até que um dia a sensibilidade nacional, advertida pelos rumores subterrâneos da traição, acorda a súbitos, uma força imprevista ergue da gleba o titã esmagado, o trono imperial desaparece e as prisões do Estado se fecham sobre administradores, os magnatas, os generais amigos dos inimigos. A nobreza adere. E os grão-duques anuem. O Santo Sínodo subscreve. Os exércitos, como as esquadras, exultam. A Rússia libertada não reconhece nenhuma ordem, a nenhuma casta, a nenhum principado, a ninguém, a coisa nenhuma, espada, bastão ou cetro, o direito de se sobrepor à nação e traí-la impunemente.[9]

Ao nível oficial, as informações que o governo do Brasil recebeu foram muito formais e precárias, pouco explicavam o que realmente estava a ocorrer em Petrogrado. No dia 19 de março, o ministro Alexander

Ippolitowitsch Schtscherbatski (1874-1952), ministro extraordinário
e plenipotenciário da Rússia no Brasil, dirigiu uma nota ao chanceler
Lauro Müller e assim historiou os acontecimentos:

Sr. Ministro. Tenho a honra de levar ao conhecimento do Governador
Federal que, por ato de 2-15 do corrente, sua Majestade o Imperador Nicolau II abdicou ao trono por si e pelo grão-duque Alexis Alexandrovitch,
em favor do grão-duque Miguel Alexandrovitch. À notificação que foi
feita desse ato o grão-duque Miguel Alexandrovitch, por ato datado de
Petrogrado, de 3-16 de março de 1917, renunciou por sua vez a assumir
o poder supremo até que uma Assembleia Constituinte, criada sob a base
do sufrágio universal, haja estabelecido a forma de governo e as novas leis
fundamentais da Rússia. Por esse mesmo ato o grão-duque Miguel Alexandrovitch convidou os cidadãos russos a se submeterem à autoridade do
Governo Provisório constituído por indicação da Duma e que exerce o poder
até que se manifeste definitivamente a vontade popular. A composição e o
programa político do Governo Provisório foram publicados e comunicados
à imprensa estrangeira. A modificação assim produzida na ordem das coisas
na Rússia traduziu as aspirações que animam todas as classes da população do meu país, cuja união garantiu a Nação contra perturbações que se
poderiam recear em outras circunstâncias e que geralmente acompanham
as grandes modificações políticas. Assumindo o poder o novo governo
me incumbe de informar o Governo da República dos Estados Unidos do
Brasil que, no terreno da política exterior, ele respeitará os compromissos
internacionais assumidos pelo regime que o precedeu e honrar a palavra
da Rússia. Cultivará cuidadosamente as relações que unem a nação russa
às outras nações amigas e aliadas, na confiança de que essas relações se
tornarão ainda mais íntimas e mais sólidas sob o novo regime estabelecido
na Rússia, regime que obedece antes de tudo aos princípios democráticos
de liberdade dos povos e do bom entendimento entre as nações.[10]

De Petrogrado, o diplomata Gustavo de Vianna Kelsch, que substituía
o ministro extraordinário e plenipotenciário, Augusto Brienne Carneiro
do Nascimento Feitosa, desde 31 de janeiro de 1917, como encarregado
de negócios do Brasil em Petrogrado, comunicou ao Itamaraty:

Acontecimentos muito movimentados tiveram lugar últimos dias ponto Segundo comunicação telefônica do Prefeito de Petrogrado Sua Majestade o Imperador abdicou por si e pelo herdeiro favor seu irmão grão--duque Miguel que por sua vez não aceitou trono deixando à nação faculdade decidir e escolher por sufrágio universal governo deverá ser constituído ponto Poder Executivo atual formado por um comitê de quinze membros da Duma e um ministério também de membros da Duma. Rogo ordenar delegação Londres telegrafar urgente soma Vossa Excelência julgará necessária despesas telegramas para estar ao corrente dos acontecimentos.[11]

O telegrama, escrito em francês, fora recebido em 18 de março, um dia antes da nota do ministro russo, Alexander I. Schtscherbatski. O então chanceler Lauro Müller leu-o e, abaixo, redigiu a observação: "Parece--me não haver necessidade de se pôr quantia alguma à disposição de G. Kelsch, porque os telegramas ou a Western pagará ou se não pago posteriormente. Não há verba para esse fim. 21/3/17." E mais ainda: "Campos – Responder, recomendando também que só mande notícias que não venham no serviço das agências telegráficas. a) L.M."

A atitude do Brasil foi de franca simpatia pelo governo implantado, na Rússia, após a derrubada do czar Nicholas II, mas pareceu não dar maior importância à revolução que se processava, tanto que disse a Vianna Kelsch que só mandasse "notícias que não venham no serviço das agências telegráficas". E o presidente Venceslau Brás, um mês depois de iniciada a revolução, reconheceu o Governo Provisório do Príncipe Lvov. Com data de 9 de abril de 1917, o Itamaraty expediu o telegrama:

A Sua Excelência o Sr. Presidente do Governo Provisório da Rússia.

Tenho muito prazer em reconhecer o Governo Provisório da Rússia, assegurando a Vossa Excelência que terei o maior empenho em contribuir quanto a mim couber para manter as mais cordiais relações de amizade com esse Governo e o povo russo. Aproveito com satisfação esta oportunidade para apresentar a Vossa Excelência a expressão dos sinceros votos que faço pela felicidade pessoal e pela prosperidade da Nação russa. Palácio da Presidência no Rio de Janeiro, 9 de abril de 1917. (a) Venceslau Braz P. Gomes, Lauro Müller.[12]

O centro de toda a correspondência entre o Brasil e a Rússia, de março a outubro de 1917, foi o problema da guerra com a Alemanha. O governo do presidente Venceslau Brás empenhou-se em mostrar aos Aliados, entre os quais a Rússia, sua decisão de quebrar a neutralidade do Brasil e levá-lo a participar da guerra contra os alemães. De todos os passos deu ciência ao Governo Provisório da Rússia. Em ofício, datado de 8 de junho de 1917, informou, através do encarregado de negócios Vianna Kelsch, a tramitação da lei visando à revogação a neutralidade do Brasil.[13] Mihail Ivanovich. Tereschenko (1886-1956), ministro das Relações Exteriores da Rússia, elogiou a atitude do presidente Venceslau Brás. Em 12 de julho, transmitiu o resultado da votação do Congresso e, mais uma vez, o governo brasileiro recebeu os encômios do ministro Mihail Tereschenko.

Em 20 de julho, o chanceler Nilo Peçanha removeu o ministro Antônio Augusto Brienne Carneiro do Nascimento Feitosa, para o Paraguai, e designou o ministro residente em Cuba e América Central, diplomata Alfredo Carlos Alcoforado. O Governo Provisório da Rússia, porém, negou o *agrément* e comunicou, ao encarregado de negócios, Vianna Kelsch, à *titre privé* (caráter privado), que sentia "não poder aceitar" a designação do diplomata Alfredo Carlos Alcoforado. E aí o chanceler Nilo Peçanha anulou, em 8 de agosto, a designação do ministro Alfredo Carlos Alcoforado, que foi para a Legação do Brasil em Havana, onde faleceu em 1918, e designou o diplomata Luiz Guimarães Filho (1876-1940) para assumir o posto em Petrogrado. Mas, da mesma forma que não deu *agrément* ao nome do diplomata anterior, o Governo Provisório também negou ao do ministro Luiz Guimarães Filho, sem explicar o porquê do veto à sua designação. Salientou o à *titre privé* de sua negativa, a fim de evitar que viesse a recusá-lo, oficialmente. Em telegrama de 3 de setembro, Vianna Kelsch disse ao chanceler Nilo Peçanha para ignorar as razões da negativa.[14] E permaneceu no desconhecimento do motivo, até três meses depois da revolução socialista de outubro (novembro), quando, em telegrama cifrado e datado de 26 de fevereiro de 1918, comunicou ao Itamaraty que, na época, o então ministro do Exterior, Mihail Tereschenko, recusara o nome de Luiz Guimarães Filho por considerá-lo "germanófilo".[15]

Tudo faz crer que a nota do ministro Schtscherbatski e os telegramas do encarregado de negócios em Petrogrado, Gustavo de Viana Kelsch, muito contribuíram para formar opiniões, no Rio de Janeiro, centro político do Brasil, tanto a respeito do conteúdo democrático do novo governo, como, ainda, da sua disposição de manter o estado de guerra contra a Alemanha. E, quinze dias após a chegada de Lenin a Petrogrado, em 20 abril, Pavel Milyukov (1859-1943), membro do Partido Constitucional Democrático (Kadete) e sucessor de Mihail Tereschenko no Ministério do Exterior do Governo Provisório, enviou aos Aliados uma nota, na qual a Rússia comprometia-se "a prosseguir na guerra até o triunfo decisivo". Os maximalistas (assim os bolcheviques eram na época conhecidos) denunciaram-na como "traição ao povo" e multidões saíram às ruas clamando "paz!". O *Jornal do Brasil* noticiou as manifestações pró-paz: "milhares de operários e soldados reuniram-se em frente ao palácio do governo e percorreram várias ruas ostentando bandeiras vermelhas em que se liam as palavras: 'Abaixo Milyukov!'" Outro telegrama relatou que os minimalistas (mencheviques), através do *Novoie Zhin*, no qual também escrevia Máximo Gorky, fizeram frente comum com os maximalistas e o Soviet.[16] Milyukov demitiu-se.

Por sua vez, o ministro da Guerra, general Mihail Alexiev, queixou-se de que as manifestações pacifistas, em frente ao Ministério, não o deixavam trabalhar. Queria metralhar os participantes. Não lhe foi permitido. Demitiu-se e partiu para o *front*. Os Cem Negros, organização terrorista de direita, advertiram que passariam à ação militar contra a classe operária no dia de S. Jorge, se o Governo Provisório não a contivesse. Soldados em retirada, que vinham juntar-se aos pacifistas civis, abateram o general Evgeniy P. Kartzov (1861-1917), comandante da divisão do Exército na Sibéria, quando ele procurou barrar-lhes o caminho e mandou abrir fogo para intimidá-los. Desmontado do cavalo, teve o cadáver arrastado na lama.

Na Bolsa de New York, circularam boatos de que "a Rússia ia assinar a paz em separado" e Mihail Rodzianko (1859-1924), presidente da Duma, repeliu a ideia, na presença dos embaixadores dos Estados Unidos, Grã-Bretanha e França, que freneticamente o aplaudiram. Porém, o nome de Kerensky projetou-se na sucessão dos cargos que ocupou: ministro da Justiça e Interior, ministro da Guerra e da Marinha e, finalmente, primeiro-ministro, como sucessor do Príncipe Lvov. A imprensa, diariamente, deu-lhe nomes pomposos: "Danton da Rússia", "Sansão Juvenil", "Herói da Nova Rússia" etc. O *Combate*, do Rio de Janeiro, ao pé de um retrato de Kerensky, que ocupava grande parte da página, proclamou:

> Kerensky é hoje a figura dominadora da Rússia revolucionária. Ditador de uma rara energia e de uma capacidade de trabalho extraordinária, ele, no momento em que seu país, convulsionado pela maior revolução dos tempos modernos, no entrechoque das ideias libertárias mais avançadas e das opiniões democráticas, conseguiu empolgar a situação, enfeixando nas mãos todos os poderes, que exerce com punho de ferro. Até quando dominará Kerensky? Conseguirá ele subjugar e conter o surto libertário que sacode nesse momento o colosso moscovita? É difícil fazerem-se previsões, quando se está em face de um caso complexo e grandioso como o da Rússia. Uma coisa, porém, pode afirmar-se com segurança: é que, seja qual for o epílogo da revolução, ele cairá, como cairão provavelmente muitos dos que o sucederem, até que passe o tufão e se restabeleça a ordem no país.[17]

A imprensa brasileira aplaudiu "a energia de Kerensky" e os cinemas do Rio passaram a exibir um documentário sobre a Revolução Russa, com cenas das lutas de março, captadas pela Cruz Vermelha Americana. E atraiu tão numeroso público que se manteve no cartaz por muito tempo. Kerensky era hábil político que, em condições normais, talvez, triunfaria. Fluente orador, advogado esperto, como parlamentar impressionava seus pares pela cultura jurídica, de civilista e constitucionalista. Nos discursos, dava muita ênfase à revolução, com os arroubos oratórios e não temia enfrentar as multidões. Porém, muito moço, com apenas 34 anos, viu-se na contingência de assumir o governo de uma Rússia destroçada e faminta, a enfrentar o irresistível ímpeto revolucionário das massas e competir com Lenin, Trotsky e outros revolucionários de larga experiência internacional, respaldados pelo proletariado e pela maior parte da soldadesca, uma vez que, tanto na Marinha de Guerra, quanto no Exército, cuja oficialidade pertencia à aristocracia czarista, a luta de classes reproduzia-se e aguçava-se. Ademais, a massa camponesa, vivendo as mais pobres condições de vida, a ressentir-se da opressão e do cruel tratamento que sofria da aristocracia latifundiária, irrompeu em devastadora fúria contra as grandes propriedades rurais.[18] Os camponeses insurgiram-se, incendiavam castelos, nobres fugiam, para não ter as cabeças espetadas como na revolução francesa. Até Yasnaya Polyana, propriedade onde o conde Liev N. Tolstoy (1828-1910) nascera, vivera e escrevera *Guerra e Paz* e *Anna Karenina*, sofreu ataques da massa camponesa.[19] A notícia do acontecimento provocou protestos em vários países contra os maximalistas, inclusive de *A Razão*, no Brasil.

O Governo Provisório, até então, fora incapaz de equacionar a questão agrária, a distribuição das terras. Não inspirava confiança e não percebia que a estrutura social de poder na Rússia estava em radical mutação, desde a queda do czar Nicholas II, tanto na cidade, como no campo, que fornecia grande parte dos contingentes de soldados rebelados. E a revolução alastrou-se por todas as nações que integravam o Império Russo. As revoltas camponesas, que desde 1916 ocorriam no Turquestão, reacenderam-se. Russos e muçulmanos assumiram que a revolução convinha aos seus próprios interesses, ainda que não apagasse suas contradições culturais.[20] No início de outubro, a agência Havas informou que, no Turquestão, "os soldados prenderam todos os oficiais, reinando o pânico na população".[21] Outras notícias: greve geral dos ferroviários; greve dos trabalhadores de petróleo em Baku; "soldados russos se recusam a partir para o *front*".[22] Era a vez da guarnição de Gomel, e esta se rebelou. Desmobilizadas as classes de 1895 e 1896, o Exército não queria os excessivamente jovens, nem os acima de 40. Faltavam braços para a agricultura. Na frente, a retirada e a deserção em massa. Desertores assaltavam à mão armada, em Tiraspol, a segunda maior cidade da Moldávia, à cata de pão, calçados e roupas. Eram os operários armados que mantinham a ordem nas ruas e nos hotéis de estrangeiros. Os hóspedes davam sentinela de fuzil com baioneta calada.

Os exércitos estavam a desintegrar-se; os soldados, a matarem oficiais e a confraternizar com os alemães nas trincheiras (o kaiser já não permitia que as unidades ficassem por muito tempo na frente russa por medo de contaminação da rebeldia). Kerensky proclamou a República, em 15 de setembro, logo reconhecida pela Argentina. E a campanha contra Lenin e os bolcheviques persistia: "O partido maximalista é instrumento da Alemanha, da qual recebe dinheiro; os chefes Lenin e Ganetsky[23] são culpados pela decomposição russa e da derrocada do seu exército".[24] A agência Havas difundiu a acusação, através dos telegramas enviados à imprensa dos diversos países.[25] E também noticiou a chegada a Petrogrado do "agitador socialista Lenin, vindo da Finlândia". E acresceu: "As autoridades conhecem o lugar onde se acha refugiado Lenin, porém não cumprirão qualquer ordem de prisão contra ele". O que queria dizer era que o serviço secreto do general Denikin estava no seu encalço para assassiná-lo, se lhe pusesse a mão, porque o governo dissolvera a Okhrana, polícia secreta do Império Russo, e a polícia civil estava muito infiltrada. Só o Estado-Maior do Exército (nem o da Marinha) tentava reagir.

As agências de notícias reproduziam decerto os ataques incessantes que jornais russos faziam contra Lenin. O *Ruskaia Volia* informou até que Lenin teria recebido da Alemanha cerca de 1,5 milhão de rublos.[26] O Estado-Maior do Exército (*Stavka*) estava convencido de que a Alemanha financiava Lenin e os bolcheviques com o objetivo de derrubar o Governo Provisório, de modo que pudesse fazer a paz em separado e, assim, possibilitasse desviar todas as suas tropas para o front ocidental. Essa campanha, desfechada dentro da Rússia, com subsídios do Departamento de Inteligência, não podia deixar de produzir efeitos na massa de trabalhadores. Muitos hesitaram em aderir à revolução em marcha. Outros recuaram.[27] A tentativa de golpe do general Kornilov foi que permitiu a recuperação da força e a preeminência dos bolcheviques no Soviet de Petrogrado e outros.

Lenin, na clandestinidade, lançou a palavra de ordem de "todo o poder aos Soviets de operários, soldados e camponeses. Paz, pão e terra!". O revolucionário queria apressar a liquidação da dualidade do poder. O Soviet de Moscou pronunciou-se, por 355 votos contra e 254 a favor, de que os soviets assumissem o governo da Rússia, assim como o Congresso dos Soviets da Sibéria, realizado em Krasnojarsk. O Soviet de Kiev tomou a mesma posição, por 130 contra 66. O Comitê Central da Frota do Mar Báltico exigiu todo o poder aos Soviets, e os marinheiros declararam que não mais receberiam ordens do Governo Provisório, pois não mais reconheciam sua autoridade. Kerensky ordenou sua dissolução, porém não lhe restava mais força.

Libertado juntamente com outros bolcheviques, quando o general Kornilov tentou a contrarrevolução, Trotsky foi eleito presidente do Soviet de Petrogrado e lançou-se com todo o ímpeto, falando às massas nas mais diversas indústrias, de Putilov ao Báltico, enquanto, secretamente, organizava os Guardas Vermelhos para dar o *coup d'État* e consumar a insurreição. Com Lenin submerso, na clandestinidade, Trotsky, segundo o depoimento de N. N. Sukhanov, que acompanhou os acontecimentos, tornou-se "a figura central naqueles dias e o principal herói dessa excepcional página da história".[28]

Em outubro, os Soviets das principais cidades da Rússia estavam nas mãos dos bolcheviques. Marcou-se para 8 de novembro, no calendário gregoriano (26 de outubro, no calendário juliano), a data da decisão do plebiscito, quando se instalaria o II Congresso Pan-Russo dos Soviets. E a agência Havas transmitiu a informação que, em 6 de novembro, Kerensky, na Duma, "censurou o Comitê Militar do Conselho de Operários e Soldados, mostrando inconvenientes na sua ação entre o povo". "O orador – dizia o despacho – não recuará perante a necessidade de salvar a honra da nação e mandou guarnecer de destacamentos munidos de metralhadoras o bairro onde tem a sua sede o Governo".[29]

Este seria o último ato de Kerensky como governante, pois já soara, sem que o pressentisse, a sua saída da história. Lenin, reunido com o Comitê Central do Partido Bolchevique, decidira tomar o poder na madrugada de 24 para 25 de outubro/6-7 de novembro, porque, segundo

explicou, desejava apresentar no dia da instalação do II Congresso Pan-
-Russo dos Soviets, superada a contenda, que oito meses durava, e o
impasse com o Governo Provisório resolvido. E, em 8 de novembro, o
Palácio de Inverno, onde Kerensky e o Governo Provisório se aquartelaram, caiu em poder dos Guardas Vermelhos, respaldos pela marujada e
pelos disparos do cruzador *Aurora* (Аврора). Toda a Rússia então estava
sob o controle do Poder Soviético.

## NOTAS

1. *Apud* Nelson Werneck Sodré, 1966, p. 366.
2. Karl Mannheim, 1952, p. 52.
3. Vide Apêndice deste livro: "A Revolução Russa e a imprensa".
4. Nelson Werneck Sodré, 1966, p. 366.
5. *Jornal do Brasil*, 22/3/1917.
6. *Ibidem*, 23/3/1917.
7. Astrojildo Pereira, "A Revolução Russa", *O Debate*, 12/7/1917.
8. Wilhelmstraße era a rua em Berlim onde está a sede do Auswärtiges Amt (Ministério do Exterior) até o fim da Segunda Guerra Mundial, em 1945.
9. A *Noite*, 15/7/1917.
10. Representações Diplomáticas Estrangeiras no Brasil (Rússia), 289/1/22, Notas e
    Telegramas recebidos – 1900-192, Arquivo Histórico do Itamaraty. Vide também
    *Jornal do Brasil*, 20/3/1917.
11. Representações Diplomáticas Estrangeiras no Brasil (Rússia). Notação: 230/3/13.
    Legação de St. Petersburg – Telegramas Recebidos – 1900-1918. AHI. A grafia
    do original foi mantida.
12. Representações Diplomáticas Estrangeiras no Brasil (Rússia). Notação: 289/2/04
    – Notas e Telegramas expedidos – 1900-1926. AHI.
13. Representações Diplomáticas Estrangeiras no Brasil (Rússia). Notação: 289/2/04
    – Notas e Telegramas expedidos – 1900-1926.
14. Representações Diplomáticas Estrangeiras no Brasil (Rússia). Notação: 230/3/13
    – Legação de St. Petersburg – Telegramas Recebidos – 1900-1918.
15. Representações Diplomáticas Estrangeiras no Brasil (Rússia). Notação: 230/3/13
    – Legação de St. Petersburg – Telegramas Recebidos – 1900-1918.
16. *Jornal do Brasil*, 5/5/1917.
17. *O Combate*, n. 8, 1/9/1917.

18. Graeme J. Gill, 1979, pp. 140-143.
19. Yasnaya Polyana foi nacionalizada, em 1919, pelo governo dos Soviets, a pedido da própria família, restaurada, meticulosamente, e transformada em museu do Estado.
20. Glenn L. Roberts, 2007, pp. 49-52.
21. *Correio da Manhã*, 3/10/1917.
22. *Ibidem*, 10/10/1917.
23. Yakov S. Ganetsky (1879-1937) era homem de confiança de Lenin e um dos seus intermediários nos contactos com os alemães.
24. "Telegrama de Havas", *Correio da Manhã*, 5/10/1917.
25. André Damany, 2014, p. 264.
26. Robert Paul Browder, Alexander F. Kerensky (eds.), 1961, band 1, p. 1094.
27. Leon Trotsky, 1977, vol. 2, pp. 621-622.
28. N. N. Sukhanov, 1962, vol. 2, pp. 536-578.
29. *Jornal do Brasil*, 8/11/1917.

## Capítulo 12

GUERRA CONTRA A ALEMANHA E O *STATU QUO* NA RÚSSIA • INSTABILIDADE DO GOVERNO PROVISÓRIO • INSURREIÇÃO DE 7 DE NOVEMBRO • QUEDA DE KERENSKY • PODER AOS SOVIETS • ASSALTO AO PALÁCIO DE INVERNO • NO-TÍCIAS TENDENCIOSAS DA IMPRENSA • REAPARECIMENTO DE LENIN • TRA-TADO DE BREST-LITOVSKY • TROTSKY E A FORMAÇÃO DO EXÉRCITO VERME-LHO • INVASÃO ESTRANGEIRA E GUERRA CIVIL

Com o morticínio de 4 a 5 milhões de soldados russos, na imensa maioria camponeses e operários, a somar-se a miséria e a fome, até nas grandes cidades, a guerra havia gerado as condições objetivas e subjetivas para a mudança do *statu quo* existente na Rússia. Se o czar Nicholas II abdicou, em fevereiro/março, porque não mais tinha meios de preservá-lo, muito menos o Governo Provisório – Kerensky à frente – dispunha de meios para fazê-lo. *"Kerensky's Government had fallen, as the Empire had fallen, without struggle"*, escreveu, a lamentar, o embaixador da Grã-Bretanha, Sir George Buchanan.[1] O Governo Provisório, desde o Príncipe Lvov, e mais ainda sob Kerensky, já estava exaurido, não conseguira legitimar-se, e a desordem predominava no país. A insurreição, que o *coup d'État*, na madrugada de 6 para 7 de novembro, constituiu o momento político da revolução, iniciada em fevereiro/março, que somente se concluiria com a radical *mutazione dello stato*.

A instabilidade e a turbulência na Rússia, a imprensa brasileira refletiu. *O Imparcial* informou: "Sintomas animadores na Rússia", "Enérgicas reações contra as manobras dos maximalistas".[2] E o telegrama registrou:

O fato de nenhuma das cinco resoluções propostas no Parlamento Provisório para a Defesa Nacional ter obtido maioria no Parlamento Preliminar causou péssima impressão nos círculos políticos e militares, desta capital (Petrogrado), que consideram esse fato como ameaça de um novo levante maximalista. Causaram, também, grande inquietação as medidas extraordinárias postas em prática pelo governo militar e a ordem baixada para que os soldados reprimam violentamente as manifestações populares. Vários elementos nacionalistas declararam-se dispostos a auxiliar o governo e, para isso, percorrem a cidade em automóveis armados.[3]

"Graves desordens na Rússia", noticiou *O Imparcial* em 6 de novembro. E o telegrama dizia: "Petrogrado, 5 (*O Imparcial*) – Deram-se ontem graves desordens em Jitimer, onde a polícia assassinou o príncipe e milionário polaco Zangusko e arrasou totalmente seu palácio, depois de o ter saqueado". Outros despachos: "Petrogrado, 5 (*O Imparcial*) – Ocorreram sérias desordens em Kolonga. Os cossacos, que foram enviados com ordens de reprimir os tumultos, deram cerco ao edifício do Soviet, iniciando contra este cerrado fogo de fuzilaria."

E mais: "Grande agitação em Petrogrado. O Exército pede repressão contra os maximalistas". Também na mesma edição:

Petrogrado, 5 (*O Imparcial*) – Os ânimos nesta capital apresentam-se excitadíssimos em virtude da abertura do Congresso Geral dos Soviets. Os maximalistas celebram repetidas e numerosas reuniões e os cossacos estão organizando contramanifestações, muito embora o comandante do Distrito Militar tenha lançado a proibição contra tais demonstrações temendo que elas possam ser origem de desordens. Os membros dos Soviets votaram uma indicação favorável à colocação de todo o poder em mãos dos deputados dos Soviets, declarando que a guarnição de Petrogrado impedirá qualquer movimento destinado a provocar a desunião dos membros do comitê executivo da democracia. Não acreditam eles que haja qualquer possibilidade de um movimento sério por parte dos maximalistas para se apossarem do poder, pois a maioria do Exército apoia o Comitê Executivo. Têm sido recebidos numerosos telegramas

dos comandantes dos exércitos, pedindo ao governo a adoção de enérgicas medidas contra os maximalistas. O vice-presidente do Conselho
de Ministros, Sr. Gretz,[4] fez anunciar que acederá aos desejos do Exército e agirá com a máxima energia caso ocorra qualquer tentativa de
perturbação da ordem.

Ameaça vazia. O Exército russo virtualmente já se desintegrara, o que
o fiasco do general Kornilov havia demonstrado. A disciplina esvaíra-se.
A hierarquia acabara.[5] Todo o comando do Comitê Militar Revolucionário absorvera diversos soldados e daí que os Guardas Vermelhos,
soldados e marinheiros, sob a direção de Trotsky, dispunham da força
e desfecharam o *coup de grâce* no regime, ao longo da noite de 6 de
novembro de 1917, 24 de outubro no antigo calendário russo. Tropas
revolucionárias da guarnição de Petrogrado e da frota do mar Báltico
tomaram posição ao longo das pontes que ligavam a capital, Petrogrado,
aos subúrbios. Eram 17 horas. Daí por diante, noite adentro, grupos de
operários, soldados e marinheiros – os Guardas Vermelhos – moveram-
-se, silenciosamente, com a missão de o poder tomar para o Soviet de
Petrogrado. O governo de Kerensky, *de facto*, já não existia desde 3
de novembro, ainda que ele e os ministros continuassem aninhados no
Palácio de Inverno. Resvalava-se no chão.[6]

À meia-noite, Yakov M. Sverdlov (1885-1919), membro do Comitê
Militar Revolucionário, solicitou a Pavel E. Dybenko (1889-1938), líder
da Frota do Mar Báltico, o envio de um grupo de desembarque para
Petrogrado. E assim principiou o dia 7 de novembro. Às 2 horas, a 1ª
Companhia do 6° Batalhão de reserva dos sapadores ocupou a estação
ferroviária de Nikolaievski, enquanto os Guardas Vermelhos tomavam
a estação ferroviária do mar Báltico, a usina de energia elétrica e outros
pontos de vital importância estratégica, em Petrogrado, a estrangular o
Estado. O Governo Provisório de Kerensky estertorava.[7]

O primeiro escalão de marinheiros do Báltico, pedido por Yakov
Sverdlov, chegou às três horas, de Helsinque, pela estrada de ferro da
Finlândia. Meia hora depois, o cruzador *Aurora* ancorou no porto de
Nikolaievski. Às seis da manhã, os marinheiros entraram no Banco do

Estado e, uma hora depois, juntamente com Guardas Vermelhos do distrito de Vyborg e soldados do regimento Keksholm, apossaram-se da Agência Central dos Correios e Telégrafos. Cortaram todos os cabos e fios de telefone, a isolar inclusive o Palácio de Inverno. Durante todo o dia, ininterruptamente, sucederam-se as operações militares. E, às dez horas da manhã, quando a esquadra da base naval de Kronstadt chegou ao Rio Neva, os marinheiros insurgentes espalharam-se pelas ruas de Petrogrado.

"A transição da clandestinidade ao poder, diretamente, é violenta. Dá vertigem", disse Lenin a Trotsky, quando ambos estavam deitados sobre um tapete no quarto do Instituto Smolny, onde haviam dormido. Lenin chegara ali às 22h45, no dia 6, usando peruca, maquilagem e a identidade de K. P. Ivanov, operário. Fuzileiros letões, sob o comando de Jan Karlovich Berzin (1889-1938),[8] guardavam as redondezas da antiga escola da aristocracia, convertida em sede do Soviet de Petrogrado, onde o Comitê Militar Revolucionário, sob a direção de Trotsky, dirigia a insurreição.

O Governo Provisório agonizava, sitiado, no Palácio de Inverno. O embaixador dos Estados Unidos, David Rowland Francis, estava convencido de que Lenin e Trotsky trabalhavam para a Alemanha e que oficiais alemães estavam em contato com os comandantes dos regimentos bolcheviques.[9] Kerensky, outrossim, cria que oficiais alemães comandavam o cerco ao Palácio de Inverno. Era um mito, que se difundia até na Duma.[10] Não havia qualquer alemão. E, os bolcheviques, a fim de evitar derramamento de sangue, retardaram a ocupação do Palácio de Inverno. Não adiantou, porém. O cruzador *Aurora* teve que disparar um canhão de seis polegadas, como sinal para o ataque, depois que outros navios, barcos de patrulha e caça-minas prepararam-se para o combate. Eram 21h45 do dia 7. A artilharia pesada na fortaleza de Pedro e Paulo também abriu fogo. Soldados, marinheiros e Guardas Vermelhos iniciaram o assalto, sob o comando de Vladimir A. Antonov-Ovseyenko[11] (1883-1938), secretário do Comitê Militar Revolucionário. Somente às 2h10 do dia 8, os *junkers*, jovens cadetes da Escola Militar e mulheres do Batalhão da Morte, além de outros partidários de Kerensky, depuseram as armas. Kerensky já havia saído do Palácio de Inverno, através de uma passagem secreta, e escapou em um carro da Embaixada, com a bandeira dos Estados Unidos.[12] "Manifestações, combates de rua, barricadas – tudo o que habitualmente se relaciona com a ideia da insurreição estava inteiramente ausente", diria Trotsky mais tarde. A única luta foi a tomada do Palácio de Inverno. Os Guarda Vermelhos empenharam-se para conter a desordem, os roubos e muitas vezes travaram tiroteios contra os *junkers*, jovens aristocratas, cadetes da Escola Militar. No 25 de outubro/7 de novembro, o aspecto de Petrogrado era o "de uma cidade insurrecta", conforme registrou em suas memórias o general Lelong, da Missão Militar da França na Rússia, acrescentando: "Nenhum automóvel nas ruas. Tiros de espingarda e rajadas de metralhadoras. À distância alguns tiros de canhão".[13] Havia "pouca ferocidade da luta" e estava "um dia lindíssimo" – ainda acentuou.[14]

No dia 7 de novembro, O *Imparcial*, do Rio de Janeiro, informou:

> Petrogrado, 6 (O Imparcial) – O Presidente do Soviet desta cidade (Trotsky) enviou ao comandante da guarnição militar de Petrogrado uma mensagem intimando-o a não executar nenhuma ordem sem que a mesma não tenha o *placet* do Soviet de Petrogrado ou do Comitê Militar do Soviet junto ao Exército.

Um telegrama de Petrogrado que A *Noite* inseriu no seu noticiário, de 7 de novembro, reportou a ocorrência de uma greve de 300.000 operários das regiões de Ivanov e Vosnesenk. E, no dia 8 de novembro de 1917, apontou "a nova crise da Rússia", noticiando a ocupação dos correios, dos telégrafos, do Banco do Estado e, por fim, a deposição de Kerensky:

> Agravou-se novamente a situação na Rússia. Como é sabido, o Conselho Geral de Operários e Soldados divergiu do Governo a respeito das instruções que deveriam ser dadas aos delegados da Rússia à Conferência Aliada de Paris. As instruções do SVODEP – como é chamada aquela instituição revolucionária – composta de delegados dos Soviets provinciais – foram em tempo oportuno aqui fomentadas, pois pareciam ter

sido redigidas em Berlim [...] O Conselho modificou dias depois, por instigação do Sr. Kerensky, essas instruções; em seguida, o Conselho de Camponeses Russos – agremiação civil criada pelos elementos agrários conservadores em oposição ao SVODEP – aprovou também as suas instruções que em muito divergiam das do Conselho. Este declarou-se contra e exigiu que o Sr. Skobelev,[15] indicado para delegado à conferência, se cingisse às suas instruções. O governo repeliu a imposição e resolveu enviar a Paris o Sr. Tereshchenko,[16] ministro dos Negócios Estrangeiros, como único delegado da Rússia, tanto mais que os governos aliados fizeram saber que não reconheciam o delegado de SVODEP nem com ele tratariam. A situação tornou-se densa; o Conselho exigiu o envio do Sr. Skobelev e declarou que, se o delegado fosse o Sr. Tereshchenko, a Democracia Russa – como a chamam os elementos revolucionários – romperia com o governo. O Sr. Kerensky, com sua energia já conhecida, manteve-se inabalável e declarou, ao expor a situação perante o Parlamento Preliminar – também chamado Conselho Provisório da República – que o governo correria todos os perigos, mas não deixaria de zelar pela honra e independência da Rússia. Ontem, afinal, deu-se o rompimento entre o SVODEP e o governo. E os elementos maximalistas que compõem o SVODEP e cujo programa é, como seu nome indica, o "programa máximo" revolucionário, apoderaram-se do Telégrafo Central, do Banco do Estado (antigo Banco do Império), de duas agências oficiosas e do Palácio Marian, onde se reunia o Parlamento Preliminar. Kerensky reagiu e mandou guardar a cidade por destacamentos de forças fiéis. Mas, pelo que informa um despacho de última hora, os maximalistas conseguiram a adesão da guarnição da Capital e senhores que se proclamam de Petrogrado, e com as prerrogativas que se arrogam de constituir, por intermédio do SVODEP, o único governo, anunciam que vão fazer a paz imediatamente. O problema russo toma assim de novo uma gravidade que ninguém esperava. E qual seja a solução ninguém pode prever por enquanto. Não há notícias do governo legal nem se sabe o que é feito de Kerensky. Terá ele elementos para dominar, ainda uma vez, essa hidra da anarquia que os agentes alemães manejam a seu gosto? Dobrar-se-á o Exército que combate nas linhas de frente às imposições dos maximalistas? Ou o governo apoiado pela parte ainda sã das forças armadas e pelos elementos conservadores, reagirá e restabelecerá a sua autoridade? São perguntas ainda sem respostas, porque todas as previsões escapam a uma situação como a que atravessa a Rússia. Um despacho de última hora anuncia que o Sr. Kerensky foi deposto. O fato vem ainda agravar mais a situação e levará, sem dúvida, o país à guerra civil. A Rússia desde hoje está dividida em dois vastos campos, que se tornarão, talvez, em campos de sangrentas batalhas. Por mais cansado que esteja o Exército, é de acreditar que ainda se conserve imune ao suborno dos agentes alemães. E de outra parte, os elementos conservadores que são, incontestavelmente, a esmagadora maioria da nação, também devem reagir contra os teóricos, anarquistas que se acumularam em Petrogrado e se apoderaram agora do governo da Rússia. E diante destes acontecimentos, cuja gravidade é inútil esconder, só nos resta esperar pela reação, na certeza de que ela virá ainda a tempo de salvar a Rússia.

Na mesma edição, sob o título "Agravou-se a situação na Rússia", publicou outro telegrama:

Petrogrado, 8 (Havas) – Os escritórios da agência telegráfica oficial estão também tomados pelos maximalistas que os ocuparam por intermédio de um destacamento naval armado e obedecendo às ordens do Comitê Revolucionário. O Parlamento Provisório, que funcionava no Palácio Maria, ontem ocupado pelos maximalistas, suspendeu suas sessões, em consequência da situação. O chefe do Governo Provisório, Sr. Kerensky, foi procurado por uma delegação de cossacos, que lhe declararam estar prontos a defender a capital russa, mas pedem que o governo considere fora da lei o bolchevique (Partido Radical Socialista Russo).

Por fim, o jornal proclamou: "Os maximalistas senhores de Petrogrado". E o despacho da Havas informou: "Petrogrado, 8 (Havas) – A Comissão Militar do Conselho de Operários e Soldados lançou uma proclamação, anunciando que, graças ao auxílio da guarnição, a capital está em seu poder. Acrescenta a proclamação que o novo governo proporá imediatamente a paz."

O Itamaraty virtualmente não tinha informações corretas sobre o que estava a ocorrer na cidade de Petrogrado e em toda a Rússia. Em 3 de novembro de 1917, quatro dias antes do *coup d'État*, que culminou a insurreição bolchevique, o Governo Provisório de Kerensky já se esfumara, porém o chanceler Nilo Peçanha mandou-lhe a comunicação de que o Brasil havia declarado guerra aos Impérios Centrais. Não houve resposta. O poder escapara das mãos de Kerensky. E, através da imprensa, não se podia saber exatamente o que estava a ocorrer naquele país. O chanceler Lauro Müller inibiu o chefe da Legação do Brasil em Petrogrado, diplomata Gustavo de Vianna Kelsch, ao recomendar-lhe que "só mande notícias que não venham no serviço das agências telegráficas". Era claro que o diplomata Vianna Kelsch não podia saber ou imaginar o que os jornalistas transmitiriam através das agências de notícias. E essa orientação persistiu sob a gestão do chanceler Nilo Peçanha, dado ser pequena a quantidade de telegramas sobre os eventos da Rússia existentes no Arquivo Histórico do Itamaraty.

O Itamaraty, praticamente, ignorou a tomada do poder pelos bolcheviques, exceto através daquilo que a imprensa publicou. Em parte, talvez, devido às dificuldades de comunicação (os Guarda Vermelhos ocuparam os telégrafos de Petrogrado), em outra parte, devido a orientação recebida pelo diplomata Vianna Kelsch. De qualquer modo, o fato foi que a revolução de outubro (novembro, segundo o calendário atual) passou despercebida aos círculos oficiais do Brasil. Não há, no Arquivo Histórico do Itamaraty, nem instrução, nem pronunciamento do então chanceler Nilo Peçanha, nem telegrama, nem relatório do encarregado de negócios do Brasil na Rússia, Gustavo de Vianna Kelsch, sobre os "dez dias que abalaram o mundo". O governo continuou a reconhecer o representante de Kerensky, o ministro extraordinário e plenipotenciário Alexander I. Schtscherbatski, como se nada houvesse acontecido. Apenas soube o que se passava na Rússia através das agências internacionais de notícias, instrumento de guerra psicológica das grandes potências, que transmitiam, para o Brasil e o resto do mundo, informações reais temperadas com *fake news*.

O noticiário da imprensa era, praticamente, padronizado. Os diários, no Brasil, tinham como única fonte as agências de notícias, que não variavam. Ora a Havas, ora a Americana. No dia seguinte, 9 de novembro, o *Jornal do Brasil* reproduziu as mesmas informações e alguns outros despachos que, naturalmente, não alcançaram a edição de *A Noite*. O título principal focalizou: "Os maximalistas ocuparam o telégrafo oficial. O Parlamento Provisório suspendeu suas sessões". E, depois de repetir a notícia da Havas sobre a ocupação dos correios e telégrafos, que *A Noite* publicou, aduziu: "Foi deposto o Sr. Kerensky. New York, 8 (Americana) – Anuncia-se de Petrogrado que os maximalistas depuseram o Sr. Kerensky, chefe do Governo Provisório, estando completamente senhores da cidade. Confirma-se a queda de Petrogrado em poder dos maximalistas."

Outros telegramas anunciaram:

Londres, 8 (H) – As notícias recebidas nesta Capital confirmam que Petrogrado caiu em poder dos maximalistas.

A situação em Petrogrado

New York, 8 (H) – Telegramas de Petrogrado dizem que a guarnição da capital, acompanhando a atitude do Conselho de Operários e Soldados, impediu que houvesse derramamento de sangue.

Vai ser convocada a Assembleia Constituinte

Amanhã o Congresso reunir-se-á novamente para retificar o pedido de paz imediata com os Impérios Centrais e seus aliados. O *bolchevique* reconheceu a necessidade de instituir um governo de caráter essencialmente democrático.

*O Imparcial*, em 8 de novembro, publicou outro informe: "Lenin aclamado. Quartel-General do Smolny. Petrogrado, 9 *(O Imparcial)* – O líder maximalista Lenin esteve hoje no QG do Smolny, onde foi alvo de grandes manifestações de carinho por parte dos soldados."

*O País*, em 9 de novembro de 1917, comentou os fatos:

A cidade tomou-se ontem, à tarde, de uma inesperada sensação. A notícia da vitória da anarquia russa sobre a ação enérgica e destemerosa do grande Kerensky abateu o ânimo popular, tão habituado estava à bravura com que o grande ditador dominava os mais sérios e grandes levantes contra a situação que vai recompondo a Rússia moderna sobre os escombros do czarismo asfixiante, libertando-a a um tempo da embriaguez da liberdade súbita, após o secular cativeiro das consciências na Rússia e o castigo do degredo contra os liberais que ousavam até um simples gesto de revolta. Kerensky deposto e os maximalistas senhores do poder. A primeira preocupação dos triunfadores é propor imediatamente a paz com os Impérios Centrais.

O artigo, intitulado "O desastre moscovita" e publicado na primeira página, era longo. Pretendia explicar as causas de um acontecimento ocorrido, há menos de 48 horas, no outro lado do mundo, e tentava ridicularizar o Soviet de Soldados e Operários:

Os soldados e os operários transformaram-se de uma noite para o dia em homens de Estado, em financeiros, em estrategistas e diretores de uma política internacional do seu país. Cada farda, cada blusa fornecia um gênio e a Rússia já teria ido à guerra se não fora a decisão empolgante de Kerensky que chamou os companheiros à realidade da vida. Mas a hidra (a anarquia russa) tinha tantas cabeças que a um só homem era materialmente impossível dominá-la. Acabou pelo golpe do Soviet de Soldados e Operários que depôs Kerensky e agora suplicava à Alemanha uma paz humilhante, inspirada na covardia fatal de uma nação que se desagrega aos pedaços e que de fato há muitos meses não passa de uma simples expressão geográfica da Europa. Qual será, porém, a conseqüência prática da atitude russa sobre o resultado final dessa luta de vida e de morte para a civilização? De fato, a Rússia está fora das conjecturas dos aliados desde o dia em que foi expelida da Prússia oriental e viu sua Polônia completamente dominada pelas forças tedescas. Desde esse dia a Rússia foi posta de lado e os prussianos só não penetraram mais no território moscovita por não ser necessário distrair forças para montar a guarda a um país inteiramente dominado pelo inimigo. A Alemanha coroa apenas o seu esforço máximo a favor de uma paz que ela não quer – no momento – o menor lucro material, mas que espera seja como que um armistício mais ou menos prolongado, para ela se refazer dos golpes profundos recebidos, a fim de voltar mais tarde com o êxito que não obteve agora, contra os direitos da justiça e as conquistas da civilização. A Inglaterra, a França, a América e o Japão estão alerta e debalde tentarão os hunos o plano satânico de que circunstâncias dolorosas parecem preparar o sucesso, com a vitória definitiva sobre a Rússia e as conquistas efêmeras do norte da Itália. Os mares estão e estarão até o último dia da vitória final da civilização fechados inteiramente aos bárbaros e as grandes potências marítimas garantem o triunfo definitivo da justiça e da humanidade.

O *País*, jornal pensante da política nacional, no qual Ruy Barbosa escrevia, era o órgão por excelência da oligarquia dominante no Brasil. Somente via na Revolução Russa, como, aliás, quase toda a imprensa, as repercussões políticas internacionais pelo ponto de vista da guerra mundial e dos Aliados, abstraindo-se, quase que inteiramente, do significado social. O seu comentarista, Alexandre de Albuquerque, no artigo ao qual deu o título de "Salada Russa", limitou-se a profetizar que a História ignoraria Lenin e exaltaria Kerensky.

*A Razão* lançou na primeira página a manchete: "A paz negra na Rússia". E os subtítulos: "Kerensky dominado pelo vagalhão revolucionário – Petrogrado sob o domínio dos maximalistas". Quatro fotografias estavam incrustadas no texto comentado, cada uma com as legendas: Kerensky, "a ordem"; Kropotkin, "os anarquistas"; Kornilov, "a traição militar"; o czar, a "autocracia germanófila".

E comentou:

A anarquia explorada na Rússia pelo maquiavelismo prussiano acaba de expressar-se em atos que terão talvez grande alcance na Europa, se porventura o vagalhão revolucionário que se desdobra sobre o colosso moscovita conseguir dominar e afogar o bom senso político da coletividade daquele enorme país. A paz que o Conselho de Operários e Soldados quer propor, imediatamente, em nome da Rússia, à Alemanha, Áustria e seus respectivos aliados, como à Turquia e à Bulgária, é uma paz que não se reveste de um clarão de alvorada, mas do negror de uma noite que não terá fim na pátria russa, por isto que o espírito da traição é o único que o domina.

*A Razão*, do Rio de Janeiro, foi, de modo geral, simpática ao socialismo e ao movimento operário. E o *Jornal do Brasil* não comentou os fatos, apenas os inseriu no noticiário sobre a guerra mundial, na página 3. Também procedeu assim o *Correio da Manhã*, mais preocupado com a decretação do estado de sítio no Brasil. *A Época* divulgou a revolução socialista na primeira página, e *O Imparcial* dedicou-lhe a principal manchete. Em São Paulo, *O Combate* deu destaque ao noticiário, mas lamentou a queda de Kerensky e a ascensão de Lenin. Os jornais dos Estados – *A Tarde*, da Bahia; o *Diário de Pernambuco*, do Recife; o *Correio do Povo*, de Porto Alegre; e *O Estado de S. Paulo* – divulgaram os telegramas e comentaram-nos pelo mesmo prisma: traição russa à causa da paz. Nem mesmo a revista *ABC*, do Rio de Janeiro, percebeu o alcance do acontecimento. Os jornais operários, de certo modo, estavam suspensos de circulação, por causa do estado de sítio. Porém, ao lado do desenho de um trabalhador gritando, com o título "O grito que nos vem da Rússia" e a legenda "Paz entre nós, guerra aos senhores",[17] *O Cosmopolita*,[18] órgão do Sindicato dos Empregados em Hotéis, Restaurantes, Cafés, Bares e Classes Congêneres, do Rio de Janeiro, publicou longo artigo, intitulado "Os Maximalistas". Nele, dizia que "prossegue a Revolução Russa na sua formidável tarefa de reconstrução social e econômica. [...] Os Maximalistas russos são a própria revolução russa. Eles são o dia de hoje da Revolução; são os realizadores dum primeiro equilíbrio social [...]".

Em 10 de novembro, o *Jornal do Brasil* e todos os diários transmitiram uma advertência da Havas: "As notícias da Rússia são suspeitas porque o Telégrafo está em poder dos maximalistas". Depois dessa ressalva preventiva, os telegramas informaram: "esquadras do Báltico e do Mar Negro aderiram à revolução socialista; instalado o Congresso de Operários e Soldados com 560 delegados de todas as rússias, participando da mesa 'quinze maximalistas', entre os quais, Lenin, Trotsky e Zinoviev;[19] Kerensky partiu para a linha de frente, Kornilov preso, membros do governo deposto recolhidos à fortaleza de São Pedro e São Paulo; a Sra. Kolontay[20] assumiu a pasta das obras públicas; os bolchevistas tomaram Moscou".

O *País* informou, nesse dia, fragmentariamente, o novo governo russo: "Presidência, Lenin; Estrangeiros, Trotsky; Interior, Rykov;[21] Finanças, Svartzov;[22] Marinha e Guerra, Krylenko,[23] Dybenko e Antonov-Ovseyenko".[24] Na mesma edição afirmou que os minimalistas (*i.e.*, Georgi Plekhanov (1856-1818) e Julius Martov (1873-1923), a Duma municipal, o Vickeel (Sindicato dos Ferroviários) e os camponeses da União, que tinha esse nome, resolveram não reconhecer o *Bolchevique*. E *A Noite*, de 11 de novembro, noticiou:

> Acentua-se a reação na Rússia. A Alemanha também espera a reação.
> Londres, 11 (AA) – Notícias aqui recebidas de Amsterdã dizem que nos círculos oficiais da Alemanha acredita-se, geralmente, que, passado o primeiro momento de surpresa causado pelo golpe maximalista, em toda a Rússia não tardará a formar-se uma forte reação a favor do Sr. Kerensky.

E outros despachos, cevados por desejos, informaram que Kerensky estava são e salvo, dispunha de 200.000 homens e que havia combates constantes nas ruas.

> Paris, 11 (Havas) – Notícias recebidas de Petrogrado dizem que na noite de 6 do corrente o Sr. Kerensky conseguiu fugir da capital numa ambulância-automóvel e chegou são e salvo ao quartel-general.[25] Atualmente o chefe do governo provisório dispõe de 200 mil homens dedicados. Um despacho de agência radiográfica da Haparanda, que conseguiu escapar à censura bolchevista, anuncia que os cossacos, ajudados pelos minimalistas, estão prestes a dominarem os leninistas, com os quais têm travado batalhas nas ruas da Capital.

O diário *A Noite* comentou:

> Londres, 11 *(A Noite)* – Os jornais, referindo-se aos acontecimentos de Petrogrado, registram o boato que os países aliados não reconhecerão o governo que ali se acaba de constituir, sob a presidência de Lenin. Na sua totalidade, os jornais da manhã reconheciam que um governo nas mãos de Lenin é o mesmo que estar a Rússia à disposição da Alemanha.[26]

Em 12 de novembro, *O País* publicou: "O governo chefiado pelo Sr. Lenin reconhece-se incapaz de deter as forças consideráveis de Kerensky." Em outro despacho, garantiu que o exército Russo do Norte marchava sobre Petrogrado. E *A Noite* assim comentou "A Situação na Rússia":

> Kerensky, à frente de 200.000 homens dedicados e apoiados não só pela grande maioria da população, como também pelo Exército e pelas organizações conservadoras, luta a estas horas contra os maximalistas nos arrabaldes de Petrogrado ou, talvez, dentro da própria capital russa. De Lenin e seus comparsas não há notícias, acreditando-se mesmo que já tenham procurado asilo em lugar seguro. De nada lhes valeu, ao que parece, terem destruído a estrada de ferro Gatclina para evitar a aproximação de tropas fiéis ao governo. Esperemos, com otimismo, o resultado da luta que se está travando, porque dela deve sair triunfante a boa causa que é a que defende Kerensky. A agitação na Finlândia recrudesceu. O governador russo, Nekrasov,[27] foi destituído e nomeado para substituí-lo o marinheiro Schieckis, representante do Comitê de Operários e Soldados. Mas a Dieta não tomou conhecimento desta nomeação resolvendo eleger um diretório para assumir o poder supremo.[28]

*O Imparcial*, no mesmo dia 12, alimentava a esperança: "Já não há dúvidas sobre a situação na Rússia: o Sr. Kerensky dominará integralmente a desordem leninista".

E aduziu: "Lenin está perdido. New York, 11 (AA) – Comunicações de fontes autorizadas aqui recebidas anunciam que o Sr. Kerensky, à frente de importantíssimas tropas, marcha sobre Petrogrado".

Também, no dia 12, o *Jornal do Brasil* informou que o almirante Verdevski recebeu o oferecimento do Ministério da Marinha e que o aceitou. Nikinin, ex-ministro do Interior, e Nozdev, do Trabalho, saíram da prisão a pedido de socialistas revolucionários e internacionalistas mencheviques, que impuseram ao governo soviético essa condição. Tereschchenko e Kinskin continuavam presos.

Na Finlândia, o marinheiro Schieckis depusera o governador Nekrasov. *O Jornal do Brasil* publicou, então, a charge, "O amigo urso", em que este diz: "O que vale é que não tenho a vertigem do abismo. Estou muito habituado aos precipícios. Quem sabe se não serei eu quem rirá por último?" As charges sobre a situação russa eram frequentes e quase diárias nos jornais e revistas. E os jornais, com perguntas, vendiam quebra-cabeças aos leitores: "Onde andará Kerensky?", "Que estará acontecendo em Petrogrado?"

A *Razão* anunciou três vezes a queda de Petrogrado em poder de Kerensky e *A Época* em poder de Kornilov. Todos também comungavam da mesma certeza (desejo ou esperança) na vitória de Kerensky, expressa nos títulos e adjetivos que então pontilhavam as informações. E *A Noite*, do dia 13 de novembro, vaticinou:

> Desanuviam-se os horizontes russos. A situação na Rússia começa a definir-se. Apesar da aparente contradição dos telegramas desta tarde, pode-se desde já estabelecer que o Sr. Kerensky sai uma vez mais triunfante dos seus inimigos. Nos arrabaldes e dentro da própria Capital, no bairro sul, chamado de Grande Morovskaia, travou-se uma batalha que terminou, segundo as notícias chegadas de Estocolmo, pela derrota dos maximalistas. Estes já reconhecem, aliás, a sua perdição e procuram agora chegar a um acordo, que Kerensky repele integralmente, declarando que somente discutirá com os leninistas depois que eles deponham as armas. O Comitê de Salvação Pública, constituído em Petrogrado por elementos contrários aos maximalistas, partiu para Gatclina[29] a fim de se entender com Kerensky; pode-se afirmar que, desde já, Kerensky recusará qualquer acordo com os maximalistas, tanto mais que se sente apoiado pelos chefes do Exército. Em Moscou já os maximalistas depuseram as armas, dominando a cidade um outro comitê, formado pelo ex-presidente da Duma.

Um telegrama da Havas assinalou que os bolcheviques continuavam "senhores da situação" e se referia a "combates desesperados de ruas". Porém, no dia seguinte, 14 de novembro, *A Noite* alardeou:

> Londres, 14 *(Havas)* – Kerensky entrou em Petrogrado. A notícia não está confirmada, mas tem todos os visos de verdade. O fim do governo está, pois, escrito. É preciso, porém, que essa aventura seja exemplarmente castigada para que os comparsas de Lenin ou outros agitadores anarquistas, a serviço da Alemanha, não tenham vontade de repetir.

E insistiu: "A vitória de Kerensky. Quase toda a Rússia em poder do governo legal. Os maximalistas fazem causa comum com Kerensky." As notícias eram as mais absurdas. As agências internacionais de notícias difundiam boatos e mentiras, a exprimirem o desejo das classes hegemônicas das grandes potências, a *Weltanschauung* das altas finanças de Londres, Paris e New York, corporificada pelo Governo Provisório de Kerensky. Relembrou Everardo Dias:

> Ora, nós aqui, nas Américas, acompanhávamos esses episódios for-
> midáveis através de telegramas deturpados, preparados ao sabor dos
> interesses dos governos da *Entente* e se algo mais sabíamos era através
> do rádio de uma estação alemã, que referia as coisas com mais verdade
> e desmentindo quase sempre as tendenciosas informações da Havas, da
> Reuters, da Associated Press.[30]

Era difícil confiar, completamente, nas informações que tais agências e outras enviavam e os jornais reproduziam. "Kerensky vitorioso e Lenin capturado", noticiou-se, mais um telegrama da Havas, que *A Noite* publicou e ponderou: "Paris, 15 (Havas) – As notícias recebidas da Rússia continuam a ser muito confusas. O *New York Herald* (edição europeia) publica um telegrama de Copenhague, anunciando que os "bolcheviques" foram completamente batidos e que o agitador Lenin foi capturado."[31]

O *Imparcial,* no mesmo dia 15, colocou em manchete: "O Sr. Kerensky vitorioso, os maximalistas perdem todo o prestígio." E, no dia 16: "Confirma-se a prisão de Lenin". O *Combate, por sua vez,* estardalhou: "Petrogrado em chamas". Outros telegramas de Estocolmo proclamavam a vitória de Kerensky em Gutchka. E, na oportunidade, o luxuoso cinema *Parisiense,* na Avenida Rio Branco, Centro do Rio de Janeiro, colocou em cartaz um documentário sobre a queda do czar, que se chamava: "Kerensky, o Washington russo".

Mas, em 17 de novembro, os jornais reconheceram que "a situação russa continua confusa" e que as notícias se contradizem, "quer as recebidas diretamente de Petrogrado, quer as de Londres". Os telegramas admitiam que "a sorte das armas não foi de todo favorável a Kerensky, tendo os legalistas perdido de novo Petrogrado". E afirmaram: "Mas estão senhores de Kiev e possivelmente de Moscou". *O Combate,* do dia 17, esclareceu que "Kerensky não entrou em Petrogrado" e um telegrama da Havas citou:

> O correspondente da Associated Press em Petrogrado telegrafou em data de quarta-feira última (14) que o combate em que o Sr. Kerensky foi batido começou no sábado (10), tendo-se prolongado até segunda-feira de tarde. Segundo o comandante dos Bolcheviques, o Sr. Kerensky comandava 5.000 cossacos, algumas centenas de cadetes e uma considerável força de artilharia. As tropas maximalistas eram constituídas por quatro regimentos de guarda, batalhões da Marinha e numerosos destacamentos da Guarda Vermelha. Muitos bolcheviques foram feridos e houve mesmo alguns mortos. Os cossacos que carregaram perto de *Tsarkoie Selo* sofreram grandes perdas. Os maximalistas estão senhores de *Tsarkoie Selo.*

Divulgou-se, no mesmo dia, a denúncia do tratado de comércio anglo-russo. E *O Imparcial* também noticiou "Petrogrado incendiada". Em 18 de novembro, *A Noite,* sob o título "Lenin provoca a guerra civil na Rússia", comentou a situação no país:

> Como as linhas telegráficas estão em poder dos maximalistas, somente são conhecidas as notícias favoráveis a estes. O único despacho conhecido até à tarde informava apenas que os maximalistas tinham ocupado Gatchina e capturado o Estado-Maior de Kerensky e que Lenin reconhecera às diversas nacionalidades russas o direito de se governarem e de escolher a sua maneira de governo. Isto é, Lenin, vendo perigar a sua causa – que é a causa alemã, como é conveniente recordar – açula dessa maneira os nacionalistas, favorecendo-os na sua campanha separatista, na esperança que eles, sempre contidos por todos os governos merecedores desse nome que até agora dominaram a Rússia, se lancem na guerra civil, que é a melhor forma de favorecer os desejos da Alemanha.

De fato, Lenin tratou de cumprir os compromissos. Vitoriosa a revolução bolchevique, a Rússia propôs e fez o armistício, a paz em separado com a Alemanha, e Trotsky, não obstante a relutância inicial, apoiou a celebração do Tratado de Brest-Litowsk, em 3 de março de 1918, apesar da oposição da esquerda bolchevique, liderada por Nikolai Ivanovich Bukharin (1888-1938),[32] favorável à continuação da guerra sob a forma revolucionária. Para Lenin, o que importava era salvar o Poder Soviético, que estava isolado, a enfrentar cinco exércitos contrarrevolucionários e a intervenção das forças estrangeiras. Porém, o Exército Vermelho, organizado e dirigido por Trotsky, desbaratou, em 1920, as últimas tropas da contrarrevolução, comandadas pelo barão Pyotr Nikolayevich Wrangel, reconquistando a Crimeia. E derrotou e expulsou as forças militares de 14 nações, que invadiram a Rússia e sustentaram a contrarrevolução. O embaixador da Grã-Bretanha em Petrogrado, sir George Buchanan, em suas memórias, avaliou que os bolcheviques triunfaram, porque tiveram *"moreover all the best brains on their side, and with the help of their German patrons, they developed a talent for organization with which no one had at first credited them".*[33] E reconheceu que: *"I readily admit that Lenin and Trotzky are both extraordinary men".*[34]

O embaixador dos Estados Unidos, David Rowland Francis, a lamentar, observou que se o Governo Provisório

> *at this time arraigned Lenin and Trotsky and the other Bolshevik leaders, tried them for treason and executed them, Russia probably would not have been compelled to go through another revolution, would have been spared to reign of terror, and the loss from famine and murder of millions of her sons and daughters.*[35]

Ele defendeu que o Príncipe Lvov deveria instituir o *régime de la terreur* e executar Lenin, Trotsky, entre outros líderes bolcheviques, não para evitar, mas exatamente para manter a situação de fome e de morte de milhares de seus filhos e filhas, com que já se defrontavam, sobretudo como consequência da guerra contra a Alemanha. E o embaixador David Rowland Francis insistiu que Kerensky *"failed to execute as traitors, Lenin and Trotsky".*[36]

## NOTAS

1. Sir George Buchanan (British Ambassador, Petrograd – 1910-1918), 1923, p. 2015.
2. *O Imparcial*, 4/11/1917.
3. *Ibidem.*
4. Esse nome citado no telegrama parece errado.
5. Bailey Stone, 2014, pp. 284-286.
6. N. N. Sukhanov, 1962, vol. 2, pp. 587-588.
7. John Reed, 1982, pp. 88-97. N. N. Sukhanov, 1962, vol. 2, pp. 620-628.
8. Jan K. Berzin foi um dos organizadores do serviço de inteligência militar da União Soviética (Glavnoye razvedyvatel'noye upravleniye – GRU). Como quase todos os que fizeram a Revolução Russa, ao lado de Lenin e Trotsky, foi executado por ordem de Stalin durante os sangrentos expurgos de 1935-1939.
9. David Rowland Francis, 1921, p. 185.
10. John Reed, 1982, p. 124.
11. Antonov-Ovseyenko também foi executado, a mando de Stalin, em 1938.
12. David Rowland Francis, 1921, pp. 178-182. Sir George Buchanan (British Ambassador, Petrogrado – 1910-1918), 1923, pp. 205-206. N. N. Sukhanov, 1962, vol. 2, p. 622.
13. General Lelong, s/d, p. 133.
14. *Ibidem*, p. 133.
15. Matvey Ivanovich Skobelev (1885-1938), menchevique, foi ministro do Trabalho no governo do Príncipe Lvov.
16. Mihail Ivanovich Tereshchenko (1886-1956), sem partido, foi ministro da Fazenda e, depois, ministro do Exterior no governo do Príncipe Lvov.
17. Verso da versão portuguesa do hino "A Internacional". No original, em francês, é: "Paix entre nous, guerre aux tyrans!".
18. *O Cosmopolita*, ano II, n. 22, 1° de dezembro de 1917.
19. Grigoriy Zinoviev (1883-1936) também foi um dos líderes bolcheviques, companheiro de Lenin, executado por ordem de Stalin, em 1936, no período do Grande Terror (1935-1939).
20. Alexandra M. Kollontay (1872-1952) foi pioneira do movimento feminista, autora de livros, entre os quais *A nova mulher* e *A moral sexual*, e exerceu durante longo tempo a função de embaixadora da União Soviética em vários países. Sobreviveu aos expurgos de Stalin.
21. Alexei Rykov (1881-1838), outro dirigente bolchevique eliminado em 1938, durante o Grande Terror.
22. O nome correto é Ivan Ivanovich Skvortsov-Stepanov (1870-1928).

23. Nikolai Vasilyevich Krylenko (1885-1938) foi comissário do povo para a Justiça, procurador-geral da União Soviética até ser também liquidado por ordem de Stalin no período do Grande Terror.
24. Vide lista completa dos Comissários do Povo *in* John Reed, 1982, p. 139.
25. Kerensky escapou em um automóvel da Embaixada, com a bandeira dos Estados Unidos.
26. *A Noite*, 11/11/1917.
27. Nikolai Nekrasov (1879-1940) foi o último governador-geral da Finlândia.
28. *A Noite*, 12/11/1917.
29. O nome da cidade era "Gatchina", situada na Petrogrado Oblast, mas o jornal escreveu erradamente "Gatclina".
30. Everardo Dias, 1977, p. 80.
31. *A Noite*, 15/11/1917.
32. Nikolai Bukharin também Stalin mandou executar em 1938.
33. Sir George Buchanan, 1923, p. 217.
34. *Ibidem*, p. 217.
35. David Rowland Francis, 1921, pp. 141, 193-194.
36. *Ibidem*, pp. 193-194.

## Capítulo 13

REVOLUÇÃO RUSSA E A PERCEPÇÃO DOS TRABALHADORES NO BRASIL • O PRI-
MEIRO DE MAIO NO RIO DE JANEIRO • SOLIDARIEDADE À REVOLUÇÃO RUSSA
E OPOSIÇÃO À GUERRA MUNDIAL • "GRIPE ESPANHOLA" E MORTANDADE
NA CLASSE OPERÁRIA • GREVE GERAL EM 1918 E TENTATIVA DE INSTITUIR
UM SOVIET NO RIO DE JANEIRO • LEVANTE NO CAMPO DE SÃO CRISTÓVÃO •
REAÇÃO DA IMPRENSA • VIOLENTA REPRESSÃO DO GOVERNO • FUNERAL DO
OPERÁRIO MANUEL MARTINS

Everardo Dias, militante anarquista e depois comunista, também maçom,[1] rememorou, na *História das lutas sociais no Brasil*, que "1917 foi para nós como um arrebol anunciando uma aurora radiosa de redenção, e sob nossos olhos estáticos, surgiam os rostos dramáticos de homens e mulheres do povo russo acompanhando seu guia genial: Vladimir Ilytch Ulianov... Lenin. A justiça social."[2] No ano-novo de 1918, para anarquistas e socia- listas de todos os matizes nasceu com um colorido de alvorada: parte da humanidade transpunha os umbrais da pré-história social. A percepção era que, na Rússia, o homem, alienado pela sociedade de classes, marchava ao reencontro de si mesmo. Pareceu ao proletariado brasileiro, como ao de todo o mundo, um ruído de correntes partindo-se, mas as tendências ideológicas – acentuou Everardo Dias – não apresentavam ainda, no Brasil, consistência, como nos países desenvolvidos da Europa, onde estavam mais ou menos definidas.[3] Não se fazia diferença entre anarcossindicalistas, anarquistas e socialistas. E, após a Revolução Russa, o rótulo de maximalistas coube a todos os que defendiam o direito e as reivindicações dos trabalhadores.

As comemorações do Primeiro de Maio de 1918, no Rio de Janeiro, diferiram dos anos anteriores. Os trabalhadores comemoraram o triunfo da revolução na Rússia. Converteram a data do protesto numa festa de solidariedade e confraternização com a primeira República socialista, embora nenhuma clareza houvesse sobre o socialismo que lá se instituíra. O governo proibiu o acesso às ruas do Distrito Federal, a cidade do Rio de Janeiro, por causa do estado de sítio, mas os operários acorreram ao Maison Moderne, na Praça Tiradentes, e ali realizaram uma assembleia, durante a qual aprovaram, sob delirantes aplausos, a moção:

> A grande assembleia proletária reunida no teatro Maison Moderne, em sessão comemorativa do 1º de Maio, convocada pela União Geral dos Trabalhadores do Rio de Janeiro, tendo em vista que a data de hoje recorda um dos mais trágicos e dolorosos episódios das lutas do proletariado moderno resolve, por aclamação, afirmar bem alto o seu protesto geral e coletivo contra a exploração capitalista e a tirania social; declarar a sua absoluta solidariedade de classe com os trabalhadores de todo o mundo, sem distinção de nacionalidade nem de raça; exprimir o seu horror e sua dor ante a espantosa carnificina fratricida que dizima os povos da Europa e fazer votos ardentes por uma paz concluída e firmada diretamente pelos proletários; manifestar a sua profunda simpatia pelo povo russo, neste momento em luta aberta e heroica contra o capitalismo e o Estado.

A mensagem contra a guerra, "o seu horror e sua dor ante a espantosa carnificina que dizima os povos da Europa", transformou-se num apelo à revolução, em "votos ardentes por uma paz concluída e firmada diretamente pelos proletários". A ignorar a posição do governo brasileiro, do presidente Venceslau Brás, os trabalhadores afirmaram sua independência e personalidade política, o que levou o Centro Industrial Gráfico a acusá-los de "traidores da pátria". E tumultos pontilharam a sessão de 1º de maio de 1918. Começou por um discurso do orador oficial da solenidade, Carlos Dias, da União Gráfica: "Haveremos de mostrar que a revolução social não é uma utopia". Manuel Bueno recordou a "semana sangrenta de Barcelona" e fez a apologia de Francisco Ferrer

(1859-1909), anarquista fuzilado pelo governo do primeiro-ministro Antonio Maura, da Espanha, em 1909, acusado de haver instigado violentos protestos e greve geral na Catalunha, por causa do envio de tropas para o Marrocos. Albino Dias, representante dos tecelões, saudou os "heróis de Chicago" e, e em resposta à "grande imprensa", declarou: "Todos os oradores aqui são brasileiros".

Daí por diante, os trabalhadores vibraram. O professor Álvaro Palmeira definiu-se como internacionalista, preconizou a revolução social e arrematou: "A ideia perseguida é a ideia que vence". Álvaro Palmeira, como um bom anarquista, que não reconhecia chefes, nem senhores, nem sequer solicitou a palavra. Discursou de um camarote, sob frenéticos aplausos da assistência. José Elias da Silva, depois um dos fundadores do Partido Comunista do Brasil (PCB), de 1922, também empolgou o teatro. A Razão comentou a seu respeito: "diz com desassombro que professa o anarquismo". E o documento afirma "para desmascarar os tartufos da imprensa. Nasceu no Brasil, porque não podia ter optado por este ou por aquele país para vir à luz meridiana". Agentes policiais tentaram provocar um tumulto, quando ele falava. O comandante da Polícia Militar, major Bandeira de Melo, que se achava presente, recebeu vaias e apupos.

A Razão, em sua edição de 2 de maio de 1918, publicou a mensagem do Centro Panifício, que reunia os operários de padarias, de saudação à Revolução Russa:

> É hoje o dia do sufrágio universal de todo o proletariado como protesto à brutalidade do capitalismo. A magia que toda esta matilha (de patrões) sonhava está sendo banida; a aurora reivindicadora que se estende em toda a Rússia, não tardará esse facho luminoso a chegar ao continente americano. O prosseguimento desta guerra é o fim dos castelos do capitalismo. Todas as nacionalidades têm de passar pela mesma fase da Rússia, que é o caminho nobilíssimo da grande caminhada.

O Cosmopolita, de 1º de maio de 1918, saiu em cores, todo dedicado ao Primeiro de Maio e aos seus heróis, Spies, Schwab, Fischer, Engels e Parsons. Algumas organizações operárias furaram a determinação do chefe de polícia de só comemorar o Primeiro de Maio entre quatro paredes. Os operários em pedreiras saíram com bandeiras vermelhas, da Praça Tiradentes à Estação Central, cantando "A internacional" e dando vivas à Rússia e à "emancipação do proletariado" e morras à "exploração capitalista" e à "escravidão moderna". Conduziam faixas com "Paz e liberdade" e "Avante pelas oito horas de trabalho". Fizeram, audaciosamente, um comício em Madureira. Também, no Largo das Neves, Niterói, houve manifestações, a polícia interveio e segundo o noticiário dessa mesma edição "o soldado 76, Inocêncio Luís Rodrigues, feriu o comissário de polícia". A agitação chegou às fileiras militares.

Comemoraram ainda o Primeiro de Maio a Liga dos Sapateiros e dos Cocheiros; a Resistência do Café; Estivadores; Remadores; Carpinteiros Navais; Marceneiros e Tecelões. À Liga dos Sapateiros compareceu um deputado federal, José Maria Metelo Júnior, que denunciou: "é sugado o trabalhador brasileiro pelo industrialismo estrangeiro". E se referindo à Rússia: "Se na Europa a revolução já existe é porque a fome impera em todos os lares e aqui só agora se começa a sentir os seus efeitos". Prometia, em nome do Congresso, a aprovação do Código do Trabalho – projeto de Maurício de Lacerda, precursor da CLT, mas nunca votado. Também deputado, Maurício de Lacerda falou, na sede da Sociedade Beneficente 1º de Maio, e aludiu aos acontecimentos na Rússia como "a revolução que elevou os pequenos e deu à maioria operária o seu verdadeiro lugar na organização social das nações livres". Até o chefe de polícia, Aurelino Leal, compareceu e proferiu algumas palavras, mas logo depois se retirou.

O foco da luta sindical, em 1918, foi a jornada de oito horas. Na Rússia, havia a semana de 42 horas e para o operariado brasileiro, que trabalhava quase o dobro, a reivindicação era por demais significativa. O prefeito do Distrito Federal, Paulo de Frontin (1860-1938), concedeu as oito horas aos operários da Municipalidade. Os marítimos conquistaram--nas após grandes lutas nas empresas de navegação Lloyd e Costeira. E o presidente Venceslau Brás, mediando entre industriais e trabalhadores de calçados, decidiu conceder oito horas e meia. Alguns patrões, para evitar problemas com seus empregados e lhes ganhar a simpatia, aderiam "espontaneamente" à campanha. *A Razão* publicou, diariamente, uma seção própria com os nomes de casas comerciais e oficinas que resolviam adotar a jornada de oito horas de trabalho. Quase sempre se tratava de ex-empregados que a roleta da fortuna erigira em patrões e que, todavia, não se desvincularam do sentimento de classe, havendo, entre eles, alguns que continuaram a pertencer às "uniões" e à própria Aliança Anarquista. Foi o caso, por exemplo, de ex-motoristas, elevados a proprietários de caminhões, que, em 1917, fecharam um acordo inter-sindical com a Resistência dos Trapiches contra a Associação Comercial e os usineiros de Campos.

Contudo, as classes hegemônicas, de um modo geral, permaneciam cegas ao que se passava no mundo e surdas aos gritos de revolta e protesto. O projeto, que previa os acidentes do trabalho, tramitou no Congresso e, diante das resistências à sua aprovação, o deputado Nicanor Nascimento, de São Paulo, advertiu em 15 de maio de 1918:

> Se nós, os brasileiros, não dermos remédio a tudo pela processualística da lei, veremos tudo resolvido pela processualística das revoluções. Hoje, os exércitos não são como antigamente corpos aristocráticos, separados da Nação. Os soldados de agora são irmãos do operário, sentem-lhe as necessidades, pertencem à mesma classe, sofrem os mesmos dissabores e se amanhã quisermos empregar esse organismo militar contra a resistência operária, estaremos, se não tivermos tomado medidas legislativas que atendam aos fenômenos, na situação do maximalismo russo, em que os operários encontram como irmãos os soldados.

Ninguém o escutou. Os trabalhadores, os gráficos da Ilha do Viana e da firma Lage & Irmãos, estavam em greve, aquela época, pela jornada de oito horas. O sindicato exortou os trabalhadores do Rio de Janeiro e Niterói a boicotar seus produtos, prática essa muito usada. Na Ilha da Conceição, fracassou a parede na firma inglesa Wilson, Sons & Companhia. Havia uma greve parcial na cervejaria Brahma e outra iniciada pelos carroceiros. Os sapateiros entraram em choque com as direções das fábricas Cleveland e Colombo. Os trabalhadores da Light, menos organizados que os de outros setores, partiram para a luta, exigindo aumento de salários e diminuição da jornada.

Havia certo estonteamento na classe operária. E o governo federal, a aproveitar o estado de sítio, fechou todas as federações operárias existentes no Brasil. Surgiu então a União Geral dos Trabalhadores, congregando, no Rio de Janeiro, os chamados "pequenos sindicatos": Centro dos Operários Marmoristas, Sindicato dos Operários em Pedreiras, União Geral da Construção Civil, Sindicato dos Marceneiros, Sindicato dos Entalhadores, Sindicato dos Vassoureiros e Liga Federativa dos Empregados em Padarias. Fundou-se a União Geral dos Trabalhadores (UGT) em 19 de março de 1918, na sede da Federação Operária, e devia aquela funcionar como suporte desta, mas, o fechamento da Federação transformou a UGT em novo baluarte do operariado. No Recife, criou-se a Federação das Classes Trabalhadoras. Cumpria-se a lei, mudando-se a denominação.

O método de luta era, fundamentalmente, anarquista: a ação direta. E a ação direta compreendia tudo: a greve, o boicote, a sabotagem, a bomba e assassinato. Também significava o discurso, a passeata, o comício. O boicote (que às vezes levava as firmas à falência) contra o industrial e o comerciante, principalmente os pequenos, produzia resultados. E a ideia da greve geral estava em todas as cabeças, inclusive como plataforma revolucionária para o levante da classe trabalhadora e tomada do poder. Um exemplo da sabotagem constou no manifesto intitulado "A Revanche":

> Caso tenham os seus salários diminuídos, a *sabottage* é uma arma poderosa que põe nas mãos dos trabalhadores a certeza de sua vitória na luta estabelecida contra o capital. A *sabottage* emprega-se da seguinte forma: lenta e metodicamente vai se desmoronando o castelo de privilégios patronais; hoje quebra-se dois pratos, amanhã cinco copos e depois despeja-se no fogão uma lata de banha ou uma certa porção de carne, queima-se carvão demasiado, enfim tudo que seja para prejudicar o "coração", isto é, o interesse do patrão recalcitrante.[4]

Pedro Mota Lima contou certa vez o episódio de uma greve naquele tempo: os padeiros viram-se perdidos porque alguns portugueses furaram o movimento e abasteciam a população. Tratava-se de uma família só, que trabalhava desde a massa até à entrega do pão. Os outros consultaram um anarquista e este lhes deu a solução: a bomba. Os padeiros não queriam ver sangue. Não desejavam tanto. O anarquista criticou o sentimentalismo e entregou pequeno petardo enfiado num peru. Mandou-se então um garoto à padaria, "passar o peru no forno". O dono, chamado Manuel, aceitou a encomenda. Perdeu apenas um dedo, mas a padaria ficou de "fogo morto".

Após a revolução na Rússia o espectro do que chamavam maximalismo assustou as oligarquias no Brasil. A luta de classes acentuou-se. O *Jornal do Brasil* lamentou que os operários deixassem-se arrastar na "corrente de doutrinas, que absolutamente não podem, pelo menos durante muito tempo ainda, medrar neste país".[5] E explicou o porquê: "não há capitalismo (aqui) no sentido rigoroso do vocábulo e onde, por consequência, não se observam as tremendas explorações que obrigam o operariado a organizar grandes forças de reação em outros países". Para aquele órgão, jornadas de 10 e 12 horas, inclusive para mulheres grávidas e crianças tuberculosas, por magros salários, não significavam "exploração", na pureza léxica do termo.

A *Época* tentou consolar os trabalhadores e lhes pediu para não ficarem desapontados com a decisão do Supremo Tribunal Federal, julgando "inconstitucional" a postura municipal que vedava aos menores o trabalho além das 20 horas e limitava em 8 sua jornada. Exprobrou a "demagogia dos conselheiros" e alegou que os patrões brasileiros tinham "bom coração" e apenas quiseram provar um ponto de vista. "A lei acima de tudo". A *Época* pertencia ao futuro desembargador Vicente Piragibe (1879-1959). Daí que Lima Barreto escrevera, pouco depois de Altino Arantes, governador de São Paulo, tomar medidas de repressão contra os trabalhadores, que realizaram a greve geral de julho de 1917:

A nossa República, com o exemplo de São Paulo, se transformou no domínio de um feroz sindicato de argentários cúpidos, com os quais só se pode lutar com armas na mão. Deles saem todas as autoridades; deles são os grandes jornais; deles saem as graças e os privilégios; e sobre a Nação eles teceram uma rede de malhas estreitas, por onde não passa senão aquilo que lhes convém. Só há um remédio: é rasgar a rede à faca, sem atender a considerações morais, religiosas, filosóficas, doutrinárias, e de qualquer natureza que seja. Só com a violência os oprimidos têm podido se libertar de uma minoria opressora, ávida e cínica; e, ainda, infelizmente, não se fechou o ciclo das violências.[6]

Em agosto de 1918, eclodiu a grande greve da Companhia Cantareira e da Viação Fluminense, paralisando o serviço de barcas entre Rio de Janeiro e Niterói. Ao contrário das greves de tecelões, sapateiros e de outras pequenas corporações, essa parede demonstrou alto grau de organização e combatividade. Adquiriu, num crescendo, nuanças insurrecionais. E perseguia um objetivo tão limitado – diminuição da jornada para oito horas e aumento salarial. Niterói parou completamente e o Estado do Rio de Janeiro tomou-se de uma comoção social. As companhias pretenderam sacudir a população contra os grevistas que responderam, denunciando os seus lucros milionários, quando ainda recebiam subvenções do governo federal. Através de manifestos explicaram, pacientemente, o sentido de sua luta e neutralizaram, se não toda, boa parte da opinião pública.

As autoridades apelaram para a repressão e mobilizaram soldados da Polícia Militar do Estado do Rio de Janeiro. E aconteceu o inesperado: alguns soldados do 5° Batalhão de Caçadores passaram-se para o lado dos operários e lutaram contra os soldados da Polícia Militar.[7] Dois soldados, Ribeiro e Lara, morreram de armas na mão, defendendo a classe trabalhadora, em dia de setembro e seus túmulos tornaram-se local de romaria. Só pequenas concessões obtiveram os grevistas, pois faltou-lhes o apoio efetivo do proletariado do Rio de Janeiro, naquele momento.

Em fins de 1918, a pandemia da influenza (vírus H1N1), celebrizada como "gripe espanhola", continuava a dizimar, ao redor do mundo, milhões de pessoas, entre 20 e 40 milhões, mais do que a guerra a Primeira Guerra Mundial, iniciada em 1914 (cerca de 9 a 10 milhões)[8] e que estava a terminar, com o armistício firmado em 11 de novembro, um dia após o kaiser Wilhelm II haver abandonado o trono e transpassado a fronteira dos Países Baixos, onde a rainha Wilhelmina (1880-1962) concedeu-lhe asilo. Greves e sublevações de soldados e marinheiros alastravam-se, então, por toda a Alemanha, em meio à derrota de seus exércitos no *front* ocidental, e Friedrich Ebert (1871-1925), líder dos sociais-democratas majoritários, que apoiaram o kaiser Wilhelm II, assumiu a chefia do governo, como *Kanzler* do Reich. Entretanto, o social-democrata Philipp Scheidemann (1865-1939), *sponte sua*, anunciou de uma janela do *Reichstag* a implantação da República e Karl Liebknecht (1871-1919), líder da Spartakusbund, a facção mais à esquerda da social-democracia alemã, assomou a varanda do Castelo de Berlim e radicalizou, ao apregoar uma República socialista.

Ao mesmo tempo, formou-se em Berlim o Conselho dos Comissários do Povo (Rat der Volksbeauftragten), com representantes de todas as frações da social democracia: Sozialdemokratische Partei Deutschlands (SPD), majoritário e denominado MSPD (Mehrheitssozialdemokraten); Unabhängige Sozialdemokratische Partei Deutschlands (USPD), *i.e.*, Partido Independente Social-Democrata da Alemanha, com uma tendência mais à esquerda; Spartakusbund (Liga Spartakus), o mais radical.[9] A revolução na Rússia, que o governo do Reich encorajou, serviu como exemplo e estava a contaminar a própria Alemanha. Lenin, porém, lamentou a "desgraça" de que a revolução na Alemanha não avançasse com tanta rapidez,[10] como ele desejava, pois, repetiu enfaticamente que "[...] constitui uma verdade absoluta o fato de que, sem a revolução alemã, estamos perdidos".[11]

Também, no Brasil, a tomada do poder pelos maximalistas, *i.e.* os bolcheviques liderados por Lenin e Trotsky, inspirou os anarquistas e animou a pretensão de tomada do poder, tão antiga e acalentada, por meio da greve geral, da greve revolucionária e o levante das massas trabalhadoras.[12] Os ácratas, Astrojildo Pereira, José Oiticica e outros, perceberam a revolução, na Rússia, como libertária e imaginavam que se espargiria pelo resto do mundo.[13] A greve geral de 1917, em São Paulo, gerou muitos ensinamentos e experiência, ao mostrar como pôde amedrontar o governador Altino Arantes, levando-o a fugir da capital do Estado e deixar a cidade virtualmente sob o controle do Comitê de

Defesa Proletária. Ademais, os marinheiros, expulsos da Armada em virtude da rebelião de 1910, haviam-se proletarizado e, ainda a ressentir a feroz repressão que sofreram, entraram a operar no movimento revolucionário, "como preciosos e ativos agentes de ligação", conforme Everardo Dias relatou.[14]

Os libertários imaginavam, decerto, que, se os maximalistas derrubaram o regime na Rússia, seria possível fazê-lo no Brasil, com a paralisação das atividades produtivas no país, o assalto à presidência da República, sediada no Palácio do Catete, e a captura do presidente Delfim Moreira. A deplorável situação da classe trabalhadora favorecia a preparação da greve revolucionária, a carestia tornara-se insuportável, os salários não acompanhavam os preços e ainda outro fator contribuía para a revolta: a pandemia da "gripe espanhola", que começara provavelmente nos campos de batalha da Europa, havia chegado ao Rio de Janeiro, em meados de setembro de 1918, e atacava, com maior ou menor intensidade, os habitantes de quase todas cidades do Brasil, principalmente a classe operária. A estimativa foi de que, entre outubro e dezembro de 1918, os dois meses oficialmente considerados pandêmicos, a influenza atacou 65% da população, principalmente as camadas mais pobres, proletárias, devido às degradantes condições de higiene, de saneamento e de saúde em que viviam, somadas ao excesso de trabalho, esgotamento físico, má alimentação etc. Só no Rio de Janeiro morreram 14.348 pessoas e, em São Paulo, certamente mais de 2.000, em apenas dois meses. A mortandade nos cortiços e favelas, em moradas úmidas e insalubres, sem serviço de água e esgoto, agravou o desespero da classe operária, subnutrida, faminta e sem dispor dos menores recursos de assistência e saúde. No Rio Grande do Sul, a União Maximalista, que lá se havia formado, denunciou que as autoridades sanitaristas socorriam apenas os ricos. Em Pernambuco, houve 2.000 óbitos numa semana, principalmente, de operários. E, em Salvador, Bahia, cerca de 52,9% dos 5.812 trabalhadores foram contagiados pela influenza, o que afetou o funcionamento de fábricas e do comércio.

A greve geral, que os militantes revolucionários articulavam, encontrou, assim, um solo fértil, sobretudo na indústria têxtil, onde os resíduos de algodão debilitavam os pulmões, a predispor os trabalhadores a doenças e a endemias em geral. Everardo Dias contou que a preparação da insurgência, em meio à deflagração da greve geral, expandiu-se entre os principais líderes sindicalistas, anarquistas, socialistas e grupos democratas descontentes com a situação do país. O movimento devia começar no Rio de Janeiro, capital da República, acompanhado, simultaneamente, pelas massas trabalhadoras dos demais Estados, principalmente São Paulo. Segundo Otávio Brandão, os anarquistas não queriam tomar o Estado, mas destruir o Estado, não queriam ser o Exército, mas armar os sindicatos, as milícias operárias. As quais defenderiam a revolução contra as tropas do Exército e da polícia.[15] Era assim que alguns pensavam e queriam formar algo *ad instar* um soviet no Rio de Janeiro.

O filólogo, professor do Colégio Pedro II, José Oiticica (1882-1957), à frente, Agripino Nazaré, advogado e líder socialista da Bahia, Astrojildo Pereira, João da Costa Pimenta, José Elias da Silva, Manuel Campos, Ricardo Corrêa Perpétua, Carlos Dias e Álvaro Palmeira formaram um comitê de organização do levante. As reuniões ocorriam, a maioria das vezes, no escritório de José Oiticica, na Rua da Alfândega. A elas apareceu, depois de 12 de novembro de 1918, o 2º tenente Jorge Elias Ajus, amigo do comerciário José Correia Perpétua, a quem José Oiticica entregava boletins insurrecionais para distribuir na Vila Militar.[16] Ele se revelou então um revolucionário e se dispôs a liderar o movimento no Exército. Na realidade, porém, o 2º tenente Jorge Elias Ajus era um agente infiltrado e transmitia tudo o que se passava às autoridades. E Agripino Nazaré, membro da direção do movimento, desconfiou do tenente Ajus e, certa vez, observou: "Será que esse turco não nos vai vender a prestações?". O tenente Ajus não era turco, mas descendente de gregos.

A greve geral, finalmente, irrompeu numa segunda-feira, 18 de novembro de 1918, três dias após o vice-presidente Delfim Moreira (1866-1920) assumir o governo, em virtude do falecimento de Rodrigues Alves, outra vez eleito presidente, porém vitimado pela "gripe espanhola". Cerca de 20.000 trabalhadores das fábricas de têxteis do Distrito Federal, além de Niterói, no bairro do Barreto, Petrópolis, Magé, Santo Aleixo e outras cidades do Estado do Rio de Janeiro, paralisaram simultaneamente o trabalho.[17] Logo aderiram os metalúrgicos e os trabalhadores da construção civil, juntamente de outros setores, no entanto, não os da Light e da Prefeitura (abastecimento de água), essenciais ao empreendimento que se tentava. A greve geral era o sinal de partida para a insurreição. E mais ou menos 400 trabalhadores concentraram-se, no Campo de São Cristóvão, a enfrentar as tropas do Exército. As autoridades, porém, já estavam prevenidas pelo tenente Ajus e controlaram a situação.

Houve, no entanto, combate nas ruas, em que tombaram operários e policiais. Duas torres de energia da Light explodiram. Os operários assaltaram e tomaram a delegacia do 10° Distrito Policial. E o general Américo Almada, chefe da Intendência da Guerra, mandou carregar contra os amotinados que pretendiam apossar-se do material bélico do Exército. Boletins insurrecionais apareceram na Vila Militar, onde havia uma Companhia Operária. O Exército ocupou as represas de Ribeirão das Lajes e desarmou os Tiros de Guerra, a que pertenciam numerosos operários. O bairro fabril de São Cristóvão tornou-se o epicentro da sublevação. Lá os trabalhadores defenderam-se da ação repressiva, detonando dinamites de explosão por contato e tiros de revólver. Contudo, a luta não se espraiou e, praticamente, se restringiu ao Campo de São Cristóvão, de onde os trabalhadores partiriam para o assalto à Intendência da Guerra. Mas fracassaram.

Depois de restabelecida a calma, um piquete de cavalaria da Brigada Policial chegou ao Campo de São Cristóvão, onde, às 17h30, o 55° Batalhão de Caçadores acampou, tomando as esquinas das ruas Escobar, Figueira de Melo, Senador Alencar, Bela de São João, Araújo Lima, Igrejinha, São Luís Gonzaga, São Luís Durão, Vinte e Cinco de Agosto e praia de São Cristóvão. Em cada cruzamento de rua, havia uma força de 25 praças, sob o comando de um tenente. Todos os botequins da redondeza foram fechados pela polícia a fim de evitar aglomerações. De 10 em 10 passos, um soldado montava guarda. E nenhum bonde podia circular pela zona. Os que procediam da cidade paravam nas esquinas das ruas Escobar e Figueira de Melo. Os passageiros desembarcados seguiam escoltados até ao fim do Campo ou até às suas residências.

Apenas os bondes de Cascadura podiam transitar pelo Campo de São Cristóvão, onde nem mesmo permitiam que oficiais fardados passassem. Os soldados revistavam todos os automóveis e, depois, acompanhavam-nos até ao local de destino. Se o motorista era mulher, bastava apenas um soldado para escoltá-la. O Campo de São Cristóvão converteu-se em praça de guerra.

A polícia prendeu centenas de operários e numerosos intelectuais, entre eles, o professor José Oiticica, apontado como chefe da conjuração. Conduzido à presença de Aurelino Leal, pelo major Reis, travou-se o seguinte diálogo, que o *Jornal do Brasil* reproduziu:

> – Então o senhor quer ser o salvador brasileiro, o Lenin?
> – Não senhor.
> – Abusa de sua cultura, para pregar ideias subversivas a honrados operários que se deixam empolgar por tais doutrinas.
> – São ideias... ideias.
> – São ideias anarquistas, mas o senhor está enganado; não conseguirá seus intentos. Major Reis, faça conduzir o doutor para o Corpo de Segurança, concluiu o chefe de polícia.[18]

Às 21h, chegou grande quantidade de metralhadoras e munições para a Intendência da Guerra. O policiamento estava sob a superintendência do general Américo Almada, chefe do Departamento da Guerra, e do coronel Neiva, comandante do 1º Regimento de Cavalaria. O delegado Nascimento Silva consignou no seu relatório:

> Por delicado que seja o momento que atravessamos, facilmente compreendido por qualquer mediana inteligência, não faltaram impatrióticos brasileiros e desumanos cidadãos, que se deixassem empolgar por ideais liberatórios, copiados simiescamente de outros países em dissolução, e sublevassem a ordem pública em nossa Capital no dia 18 de novembro próximo findo. Suspenso, brusca e arbitrariamente, pelos próprios operários, o serviço em várias oficinas, à mesma hora, foram os paredistas para o Campo de São Cristóvão, onde tentaram assaltar a Intendência da Guerra, depósito de material bélico, e a delegacia de polícia, usando,

para esses atentados, de bombas de dinamite de explosão por contato, tiros de revólver, projeção de blocos de granito etc. Reprimidos a tempo pela autoridade foram os desordeiros presos, sendo sufocada a rebelião.

A *Época,* do Rio de Janeiro, na terça-feira, 19 de novembro, publicou a manchete no jornal e indagava: "O maximalismo no Brasil?" E explicou: "Em nossa edição de sábado último e a propósito da distribuição de boletins na Vila Militar, manifestamos o nosso modo de pensar e sentir quanto à possibilidade de perturbações da ordem civil nesta Capital, em consequência das reações de caráter socialista ora verificadas em vários países europeus". Também no mesmo dia, o *Jornal do Brasil,* que não dava notícias na primeira página, abriu duas colunas, para, num quadro, informar: "O grave movimento subversivo que agitou ontem a cidade. A polícia consegue descobrir o plano dos amotinadores". A reportagem sobre os acontecimentos ocupou toda a terceira página, introduzida pelos títulos: "Grave movimento subversivo. Os operários das principais fábricas de tecidos abandonaram simultaneamente o trabalho às quinze horas de ontem. A rápida ação das autoridades".

O *Correio da Manhã* dedicou sua primeira página aos acontecimentos, com a seguinte manchete: "Os graves acontecimentos da tarde de ontem". E os subtítulos valiam por uma síntese dos fatos: "A polícia descobre um complô anarquista, efetuando várias prisões de agitadores – Greve nas fábricas de tecidos – A dinamite em ação – Um projetado assalto à Intendência da Guerra e tiroteio com a força pública no Campo de São Cristóvão". O texto descreveu:

> A campanha francamente anarquista, que, de há tempos, se vem fazendo, quer nas fábricas, ora por meio de propaganda oral, ora por boletins sediciosos, deu ontem o seu primeiro resultado, com graves perturbações da ordem pública, pondo a cidade verdadeiramente alarmada. A polícia, se conhecia os meios empregados para a propaganda, não previu o momento em que ela deflagraria o que se deu ontem em pontos diferentes, aterrorizando toda a gente e estabelecendo-se a confusão entre as autoridades. De quando em quando agentes do Corpo de Segurança

apreendiam maços e maços de boletins redigidos em termos violentíssimos, concitando os soldados à anarquia e à revolução. E nesses boletins lia-se entre muitas outras coisas: "O soldado é filho do povo. O soldado e o marinheiro são filhos do povo. Logo, se o soldado e o marinheiro se unirem aos operários, os ricos e os políticos nada valerão e não serão mais senhores da terra". [...] Soldados e marinheiros: o patriotismo e a disciplina são os meios de que se servem os vossos opressores para vos enganarem. Só deveis ter um patriotismo e uma disciplina: a de libertar a classe dos pobres e dos humilhados a que pertenceis. Só há um meio para isto: unir-vos aos vossos irmãos operários e formar com eles comitês de soldados e operários que tomarão conta de todos os serviços públicos. Façamos o quanto antes.[19]

O *Correio da Manhã* ainda observou que "no meio da classe operária a catequese era feita mais inteligentemente, por oradores fluentes que apregoavam francamente o anarquismo, cuja vitória, diziam eles, só poderia ser obtida pela ação direta." Nos boletins distribuídos nas fábricas, os conselhos eram mais positivos: "a insubmissão, reação violenta contra a prepotência dos patrões, abandono imediato do trabalho." Segundo o *Correio da Manhã*, a polícia não dispunha dos elementos precisos para uma repressão severa e o germe lançado ao seio das classes trabalhadoras se propagou, culminando nas cenas de depredações verificadas ontem: 4 da tarde. Os propagandistas do movimento fixaram esta hora e cumpriram à risca o prometido. "A polícia tomou providências."[20] O repórter passou a narrar os sucessos do dia 18, de novembro, de 1918:

O movimento, como já dissemos, acima, devia manifestar-se nas diversas fábricas à mesma hora: 4 da tarde. Efetivamente àquela hora recebia a Central de Polícia comunicação das delegacias do 16°, 21° e 25°, de que os operários das fábricas de tecidos haviam-se declarado em greve e que o movimento tomara incremento muito sério. O Dr. Aurelino Leal comunicou-se imediatamente com o comandante da Brigada e com o inspetor da 5ª Região Militar e determinou, em seguida, que forças de armas embaladas fossem destacadas para as fábricas, com ordens de agir severamente. Na Central da Polícia começou um movimento intenso: eram automóveis que partiam, com os delegados auxiliares, autocaminhões com praças embaladas e autoridades militares que conferenciavam com o chefe de polícia. O deputado Álvaro de Carvalho esteve também com o Sr. Aurelino e sua presença ali foi tomada como uma Conferência sobre o assunto. O chefe de polícia combinava com os delegados auxiliares medidas repressivas quando da delegacia do 10º Distrito comunicaram um grande tiroteio, no Campo de São Cristóvão, transformado em campo de guerra. Por sua vez o 1º Delegado Auxiliar recebia um chamado com insistência, ao telefone, por uma senhora que, nervosa, pediu providências contra depredações que se cometiam nas residências particulares. Eram grevistas, afirmou, que procediam a depredações, ameaçando o saque geral. Do gabinete do Chefe de polícia foi pedida uma força de armas embaladas, partindo a mesma imediatamente. Mas que havia afinal? Fomos lá. O campo apresentava, de fato, aspecto de uma praça de guerra. Estava ocupado por força da polícia e de cavalaria do 13º Exército, de armas embaladas com ordens severas. Pouco depois das 4 horas, os funcionários do 10º – comissários Lacerda e Ferreira, agentes 125 e 299, e guarda civil nº 909 – notaram que, no Campo, estacionavam grupos de grevistas separados e que, de quando em quando, mais se engrossavam. Foi pedido auxílio de força à Brigada e o autossocorro nº 10 para lá partiu, com várias praças, enquanto era prevenido do que estava ocorrendo o delegado Benedito da Costa Ribeiro, que se dirigiu para a delegacia. Como aqueles grupos procuravam se dirigir para a Intendência de Guerra, o delegado Costa Ribeiro achou de impedi-lo e intimou um espanhol baixo, gordo, certamente o mentor daquela gente, a se retirar, sob pena de prisão. O espanhol respondeu com uma formidável descompostura e recebendo ordem de prisão, sacou do revólver, bradando: "– Companheiros chegou o momento!" E um tiroteio cerrado irrompeu em diferentes pontos.

E mais:

O ataque à intendência. Era o plano daquela gente atacar a intendência de guerra. Impedidos, os agitadores voltaram suas vistas para a delegacia e a ela se arremeteram. Uma bomba de dinamite foi arremessada sobre o autocaminhão da brigada e explodiu com fragor, ferindo vários soldados.

Outra foi explodir à escada do lado esquerdo, à entrada, quebrando todos os vidros dos batentes e uma outra nas proximidades da intendência. Cometidas essas depredações e diante da reação das praças da polícia e do Exército que acudiram, os promotores daquelas cenas puseram-se em debandada, penetrando nas casas de família, por cujos fundos fugiam. Os estampidos das bombas e o tiroteio alarmaram todo o bairro de São Cristóvão, saindo gente de toda a parte. O general Almada, chefe do Departamento da Guerra, tomou a resolução de dirigir pessoalmente o policiamento, tomando conta do campo e impedindo a passagem dos pedestres, automóveis e dos próprios bondes. As forças da polícia e do exército foram dispostas nas quatro faces do quadrado que formam o campo, tomando as entradas das ruas que nele desembocam. Os transeuntes só passavam mediante ordem prévia, depois de convenientemente acompanhados de praças da infantaria.[21]

Esse foi o principal episódio da greve insurrecional, mas não o único. A própria nota oficial do chefe de polícia o disse:

A polícia estava, há dias, informada de que os anarquistas que habitualmente pregam a desordem e a subversão do regime legal preparavam-se para um novo movimento desta vez chefiados pelo Sr. José Oiticica, cujas ideias libertárias são francamente conhecidas. A polícia sabia dos pontos em que os agitadores se reuniam e na sua própria casa, à rua Guanabara, nº 49, o Sr. Oiticica acolheu-os anteontem à noite, combinando um levante de operários para assaltar a Intendência da Guerra, de onde retirariam fardamento, armas e munições, e assim tomarem vários edifícios. Antes do movimento ficou deliberado que haveria uma reunião à rua da Alfândega nº 22, onde a polícia fez prender os Srs. Oiticica, Manuel Campos, Astrojildo Pereira, os dois últimos velhos conhecidos. O assalto não se deu devido certamente às medidas tomadas mas à hora combinada pelos agitadores as fábricas da Gávea, Bangu, Andaraí e outras, sem motivo, pararam o trabalho. Na Gávea foi preso um operário que trazia consigo uma bomba de dinamite, bastantes munições e, em frascos, um líquido que vai ser examinado. Num momento como este a autoridade tem o dever de ser franca e, por isso, declara que será inflexível nas providências necessárias ao restabelecimento da ordem.

Todos os grupos suspeitos serão dissolvidos. Serão presos os desordeiros e agitadores conhecidos. Nenhuma associação poderá reunir-se sem comunicar à polícia. Pede-se à população ordeira que evite aglomerar--se em qualquer ponto onde irrompam conflitos, porque as ordens de reação são terminantes.

E mais esta outra nota explicativa:

As investigações feitas pela polícia tiveram plena confirmação. O ponto de reunião dos agitadores seria o Campo de São Cristóvão de onde partiriam para o assalto à Intendência da Guerra. De fato ali compareceram 500 operários que combateram com a força pública e atiraram bombas de dinamite no edifício da delegacia do distrito. Algumas crianças foram, em outro ponto, atingidas por estilhaços das máquinas infernais. Em Vila Isabel, um operário matou um companheiro e este trazia consigo uma bomba. Na Gávea um operário foi preso por ter em seu poder um petardo. A autoridade pública está lutando com anarquistas, quase todos estrangeiros, que querem implantar o maximalismo entre nós e para homens dessa espécie, bem como para os maus brasileiros que os acompanham, todo o rigor é pouco. Para defender a ordem pública, além das medidas já tomadas, a polícia não consentirá em *meeting,* qualquer que seja a sua natureza.[22]

A tentativa de levante em São Cristóvão alarmou o Palácio do Catete, então sede da presidência da República, que à noite, segundo o *Correio da Manhã,* "tinha um aspecto marcial. A guarnição habitual, sob o comando do tenente João de Deus Mena Barreto, com um pelotão do 9° de Caçadores, foi reforçada por uma companhia de guerra do 56° de Caçadores". O ministro da Guerra, general Alberto Cardoso de Aguiar (1864-1935), o ministro da Justiça, Amaro Cavalcanti Soares de Brito (1849-1922), reunidos com o presidente Delfim Moreira, resolveram ouvir o relato do chefe de polícia, Aurelino Leal. Concederam-lhe "poderes excepcionais" e deram-lhe a coordenação geral da repressão. Talvez o fato se explique porque os ministros militares tinham apenas três dias de posse e Aurelino Leal estava havia quatro anos no exercício da chefia de polícia.

A Marinha entrou de sobreaviso. Rebocadores percorriam a Baía de Guanabara "para evitar algum atentado anarquista no mar". Receavam, na verdade, que a revolta contaminasse os marinheiros. Os quartéis continuaram em prontidão desde o dia 18. E, no dia 20 de novembro, o *Jornal do Brasil* voltou a abrir um quadro na primeira página: "Fracassou o movimento subversivo nesta capital. Várias fábricas continuam ainda fechadas" E o editorial clamava: "Ordem acima de tudo: Sem recorrer a exageros e a violências, que somente podem comprometer o nosso bom nome, devem as autoridades competentes manter o rigor da vigilância".

A Associação Comercial passou um telegrama ao vice-presidente da República, Delfim Moreira, e ao chefe de polícia, Aurelino Leal, congratulando-os pela "enérgica atitude". Assinaram o telegrama Francisco Leal, presidente, e Herbert Moses, secretário. E a cidade do Rio tremeu, como afirmou o *Correio da Manhã*, diante dos "boatos alarmantes espalhados, em boletins sediciosos", os quais diziam que "em breve seria implantado no Rio o regime dos sovietes".[23] As tropas da Vila Militar ocuparam o centro têxtil de Bangu e, a Marinha, a zona portuária. Todas as fábricas ficaram sob vigília da Polícia Militar e na própria Central só se viajava depois de revista pelo Corpo de Segurança. A polícia varejou e lacrou sedes de associações operárias. Invadiu lares. Quarenta e oito horas depois, havia uma centena de presos e se cogitou enviá-los para a ilha-presídio de Fernando de Noronha.

Dezoito operários caíram presos, quando – informou a polícia – tentavam dinamitar a represa de Ribeirão das Lajes. Outros tentaram deixar a cidade sem luz, derrubando as torres da Light. Do morro de Santa Teresa, operários ainda arremessavam petardos sobre o quartel da Polícia Militar, na Rua Evaristo da Veiga. Desencarrilaram o bondinho. Encontraram-se bombas em diferentes pontos da cidade e algumas explodiram. Em Bangu, a simples presença de um carro em alta velocidade apavorou os soldados do Exército que dispararam a esmo.

O enterro do líder têxtil Manuel Martins, morto a punhaladas, no dia do início da greve, na fábrica Confiança, virou uma consagração. Apesar da proibição policial, o préstito saiu desfraldando as suas bandeiras vermelhas e os restos mortais do camarada caído não baixaram à

265

terra sem discursos. Os operários dispensaram os coveiros e eles próprios realizaram o sepultamento. O crime nunca se esclareceu devidamente: Martins morreu no escritório do gerente, chamado Braga, numa luta desesperada com várias pessoas. Outro operário, Júlio Morais, saiu gravemente ferido na contenda e faleceu dias após na Casa de Saúde. A polícia construiu a versão de que ambos se feriram. Martins porque era inimigo pessoal do mestre Morais, pai de Júlio, e este na defesa legítima do seu pai. Houve excesso de imaginação na novela. Noticiou-se que uma filha do mestre Morais chegara a tomar o revólver de Martins e dominá--lo, mas como isso prejudicaria a legítima defesa, pois cessaria a suposta agressão, abandonou-se, posteriormente, o pormenor. O gerente Braga, dias após, preferiu passar por covarde, afirmando que correra, na hora da luta, em vez de esclarecer o que realmente se passava. O deputado federal Vicente Piragibe, que era criminalista, desconfiou da versão e pediu o laudo do Instituto de Medicina Legal (IML), realizado no cadáver de Martins. Jamais o recebeu e o caso resvalou para o esquecimento.

## NOTAS

1. Foi expulso do Partido Comunista Brasileiro por ser maçom.
2. Everardo Dias, 1977, p. 36-37.
3. *Ibidem*, p. 46.
4. *Jornal do Brasil*, 16/3/1918.
5. *Jornal do Brasil*, 15/3/1918.
6. "Sobre a carestia", *O Debate*, 15/9/1917.
7. Tereza Ventura, 2006, p. 124.
8. Juliana Rocha. "Pandemia de gripe de 1918", *in Vivo*, disponível em <http://www. invivo.fiocruz.br/cgi/cgilua.exe/sys/start.htm?infoid=815&sid=7>.
9. Partido Social-Democrata da Alemanha e Partido Social-Democrata Independente, dentro do qual atuava o Grupo Spartacus, mais radical, sob a liderança de Karl Liebknecht e Rosa Luxemburg.
10. V. I. Lenin, "Informe sobre la Paz", pronunciado el 26 octubre de 1917; "Informe sobre Ia Paz", discurso de conclusión (26 de octubre de 1917), *in* _____, *Lenin*, tomo II, 1948, pp. 288-291. "Informe sobre la Guerra y la Paz", pronunciado el 7 de marzo de 1918, *ibidem*, p. 371.

11. *Ibidem*, p. 371.
12. Everardo Dias, 1977, p. 52.
13. Wellington Barbosa Nébias, *A Greve Geral e a Insurreição Anarquista de 1918 no Rio de Janeiro*: Um resgate da atuação das associações de trabalhadores, dissertação (Mestrado em História Comparada), 2009, disponível em <http://livros01.livrosgratis.com.br/cp113976.pdf>.
14. Everardo Dias, 1977, p. 89.
15. Otávio Brandão Rego, "Otávio Brandão (Depoimento, 1977)", CPDOC, 1993, p. 139, disponível <http://www.fgv.br/cpdoc/historal/arq/Entrevista213.pdf>.
16. John W. F. Dulles, 1973, pp. 70-78.
17. Wellington Barbosa Nébias, *A Greve Geral e a Insurreição Anarquista de 1918 no Rio de Janeiro*: Um resgate da atuação das associações de trabalhadores, dissertação (Mestrado em História Oral), 2009, disponível em <http://livros01.livrosgratis.com.br/cp113976.pdf>.
18. *Jornal do Brasil*, 19/11/1918.
19. *Correio da Manhã*, 19/11/1918.
20. *Ibidem*.
21. *Ibidem*.
22. *Ibidem*.
23. *Correio da Manhã*, 20/11/1918.

# Capítulo 14

PROSSEGUIMENTO DA GREVE NO RIO DE JANEIRO • PARALISAÇÃO DOS TRA-
BALHADORES TÊXTEIS • REPRESSÃO E PRISÃO DE JOSÉ OITICICA E OUTROS
LÍDERES DO MOVIMENTO • *INTELLIGENTSIA* RECONHECE A NECESSIDADE DE
MUDANÇAS • LIMA BARRETO E A DEFESA DOS GREVISTAS • PARTIDO SOCIA-
LISTA DO BRASIL CONDENA A INSURREIÇÃO • RELATÓRIO DA POLÍCIA SOBRE
AS REUNIÕES DOS ÁCRATAS • SENADOR LAURO MÜLLER TENTA O APOIO DOS
ANARQUISTAS PARA A ELEIÇÃO PRESIDENCIAL

Embora o fracasso do levante e a violenta repressão, o movimento
prosseguiu. Tecelões, metalúrgicos e trabalhadores da construção civil
continuaram a paralisação das atividades.[1] A greve ameaçou envolver
outras indústrias de Petrópolis, como a Fábrica de Pólvora, do Exército,
ao pé da serra. Os estudantes do Colégio Pedro II e da Escola de Medicina
pediram a liberdade do professor José Oiticica. Mas em 20 de novembro,
o senador Francisco Sales apresentou uma moção de solidariedade ao governo para "repelir qualquer subversão da ordem pública". Uniram-se
governo e oposição. Vinte e nove senadores subscreveram o documento.
Somente o senador Lauro Müller discordou: "Ao invés de votar moções
inúteis, devia cuidar a sério de reformas de caráter social, em benefício
do operariado, como está acontecendo em todas as nações do mundo".
O senador João Luís Alves ocupou a tribuna para defender a moção e
refutar os seus argumentos. Porém, no dia 21, os líderes da Câmara de
Deputados uniram-se para aprovar a moção, aplaudindo "sem reservas
as medidas de repressão tomadas pelo poder Executivo". Raul Fernandes

defendeu a iniciativa. Ante o perigo, cessavam as divergências entre as facções das classes dominantes. Apenas votou contra a moção a bancada de Santa Catarina, influenciada pela atitude do senador Lauro Müller. Tecelões, metalúrgicos e parte dos trabalhadores na construção civil permaneciam de braços cruzados. No dia 22, sexta-feira, o presidente Delfim Moreira, no exercício do governo, e Amaro Cavalcanti, ministro da Justiça, assinaram o decreto 13.295, fechando a União Geral dos Trabalhadores e suspendendo, provisoriamente, a União dos Operários em Fábricas de Tecidos, União dos Operários Metalúrgicos e União dos Operários em Construção Civil. Justificaram o fechamento da UGT, a alegar que se tratava "de uma sociedade cujos atos são nocivos à ordem pública e cujos membros são, na sua maioria, estrangeiros agitadores ou verdadeiros anarquistas".

O chefe de polícia, Aurelino Leal, solicitara a medida. Aludiu, no ofício, à Federação Operária, que também havia fechado em 1917, e acusou que na sua sede se discutia "coisas gravíssimas: a inutilidade da ideia de pátria, a falsidade do regime do direito e da lei e, como consequência, a necessidade de subverter-se o governo do Estado, tal qual o praticam, sem exceção, todos os povos civilizados do mundo". Afirmou que a UGT "induziu cerca de 500 operários, especialmente de tecidos, ao plano de assalto na Intendência de Guerra, no dia 18 do corrente, com o intuito já conhecido de estabelecer no Brasil o regime do terror do saque e do sangue dos soviets russos". Em entrevista ao *Correio da Manhã* ajuntou entre os objetivos dos soviets "a desonra de virgens".

O terror continuou por vários dias. A polícia, no dia 24, efetuou novas prisões e deu "buscas em casas que se lhe afiguram suspeitas", informou o *Jornal do Brasil*.[2] O mesmo jornal, em 26 de novembro, registrou: "Vai além de 80 o número dos indivíduos presos em virtude dos últimos acontecimentos e recolhidos à Casa de Detenção". E ocorreram novos encarceramentos. Novas buscas. A polícia arrastou Pedro Mattera, diretor do semanário anarquista *A Liberdade*. Todos os jornais deram ampla cobertura e dedicaram editoriais ao acontecimento. E *O País* pontificou:

Seria um erro e uma injustiça arregimentar as massas do nosso proletariado nas fileiras dos satélites desses aventureiros e utopistas desequilibrados, que organizaram o plano, em parte já fracassado, do levante maximalista. Mas é oportuno lembrar que as pequenas minorias audaciosas têm, por vezes, subvertido a ordem estabelecida nas sociedades, devido à apatia, às vacilações e à falta de coragem das classes conservadoras.[3]

No dia seguinte, 20 de novembro, *O País* centralizou o alvo no diretor do jornal oposicionista *O Imparcial,* José Eduardo Macedo Soares (1882-1967), procurando implicá-lo no levante: "O Sr. Macedo Soares, organizando mazorca e pregando a anarquia, é talvez um indivíduo perigoso, que reclama a ação vigilante da polícia". Porém, no dia 22, ponderou:

Há, sem dúvida, no Brasil, um problema trabalhista, mas é um problema trabalhista brasileiro, que tem que ser resolvido por métodos brasileiros, de acordo com as aspirações do meio brasileiro, segundo os desejos legítimos dos trabalhadores brasileiros e sem intervenção de aventureiros estrangeiros, que aqui vêm trazer aquilo que a Europa repudiou como imprestável e nocivo. O maximalismo russo e as aberrações libertárias da democracia social alemã são fenômenos transitórios, a espuma efêmera que encima o dorso das grandes vagas criadoras, que encaminham as nações para o seu destino. Os correligionários de Lenin e Trotsky tomaram conta da Rússia, porque a vodca havia deteriorado o organismo da gente da plebe moscovita, enquanto a perversão apurada por uma cultura sutil tinha debilitado, nas classes dirigentes, a vontade de domínio e a capacidade de governar.

De fato, a questão social alimentava, de um modo ou de outro, a revolta. Em 27 de novembro, ainda 20.630 tecelões recusavam-se a atender ao apito das fábricas. Assim, distribuíam-se os operários em greve nas fábricas de tecidos: Fábrica Bangu, 3.600; Sapopemba – 2.000; Santa Heloísa – 450; Gávea São Félix – 1.500; Carioca – 2.000; Corcovado 1.300; Bonfim e Merville – 1.500; Esperança – 350; Aliança-Laranjeiras – 2.000; Cruzeiro – 1.600; Confiança – 1.900; Botafogo – 950; Manchester – 60; Minerva – 270; Bom Pastor – 100; Covilhã Tijuca – 50; Manufatura Progresso – 30; Tecidos de Juta – 300; Babilônia – 250; Aldeia Campista – 80; Bodren – 120; Santo Antônio – 200.

A União dos Operários em Fábricas de Tecidos conclamou os trabalhadores a manter a parede, até conseguir: 1. Completa liberdade de pensamento; 2. Seis dias de trabalho por semana; 3. Salário mínimo; 4. Oito horas de trabalho por dia. Embora alguns operários voltassem ao trabalho, a greve prosseguia, no dia 27, e os empresários iniciaram as dispensas dos trabalhadores. As elites procuraram atribuir aos estrangeiros a responsabilidade pelas perturbações geradas por uma ordem social injusta e passaram a apresentar a insurreição como fenômeno estranho, alheio ao caráter nacional.

O *Jornal do Brasil* grifou:

A polícia, devido aos últimos acontecimentos que alarmaram o país, colheu nas suas malhas quase 100 anarquistas, insistentes estimuladores dos desagradáveis movimentos por parte do nosso operariado. Entre todos esses homens, a mantenedora da ordem pública apenas encontrou um brasileiro, o que basta para deixar fora de dúvida que o anarquismo não encontra terreno propício no espírito dos trabalhadores nacionais.[4]

José Oiticica, Astrojildo Pereira, João da Costa Pimenta e Agripino Nazaré, esses quatro nomes, apontados como cabeças do movimento, bastavam, também, para mostrar que a conta da polícia e do *Jornal do Brasil* estava errada. Todos eram brasileiros. E Antônio Leão Veloso, no *Correio da Manhã*, comentou, sob o título "Anarquistas e Operários":

A situação do operariado, premido pela necessidade ingente, que o faz aceitar como promissora de melhores dias a direção de alguns espertalhões nacionais e estrangeiros, é deveras lamentável. E se os dirigentes da República, se os inspiradores de sua política e executores de sua administração, não abandonassem os proletários, eles não se teriam aproximado dos cabeças improvisados de um anarquismo extemporâneo e espúrio. [...] A parte fraca, desprotegida, que necessita a tutela do

Estado, não é pois o capital, é o trabalho operário. No Brasil, porém, de encontro às expectativas mais pessimistas, está-se elaborando um código para proteger o capital, para assegurar a propriedade dos patrões, sem uma disposição que atenda às necessidades prementes dos operários. O código regulador do trabalho é evidentemente inspirado pelas sugestões e argumentos do Centro Industrial, que encarna na pessoa do seu presidente, o Sr. Jorge Street, a resistência e a defesa dos interesses capitalistas. É a única parte interessada que se procura ouvir e acudir; de ouvir os operários ninguém se lembrou ainda. [...] O capital não exigiu tanto quanto lhe vai dar o Parlamento. A Câmara entendeu outorgar-lhe muito mais e seu código dará ao capital o que o próprio capital não requereu.[5]

Na verdade, o Centro Industrial queria 56 horas de trabalho para os operários. A Câmara pretendia aprovar a semana de 60 horas. Alguns jornalistas compreenderam que a política de concessões melhor corresponderia aos interesses das classes dominantes: apagar o fogo e manter a ordem, eliminando os motivos imediatos do descontentamento e das greves. "Tratem logo os legisladores de atender, no que é de sua competência, ao problema operário, mas sem *arrière pensée,* com toda a sinceridade", advertira Leão Veloso, sob o pseudônimo de Gil Vidal, no *Correio da Manhã.* E acrescentou: "Não venham mais à tona concepções obsoletas de tempos que já vão longe nos países cultos, quando o patrão era tudo: *"'maître en son usine, comme charbonnier en sa maison'".*[6]

Era preciso mudar para salvar o *statu quo,* sentia a *intelligentsia,* menos cega pelos interesses fechados de classe. E Antônio Torres, também no *Correio da Manhã,* pediu "um pouquinho de bom senso". E assinalou:

Por mais que obtusamente o neguem os conservadores, é lamentável a situação do nosso proletariado. Pela maioria os operários, tecelões percebem 4$000 por dia de 10 horas. Nas fábricas que melhor pagam, as crianças percebem o salário de 840 réis por dia de 7 horas, ou seja, 3$360 por semana de quatro dias; total de um mês: 14$440. Quer isto dizer que o filho de um operário ganha num mês aquilo que o filho de seu patrão gasta em duas horas de passeio de automóvel. Será justa essa desigualdade? Não, não é possível que isso continue. O governo pode receber as moções que quiser; pode prender e deportar anarquistas; pode dissolver associações operárias; mas nada resolverá se não extinguir o mal-estar operário nas suas causas, na sua origem, na sua raiz. [...] Aqui, para fazer o Código do Trabalho não se ouviu um só representante dos operários; só foram chamados a dar o seu parecer os grandes industriais! [...] Os operários não pedem nenhuma coisa impossível; estes não exigem que o governo lhes dê a estrela Vésper para lhes servir de lâmpada; um pouco como homens e não como brutos.[7]

Antônio Torres, naturalmente, condenou o levante e os atentados. Mas, do leito do Hospital Central do Exército, onde se achava internado, Lima Barreto escreveu:

[...] Ri-me muito gostosamente do pavor que levaram a todo o Olimpo governamental os acontecimentos de 18. Não sei como não chamaram para socorrê-los os marinheiros da *Pittsburg*... Não era bem do programa; mas não sairia da sua orientação. O que os jornais disseram, uns de boa fé e outros cavilosamente inspirados, sobre o maximalismo e anarquismo, fez-me lembrar como os romanos resumiam, nos primeiros séculos de nossa era, o cristianismo nascente. Os cristãos, afirmavam eles categoricamente, devoram crianças e adoram um jumento. Mais ou menos isto, julgaram os senhores do mundo de uma religião que tinha de dominar todo aquele mundo por eles conhecido e mais uma parte muito maior cuja existência nem suspeitavam... O ofício que o senhor Aurelino (Leal) dirigiu ao senhor Amaro Cavalcanti, pedindo o fechamento da União Geral dos Trabalhadores, é deveras interessante e guardei-o para a minha coleção de coisas raras. Gostava muito do senhor Aurelino Leal, pois me pareceu sempre que tinha horror às violências e arbitrariedades da tradição do nosso Santo Ofício policial. Quando a *Gazeta de Notícias* andou dizendo que Sua Senhoria cultivava amoricos pelas bandas da Tijuca, ainda mais gostei do doutor Aurelino. [...] Mas, o Sr. Aurelino, que ia fazer versos ou coisa parecida, no Lago das Fadas, no Excelsior, na gruta Paulo e Virgínia, lá na maravilhosa floresta da Tijuca, deu agora para Fouché[8] caviloso, para Pina Manique[9] ultramontano do Estado, para Trepov, para inquisidor do candomblé republicano, não hesitando em cercear a liberdade de pensamento e o direito de reunião etc. Tudo isto me fez cair a alma aos pés e fiquei triste com essa transformação do atual chefe de polícia, tanto mais que o seu ofício não está com a verdade, ao afirmar que o maximalismo não tem "uma organização de governo". Não é exato. O que é Lenin? O que são os sovietes? Quem é Trotsky? Não é este alguma coisa, ministro como aqui foi Rio Branco, com menos poder que o barão, que fazia o que queria? Responda, agora, se há ou não organização de governo, na Rússia de Lenin. Se é por isso que se implica com o bolchevismo [...] Esse ódio ao maximalismo russo que a covardia burguesa tem, na sombra, propagado pelo mundo; essa burguesia cruel e sem coragem, que se embosca atrás de leis, feitas sob sua inspiração e como capitulação diante do poder do seu dinheiro; essa burguesia vulpina que apela para a violência pelos seus órgãos mais conspícuos, detestando o maximalismo moscovita, deseja implantar o "trepovismo", também moscovita, como razão de Estado; esse ódio – dizia – não se deve aninhar no coração dos que têm meditado sobre a marcha das sociedades humanas. A teimosia dos burgueses só fará adiar a convulsão que será então pior; e eles se lembrem, quando mandam cavilosamente atribuir propósitos iníquos aos seus inimigos, pelos jornais irresponsáveis; lembrem-se que, se dominam até hoje a sociedade, é à custa de muito sangue da nobreza que escorreu da guilhotina, em 93, na Praça da Grève, em Paris. Atirem a primeira pedra... Lembro-lhes ainda que, se o maximalismo é russo, se o "trepovismo" é russo – Vera Zasulich também é russa [...].[10]

No *Diário Íntimo*, Lima Barreto novamente investiu:

O artigo do Amaral tem o mesmo plano que o do Miguel Melo; o do Antônio Torres o mesmo que o daquele último; o do filho de Leão Veloso o mesmo que o do Torres.

Parece que o plano foi ditado pelo chefe de polícia, devendo tocar nos seguintes pontos:

a) acoimar de estrangeiros os anarquistas, e exploradores dos operários brasileiros;
b) debochar os seus propósitos e inventar mesmo alguns bem repugnantes e infames;

c) exaltar a doçura e o patriotismo do operário brasileiro;

d) julgar que eles têm razão nas suas reivindicações; que a dinamite não deve ser empregada etc.; que devem esperar, pois a câmara vai votar o código do trabalho etc., etc.

Seria melhor mandar o Celso Vieira redigir uma circular, em papel da chefatura de polícia, e, mediante pagamento razoável, publicá-la em todos os jornais.

Viver às claras.

Lima Barreto, ao que transpareceu nas linhas do seu *Diário Íntimo*, suspeitou e indicou que a tentativa de sublevação do dia 18 de novembro constituiu uma provocação armada pelo chefe de polícia Aurelino Leal. E o Partido Socialista do Brasil, recém-formado, manifestou-se contra a tentativa de insurreição, logo no primeiro número de *Folha Nova*, que saiu em 4 de janeiro de 1919. Uma nota, inserida no noticiário de Petrópolis, condenou:

O ensaio de revolução anarquista que teve por teatro a capital e ameaçou estender-se a esta cidade já está definitivamente olvidado pela maioria do povo que assistiu a ele. Várias explosões, muito mais prisões, atividade policial, colunas de jornais cheias, vários deportados e... nada mais. Na verdade essa revolução era realmente cômica, não só no seu *debout* mas em todos os seus preparativos, hoje divulgados. Aqui no Brasil, como em todas as partes do mundo, esses métodos seriam condenados ao fracasso mais terrível, pois trariam misérias infinitamente maiores. Somos reformadores, queremos a emancipação do operariado, mas estes ensaios, copiados foscamente de países diferentes na educação, não poderiam merecer nosso aplauso. Entretanto, devemos lembrar-nos que essas revoluções, reprováveis sob todos os pontos de vista, não são somente o resultado de uma propaganda subversiva, mas representam também uma aspiração incontida, uma reação imperiosa contra as misérias que afligem à classe trabalhadora e que certos elementos anarquistas canalizam para a revolta armada. A repressão desses elementos por parte da polícia não poderá fazer desaparecer por si só os germes de futuras revoluções, enquanto não desapareçam as causas econômicas que lhe dão origem indiretamente. Julgamos, portanto, que o governo deve prestar toda a sua atenção para o problema angustioso que aflige às classes operárias, à semelhança da Inglaterra e dos Estados Unidos, onde, desde anos, não se dão fatos tão reprováveis. E a resolução deste problema será suficiente por si mesma para destruir as causas mais remotas de qualquer revolta que viesse alterar a paz e a tranquilidade dos homens que habitam e trabalham no Brasil.

Podia haver sido, *de facto*, uma provocação, uma vez que o chefe de polícia, Aurelino Leal, e o Exército estavam informados dos preparativos pelo agente secreto, o tenente Ajus, que se infiltrara entre os ácratas, José Oiticica, Astrojildo Pereiro e outros.

Em dezembro, a polícia concluiu o inquérito, e o 1º delegado auxiliar, Nascimento Silva, apresentou o relatório. Conforme o depoimento do tenente Ajus, informante da polícia, houve uma "reunião na casa de José Oiticica, da qual participaram Agripino Nazaré, Astrojildo Pereira, um quintanista de sobrenome Palmeiro e dois outros de cujos nomes não se recorda".[11] E o relatório do 1º delegado auxiliar, Nascimento Silva, encarregado do inquérito, reportou:

> [...]O professor Oiticica começou expondo ao declarante (o tenente Ajus) que o governo atual não satisfazia mais às aspirações nacionais e que se tornava mister criar-se um governo genuinamente popular como se fizera na Rússia, de representantes de operários e soldados; que entre os operários o movimento já estava completamente organizado, dispondo ele e seus companheiros de todos os tecelões e metalúrgicos dispostos a tudo, já armados de grandes quantidades de bombas de dinamite de explosão por contato, aguardando apenas que fosse feita a designação do dia para a greve geral, descendo os operários de Botafogo, que se aproximariam do Palácio do Catete e, em momento dado, matariam a sentinela e invadiriam o Palácio, aprisionando o presidente e içando uma bandeira vermelha, enquanto, no mesmo momento, outros operários se reuniriam no Campo de São Cristóvão, onde seria fácil o ataque à Intendência da Guerra, a fim de apossarem-se de armas e munições

e equipamentos, enquanto que os operários de Bangu, em número de 2.000, saltariam em Realengo e se apoderariam das armas e munições existentes na Fábrica de Cartuchos, que incendiariam, partindo para esta Capital.

O tenente Ajus referiu-se ainda, como constou no relatório do 1º delegado auxiliar, a uma reunião realizada na véspera do levante e da qual participaram João da Costa Pimenta, Manuel Campos, Agripino Nazaré, Álvaro Palmeira, Ricardo Corrêa Perpétua, Astrojildo Pereira, "e dois indivíduos de nomes ignorados, além do tenente e Oiticica". Ele

> procurou conseguir, a conselho do chefe de polícia, que sempre pusera, diariamente, ao corrente de tudo ou pessoalmente ou por intermédio do tenente Bustamante, o adiamento do movimento para o dia vinte. Isto não conseguiu, apesar de estarem quase todos de acordo, porque o Dr. Agripino Nazaré lembrou não ser possível mais deter os tecelões que faziam questão de iniciarem a greve no dia seguinte; que nesta ocasião o professor Oiticica disse que havia quatro mil operários dispostos a tudo, mil e seiscentas bombas de explosão por contato já distribuídas, seis automóveis para movimentação e transmissão de ordens, os quais para serem conhecidos trariam um lenço amarrado ao para-brisa; de uma turma de metalúrgicos encarregada de dinamitar uma das torres da Light para que a cidade ficasse às escuras, uma outra turma que cortaria os fios telefônicos e quatro pessoas, dentro do próprio telégrafo, para impedir a transmissão de telegramas; quarenta caixas de petróleo e gasolina para incendiar o edifício da Prefeitura e do Quartel-General do Exército e a Repartição Central da Polícia, como também de turmas para o aprisionamento de três generais e do chefe de polícia.

A reunião estendeu-se até a meia-noite. Às três horas da madrugada do dia 18, o tenente Ajus encontrou-se, num ponto determinado, com o tenente Bustamante, o major Reis e o comissário Júlio Rodrigues, passando todo o serviço. Embora seja difícil distinguir, no documento da polícia, a mentira e a verdade, a provocação e o fato, porque, no afã de implicar e condenar os revolucionários, os agentes da lei sempre inventaram e mistificaram, não há dúvida de que o exemplo da insurreição bolchevique inspirou os libertários, na vanguarda dos trabalhadores brasileiros, e fecundou a experiência com a lembrança da greve geral de 1917, que abalou São Paulo. A greve geral, iniciada espontaneamente e sem qualquer plano ou coordenação, mostrou a força da classe operária. A insurreição bolchevique afigurou aos ácratas a possibilidade de destruir também o regime capitalista no Brasil. O assalto ao poder, na crista de uma greve geral que paralisasse os centros industriais, tornou-se o objetivo perseguido pelos militantes revolucionários ao correr dos anos de 1918 e 1919.

"Unidos todos os mazorqueiros por uma única ideia – a substituição da atual forma de governo por uma junta de operários e soldados animados do mesmo desejo, cimentados em intenções idênticas, vinculados uns aos outros pelo mesmo escopo, agiam, indubitavelmente, com dolo determinado", arguiu o delegado Nascimento Silva. Para ele "a ação conjunta, derivada de uma única fonte, com o objetivo de mudar a forma de governo atual por uma junta de operários e soldados, nos moldes da Rússia, coloca aqueles indivíduos como os demais que praticaram atos externos na sanção do art. 107, do Código Penal". E foram denunciados José Rodrigues Leite e Oiticica, Agripino Nazaré, Álvaro Palmeira, Ricardo Corrêa Perpétua, Astrojildo Pereira, Carlos Dias, Manuel Campos, João da Costa Pimenta, Manuel de Castro e Joaquim Moraes, "estes dirigentes do plano organizado, e seus coautores executores".[12]

Fracassou a tentativa de insurreição. Mas, ainda as cinzas queimavam quando o senador Lauro Müller procurou negociar o apoio dos anarquistas à sua candidatura à presidência da República. Enviou um emissário ao jornalista Domingos Ribeiro Filho, então funcionário da Secretaria da Guerra e redator-chefe da revista A Careta. O primeiro encontro teve lugar no dia 11 de fevereiro de 1919.

> [...] Compareci ao local e fui recebido por um enviado do general Lauro Müller que me disse, em resumo, o seguinte: "que o general sabia da minha posição de destaque no meio anarquista e maximalista e reconhecia ser eu um dos sucessores do chefe José Oiticica. Nessas condições

mandava me consultar sobre o apoio que os grupos revolucionários prestariam ao candidato presidencial, que encarnasse a questão social sobre um ponto de vista corajoso e liberal.

Informou o jornalista Domingos Ribeiro Filho num relatório que, com data de 21 de fevereiro de 1919, mandou aos camaradas, e Astrojildo Pereira guardou nos seus arquivos.[13] Adiante:

> "Respondi" – prossegui "contestando que, embora dedicado à questão social e realmente um dos mais velhos militantes das ideias anarquistas, não era absolutamente um chefe ou um sucessor de quem quer que fosse, por isso que nós, anarquistas, não tínhamos chefes. Que, antes de tudo e acima de tudo, como anarquista e conhecedor dos princípios que são comuns a todos nós, declarava ser impossível qualquer acordo ou coparticipação individual ou coletiva no pleito presidencial, tanto mais quanto a nossa luta tinha como objetivo preliminar a eliminação do Estado e de todas as autoridades a começar pela principal que é o presidente. Que, em face disso, todas as negociações ficariam por esta declaração de princípios".

O enviado do general-senador Lauro Müller não se deu por vencido. Argumentou com a candidatura de Ruy Barbosa, "que era francamente conservadora e reacionária". Acenou com a possibilidade de arquivamento do processo contra os implicados na sublevação de 18 de novembro. Domingos Ribeiro Filho resolveu sustentar, por alguns dias, as conversações, para ver até que ponto chegavam as suas intenções, enquanto, por outro lado, João Gonçalves, também anarquista, atendia a um chamado de outro aspirante a candidato, o general Emídio Dantas Barreto (1850-1931). Elaborou um programa mínimo e submeteu-lhe. Domingos Ribeiro Filho anotou:

> Abordamos o caso da possibilidade da derrota do general Lauro Müller e eu perguntei se a hipótese de haver aceitado o nosso programa de reivindicações não parecia obrigá-lo a uma coerência tal que o tornasse amanhã um chefe maximalista.

– Não creio.

– Demos ainda o caso possível de haver agitação e dessa agitação ficar a questão social confiada à praça pública; figuremos que de uma tal revolta surja outro candidato, digamos Dantas; o general Lauro Müller estaria disposto a capitanear a sublevação?

A resposta foi interessante:

"O general nunca será capitão de Guardas Vermelhos".

Os entendimentos, naturalmente, não chegaram a nenhum resultado. O senador reduziu ainda mais o programa mínimo e desfigurou-o. Domingos Ribeiro Filho sabia que os seus companheiros jamais aceitariam participar ou, pelo menos, compactuar com uma campanha eleitoral, maldição para todos os anarquistas. De qualquer forma, porém, o episódio serviu para demonstrar que alguns setores das classes dominantes tomavam consciência do peso social do proletariado e da significação política de sua vanguarda militante, identificada, àquele tempo, com os líderes soviéticos, sob a denominação comum de maximalistas.

## NOTAS

1. Carlos Augusto Addor, 1986, p. 173.
2. *Jornal do Brasil*, 25/11/1918.
3. *O País*, 19/11/1918.
4. *Jornal do Brasil*, 28/11/1918.
5. *Correio da Manhã*, 25/11/1918.
6. *Ibidem*, 22/11/1918.
7. *Ibidem*, 23/11/1918.
8. Joseph Fouché (1759-1820), político francês, considerado o criador da polícia política, passou incólume durante a Revolução Francesa, e levou à guilhotina vários dos seus líderes, inclusive Robespierre, cuja derrubada ele tramou.
9. Diogo Pina Manique, magistrado português e intendente-geral da polícia, durante o reinado de Dona Maria I (1734-1816), de Portugal, encarregou-se de reprimir quem defendesse as ideias da Revolução Francesa.
10. *ABC*, 30/11/1918.
11. Vide Apêndice deste livro.
12. Como "coautores e executores" foram denunciados: Carlos Gomes, Albino Monteiro, José Ribeiro, Joaquim Lourenço, Gaspar Gigante, Estanislau Ferreira, José

Romero, José Elias, Manuel Domingues, Antônio Pereira Morte, Joaquim Prazeres, Francisco Gomes de Araújo Arantes, Adolfo Busse, Oscar Silva, Américo Falleiro, Augusto Leite, Cristóvão Alves, Antônio José de Sousa ou Antônio Sousa, Miguel Férrer Gonçalves, Antônio Cavalcanti de Albuquerque Filho, Antônio Luís Rodrigues, Pedro Medina, Benício de Oliveira e Francisco de Oliveira, Eustáquio Marinho, Sotero Abrantes, Manuel Abrantes, Osvaldo Ferreira Mendes, Galiano Tustões, Rodolfo Ferreira Leal, Aquilino Lopes, Luís Ramos Atanagildo, Reinaldo Fuks, Licínio de Almeida, Rafael Garcia, Joaquim Caetano, Pedro Gonçalves dos Reis, Joaquim Monteiro, Antônio Sousa Dias, Luís Vinardi, Manuel Lopes Gaspar, Olinto Rabelo, Maurício Nunes, José Pinto Barreto, Brasílio Alves de Carvalho, Joaquim Fernandes, Joaquim Emiliano de Freitas, Albino Dias e César de tal.

13. Arquivo de Astrojildo Pereira, 1967. Vide Apêndice deste livro.

## Capítulo 15

DO ANARQUISMO E ANARCOSSINDICALISMO AO COMUNISMO • PREEMINÊN-
CIA ANARQUISTA NO MOVIMENTO OPERÁRIO BRASILEIRO • NOVAS IDEIAS
INTRODUZIDAS PELO BOLCHEVISMO • PRIMEIRAS PUBLICAÇÕES DO MANIFES-
TO COMUNISTA • SURGIMENTO DE ORGANIZAÇÕES SOCIALISTAS PELO BRA-
SIL • FUNDAÇÃO DE PARTIDOS COMUNISTAS EM SÃO PAULO E RIO DE JANEIRO
EM 1919 • INFLUÊNCIA ANARQUISTA NO PARTIDO COMUNISTA • PROGRAMA
COMUNISTA DE 1919

Povos mais atrasados, muitas vezes, ultrapassam as etapas de evolução e
assimilam as transformações tanto econômicas e sociais, quanto políticas, que em outros países já ocorreram no curso de sua história. Assim,
o operariado brasileiro, ainda em formação, saltou do anarquismo e
anarcossindicalismo, sem passar pela social-democracia, para o que, na
época, se denominou maximalismo, o bolchevismo/comunismo, uma
simbiose do marxismo com a Narodnaya Volya, uma organização de
luta (Boevaya Organisatsia), existente na Rússia em fins do século XIX.[1]
A verdade é que, no Brasil, não se sabia, exatamente, o que se chamava
de maximalismo. E, até então, as tentativas de difundir a doutrina de
Marx e Engels logo se desvaneceram, ou ficaram reduzidas a pequenos
grupos, como o Centro Karl Marx, que, em São Paulo, publicava o periódico *Parola dei Socialisti,* por volta de 1906, e o jornal *Avanti,* editado
em italiano por um grupo de socialistas, havendo também o Centro
Socialista, de Silvério Fontes, em Santos, São Paulo. E, conquanto os
líderes socialistas, como o professor Antônio Piccarolo, participassem dos

movimentos de massa, em São Paulo, ombro a ombro com os anarquistas, a social-democracia cingiu-se em pequenos círculos, constituídos,
na sua maioria, por operários de origem italiana ou intelectuais. Em
muitos Estados, socialismo e anarquismo chegavam a confundir-se no
mesmo ideal de libertação. No Rio de Janeiro, porém, as divergências
entre os anarquistas e o pequeno grupo de socialistas manifestaram-se de
modo mais agressivo e o fato foi que a II Internacional jamais conseguiu
transmitir sua mensagem às massas brasileiras.

A concepção de um socialismo evolutivo, rarefeito e, por vezes, ado-
cicado, não podia seduzir um proletariado emergente, miserável e em
desespero, premido pela fome, contaminado pela tuberculose, sífilis etc.,
crianças exploradas e mulheres chafurdadas na prostituição. A repressão
policial era dura e os trabalhadores continuavam a bater-se pela jornada de oito horas de trabalho, aumento de salário e melhores condições
de vida. As ideias de Bakunin e Kropotkin enraizaram-se, portanto,
no Brasil, e a participação no processo eleitoral constituía verdadeiro
opróbrio para os militantes do movimento operário.

A ação direta dos anarquistas calou mais fundo no espírito dos revoltados. Parece que esse fato devia-se, segundo a opinião de Astrojildo
Pereira, "à própria formação do proletariado nacional, aliás quase todo
de imediata origem camponesa e artesanal, inclusive o que provinha de
correntes imigratórias, facilmente influenciável pela ideologia pequeno-
-burguesa do anarquismo".[2] E, a partir do Congresso Operário de 1906,
quando se fundou a Central Operária Brasileira (COB), inspirada na
Confédération Générale du Travail (CGT) da França, os anarcossindicalistas assumiram a liderança dos trabalhadores. Isto não significava
que todas as associações operárias estivessem sob seu controle. Havia
algumas de caráter assistencial e beneficente, outras que se chamavam
de resistência e várias dirigidas por burocratas a serviço dos patrões e
do governo.

As greves de 1917, 1918 e 1919 mostraram que o movimento operário não possuía uma direção consequente, capaz de abrir a perspectiva
política, para consolidar suas reivindicações. Os anarquistas, apesar
da firmeza, da combatividade e do devotamento com que lutavam, não

podiam desempenhar essa tarefa, em virtude das limitações da sua doutrina. Que fazer? Nada sabiam. Porém, a Revolução Russa introduziu, no movimento operário brasileiro, novas ideias, novos conceitos, novas palavras, embora, inicialmente, de forma vaga e confusa. Os militantes anarcossindicalistas saudavam-na como a realização da utopia libertária. Faltava a todos, inclusive à intelectualidade, a informação exata e precisa sobre o tipo de regime que, na Rússia, se implantava. Chamavam os bolcheviques de maximalistas, porque – assim entendiam – apregoavam um programa radical. O programa máximo. Ignoravam que o Partido Operário Social-Democrata da Rússia se cindira, em 1903, em bolcheviques e mencheviques, sobretudo por causa da definição de militante e, consequentemente, do conceito de partido, e não por causa do programa. Lenin, em 1905, escreveu que "quem quisesse chegar ao socialismo por outro caminho que não fosse o da democracia política, chegará infalivelmente a conclusões absurdas e reacionárias, tanto no sentido econômico como político".[3]

O partido concebido por Lenin, para "preparar, fixar e levar a prática a insurreição armada de todo o povo",[4] inspirou-se, entretanto, no modelo do populista russo Pyotr Nikititsch Tkatschow (1844-1885), descrito na brochura intitulada *Nabat (A campanha de alarme)* e publicada em Genebra, em 1875, na qual se expõe a teoria de que um pequeno grupo disciplinado e submetido hierarquicamente a uma direção centralizada poderia capturar o poder político, por meio de uma conspiração, e realizar a revolução na Rússia. Era o modelo da Narodnaya Volya, uma organização dirigida por um *Zhelyabov*, um comitê executivo clandestino, e cujo erro – segundo Lenin – fora não ligar suas atividades ao movimento de massas, à luta de classes, às greves e aos combates de rua. E, dessa forma, Lenin organizou a facção dos bolcheviques, ou seja, majoritários, não porque defendessem o programa máximo, embora essa circunstância viesse, mais tarde, aprofundar a dissidência, separando Lenin de Georgi Plekhanov (1856-1918), fundador da social-democracia na Rússia e seu mestre, e Julius Martov (1873-1923), seu amigo. Chamavam-se majoritários porque obtiveram a vitória no Segundo Congresso do Partido Operário Social-Democrata da Rússia, em Bruxelas, em 1903.

Em 1919, na brochura intitulada *O que é o maximismo ou bolche-vismo*, com o subtítulo *Programa Comunista,* escreveram Hélio Negro (pseudônimo do comerciário Antônio Candeias Duarte) e Edgard Leuenroth:

> Este livro destina-se aos trabalhadores do Brasil, a fim de lhes dizer o que é o Bolchevismo ou Marxismo e o Comunismo que, numa palavra – é o "Socialismo". *Bolche* significa máximo e *Menche* quer dizer mínimo, assim como *viki* corresponde à nossa terminação *ismo*. Portanto, a tradução de *Bolcheviki* é *Maximismo* e a de *Mencheviki* é *Minimismo.* Maximistas são os adeptos do programa máximo do partido socialista, e minimistas são os partidários do programa mínimo. *Maximalismo, Bolchevikismo* etc. são idiotismos que tiveram origem na tradução do idioma russo para o inglês e deste para o português. Actualmente, na Rússia, conforme a sua Constituição, aprovada em 1918 pelo 3º Congresso Pan-Russo dos Sovietes, está estabelecida uma organização política e econômica de transição, que dá aos trabalhadores e soldados, organizados em conselho (sovietes), todo o poder da nação. O capítulo V – art. 9º – determina que o princípio essencial da Constituição da República Federal dos Sovietes, no período de transição atual, enquanto durar a situação revolucionária, reside na instauração do poder proletá-rio urbano e rural e camponeses mais pobres, com o fim de suprimir a exploração do homem e de fazer triunfar o socialismo, sob cujo regime não haverá divisão de classes, nem o poder de estado.[5]

A insurreição bolchevique, na Rússia, constituiu o vetor para as novas lutas dos trabalhadores. E os militantes sindicais, operários, na sua grande maioria de formação anarquista e, também, alguns intelectuais da classe média começaram a buscar novas formas de organização. Em Livramento, no Rio Grande do Sul, Santos Soares, trabalhador da Com-panhia Armour, criou, em 1918, a Liga Comunista. A polícia assaltou a sede, mas a Liga continuou a existir até 1922. Em Passo Fundo, também Rio Grande do Sul, apareceu o Centro Comunista. E na cidade do Rio Grande, os trabalhadores inscreveram na fachada da União Operária: "Operários de todos os países, uni-vos".

O *Manifesto Comunista* que, no início do século, os socialistas divulgaram, traduzido por um militante libertário, num dos seus periódicos, foi publicado em Porto Alegre. Em 30 de junho de 1919, o Partido Socialista do Brasil, do Rio de Janeiro, iniciou a sua publicação, nas edições de *Tempos Novos*, cujas capas retratos de Jaurès, Marx e Engels ilustraram. Traduziu-o um engenheiro alemão, que se chamava George Magh e que também vertera para o português passagens de *O Capital*. A *Voz Cosmopolita*, semanário dos trabalhadores em hotéis, restaurantes e cafés, editou o *Manifesto Comunista* em sucessivos números.

Abílio de Nequete, em Porto Alegre, fundou a União Maximalista, que lançou um manifesto aos operários, com data de 1 de novembro de 1918. Conclamou:

Operários! invadi essas casas arejadas e habitai-as sem discussão, porque foram construídas por vossas próprias mãos. Destruí duma para sempre, o capricho dessa corrompida sociedade que tem por objetivo aniquilar-vos. Apoderai-vos desses depósitos de produtos alimentícios e alimentai-vos deles sem receio, porque eles são o produto do vosso labor, são portanto legitimamente vossos e não de seus atuais detentores, vossos figadais inimigos, os quais há séculos consomem sem produzir coisa alguma. – Ponhamo-los fora da nossa comunhão, só lhes aceitando quando se apresentarem como de fato produtores. Operários! Apoderai-vos de tudo que encontrardes depositado em tecidos e calças e vesti-vos, porque se não fora as vossas mãos nada disso haveria. Operários! Mais um impulso e a burguesia do mundo cairá. Tende em mira o impulso "maximalista" bastando ali a vontade dos operários e soldados, para pôr por terra não só a secular tirania dos Romanov como também a seu satélite a *Democracia Kerenskyna*. Operários! Assim como a cólera é oriunda dos campos de batalha e ora nos afeta, assim como todas suas consequências nos atingem, da mesma sorte ou melhor ainda por se tratar da madureza do homem, o maximalismo era triunfante na Rússia e, segundo as últimas informações, já está invadindo os Impérios Centrais, começando pela Bulgária, já bate no trono dos Hohenzollern... estejais pois alerta, porque ele há de vir até cá... muito breve talvez, a despeito de todos os arreganhos... Operários! Lutai sempre contra esses inimigos que, insociáveis, procuram por todos os meios aniquilar os vossos esforços em seu exclusivo proveito, explorando-vos com religião, patriotismo e mil insânias... Nada de ódios aos soldados! porque são vítimas como vós, são vossos iguais, pois quem diz soldado diz operário e vice-versa. Tende em cada um deles um camarada de luta. A vossa fraqueza é filha de vossa divisão – uni-vos pois! e não haverá força alguma que possa vos enfrentar. Pondo um ponto final nesta inaturável situação de carnificina e miséria em que a burguesia vos mercadeja como que fosses um rebanho de animais inconscientes. Tende pois consciências de vós mesmos...

O documento, vazado numa linguagem simples e com erros de gramática, revelava a origem humilde de seu ou seus autores. Abílio de Nequete, o líder da União Maximalista, nascera na Síria e exercia a profissão de barbeiro. A cidade de Cruzeiro, em São Paulo, teve um dos primeiros núcleos comunistas do Brasil, dirigido pelo eletricista Hermogêneo da Silva Fernandes, sob a denominação de União Operária 1º de Maio. Funcionou de 1917 a 1919 e Hermogêneo Silva, assim como Abílio de Nequete, participaria da fundação do Partido Comunista do Brasil (PCB), em 1922.

Cristiano Cordeiro e Rodolfo Coutinho organizaram um Círculo de Estudos Marxistas, no Recife, onde também criaram uma Universidade Popular, entre 1919 e 1920. Existiu, em Maceió, a Sociedade dos Irreverentes, de orientação anticlerical e socialista (1917) e, depois, surgiu a Congregação Libertadora da Terra e do Homem (1918). Em Fortaleza, funcionou um Partido Socialista Cearense que lançou, em 14 de julho de 1919, o periódico O Ceará Socialista. Em agosto de 1920, em Salvador, fundou-se o Partido Socialista Baiano, organizado por uma Comissão Operária, da qual participaram Adriano Marques, metalúrgico; Guilherme Néri, pedreiro; Ângelo Barbosa, estucador; José Carneiro dos Santos, marceneiro; Firmo de Novais, estucador; Ildefonso Soares, sapateiro; Cassiano José de Araújo, entalhador; José de Almeida e Ainal Lopes Pinho, marceneiros.

O programa preconizava: socialização do comércio, das grandes indústrias e de todos os meios de transporte; fixação do salário mínimo; equiparação para todos os efeitos dos operários municipais, estaduais e federais aos funcionários públicos; abolição de todos os impostos indiretos e transformação num imposto progressivo sobre qualquer renda superior a seis contos de réis anuais; direitos de voto às mulheres e aos soldados; reforma da lei do inquilinato e despejo. O Partido Socialista Baiano que se instalou, solenemente, na sede do Sindicato dos Produtos de Marcenaria, ao Largo do Carmo nº 16, 1º andar, aprovou moção de protesto contra a intervenção na Rússia e lançou as candidaturas de Maurício de Lacerda, para senador, e Agripino Nazareth, para deputado. Começou a circular o jornal *Germinal*, dirigido por Agripino Nazareth.

Outrossim, no Rio de Janeiro, um grupo de rapazes, na maioria intelectuais e estudantes, influenciados pela leitura do *Manifesto Comunista* e de um resumo de *O Capital*, de Karl Marx, mas, principalmente, pelas ideias de Jean Jaurès, Filippo Turati (1857-1932), Richard Avenarius (1843-1896) e Eduard Bernstein (1850-1932),[6] reuniu-se, em 1º de maio de 1917, e fundou a União Socialista, que se transformaria no Partido Socialista do Brasil (PSB), articulada com o Centro Socialista Internacional, existente em São Paulo.[7] O PSB, ao qual Nestor Peixoto de Oliveira, Isaac Izecksohn e o poeta Murilo Araújo (1894-1980) pertenceram, tinha apenas 300 membros e funcionou até 1919, quando editou, por algum tempo, o jornal *Folha Nova*, depois renomeado *Tempos Novos*, que circulou a cada 15 dias.

Os anarquistas não lhe davam trégua, chegando o velho militante operário Pedro Mattera a interromper uma de suas assembleias, num cinema de Catumbi, para dizer: "Pensei que se tratava de uma reunião proletária e encontro meia dúzia de mocinhos bonitos". Sobreveio o alvoroço e Alberto Moreira, orador oficial da cerimônia, exclamou: "'Mocinhos bonitos'! Mas como? Eu só vivo de me..." A plateia gelou esperando o palavrão, contou o poeta Murilo Araújo. E ele concluiu: "...dia. Média". Catavam operários a laço. Os sindicatos, dominados pelos anarquistas, fechavam-lhes as portas.

O número 1 de *Folha Nova* demonstrou excessiva moderação, uma posição bastante à direita, que se traduzia em dois tópicos: um, contra a tentativa de sublevação dos anarquistas, em novembro de 1918; e outro, sobre "O maximalismo russo". E a nota dizia:

Não somos maximalistas e achamos até que o seu advento no Brasil seria um fracasso, mas não podemos furtar-nos a comentar a campanha de calúnias que certa imprensa interessada mantém no mundo contra o maximalismo. Essa campanha infame, como todas as que atacam as regras da liberdade, é feita por meio de telegramas inventados nas agências telegráficas, que comumente se contradizem, afirmando uns o que outros negam e descrevendo horrores que nunca existiram. Entretanto, as cartas que chegam daquele país e passam sem censura alguma, descrevem a situação duma forma bem distinta, dando um firme desmentido às notícias que lemos diariamente. A revolução russa devia ter tido algumas vítimas, mas qual a que não as tem? Outras revoluções, que alteraram somente o governo, sem transformar a organização social, tiveram muito mais sangue derramado. E será que a revolução russa, derrubadora de um trono milenário, não tivesse que abater alguns reacionários no seu trajeto? Mas, além de tudo isto, devemos observar que, se o maximalismo fosse realmente uma doutrina sanguinária, como querem alguns, ele não seria aceito noutros países do mundo.

Daí por diante, *Folha Nova*, que circulou a cada quinze dias, mudou de nome para *Tempos Novos* (o órgão do PSB no 1º de maio de 1919), e tomou uma posição cada vez mais combativa, em defesa da Revolução Russa, principalmente através de artigos assinados por Isaac Izecksohn. Sob a direção de Nestor Peixoto de Oliveira, compunham a redação do periódico Murilo Araújo, Isaac Izecksohn, Tertuliano Toledo de Loyola e Francisco Santos.

*A Razão*, de 1º de março de 1919, registrou uma de suas reuniões, à qual "compareceram pessoas de quase todas as nacionalidades que habitam este país e dos diversos partidos trabalhistas brasileiros". "Entre outros" – prosseguiu a nota – "estiveram presentes o secretário-geral e tesoureiro, respectivamente representantes dos partidos socialistas de São Paulo, o Sr. Seola e Duprat, do Internacional Obreiro de França, e o Sr. Isaac Izecksohn, do Partido Operário de Petrópolis". Outras assembleias o PSB realizou, para aprovação do programa e dos estatutos, que a imprensa noticiou. Não conseguiu, porém, filiar-se à II Internacional (Bureau Socialista Internacional), embora pretendesse e efetuasse *démarches* com tal objetivo, em 1919. A Internacional Socialista reconhecera outro partido, que então funcionava somente no bairro de Madureira, no Rio de Janeiro, e com o qual o PSB não chegou a entendimento, visando à fusão. E o nº 5 de *Folha Nova*, primeira quinzena de março, declarou que o "PSB cogita atualmente de enviar um representante ao Congresso Socialista Pan-Americano e inscrever-se brevemente no Bureau Internacional Socialista, assumindo de vez o lugar que lhe corresponde".

A essa época, ecoavam no Brasil as notícias da fundação da Komintern, a Internacional Comunista ou III Internacional, para sepultar a II Internacional. Segundo o *Jornal do Brasil,* compunham a direção do PSB em 1918, Nestor Peixoto de Oliveira, Isaac Izecksohn, Toledo de Loyola, Murilo Araújo, José Koski e Francisco Santos, integrando o Conselho Fiscal Cândido Costa, Alonso Costa e Francisco Leite. Seu secretário-geral (não havia presidente) era Nestor Peixoto de Oliveira. O PSB lançou a candidatura de Evaristo de Morais, em 1918, a deputado federal e não obteve êxito nas eleições.

Os jornais da época noticiaram um Partido Operário Independente, fundado, no Rio de Janeiro, por José Joaquim Seabra, ex-governador da Bahia, e Corporação dos Trabalhadores Católicos, criada, em Bangu, pelo monsenhor Rangel, para combater o anarquismo. Em 1º de maio de 1918, Anselmo Rosa, do Centro Operário Baiano, fundou no Rio de Janeiro um Partido Trabalhista. E, à mesma época, funcionava, em São Paulo, um Partido Socialista, que tinha João Scala como um dos principais dirigentes. Todas as correntes políticas apelavam para o operariado. Contudo, a Aliança Anarquista do Rio de Janeiro continuava a liderar a maioria das uniões de resistência, denominação que se dava aos sindicatos, naquela época. E com a notícia da fundação da Internacional Comunista, em março de 1919, militantes libertários, que se consideravam "maximalistas" e se identificaram com o Poder Soviético, implantado na Rússia, criaram, no Rio de Janeiro, o Partido Comunista do Brasil. A III Internacional havia aprovado a resolução no sentido de que todos os grupos revolucionários, que aceitassem seus princípios, se chamassem partidos comunistas.

Os anarquistas do Rio de Janeiro tomaram a iniciativa de estruturar a nova organização e, em 9 de março, fundaram o Partido Comunista do

Brasil (PCB), que logo em seguida promoveu atos públicos, para comemorar o aniversário da Comuna de Paris, em 18 de março, e refutar o pronunciamento de Ruy Barbosa sobre a questão social, em 30 de março. Os núcleos libertários de São Paulo acompanharam o exemplo, formando a Liga Comunista, e, em 16 de junho, constituíram o Partido Comunista. A ideia de partido, o nome "comunista", os termos "secretariado" e "comissariado do povo", tudo isto misturado e adaptado a concepções tipicamente libertárias denuncia a profunda ressonância que a Revolução Russa alcançou no movimento operário do Brasil. Conforme Astrojildo Pereira esclareceu

A ideia desse partido nasceu nos primeiros meses daquele ano de 1919 e logo se pôs em prática depois de rápidos entendimentos entre os militantes mais ativos do movimento operário do Rio e dos Estados. [...] Tratava-se, na realidade, de uma organização tipicamente anarquista, e a sua denominação de "Partido Comunista" era um puro reflexo, nos meios operários brasileiros, da poderosa influência exercida pela revolução proletária triunfante na Rússia, que se sabia dirigida pelos comunistas daquele país. O que não se sabia ao certo é que os comunistas que se achavam à frente da revolução russa eram marxistas e não anarquistas. Só mais tarde estas diferenças se esclareceram, produzindo-se então a ruptura entre os anarquistas ditos "puros" e "intransigentes", que passaram a fazer críticas e restrições aos comunistas russos, chegando por fim à luta aberta contra o Estado Soviético e os anarquistas que permaneciam fiéis à classe operária, os quais chegariam finalmente a compreender que no marxismo é que se encontra a definição teórica justa de ideologia do proletariado.[8]

Os ácratas, uma vez criado o PCB, no Rio de Janeiro, passaram a articular a fundação do PCB em São Paulo em uma conferência nacional. *A Plebe*, órgão anarquista de São Paulo, registrou, na edição de 21 de junho de 1919, na primeira página:

Partido Comunista do Brasil. No domingo p.p. realizou-se no Salão Internacional uma conferência para dar como definitivamente constituído o Partido Comunista de São Paulo. Perante avultada concorrência, três camaradas fizeram uso da palavra, expondo as ideias do comunismo anarquista e os modernos princípios da liberdade, sendo aclamados pelos presentes os princípios expostos e as bases da nova organização que já conta numerosos aderentes. Muitos dos presentes inscreveram-se como sócios. A reunião terminou no meio do maior entusiasmo.

E trouxe outra notícia, introduzida com os títulos:

Sus pela anarquia! Primeira Conferência Comunista do Brasil. Iniciam--se hoje, no Rio, os seus trabalhos. E uma notícia animadora para todos aqueles que participam do movimento anarquista: iniciam-se hoje, no Rio, os trabalhos da primeira Conferência Comunista do Brasil. Essa proveitosa iniciativa foi lançada vai para dois meses pelo secretariado do Partido Comunista da capital da República que expediu circulares para todas as localidades do país onde existem grupos ou militantes isolados, convidando-os a participarem dos trabalhos dessa conferência, fazendo-se nela representar por camaradas mandados ao Rio especialmente para esse fim. Apesar das grandes dificuldades a vencer num empreendimento dessa índole, dentre as quais avultam as despesas enormes exigidas com a viagem dos representantes das agrupações que sempre lutam com a escassez de recursos, bem numerosos são os camaradas de pontos diversos do Brasil que conseguirão encontrar-se no Rio, a fim de trocarem ideias e impressões acerca do estreitamento de relações entre os elementos anarquistas dispersos por toda esta vasta região da América. Sem o estardalhaço que costumam fazer ao redor dos congressos de matizes vários até aqui realizados, a Conferência Comunista realizará os seus trabalhos tendo em mira a magnitude deste momento de grandes transformações sociais, pautando as suas deliberações de acordo com o seguro critério dos militantes libertários, os únicos que neste País de politicagem têm princípios e sabem defendê-los até ao sacrifício. A Conferência Comunista não vai legislar, nem ditar ordens. Os companheiros que nela vão se encontrar tratarão apenas de ventilar iniciativas, trocando opiniões e propósitos da organização do Partido Comunista, das suas bases federativas e da ação que deverá desenvolver em prol do nosso ideal. Ao que sabemos, já se encontram no Rio representantes de agrupações do Rio Grande do Sul, Pernambuco, Alagoas, São Paulo e Estado do Rio. É de esperar que desse encontro dos nossos elementos surjam boas iniciativas tendentes a dar maior desenvolvimento à nossa obra que, mais do que nunca, se impõe como única solução à derrocada burguesa. Saudamos, pois, os camaradas que hoje se reúnem no Rio vivando à Anarquia.

Assim, nos dias 21, 22 e 23 de junho, realizou-se a conferência para constituir, definitivamente, o Partido Comunista do Brasil, que já existia em São Paulo e no Rio de Janeiro, onde, também, havia uma Liga Comunista Feminina. *A Plebe* de 28 de junho de 1919 relata, na primeira página, o acontecimento, sob os títulos:

> Trabalhando pela Anarquia – Primeira Conferência Comunista – Apesar dos arreganhos do famigerado Aurelino, realizou-se com pleno sucesso – As suas resoluções. Com efeito, compareceram 22 delegados (17 brasileiros e 5 estrangeiros) de Alagoas, Minas, Pernambuco, Rio Grande do Sul, Rio de Janeiro e São Paulo, devendo José Oiticica elaborar os "Princípios e fins do comunismo".

A polícia, dirigida por Aurelino Leal, interveio e os conferencistas tiveram que se mudar para Niterói, onde continuaram as reuniões. E *A Plebe* (28/6/1919) narrou:

> A sessão inaugural – Com o vasto salão do Centro Cosmopolita repleto de assistentes, teve início no sábado a sessão inaugural, sem obediência a nenhuma das formalidades costumeiras, dispensando-se a indefectível presidência. Mas o camarada do núcleo do Rio deu início aos trabalhos com a leitura do relatório dos trabalhos executados até então pelo Partido Comunista, relatório este que publicaremos em outro número. A seguir, um camarada toma a palavra e leu a moção abaixo publicada e que foi aprovada por entusiástica aclamação da numerosa assistência e que, de pé, cantou vibrantemente "A Internacional", cujas derradeiras estrofes foram coroadas com vivas à Anarquia.
>
> Declarações de princípios. Passou-se depois a trocar ideias sobre o programa do Partido Comunista, ficando decidido, após prolongada e proveitosa discussão, da qual participaram muitos delegados, que se

confiasse a uma comissão o trabalho de redigir as declarações de princípios, aproveitando as exposições escritas e verbais feitas, devendo essas declarações ser ratificadas pelos vários núcleos existentes.

2.a e 3.a Sessões

Não puderam ter a retumbância da primeira, mas foram realizadas, apesar do arreganho do truanesco Aurelino. Deixando de nos ocupar mais longamente dessa magna proeza do Javert[9] de fancaria, pois abaixo três camaradas já o fazem, passamos a registrar as resoluções da Conferência.

Moção aos comunistas

A Conferência do Partido Comunista do Brasil, antes de encetar os trabalhos, resolve proclamar a sua calorosa e entusiástica solidariedade com o proletariado revolucionário do mundo, o qual, a esta hora em luta aberta contra o Estado e o Capitalismo, se empenha na imensa e fecunda batalha pela implantação do Comunismo sobre a Terra, tornando-a livre para o homem livre.

A Conferência Comunista aprovou as "bases de acordo", consubstanciadas nos seguintes pontos:

1. Podem fazer parte do Partido todos os homens e mulheres, residentes no Brasil, que estejam de acordo com o seu programa e meios de ação. 2. O ingresso como sócio no Partido vale por um compromisso pessoal de defender e propagar o programa aceito. 3. Em cada localidade do Brasil onde se constitua um núcleo do Partido, esse núcleo designará uma comissão encarregada dos trabalhos de secretaria e relações. 4. A contribuição de cada sócio do Partido, destinada apenas às despesas de propaganda local e correspondência, será determinada segundo as necessidades de cada núcleo. 5. As despesas de caráter geral, interessando parte ou a totalidade dos núcleos bem como as despesas eventuais e extraordinárias, serão cobradas por meio de subscrições voluntárias e de ocasião. 6. O entendimento coletivo entre os núcleos de uma determinada região do País, ou de todo o País, far-se-á por meio de conferências de delegados diretos dos núcleos que possam comparecer. 7. Cada núcleo do Partido enviará a essas conferências os delegados que entender, sendo que as deliberações das conferências tomar-se-ão por acordo unânime.

O partido admitia "anarquistas, socialistas e todos os que aceitarem o comunismo social". E, na mesma edição, *A Plebe* descreveu o conflito com a polícia:

> Com as notícias espalhadas na cidade pelos jornais sobre a primeira reunião da Conferência Comunista, a polícia se pôs a postos e determinou praticar mais uma de suas proezas habituais. O tal Aurelino ordenou aos seus auxiliares que imediatamente fosse impedida a segunda reunião. Nada menos que uma matula de delegados e agentes foi então mandada, para o Centro Cosmopolita, onde estavam reunidos alguns comunistas que começavam então a chegar. Às dez horas da manhã lá apareceram homens sob o comando do major Bandeira de Melo que, se dirigindo aos poucos Comunistas que já no Centro se encontravam, proibiu, em nome do chefe de polícia, a realização da Conferência. Enquanto isso sucedia, os policiais, postados às portas, impediam a entrada dos que chegavam. Os que ouviram do major Bandeira a inesperada nova indagavam em que se baseava a polícia para proibir a Conferência, sendo então respondido que só o chefe de polícia poderia dar explicações. Os conferencistas retiraram-se [...] e foram realizar a reunião em Niterói [...] Mais tarde, a diretoria do Centro e alguns delegados foram convidados a ir à Central de Polícia.

O deputado Nicanor do Nascimento protestou da tribuna da Câmara Federal. *Tempos Novos*, do PSB, condenou, igualmente, a violência da polícia. E o jornal *A Razão*, de 23 de junho de 1919, publicou as conclusões da Conferência. Uma comissão especial encarregou-se de redigir as declarações de princípios. Astrojildo Pereira lembrou que "antes e depois da conferência o Partido promoveu alguns atos públicos, realizados em sedes sindicais, com o comparecimento de grande número de operários. Foi assim em 18 de março, dia da Comuna de Paris; em 13 de maio, dia da Abolição; em 14 de julho, dia da tomada da Bastilha etc."[10]

*Spartacus*, jornal dirigido por José Oiticica e Astrojildo Pereira, publicou, na sua edição de 9 de agosto de 1919:

> Como estava anunciado, realizou-se no domingo último o festival pró-Spartacus, organizado por iniciativa do Partido Comunista do Brasil, núcleo do Rio. A pequena festa decorreu animadíssima, apesar da altera-

ção forçada e imprevista, com a falta de música. Ao ribombar da trovoada, em furioso canhoneio pelo céu velho, lá fora, o camarada Dr. Fábio Luz deu começo à leitura de sua conferência, "A imprensa e o proletariado", atentamente ouvida e calorosamente aplaudida. Começamos a publicá--la desde hoje, noutra página. A seguir os camaradas Otávio Brandão, Santos Barbosa, José Madeira, Amilcare, Carolina, Elvira e Valdemira Fernandes disseram versos e fábulas raras, recebendo todas fartas palmas do auditório. A quermesse fez-se com pleno êxito, esgotando-se inteiramente os objetos oferecidos. O festival terminou por volta das 11 horas, ao som da "Internacional" e "Filhos do Povo", cantados pela assistência.

Na mesma edição, *Spartacus*, cuja tiragem no início era de 4.000 exemplares e passou a ser de 6.000 depois, publicou outra informação:

Liga Comunista Feminina. Resoluções tomadas na reunião realizada terça-feira última: edição de um manifesto, auxílio de 50$ a *Spartacus*, passar para 100 réis o preço do folheto "A família em regime comunista", tomar parte na romaria vermelha de domingo próximo ao túmulo dos soldados assassinados há um ano pela polícia de Niterói, publicar brevemente um folheto, a conferência efetuada pela camarada M. de L. de Nogueira, no festival da Liga.

Os soldados a que se refere a nota colocaram-se ao lado dos operários, nas greves de 1918, em Niterói. E a Liga Comunista Feminina, que tinha como líder a professora Maria de Lourdes Nogueira, feminista, militante libertária, discípula de José Oiticica e adepta do anarcocomunismo, reuniu-se em 27 de maio de 1919, a fim de somar-se ao Partido Comunista do Brasil, aprovando, na oportunidade, as bases do acordo, consubstanciado no seguinte:

*1º* – a) estar de inteiro acordo com a sua orientação; b) contribuir mensalmente com a quantia estipulada para as despesas da sede, secretaria e propaganda (biblioteca, manifestos etc.); *2º* – 1) serão aclamadas, semestralmente, em reunião geral, quatro companheiras que constituirão uma junta administrativa, cujas funções só podem ser executivas e nunca de moto-próprio, exceto em casos excepcionais ou de somenos importância; 2) essas companheiras ocuparão os cargos de secretária do expediente, secretária auxiliar, tesoureira e bibliotecária; 3º – 1) as reuniões gerais serão encaminhadas por uma camarada para esse fim nomeada na ocasião; 2) a Liga Comunista Feminina, considerando que a praticabilidade de quaisquer resoluções depende, apenas, da boa-vontade e do interesse individual ou coletivo e que, portanto, não há necessidade de "grafar" hoje "o que urge fazer amanhã", processo esse que representa um dispêndio de energias e bem assim uma das mais inúteis modalidades do praxismo burguês, não adotará o sistema de atas. 4º – A Liga Comunista Feminina manterá duas representantes trimestralmente substituídas junto ao PCB. 5º – Em caso de dissolução da Liga, todo o seu espólio será confiado aos cuidados do Partido Comunista do Brasil e, na falta deste, a qualquer associação de orientação inovadora.[11]

O título apêndice era: "Princípios do socialismo anarquista", com o esclarecimento: "(Comunismo)". Era a primeira vez que os anarquistas procuravam agrupar, numa só organização nacional, os diversos núcleos que existiam pelos Estados. Tentavam a unidade sob a inspiração do que se passava na Rússia. Daí que a brochura *O que é maximismo ou bolchevismo*, publicada, em 1919, por Hélio Negro e Edgard Leuenroth, tinha como subtítulo "Programa Comunista". Constituíra uma tentativa de visualizar o ideal do recém-fundado Partido Comunista do Brasil, a tomar como ponto de referência a Revolução Russa de outubro/novembro no calendário gregoriano. Era a concepção libertária do comunismo, inspirada numa nova realidade: o Poder Soviético. Ou o Poder Soviético visto através dos óculos do anarquismo.

O bolchevismo – "maximismo" ou "maximalismo" – traduzia-se apenas, para eles, na reivindicação do programa máximo: a realização imediata da etapa suprema, a anarquia. E, assim, o definiram Hélio Negro e Edgard Leuenroth: "O regime vigente na Rússia é uma organização de defesa e reconstrução, a caminho do almejado comunismo libertário, que trará para todos a paz, o bem-estar e a liberdade".[12] E, mais adiante, acrescentaram:

Nós, comunistas libertários, não concebemos o comunismo senão como forma social tendente a aumentar o bem-estar e a liberdade individual; e, por isso, somos inimigos irreconciliáveis do coletivismo ou do socialismo de Estado que, tendendo à destruição dos privilégios capitalistas, criam inevitavelmente os privilégios burocratas.[13]

E, depois, descreveu em soma:

Em regime comunista há só uma classe: os trabalhadores são simultaneamente diretores da produção e da distribuição, possuidores do material social e operários. Assim, nas suas assembleias profissionais assentam as condições econômicas da produção e da distribuição e nesta qualidade substituem os patrões. Além disso, como a direção profissional instaura de fato a propriedade social, os trabalhadores são coproprietários do material; são, aliás, operários manuais e intelectuais. Sob este regime os indivíduos têm todos os mesmos interesses econômicos; há identidade, coincidência perfeita do interesse individual e do interesse coletivo e não se pode pretender um sem alcançar o outro; este último é, positivamente, a soma dos interesses particulares. Enquanto nas sociedades patronais os interesses econômicos estão em perpétua oposição. Com a direção profissional, os indivíduos, para alcançarem a satisfação dos seus interesses, possuem os mesmos poderes, porque todos os membros de uma assembleia sindical podem decidir da duração do trabalho. A igualdade das faculdades físicas é impossível e impediria toda a vida social, pois a variedade das tarefas e das funções exige correspondente variedade nas aptidões e dons naturais. A dos poderes econômicos, porém, é perfeitamente possível e existe nas sociedades de direção profissional que realizam, finalmente, essa igualdade, hoje tão vãmente proclamada. Estas sociedades são, pois, formadas de indivíduos que, sob o ponto de vista econômico, possuem todos iguais poderes e os mesmos interesses. Isto é um caráter fundamental e de capital importância que as diferencia completamente das atuais sociedades patronais.[14]

O programa comunista de Hélio Negro e Edgard Leuenroth previa a criação de Conselhos Comunais, em cada cidade de população numerosa, tantos quantos fossem os bairros, subúrbios e distritos em que se dividisse. Representantes de todos os centros de trabalho e agremiações locais integrariam esses conselhos e lhes caberia "tratar de tudo que se relacionar com as questões de interesse particular das populações locais em que estiverem situados". Representantes de todos os Conselhos Comunais de bairros, subúrbios ou distritos constituiriam um Comissariado do Povo. Nas localidades, onde não houvesse Conselhos Comunais, por ser pequena a população, os representantes das corporações, centros de trabalho ou de grupos de casas integrariam, diretamente, os Comissariados. Os Comissariados elegeriam, entre os seus componentes, uma Comissão Executiva e comissões especiais, segundo os ramos de atividade coletiva. Não se tratava, propriamente, de um programa de reivindicações econômicas e políticas. Era mais, na verdade, o esboço de uma carta constitucional, alguns pontos espelhando que o 3º Congresso Pan-Russo dos Soviets aprovara, em janeiro de 1918. Era todo um princípio de organização, em que se entrelaçam e se confundem ideias libertárias e inovações da ditadura do proletariado na Rússia. Estabeleciam-se normas de uma nova ordem, fixando:

1 – A administração geral da República Comunista será confiada ao Conselho Geral dos Comissários do Povo, constituído pelos representantes de todos os Comissariados Regionais.

2 – Para cada ramo de atividade social o Conselho dos Comissariados do Povo constituirá um Comitê Administrativo de Comissários, que serão encarregados de normalizar os trabalhos do Conselho Geral dos Comissariados do Povo.

3 – As deliberações do Conselho Geral dos Comissariados do Povo serão postas em prática pelo Conselho Consultivo, eleito entre os seus membros.

4 – O Conselho Geral dos Comissariados do Povo reunir-se-á três vezes por ano. Os Comitês Administrativos de Comissários reunir-se-ão mensalmente, as vezes necessárias, cabendo-lhes executar os trabalhos que lhes forem confiados pelos Comitês Administrativos de Comissários.[15]

A República sempre constituiu uma forma de Estado, independentemente do caráter que tivesse. O exemplo do Poder Soviético foi tão poderoso que levou os ácratas, que condenavam e se opunham a todo e qualquer tipo de Estado, a concebê-lo, sob a forma da República Comunista, com os Comissariados do Povo e um Conselho Geral dos Comissariados, *ad instar* ao que se implantava na Rússia revolucionária.[16] E o programa comunista, que Hélio Negro e Edgard Leuenroth haviam elaborado, dispôs, no capítulo intitulado "Determinações Gerais", que "todas as comissões das várias corporações da República Comunista terão duração periódica determinada pelas respectivas corporações e se comporão de número de membros aconselhados pelas necessidades". Mas, esclareceu que

> os seus mandatos serão sempre imperativos e nunca de mando, não gozando os seus componentes de condições especiais, estando equiparados nos direitos e deveres aos demais membros da comunidade e podendo ser substituídos em qualquer ocasião, desde que isso seja da vontade das corporações que representarem.[17]

As Federações Corporativas, Conselhos Comunais e Comissariados do Povo realizariam, periodicamente, convênios regionais para tratarem do desenvolvimento das questões profissionais, científicas, artísticas e literárias. Os Comissariados do Povo locais e regionais e o Conselho Geral dos Comissariados poderiam realizar reuniões extraordinárias, convocadas pelas Comissões Executivas, pelo Conselho Consultivo ou por dois terços das corporações que os constituiriam.

O programa comunista de 1919 considerava ainda:

> Abolida a propriedade privada que determinou a odiosa desigualdade social; organizado o trabalho que deixará de ser como que um castigo para se tornar um elemento seguro de bem-estar e felicidade; desenvolvendo-se o regime de verdadeira equidade – os atos antissociais tenderão a decrescer rapidamente, não mais se verificando os crimes que constituem o mais horrível aspecto da sociedade burguesa.

1- Abolindo-se as prisões e penitenciárias que constituem corruptores centros de castigo a fatos originários dos vícios sociais, quando se derem casos, considerando os seus autores como desorientados ou anormais, procurar-se-á corrigi-los, em circunstâncias menos graves, como a admoestação entre os seus pares ou pública.

2- Em casos de reincidências ou de práticas de atos graves denunciantes de hábitos só compatíveis com organizações de doentes, ou tarados, esses desgraçados serão entregues a cientistas que, como supremo recurso, poderão sujeitá-los a tratamento em hospícios especiais ou colônias regeneradoras para esse fim criadas, onde serão tratados de acordo com os sentimentos de humanidade, restituindo-os ao convívio social logo que a experiência demonstre que não mais constituirão elementos de desassossego.

A República comunista instituiria a Caderneta Comunista, de modo a assegurar ao seu possuidor, entre outras coisas, o direito à alimentação, à moradia, "com a necessária higiene e conforto", e "o consumo nos cafés, que serão transformados de maneira a perderem a sua feição mercantil, tornando-se também centros de encontro e distração". Também condenaria como "antinaturais e arbitrárias" as divisões de nacionalidades e "manteria estreitas relações com todos os povos já constituídos em comunismo ou com as instituições populares dos países ainda sob o domínio do capitalismo". E, ao prever a hipótese de hostilidade dos elementos do capitalismo do interior e de outros países, consideraria combatentes todos os elementos válidos de sua população e formaria os grupos comunistas de defesa, federados entre si, em todas as localidades, distritos, bairros, quarteirões ou ruas. Os militares reintegrar-se-iam na coletividade, para exercer a sua atividade nos centros de produção, sob regime comum.

Os elementos de defesa militar, edifícios e petrechos bélicos ficariam a cargo das federações dos grupos comunistas de defesa. Os arsenais passariam a produzir máquinas e instrumentos de trabalho e fabricariam material bélico somente na medida das necessidades. A Marinha de Guerra incorporar-se-ia à Federação Marítima, aproveitando-se os seus elementos no trabalho de comunicações e transporte. Mas a República manteria sua potência bélica, para o caso de qualquer tentativa de restabelecer o sistema capitalista e, também, aproveitaria os profissionais, técnicos e práticos das instituições militares como instrutores dos grupos comunistas de defesa, continuando, porém, ligados à produção. E "nenhuma luta armada será empreendida sem que isso se decida pela decisão suprema do Congresso Geral dos Comissariados do Povo".[18]

Em 1920, o militante anarquista Adelino de Pinho publicou outro folheto, no qual procurou, com o exemplo da Revolução Russa, expor o ideal libertário. Intitulado *Quem não trabalha não come*, o escrito assinalava:

> Quando, pois, a revolução russa varreu como um tufão a velha tirania czaresca, abatendo um sistema secular e execrável de despotismo religioso, político e econômico que mantinha uma população de cento e trinta milhões de criaturas na mais abjeta e asquerosa das servidões que é possível conceber e descrever, e que o governo dos Soviets inscreveu no art. 18 de sua Constituição aquele preceito sugestivo e lapidar: "quem não trabalha não come", produziu-se como que um relâmpago na consciência humana: em todos os seres oprimidos e espezinhados, em todas as vítimas desta desengonçada organização social [...] uma promessa de liberdade, uma satisfação de justiça, um início promissor de nova moral e de nova apreciação de valores, a queda das velhas fórmulas sociais e das velhas castas [...].[19]

E proclamou:

> Queremos estabelecer uma sociedade justa e equitativa onde não exista exploração de qualquer espécie, onde os instrumentos de trabalho, as terras, as fábricas e as oficinas pertençam de direito à humanidade trabalhadora e não a meia dúzia de abutres sempre insaciáveis e insatisfeitos de sangue e de suor das pobres abelhas laboriosas. E é para realizarmos este ideal nobre e elevado de felicidade, de liberdade e de magnanimidade social que precisamos do esforço e da colaboração de todos os trabalhadores intelectuais e manuais, exortando-os a uma aproximação que se impõe evidenciada pela luz nova que brotou da celebrada fórmula revolucionária russa: quem não trabalha não come.[20]

## NOTAS

1. Grant Wardlaw, 1998, pp. 18-20. Geoffrey A. Hosking, pp. 361-365.

2. Astrojildo Pereira, 2012, p. 38.

3. "Lenin – Las dos tacticas de la socialdemocracia en la revolución democrática", *in* V. I. Lenin, 1948, tomo I, p. 595.

4. "Lenin – ¿Que hacer?", *in* V. I. Lenin, 1948, tomo I, p. 348.

5. Helio Negro, Edgard Leuenroth, 1919, pp. 5-6.

6. Entrevista de Isaac Izecksohn, um dos fundadores de vários partidos socialistas no Brasil, ao autor. Rio de Janeiro, 31/3/1974.

7. Astrojildo Pereira, 2012, pp. 71-72.

8. Personagem de um policial, criado por Victor Hugo, no romance *Les Misérables*, que tinha a obsessão de perseguir Jean Valjean, um pobre, miserável, condenado e preso para servir nas galés, durante 19 anos, por haver roubado um pão para sua irmã e seus sete filhos, todos passando fome, em uma sociedade desigual e injusta.

9. Astrojildo Pereira, 2012, pp. 71-72.

10. *A Razão*, 2/6/1919.

11. Helio Negro, Edgard Leuenroth, 1919, p. 8.

12. *Ibidem*, p. 31.

13. *Ibidem*, pp. 52-53.

14. *Ibidem*, pp. 80-81.

15. *Ibidem*, pp. 81-84.

16. *Ibidem*, pp. 83-85.

17. *Ibidem*, pp. 84-85.

18. *Ibidem*, p. 128.

19. Adelino de Pinho, 1920, pp. 5-6.

20. *Ibidem*, p. 35.

Zar Nicolaus II.

O governo autocrático do **czar Nicholas II**, aliado à sua resistência a transformações políticas e democráticas, levou ao colapso um regime político já fracassado. A derrocada se deu com a entrada da Rússia na Primeira Guerra Mundial. No início de 1917, com o avanço de violentas greves e a insurgência do exército, o czar Nicholas abdica do poder pelo bem da Rússia e da sua própria família.

A **czarina Alexandra**, odiada na corte e pelo povo russo, nasceu em Darmstadt, na Alemanha. Confinada com os cinco filhos do casal na Casa Ipatiev, em Ekaterimburg, viu seu marido receber um tiro na cabeça, antes que o bolchevique Pyotr Ermakov, bêbado, a matasse e prosseguisse com a carnificina que não poupou crianças nem serventes.

Na noite de 16 de julho de 1918, pouco mais de um ano depois da queda do czar, a **família Romanov** foi selvagemente executada pelos guardas bolcheviques. Em 1º de outubro de 2008, a família imperial russa tornou-se mártir e foi canonizada pela Igreja Ortodoxa Russa.

Depois da queda do czar Nicholas II, a revolução propagou-se por todas as nações que integravam o Império Russo. **Aleksandr Kerensky**, que já havia sido ministro da Guerra, proclamou a República, instaurou o Governo Provisório e uma campanha contra Lenin e os bolcheviques. Mas foi incapaz de equacionar a questão agrária, além de não inspirar confiança.

**Trotsky** no comando do Exército Vermelho.

Trotsky, Lenin e Kamenev, em 1919.

Aleksandr Parvus (1867-1924) intermediou junto à embaixada da Alemanha, em Constantinopla, um plano para desestabilizar internamente a Rússia. O plano previa financiamento dos bolcheviques, de greves e de propaganda revolucionária com dinheiro alemão.

**Hans Freiherr von Wangenheim**
(1859-1915), embaixador da
Alemanha em Constantinopla, foi a
quem Aleksandr Parvus apresentou
o plano para derrocar o regime da
Rússia e afastá-la da guerra, usando
como arma a revolução que os
sociais-democratas bolcheviques,
comandados por Lenin, tratavam de
empreender.

**Ulrich Graf Brockdorff-Rantzau**
(1869-1928), embaixador da
Alemanha na União Soviética,
articulou com o Auswärtiges Amt a
permissão para que Lenin e outros
bolcheviques exilados na Suíça
regressassem a St. Petersburg, então
Petrogrado.

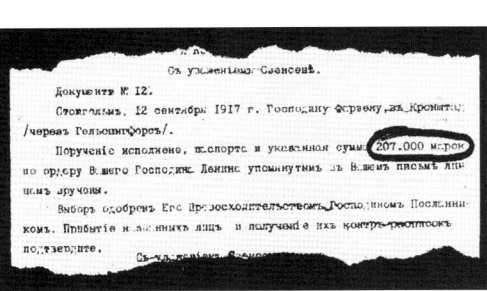

"Estocolmo, 12 de setembro
Ao senhor Färsen, Kronstadt (via
Helsingfors). Executei os seus pedidos:
Passaportes e a referida quantia de 207.000
marcos, por ordem do seu senhor Lenin,
foram entregues às pessoas indicadas
na sua carta. A seleção foi aprovada por
Sua Excelência, o Ministro. Eu confirmo a
chegada das pessoas indicadas e a recepção
dos seus contrarrecibos.
Svenson."

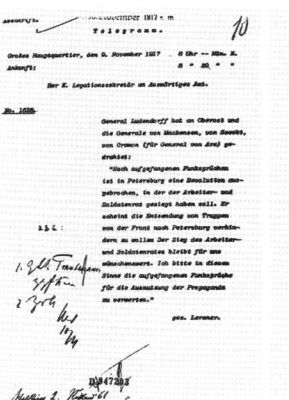

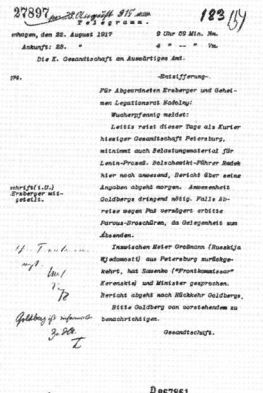

O financiamento da Alemanha à Revolução Russa.

O trem blindado, concedido pelo império alemão, para conduzir Lenin até a Finlândia. Como condição de segurança, foi exigido o direito absoluto de extraterritorialidade — nenhum controle do contingente de viajantes, dos passaportes e da bagagem e ninguém teria acesso ao vagão durante o percurso. O grupo de emigrados, por sua vez, comprometia-se a reclamar a libertação, na Rússia, de um número correspondente de prisioneiros civis alemães e austro-húngaros.

Em 8 de novembro, o Palácio de Inverno, onde Kerensky e o Governo Provisório se aquartelaram, caiu em poder dos Guardas Vermelhos, respaldados pela marujada e pelos disparos do cruzador *Avrora*. Toda a Rússia estava sob o controle do Poder Soviético.

**Rosa Luxemburg** (1871-1919) ressaltou que "o perigo [da Revolução Russa] começara quando eles, ao fazer de uma necessidade virtude, criaram uma teoria de tática, imposta por fatais condições, e pretenderam recomendá-la ao proletariado mundial como um modelo a seguir".

**Karl Liebknecht** (1871-1919) foi o líder da Liga Spartakus, a ala esquerda da social-democracia alemã, que empreendeu a insurreição operária em Berlim, em fins de 1917 e começo de 1918. Juntamente com Rosa Luxemburg, foi preso e brutalmente assassinado por militares alemães.

**Franz Mehring** (1846-1919), historiador, membro da Liga Spartakus. Escreveu a biografia de Marx e vários outros livros. Morreu poucas semanas depois do assassinato de Rosa Luxemburg e de Karl Liebknecht, fato este que muito o abalou.

**Karl Kautsky** (1854-1938), discípulo direto de Marx e Engels e encarregado de organizar o tomo III de *O Capital*, condenou, igualmente, a supressão da democracia por Lenin e Trotsky, na Rússia.

**Mihail Aleksandrovitch Bakunin** (1814-1876), militante anarquista, contemporâneo de Pierre-Joseph Proudhon e Karl Marx, de quem contrapôs a teoria da intervenção do Estado para o advento do socialismo. Suas ideias, difundidas em todo o mundo, foram fundamentais aos movimentos anarcossindicalistas que chegaram ao Brasil com os imigrantes italianos, portugueses e espanhóis.

**Príncipe Pyotr Alekseevi Kropotkin** (1842-1921) abdicou do título de nobreza quando adulto. Foi um dos principais pensadores do anarquismo, fundador do anarcocomunismo e autor de diversos livros que influenciaram os anarquistas brasileiros.

Líderes anarquistas fundadores do Partido Comunista do Brasil, em foto de 1919. Em pé, da esquerda para a direita: **Otávio Brandão**, **Astrojildo Pereira** e **Afonso Schmidt**. Sentados, a partir da esquerda, estão **Edgard Leuenroth** e **Antônio Canellas**.

Anarquistas que se tornaram bolchevistas e fundaram o PCB, em 1922, aceito pela Komintern em 1924. Em pé, da esquerda para a direita: **Manoel Cendón**, **Joaquim Barbosa**, **Astrojildo Pereira**, **João da Costa Pimenta**, **Luis Pérez**, **José Elias da Silva**. Sentados, da esquerda para a direita: **Hermogênio da Silva Fernandes**, **Abílio de Nequete** e **Cristiano Cordeiro**.

Na imagem vê-se **Rodolfo Coutinho**, de pé, à esquerda; **Ho Chi Minh**, sentado, à direita; eles dividiram um quarto em Moscou. Rodolfo, de formação marxista, falante de alemão, colaborou com Astrojildo Pereira e teve papel fundamental para o reconhecimento do PCB pela Komintern.

Em 1917, as greves ocorreram em vários estados do Brasil, mas tiveram mais adesão em São Paulo.

Em 9 de julho, centenas de trabalhadores marcharam pelas ruas da Mooca, a caminho do Brás, com a cavalaria da Polícia investindo para dispersá-los.

Ainda em 9 de julho de 1917, houve muitos feridos; um tiro abateu o sapateiro espanhol **José Ineguez Martinez**, de 21 anos, em frente à Fábrica de Fiação e Tecelagem Mariângela. O enterro da vítima foi uma das mais impressionantes demonstrações populares até então verificadas em São Paulo.

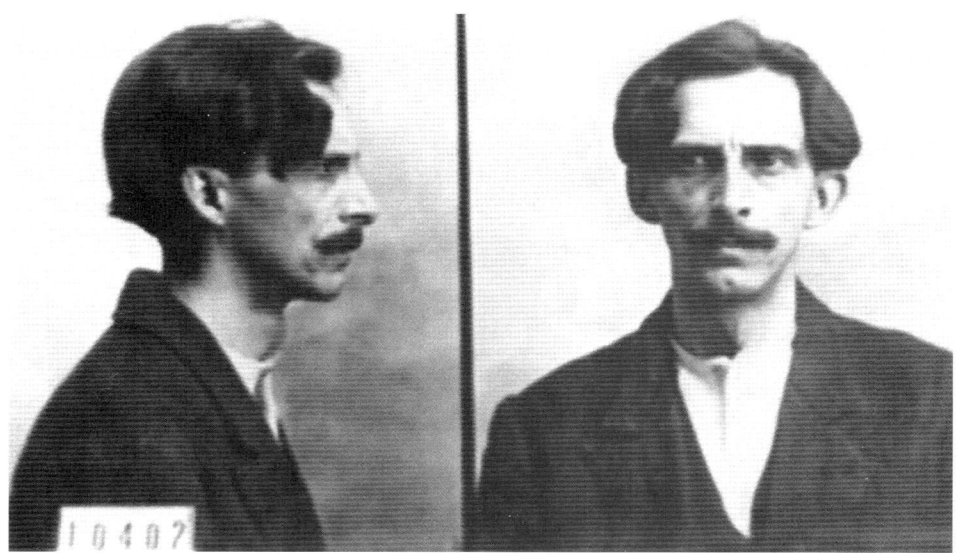

**Edgard Leuenroth**, um dos líderes da greve e importante articulista, relatou que a multidão rompeu todos os cordões que a polícia levantara para cercar as principais ruas do Centro e prosseguiu sua impetuosa marcha até o cemitério. Leuenroth trabalhou na imprensa até morrer, em 1968, tendo criado e dirigido importantes jornais, como *A Lanterna*, *A Plebe*, *Folha do Povo*, entre outros. Foi um militante que atuou ativamente na construção da memória da classe operária brasileira.

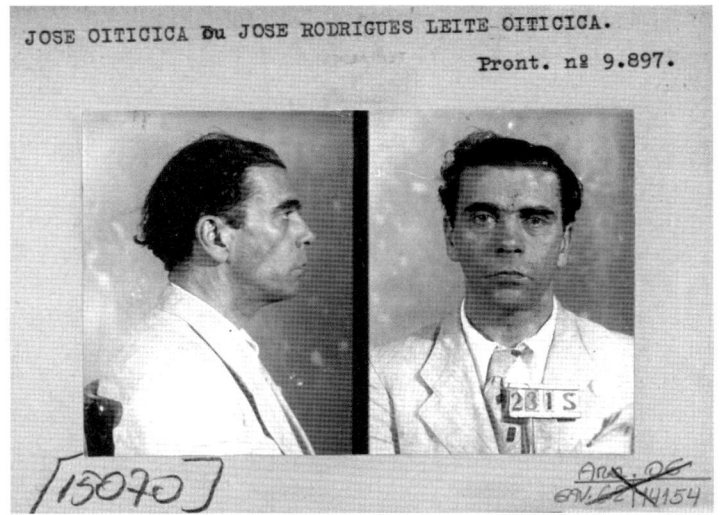

JOSE OITICICA Ôu JOSE RODRIGUES LEITE OITICICA.
Pront. nº 9.897.

José Oiticica, filólogo, poeta e professor do Colégio Pedro II, foi indiciado pela polícia militar como chefe da conjuração que resultaria na Greve Geral — a tentativa de um Soviet no Rio de Janeiro, em 1918. A revolução na Rússia, tida por eles como libertária, alimentava a imaginação de que o povo poderia chegar ao poder no resto do mundo.

Em Salvador, os operários percorreram as ruas a reclamar pela jornada de oito horas de trabalho, ajuste salarial e outros direitos. O governador da Bahia, **Antônio Ferrão Moniz de Aragão**, tio-avô de Luiz Alberto Moniz Bandeira, recusou-se a reprimir a Greve Geral de 1917 e foi acusado de maximalista (bolchevique).

**Agripino Nazaré**, advogado e líder socialista da Bahia. Com Astrojildo Pereira, João da Costa Pimenta, José Elias da Silva, Manuel Campos, Ricardo Pereira Perpétua, Carlos Dias e Álvaro Palmeira, formou um comitê de organização do levante. As reuniões quase sempre ocorriam no escritório de José Oiticica, na Rua da Alfândega. Uma nova Greve Geral, finalmente, irrompeu numa segunda-feira, 18 de novembro de 1918.

A comemoração anarquista do 1º de Maio, realizada na Praça da Sé, em São Paulo, com bandeiras e os seguintes cartazes: "Paz entre nós, guerra aos senhores!", "De cada um segundo suas possibilidades; a cada um segundo suas necessidades" e "Partido Comunista do Brasil".

Fac-símile do diário proletário *A Plebe*, de São Paulo, com a notícia da Primeira Conferência Comunista do Brasil, durante a qual se constituiu definitivamente o Partido Comunista do Brasil, de orientação libertária, em junho de 1919.

O anarquista **Astrojildo Pereira** foi um dos líderes da greve insurrecional no Rio de Janeiro, em 1918, pela qual foi preso. Mais tarde, tornou-se o articulador do PCB, fundado em 1922. A tomada do poder pelos bolcheviques, liderados por Lenin e Trotsky, incentivou o levante das massas trabalhadoras, que culminou na Greve Geral no Brasil.

Fac-símile da revista *Tempos Novos*, do Partido Socialista do Brasil, que circulou em 30 de junho de 1919, com o retrato de Engels na capa, iniciando a publicação do *Manifesto Comunista*. Era o número 12. Outras edições trouxeram na capa os retratos de Marx e Jaurès.

Fac-símile da *Voz do Povo*, diário proletário editado pela Federação dos Trabalhadores do Rio de Janeiro. Edição comemorativa do terceiro aniversário da revolução socialista na Rússia, em 7 de novembro de 1917.

Fac-símile da edição de 1º de maio de 1919 do diário proletário *A Plebe*. A alegoria demonstra a revolução social avançando para o Ocidente. Bela Kuhn, àquele tempo, dirigia a República Soviética da Hungria, e, na Baviera, os espartaquistas ainda tentavam salvar a revolução proletária. A República dos Soviets, na Rússia, resistia heroicamente aos exércitos brancos e às forças da Entente. Tais fatos eletrizavam o proletariado brasileiro e a vanguarda anarquista.

# MOVIMENTO COMMUNISTA

**SUMMARIO**

"Movimento Communista" . . . . . . . O Grupo Editor
A favor de si mesmo. . . . . . . . . . . Astrojildo Pereira
O "nos expedir" do marxismo contra o
    ditadura . . . . . . . . . . . . . . . . . . Oreste Ristori
Grupo Communista do Paraná . . . . . Blanques de Pedro
A trama guerrida . . . . . . . . . . . . . . José Oiticica
Em prol da Russia faminta. . Octavio Brandão e Sparticus
A situação do proletariado na Turquia Magdaleine Mage
Manifesto do Executivo do I. C. . . . . . C. E. I. C.
A reacção do Uruguay. Comité Executivo do P. C. do U.
O Secretariado Internacional das Mu-
Duas Communistas . . . . . . . . . . . . Alexandra Kollontai

**Anno I**    RIO DE JANEIRO — JANEIRO 1922    **Num. 1**

Primeiro número da revista *Movimento Comunista*, editada pelo Grupo Comunista do Rio de Janeiro, e que contribuiu para a formação do PCB, em março de 1922.

O que é o Maximismo ou Bolchevismo

PROGRAMA COMUNISTA

POR

Helio Negro e Edgard Leuenroth

SÃO PAULO
1919

Raro exemplar da brochura de Hélio Negro e Edgard Leuenroth, publicada em 1919, com esclarecimentos sobre o bolchevismo (conforme, na época, os anarquistas entendiam) e uma perspectiva programática do recém-fundado Partido Comunista do Brasil, de tendência libertária. Parte remanescente da edição foi queimada pelos estudantes e policiais, em fins de 1919, quando assaltaram a sede de *A Plebe*, em São Paulo. Os poucos exemplares que se salvaram sofreram danos pelo fogo, como se vê no fac-símile.

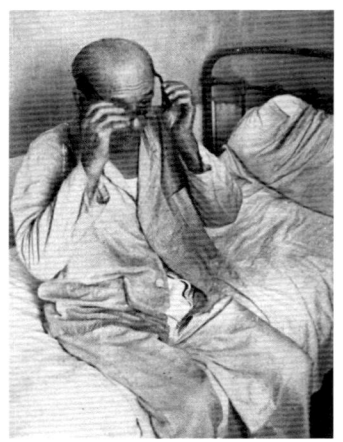

**Astrojildo Pereira**, de volta à prisão, depois do golpe civil-militar de 1964, quando se encontrava recolhido no Hospital da Polícia Militar. Os sofrimentos pelos quais passou abalaram-lhe ainda mais o coração cansado e enfermo e abreviaram-lhe a vida. A foto é de 6 de dezembro de 1964.

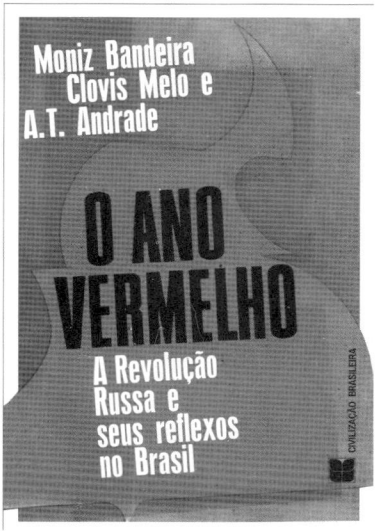

A primeira edição de *O ano vermelho* foi publicada pela Civilização Brasileira em 1967 e representou a documentação viva da repercussão que a revolução socialista russa teve no Brasil.

Lançamento oficial de *O ano vermelho*, em 1968. Na foto, a jornalista **Niomar Moniz Sodré Bittencourt** — presidente do *Correio da Manhã*, em cuja agência de Copacabana ocorreu o evento — cumprimenta o jornalista **Fernando Sigismundo**, diretor da Associação Brasileira de Imprensa. À esquerda, o jornalista **Aristélio Andrade** e, à direita, **Egas C. Moniz Sodré de Aragão**, tio de Luiz Alberto Moniz Bandeira.

**Niomar Moniz Sodré** —, que também foi fundadora do Museu de Arte Moderna do Rio de Janeiro —, conversa com diplomatas da Embaixada da União Soviética, que compareceram ao evento. À esquerda, **Nelson Batista**, superintendente do *Correio da Manhã*.

Niomar Moniz Sodré cumprimenta o advogado e jornalista **Clóvis Melo**.

Na mesa, autografando, estão, ao centro, **Luiz Alberto Moniz Bandeira**, com os dois colaboradores, **Clóvis Melo**, à sua esquerda, e **Aristélio T. Andrade**, à sua direita.

**Moniz Bandeira** autografa a primeira edição de *O ano vermelho*.

## Capítulo 16

GREVES DE 1919 QUE ABALARAM O ESTADO DE SÃO PAULO • CLASSE OPERÁRIA MOBILIZADA PARA DEFENDER TRABALHADORES PRESOS • COMEMORAÇÕES E PROTESTOS NO PRIMEIRO DE MAIO • QUESTÃO OPERÁRIA VOLTA AO PARLAMENTO • PRIMEIRA GUERRA MUNDIAL • MEDO DA REVOLUÇÃO RUSSA ESPRAIAR-SE • TRATADO DE VERSAILLES E OS DIREITOS TRABALHISTAS • GREVE GERAL DA BAHIA EM 1919 • RECUSA DO GOVERNADOR ANTÔNIO MONIZ A REPRIMIR A PAREDE DOS TRABALHADORES

Apesar de abortada, em 18 de novembro de 1918, a tentativa de insurreição no Rio de Janeiro, os ácratas, à frente da classe operária, não esmoreceram. Prepararam-se para novos combates. "O fracasso não entibiara o ânimo de ninguém", ressaltou Everardo Dias.[1] Conforme recordou,

> passados os primeiros meses da repressão policial, voltando a seu funcionamento, embora precário, os sindicatos, o pensamento dos elementos mais emancipados culturalmente e revolucionariamente voltou a persistir na preparação mais ativa e cuidadosa e numa amplitude nacional mais direta e efetiva de um movimento com caráter bem determinado de sovietismo.[2]

A guerra acabara com a vitória dos Aliados. Mas o ano de 1919 entrou sem que houvesse qualquer modificação nas condições de vida dos trabalhadores brasileiros. Continuavam a sofrer privações, e o encarecimento do custo de vida anulou completamente o aumento dos salários, obtido com a greve geral de São Paulo, em 1917. Nereu Rangel Pestana acentuou:

> [...] O nível de vida vai subindo em todo o mundo e, por isso mesmo, crescem as queixas do operário. No Brasil, especialmente em São Paulo, que é o Estado mais civilizado da União, sente-se, primeiro, a necessidade de enfrentar os problemas econômicos, de acordo com os princípios do socialismo. [...] Não bastam promessas e afirmações vagas. O Socialismo é sobretudo real, positivo e para realizá-lo só há duas estradas a percorrer: a Justiça ou a Revolução.[3]

Assim, premido pela miséria e estimulado pelos levantes populares que ocorriam na Europa, o proletariado brasileiro lançou-se à batalha. O movimento atingiria o clímax em 1919. Só em São Paulo, 37 grandes greves ocorreram, das quais 20 na capital e 17 nas cidades do interior. Esse total representou mais do que todas as greves registradas entre 1915 e 1918. E parece que não se alcançou cômputo igual, muito embora aumentasse a massa de trabalhadores em greve, mercê da evolução industrial. E a libertação dos operários e intelectuais presos, no Rio de Janeiro, por causa dos acontecimentos de 18 de novembro, tornou-se o centro das manifestações no início de 1919. Astrojildo Pereira, encarcerado, escreveu a seus companheiros:

> São duras estas grades que me guardam; espessos, brutos, estes muros que me cercam; vil, aviltante, doloroso este ambiente empedrado e denso de desumanização, em que me encerram. Todavia, apesar disso, apesar de tudo, sinto que me corre nas veias o mesmo sangue estuante e impetuoso, que me fustiga as fibras, que me tonifica os nervos e me impele para a frente, à busca do ideal sonhado, na ânsia da luz redentora da Anarquia! Mais forte, infinitamente mais forte que as cadeias pesadas dos tiranoides da República, é esta confiança, inabalável, na justiça e na beleza da grande causa nossa. Baldado e vão é o tripudiar efêmero sobre a nossa liberdade! – Caríssima é a liberdade de que nos privam; mas encarcerar um homem não é encarcerar a sua consciência, nem os impul-

sos do seu coração. Estes continuam libérrimos, porque são intangíveis: não os alcança a guerra brutal do burguês, nem os atinge o canino feroz do esbirro. Através do metro quadrado das grades, coado pelo tirânico travamento das sete barras de ferro, entra-me o sol cubículo adentro, a espanejar esta soturna tristeza com a quente claridade dos seus raios fecundos... o sol bendito! Amigo sol! Os feixes dourados da tua luz, essa mesma luz que banha a terra inteira, que ilumina os homens de todos os meridianos, – dão-me alvíssaras de vitoriosas pugnas libertárias terçadas em longínquas paragens: das imensas estepes moscovitas; das libertas nações germânicas; das brumas fumarentas da Escócia, da Irlanda, da Inglaterra; das tumultuárias cidades de Norte América; e, mais de cerca, da trepidante metrópole platina. E de toda a parte me comunicas os mesmos gritos de rebeldia, os mesmos anseios de liberdade, os mesmos clamores de luta. Por toda a parte se erguem punhos proletários, punhos de ex-escravos partindo grilhões malditos. Trazes-me, sol esplêndido, as boas novas do estupendo fragor da revolução, que agita e convulsiona as massas: bendito sejas, sol, assim me trazes alegrias e me trazes esperança! Bendito sejas, sol amigo, sol camarada, o sol anarquista! Companheiros! Eu vos envio cordial saudação, nessa hora de festa vossa e nossa. Ride-vos e alegrai-vos, que de coração estou convosco, a rir-me e alegrar-me, na antecipação esperançosa do grande trágico, que se aproxima, a marca do fim definitivo da triste era, que temos vivido, e o início da nova era de alegria, que havemos de viver... Hurra pela Anarquia!... (a) Astrojildo Pereira. Casa de Detenção, 14-2-1919.

Realizou-se, no Rio de Janeiro, um festival pró-presos. Leu-se a carta de Astrojildo Pereira. A Justiça, por fim, pronunciou-se sobre alguns dos revolucionários. *A Plebe*, de São Paulo, na edição de 29 de março, noticiou:

Ecos do 18 de novembro – Praticou-se a grande infâmia. 14 dos presos foram pronunciados. Afinal, após mil conchavos infames e revoltantes, o juiz a cujas mãos havia ido parar o processo, se decidiu a praticar a grande canalhice: pronunciou, em 14 do corrente, 14 dos nossos camaradas presos no Rio em consequência dos sucessos de novembro último. O ucasse do serviçal do famigerado Aurelino pronunciou como incursos nas penas do art. 107 do Código Penal, como cabeça o denunciado **Dr. José Rodrigues Leite e Oiticica**, como coautores os denunciados **Dr. Agripino Nazareth, Álvaro Palmeira, Ricardo Corrêa Perpétua, Astrojildo Pereira, Carlos Dias, Manuel Campos, João da Costa Pimenta, Gaspar Gigante, Manuel Castro, Joaquim Morais** e **Manuel Domingues** e no citado artigo 107 combinado com o art. 21 os denunciados Oscar Silva e Adolfo Buses, sujeitando-os a prisão e julgamento e improcedente a denúncia quanto aos demais denunciados. Dos pronunciados não se acham nas garras da Justiça burguesa os Drs. Agripino Nazareth, José Oiticica e Gaspar Gigante, João da Costa Pimenta, Manuel de Castro e Joaquim Morais. Como se costuma afirmar que a nossa obra é aqui sustentada por estrangeiros expulsos de outros países, convém notar que dos 14 pronunciados, 10 são brasileiros natos, outros 3 portugueses com longa residência no Brasil, só um, espanhol, se acha no País há menos tempo. Agora é preciso que os patifes da dominação burguesa se arrependam de mandarem a júri os nossos camaradas. Da sua defesa estão encarregados os Drs. Evaristo de Morais, Nicanor Nascimento, Maurício de Lacerda, Leite Oiticica, Adolfo Porto. Falarão, também, no júri, os camaradas presos Astrojildo Pereira, jornalista; Álvaro Palmeira, professor e, provavelmente, o Dr. José Oiticica, que talvez se apresente no dia. Para se aquilatar da infâmia praticada, basta o seguinte: Oscar Silva, pronunciado, foi preso, no dia 13 de novembro, 5 dias antes da greve! É o cúmulo! Têm agora a palavra os operários e militantes. É preciso agitarmo-nos desde já. Mãos à obra, pois! Nenhuma associação operária poderá conservar-se alheia a esse imperioso movimento de protesto. Seria uma covardia imperdoável abandonar quem se acha preso às garras dos carrascos burgueses por ter defendido os direitos do proletariado.

Quanto a José Oiticica, decidiu-se desterrá-lo para Alagoas, enquanto que Agripino Nazareth para a Bahia. Astrojildo Pereira e outros permaneceram presos. A perspectiva de grande agitação, por causa do processo, levou o governo, em abril, a relaxar as prisões. Os operários de Magé permaneceram na cadeia por mais tempo. A imprensa operária promoveu a campanha de solidariedade, com o apoio de um único jornal da chamada grande imprensa, *A Razão*, de orientação populista.

Aconteceu outro fato favorável à classe trabalhadora: estava em curso uma sucessão presidencial inesperada devido ao falecimento do presidente eleito, Rodrigues Alves. Epitácio Pessoa, que representava o Brasil na Conferência de Versailles, concorreria às eleições pelo Partido Republicano. E o conselheiro Ruy Barbosa, que partia outra vez para a candidatura de sacrifício (em 1910 perdera para o marechal Hermes da Fonseca), resolveu abordar a questão operária. A *Razão* publicou numerosas cartas de operários repelindo-o. "Não precisamos da Questão Social do Sr. Ruy Barbosa, nem da lei de Acidentes do Sr. Andrade Bezerra; só confiamos em nós mesmos", diziam os ácratas.

O Primeiro de Maio de 1919, no Rio de Janeiro, canalizou a excitação operária, tanto diante dos desdobramentos europeus – assassinato de Karl Liebknecht, Rosa Luxemburg, em Berlim; e Kurt Eisner (1867-1919), líder social-democrata da Baviera; a República Soviética da Hungria, instituída por Béla Kun (1886-1938 ou 1939);[4] barricadas vermelhas em Viena; greves na França, Inglaterra, Estados Unidos e Argentina –, como dos acontecimentos nacionais – o entrechoque dos grupos econômicos e políticos; os ecos da tentativa insurrecional de 18 de novembro no Rio de Janeiro e as condições de vida e trabalho no Brasil.

A *Razão*, edição do dia 2 de maio, retratou a grandiosidade das comemorações do proletariado: "Em torno do pedestal da estátua do Visconde do Rio Branco, no Largo da Glória, estavam os representantes do Partido Comunista do Brasil e a comissão organizadora do comício, que pouco depois era iniciado pelo Sr. José Fernandes, que falou em nome do Partido Comunista", diz o jornal. A manifestação teve seu ponto alto com José Elias, "sempre muito aclamado, critica acremente a atual organização social, referindo-se à Revolução Russa que elogia, no que é novamente aclamado pela multidão".[5]

Seguiu, depois, a passeata, "tendo à frente a comissão do Partido Comunista, com o respectivo pavilhão".

O aspecto que apresentava a multidão, que podia se calcular, sem exagero, em 60.000 pessoas, era extraordinário e imponente. Olhando-a tinha-se a impressão da força prodigiosa do proletariado. No meio flutuava o pavilhão encarnado da União dos Operários em Fábricas de Tecidos que era seguido de diversas sucursais, também rubros. Aqui, ali, sobre a cabeça da multidão balouçavam-se as flâmulas com as inscrições: – "Salve a Hungria livre!" "Homenagem à Baviera Emancipada!" A multidão em onda colossal subiu a Avenida, na melhor ordem, cantando os hinos, "Filhos do Povo" e "A Internacional".

Na Praça Floriano Peixoto (Cinelândia), José Elias novamente falou e terminou discurso com um viva "à revolução social e aos povos comunistas". Das escadarias do Teatro Municipal, leram as moções que a massa votou, entre aclamações e com as mãos levantadas, num espetáculo de democracia direta. Segue o que foi preterido pelos trabalhadores:

1ª – O proletariado do Rio de Janeiro reunido em massa na praça pública e solidário com as grandes demonstrações mundiais dos trabalhadores, neste 1º de maio, envia uma calorosa e fraternal saudação ao proletariado internacional e expressa a sua veemente determinação de secundar a obra imensa de transformação social que se vai operando atualmente no mundo para o estabelecimento, sobre a terra, de um regime de real bem-estar e positiva liberdade para todos. 2ª – O proletariado do Rio de Janeiro, reunido em massa, na praça pública e solidário com as grandes demonstrações mundiais dos trabalhadores, neste 1º de maio, envia uma saudação especial de simpatia aos proletariados russo, húngaro e germânico e protesta solenemente contra qualquer intervenção militar burguesa, tendo por fim atacar a obra revolucionária tão auspiciosamente encetada na Rússia.
3ª – O proletariado do Rio de Janeiro, reunido em massa, na praça pública resolve lançar um veemente protesto contra o encarceramento de cinco trabalhadores na cadeia de Magé, Estado do Rio, por motivo dos acontecimentos de novembro último e envia a esses companheiros uma cordial saudação de solidariedade.

Em Niterói, as comemorações tiveram a mesma tônica, o reflexo da Revolução Russa. Secundino de Oliveira, falando aos trabalhadores da construção civil, disse: "É a Lenin que os operários devem a liberdade".

Na Associação Gráfica, José de Sousa preconizou: "Já se vem movimentando o proletariado para uma mudança completa na sociedade brasileira, a exemplo da Rússia, Baviera, Alemanha e Hungria". Na União dos Tecelões, "ouvem-se vivas a Lenin e à revolução social". As manifestações chegaram ao ponto culminante na Praça Arariboia, em Niterói, onde o comício transformou-se em "demonstração da força do maximalismo". *A Noite*, de Irineu Marinho, chamou a atenção do governo para "infiltração bolchevista" e acusou "comunistas estrangeiros" de dirigir os trabalhadores.

Em São Paulo, 20.000 operários entraram em greve, em 1º de maio, e impuseram o fechamento da fábrica Lacta. Mas o proletariado não pôde comemorar a data com atos públicos. O grande aparato policial funcionou na capital e nas cidades do interior. Em São Bernardo do Campo, a polícia dissolveu pelas armas um piquete de grevistas à porta da fábrica Lucinda e fuzilou pelas costas o operário Constante Castellani. O crime repercutiu nacionalmente e uma onda de revolta levantou-se no seio da classe operária. Em Belenzinho (São Paulo), para vingar o assassinato de um trabalhador, derrubou-se um policial do cavalo, que em seguida foi apunhalado. Um bonde virado serviu de barricada. O mesmo método que se adotou na Rua Bresser, bairro de Brás, na capital de São Paulo, quando a cavalaria atacou os grevistas da Antártica.

No dia 5, na capital, as costureiras realizaram um comício, na Rua Barão de Itapetininga, e contra elas carregou a guarda montada. Outro comício, no Largo da Concórdia, provocou a intervenção à moda dos cossacos. Isso só fez aumentar o movimento, a princípio de tecelões e cervejeiros, depois de sapateiros, metalúrgicos, operários da construção civil, ferroviários e outros. Os grevistas firmaram um pacto intersindical e, em 7, a Associação Comercial afirmou que "desejando concorrer para solucionar o problema que se agiganta, aceita a jornada de oito horas, ou a semana de 48 horas e o mesmo salário atual". Reconheceu a igualdade salarial de homens e mulheres e consentiu em proibir o trabalho noturno de crianças e mulheres. O governador Altino Arantes endossou o acordo entre operários e patrões, anunciando que a bancada paulista no Congresso apresentaria um projeto de lei para sacramentar tais direitos.

O governador Altino Arantes, na verdade, apenas tentou ganhar tempo, tornando dependente da lei um acordo bilateral. Ademais, recusou-se a libertar os operários presos que já ascendiam a quase uma centena. Os trabalhadores decidiram rejeitar a proposta patronal, apoiada pelo governo, e com o objetivo de unificar esforços criaram o Conselho Geral dos Operários, para substituir a desaparecida Federação Operária, fechada durante o estado de sítio.

O Conselho Geral dos Operários apresentou as reivindicações, consubstanciadas nos seguintes pontos:

1 – o dia de oito horas de trabalho; 2 – repouso semanal ininterrupto de 36 horas; 3 – proibição do trabalho dos menores de 14 anos e do trabalho noturno das mulheres; 4 – estabelecimento do salário mínimo, baseado sobre o custo atual dos víveres e pagamentos efetuados semanalmente; 5 – igualdade do salário das mulheres ao dos homens; 6 – completo respeito por parte dos poderes públicos às associações operárias e plena liberdade de pensamento; 7 – baixa efetiva e segura dos gêneros de primeira necessidade, devendo organizar-se um conselho de alimentação fiscalizado pelas associações populares, aos quais deverão ser concedidos os direitos de requisições; 8 – confiar ao conselho de alimentação o encargo de impedir a falsificação dos gêneros de primeira necessidade; 9 – redução imediata dos aluguéis. 10 – moratória para os débitos atrasados, confiando ao conselho de alimentação e de aluguéis.

Enviou-se ao Rio de Janeiro uma delegação operária para explicar aos colegas o sentido do movimento. Na Associação Brasileira de Imprensa (ABI), Joaquim Pimenta e Horácio Correia relataram, no dia 15 de maio, a violência da polícia de São Paulo que expulsou *manu militari,* em Osasco, os operários da Continental Products das próprias residências em que moravam, casas essas de propriedade da fábrica. A polícia também arrancara professores das salas de aulas, como aconteceu com João Penteado e Adelino de Pinho. Edgar Leuenroth, diretor de *A Plebe,* ocultou-se para não ser preso. Nereu Rangel Pestana, diretor de *O Combate,* recebeu ameaça de processo por sedição e Andrade Catete, português, que também escrevia naquele jornal, esteve em perigo de deportação. Em São Bernardo do Campo, a polícia matou mais outro operário. E, em Santos, no seu desvario, os policiais a cavalo chegaram a invadir o Mercado Municipal, espancando donas de casa e crianças. A greve generalizou-se, apesar de tudo, abrangendo as principais cidades de São Paulo – Campinas, Sorocaba, Ribeirão Preto, Jundiaí, Itu, Cruzeiro. Ante a evidência de que a repressão não adiantava e prejudicava a própria produção, o presidente do Estado, Altino Arantes, decidiu aceder, mandando libertar os grevistas presos. E, em seguida, firmou um acordo com os patrões, segundo o qual se reconhecia o direito às 8 horas de trabalho, sem diminuição de salários. Setores das classes conservadoras resolveram empregar também a demagogia como arma. O Congresso passou a discutir a questão operária, desengavetando o anteprojeto de Código do Trabalho, que Maurício de Lacerda apresentara dois anos antes. Constituiu-se uma comissão especial para votar as primeiras leis sociais do Brasil, que tocavam temáticas como: acidentes de trabalho, vedação do trabalho noturno a menores, proibição do trabalho à operária grávida e redução da jornada do menor. Epitácio Pessoa (1865-1942), então a representar o Brasil na Conferência de Paz, firmou o Tratado de Versailles, havendo entre as suas cláusulas o reconhecimento das oito horas de trabalho para os trabalhadores, e telegrafou ao ministro do Exterior, Domício da Gama, comunicando que o documento consagrava os seguintes princípios:

> 1º – Direito de associação; 2º – Menores de 14 anos não serão admitidos em trabalhos de indústria e comércio; entre 14 e 18 somente trabalhos leves sem prejuízo à educação profissional geral; 3º – Salário igual sem distinção de sexo para trabalho igual; 4º – Repouso hebdomadário; 5º – Oito horas de trabalho por dia ou 48 horas semana; 6º – Estrangeiros legalmente admitidos terão direito e mesmo tratamento dos nacionais; 7º – Todos os estados organizarão serviços de inspeção do trabalho, o qual deverá compreender mulheres.

O proletariado do Ocidente ganhou, com a revolução socialista na Rússia, os direitos pelos quais havia tempo se batia. A Europa, terminada a guerra, ebulia. A revolução social tendia a avançar na Alemanha.

O exemplo da Rússia bolchevique amedrontou e induziu os industriais, nos Estados Unidos, França e Inglaterra, a entenderem que, para salvar os dedos, precisavam jogar fora os anéis. A intervenção da American Expeditionary Force (AEF), em Vladivostok, na Sibéria, a pretexto de salvar a Legião da Tchecoslováquia do esmagamento pelo Exército Vermelho, resultou em fiasco. E o presidente Woodrow Wilson (1856-1924) percebeu que não podia conter pelas armas a ameaça revolucionária, projetada pelo Poder Soviético. Era necessário fazer concessões para evitá-la. Jogar água na fogueira. E, assim, a paz do Tratado de Versailles converteu-se em um tratado de paz com o proletariado. David Lloyd George (1863-1945) e Georges Benjamin Clemenceau (1841-1929), chefes de governo da Grã-Bretanha e da França, aceitaram, então, conceder os direitos à classe trabalhadora e, na Conferência de Paz, incluir, no Tratado de Versailles, um capítulo para regulamentar internacionalmente os direitos sociais. A fim de que as nações industrializadas não perdessem a competitividade no mercado mundial, devido à elevação do custo da força de trabalho em virtude dos direitos sociais, o Tratado de Versailles, a concluir a guerra de 1914-1918, obrigou todos os seus signatários, por proposta do presidente Woodrow Wilson, a adotar também uma legislação social, com o estabelecimento da jornada de oito horas de trabalho, bem como introduziu, entre seus dispositivos, a criação, junto à Sociedade das Nações, de uma organização internacional do trabalho.[6] As decisões adotadas por essa organização tomariam a forma de projetos de convenções, ou de recomendações. A legislação social e a previdência social brasileira – ressaltou o professor Alberto da Rocha Barros – nasceu "da luta dos trabalhadores pelos seus próprios direitos, luta interna e luta externa",[7] i.e., as greves no Brasil, de 1917 a 1919, e o espectro do Poder Soviético a projetar a efervescência revolucionária na Europa.

O governo brasileiro não podia, por conseguinte, fugir ao compromisso internacional, estabelecido no Tratado de Versailles, do qual fora um dos signatários. Parte do empresariado, no entanto, relutou na adoção dos direitos sociais, obrigando os trabalhadores a novas lutas, para a conquista das oito horas, que, desde 1917, reclamavam. Daí que Lima

Barreto acentuou: "todo o mal está no capitalismo, na insensibilidade moral da burguesia, na sua ganância sem freio de espécie alguma, que só vê na vida dinheiro, dinheiro, morra quem morrer, sofra quem sofrer".[8] E acrescentou, o que antes já dissera, que "o enriquecimento de São Paulo infeccionou todo o Brasil de ganância e avidez crematística [...]."[9]

A luta pela jornada de oito horas, no Brasil, reacendeu-se. Na Bahia, aos primeiros dias de junho de 1919, a agitação contagiou o proletariado. A crise econômica, que o Estado estava a enfrentar, em decorrência da guerra mundial, aprofundara-se. A dificuldade de exportar cacau e fumo para a Alemanha havia afetado gravemente a economia baiana, a provocar a carestia, o aumento nos preços dos gêneros de primeira necessidade, devido em grande parte à especulação dos comerciantes. O descontentamento da população desencadeou movimentos populares, com o objetivo de lutar pela redução da jornada de trabalho para oito horas e por outras reivindicações, como acontecera em São Paulo, Rio de Janeiro e vários outros Estados do Brasil. E, ao iniciar junho de 1919, o Sindicato de Pedreiros e Carpinteiros iniciou a paralisação de Salvador e, em 4 de junho, cerca de 10.000 trabalhadores estavam em greve.[10] Também as fábricas de tecidos Conceição, de propriedade da Companhia Empório Industrial do Norte, fundada por Luiz Tarquínio (1844-1903),[11] Plataforma e Paraguaçu deflagraram a greve e, conjuntamente, outros estabelecimentos industriais cessaram suas atividades. Logo, o movimento envolveu outros trabalhadores, como da construção civil, motoristas, empregados de hotéis, cafés e restaurantes, carroceiros, padeiros e servidores de bondes e telefones. A greve não tinha precedentes e à frente estava o advogado Agripino Nazareth, que se destacara, desde 1917, como líder do proletariado baiano e fora um dos líderes do levante operário de 18 de novembro de 1918, no Rio de Janeiro. Toda a cidade parou. Em 5 de junho, era geral. A *Época*, no Rio de Janeiro, abriu a reportagem com o título: "O maximalismo na Bahia". Os operários percorreram as ruas de Salvador, a reclamar pela jornada de oito horas de trabalho, aumento de salário e algumas outras vantagens. O governo, porém, não adotou nenhuma atitude policial. Procurou contornar a situação através de entendimentos com os sindicatos e a Associação

Comercial. "No caso da greve geral" – assinalou Sílvia Noronha Sarmento – "quem serviu de intermediário junto aos patrões foi o próprio governador Antônio Moniz, que defendeu as demandas dos grevistas e não reprimiu o movimento".[12] Mas o impasse perdurou.

O *Diário Oficial do Estado do Rio de Janeiro* noticiou diariamente o andamento da greve e das negociações. Na edição de 7 de junho, informou:

> Continuou, ontem, o movimento grevista. Percorriam as ruas da cidade grupos de operários, dando vivas ao proletariado. Apesar das aglomerações e da grande afluência de grevistas pelas ruas e praças, não se verificou nenhum ato de perturbação da ordem pública. O Comitê central das classes operárias procurou o Sr. governador, a quem reiterou as suas afirmações de que absolutamente não se afastaria da atitude pacífica e inteira ordem, dentro de que espera a solução para as suas reclamações. [...] O Sr. governador declarou confiar na breve solução do caso, de modo a conciliar todos os interesses, para o que disse contar com o concurso de todos, a fim de que os meios de ação do governo se limitassem a conseguir suasoriamente o restabelecimento do regime de trabalho, normalizando-se a vida da cidade.

As classes conservadoras, porém, estavam atemorizadas. O ruído das refregas, na Europa, chegava-lhes aos ouvidos. A revolução socialista, na Rússia, não completara dois anos e comunistas e sociais-democratas, sob a liderança de Béla Kun, ainda procuravam defender e preservar a República Soviética da Hungria. Havia, também, greves na França, na Itália etc. Comerciantes e industriais, na Bahia, queriam, por isso, medidas de repressão e violência, para debelar a parede que lá estava a desencadear-se. O governador Antônio Moniz (1875-1931) recusou-se a tomá-las. A oposição explorou o fato, procurando apresentar a Bahia como um Estado sem autoridades e, assim, conseguir a intervenção federal. Ruy Barbosa, no Teatro Polytheama, de Salvador, a endossar a posição da Associação Comercial, disse que na Bahia havia "uma aliança escandalosa do mundo oficial com um maximalismo de encomenda (..), trancando nos quartéis a força pública" e "agasalhando no palácio do governador os caudilhos da mashorca[13] [...]".[14] E acusou: "[...] O governo, aqui, inspira, excita e acoberta as greves, as ameaças de saque, os esboços da mashorca, as encenações do comunismo. [...] O governo ataca as classes conservadoras e desencaminha as classes obreiras".[15]

O jornal *A Tarde* batia na mesma tecla: "o governador é maximalista". E a Associação Comercial: "Organizara-se contra nós o cerco, que acabava por se estender, praticamente, a toda cidade. Não tínhamos mais para quem apelar dentro dos poderes do Estado".[16] Porém, Antônio Moniz, como governador da Bahia, telegrafou ao seu amigo e correligionário José Joaquim Seabra, no Senado, e afirmou que "A polícia não havia de intervir para espaldeirar operários, em greve pacífica; seria contrário ao direito e aos princípios de humanidade".

Mais tarde, na exposição apresentada ao deixar o cargo, em 29 de março de 1920, reafirmou:

> Tenho a consciência tranquila de que agi dentro da lei e dos princípios científicos e humanitários. Não me era lícito empregar a força contra operários inermes que pacificamente reclamavam melhor recompensa para o seu esforço. Eles não cometeram depredação alguma, nem atentaram contra a liberdade dos seus companheiros. Apenas suspenderam o seu trabalho coletivamente, o que não constitui delito pelo nosso direito penal. É bem verdade que com o seu procedimento houve vexames não pequenos à população, devido ao caráter geral que assumiu a parede. Mas, tais vexames são visceralmente inerentes às greves, máxime as de tal espécie, constituindo um dos seus elementos de vitória. Greve geral sem incômodos também gerais nunca se viu em parte alguma.[17]

A greve prosseguiu por vários dias. Sucediam-se as reuniões de autoridades com os operários e com o presidente da Associação Comercial. Industriais e negociantes dispuseram-se a atender às reivindicações. Em 9 de junho, o Centro Industrial do Algodão, englobando as Companhias Progresso Industrial da Bahia, Empório Industrial do Norte, União Fabril da Bahia, Fabril dos Fiais, Valença Industrial e Fábrica Beira-Mar, proprietários de fábricas de fiação e tecidos, expediu um comunicado, anunciando:

1. Fica estabelecido o dia de 8 horas de trabalho regular em todas as suas fábricas. 2. Fica estabelecida a igualdade de salário para homens e mulheres em serviços idênticos. 3. São garantidas aos diaristas as diárias atuais, apesar da redução das horas de trabalho. 4. Serão aumentados 20% nas atuais tabelas de empreitadas. 5. Os operários serão mantidos em seus respectivos lugares, isentos de qualquer penalidade, mesmo porque as companhias não os consideram grevistas. 6. Todas as multas reverterão para os cofres das sociedades beneficentes dos operários das respectivas fábricas. 7. Ficam adiados outros pontos de recíproco interesse até a promulgação da Lei Federal do Trabalho, aguardada na vigente legislatura, ficando reconhecido desde já o direito aos operários de terem, dentro da legislação vigente, as suas sociedades.[18]

Os operários baianos venceram mais uma batalha. O movimento triunfou. Até aquela época, "a maior de que já foi teatro a Bahia e a única de caráter geral que a sua história registra", conforme palavras do governador Antônio Moniz. Não obstante, o governador ressalvou: "Os operários não obtiveram tudo quanto reclamavam". Conseguiram, porém, alguma coisa e, conformados, voltaram ao trabalho. Os patrões não cederam tudo quanto lhes foi pedido, mas o que julgaram razoável fazê-lo.[19]

Em 10 de junho de 1919, Salvador voltou à normalidade. A greve terminou. *A Tarde* noticiou que "os operários de tecidos conseguiram o que nenhum outro operário conseguiu" e que o governador Antônio Moniz, a quem violentamente atacava, discursou e, terminando, disse aos trabalhadores: "Eu, o governo e a polícia estamos e estaremos sempre do vosso lado".[20]

Como escreveu o professor Noelio Dantaslé Spinola, "em todo o conflito, merece destaque a atitude do governador Moniz de Aragão ao recusar o uso de força contra os operários".[21] A decisão de não reprimir a greve geral, o movimento operário, o governador Antônio Moniz tomou, não por causa das contradições da política na Bahia, mas devido às suas próprias convicções democráticas, ao grande saber e sensibilidade para a questão social. Homem culto, foi professor catedrático de Economia Política e Direito Administrativo na Escola Politécnica, conhecia as teorias dos grandes economistas e de Marx e Engels. Em 1918, não paralisou as obras de construção na Bahia para não desempregar os operários e, assim, eles resvalassem na maior miséria, sofressem mais privações e nem o pão pudessem comprar. O professor Aldrin A. S. Castellucci, da Universidade do Estado da Bahia, ressaltou que o jornal *O Tempo*, órgão oficioso do Partido Republicano Democrata, chefiado pelo governador Antonio Ferrão Moniz de Aragão e pelo então senador J. J. Seabra, publicou uma série de matérias e editoriais nos quais advogava a realização de uma "campanha redentora em prol do proletariado".[22] *O Tempo*, a defender os 2.000 operários da Companhia Empório Industrial do Norte (CEIN), que deflagraram a parede, denunciou que eles eram

> contratados sob o regime de empreitada combinada com metas previamente estabelecidas, mas, como a remuneração por peça era muito baixa, os adultos do sexo masculino estavam recebendo entre 12$000 e 13$000 por semana, menos de 50$000 que poderiam ser feitos antes da guerra. As mulheres recebiam a metade ou menos, algo entre 5$000 e 7$000 pela mesma empreitada semanal. Ambos deveriam produzir, no mínimo, uma peça de pano de 120 metros a cada cinco dias dentro de uma jornada de trabalho diária de dez horas, que começava às seis e meia da manhã, prolongando-se até as cinco e meia da tarde. Já os inúmeros menores dos dois sexos eram jornaleiros e recebiam ainda menos, isto quando recebiam salários, posto que era comum o trabalho infantil em troca apenas da aprendizagem de um ofício, comida, alojamento e roupas. Todos os salários sofriam, ainda, reduções semanais referentes a aluguéis na vila operária e multas cobradas por defeito nos tecidos. Esses fatos eram tão frequentes que segundo as fontes consultadas, no segundo semestre de 1918, por várias vezes os ganhos dos operários ficaram reduzidos a zero.[23]

A Associação dos Marinheiros e Remadores já havia então mobilizado e levado uma multidão de trabalhadores até o Palácio da Aclamação, em 30 de maio de 1919, antes da greve geral, a fim de homenagear o governador Antonio Ferrão Moniz de Aragão, no seu aniversário, e ao mesmo tempo agradecer-lhe o apoio que havia dado à greve nacional dos marítimos. Sua recusa em reprimir a greve geral de junho fora coerente com suas ideias e atitudes anteriormente tomadas.

Poucos dias depois de terminada, no dia 10, a greve geral, realizou-se, entre 14 e 20 de junho de 1919, no Teatro São João, o 1º Congresso dos Trabalhadores Baianos, sob o lema "Unidos para a vida e para a morte". A iniciativa coube ao Sindicato dos Pedreiros e Carpinteiros e Demais Classes. No seu manifesto de convocação, eles acentuaram:

[...] O movimento que ora se vai operando em todo o mundo em prol da emancipação dos trabalhadores e da constituição de uma sociedade nova, expurgada dos velhos preconceitos que permitiam à burguesia receber e conservar o poder arrebatado das mãos da nobreza e do clero pela revolução francesa. Esse movimento renovador que somente cessará com a vitória definitiva dos oprimidos, também repercutiu proficientemente neste Estado, como atestam as melhorias morais alcançadas pelos nossos irmãos, em virtude da recente greve geral. Como observou o nosso advogado e companheiro de luta, Dr. Agripino Nazareth, "a Bahia, escrava de um tradicionalismo caduco em matéria de regime de trabalho, a Bahia proletária, ergueu-se num gesto viril que a redime completamente das humilhantes submissões pretéritas e conquistou em uma semana aquilo que em um século nem se sonhava obter". Não devemos dormitar ao som dos hinos celebradores de tão invulgar triunfo. Outros combates já nos antolham próximos ou distanciados, mas para os quais necessitamos estar coesos e fortes, absolutamente senhores dos meios de ação [...]

A primeira reunião do Congresso ocorreu em 14 de julho, data da tomada da Bastilha, e, no dia 17, aprovou-se voto de aplauso ao governador Antônio Moniz, "pela exata compreensão de seus deveres constitucionais, por ocasião da última greve". O encerramento do primeiro Congresso dos Trabalhadores Baianos efetuou-se no dia 20 de julho, no Teatro São João, com grande número de operários, várias delegações sindicais e jornalistas. *A Tarde*, da Bahia, noticiou:

Ao sair do Teatro São João, os operários fizeram uma passeata, puxados pela banda de música do 2º Batalhão da Brigada Policial e desfilaram pela rua Chile até o Sindicato dos Pedreiros e Carpinteiros, ao Maciel de Baixo, erguendo vivas ao socialismo e ao operariado.

As lutas, entretanto, não cessariam. *A Tarde,* de 10 de agosto, divulgou um convite do Sindicato dos Produtores de Marcenaria "ao proletariado e ao povo, para protestarem em praça pública contra o racismo nos Estados Unidos":

> O Sindicato dos Produtores de Marcenaria, julgando interpretar fielmente o pensamento do operariado baiano em relação ao preconceito de raça ainda dominante nos Estados Unidos, convida todos os companheiros e ao povo em geral, para levantarem na praça pública um caloroso protesto contra as chacinas de homens de cor ultimamente perpetradas em Chicago.

O comício realizou-se, às 17 horas do dia 15 de agosto de 1919, na Praça 15 de Novembro. Falaram Aníbal Lopes Pinho, Agripino Nazareth e Astério Aloísio dos Prazeres.

"Os burgueses são quase todos iguais, variando apenas na maneira mais desenfreada da cobiça" – declarou o marceneiro Astério Aloísio dos Prazeres. "Os burgueses mais duros são os capitalistas, assim nos diz o grande socialista francês George Renard. [...] Em nome da liberdade civil e política, em nome da igualdade das condições, devemos recear e condenar a acumulação do capital nas mãos dos indivíduos". Concluiu a oração, protestando contra o "regime antissocial" e contra o racismo nos Estados Unidos.

Em 30 de agosto, houve quebra-quebra das padarias da Baixa do Sapateiro e das imediações (Pelourinho, Maciel, Praça dos Veteranos e Ladeira da Praça). E, no início de setembro, os tecelões deflagraram nova greve, em solidariedade a um companheiro que a Fábrica Boa-Viagem multou em 2$000 e, como este protestou, o demitiu. Mas, no fundo, havia a resistência de algumas fábricas a reconhecer, praticamente, as conquistas da greve geral de junho. E anotou *A Tarde* que "esta manhã, quando o apito da fábrica Boa-Viagem chamou os seus operários para o trabalho (aos teares) eles não passaram da porta. Era uma greve pacífica que rebentava".[24] Os patrões, por seu turno, decretaram *lockout*.

Com o título de "Boletim Operário", *A Tarde,* em 6 de setembro, publicou:

> Camaradas, Alerta! Em vista dos graves acontecimentos que dia a dia vêm deprimindo o operariado, não só aos nossos camaradas estrangeiros... convidamos aos nossos irmãos de trabalho a não se deixarem levar por esses cantos de sereias do "Maximalismo" que infelizmente está batendo às portas das famílias baianas.

Os patrões por seu turno decretaram *lockout.* E, em 7 de setembro, quando se comemorava a festa da Independência do Brasil, outras indústrias aderiram ao movimento, que ameaçava propagar-se, repetindo a greve geral de junho. A sede da União Geral dos Trabalhadores fervia. No Largo da Boa Viagem, houve um comício com a presença de mais de 3.000 operários. Agripino Nazareth continuava na estacada. E novo triunfo dos trabalhadores. E, em outubro de 1919, os dirigentes da União dos Operários Estivadores decidiram, juntamente com a União dos Carregadores das Docas e Trapiches, a União dos Foguistas Marítimos e Terrestres e a Associação dos Marinheiros e Remadores, em uma assembleia conjunta de 5.000, apoiar a candidatura do próprio José Joaquim Seabra para suceder a Antonio Ferrão Moniz de Aragão no governo da Bahia.[25]

## NOTAS

1. Everardo Dias, 1977, pp. 90-91.
2. *Ibidem*, p. 90.
3. Ivan Subiroff (Nereu Rangel Pestana), 1919, pp. 272-273.
4. Béla Kun desapareceu na União Soviética, executado a mando de Stalin, durante os grandes expurgos dos anos 1930. A República Soviética da Hungria foi suprimida pelas tropas da Tchecoslováquia, Romênia e Iugoslávia, que invadiram a Hungria, com o suporte da França e do Reino Unido.
5. *A Razão*, 2/5/1918.
6. "Annex B – Part III (Labour of the Treaty of Versailles of June 28, 1919) Section I – Organization of the Labour", *in* Charles Howard Ellis, 2003, pp. 496-499. Alberto Rocha Barros, 1969, pp. 46-49.

7. *Ibidem*, p. 47.
8. Afonso Henriques de Lima Barreto, "Sobre o maximalismo", *in Bagatelas (Romance)*, 1956, p. 163.
9. *Ibidem*, p. 163.
10. *A Tarde*, 4/6/1919.
11. Luiz Tarquínio era filho de uma ex-escrava, ascendeu da pobreza e tornou-se um grande industrial, ao criar na Bahia, em 1891, uma das maiores tecelagens do Brasil e a primeira grande Vila Operária, com diversos benefícios sociais muito antes de Jorge Street, em São Paulo, e de Delmiro Gouveia.
12. Silvia Noronha Sarmento, 2011, p.175.
13. Referência a "ia Mazorca", organização parapolicial, criada pelo ditador da Argentina, Juan Manuel Rosas (1793-1877), para reprimir os adversários. Era vinculada à Sociedad Popular Restauradora.
14. Ruy Barbosa, 1932, p. 34.
15. *Ibidem*, p. 36.
16. *Ibidem*, p. 37.
17. Antonio Ferrão Moniz de Aragão, "Exposição apresentada ao passar, em 29 de março de 1920, o Governo da Bahia ao Exmo. Sr. Dr. José Joaquim Seabra, empossado nesse dia no cargo de Governador do Estado no quatriênio 1920 a 1924", 1920, pp. 24-25. Antonio Ferrão Moniz de Aragão, 1923, p. 658.
18. *A Tarde*, 10/6/1919. Antonio Ferrão Moniz de Aragão, "Exposição apresentada ao passar, em 29 de março de 1920, o Governo da Bahia ao Exmo. Sr. Dr. José Joaquim Seabra, empossado nesse dia no cargo de Governador do Estado no quatriênio 1920 a 1924", 1920, p. 31. *A Tarde*, 10/6/1919.
19. *Ibidem*, p. 33.
20. *A Tarde*, 10/6/1919.
21. Noelio Dantaslé Spinola, 2009, p. 131.
22. Aldrin A. S. Castellucci, "Flutuações econômicas, crise política e greve geral na Bahia da Primeira República", *Revista Brasileira de História*, vol. 25, n. 50, jul-dez. 2005, disponível em <http://dx.doi.org/10.1590/S0102-01882005000200006>.
23. *Ibidem*.
24. *A Tarde*, 4/9/1919.
25. Aldrin A. S. Castellucci, "Flutuações econômicas, crise política e greve geral na Bahia da Primeira República", *Revista Brasileira de História*, vol. 25, n. 50, jul-dez. 2005, disponível em <http://dx.doi.org/10.1590/S0102-01882005000200006>.

## Capítulo 17

PATRÕES E GOVERNOS ROMPEM OS ACORDOS APÓS AS GREVES DE 1917 E
1918 • ESTOURAM PAREDES EM SÃO PAULO E RIO DE JANEIRO • ANARCOS-
SINDICALISTAS NA LIDERANÇA • MOVIMENTO OPERÁRIO PARA PERNAMBU-
CO • GREVE GERAL NO RIO GRANDE DO SUL • SITUAÇÃO REVOLUCIONÁRIA
NO LESTE EUROPEU • PARTIDO SOCIALISTA DO BRASIL E A REVOLUÇÃO NA
RÚSSIA • ALIADOS NEGOCIAM A INTERVENÇÃO CONTRA O PODER SOVIÉTICO
• LEGAÇÃO BRASILEIRA ABANDONA O POSTO NA RÚSSIA

O Brasil, naquele tempo, era ainda um país predominantemente
agrário, com um índice de urbanização da ordem de 20,7%, ou seja,
quase 80% da população situavam-se no campo. Na sua realidade
econômica, cerca de 25,9% dos trabalhadores atuavam na área de
serviços, apenas 10,1% no setor primário, *i.e.*, na indústria, e, na esmagadora maioria, na produção rural, 68%.[1] Era uma ilusão pensar
em revolução socialista, para a qual nem a Rússia, de fato, estava
madura, conforme as teorias de Marx e Engels, dado que ainda não
desenvolvera plenamente as forças produtivas do capitalismo. Entretanto, tanto em virtude da industrialização, impulsada pela guerra
mundial, ao dificultar as importações da Europa e dos Estados Unidos,
quanto pelo impacto da Revolução de Outubro, com o advento do
Poder Soviético, as greves, desde 1917, recrudesceram em quase todos os Estados do Brasil, sob a liderança de anarcossindicalistas e
anarcocomunistas, ácratas e alguns socialistas que com tenacidade
combatiam pelos seus direitos sociais.

Os líderes mais ativos do movimento operário, em 1919, articulavam nova sublevação que partiria de São Paulo. Uma vez cessada cada greve, as classes hegemônicas, no Rio de Janeiro e em São Paulo, estavam a procurar violentamente anular os direitos conquistados pelos trabalhadores. Concordaram, no primeiro momento, com as reivindicações, para depois, demitir, prender e deportar os elementos mais combativos e negacear e escamotear os acordos. Ao referir-se à tentativa de sublevação do operariado, em 18 de novembro de 1918, no Rio de Janeiro, Everardo Dias observou:

> Apesar do insucesso de não ver logrados os seus propósitos, essa concentração proletária teve uma qualidade inestimável: demonstrou que os trabalhadores obedeciam, também no Rio, às palavras de ordens de seus líderes, depositavam neles confiança; podia-se contar com a massa para um ato decisivo de ver extintos os prejuízos de supremacia de classes; estava integrada e coesa para dar efetiva solidariedade, mesmo num sentido violento, a fim de submeter a minoria dominante encastelada no Estado burguês, abolindo todos os privilégios opressores e a dominação do capitalismo cinicamente explorador, aquilo que um teórico do sindicalismo revolucionário (George Sorel)[2] classificou como "o abandono definitivo do terreno democrático para se entrar no terreno social".[3]

No Brasil, comentou Everardo Dias,

> achavam os líderes sindicalistas que o proletariado tinha adquirido uma nítida consciência de classe e, como tal, com a capacidade necessária para procurar abater o capitalismo monopolizador e arrivista entronizado no Estado. As greves eram constantes, porque a situação de carestia e flutuação do mercado especulador era de forma a trazer a todo o povo que dependia de um salário ou dispunha de limitados recursos um desassossego e um imenso descontentamento. [...] Era, pois, um período pré-insurrecional latente.[4]

A nova tentativa de insurreição viria no bojo de uma greve geral que paralisaria diversos Estados. Everardo Dias confirmou: "Esse movimento devia irromper simultaneamente no Rio de Janeiro, São Paulo, Minas,

Paraná, Pernambuco, Rio Grande do Sul (1919). Estava articulado de forma a prever qualquer deficiência a tempo e hora e dar-lhe solução imediata. Mesmo assim, a precipitação de uma corporação dos transportes – cujos líderes não dispunham da necessária confiança e prestígio para esclarecer aquela massa de descontentes, não tinham convicções nem suficiente argumentação que os capacitasse a impedir que aquela coletividade mal preparada se atirasse à greve antes do tempo fixado – provocou brutal repressão, pronta e antecipada, da polícia".

Com efeito, em 20 de outubro, os trabalhadores da Light & Power, protestando contra os atos praticados pela superintendência e reclamando aumento salarial, decretaram a parede. A polícia, previamente avisada, cercou o local, impedindo que os operários da seção de força saíssem e obrigando-os a fazer, ali, suas refeições. Mas, todos os coletivos pararam. Dois dias depois, solidários aos empregados da Light, metalúrgicos, tecelões, sapateiros, canteiros, marceneiros e trabalhadores na construção civil aderiram à greve. Houve choques violentos com a polícia, nos bairros do Brás, Mooca e Bom Retiro. A polícia efetuou prisões em massa.

A paralisação das atividades alastrou-se por São Bernardo, São Caetano e Santo André, onde metalúrgicos, tecelões, canteiros, trabalhadores da Light e da construção civil deflagraram a parede. Também o proletariado de Campinas e Sorocaba solidarizou-se com os grevistas da capital. E, em 23 de outubro, os trabalhadores da City Improvements, das Docas, da construção civil, dos transportes e ensacadores de café suspenderam suas atividades em Santos. A polícia prendeu, espancou, dissolveu reuniões de operários e fechou sindicatos em todas as cidades.

Fuzileiros navais desembarcaram no porto de Santos e tomaram posição ao longo do cais, acantonados nos armazéns. A polícia e os jornais conservadores instigaram os estudantes ao papel de fura-greve. Grupos de alunos das Escolas Politécnica e de Medicina dispuseram-se a servir de motorneiros e movimentaram alguns bondes pelo centro de São Paulo, protegidos por soldados embalados. O governo desfechou o terror e, em Jundiaí, Campinas, Sorocaba, Santos, Santo André, São Bernardo, Rio Claro e outras cidades, efetuou milhares de prisões. Uma turba de policiais e de estudantes, em 28 de outubro, assaltou a redação e as oficinas de *A Plebe,* um jornal que saía diariamente, sob a direção de Edgard Leuenroth, em São Paulo. Empastelaram. Destruíram tudo, nada escapando. Amontoaram jornais e livros, entre os quais parte da edição de *O que é o maximismo ou bolchevismo,* de Hélio Negro e Edgard Leuenroth, e atearam fogo. Incendiaram, em seguida, o prédio do jornal.

"Tais fatos inesperados" – concluiu Everardo Dias – "e surgidos de forma tão desconcertante causaram o adiamento do movimento que não mais conseguiu coesão e firmeza, devido à prisão de dezenas e dezenas de líderes, deportação de grande número e ocultamento de outros. Desta forma, o movimento entrou em declínio acentuado. Daí por diante sucederam-se outras greves com caráter reivindicatório, mas não mais com aquela iniciativa de violência organizada, visando à possibilidade de assumir o poder".[5] Assim abortou, em 1919, a segunda articulação insurrecional.

Entretanto, no Distrito Federal, em junho de 1919, terminou, vitoriosamente, outra greve dos tecelões, comemorada no dia 25, com um comício monstro na Praça Mauá. Este movimento irradiou-se pelo Estado do Rio de Janeiro, principalmente por Niterói, Petrópolis e Magé. As repercussões do movimento chegaram a Juiz de Fora. Houve mais duas greves na Ilha do Governador: uma na Mexicana Company e, outra, na Standard Oil of Brazil. As empresas não acederam às oito horas de trabalho. E o povo, revoltado contra os "gringos", quebrou a estação da Praia Formosa.

Em setembro, outra parede no Rio de Janeiro. Os gráficos cariocas entraram em greve. O movimento provocou a indignação das classes hegemônicas porque, em uma assembleia geral, um operário afirmou: "A concepção de pátria nada vale". Criticou os trabalhadores que participaram de Tiros de Guerra.[6] O Centro Industrial Gráfico desafiou: "A polícia que tome nota." Mas a polícia, a essa altura, começou a abster-se de empreender ações contra o movimento. Epitácio Pessoa (1865-1942), eleito presidente da República, retornava ao Brasil, da Conferência de Paz da Primeira Guerra Mundial, para assumir o governo e os responsáveis pela capital federal deixaram para que ele assumisse a iniciativa da repressão. E ele, efetivamente, o faria. Como presidente da República, Epitácio Pessoa sancionou, em 1921, a legislação de repressão ao anarquismo, consubstanciada nas leis n° 4-247 e n° 2-469, que revitalizavam e endureciam mais ainda os dispositivos das leis Adolfo Gordo, com o objetivo de reprimir e eliminar a predominância do anarquismo no movimento sindical.[7] E a greve tornou-se ilícito penal, virtualmente um crime, conforme disposto no Código Penal, estatuído pelo marechal Deodoro da Fonseca, chefe do Governo Provisório da República, com o decreto n° 847, de 11 de outubro de 1890, sujeitando a pena de prisão celular a quem "causar, ou provocar, cessação ou suspensão de trabalho, para impor aos operários ou patrões aumento ou diminuição de serviço ou salário".[8]

No entanto, em Pernambuco, os operários da Fábrica de Sabão de São Miguel e os trabalhadores de armazéns de açúcar haviam declarado greve, em 29 de maio de 1919. Nessa mesma época, encontravam-se em Recife os anarquistas José Elias e Antônio Canellas. José Elias era pernambucano, mas vivia no Rio. Antônio Canellas fora deportado para Alagoas, onde se achava também José Oiticica. O poderoso Sindicato dos Trabalhadores da Construção Civil tornou-se baluarte do movimento anarquista. A Federação das Classes Trabalhadoras, reaberta pelo governador Manuel Borba (1864-1928), durante sua administração (1915-1919), retomou a liderança da classe operária e o seu jornal, *A Hora Social,* dirigido pelo gráfico Sindulfo Correia Josué, começou a publicar a Constituição e as leis soviéticas, alarmando os usineiros, com a defesa aberta da Revolução Russa.

Grande adesão ganhou o movimento operário pernambucano com a entrada de Joaquim Pimenta, advogado e catedrático da Faculdade de Direito. Intelectual de nome, sua figura projetou-se de tal forma sobre o movimento que esse acabou conhecido como "pimentismo". E cantava-se, então, nas ruas do Recife:

> Se seu Pimenta quisesse,
> Inté os padres grevava,
> Carola não tinha missa,
> Nem as freiras rezava.

José Lins do Rêgo, àquele tempo estudante no Recife, conta, em *Moleque Ricardo,* as lutas de Joaquim Pimenta, que aparece no romance como Dr. Pestana. Joaquim Pimenta era adepto do socialismo e, nos sindicatos, citava Marx, Engels, Lenin e Trotsky. Deu para andar de capa e usar boné, à moda dos "bolcheviques", apesar do clima quente do Recife. Saudava os operários e chamava-os de "camaradas", o que se considerava, para um professor universitário, procedimento escandaloso. A congregação pensou mesmo em eliminá-lo por tais atitudes.

A greve dos trabalhadores da Pernambuco Tramways Company, provocada pela demissão coletiva dos dirigentes da União Cosmopolita, entidade sindical, ocorreu em agosto. Joaquim Pimenta, advogado dos operários, apresentou a greve nos termos de luta contra a prepotência de uma "companhia de estrangeiros". E conseguiu, à base do anti-imperialismo britânico, a solidariedade da população de Recife que, embora privada de bondes, luz e força, apoiou os grevistas. A parede teve a adesão dos ferroviários, também empregados de uma companhia inglesa, a Great Western, e, como ambas resistiram obstinadamente, cruzaram os braços os trabalhadores da construção civil, portuários, estivadores, marceneiros, carroceiros, lixeiros e até coveiros. Ampliou-se a greve envolvendo 56 mil operários e paralisando, por repercussão, a vida do Nordeste que dependia, em grande parte, da ferrovia. Esqueceram-se as divergências e a Federação de Resistência das Classes Trabalhadoras passou à liderança do movimento, que terminou vitorioso. O governador Manuel Borba mandou chamar ao Palácio os diretores da Tramways e da Great Western e ameaçou-os de prisão e expulsão do país. Esses resolveram consultar Londres, que respondeu, favoravelmente, às oito horas, ao aumento de salários e à reintegração dos dirigentes demitidos.

Em setembro de 1919, o movimento operário recresceu no Rio Grande do Sul, onde a greve dos trabalhadores, ao contrário do movimento de Salvador e de Recife, adquiriu desde logo características insurrecionais. A companhia elétrica (americana) da capital gaúcha contratara foguistas aposentados da Marinha Mercante para alimentar seus fornos e, desempregados, para substituir os grevistas. A resposta não se fez esperar: apelo à greve geral. Lançou-se uma bomba contra o edifício da Força e

Luz. Petardo de pequena potência, não produziu grandes estragos, nem se pôde atribuí-lo aos grevistas, porque a polícia costumava empregá-lo em tais expedientes.[9]

No dia 9 de setembro, na Praça Montevidéu, em Porto Alegre, o governo mandou dissolver violentamente um comício dos trabalhadores. Caiu morto Fernando Pupe, líder grevista, e, como se os atacados tivessem respondido à bala – não saiu ferido, nem morto, nenhum policial –, o pretexto serviu para fechar a União Sindical, o jornal *O Sindicalista*, a União Metalúrgica e o Sindicato dos Operários da Luz e Força. Uma padaria foi explodida. Os grevistas não deixaram circular um bonde da linha de Teresópolis, descarrilando-o. E, em uma rua do bairro Azenha, um grevista, acuado pela polícia, reagiu com uma adaga, ferindo, gravemente, um soldado. O *Sindicalista* pronunciou-se com um artigo: "O que nós comunistas queremos", na edição do dia 9 de setembro. E firmou:

> Estamos em guerra contra a propriedade particular, o Estado e a Igreja. Numa guerra cujo objetivo é a completa eliminação dessas instituições. Lutamos por uma época comunista anarquista, isto é, um estado social que faculta o desdobramento desimpedido da liberdade individual de todo o homem. Temos por imprescindível a parede geral. Procuramos pela palavra e pela ação preparar um povo para ela. É essa maldição que pesa sobre a propriedade particular e que perdurará enquanto ela existir. Quem pois aspira à felicidade da humanidade em geral deve conosco exclamar: – Abaixo a propriedade particular! A propriedade particular só poderá ser destituída do seu império quando estiver aniquilado o seu protetor – o Estado. A existência de um depende do outro, portanto, a divisa de todo combatente pela liberdade deve ser: – Abaixo o Estado!

A polícia fechou a União Operária e a greve terminou na segunda metade do mês. Contudo, algumas vitórias parciais obtiveram os grevistas que saíram, não com oito, mas com oito horas e meia de jornada. As lutas do proletariado europeu constituíam então outro fator de estímulo para a preparação insurrecional. A imprensa apontava o "maximalismo" em toda a parte. E, de fato, as greves, os *complots* e os levantes que se generalizavam, ainda alentavam a esperança de uma vitória da revolução, mesmo após a derrota da liga Spartacus, com o assassinato de Karl Liebknecht e Rosa Luxemburg, em Berlim, Kurt Eisner, em Munique, e Béla Kun, na Hungria.

O assassinato de Karl Liebknecht, Rosa Luxemburg e outros líderes da liga Spartacus levou o jornalista Nereu Rangel Pestana a escrever em "A oligarchia paulista", publicado em 1919, sob o pseudônimo de Ivan Subiroff, que

> a Alemanha para os homens do futuro é a terra desse heroico (Karl) Liebknecht que, na famosa sessão do Reichstag de 4 de agosto de 1914, votava, sozinho, contra a guerra infame, "essa guerra que nenhum dos povos beligerantes quis e que não foi declarada para proveito do povo alemão, nem de nenhum outro, essa guerra imperialista, guerra para a dominação capitalista sobre o mercado mundial, para a dominação política sobre os negócios importantes para o capital dos bancos e da indústria..." É a pátria desse mesmo Liebknecht e da mulher genial que foi Rosa Luxemburgo, assassinados ainda agora nas ruas de Berlim, quando reclamavam a punição dos responsáveis pelo horrível massacre destes cinco anos...[10]

Não se podia afirmar que a situação na Alemanha estivesse estável, apesar de que o próprio órgão máximo da revolução de novembro de 1918, o Congresso Geral dos Conselhos de Operários e Soldados da Alemanha (Allgemeiner Kongress der Arbeiter und Soldatenräte Deutschlands), com a participação de 489 delegados de todo o país, não aceitasse instituir o modelo do Poder Soviético e aprovou, por 344 votos contra 98, a convocação de eleições, com amplo sufrágio e o mais rápido possível, em 19 de janeiro de 1919, de uma Assembleia Nacional, que deveria decidir sobre a organização do Estado e elaborar a constituição, com as reformas sociais e democráticas. O rumo que tomara a revolução na Rússia assustara o proletariado na Alemanha. O Poder Soviético, depois de sua instalação, não havia podido dar nem a paz nem o pão, prometido por Lenin, e a Rússia continuava em guerra, guerra civil e contra os exércitos estrangeiros, que a invadiram, enquanto a fome recrescia e a liberdade, conquistada com a Revolução de Fevereiro, esfumava-se. Na Hungria, após o colapso da República Soviética, implantada por Béla Kun, seguiu-se uma onda de Terror Branco. Unidades de voluntários, Freikorps *units* (*szabadcsapatok*), guardas cívicas (*polgárőrségek*) e a polícia local organizaram cortes improvisadas (*kangaroo courts*), ilegais, e promoveram execuções sumárias e ampla carnificina (*pogroms*). O comandante Pál Prónay (1874-1947) e outros paramilitares, com o suporte das tropas do general francês Louis Félix Marie Franchet d'Espèrey (1856-1942), exterminaram à metralhadora milhares de judeus e operários. Eram fuzilados ou enforcados todos os que estavam com armas na mão. Um oficial mandou metralhar, em Kecskemét, 200 civis, homens, mulheres e crianças que não se dispersaram tão depressa quanto ele desejava.

Esses acontecimentos repercutiram, fortemente, nos círculos socialistas e, sobretudo, nos anarquistas, que predominavam entre os operários, ainda composto por uma maioria de estrangeiros ou jovens intelectuais de classe média, no Brasil. Toda a imprensa operária, no Brasil, noticiou e comentou o que se desdobrou nos países da Europa. Em 1º de fevereiro de 1919, num artigo sobre "O reconhecimento dos conselhos russos", publicado na *Folha Nova*, órgão oficial Partido Socialista do Brasil, do Rio de Janeiro, Isaac Izecksohn escreveu:

> A revolução maximalista nos foi pintada com todos os horrores, mas seriam preferíveis setenta revoluções mais horrorosas do que uma guerra como a que tivemos nesse regime de ordem e justiça. [...] Sem dúvida que o reconhecimento do maximalismo por parte da Inglaterra não foi feito com tanta facilidade. [...] Para esse gesto não pouco deve ter influído o fracasso da intervenção aliada originada pela ambição do Japão. Lloyd George é um grande estadista e como tal preferiu abrir a eclusa antes que as águas quebrassem o dique.

O mesmo jornal, *Folha Nova*, consignou, no número 2, de 16 de janeiro de 1919, contra a invasão da Rússia:

Desde os tempos absolutos de Luís XVIII e da Santa Aliança não nos lembramos que algum país tenha intervindo na política interna de outro para impor tal ou qual forma de governo. Isto parecia já esquecido com os outros séculos. Entretanto, agora, em plena luta pelo direito e pela liberdade, os aliados mandam tropas para a Rússia, a fim de derrubar o governo maximalista que conta com o apoio da maioria da população sensata e produtora daquele país.

Na edição nº 5 (1ª quinzena de março), a *Folha Nova* registrou, em um pequeno tópico:

> Na Baviera. Os trágicos acontecimentos que tiveram por centro a capital bávara originaram-se num complô reacionário dos conservadores que assassinaram Kurt Eisner. Os elementos radicais, prevendo a volta ao poder dos imperialistas, impediram imediatamente a contrarrevolução, assumindo o poder. O perigo comum unificou os três partidos socialistas da Baviera: os socialistas da maioria, os socialistas independentes e os de *Spartacus*. Este fato, único até hoje, é o início duma nova era no socialismo democrático.

*Alba Rossa,* de São Paulo, trouxe, na edição de 1º de março de 1919, um artigo de Lenin sobre a paz de Brest-Litovsk e divulgou o apelo de Máximo Gorky aos trabalhadores de todos os países. *A Plebe,* de São Paulo, em 1º de março de 1919, estampou, no alto da primeira página, o retrato de Karl Liebknecht, com a legenda: "Um mártir da revolução social". Embaixo, o escritor e anarquista Afonso Schmidt (1890-1964), numa crônica, "A onda vermelha que se avoluma e avança", comentou:

> Vencedor na Rússia desde 1917 e mais recentemente na Sérvia e na Romênia, e agora em parte da Alemanha e da Áustria, o maximalismo é a onda vermelha que se avoluma e avança. Que o digam a Inglaterra, a Argentina e a América do Norte, onde já se deram nestes últimos dias os primeiros levantes. É fogo em rastilho de pólvora... Reconhecendo isto, o último plano estratégico dos governos é caluniá-lo em telegramas forjicados malignamente pelas suas agências. As pechas mais irrisórias

são atiradas sobre a multidão de heróis que se bate pela humanidade. Mas a guerra que lhe movem os governos já não o deterá em sua marcha triunfal, pois, como um rio que transborde, os obstáculos redobram-lhe a impetuosidade. Tudo será inútil. O socialismo é o degrau imediato àquele em que nos encontramos na evolução social e a evolução é uma lei cuja marcha de locomotiva esmagará todos os pigmeus que se opuserem à sua passagem.

Os telegramas, que saíam na imprensa conservadora, falavam de maximalismo na Itália, nos Estados Unidos, na Espanha, na Áustria, em Portugal, e em todos os lugares do mundo. As classes hegemônicas estavam assustadas. Em reunião no gabinete do ministro dos Assuntos Estrangeiros de França, Stéphen Pichon (1857-1934), no Quai D'Orsay, em 16 de janeiro de 1919, da qual participaram Georges Clemenceau (1841-1929) e os chefes de governo da Itália e Japão, além de Lloyd George, primeiro-ministro da Grã-Bretanha. Woodrow Wilson, presidente dos Estados Unidos, mostrou as dificuldades para o empreendimento de ampla campanha contra a Rússia. Conforme salientou, a intervenção militar seria impossível, pois os soldados ingleses ou de qualquer outra nacionalidade dos Aliados amotinar-se-iam. E, mais tarde, acrescentou que, se ocorresse a intervenção contra os bolcheviques, haveria um Soviet em Londres.[11] Por outro lado, Lloyd George argumentou que um "cordon sanitaire" não seria um cordão de saúde, mas a causa da morte de milhares de pessoas, dizimadas pela fome,[12] fome esta que, aliás, começara em consequência da participação da Rússia na guerra de 1914.

Com afeito, a situação era inquietante. Em dezembro de 1917, a Grã-Bretanha, a França e a Itália haviam feito um acordo para intervir contra os bolcheviques e subsidiar seus oponentes. Mas, na Grã-Bretanha e nos demais países, a opinião pública era fortemente contra a intervenção na Rússia. E, ao terminar a guerra, em fins de 1918, milhões de soldados britânicos esperavam a desmobilização e os motins começaram, quando se soube que talvez fossem enviados pelo governo do primeiro-ministro Lloyd George para combater na Rússia e ajudar na contrarrevolução.

O Brasil, ainda que entrasse no conflito contra a Alemanha, não participou e ignorou, oficialmente, o que ocorria com respeito ao Poder Soviético. Quando, em 24 de outubro/7 de novembro de 1917, os bolcheviques derrubaram Kerensky e implantaram a República dos Soviets, o governo do presidente Venceslau Brás soube do fato apenas através da imprensa. Em parte pelas dificuldades de comunicação (os Guarda Vermelhos ocuparam os telégrafos de Petrogrado), em parte pela falta de sensibilidade e de intuição histórica do ministro encarregado de negócios do Brasil, Gustavo de Vianna Kelsch (poucos compreendiam o verdadeiro significado do fenômeno); a verdade é que a revolução de Outubro passou despercebida aos círculos oficiais do Brasil. O chanceler Nilo Peçanha nenhum informe recebeu, nem telegrama, nem relatório, tampouco pronunciamento fez ou enviou a Vianna Kelsch, um encarregado de negócios do Brasil na Rússia. O governo continuou a reconhecer o representante de Kerensky, o ministro extraordinário e plenipotenciário Alexander Ippolitowitsch Schtscherbatski, como se nada houvesse acontecido.

Meses depois, no correr de 1918, as consequências fizeram-se sentir: a representação diplomática da Rússia não tinha mais dinheiro para funcionar e recorreu ao governo do Brasil, solicitando fundos. Nilo Peçanha, em 1º de junho de 1918, concordou e, de acordo com o aviso nº 290 de 24 de agosto, concedeu a importância de 20:000$000 (vinte contos de réis), em vista da "situação crítica de um representante estrangeiro de um país amigo". No ano seguinte, pelo aviso nº 136, de 14 de maio de 1919, o governo emprestou mais 25:000$000 (correspondente a vinte e cinco cruzeiros novos) e, a 22 de janeiro de 1920, o diplomata George Brandt, encarregado de negócio da Legação Russa, voltou a solicitar mais auxílio, alegando que a situação perdurava, embora houvesse "esperança" de vitória contra os bolcheviques. Era, pelo menos, o que dizia. O governo brasileiro fez os adiantamentos por conta do crédito aberto para a defesa nacional. Verifica-se, ainda aí, que a Revolução Russa, para as classes dominantes do Brasil, não passou de um episódio da guerra mundial, manipulado pelos alemães, para aliviar uma de suas frentes de luta.[13]

A primeira referência ao governo dos Comissários do Povo, que se encontra na correspondência entre a chancelaria brasileira e a Legação em Petrogrado, data de 15 de fevereiro de 1918. É um telegrama de Vianna Kelsch, comunicando: "Os comissários do povo publicam que recusam a assinar o tratado anexionista ponto Rússia declara terminada sua participação na guerra contra a Alemanha-Áustria e dá ordem de desmobilização completa ponto Responderei proximamente número três".[14] O número três é uma referência ao caso de recusa de Luiz Guimarães Filho. O telegrama estava também em francês. Naquela mesma época, em outro telegrama, Vianna Kelsch admitia a possibilidade de entregar a defesa dos interesses brasileiros à representação diplomática da Noruega e solicitava gestões do Itamaraty.

Pelo menos até fevereiro de 1918, de acordo com a correspondência oficial do Itamaraty, Vianna Kelsch permaneceu em Petrogrado. Nos ofícios e telegramas, não se tem nenhuma informação sobre a data em que ele, acompanhando os embaixadores da Entente, seguiu para Archangel, onde as tropas inglesas, francesas e norte-americanas promoviam a intervenção. O general Alexey M. Kaledin,[15] atamã das forças cossacas do Don, viu-se derrotado e suicidou-se. Era fevereiro de 1918, Kornilov, outro general em que os aliados depositavam suas esperanças, morreu num ataque a Iekaterinodar/ Ekaterinodar (atualmente Krasnodar), oblast (província) de Kouban (abril de 1918). É possível que tais fatos houvessem mudado a impressão de Vianna Kelsch quanto a uma possível e imediata recuperação do governo de Kerensky.

A correspondência cessa, totalmente, a partir de fevereiro de 1918 e, somente em 4 de dezembro de 1918, o Itamaraty voltou a receber notícia:

> Isolado terra linhas máximo listas e sem comunicações marítima terrestre junho ponto Maioria representantes aliados já ausentes outros partem ponto Se impossível próxima volta contam ir Odessa ponto Sigo também Inglaterra receber ordens ponto Nossos interesses cargo Noruega.[16]

Era um telegrama cifrado. O último que foi da Rússia. Lá, o Brasil não teria mais representação oficial, até 1945. No Brasil, entretanto, a Legação

Russa continuava a funcionar, financiada por conta do crédito para a defesa nacional, sob a direção do encarregado de negócios, George Brandt. O enviado extraordinário e ministro plenipotenciário, Alexander Ippolitowitsch Schtscherbatski (1874-1952), estava em Montevidéu, quando a revolução socialista estourou, de viagem pelos países da América Latina. Uma correspondência, enviada ao Itamaraty da capital do Uruguai e datada de 17 de novembro de 1917, não se referia aos acontecimentos do seu país. Tratava de estatísticas sobre exportação do café para a Rússia. Mas, em 25 de março de 1918, escreveu uma carta ao chanceler Nilo Peçanha, que chegou ao Itamaraty em 18 de abril de 1918. Disse ele:

Sr. Ministro:

Sua Excelência sabe como, no fim do ano passado, um partido político, filiado às doutrinas comunistas, aproveitou-se do desespero no qual a guerra e a revolução jogaram a Rússia e, por um golpe de força, tornou-se dirigente do país. Na cegueira deles, de sectários liberticidas, os membros do partido, denominado maximalista, renegaram a causa da democracia e faltando à palavra devotada aos aliados da Rússia e pactuando com o inimigo comum, chegaram a trair seu próprio povo, que eles arrastaram à ruína e à anarquia. Mas, apesar do chamado que faz aos instintos da massa, esse partido não conseguiu dominar o povo russo nem abafar o patriotismo. Em muitos lugares do antigo império, os adeptos da ordem sustentam uma luta desigual, às vezes contra a tirania interna e a agressão estrangeira. Neste período de transição, a voz do povo russo dificilmente se fez entender, fora do país, onde se ouve, sobretudo, aquela das pessoas sem escrúpulos, que exercem violência contra o povo. Mas eles não abandonam a luta. Já, segundo as comunicações que recebo, as forças vivas do país estão a caminho da reconstituição e sua causa se encontra em via do triunfo final. É em seu nome que eu venho me dirigir a Vossa Excelência, para renegar, desde agora, diante do seu governo e de sua nobre nação, a paz vergonhosa que quiseram impor ao povo russo, assim como todo ato daqueles que, momentaneamente, se crêem dirigentes, mas que não têm autoridade para agir ou falar em nome da Rússia. Queira Vossa Excelência aceitar a segurança da mais alta consideração.[17]

Essa carta foi enviada de Santiago do Chile. Alexander Schtscherbatski não mais voltou ao Brasil. Entretanto, a guerra múltipla, que o Poder Soviético estava a travar, prosseguia na Rússia. O Governo Provisório de Kerensky não tivera condições de resistir ao *coup d'État* desfechado pelos Guardas Vermelhos. Contudo, os generais Pyotr N. Wrangel (1878-1928), Anton I. Denikin (1872-1947), Mihail V. Alekseev (1857-1918), Lavr Kornilov (1870-1918) e o almirante Alexander Koltchak (1874-1920), a mobilizar exércitos organizados, em larga medida, com voluntários, continuavam a ofensiva contra o Poder Soviético, respaldados pela Entente. Porém, Trotsky, em 13 de março de 1918, havia assumido o posto de comissário da Guerra e tratou de organizar o Exército Vermelho, cujos efetivos de 331.000 combatentes saltaram, em um mês, para 550.000 e, no final do ano, já haviam alcançado 1 milhão, com o recrutamento, inclusive, de ex-oficiais do Exército czarista.[18]

Ainda assim a Legação da Rússia continuou a funcionar, financiada por conta do crédito para a defesa nacional do Brasil e tendo à frente o encarregado de negócios, George Brandt. Essa situação perdurou até fins de 1920, quando, em ofício datado de 30 de novembro, George Brandt comunicou ao Itamaraty que recebeu ordens do diretor do serviço diplomático em Paris do governo do Sul da Rússia, para fechar o consulado e a Legação. Na Rússia Soviética, já não havia resistência. O Exército Vermelho, sob o comando de Trotsky, empurrou para as águas do mar Negro o que restou das tropas do general Pyotr N. Wrangel, comandante do Exército Branco, após derrotá-las nas batalhas de Taurida, Crimeia, em novembro de 1920. Os Aliados compreenderam o fracasso da intervenção. Os trabalhadores e os camponeses russos, que desertaram dos campos de batalha com a Alemanha, lutavam para preservar o Poder Soviético.[19]

Melancolicamente, George Brandt fechou a Legação, em 15 de dezembro de 1920, e entregou onze volumes de arquivos ao Itamaraty.

## NOTAS

1. Milton Santos, 2002, pp. 24-26.

2. George Sorel (1847-1922), nascido na França e autor, entre outras obras, de *Réflexions sur la violence*, (1908), foi teórico do sindicalismo revolucionário, monarquista e estudioso da violência como fator na história. Apoiou a Revolução Russa e muito admirou Lenin.

3. Everardo Dias, 1977, p. 90.

4. *Ibidem*, pp. 90-91

5. Everardo Dias, 1977, pp. 91-92.

6. Tiros de Guerra (TGs) eram unidades do Exército destinadas a preparar reservistas militares.

7. Paulo Alves, 1997, pp. 10-12, 45.

8. "Capítulo VI – Dos crimes contra a liberdade de trabalho

Art. 204. Constranger, ou impedir alguem de exercer a sua industria, commercio ou officio; de abrir ou fechar os seus estabelecimentos e officinas de trabalho ou negocio; de trabalhar ou deixar de trabalhar em certos e determinados dias: Pena – de prisão cellular por um a três mezes.

Art. 205. Seduzir, ou alliciar, operarios e trabalhadores para deixarem os estabelecimentos em que forem empregados, sob promessa de recompensa, ou ameaça de algum mal:

Penas – de prisão cellular por um a três mezes e multa de 200$ a 500$000.

Art. 206. Causar, ou provocar, cessação ou suspensão de trabalho, para impor aos operarios ou patrões aumento ou diminuição de serviço ou salario:

Pena – de prisão cellular por um a três mezes.

§ 1º Si para esse fim se colligarem os interessados:

Pena – aos chefes ou cabeças da colligação, de prisão cellular por dous a seis mezes.

§ 2º Si usarem de violencia:

Pena – de prisão cellular por seis mezes a um anno, além das mais em que incorrerem pela violencia".

Decreto Nº 847 de 11 de outubro de 1890 (Mantida a grafia original). Disponível em. <http://www2.camara.leg.br/legin/fed/decret/1824-1899/decreto-847-11-outubro-1890-503086-publicacaooriginal-1-pe.html>. Acessado em 25/7/2017.

9. César Augusto B. Queirós, "Hoje tolerância, amanhã intransigência: Um estudo comparativo entre as posturas do governo do estado do Rio Grande do Sul nas greves gerais de 1917 e 1919", *História Social*, n. 13, pp. 79-99, 2007, disponível em <https://www.ifch.unicamp.br/ojs/index.php/rhs/article/viewFile/211/203>.

10. Ivan Subiroff (Nereu Rangel Pestana), 1919, p. 120.

11. H. H. Fisher, 1935, pp. 3-4. Michael Dockrill, John Fisher, 2001, pp. 81-82. DeWitt Clinton Poole, 2014, pp. 249-250.
12. *Ibidem*, p. 4.
13. Representações Diplomáticas Estrangeiras no Brasil (Rússia). Notação: 230/3/11 – Despachos de St. Petersburg – 1900-1918. Representações Diplomáticas Estrangeiras no Brasil (Rússia). Notação: 230/3/13 – Legação de St. Petersburg – Telegramas Recebidos – 1900-1918. Arquivo Histórico do Itamaraty.
14. Missões Diplomáticas Brasileiras – St. Petersburg. Notação: 230/3/13 – Legação de St. Petersburg – Telegramas Recebidos – 1900-1918. *Ibidem*.
15. James Bunyan, H. H. Fisher, 1934, p. 420. Christopher Lazarski, 2008, pp. 22-29.
16. Missões Diplomáticas Brasileiras – St. Petersburg. Notação: 230/3/13 – Legação de St. Petersburg – Telegramas Recebidos – 1900-1918 – Missões Diplomáticas Brasileiras – St. Petersburg. Notação: 230/3/13 – Legação de St. Petersburg – Telegramas Recebidos – 1900-1918.
17. Representações Diplomáticas Estrangeiras no Brasil (Rússia). Notação: 230/3/11 – Despachos de St. Petersburg – 1900-1918. Representações Diplomáticas Estrangeiras no Brasil (Rússia). Notação: 230/3/13 – Legação de St. Petersburg – Telegramas Recebidos – 1900-1918.
18. Peter Kenez, 1971, pp. 165-166.
19. Sean McMeekin, 1977, pp. 308-312.

## Capítulo 18

GUERRA CIVIL NA RÚSSIA • APOLOGIA DOS JORNAIS OPERÁRIOS NO BRASIL AO PODER SOVIÉTICO • AVANÇO DA ONDA VERMELHA • FUNDAÇÃO DO PARTIDO COMUNISTA NO BRASIL EM 1919 • NOVAS GREVES EM SÃO PAULO E NO RIO DE JANEIRO • ESMAGAMENTO DA REPÚBLICA SOVIÉTICA NA HUNGRIA • PROTES-TO DOS OPERÁRIOS EUROPEUS CONTRA A INTERVENÇÃO NA RÚSSIA • DESTRUI-ÇÃO DA ESTRUTURA ECONÔMICA DA RÚSSIA NOS ANOS DE GUERRA • COMITÊ DE SOCORRO AOS FLAGELADOS RUSSOS ORGANIZADO NO BRASIL

Os jornais imprimiram farto noticiário sobre a situação da Alemanha, onde os militantes da liga Spartacus ainda lutavam num desesperado esforço para aprofundar a revolução, que levara os sociais-democratas majoritários (moderados) ao governo, sob a liderança de Friedrich Ebert. Os telegramas que saíam na imprensa conservadora falavam de maximalismo na Itália, nos Estados Unidos, na Espanha, na Áustria, em Portugal, em todos os lugares do mundo. As classes hegemônicas estavam assustadas. *A Razão,* do Rio de Janeiro, alardeou: "O maximalismo por toda a parte". A segunda manchete acrescentava: "Na Rússia, Alemanha, Inglaterra, Estados Unidos etc."[1] O mesmo jornal, nas edições de 12, 13 e 14 de março 1919, transcreveu a "Constituição Política da República Federal dos Sovietes", com retratos de Trotsky e Lenin, e alarmou: "A onda maximalista avança para o Ocidente europeu", "Abriram-se-lhe as portas da Hungria" (25/3/1919). "A Alemanha seguirá o exemplo da Hungria?", "O incêndio da revolução comunista alastra-se na Europa Central". (26/3/1919). "A avalancha prossegue" (28/3/1919).

Tais notícias sensibilizavam os trabalhadores brasileiros, ainda na maioria de origem estrangeira e principalmente influenciados pelos anarquistas, numa hora em que problemas sociais, acumulados anos a fio, afloravam com as repercussões econômicas da guerra. A questão operária estava na ordem do dia, nos discursos dos parlamentares, nos editoriais dos jornais, nos sindicatos e nas ruas. Havia 25% de tuberculosos nas fábricas e a mortalidade dos menores que trabalhavam chegava aos 30%. Ruy Barbosa teve de abordar o tema, ao dirigir-se à Associação Comercial do Rio de Janeiro, em 8 de março de 1919:

Dos frutos da política do kaiser e da política do czar, o mais grave não é a guerra, que o primeiro desencadeou, e em que o segundo traiu a sua própria nacionalidade. A mais grave de suas consequências é a anarquia, para a qual o regime dos czares alhanava o terreno, havia séculos, na Rússia, e de que a maldade atroz de Guilherme II[2] cultivou o negregado germe, para o inocular e propagar com ciência infernal no coração dos domínios moscovitas. Daí volvendo-se contra os demônios que o espalharam, contagiou a grande peste a Alemanha que a levara ao regaço da sua vizinha e se derramou pela Europa, inquietando agora o mundo inteiro. Uma comoção tal, por mais horrenda que haja sido a guerra, vem a ser ainda cem vezes mais sinistra. Porque não é a fraternidade: é a inversão do ódio entre as classes. Não é a reconciliação dos homens: é a sua exterminação mútua. Não arvora a bandeira do Evangelho: bane a Deus da alma e das reivindicações do povo. Não dá tréguas à ordem. Não conhece a liberdade cristã. Dissolveria a sociedade. Extinguiria a religião. Desumanaria a humanidade. Everteria, subverteria, inverteria a obra do Criador. [...] Tais cataclismos não vêm por acaso, nem de improviso. Resultam necessariamente da mais longa atuação de causas continuadas. Na Rússia e na Alemanha o que os originou foi a inveteração das autocracias, isto é, a soberania do arbítrio, da irresponsabilidade e da opressão eternizados, inalteráveis.[3]

E, mais adiante, acrescentou:

> Isso, que as autocracias fizeram na Rússia dos czares e na Germânia dos kaisers, isso, exatamente, está fazendo, no Brasil, a nossa onipotente oligarquia: abrir, pelo descontentamento geral, as portas à anarquia, à sedução do povo pela anarquia, à dissolução do povo pela anarquia.[4]

O Partido Comunista do Brasil, recém-formado pelos anarquistas, convocou um ato público, que se realizou em 30 de março, na Rua do Acre, no qual falaram Ulrich Ávila e José Elias da Silva e, na ocasião, aprovou-se, ao final, a seguinte moção:

> Considerando que no momento atual as reivindicações operárias mantêm em xeque as pretensões da burguesia que quer resolver a questão social por meio de um programa já de há muito relegado para o passado. Considerando que tais reivindicações começaram com êxito, concretizados pela revolução russa. Considerando que a ideia comunista em marcha vitoriosa se traduz em fatos que vêm resolver plenamente a angustiosa situação em que se encontra o proletariado universal. Considerando que a projetada intervenção das forças aliadas na Rússia e na Hungria constitui um atentado às liberdades tão grandemente apregoadas durante a guerra pelos próprios governos aliados, o Partido Comunista do Brasil, por intermédio do seu secretário, na sessão realizada hoje, protesta veementemente contra tal intervenção e lança um apelo à humanidade para que seus representantes conscientes se rebelem contra tal violência e se lhe anteponham todos os obstáculos possíveis.

A reunião tornou-se um ato de solidariedade internacional. E, a notícia da criação da III Internacional, a Komintern, em Moscou, entre 2 e 6 de março de 1919, influenciou ainda mais os libertários, anarcossindicalistas brasileiros. Entre 21 e 26 de junho de 1919, foi realizada uma Conferência Comunista, com a participação de 17 representantes de núcleos de Partido Comunista do Brasil, que haviam sido fundados em cinco Estados – São Paulo, Minas Gerais, Rio Grande do Sul, Alagoas, Pernambuco e Rio de Janeiro (Distrito Federal). A Conferência Comunista prosseguiu em Niterói e o texto do programa, redigido pelos delegados de São Paulo, fixava os seguintes princípios:

1) Abolição do Estado e de todas as instituições políticas: exército, magistratura, parlamento, de todas as autoridades e hierarquias etc. 2) Abolição de todas as leis. 3) Estabelecer a mais completa liberdade política, econômica, religiosa. 4) Resoluções de ordem geral serão tomadas em assembleias públicas. 5) As minorias terão como, como as maiorias, a liberdade de iniciativas, estabelecendo novos núcleos ou comunas [...]. 6) A ordem social será mantida pelos diversos grupos sociais e por todos os indivíduos.[5]

Os objetivos defendidos pelos organizadores do Partido Comunista do Brasil, em 1919, em nada coincidiam com os princípios da Internacional Comunista, criada por Lenin, em Moscou, e na qual se haviam inspirado. Era a acracia ao que aspiravam estabelecer. Contudo, a par das lutas sociais do Brasil e visando constituir um movimento que denominaram comunista, os ácratas continuaram a acompanhar e a defender os revolucionários que ainda combatiam na Rússia, Alemanha e Hungria, como se diferenças políticas e ideológicas não existissem. Os jornais de vanguarda, como *A Plebe*, de São Paulo, também espelhavam as perspectivas revolucionárias que os telegramas das agências de notícias traziam da Europa. "O maximalismo alastra-se", intitulava-se um artigo, da edição de 29 de março, assinado por Uranus, e datado de Poços de Caldas: "Registramos, por isso, com imenso júbilo, o alastrar-se do movimento maximalista na Alemanha, onde já se implantou o bolchevismo em alguns pontos. Decididamente, soou a derradeira hora da burguesia: preparemos-lhe, portanto, os funerais..."

A mesma edição inclui um suelto sobre "A revolução social da Hungria", cujo autor, sob o nome de Osíris, comentou:

A revolução social que, vai para dois anos, rebentou na Rússia e teve a felicidade de se firmar definitivamente nesse país, como o demonstram todos os depoimentos das pessoas de vários credos políticos e religiosos que lá observaram *de visu* a marcha dos acontecimentos e a boa ordem que preside à organização do trabalho e à distribuição dos mantimentos, acaba de ter um prolongamento valioso com o estalar da revolução húngara e com adesão desse país aos métodos e sistema social do comunismo libertário. [...] Queriam arrebatar à Hungria uma parte de seu território para presentear à comadre Romênia, que tinha tomado o seu partido. E os húngaros derrubaram os governantes e proclamaram o governo dos sovietes, aliando-se com a Rússia na guerra contra a burguesia. Se os soldados aliados não estiverem dispostos a fazer guerra de conquista, é a revolução na França, na Itália, na Inglaterra, nos Estados Unidos. É a subversão da ordem, do sistema e dos métodos capitalísticos. É o fim desta tirania política e social que vive de opressões, de roubos, de vexames e de contumélias.

As páginas dos jornais operários saíam repletas de notícias e informações sobre a Revolução Russa que se confundia com as lutas na Alemanha e na Hungria. *A Plebe* traduziu e publicou uma carta, na qual o capitão Jacques Sadoul (1881-1956), membro da Missão Militar da França na Rússia, manifestou sua admiração pelo maximalismo:

> Sempre admirei vivamente a estupefaciente força revolucionária dos maximalistas e pensei que o seu movimento, ainda se perecesse, constituiria um exemplo sem precedentes, uma experiência fecunda da qual o socialismo internacional largamente aproveitaria. E mesmo só por isto Lenin e Trotsky teriam direito à nossa gratidão e o seu período deveria ser considerado pela história como o grande período da revolução.[6]

E mais adiante: "A quimera de ontem será a realidade de amanhã? Eu começo a esperá-lo. Assim seja!"[7]

De fato, o capitão Jacques Sadoul considerou *"Lénine et Trotzky, hommes d'Etat exceptionnels, doués d'une culture, d'une clairvoyance, d'une probité politique et d'une foi idéaliste que je souhaiterais rencontrer chez nos politiques."*[8] E, quando regressou a Paris, se filiou ao Partido Comunista da França.

Essas publicações muito influenciaram, no Brasil, os ácratas e os socialistas. E *A Razão*, do Rio de Janeiro, registrou que, no 1º de maio de 1919, "60.000 homens frementes, empunhando a bandeira rubra da revolução e inúmeros estandartes com as legendas da Anarquia, cantando as estrofes libertárias de "A Internacional" e da "Canção Operária", erguendo vivas estrepitosos à Rússia Nova e a Lenin" desfilaram pelas ruas do Rio de Janeiro. Cenas mais ou menos idênticas tiveram lugar em Niterói. À noite, no Teatro Recreio, houve um espetáculo, com a encenação da peça *João José,* interpretada por Adelaide Coutinho, Itália Fausta e Carlos Abreu Balsemão. No intervalo do 3º para o 4º ato, usaram da palavra o jornalista Sena Madureira, o deputado Nicanor de Nascimento e, no final, o advogado Isaac Cerquinho perorou:

> Não é um homem, é um povo, mais que um povo, uma ideia, uma grande aspiração. É o símbolo de uma época e amanhã, quando os nossos filhos estudarem a história de seus avós, lhe chamarão o "libertador" O que fez esse homem? Uma revolução, mais do que uma revolução, uma enorme transformação... Não querem o seu retrato na apoteose, insensatos?! Não veem que seu retrato, sua ideia, está no espírito de quantos sabem amar? Como se chama esse homem? – E o orador com a sua voz robusta clama: – Lenin. O Teatro Recreio parecia ruir. Um brado uníssono de aplausos ecoou e o nome de Lenin foi repetido com vigor por todos os presentes. Dos camarotes as moças agitam o lenço e atiram flores à plateia. O entusiasmo foi extraordinário. Durante cinco minutos só se ouviam vivas à revolução, a Lenin e a Trotsky.[9]

*A Razão,* em 1º de maio de 1919, publicou os retratos de Karl Liebknecht (1871-1919) e Rosa Luxemburg (1871-1919) com a seguinte legenda: "Assassinados pelos socialistas encapotados de Berlim". E os padeiros do Rio de Janeiro, representados pelo Centro Panífico, lançaram uma nota, a ressaltarem que o 1º de maio representava a data de protesto contra a brutalidade capitalista e que "a magia que toda esta matilha sonhava está sendo banida; a aurora reivindicadora que se estende em toda a Rússia não tardará com esse facho luminoso a chegar ao continente americano".[10]

Em 30 de junho, o órgão do Partido Socialista do Brasil, que passou a circular com o nome de *Tempos Novos,* desde 1º de maio, e com a epígrafe "Publicação Socialista", iniciou a publicação do *Manifesto Comunista,* de Marx e Engels. Um retrato de Engels ilustrou a capa da edição nº 12, com a legenda: "Hoje, quando o grande ideal de regeneração humana alastra-se e vence por toda a parte, não podemos deixar de render homenagem ao grande socialista, que junto com Carlos Marx lançou o *Manifesto Comunista,* dando um caráter positivo ao socialismo".

Isaac Izecksohn, no mesmo número, escreveu, sob o título "A reação contra o maximalismo – Koltchak":

> Eis, porém, que o próprio Koltchak declarou que a maioria dos deputados da assembleia nacional, dissolvida em 1917 pelos maximalistas, forma hoje nas próprias fileiras maximalistas. Que revelação! Portanto, todos aqueles que o povo russo escolheu livremente em 1917 são hoje maximalistas; todos aqueles que os aliados invocaram para intervir na Rússia, todos eles se uniram a Trotsky e a Lenin, assim como os cidadãos que os elegeram. Logo, para que os aliados vão intervir na Rússia? Com que direito? Se o povo unânime é pelo socialismo, exceto dois ou três políticos aventureiros, como Sassanov, Koltchak e Denikin. Restam, portanto, aos aliados dois caminhos. Ou desistem da luta infame e deixam o povo russo viver e desenvolver-se segundo as suas aspirações ou, senão, que declarem abertamente que lutam contra a liberdade e contra o socialismo que os russos conquistaram com o seu próprio sangue. Mas os aliados não se atrevem a isso, porque sabem que então terão que lutar contra todos os socialistas do universo e não só contra os socialistas, mas contra todos os que têm alma sincera e liberal. [...] Melhor fariam os aliados se mandassem contra a Rússia, contra a Hungria e contra a Boêmia, todas as tropas do mundo e assim a transformação do universo seria mais rápida.

E, sobre a Alemanha, *Tempos Novos,* na mesma edição nº 12, comentou:

> Scheidemann,[11] o apóstata, que vendeu o socialismo por trinta dinheiros, não pode gozar de sua traição. Seus próprios colegas, como Noske[12] e Ertzberg,[13] já se afastam de sua pessoa e o homem ficou isolado. Achamos que o único caminho que lhe resta é enforcar-se numa figueira.

Isaac Izecksohn, na edição de 14 de julho, declarou:

> A nova luta será entre os escravos e seus senhores, entre os oprimidos de todas as raças e os déspotas do mundo inteiro, terá por campo todo o planeta, dum extremo a outro e findará só como esmagamento e a desaparição dos opressores, porque será a guerra de classes, a revolução social. Anos e anos ela se vem preparando e a burguesia com seus erros só sabe apressá-la, até que um dia ela, que hoje já arde no Oriente, se estenderá no universo. E quando ela triunfar, pacífica ou violenta, então sim, a paz reinará, a paz sincera, a paz eterna, porque não haverá mais oprimidos e opressores, não haverá mais classes antagônicas e ao invés do capitalismo, dominará no mundo o império do trabalho.[14]

O Partido Socialista do Brasil que, no primeiro número da *Folha Nova*, seu órgão oficial, teve o cuidado de não se identificar com os "maximalistas" ("Não somos maximalistas e achamos até que o seu advento no Brasil seria um fracasso"), adotou, cada vez mais, uma posição revolucionária. E as manchetes da imprensa insistiam no avanço da revolução europeia. "A Áustria às portas da ditadura proletária".[15] "Continuam as convulsões populares na Itália"; "O maximalismo na Itália"; "Verdadeiros governos de soviete em muitas cidades".[16] "Os distúrbios da Itália reproduzirão na França e na Inglaterra?"; "Manifestações bolcheviques em toda a Europa Ocidental".[17]

A notícia de que a Confédération générale du travail (CGT), da França, estava a coordenar, juntamente com a central operária da Itália, uma greve geral na Europa, em protesto contra a intervenção militar na Rússia e na Hungria, ecoou no Brasil. Um despacho da Havas, procedente de Paris e datado de 5 de julho de 1919, revelara as articulações da parede internacional "contra os moldes jurídicos do Tratado de Paz e contra qualquer pressão dos governos aliados contra o atual regime político da Rússia e da Hungria". Previa-se a deflagração do movimento para o dia 21 de julho.

Em 14 de julho, aniversário da Tomada da Bastilha, os membros do Partido Comunista do Brasil reuniram-se na sede da Aliança dos

Operários em Calçado, onde José Oiticica proferiu uma palestra e, no final da assembleia, aprovou-se a seguinte moção:

> Os comunistas, membros do Partido Comunista do Brasil, núcleo do Rio de Janeiro, reunidos em sessão solene para comemorar a grande data da Tomada da Bastilha, atendendo ao apelo da Internacional Comunista, aprovaram uma moção de solidariedade à ação da Internacional, preparando-se para secundar a obra dos comunistas europeus, na remodelação das instituições da sociedade atual, para estabelecer um regime baseado na verdadeira Liberdade, Igualdade e Fraternidade.

Conquanto, certamente, não conhecessem as teorias de Marx e Engels, os ácratas cada vez mais se identificavam como comunistas, sob a influência da Revolução Russa, tanto que, logo após a notícia da fundação da Internacional Comunista, em março de 1919, criaram, no Rio de Janeiro, o Partido Comunista do Brasil, com a pretensão de integrar-se na organização que Lenin fundara, em Moscou, e coordenar seus esforços com os revolucionários na Europa. No dia 19 de junho de 1919, outro movimento libertário, a Liga Comunista Feminina, reuniu-se no Centro Cosmopolita e também aprovou:

> A Liga Comunista Feminina, inspirada nos mais elevados princípios da solidariedade humana, saúda efusivamente o proletariado internacional pela declaração da greve geral de protesto contra a intervenção dos governos burgueses nos países comunistas e contra o Tratado de Paz, ao mesmo tempo que envia aos povos emancipados do capitalismo e da autoridade o amplexo fraternal, o grito entusiasta, a exclamação vibrante que nos empolga o coração de irmãos e encoraja nesta cruzada imensa de luta incessante e de farta sementeira da nova ideia. Salve a Internacional dos Trabalhadores! Viva o comunismo anárquico.

No dia 20 de junho, *A Razão* publicou a manchete: "Hoje começa a grande demonstração do proletariado universal contra a intervenção na Rússia e na Hungria". Todos os jornais noticiaram o mesmo. E os trabalhadores brasileiros, os anarcocomunistas à frente, resolveram, também, aderir à greve internacional na Europa. A Federação Operária de São Paulo expediu um comunicado:

> A Federação Operária de São Paulo, conforme havia deliberado em reunião em que tomaram parte os representantes de todas as associações operárias a ela aderentes, resolveu associar-se às manifestações que o proletariado da Europa realiza nos dias de hoje e amanhã com o fim de protestar contra os termos imperialistas do tratado de paz e contra a intervenção dos governos aliados nos negócios internos da Rússia e da Hungria. Neste sentido, a Federação deliberou realizar hoje, às 4 horas da tarde, um grande comício, seguido de um cortejo pelo centro da cidade. Preparatórias desse comício realizaram-se reuniões em todas as sedes operárias, após as quais os operários desfilaram em direção ao largo da Sé, a fim de tomarem parte no grande comício anunciado. Esse Comício revestiu-se da maior importância, dele participando milhares de operários, tendo feito uso da palavra diversos oradores, explicando os motivos daquela reunião e a significação do protesto universal do proletariado. Em seguida, a grande massa presente realizou pelas ruas do Triângulo o desfile. Malgrado toda a calma e serenidade dos manifestantes, a polícia deu constantes demonstrações de querer perturbar a manifestação operária. Já no Brás, quando vinha em direção à cidade a grande coluna de manifestantes, da qual faziam parte numerosas moças, a polícia arrebatou violentamente as bandeiras e galhardetes inofensivos que empunhavam as moças. Quando a manifestação pretendia enveredar pela rua do Rosário, a fim de alcançar o largo de São Bento, a polícia arbitrariamente, sem nenhuma razão plausível, entendeu que a isso se devia opor, havendo o delegado que dirigia o policiamento se conduzido de um modo tão desabrido que provocou não pequena irritação nos manifestantes. Após o desfile, os operários reuniram-se novamente no largo da Sé e pretendiam dar por findo o comício, quando a polícia interveio, abruptamente, entrando numerosas patrulhas de cavalaria a espaldeirar e alvejar o povo, dissolvendo desse modo violento a pacífica manifestação operária. Expostas deste modo sereno as brutalidades policiais praticadas ontem nas manifestações operárias, evidencia-se ainda uma vez a atitude sistemática da polícia paulista em perturbar as reuniões proletárias, toda vez que o proletariado se propõe a sustentar

os seus incontestáveis direitos. A Federação Operária, reunida logo após os acontecimentos que vem de expor, resolve transmitir à imprensa a presente comunicação e concita a classe trabalhadora a manifestar a sua repulsa contra tais vilipêndios, abandonando o trabalho na segunda--feira e, deste modo, associar-se à manifestação levada a efeito pelo proletariado universal.

Outrossim, a União dos Trabalhadores Gráficos decidiu aderir ao movimento e, apesar da escassez do tempo para todas as corporações operárias participarem e deliberarem, os grandes estabelecimentos industriais pararam. As fábricas de tecidos, as oficinas mecânicas e as serrarias da Capital de São Paulo fecharam as suas portas. A greve também paralisou Santos, Campinas, Sorocaba, Lajeado, Itaquera, Ribeirão Preto e outros municípios. Houve, em quase todas as cidades, manifestações de rua. Os membros da União Operária 1º de Maio, de Cruzeiro (SP), na maioria pertencentes à Rede Sul-Mineira, lançaram manifesto "em sinal de protesto contra a intervenção armada na Rússia e na Hungria e também contra o Tratado de Paz (dos quatro santos), realizado em Versailles, por compreendermos que o dito não é mais que a preparação de futura guerra. Contra a guerra opomos a Internacional dos Trabalhadores". O manifesto foi assinado por J. Ferreira S., em nome da Comissão Executiva.

No Rio de Janeiro, 16 associações, filiadas à Federação dos Trabalhadores e congregando 80.000 operários, aderiram à parede. O Sindicato Federal dos Manipuladores de Tabaco emitiu uma nota:

> O Sindicato Federal dos Manipuladores de Tabaco, órgão representativo de 9.000 operários de ambos os sexos, reunidos, protesta contra o ato prepotente da coligação burguesa e declara publicamente que abraça e defende o advento do comunismo, pela ditadura proletária; e envia uma ardente saudação aos povos comunistas da Rússia e da Hungria, hipotecando-lhes a sua inteira solidariedade e aproveita o momento para exprimir a sua grande vontade de, no momento oportuno, unidos às demais classes exploradas, repetir ou imitar o gesto daqueles trabalhadores.

A polícia proibiu os comícios. Houve assembleias nos sindicatos. Embora numerosas corporações cruzassem os braços, a greve não foi geral. "Mas a manifestação foi bastante significativa", comentou *A Razão* de 22 de julho, reportando que às 5 horas da tarde, "uma enorme massa de trabalhadores saiu da Construção Civil e dirigiu-se, incorporada de muitos outros operários saídos dos sapateiros, para a Barreira do Senado. "O número dos trabalhadores era ligeiramente calculado de 5.000 sendo todo o trajeto feito ao som de 'A Internacional'", entoada com entusiasmo. "De um lado estava postada uma grande força de infantaria da polícia, com 2 corneteiros e de armas embaladas. Do outro, numerosa força cavalariana comandada por um saliente alferes".

Em 8 de agosto, *A Razão* proclamou: "Os aliados entregam a Hungria ao imperialismo". Caíra o governo de Béla Kun. E o jornal *Spartacus* circulou, em 9 de agosto, com uma nota, no alto da primeira página, destacada em um quadro:

> Viva o comunismo. Regozijam-se os comendadores e os funcionários da pátria verde e amarela com o episódio inesperado da queda de Béla Kun na Hungria. Deixes-lhes essa folga no terror branco em que se agitam. E piedade, piedade forçada, a essa burguesia de rapinantes cosmopolitas que está morrendo de gangrena e diarreia. O camarada Béla Kun não representava o comunismo nem os bandidos rumaicos representam a humanidade. E ainda quando assim fosse, pode a burguesia regar a champanha essa derrota, que o comunismo ganhará serenamente a partida no universo inteiro já regado de sangue e das lágrimas inocentes e, portanto, adubado e semeado para a suprema frutificação. Caiu Béla Kun? Viva o Comunismo!

A revolução estava jugulada na Hungria. Ainda restavam esperanças de que revivesse na Alemanha. Apenas a República Soviética da Rússia resistia às tropas do Exército, respaldadas pela França, Grã-Bretanha e demais aliados. E *Spartacus,* em agosto, transcreveu a "Mensagem aos trabalhadores americanos" e o artigo "Democracia burguesa e democracia proletária", ambos de Lenin. A Constituição Soviética saiu na

*Hora Social* de Recife, em novembro. E, no dia 7 outubro, aniversário da tomada do poder pelos bolcheviques, *A Plebe* saudou:

> Entra hoje no terceiro ano de vida a República Socialista Russa dos Soviets. Atacada de todos os lados por exércitos de todas as nações; bloqueada, esfomeada, traída, caluniada, contra todas as adversidades, superando todas as insídias, repelindo toda a sorte de ataques, até hoje, com uma defesa heroica, ela manteve bem alta a bandeira vermelha da revolução social, conservou aceso o farol que indica qual o caminho a seguir. Em nome do proletariado brasileiro *A Plebe* saúda os comunistas russos, associando-se aos seus anseios de justiça suprema. Hurra à Revolução Social Russa!

No mesmo dia, *A Razão*, do Rio de Janeiro, noticiou: "O exército de Koltchak bate em retirada – Londres (H) – Telegrama de Omsk, de 30 de outubro último, diz: 'O governo civil abandonou Omsk. O exército do almirante Koltchak bate em retirada ao longo de toda a frente'".[18] A imprensa anarquista transmitia ao proletariado brasileiro o clamor que, em todo o mundo, se escutava, contra a intervenção armada da Entente, para sufocar a Revolução Social na Rússia. E os telegramas das agências internacionais insistiam: o bolchevismo por toda a parte. *A Razão*, de 10 de novembro de 1919, apontou com a manchete na terceira página:

> O governo americano minado pelo bolcheviquismo? New York *(A Razão)* Nos meios industriais e políticos têm produzido a maior sensação as notícias relativas à intervenção dos dirigentes russos nas agitações industriais do país. Segundo tais notícias, Lenin e Trotsky têm fornecido fundos necessários para a manutenção dos grevistas.

Greves, lutas e agitações somavam-se às manifestações de solidariedade à República dos Soviets. *Spartacus,* de 20 de dezembro de 1919, reproduziu um manifesto subscrito por 72 escritores e artistas franceses, entre os quais Anatole France, Henri Barbusse, Jourdain, Victor Margueritte, Margarida Audoux, Charles Gide, Steinlen Luce, Buisson, Basch e Herold:

Um grande país, infeliz, dilacerado, exausto por todas as guerras exteriores e interiores, vai conhecer sofrimentos maiores ainda do que os que até aqui o têm acabrunhado: a Rússia. Vai apertar-se em seu torno um bloqueio criminoso sem exemplo nem desculpa. Milhões de seres inocentes, que nem sempre podem compreender sequer as causas de sua profunda miséria, mas que nem por isso deixam de ser torturados, vão experimentar mais do que nunca a fome e todos os desastres morais e materiais que ela traz consigo. Os governos aliados, para atingir esse fim desumano, uniram-se aos seus inimigos da véspera e não hesitaram em fazer pressão sobre os países neutros. Não se trata aqui de política. Não se trata sequer de saber se o regime atual da Rússia põe em perigo – como se diz – a ordem do mundo. Comete-se um grande crime, um crime tal que para ninguém pode produzir nada que seja bom. Recusamos associar-nos a esse crime, açodar-nos a ele ainda que seja só com o nosso silêncio. Protestamos com todas as forças do nosso coração e do nosso espírito contra um ato indigno, tanto da consciência humana em geral, como das tradições do nosso país em particular.[19]

O historiador Françoise Alphonse Aulard (1849-1928), autor da *Histoire politique de la Révolution française*, não assinou o manifesto, mas escreveu uma carta que *Spartacus* também transcreveu:

"Como você, ao ver esse projeto de bloqueio da Rússia, confrangeu-se-me o coração" – diz ele. "Sou antibolchevista, sim, pois sou democrata. Quero dizer com isso que seria loucura aplicar à França os métodos de um sanguinário fanatismo oriental, como loucura seria introduzir entre nós o czarismo. Mas deixemos os russos bolchevizarem-se ou czarizarem-se à vontade. Demais, quanto aos crimes atribuídos a Lenin e Trotsky, mantenhamo-nos em estado de espírito crítico. Também Robespierre e Danton foram tratados de monstros da face humana e a Europa monárquica denunciava a revolução francesa como uma saturnal bárbara."[20]

Romain Roland, que se encontrava em Genebra, escreveu a solidarizar-se com o manifesto:

O esmagamento da revolução russa pela coligação das burguesias da Europa – aliadas, germânicas e neutras – é um crime odioso. [...] Mas a aspiração eterna de uma nova ordem, mais justa e mais humana, jamais se apagará. Mil vezes abafada, mil e uma vezes ressuscitada.[21]

Um manifesto de diversas associações e partidos operários da Holanda também ocupava as colunas. Na última página da mesma edição, estavam as declarações do dirigente bolchevique Alexei J. Rikov (1881-1938),[22] sobre "A Situação Econômica da Rússia dos Sovietes". Os militantes do British Socialist Party, Independent Labour Party, Socialist Labour Party, Workers' Socialist Federation e outras organizações operárias, tais como a Industrial Workers of the World e o London Workers' Committee, inspirados pela a revolução bolchevique, alimentavam a ideia de que o proletariado podia assumir o controle do poder na Grã-Bretanha e em vários países do mundo. As greves estouravam em toda a Grã-Bretanha. Os tumultos no centro de Glasgow, Escócia, davam a impressão de uma guerra civil.[23] O movimento Hands Off Russia, assim, recresceu e, em março e abril de 1920, os portuários, na East India Dock, impediram o carregamento de armas e munições, com a etiqueta "OHMS Munitions for Poland", e a partida do navio SS *Jolly George*, recusando-se a abastecê-lo com carvão, quando perceberam que a Polônia estava em guerra contra o Poder Soviético e o que havia no navio se destinava ao Exército Branco.[24] Em Paris, sangrentos tumultos ocorreram, em meio de demonstrações contra a intervenção na Rússia, incitadas pela CGT (Confédération générale du travail) e SFIO (Section française de l'Internationale ouvrière (SFIO). Na ocasião, 220.000 metalúrgicos entraram em greve.[25]

De norte a sul do Brasil, a classe operária sabia o que estava a ocorrer no mundo: o movimento contra a intervenção militar da França, Grã--Bretanha e outros países europeus na Rússia soviética. O 3º Congresso Operário, no Brasil, realizado em São Paulo, entre 23 e 30 de abril de 1920,[26] reiterou apoio à revolução de Outubro.

> Defendemos, com a maior energia, sem recear perseguições nem violências, a revolução. Vemos no movimento moscovita uma insurreição de caráter acentuadamente social que tem inúmeros pontos de contato

conosco, sendo a primeira revolução que teve a coragem de inscrever na sua bandeira a restituição da terra e dos instrumentos de trabalho aos assalariados. É uma revolução social, devido ao que tem recebido violentíssimos ataques da burguesia de todo o mundo e o apoio decidido de todos os revolucionários sinceros que, não abdicando de diferenciações filosóficas, verificam o "fato" e procedem segundo os ensinamentos que dele dimanam. Tem sido esta a nossa atitude. Desejamos sempre ardentemente que a revolução esmagasse os seus inimigos, que vencesse as dificuldades que se levantam aos seus pés que, enfim, resultasse vitoriosa a primeira grande tentativa de aplicação dos princípios socialistas que, até agora, excetuando o episódio da Comuna de Paris, não tinham saído do domínio da metafísica. Quanto aos crimes e virtudes que lhe apontam, uns para a arrastar mais baixo que a lama, outros para que as multidões a venerem quase que religiosamente, não nos pronunciamos, porque difícil é, ainda hoje, para quem queira proceder com consciência, traçar um quadro da vida russa em todos os seus aspectos, com tintas puras e contornos verdadeiros. Aceitando a designação de "bolchevistas", porque a burguesia engloba nela todos aqueles que aspiram à liquidação da sociedade burguesa, não desejamos, porém, que se adote o padrão russo, pois entendemos que a revolução não pode ser de uma uniformidade absoluta: movimentos sociais dos vários países têm características tão acentuadas que isso é completamente impossível. O grito de guerra em Petrogrado e Moscou, durante o mês de fevereiro[27] de 1917, foi: "O Poder para os Sovietes". Estamos, no entanto, certos de que, se a organização sindical russa estivesse devidamente desenvolvida, oferecendo a robustez necessária, os revolucionários gritariam antes: "O poder para os sindicatos", pois, como disse Salvador Segui, ultimamente, num dos seus magistrais discursos, não devemos considerar o sindicato só como uma arma para obter argumentos de salário, melhoramento nas condições oficinais, redução da jornada de trabalho, mas ainda como a célula da sociedade futura. Esta é a nossa atitude: defendemos a revolução russa, através de tudo e contra todos; quanto às suas teorias não as aceitamos em absoluto e, quanto aos seus métodos de ação, não os Conhecemos tão bem que acerca deles possamos pronunciar-nos com segurança.[28]

O Congresso Sindical aprovou saudação especial ao proletariado russo, "que tão alto tem erguido o facho da revolta triunfante, abrindo o caminho do bem-estar e da liberdade aos trabalhadores mundiais". E, nesse tempo, a Federação dos Trabalhadores Baianos realizou, em Salvador, uma sessão solene para comemorar a data da queda da Bastilha (14 de julho), decidindo telegrafar ao presidente da República:

> Constituída de dezessete associações que congregam mais de 25 mil proletários, deliberou-se em sessão comemorativa da revolução francesa ponderar ao governo federal a conveniência do reconhecimento da República Russa dos Soviets, precedente, aliás, estabelecido por várias nações europeias. Saudações, (a) José dos Santos Gomes, secretário-geral.[39]

O Partido Socialista Baiano, que se constituiu em agosto de 1920, aprovou, na sua instalação, voto de protesto "contra a atitude do governo francês em face da Rússia e de simpatia aos trabalhadores desse país, da Inglaterra, França, Bélgica e Itália". E, na data em que ocorrera a insurreição bolchevique, 7 de novembro de 1920, A Plebe, de São Paulo, dedicou espaço na primeira página "a uma data heroica para o proletariado" e "em nome dos trabalhadores do Brasil, enviamos aos trabalhadores da Rússia... a expressão de nossa ardente simpatia e inquebrantável solidariedade".[30]

> O golpe revolucionário de 7 de novembro de 1917, vibrado pelos trabalhadores de Petrogrado contra o governo indeciso e confuso de Kerensky, marcou, por assim dizer, o início da revolução social no mundo. A revolução de março, de que resultou a queda do czarismo nefando, teve uma significação essencialmente burguesa e democrática. Mas a situação desesperadora da Rússia, criada pelos horrores sem nome da guerra, já não comportava meias soluções – requeria, antes, uma solução radical, enérgica e pronta. Os acontecimentos se sucederam, imperativamente, nesse sentido, durante oito meses. Os vários ministérios organizados de março até novembro debalde lutavam para conter a onda crescente e irresistível. Em 7 de novembro, com a fuga de Kerensky, o Comitê Militar Revolucionário de Petrogrado, organizado pelos bolchevistas, tomava conta do poder. [...] O proletariado russo, quebrando ao fim, de

vez, as pesadas algemas de um regime feroz de opressão e miséria, dava início à revolução social, abrindo caminho aos trabalhadores de todo o mundo, famintos de pão, sedentos de justiça, ansiosos de liberdade.

Afonso Schmidt, em *A Plebe*, de 6 de novembro de 1920, escreveu:

As últimas notícias dizem que as tropas do general Wrangel, depois de batidas, retiram-se para o triângulo de terra escura e gelada que, penetrando no Mar Negro, como península, toma o nome de Crimeia. Ali, dentro em pouco, estarão encurraladas. Esse exército era a mais bela esperança dos que acreditam que as ideias possam ser combatidas a ferro e fogo. Compunha-se ele de cento e cinquenta mil homens escolhidos entre os destroços do exército imperial, de Koltchak e de Denikin. Quase todos esses soldados já tinham sido oficiais e inferiores em outras. Se não fora as grandes arremetidas vitoriosas de seus inimigos, esses ex-homens passariam a vida num imperturbável céu aberto. No presente, gozam a proteção do governo francês que os alimenta e equipa com o fim pouco elevado de restabelecer o czarismo na Rússia, para que este, em sinal de gratidão, lhe devolva todo o ouro emprestado de 1914 a 1917, para que o povo russo pudesse combater a seu lado. [...] Antes de aparecerem Wrangel e Pilsudski,[31] as despesas da França e da Inglaterra, para "restaurar a ordem" na Rússia, subiam a uma altura capaz de produzir vertigens. A própria Inglaterra, prática acima de tudo, teve o bom senso de recuar nesse caminho cujo termo é uma incógnita. A França, porém, não hesitou em chamar a si, sem outro auxílio, essa pavorosa responsabilidade. [...] Parece mentira, mas o rio de ouro necessário para combater o proletariado russo é constituído de bagas de suor do proletariado francês, jeitosamente conduzido pela meia dúzia de homens de negócios que se arvorou em governo. [...] Desaparecido Wrangel, como Koltchak e Denikin, quem será para os capitalistas da França o verdadeiro governo russo?

A guerra civil estava terminada. Mas a situação configurava-se bastante sombria. Em 1921, a crise econômica, social e política ameaçava a própria sobrevivência do Poder Soviético, tal a dimensão que alcançara naquele ano, a renda nacional da Rússia havia despencado para um terço do nível de 1913; as minas de carvão produziam menos de um décimo do que podiam antes da guerra de 1914-1918; e as fundições de ferro apenas a quadragésima parte de sua produção normal. A carecer de aço, carvão e máquinas, as indústrias estavam quase na iminência da paralisação, produziam menos de um quinto das mercadorias que fabricavam antes do conflito com a Alemanha. As aldeias ficaram despovoadas; ferrovias restavam completamente destruídas; a agricultura totalmente devastada e, em fins de 1921, o número de famintos elevou-se a 36 milhões, devido à grande seca conjugada com as numerosas vicissitudes resultantes dos sete anos de guerra, primeiro contra a Alemanha, depois os Exércitos Brancos e a intervenção de tropas estrangeiras. O canibalismo, assim, aconteceu.[32] "A estrutura social da Rússia não fora apenas derrubada, fora esmagada e destruída" e, quando a ditadura do proletariado foi implantada, o proletariado quase que havia desaparecido – ressaltou Isaac Deutscher.[33] Dos 3 milhões de trabalhadores que havia antes da revolução, somente metade continuava ocupada. Na verdade, só o campesinato emergira intacto como classe social. E a Rússia, como Kautsky observou, estava mais distante do socialismo do que antes da guerra.[34]

Os trabalhadores, os ácratas à frente, no Brasil, mobilizaram-se para auxiliar o Poder Soviético. Em setembro de 1921, formou-se, no Rio de Janeiro, um Comitê de Socorro aos Flagelados Russos, composto por Fábio Luz, José Oiticica, Otávio Brandão, Miguel Capelonch, Laura Brandão, Elvira Boni, Aurélio Nascimento, Amílcar dos Santos, Pedro Bastos, Astrojildo Pereira, Cruz Júnior, Marques da Costa, Teófilo Ferreira, Domingos Passos, Antonino Carvalho e César Leitão. E Astrojildo Pereira informou, em carta Edgard Leuenroth:

Dez províncias russas, exatamente aquelas mais ricas que produziam 30% de toda a colheita russa e cujas populações sobem a 20 milhões de habitantes, foram vitimadas por uma seca prolongada e implacável que inutilizou todas as plantações e todo o gado, lançando aqueles 20 milhões de seres humanos na mais terrível miséria e ao mesmo tempo reduzindo o abastecimento de gêneros ao resto da Rússia que nas ditas províncias ia buscar 30% de sua alimentação normal. O proletariado russo, o heroico proletariado que há 4 anos vem sustentando uma luta sem precedentes na história contra o capitalismo coligado de todo o mundo – o proletariado russo enfrenta corajosamente a desgraça inevitável dos elementos, mas lança aos trabalhadores de toda a terra o seu grito angustiado, apelando para a solidariedade internacional das classes obreiras. Atendendo a este apelo fraternal os trabalhadores da Europa e da América movem-se neste instante, num vasto movimento de socorro, procurando minorar os efeitos desastrosos da seca inexorável com o envio para a Rússia de um auxílio urgente e eficaz. Um esforço colossal, digno dos altos sentimentos de solidariedade humana, se está fazendo neste sentido. Ora, nós, trabalhadores do Brasil, não podemos ficar estranhos a esse esforço internacional. Nós devemos também, na medida das nossas possibilidades totais, concorrer para que essa obra mundial de socorro adquira uma eficiência prática correspondente à enormidade do desastre que abateu sobre os trabalhadores russos, nossos camaradas e nossos defensores na guerra contra o capitalismo. [...] Contamos com o apoio decidido e urgente dos camaradas daí. Convoque vocês, imediatamente, uma reunião dos militantes para tratar do caso e constituam logo um comitê local promovendo as iniciativas que julgarem mais viáveis, entendendo-se com os militantes do interior do Estado para que secundem essas iniciativas. Não há tempo a perder. [...] O proletariado russo que tem lutado, só e invencível, pela causa de todo o proletariado internacional, espera agora, neste momento de aflição e desespero, o gesto prático e generoso de solidariedade dos trabalhadores de todo o mundo. [...] Lembremo-nos de que todos os sacrifícios que fizermos em sua ajuda nem de longe saldarão nossa dívida revolucionária aos camaradas heroicos das estepes moscovitas.[35]

Astrojildo Pereira exercia as funções de secretário do Comitê de Socorro aos Flagelados Russos. Apesar das divergências que dividiam, àquela altura, o movimento libertário e a configuração da tendência bolchevique se uniram para ajudar o povo russo. Astrojildo Pereira, na carta, anunciava a intenção de editar um número único de um jornal de propaganda e agitação em prol da obra de socorro, que se venderia a preço de 500 réis o exemplar, a fim de arrecadar os primeiros recursos que enviariam ao Comitê de Paris. O Comitê de Socorro aos Flagelados Russos convocou, para o dia 1º de janeiro de 1922, uma grande reunião que se realizaria na sede da União dos Operários em Fábricas de Tecidos, à Rua Acre, 19. Falaram Astrojildo Pereira, José Elias e Otávio Brandão, esse último exaltando a Rússia de Kropotkin, Bakunin e Tolstoy. A revista *Movimento Comunista,* cujo primeiro número saiu no mesmo 1º de janeiro, deu a notícia, em meio à grande maioria de artigos sobre o movimento comunista internacional.[36]

No Brasil, Everardo Dias, também preso e sujeito ao processo de expulsão do país, pela sua origem espanhola, recorreu ao Supremo Tribunal Federal. O ministro Pedro Lessa, designado relator, opinou favoravelmente à concessão do *habeas corpus.* O ministro Augusto Olympio Viveiros de Castro (1867-1927) manifestou-se contra. E *A Razão* narrou o episódio com o título de: "O maximalismo no STF. Uma grave declaração do ministro Edmundo Lins".[37]

> Segue-se-lhe, então, com a palavra o ministro Edmundo Lins,[38] que declarou serem de La Palisse[49] as frases escritas num jornal pelo paciente e que lhe valeram ser considerado anarquista, quando tais frases são inofensivas, inócuas[...]. Protestou contra esta asserção o ministro Viveiros de Castro,[40] que disse reconhecer-se destarte ao paciente o direito de vir ao Tribunal e arremessar sobre o mesmo uma bomba de dinamite para mostrar que não é o Sr. de La Palisse! – Se ele fizer isto está no seu direito! – exclamou o ministro Edmundo Lins – Está no seu direito porque, uma vez que se lhe não quiseram reconhecer um direito, recorre à dinamite, para fazer valer esse mesmo direito. Ouvem-se protestos dos ministros Pires de Albuquerque,[41] procurador-geral da República, e Moniz Barreto.[42]

Everardo Dias perdeu o *habeas corpus* que lhe negaram contra os votos dos ministros Edmundo Lins, Pedro Lessa, Pedro Mibieli e Godofredo Cunha. O governo não poderia expulsar Everardo Dias.[43] Ele, que vivia no Brasil há vários anos, tinha duas filhas, lá nascidas, uma das quais

Inês, desposaria Astrojildo Pereira. O STF patrocinou a ilegalidade. Entrementes, em São Paulo, a polícia encontrou bombas capazes de "fazer voar um quarteirão", na Rua São José. Na Praça Coronel João Bloem, no Jardim Iracema, um petardo explodiu e fez quatro vítimas. Esse fato serviu como cobertura para a expulsão de outra leva de anarquistas pelo navio *Ceylan*, da Chargeurs Réunis. No porto do Rio, o navio ainda recebeu os imigrantes portugueses Adriano Pinto da Costa, Manuel Fernandes Gomes de Amorim, Antônio Rodrigues da Silva, "hábeis fabricantes de máquinas infernais". "Agentes da Segurança Pública acompanharão os anarquistas até o último porto brasileiro", adiantou a notícia. Isso, porque, no Recife, lanchas misteriosas acostavam nos vapores e, dentro da noite, os deportados desapareciam, sem deixar rastro. Ocultavam-se nos bairros operários. E, quando menos se esperava, voltavam à atividade. Mas, o movimento sindical que atingira o máximo de sua curva ascendente, na década de 20, perdia o impulso.

## NOTAS

1. *A Razão*, 9/3/1919.
2. Kaiser Wilhelm II.
3. Ruy Barbosa. "Às Classes Conservadoras", *in Obras completas de Ruy Barbosa. Campanha presidencial. (1919)*, 1956, vol. XLVI, tomo I, p. 57.
4. *Ibidem*, p. 58.
5. *Apud* Dario Canale, 2013, pp. 129-130. John W. F. Dulles, 1973, pp. 91-92.
6. *A Plebe*, 29/3/1919. No original: *"J'ai toujours admiré très vivement l'étonnante force révolutionnaire des maximalistes et pensé que leur mouvement, même s'il avortait, constituerait un exemple sans précédent, une expérience féconde dont le socialisme international tirerait largement profit. A ce titre seul, Lénine et Trotzky auraient droit à notre reconnaissance et leur période devrait être considérée par l'Histoire comme la grande période de la Révolution russe".* A carta do capitão Jacques Sadoul, datada de Moscou, 1° de setembro de 1918, foi escrita Albert Thomas, député (Champigny-sur-Marne).
7. *"La chimère d'hier serait-elle réalité demain? Je commence à l'espérer. Ainsi soit-il!"*

8. Texto completo de Jacques Sadoul. "Notes sur la révolution bolchevique" (out. 1917-jan.1919)", disponível em <https://archive.org/stream/notessurlarvol00sadouoft/notessurlarvol00sadouoft_djvu.txt>.

9. *A Razão*, 2/5/1919.

10. *Ibidem*.

11. Philipp Scheidemann (1865-1939), que assumiu o governo da Alemanha, como Reichskanzler, sucedendo a Friedrich Ebert, esmagou a insurreição da Liga Spartacus. Ebert, Scheidemann, e demais sociais-democratas majoritários e até independentes temiam impor pela violência um modelo econômico, social e político, como na Rússia, e com isto provocar a guerra civil e sacrificar os padrões de vida e os direitos sociais já conquistados, e os que esperavam conquistar, conforme Isaac Deutscher observou. Isaac Deutscher, 1968, p. 479. Vide também Luiz Alberto Moniz Bandeira, 2009, pp. 56-57.

12. Gustav Noske (1868-1946), ao assumir o Ministério da Defesa (Reichswehrmninister), autorizou oficiais e soldados desmobilizados a formarem corpos de voluntários (*Freiwilligenkorps*) para manter a ordem no país, e eles se tornaram instrumentos da contrarrevolução, sangrentas batalhas ocorreram na Alemanha e esmagaram o levante spartakista em Berlim. Karl Liebknecht e Rosa Luxemburg foram então presos e cruelmente assassinados em 15 de janeiro de 1919 por um dos comandos da morte (*Mordkommandos*), sob a chefia do capitão Ernst Waldemar Pabst (1880-1970), que teria recebido a informação do local – Eden Hotel – onde eles se escondiam do comunista Wilhelm Pieck. Pieck foi dirigente da República Democrática Alemã (Alemanha comunista) e a acusação contra ele foi levantada, posteriormente, por Ernst Thälmann, secretário-geral do Kommunistischen Partei Deutschlands (KPD), durante a República de Weimar. Em 1962, o capitão Pabst revelou que Pieck, preso juntamente com Rosa Luxemburg e Liebknecht, fora libertado, porque delatara outros militantes da Liga Spartacus.

13. Ortografia errada. O autor referiu-se a Matthias Erzberger (1875-1921), quem assinou pelo governo da Alemanha o armistício (Waffenstillstandsabkommen von Compiègne) com os Aliados em 11 de novembro de 1918. Matthias Erzberger foi assassinado em 1921 por um terrorista da Organisation Consul (OC), organização de extrema direita, nacionalista e antissemita, que surgiu na República de Weimar. Era um corpo de voluntários (*Freikorps*), com 6.000 homens, da Marinebrigade, formada pelo capitão de corveta Hermann Ehrhardt (1881-1971). Foi um dos corpos que destruíram a República dos Conselhos da Baviera (Bayrische Räterepublik), similar ao Poder Soviético, e cujo último dirigente Eugen Leviné (1883-1919) foi fuzilado em 3 de junho de 1919, juntamente com dezenas ou centenas de militantes do KPD.

14. *Tempos Novos*, nº 13.

15. *A Razão*, 4/7/1919.
16. *Ibidem*, 8/7/1919.
17. *Ibidem*, 17/7/1919.
18. *A Razão*, 7/11/1919.
19. Íntegra do texto original do manifesto em francês:

"*La faim n'engendre pas les réformes. Elle engendre la folie, et tous les désastres qui rendent une vie ordonnée impossible.*"
(*Discours du président Wilson, au lendemain de l'armistice.*)
*Télégramme de M. Clemenceau aux généraux alliés en Russie, le 21 décembre 1918:*
*Le plan des alliés est de réaliser l'en cerclement économique, du bolchevisme.*
UN BU CRIME SE MUET
*JNqus protestons*
*Un groupe d'écrivains a pris l'initiative de rédiger et de faire circuler la protestation suivante que nous sommes heureux et fiers de pouvoir publier dans ce numéro.*
*Un grand pays, malheureux, déchiré, épuisé pur toutes les guerres extérieures et intérieures, va connaître des souffrances plus grandes encore que 'celles qui l'ont accablé jusqu'ici: la Russie va voir se resserrer autour d'elle un blocus criminel sans exemple et sans excuses. Des millions d'êtres innocents qui ne peuvent même pas toujours comprendre les causes de leur profonde détresse, mais qui n'en sont pas moins torturés, vont éprouver plus cruellement que jamais la faim et tous les désastres matériels et moraux qu'elle entraîne.*
*Les gouvernements alliés, en vue d'atteindre ce but inhumain, se sont unis à leurs ennemis de la veille et n'ont point hésité à faire pression sur les pays neutres.*
*Il ne s'agit pas, pour nous, de politique. Il ne s'agit même pas de savoir si le régime actuel de la Russie met en péril – comme on le dit – l'ordre du monde. Un grand crime se commet contre des hommes, un crime tel qu'il ne peut engendrer rien de bon pour personne. Nous refusons de nous associer à ce crime, de nous y associer ne serait-ce que par notre silence. Nous protestons de toute la force de notre coeur el de notre esprit contre un acte indigne, et de la conscience humaine en général, et des traditions de notre pays en particulier.*
*Anatole France, Séverine; Georges Duhamel, Jules Romains, Georges Chennevière, Léon Balzagette, Georges Besson, Jean-Richard Bloch, Léon Werth, Charles Vilorac, Ernest Tisserand; Henri Barbusse, Elie Faure, Victor Margueritte; Marguerite Audoux, Edouard Schneider, René Delauge; Gabriel Séailles, Georges Bohn, Docteur E. Burnet, Th. Ruyssen; Steinlen, Signac, Luce, K. X. Roussel, Albert André, Camoin, Picart-le-Doux, Joseph Bernard, de Vlaminck; Florent Schmitt, Fénéon, Gaston Gallimard, G. Tronche. Jacques Rivière; Neel Doff, Jeanne Selmersheim-Desgrange, Jeanne Jacque Min; Mme Autant-Lara et M.*

*Autant, Roger Francq, Frantz Jourdain; G. Weil, B. Tokine, A. Crémieux, J.-G. Prodhomme, Etienne Antonelli, Henri Hertz, Félicien Challaye; A. Doyen, D. E. Ingelbrecht, Henri Radiguer, Jean Margue Rite; A. Veillet, Ledebt et Ledebt (André); Ferdinand Buisson; Victor Basch, Professeur à la Sorbonne; A.-F. Hérold; Henri Guernut; Alfred Westphal; Alcide Delmont, Avocat à la Cour; Emile Glay, Instituteur; Ha Damard, Professeur au Collège de France; Emile Khan, Agrégé de L'université; L. Martinet; Louis Oustry, Avocat à la Cour; Docteur Sicard de Plauzoles; Amédée Rouquès, Edouard Bernaert, Charles Gide, A. Prenant etc"* Disponível em <http://gallica.bnf.fr/ark:/12148/bpt6k299475k/f1.textePage.langFR>.

20. Íntegra do original da carta de Alphonse Aulard, publicada no jornal do Partido Comunista de França L'Humanité, 26 de outubro de 1919, é o seguinte:

"*Paris, 21 octobre 1919.*

*Cher citoyen Caussy,*

*Au lieu de signer ce manifeste, dont la forme ne s'accorde pas bien avec mes habitudes d'historien, permettez-moi de vous exprimer, à ma manière, mon sentiment personnel.*

*Comme vous, quand j'ai vu ce projet de blocus de la Russie, j'en ai eu le coeur serré. Quoi! ce- bon peuple russe, si mal- heureux, qui souffre tant de la faim et du froid, nous allons le faire souffrir encore davantage! Par notre propos délibéré, des millions d'être innocents vont être exposés à la mort par la famine! Et quand j'ai appris que nous demandions.... à qui? aux Allemands, de collaborer à cette cruelle entreprise, un peu de rouge m'est monté au front. Certes, je suis antibolcheviste, puisque je suis démocrate, et Je le suis en tant que Français. Je veux dire par là que ce serait folie d'appliquer à la France lies méthodes d'un sanguinaire fanatisme oriental, tout comme ce serait folie de vouloir introduire chez nous le tsarisme. Mais laissons les Russes libres de bolcheviser ou de tsariser, si cela leur fait plaisir. D'ailleurs, pour les crimes qu'on attribue à Lénine et à Trotsky, soyons en état d'esprit critique. Robespierre et Danton, eux aussi, furent traités de monstres' à face humaine, et l'Europe monarchique dénonçait la Révolution française comme une saturnale barbare. Cela ne veut pas dire que Lénine et Trotsky doivent être égalés, pour la valeur morale, à Danton et à Robespierre, ni que le bolchevisme soit une révolution constructive, comme l'a été la révolution française. Cela veut dire qu'il faut se méfier des vérités officielles, et que le peuple français ne doit pas traiter le peuple russe comme un peuple d'assassins.*

*Je pense à Voltaire, à ce Voltaire que vous avez, cher citoyen Caussy, si dilligem-ment édité et raconté. Que dirait-il de cela, s'il vivait de nos jours? Sans doute, il persiflerait le fanatisme d'un Lénine, mais à l'idée de combattre une doctrine par la famine, le défenseur de Calas pousserait un cri d'indignation.*

*Veuillez agréer, ehor citoyen Caussy, tous mes meilleurs sentiments.*

*A. Aulard.*"

Disponível em <http://gallica.bnf.fr/ark:/12148/bpt6k299475k/f1.textePage.langFR>.

21. Íntegra da carta de Romain Rolland:

"*Genève, 23 octobre 1919. L'écrasement de la Révolution russe par la coalition des bourgeoisies de l'Europe – alliées, germaniques et neutres – est un forfait odieux. Mais il ne saurait m'étonner. Il démasque le mensonge des soi-disant démocraties d'Europe et d'Amérique. Elles ont mené la croisade, disent-elles, contre l'autocratie germanique. Elles ne sont que des oligarchies égoïstes et hypocrites. La grande guerre qui se poursuit depuis cinq ans et qui n'est pas terminée – se révèle comme leur guerre, la guerre des bourgeoisies ploutocratiques, d'une part contre les derniers bastions de l'ancien régime monarchique, de l'autre contre le réveil du peuple qui revendique ses droits. Cette guerre est menée avec l'implacable mauvaise foi de cette classe de juristes retors, rhéteurs, confusément idéologues, et froidement pratiques. La force de cette classe est dans l'usage du pouvoir qu'elle détient depuis des siècles bien avant la Révolution française dès Philippe le Bel. Toujours elle a su abriter son irresponsabilité derrière d'imposantes fictions, jadis derrière le Roi, aujour- d'hui derrière des idoles: Droit, Patrie, Liberté. Le monde est livré à une classe d'intendants fourbes et rapaces qui, sous le nom de République, comme sous celui de Royauté, travaillent pour leurs passions et pour leurs intérêts. Il est pitoyable de penser que tant de braves gens, travailleurs, de coeur pur, dans la bourgeoisie même, s'y laissent encore tromper. Tant que la grande Duperie ne sera pas dissipée, aucun progrès social sérieux -t étendu n'est possible. Chaque tentative pour renouveler l'ordre vieilli et corrompu sera écrasée, comme l'est aujourd'hui l'effort chaotique et grandiose de nos frères de Russie. Mais l'aspiration éternelle à un ordre nouveau plus juste et plus humain ne sera jamais éteinte. Mille fois étouffée, elle ressuscite mille et une fois. Romain Rolland.*"

Disponível em <http://gallica.bnf.fr/ark:/12148/bpt6k299475k/f1.textePage.langFR>.

22. Alexei Rikov também executado durante os sangrentos expurgos determinados por Stalin, a eliminar todos os antigos dirigentes bolcheviques, companheiros de Lenin.

23. Bruno Naarden, 1992, pp. 334-335.

24. "The Hands off Russia! Movement Direct Action against Military Intervention", disponível em <http://armingallsides.on-the-record.org.uk/wp-content/uploads/2014/06/Hands-off-Russia-with-references1.pdf>.

25. *Ibidem*, p. 334.

26. Vide referência: "Leuenroth, Edgard", *in* Alzira Alves de Abreu, 2005.

27. Março no calendário gregoriano.

28. Boletim da Comissão Executiva do 3º Congresso Operário, ano I – agosto de 1920, n.1. (Arquivo de Edgard Leuenroth).

29. *A Tarde*, 16/7/1920.

30. *A Plebe*, 7/11/1919.

# O ANO VERMELHO

31. Józef Klemens Piłsudski (1867-1935) emancipou a Polônia do Império Russo, em 1916, e exerceu o governo da Polônia, entre 1918 e 1922, quando combateu os bolcheviques, impondo a ditadura de 1926 a 1935. Em 1935, faleceu, vitimado por um câncer de fígado.
32. Isaac Deutscher, 1968, pp. 15-16.
33. *Ibidem*, pp.16-17.
34. Kaarl Kautsky, 1990, pp. 232-233.
35. Carta de Astrojildo Pereira a Edgard Leuenroth. Rio de Janeiro, 15 de setembro de 1921. (Arquivo de Astrojildo Pereira).
36. Marly de Almeida Gomes Vianna, "A imprensa do PCB – 1920-1940", *in* Rodolfo Fiorucci, Alexandre da Costa (orgs.), *Políticas e Projetos na Era das Ideologias: A imprensa no Brasil Republicano (1920-1940)*, 2014, pp. 13-14.
37. *A Razão*, 9/11/1919.
38. Ministro Edmundo Lins (1863-1944).
39. Referência ao marechal de França Jacques de Chabannes, senhor de La Palisse (1470-1525), que serviu durante o reinado de Francisco I e morreu combatendo os italianos na batalha de Pávia, em 24 de fevereiro de 1525. Escreveu várias canções, entoadas por seus soldados entre os quais era muito popular, e uma delas dizia: *"Ci-gît le Seigneur de La Palice: s'il n'était pas mort, il ferait encore envie."*
40. Ministro Augusto Olympio Viveiros de Castro (1867-1927).
41. Ministro Antônio Joaquim Pires de Carvalho e Albuquerque (1865-1954).
42. Ministro Edmundo Moniz Barreto (1864-1934).
43. Emília Viotti da Costa, 2006, pp. 57-58.

## Capítulo 19

COMO ESCRITORES E JORNALISTAS BRASILEIROS VIRAM A REVOLUÇÃO RUS-
SA • A PERCEPÇÃO DE OLIVEIRA LIMA • DI CAVALCANTI E SUAS MEMÓ-
RIAS DE 1917 • A PREOCUPAÇÃO DA COMUNIDADE DE HOMENS DE NEGÓ-
CIOS • ARTIGOS DO JORNALISTA ASSIS CHATEAUBRIAND SOBRE A REVOLUÇÃO
NA ALEMANHA • ADMIRAÇÃO DE HUMBERTO DE CAMPOS POR LENIN E
TROTSKY • APOIO DE LIMA BARRETO AO MAXIMALISMO • SONETOS LIBER-
TÁRIOS DE JOSÉ OITICICA E OCTÁVIO BRANDÃO

Quando os bolcheviques tomaram o poder, em 7 de novembro de 1917, as atenções, no Brasil, voltavam-se para a guerra contra os Impérios Centrais. A fumaça dos campos de batalha e os estampidos da artilharia não permitiam a percepção de todo o significado social da Revolução Russa. Uma boa parte da intelectualidade, embevecida pela oratória guerreira de Ruy Barbosa, só se interessava pela vitória dos Aliados, com a participação do Brasil. Jornais e alguns escritores apreciaram a insurreição socialista do ângulo puramente moral e de suas implicações militares para os aliados: a saída da guerra, a "honra da Rússia" violentada, a quebra dos compromissos com a Entente, a "traição maximalista" etc... Uma vária de *A Razão*, do Rio de Janeiro, publicada a 10 de novembro de 1917, sob o título de "A traição dos maximalistas", dava uma ideia de como até alguns jornais mais populares apresentavam a ascensão de Lenin ao poder:

> A vitória do traidor Lenin levantando os maximalistas e apeando Kerensky do poder não perdurará por muito tempo. Kerensky conseguiu fugir e prepara uma contrarrevolução. Consegui-lo-á? É quase certo.

O seu extraordinário prestígio e as dissensões que já começam a surgir assim o fazem crer. Os cossacos, segundo os telegramas de ontem, recusaram obediência ao Conselho de Operários e Soldados. Naturalmente Kerensky fugido para as linhas de frente, hábil como é, perseverante, saberá tirar partido dessas dissensões, organizando elementos que o tornem vitorioso para depois punir os traidores que, a soldo da Alemanha, levam a Rússia para o abismo fatal. Aguardemos confiantes a sua ação e lembremo-nos de que os maximalistas estão senhores das comunicações com o exterior.

É bem verdade que o diplomata e escritor Manuel de Oliveira Lima (1867-1928), ex-embaixador no Japão e nos Estados Unidos, logo percebeu o fenômeno e escreveu no *Diário de Pernambuco*:

A Rússia galgou de um salto – um verdadeiro salto nas trevas – a distância que a separava do socialismo revolucionário: o seu movimento, que começou por derrubar o trono, entrou logo na fase da luta do proletariado contra a burguesia, expressão do capitalismo. A guerra não podia deixar de sofrer a consequência dessa luta de ideais políticos e sociais.[1]

O notável pintor Di Cavalcanti (1897-1976)[2] recordou que

São Paulo daquela época vivia a guerra que se desenrolava na Europa, e o noticiário das batalhas fazia a gente tremer. Éramos pelos Aliados, é evidente, pela França sobretudo, e nos cafés da Rua 15, nas confeitarias da Rua Direita, discutíamos o porvir do mundo. Quando estourou a revolução bolchevista russa tive a revelação do socialismo revolucionário. Desde o assassínio de Jaurès eu sabia bem o que era socialismo, porque a morte do líder francês me levou a ler Júlio Valles, Kropotkin, Ferrero, uma mistura de leituras anarquistas, anarcossindicalistas, socialistas, corporativistas, o diabo. A revolução de 1917 foi, porém, um clarão, e quando Antoninho Figueiredo pôs nas minhas mãos o *Manifesto Comunista* de Marx e Engels, eu senti a revelação de uma estrada nova no meu mundo cortado de caminhos estreitos, o mundo de meus pensamentos e de minhas inexperiências juvenis. [...] E a célebre greve de 1917?

Os bairros do Brás e Mooca sitiados! Lembro-me da estupidez de meus colegas da Academia contra os grevistas. Lembro-me de Oswald de Andrade com aquele reacionarismo católico que o dominava, querendo fazer incursões armadas pela madrugada para desalojar os grevistas. Lembro-me de uma passeata operária até o centro da cidade que foi dissolvida a pata de cavalo pela polícia. Lembro-me do velho Júlio de Mesquita telefonando para o Palácio dos Campos Elísios, ao Dr. Altino Arantes, protestando contra o que se passava diante da redação de O *Estado*. Telefonou para o Dr. Altino e saiu para a rua com Alfredo Pujol e Ricardo Figueiredo enfrentando os policiais. Rapidamente surgiu um automóvel com o Dr. Oscar Rodrigues Alves. As coisas serenaram na Praça Antônio Prado. Das janelas de O *Estado de S. Paulo*, eu observava as janelas da redação do *Correio Paulistano*, baluarte do PRP. (Partido Republicano Paulista – nota dos autores), com curiosidade. Interditavam--me aquele sítio os meus amigos de esquerda.[3]

A guerra contra os Impérios Centrais, durante quase todo o ano de 1918, ocupou o centro das preocupações da comunidade de homens de negócios e da intelectualidade no Brasil. A insurreição de outubro situava-se no contexto geral do conflito, como um episódio a mais, ainda não perfeitamente claro nem definido. A guerra civil, que estalara após a formação do governo pelos bolcheviques, prosseguia, alimentando a descrença na viabilidade do Poder Soviético. Somente quando a revolução se estendeu à Alemanha, o kaiser Wilhelm II asilou-se nos Países Baixos, e os conselhos de operários e soldados (*Arbeiter- und Soldatenrats*) formaram-se em Berlim, Hamburgo, Bremen, Kiel, Hanover, Brunswick, Frankfurt/Main e Munique. Em novembro de 1918 e no correr de 1919, a maioria da intelectualidade despertou para o verdadeiro significado social da insurreição bolchevique, descobrindo, não sem certo assombro, a "ameaça maximalista" como um fenômeno europeu, quiçá mundial – e não apenas russo –, que poderia bater às portas das Américas. Ainda assim, muitos, como Ruy Barbosa, batiam nessa tecla, tempos depois.

Assim o jornalista Francisco de Assis Chateaubriand Bandeira de Melo (1892-1968), que, àquele tempo, iniciava a carreira na imprensa, como redator do *Correio da Manhã*, revelou-se dos mais argutos comentaristas. Sucessivos artigos escreveu, esforçando-se para focalizar a conjuntura mundial com alguma objetividade, na qual transparecia admiração pelo feito dos bolcheviques. Dos fins de 1918 até a derrota da República Soviética da Hungria, em agosto de 1919, a convicção de que a revolução socialista triunfaria, imediatamente, por toda a parte, atemorizou tanto as classes dominantes quanto empolgou a classe operária do Brasil. Coincidiam, nesse ponto, o medo dos exploradores e a esperança dos explorados. Assis Chateaubriand, em 19 de novembro de 1918 (a polícia de Aurelino Leal, na véspera, havia abortado o plano de assalto ao poder, articulado por José Oiticica, Astrojildo Pereira, Agripino Nazaré e outros), comentou os acontecimentos da Alemanha, que explodia, enquanto conselhos de soldados e operários afloravam sob o impacto da Revolução Russa. Acreditava que era quase que inevitável a vitória do socialismo:

Todo o problema germânico é um reflexo vivo do problema eslavo, sob uma forma cem vezes mais grave, dada a íntima solidariedade do sindicalismo e das forças de além do Reno com seus camaradas da França e da Inglaterra. A paz irrompeu nas linhas de batalha teutônicas, sobre a cabeça dos soldados, separados do mundo exterior pelas cortinas de fumo e de metralha, com o mesmo imprevisto com que ela deveria ter surgido na Rússia. Entre a crise maximalista e a que agora acaba de explodir na Alemanha e na Áustria, há laços de parentesco tão estreitos, pontos de contato tão tangíveis na sua íntima causalidade, que o fato de Berlim e Viena não terem sido presas do delírio quase sobrenatural que devasta Moscou, Odessa e Petrogrado não explica nada. Antes de tudo o povo alemão é muito mais culto, através de um laborioso esforço de apuração intelectual e social, do que o eslavo. Em segundo lugar, é preciso atender que não foram os elementos subversivos que predominaram imediatamente. Lembremo-nos que, entre o despotismo autocrático e os *sovietes,* existiu a Duma, e entre Nicolau Romanov e Lenin e Trotsky apareceram o príncipe Lvov e Kerensky, além de Kornilov, que tentou estrangular a anarquia bolchevique, já então indomável e hirsuta. O alcance político da revolução germânica e os perigos que contêm os ventos impetuosos que sopram do outro lado do Reno estão sendo compreendidos de uma forma tão impressionante pelos aliados da América e da Inglaterra, que certas intransigências da primeira hora do armistício já entram a ser facilmente anuladas. A França e a Inglaterra não queriam tratar com Scheidemann e os sociais-democratas, que aplaudiram a guerra, e as negociações se estão fazendo agora com eles. Os propósitos da partilha germânica já desapareceram ante a necessidade de estabelecer um só governo responsável pelas dívidas e não se criarem principados e ducados locais, arraigados sentimentos particularistas, que só comprometeriam a paz continental com outro foco de turbulência balcânica na Europa. A ideia de republicanizar a Alemanha está sendo trocada pela de uma monarquia parlamentar. O presidente Wilson se interessa pelo abastecimento das populações dos dois ex-impérios, quebrando-se o rigor fronteiro do bloqueio naval. Diante do perigo maior que se levanta de cada verificação do organismo militar teutônico, a vitória aliada se enturva de um pesadelo que só ao observador superficial dos acontecimentos políticos poderá escapar. Eliminadas as ambições do imperialismo germânico, e a forte estrutura que o plasmava, o que salta aos olhos, no estudo de coisas atuais da Alemanha, é o triunfo inevitável das ideias socialistas revolucionárias. Os soldados, que a desmobilização começa a reintegrar às atividades industriais, organizam-se em conselhos, depondo príncipes, forçando as testas coroadas à abdicação, preparando-se para dividir as terras, num regime de igualdade social conforme as doutrinas do credo marxiano. O ciclo de dominação do proletariado, nas regiões onde imperava o poderio burguês e autocrático, se dilata assim de uma forma tão radical, que este fato não pode deixar de vir causando sérias apreensões e sobressaltos às elites dirigentes da Inglaterra, da França e da Itália. Ao passo que os operários germânicos estão assistindo, com a derrota, à aurora (pouco importa que efêmera) de uma sociedade nova, graças ao declínio dos padrões do Estado capitalista, burguês e militar, os seus companheiros, que entreviram o triunfo, voltam das trincheiras, engrandecidos por ele, mas como vencidos, para permanecerem sob a ascendência do mesmo poder opressivo que com as velhas cantilenas de liberdade, de igualdade e de fraternidade, os explorava gananciosamente. O regresso à fábrica é a volta ao *statu quo* anterior. A situação, que se delineia ao estudioso frio do drama de que é agora teatro a Europa, não é outra. O ritmo monótono da vida obtida pelo operário aliado se divorcia tão diametralmente do alvoroço dramático e da agitação nervosa do imediatismo bolchevique, campeando impune na Alemanha, que a previdência política dos aliados não pode deixar de se alarmar, inquietando-se com as consequências políticas desses contrastes. Quem sabe ler nas estrelinhas enxerga o empenho marcado dos governos da Entente, em restabelecer na Alemanha e na Áustria governos fortes e responsáveis, que impeçam, graças a um cordão sanitário rigoroso, o tumor maximalista de se infiltrar nos tecidos vizinhos. O espetáculo da Alemanha autocrática ferida e trucidada com a mesma espada que trespassou a Rússia não anima nenhuma outra classe dirigente europeia, a estimular *jacqueries* e os *sans culottes* que se alastram de Hamburgo a Munique, aos extremos das aparências de reorganização social posta em equação dentro das fronteiras moscovitas. As crises de insurreição popular, propícias a despojar-se uma classe em favor de outras (e outra coisa não é a revolução francesa) revestem o mesmo poder subitâneo de propagação das epidemias. Então os germens das ideias igualitárias, do nivelamento dos homens, de extinção da propriedade, deparam nas massas amotinadas caldos de cultura, precisamente dosados, para a sua proliferação violenta![4]

No dia 31 de dezembro, em outro artigo, o jornalista Assis Chateaubriand anotou: "O bolcheviquismo não é um derramamento russo somente, mas um fenômeno europeu, em latência apenas, nos países onde ele não tomou ainda a forma aguda, que está revestindo na Rússia e nos países *spartacus teutônicos*."

Ao aludir à intervenção da Entente, ressaltou:

E se as elites dirigentes querem uma cruzada contra Lenin é porque as forças financeiras de Londres, máxime Paris, de que elas são marionetes, precisam, para se salvarem da bancarrota, de um governo estável na Rússia, que garanta seus compromissos externos. Os estadistas sentem que soou a hora da revolução social. Uma vez que a Europa não foi cossaca, como supunha Napoleão, está ela bolchevique ou socialista, como queiram, mas em todo o caso russa, e arrastada por correntes subterrâneas, cujo desfecho não poderemos prever tão distantes se acham elas ainda de sua foz. O rio agora começa a correr.[5]

Precisamente um ano depois, no *Correio da Manhã*, edição de 18 de novembro de 1919, Assis Chateaubriand rendeu homenagens à resistência da Rússia soviética:

A guerra terminou, virtualmente, há mais de um ano, e ainda se luta na Rússia. A República dos Sovietes, desde que se constituiu sobre os destroços do governo constitucional de Kerensky, e com o auxílio mascarado dos alemães, nunca mais teve um momento de sossego. Complicações internas e pressão externa dos governos capitalistas do Ocidente. A ofensiva dos aliados ingleses, americanos e franceses em Murmansk. As investidas de Koltchak pela Sibéria. Mais além Denikin. Os franceses em Odessa. Os ucranianos. No Báltico, Yudenich, e os mongóis finlandeses e estonianos. Esquadras britânicas colaborando, ainda no Báltico, com estes inimigos do Soviete. Dir-se-ia impossível: mas a todo este sítio, a Rússia bolchevista resiste impávida. As frentes de batalha se multiplicam. É preciso atender a 7 ou 8 setores, por onde o adversário ameaça fazer a irrupção, abrindo a brecha. A espada do Soviet organiza a resistência por toda a parte. A Rússia está hoje como a França em 1793. O Soviet de Moscou age com o desempenho e o arremesso da Convenção Nacional. Naquela época, a república latina enfrentava os ingleses em Toulon e Dunkerque, os espanhóis nos Pireneus orientais, os austríacos no Condado e em Valenciennes, e os prussianos na Alsácia. E a Convenção salvou a França, sitiada por todas as suas fronteiras, desde os Pireneus aos Voges, chegando a negociar, depois de estrondosas vitórias militares, tratados como o da Basiléia, que lhe incorporaram a *rive gauche* do Reno, toda. Os aliados pretenderam acuar a Rússia. Estimulados pela cobiça e pelo terror da burguesia capitalista do Ocidente, que pensava isolar o comunismo eslavo por uma orla de baionetas – os governos da Entente concentraram contra a República dos Sovietes uma das mais formidáveis ações militares, destes últimos tempos. Homens foram poucos para a Rússia. Mas dinheiro, munições, armamento e apoio político, os antimaximalistas têm tido do Ocidente e em larga escala. Arma de defesa esplêndida, essa intervenção estrangeira, para os bolchevistas. Assim podem eles jogar com o sentimento nacional, explorando o jingoismo com êxito. É o que se está dando. Por detrás da cortina de ferro, em que os aliados envolveram a República dos Sovietes.

Em 1922, Assis Chateaubriand, o irrequieto jornalista, visitou Viena e Berlim, à procura de Karl Kautsky (1854-1038) para entrevistá-lo. O velho socialista, patriarca da II Internacional, expressou simpatia e admiração pela República dos Soviets:

> A mais pacifista das Repúblicas, que começou ensarilhando as armas do imperialismo czarista, para fazer a paz internacional, se vê coagida a transformar-se num Estado guerreiro, para defender-se dos inimigos externos. O povo russo até aqui não entra nessas maquinações contra a vida de sua República, que ele, malgrado os erros dela, ama e defende de armas na mão. As armas contra a Rússia erguidas são instrumentos de mercenários apenas.

Karl Kautsky fora discípulo e legatário de Marx. Entrara em divergência com Lenin, pois, assim como Rosa Luxemburg, criticou o Poder Soviético, ao acentuar que, sem as garantias democráticas, a mais ampla liberdade de imprensa, de associação e de reunião, das quais os bolcheviques privaram todos os adversários, seria inconcebível o domínio das grandes massas e, consequentemente, a implantação do socialismo. Lenin atacou-o na obra *A revolução proletária e o renegado Kautsky*, e também Trotsky que, enquanto comandava o Exército Vermelho na guerra civil, de um trem blindado, escreveu o livro *Comunismo e terrorismo*, a fim de justificar e defender as medidas tomadas pelo governo bolchevique. Assis Chateaubriand, porém, percebeu em Kautsky "toda a fé que alimenta no futuro da República dos Conselhos". "Os bolchevistas têm realizado verdadeiros milagres e consumido, na defesa do regime contra a ameaça estrangeira, uma força moral e uma energia cívica, que poderiam ser utilizadas na reconstrução interna do país e no reajustamento da coletividade aos novos ideais da revolução", disse Kautsky. E mais: "Os bolchevistas não são os monstros pintados pelos reacionários de Paris e Londres e eu espero que se vingarão de seus adversários vencidos, com a mais suave das vinganças: esquecendo".

A entrevista, datada de "Berlim, 9 de agosto de 1922", saiu na edição do *Correio da Manhã*, de 22 de setembro de 1922, com os títulos: "A socialização da Europa. Karl Kautsky e a ditadura do proletariado".[6] Antônio Leão Veloso, diretor do *Correio da Manhã*, escrevera, por sua vez, diante da erupção de conselhos de soldados e operários na Alemanha:

> Não é possível ver simplesmente no bolcheviquismo russo e alemão um sintoma exclusivo da desorganização consequente à derrota dos partidos dirigentes da Rússia e da Alemanha. Em ambos os países os bolcheviques não representam apenas uma facção que procura reagir por uma violência insólita contra a situação precária em que se encontram, querendo realizar pela força um velho programa de reivindicações razoáveis e toleráveis dentro da ordem social. [...]O bolcheviquismo parece constituir atualmente um perigo europeu, e o maior dos perigos europeus que ameaça os países vitoriosos tanto quanto os que sofreram a humilhação da derrota. Tanto na Alemanha quanto na Rússia os revolucionários estão agindo sob o império de uma força muito mais temível e ingente do que simples descontentamento e o desrespeito pelas instituições que não lhe souberam garantir a vitória. [...] Essa interpretação lata que se deve dar ao bolcheviquismo, como uma ameaça de revolução social que tem adeptos convictos e exaltados em toda a parte e será portanto capaz de revolucionar todo o mundo, não pode escapar à inteligência de quem procura ver nas notícias esparsas que nos chegam da Europa o seu verdadeiro significado. [...] Considerava quase certa irradiação da praga bolcheviquista pela Europa e por todo o mundo, se não lhe criarem obstáculos os países que atualmente ainda se podem arvorar em defensores da ordem política.[7]

Leão Veloso refletiu o espanto que a irradiação na Alemanha dos conselhos de soldados operários, similares aos soviets, causou a setores da *intelligentsia* no Brasil, cujas atenções se concentravam, até aquela época, nos aspectos puramente militares do conflito europeu. Ele parecia dar como praticamente certo o triunfo da revolução mundial. E duvidava da "intervenção que se apresenta cheia de perigos e de resultados problemáticos" para os Aliados, que a articulavam contra a República dos Soviets. E assim equacionou o dilema: "[...] Ou (os aliados) intervém contra os bolcheviquistas, e essa intervenção vale por uma continuação da guerra, ou se deixam invadir pela praga maximalista, que se apresenta como a rebelião da real soberania do povo contra o Estado todo-poderoso."[8]

O escritor Gilberto Amado (1887-1969) exprimiu o temor das classes conservadoras. A agitação crescia, as greves estouravam em várias cidades do país, a polícia espancava, prendia e deportava, e ele qualificava de "supérflua" a pregação socialista de Maurício de Lacerda e Nicanor do Nascimento. Em "A propaganda maximalista e a sua superfluidade", artigo escrito em 1919 e inserido em seu livro de ensaios *Aparências e realidades*, publicado em 1930, defendeu a tese de que

> o Brasil é país reflexo, espelho da vida e das formas que o esforço dos homens vai criando e afeiçoando em outros ambientes, ao estímulo das forças propulsivas do seu caráter ou do entrechoque dos fatos múltiplos nascidos da atividade fecunda dos espíritos iluminados pelo ideal.

Evocou a independência, a abolição da escravatura, a proclamação da República e a separação da Igreja do Estado,

> a propósito da propaganda que em favor do maximalismo russo estão fazendo em nosso meio alguns escritores e políticos, como os Srs. Maurício de Lacerda e Nicanor de Nascimento. [...] Esses políticos brasileiros estão fazendo coisa supérflua [...] se, de fato, desejam estabelecer quanto antes, entre nós, o regime dos sovietes. Se o maximalismo vencer na França, na Inglaterra ou nos Estados Unidos, nós o adotaremos aqui, de um dia para outro, haja ou não haja preparo ou propaganda. Um primeiro soviete provisório copiará a constituição bolchevista, como a República fez com a constituição dos Estados Unidos; banirá a propriedade privada, como a República baniu a Igreja do Estado, por um simples decreto; desapropriará as fábricas, abolirá os títulos da dívida do Estado, como a República aboliu os privilégios da Coroa. Tudo serenamente, sem reação e sem luta. No que diz respeito ao maximalismo, estamos mais adiantados do que nos achávamos no Império quanto à República. Na manhã de 15 de novembro, afora alguns raros propagandistas, dispersos e sem força, todo o Brasil era monarquista. Exército e Marinha, Senado e Câmara, classes conservadoras, classes intelectuais. Floriano Peixoto,

ajudante-general do Exército, no pensar do Imperador, do seu gabinete e de toda a gente, era o mais fiel e poderoso dos sustentáculos do trono. Imprensa, toda monarquista. Se na véspera, à noite, aparecesse alguém a assegurar que no dia seguinte o Império estaria por terra, e a República serenamente estabelecida, esse alguém seria olhado com indiferença risonha, que nem a surpresa ou o desdém poderia merecer tão estulto prefigurador de irrealidades.

Para Gilberto Amado, o Brasil estava mais próximo do "maximalismo", porque o presidente do Senado, o presidente de São Paulo, o Lauro Müller, o deputado federal por Pernambuco, Antônio Vicente Andrade Bezerra (1889-1946), e industriais, como Jorge Street, "se mostram impregnados do espírito do seu tempo, avançando resolutamente para a revolução social", isto é, estavam dispostos a reconhecer, oficialmente, a jornada de oito horas e a semana de seis dias, que os trabalhadores exigiam com greves, manifestações e, mesmo, tentativas de insurreição. Enfim, de toda parte surgem tais adesões ao comunismo, que os próprios socialistas teóricos que primeiro falaram aqui em tais assuntos se sentem como que envergonhados. "Pensam até em retrogradar... Estão mais atrasados do que os próprios chefes de Estado. Ao Sr. Maurício de Lacerda, aos Srs. Astrojildo Pereira, Agripino Nazaré e outros, está assim reservada, segundo parece, a triste sorte dos republicanos históricos. Serão tragados talvez pela onda dos adesistas. Não lhes resta, portanto, se são ambiciosos, e desejam a glória ou o domínio, senão contramarchar ou parar. A sua propaganda é supérflua. Esperem pelo que se fizer na França, na Inglaterra, nos Estados Unidos. O que qualquer destas nações, realizadoras da nossa história, fizer, nós faremos. Fazer originariamente, porém, nos é impossível".[9]

Ao escritor Humberto de Campos (1886-1934), entretanto, não escapou a personalidade de Lenin. Ele revelou, para a época, extraordinária soma de informações sobre o que se passava na Rússia dos Soviets e sobre a figura de seus líderes, como se pode concluir da crônica, intitulada "Lenin", com data de 1918, que foi incluída na coletânea *Carvalhos e roseiras*, de 1923. Essa obra reúne estudos, publicados na imprensa, entre 1915 e 1919, que refletem a clareza e o grau de conhecimento de Humberto de Campos, maiores do que, então, possuíam muitos autores de esquerda. Assinalou Humberto de Campos:

> Lenin, esse gigante soturno que se pôs de pé, de repente, nas vizinhanças do polo, ameaçando o equilíbrio do mundo, é, positivamente, uma dessas entidades heroicas. A suspeita dos estadistas aliados, motivada pela sinceridade com que ele se dirigia aos humildes, incendiou o seu halo de apóstolo.[10]

E ainda:

> A imprensa europeia, orientada, quase toda, pelos partidos conservadores ou moderados, criou para a revolução russa, na América, o mais desfavorável dos ambientes. Olhando pelo binóculo que a França e a Inglaterra nos ajustam ao rosto, o movimento revolucionário que ensanguenta os gelos do Neva e do Volga não passa, na sua essência, de uma luta de celerados. Lenin é um salteador; Trotsky, um bandoleiro; Lunatscharski,[11] um energúmeno; Bukharin,[12] um aventureiro; Kamenev,[13] um analfabeto. Para os efeitos da propaganda negativa, esquecem os explicadores do enigma russo que esses homens todos, considerados os próceres, de hoje e de ontem, do bolchevismo, são professores, jornalistas, publicistas, estudantes de Universidades, portadores de um passado heroico, povoado de lutas pelo seu sonho e de sacrifícios pelo seu ideal! Não se diz, por exemplo, que Lenin é o autor de obras científicas de uma erudição e de uma grandeza impressionantes, como *O problema agrário, o Materialismo e Criticismo Empírico, O desenvolvimento do capitalismo na Rússia, O Imperialismo,* e de oito ou dez volumes mais, que aclararam, nestes últimos vinte anos, os escuros abismos da mentalidade russa. Não se informa, por cálculo, que Trotsky é um dos oradores mais insinuantes da Rússia e que a sua vida, sob o czarismo, foi uma odisseia de fugas e deportações para a Sibéria e para o estrangeiro, por onde espalhou de Paris a New York, de Viena a Londres, de Berlim ao Canadá, a semente da revolução. Encobre-se, de propósito, que Lunatscharski é um esteta e um santo e de sentimentos tão altos,

tão puros, tão nobremente humanos que lançou uma proclamação, demitindo-se do cargo de ministro da Instrução Pública, à simples notícia de que os revolucionários haviam bombardeado o Kremlin, onde se acumulavam, dizia ele, "os maiores tesouros culturais e artísticos do país". Não se conta, para não despertar simpatias no Ocidente, que Norguine,[14] solidário, por muito tempo, com Lenin, foi o organizador das instituições cooperativistas na Rússia, de onde foi exilado oito vezes em quinze anos; que Ouritski,[15] assassinado há meses, era um engenheiro notável; que Prokrovski,[16] signatário do Brest-Litovski, é professor da Faculdade de Moscou e de outras escolas superiores, onde goza de indiscutido prestígio nos círculos intelectuais. Não se informa, enfim, que o bolchevismo é uma ideia posta em marcha por um grupo de cérebros esclarecidos e poderosos e cuja popularidade é provada, aos olhos do mundo, pela rapidez com que desce de vitória em vitória, para as batalhas do Ocidente. [...] Sobre Lenin, como chefe dessa corrente vitoriosa, desabam, neste momento, as maldições do capitalismo ameaçado. [...] "Para derrotar Lenin, que representa hoje as aspirações de 100 milhões de camponeses e operários do norte europeu, faz-se mister, talvez, destruir a Rússia. E Chateaubriand[17] já perguntava, a propósito de Bonaparte: – Que general poderá bater um povo como esse, cuja última fortaleza é o polo?"

O que muito admira é o fato de Humberto de Campos conhecer, por exemplo, as obras de Lenin, como O Imperialismo – último estágio do capitalismo, ainda que apenas de referência, quando muitos intelectuais, que se inclinavam então para o maximalismo, na sua maioria, ainda confundiam a Rússia dos Soviets com a almejada anarquia de Bakunin e Kropotkin. Mas, se Humberto de Campos, Assis Chateaubriand, Azevedo Amaral, Gilberto Amado, Leão Veloso, Jackson de Figueiredo e outros espelhavam as vacilações da pequena burguesia – entre o espanto, o medo e a admiração – e uns mais, outros menos, identificavam-se ou, mais tarde, identificar-se-iam plenamente com a ideologia das classes dominantes, Lima Barreto e Afonso Schmidt tomaram uma posição militante em defesa da Revolução Russa e do movimento operário.

Lima Barreto, conforme assinalou Astrojildo Pereira

> não era um marxista, longe disso, nem se pode vislumbrar nos seus es-
> critos nenhum pendor para trabalhos e estudos teóricos que o levassem
> a uma adesão plena às concepções filosóficas do marxismo. Desde jovem
> se afizera ao trato dos livros, mas sua formação sofria do mal muito
> comum do ecletismo, uma certa mistura do materialismo positivista,
> do liberalismo spenceriano, do anarquismo kropotkiniano e de outros
> ingredientes semelhantes.[18]

No entanto esteve sempre a escrever artigos de caráter revolucionário, como
"Vera Zasulich", "No ajuste de contas", "Da minha cela", "São Paulo e os
estrangeiros", "Sobre o maximalismo", e muitos outros. No artigo sobre
Vera Zasulich (1849-1819), de 14 de julho de 1918, Lima Barreto clamou:

> Precisamos deixar de panaceias; a época é de medidas radicais. Não há
> quem, tendo meditado sobre esse estupendo movimento bolchequista,
> não lobrigue nele uma profunda e original feição social e um alcance
> de universal interesse humano e de incalculável amplitude sociológica.
> Pondo de parte os panurgianos e aqueles de mentalidade fóssil a serviço
> dos magnatas da Bolsa, da indústria e do comércio, todos os homens de
> inteligência e de coração, independentes, tanto aqui como acolá, ficaram
> pensativos diante de uma Revolução que tão fundamente atingiu os
> alicerces, não só os de um grande e poderoso império, como também
> os de todas as concepções matrizes das atuais aglomerações humanas,
> chamadas civilizadas. No ajuste de contas..., publicado na revista *ABC* de
> 11 de maio de 1918, elaborou uma espécie de plataforma, em que propõe
> diversas medidas de caráter político, econômico e social, a que chamaram
> o manifesto maximalista. Terminando este artigo, que já vai ficando
> longe, confesso que foi a revolução russa que me inspirou tudo isso.[19]

No final do artigo, como José do Patrocínio, Lima Barreto exclamou:
"Ave Rússia". E, em 1 de março de 1919, em "Sobre o maximalismo",
novamente reafirmou:

No meu artigo "No ajuste de contas" inspirado nas vagas coisas sobre a revolução russa, de que tinha notícia, eu pedia que se pusesse em prática quatro medidas principais: a) supressão da dívida interna, isto é, cessar de vez o pagamento de juros de apólices, com o qual gastamos anualmente cerca de cinquenta mil contos; b) confiscação dos bens das ordens religiosas, sobretudo as militantes; c) extinção do direito de testar; as fortunas, por morte de seus detentores, voltavam para a comunhão; d) estabelecimento do divórcio completo (os juristas têm um nome latino para isto) e sumário, mesmo que um dos cônjuges alegasse amor por terceiro ou terceira. Este artigo meu, que os raros leitores crismaram de manifesto maximalista, justificava todas essas quatro medidas radicais e indicava ligeiramente outras. Não quis, porém, tratar do problema agrário nacional que é um dos mais prementes.[20]

Lima Barreto queria "uma convulsão violenta que destrone e dissolva de vez essa *societas sceleris* de políticos, comerciantes, industriais, prostitutas, jornalistas *ad hoc,* que nos saqueiam, nos esfaimam, emboscados atrás das leis republicanas. É preciso, pois não há outro meio de exterminá-la".[21] Não ocultou enorme admiração por Lenin, a quem chamou de "o grande homem do tempo que preside, com toda a audácia, uma grande transformação social da época".[22] E, em artigo publicado em 5 de julho de 1922, quando iniciou a revolta dos 18 tenentes do Forte de Copacabana, ele escreveu que se devia "experimentar uma tábua rasa no regime social e político que nos governa; mas mudar só de nome de governantes nada adianta para a felicidade de todos nós". E definiu: "O Estado atual é o dinheiro e o dinheiro é a burguesia que açambarca, que fomenta guerras, para aumentar os impostos e empréstimos, de modo a drenar para as suas caixas fortes todo o suor e todo o sangue do País, em forma de preços e juros de apólices".[23]

Afonso Schmidt, ao contrário de Lima Barreto, ativamente participou do movimento libertário e escreveu em jornais operários, como a *Voz do Povo,* da Federação dos Trabalhadores do Rio de Janeiro, e *A Vanguarda,* de São Paulo. Encontram-se, na imprensa anarquista da época, numerosos poemas e artigos seus, como "A onda vermelha que se avoluma e avança" e "Wrangel", em *A Plebe*.[24] Também José Bento Monteiro Lobato (1882-1948) não escondeu sua admiração pela Rússia soviética e denunciou "o perigo ianque".

"Não é, pois, motivo de espanto que, levantada a discussão em torno das novas manifestações imperialistas dos Estados Unidos, o Brasil se ponha na sua atitude predileta, sem preocupar-se sequer com a escolha do molho com que prefira ser comido", comentou Monteiro Lobato na *Revista do Brasil*, nº 42, junho de 1919.

> Que existe o perigo em questão não é necessário discutir-se. Ele tem que existir como produto mesmo da pletora de vida norte-americana, como é força que surja onde quer que uma nacionalidade ou uma raça tenha atingido a determinada fase de sua própria evolução. O perigo ianque existe. Prova-o a frequência das alusões, na imprensa americana, à "missão civilizadora" dos Estados Unidos, prova-o a atitude dos chefes do Partido Republicano, contrário ao de Wilson e, sobretudo, prova-o o que de lá voltam dizendo os nossos intelectuais.[25]

Monteiro Lobato, que combateu com lucidez a doutrina Monroe, revelou anos mais tarde, entrevistado pelo jornalista Joel Silveira, para a revista *Diretrizes*, que o livro do Deão de Canterbury, *O Poder Soviético*, muito contribuiu para esclarecer-lhe sobre o que a revolução socialista construíra na Rússia:

> Foi o primeiro livro honesto que li sobre a Rússia [...] Eu, como toda gente, tinha a cabeça cheia de noções falsas sobre o povo soviético, noções que por muito tempo a Alemanha inoculou no mundo através de suas quintas-colunas e que o mundo, com a maior ingenuidade, absorveu, permitindo assim que o fascismo fizesse o seu jogo. Mas a grande simpatia que sempre tive pela Rússia fazia que eu tivesse muito cuidado com o que se espalhava sobre ela e a sua experiência política.

O pensador José Ingenieros (1877-1925), nascido em Palermo (Itália) e criado na Argentina, foi, naquele tempo, ao Brasil, e pronunciou conferência sobre a "significação histórica do maximalismo", sob os auspícios da Federação de Associações de Cultura e com muita repercussão:

> A revolução a que assistimos começou há muitos anos: a guerra a fez entrar no período Crítico; seguir-se-ão muitos impulsos e restaurações: de tudo isso, dentro de um ou vinte anos, segundo os países, resultará um novo regime democrático que oscilará entre os ideais minimalistas enunciados por Wilson e os ideais maximalistas formulados pelos revolucionários russos. Que fazer, pois, ante as aspirações maximalistas? Depende. Os que tenham anelos de mais justiça, para si ou para os seus filhos, podem saudá-las com simpatia; os que não creem que podem beneficiá-los, devem recebê-las sem medo. Isso é essencial: serem otimistas e não temer o inevitável. O desenvolvimento desta revolução não incomodará a quem espere como a coisa mais natural, antecipando--se-lhe, preparando-a como atilados navegantes que ajustam as velas ao ritmo do vento, recordando as palavras de Máximo Gorky: "Só são homens os que se atrevem a encarar de frente o sol."

Como Astrojildo Pereira, que escreveu cartas aos principais órgãos da imprensa carioca sob o pseudônimo de Alex Pavel – e que, em fevereiro de 1918, reuniu-as numa brochura, intitulada *A Revolução Russa e a Imprensa* –, dois outros intelectuais adotaram nomes supostamente russos, para defender a revolução socialista. Nereu Rangel Pestana, pertencente a tradicional família paulistana, publicou na seção "a pedidos" de *O Estado de S. Paulo,* com o nome de Ivan Subiroff, uma série de editoriais, em que defendia a revolução bolchevique e, ao mesmo tempo, denunciava os negócios das classes dominantes. Escandalizou São Paulo. Enfeixou, depois, esses artigos num volume, intitulado *A oligarchia Paulista*, cuja curiosa ficha bibliográfica é a seguinte: "*A oligarchia Paulista* (Volume I) Por / Ivan Subiroff / Delegado da República dos Sovietes Russos em São Paulo / Editor / Nereu Rangel Pestana / Caixa Postal 1.111 / São Paulo." Na página de rosto, em vez da editora, consta: "Seção de Obras de *Diário Estado de São Paulo,* 1919." Sobre essa obra de Nereu Rangel Pestana, disse Monteiro Lobato:

Inda é bem recente o sucesso extraordinário que causou entre os que leem a publicação dos artigos ora enfeixados em volume. Ivan Subiroff, pseudônimo do mais intemerato dos nossos jornalistas, pôs a nu as negociatas, as bandalheiras de toda ordem que os políticos de São Paulo, com mais absoluto desprezo pelos interesses públicos e pela velha moral, praticam acobertados por uma impunidade absoluta. De nada valeu a revelação destes fatos. Em qualquer país medianamente civilizado, metade do que disse Ivan Subiroff bastaria para correr das posições supremas os vendilhões do pudor.[26]

No Rio de Janeiro, o professor e advogado Roberto Feijó publicou em *A Época*, do desembargador Vicente Piragibe, uma série de cartas sob o pseudônimo de Dr. Kesller, designando-se "delegado da República dos Sovietes Russos junto aos trabalhadores da República burguesa dos Estados Unidos do Brasil". Numa de suas cartas transcreveu um artigo de Jean Longuet, genro de Marx, em defesa do governo soviético e publicado pelo diário socialista francês *L'Humanité*. Astrojildo Pereira testemunha:

Diga-se, porém, para desfazer dúvidas, que ambos se utilizavam desse processo (aparecer como delegados russos) com absoluta honestidade de meios e propósitos e com uma boa e alegre dose de ironia. Eram ambos, com efeito, homens de espírito e de bom humor e empregavam a sua malícia, mui desinteressadamente, a favor das melhores causas democráticas e patrióticas.[27]

Os intelectuais que atuavam no movimento operário, socialistas ou anarquistas, estes, como Astrojildo Pereira, Evaristo de Morais, Maurício de Lacerda, Murilo Araújo, Domingos Ribeiro Filho, Fábio Luz, José Oiticica, Edgard Leuenroth, Otávio Brandão, Everardo Dias (quem primeiro traduziu *Dez dias que abalaram o mundo,* de John Reed), Antônio Canellas, Agripino Nazaré, José Martins, Carlos Dias e muitos outros, colocaram-se desde o primeiro momento, ao lado da Rússia soviética. E a alguns se inspiravam e compunham versos sobre a anarquia.

Otávio Brandão, que seria um dos fundadores do Partido Comunista do Brasil (PCB), cantou:

## MUNDO EM CHAMAS

*À memória imortal de Miguel Bakunin*

Ó deusa rubra, ó deusa horrível da Anarquia
Moloch anticristão, devorador da terra,
Ó meu único amor, minha grande alegria,
Tu, serena visão para quem não se aterra!

Percebo que um rumor hostil de Rebeldia
Já pela plebe corre ou já pelo mundo erra;
Sinto que uma revolta olímpica e sombria
Irá estremecer o vento, o mar, a serra.

Eia, pois, pária, quero olhar e ver em chama
Esse universo torpe, esse mundo de lama
Que explora o teu trabalho e explora a tua dor.

E sem ficar tristonha e sem que fique exangue,
Minha alma, que já vive em temerário horror,
Olhará calmamente o vasto mar de sangue![28]

E José Oiticica, como Otávio Brandão, anunciou:

Para a anarquia vai a humanidade,
Que da anarquia a humanidade vem!
Vede como esse ideal de acordo invade
As classes todas pelo mundo além!

Que importa que a fração dos ricos brade
Vendo que a antiga lei não se mantém?
Hão de ruir as muralhas da cidade,
Que não há fortaleza contra o bem.

Façam da ação dos subversores crime,
Persigam, matem, zombem... tudo em vão:
A ideia, perseguida, é mais sublime.

Pois, nos rudes ataques à opressão,
A cada herói que morra ou desanime,
Dezenas de outros bravos surgirão!
(Sonetos)

## NOTAS

1. Manuel de Oliveira Lima, "Conceitos Políticos de um Japonês", *Diário de Pernambuco*, 11/11/1917.
2. Foi um dos mais importantes representantes do modernismo no Brasil e seu nome completo era Emiliano Augusto Cavalcanti de Paula Albuquerque e Melo.
3. Di Cavalcanti, 1955, p. 83.
4. Francisco de Assis Chateaubriand, "Espectadores e heróis", *Correio da Manhã*, 19/11/1918.
5. *Idem*, "Cossacos e bolcheviques", *Correio da Manhã*, 31/12/1918.
6. Vide Apêndice deste livro.
7. Antônio Leão Veloso, "Ameaça maximalista", *Correio da Manhã*, 30/12/1918.
8. *Idem*, "Ameaça maximalista", *Correio da Manhã*, 30/12/1918.
9. Gilberto Amado, "A propaganda maximalista", *in* _____, 1963.
10. Humberto de Campos, 1947, p. 36.
11. Anatoli Wassiljewitsch Lunatscharski (1875-1933) foi o responsável pela Educação no governo de Lenin.
12. Nikolai Ivanovich Bukharin (1888-1938), membro do Comitê Central do Partido Bolchevique, era considerado por Lenin "não é só um valiosíssimo e notabilíssimo teórico do Partido, senão que, ademais, se lhe considera legitimamente o favorito de todo o Partido". Foi executado a mando de Stalin em 15 de março de 1938.
13. Lev Borisovich Kamenev (1883-1936) foi membro do Comitê Central do Partido Bolchevique, companheiro de Lenin, executado a mando de Stalin em 25 de agosto de 1936.
14. Erro de ortografia. Humberto de Campos referia-se, decerto, a Viktor Pavlovich Nogin (1878-1924), bolchevique, companheiro de Lenin, foi presidente do Comitê Militar Revolucionário de Moscou e presidente do Presidium do Comitê Executivo do Soviet de Moscou.

15 Moïsseï Solomonovitch Ouritsk ou Uritski (1873-1918) pertenceu à facção Mejraiontsi (interdistrital), uma pequena facção do Partido Operário Social-Democrata, que se integrou com a facção bolchevique durante a revolução russa de 1917, da qual foi um dos líderes em Petrogrado. Morreu vítima de um atentado terrorista perpetrado por um cadete militar.

16. Mihail Nikolaevitch Pokrovski (1868-1932), historiador marxista, bolchevique, é autor das obras História da Rússia desde os tempos mais antigos até o advento do capitalismo industrial e sete anos de ditadura do proletariado (7 let proletarskoi diktatury), e integrou o Comissariado de Educação. Depois que morreu, o stalinismo predominou, e ele foi estigmatizado pelo Partido Comunista da União Soviética.

17. François-René, Visconde de Chateaubriand, político e diplomata francês, escreveu, entre outras obras, Le Génie du Christianisme e Essai historique, politique et moral sur les révolutions anciennes et modernes, considérées dans leurs rapports avec la Révolution française.

18. Astrojildo Pereira, "Prefácio", in Afonso Henriques de Lima Barreto, 1956, p. 14.

19. Afonso Henriques de Lima Barreto. Bagatelas. São Paulo: Brasiliense, 1956, pp. 73-74.

20. Ibidem, p. 162.

21. Ibidem, p. 164.

22. Afonso Henriques de Lima Barreto, "Memórias da Guerra", ABC, n. 267, ano VI, 17/4/1920, p. 14.

23. Afonso Henriques de Lima Barreto, 1956, p. 73.

24. Vide Apêndice deste livro.

25. José Bento Monteiro Lobato, "O perigo ianque", Revista do Brasil, n° 42, jun. de 1919.

26. José Bento Monteiro Lobato, "A oligarchia paulista", Revista do Brasil, n° 47, nov. de 1919.

27. Astrojildo Pereira, 1963.

28. Spartacus, 9/8/1919.

## Capítulo 20

CONFINAMENTO DA REVOLUÇÃO RUSSA E O REFLUXO DO MOVIMENTO DE MASSAS NA EUROPA • DECLÍNIO DAS LUTAS OPERÁRIAS NO BRASIL A PARTIR DE 1920 • ÚLTIMAS ONDAS DE GREVES E RECRUDESCIMENTO DA REPRESSÃO • QUEDA DOS PREÇOS DO CAFÉ E CRISE ECONÔMICA • ESPECTRO DO BOLCHEVISMO E PAVOR DAS CLASSES HEGEMÔNICAS • NOTÍCIAS SOBRE A FOME NA RÚSSIA E MILHARES DE REFUGIADOS RUSSOS NO BRASIL • CISÃO ENTRE ANARQUISTAS E COMUNISTAS

A derrota da revolução, na Alemanha e na Hungria, deu novo ânimo às classes hegemônicas da velha Europa e dos Estados Unidos, que passaram a empregar todas as armas para debelar os focos de descontentamento e os surtos de insurreição. A violência conjugou-se com a demagogia. Enquanto, por um lado, esmagavam os revolucionários, *manu militari*, procuravam, por outro, arrefecer os conflitos, com a concessão de direitos sociais, conforme o presidente Woodrow Wilson propôs incluir no Tratado de Versailles.

O refluxo do movimento de massas na Europa, com o consequente confinamento da revolução socialista na concha nacional da Rússia, atingiu, igualmente, os trabalhadores brasileiros. O empresariado e os cafeicultores, despertados para a ameaça revolucionária, já não podiam deixar de reconhecer, nem de considerar a classe operária como força política, depois das greves gerais e das tentativas de levante que aconteceram entre 1917, 1918 e 1919. E o governo da República, refeito do espanto, aumentou a repressão.

O movimento operário brasileiro, a partir de 1920, declinou. Enquanto os parlamentares se apressavam a discutir o código de trabalho e votavam leis sobre acidentes em serviço, a polícia desarticulou o movimento sindical e liquidou os militantes anarquistas, socialistas e comunistas, prendendo-os ou expulsando-os do país, com anotações infamantes no passaporte (cáften, desordeiro, terrorista, malfeitor etc.). O governo destinou grandes verbas ao reaparelhamento da polícia política, que aumentou seus efetivos. Fechou quase todas as uniões de resistência. O Parafuso, de São Paulo, relacionou, nas suas páginas, os nomes dos trabalhadores que as empresas não deveriam admitir, delatando, igualmente, advogados, professores, médicos e pequenos comerciantes.

A situação econômica das classes hegemônicas aguçou-se, com a queda dos produtos de exportação, a começar pelo café, cacau etc. O parque fabril da Europa, reconstruído, e também o dos Estados Unidos, logo despejariam seus artigos no mercado brasileiro, a fim de estrangular, no berço, a indústria nascida à retaguarda e à sombra do conflito mundial. A emergente burguesia industrial brasileira, como sempre, tratou de descarregar o peso da crise sobre os ombros do trabalhador. O industrial Roberto Simonsen considerava as leis sociais "perturbadoras do trabalho" e, as lutas de classes, "tropeços no desenvolvimento".

As últimas grandes vagas da maré crescente do proletariado ainda entraram, porém, pelo ano de 1920. Só em São Paulo houve onze greves, ou seja, menos nove em comparação a 1919, mas ainda assim um número expressivo, porquanto abrangeu grandes corporações e ramificou-se por outros Estados. Os ferroviários da Companhia Mojiana paralisaram suas atividades. A polícia, a tiros de fuzil e metralhadora, reprimiu a parede, matando inúmeros trabalhadores e ferindo outros. As autoridades ocultaram os mortos, enterraram-nos com nomes falsos, como indigentes, e declararam-nos desaparecidos.

Gráficos, principalmente os de O Estado de S. Paulo, operários municipais, alfaiates e costureiras também fizeram greve em São Paulo. Em Salvador, nos princípios de 1920, ocorreram várias greves: em janeiro, empregados nos trapiches; em fevereiro, padeiros, carregadores e trabalhadores na construção civil. A greve dos trapiches estendeu-se pelo mês de março. No mesmo mês, Agripino Nazareth lançou um periódico proletário com o nome de *Germinal* e uma bomba explodiu na Chemins de Fer, sobre a ponte do rio Joanes.

No Rio de Janeiro, com a greve que ameaçou generalizar-se em março, envolvendo os trabalhadores da Light (bondes e luz), garçons, cozinheiros e empregados de restaurantes, hotéis e similares, a polícia prendeu José Oiticica, Fábio Luz e Álvaro Palmeira. Os trabalhadores da Central e da Leopoldina deflagraram a parede, que se espraiou por outros Estados servidos pelas estradas de ferro e *A Tarde*, de Salvador, edição de 25 de março, noticiava que, no Rio, havia "100.000 operários em greve". A população, como a imprensa de um modo geral, salvo *O Imperial*, do Rio de Janeiro, apoiou o movimento e os grevistas atacaram bondes e automóveis oficiais, que tentavam furar a parede. O senador Irineu Machado (1872-1942) concedeu entrevista ao jornal *A Noite*, favorável aos operários, e os estivadores iniciaram articulações para obter a adesão dos companheiros de Santos, Salvador e Recife.

No dia 29 de março, Salvador amanheceu sem bondes, energia elétrica e as ligações telefônicas interceptadas. A Federação dos Trabalhadores Baianos, recém-constituída, e agrupando vinte e quatro associações de classes, decidiu decretar a greve, em solidariedade ao movimento do Rio de Janeiro, mas diversos grupos não aderiram e, logo no dia seguinte, a Usina da Preguiça voltou a funcionar, restabelecendo os serviços de bonde e energia elétrica.

Em abril, na Bahia, ocorreu nova greve: a cidade amanheceu sem luz, por causa do atraso do pagamento dos trabalhadores municipais, empregados no Gasômetro. As agitações continuaram e, em maio, a polícia, sob a chefia de Pedro Gordilho (1885-1955), dissolveu a patas de cavalo uma passeata de trabalhadores contra a carestia. As greves sucederam--se, atingiram algumas cidades do interior, como São Félix, Cachoeira e Muritiba, região industrial do fumo. Até os coveiros do cemitério do Campo Santo paralisaram suas atividades, em 12 de julho, em protesto contra o custo de vida e reivindicando aumento de salários. Ganhavam 2$500 por dia de 12 horas. A polícia efetuou prisões e o Sindicato dos Pedreiros e Carpinteiros lançou uma proclamação de solidariedade:

A União de todos os operários, ó camaradas! é a lei suprema que anula, que despedaça todas as leis que protegem o capitalismo e todos os nossos adversários. [...] Diante de tudo isso os operários do Cemitério do Campo Santo resolveram declarar-se em greve. E o Sindicato os apoia e espera que nenhum trabalhador consciente, nenhum trabalhador honrado, nenhum trabalhador que enxergue o avanço do movimento socialista no mundo inteiro irá quebrar a resistência de seus irmãos grevistas que reclamam apenas um pouco de justiça.

Os tecelões do Rio de Janeiro e Petrópolis apelaram à greve, porque os industriais pretendiam reduzir salários com base na redução da jornada de nove para oito horas. A greve iniciada no Lloyd Brasileiro paralisou vários portos. Em Pernambuco, verificaram-se choques entre operários e policiais, porque a sede da Federação das Classes Trabalhadoras sofreu mais um assalto e varejamento, e como o informou o dirigente carvoeiro José Francisco de Oliveira, "houve luta, mas também pânico".[1]

Mês a mês, aqui e acolá, as greves espocavam. Mas, sem a mesma impetuosidade dos anos anteriores. Ainda na Bahia, em 20 de julho de 1920, a Cidade de Salvador anoiteceu sem luz e, no dia seguinte, amanheceu sem transportes. Nova greve dos empregados na Companhia Circular e Trilhos Centrais, decretada pela União dos Empregados de Luz e Força Elétrica, desta vez pelo direito de associação, que os patrões não queriam reconhecer. A greve fracassou, e as empresas – a Companhia Circular e Municipal – demitiram em massa os que participaram do movimento.

*A Tarde*, de 31 de julho, noticiou "o misterioso assalto ao Forte de São Pedro" ("quatro indivíduos escalam, pela madrugada, o quartel do 19°"), dizendo que "há suspeitas de um atentado bolchevista". E perguntou:

Seria bolchevismo? – Nas rodas militares eram múltiplos os comentários. De onde teria partido a tentativa? De um complô anarquista? Era difícil encontrar-se o X do problema. Não teria sido ação direta de agentes do socialismo russo que, depois da explosão sem êxito em algumas cidades italianas e francesas, se transpôs para a América e achou que devia ser a

Bahia a sede do primeiro governo bolchevista do Brasil? Só um inquérito poderia revelar alguma coisa. Seja como for, o que ocorreu no Forte de São Pedro foi de sensação.

As classes conservadoras, que viam em Lenin e Trotsky "agentes alemães", passaram a descobrir o dedo russo no movimento revolucionário brasileiro e, mesmo em qualquer ação praticada por criminosos comuns ou, talvez, pela própria polícia, como provocação. Entrementes, a guerra civil continuava na Rússia, com a vitória do Exército Vermelho, e o jornalista e escritor, José Gabriel de Lemos Brito (1882-1963), diretor de O Imparcial, na Bahia, assinalou: "O que está espantando o mundo é a força militar levantada pelo Soviet e a sua capacidade de ação, na guerra com a Polônia".

Em Pernambuco, a polícia militar ocupou as oficinas da Great Western de Jaboatão, onde havia uma greve. Atacou a Resistência do porto (trabalhadores de armazéns) e fechou a União dos Estivadores. Isto aconteceu em 12 de setembro de 1920, e O Imparcial, do Rio de Janeiro, ocupou-se do fato no dia 28, a indagar: "Pernambuco em estado de sítio?" O órgão conservador, A Província, condenou tais excessos policiais e, a explicá-los, o jornalista José Francisco afirmou: "Atemorizados pelos métodos da ação direta dos anarquistas e pelo resultado da Revolução Bolchevique na Rússia e em outros países preparavam um plano de reação".

Nos fins de 1920, a força do movimento operário apresentou visíveis sinais de decrescimento e de perda de intensidade. Havia claro descenso da tendência revolucionária que se manifestou entre 1917 e 1919. Os tecelões da Bahia ainda decretaram uma greve, abrangendo as fábricas Bonfim, Paraguaçu, São Brás e São João e a polícia proibiu um meeting socialista, de Agripino Nazareth, marcado para a véspera de Natal. No Rio de Janeiro, os jornais noticiaram um "plano bolchevista", que Lenin "teria, por seus agentes, se dirigido, por engano, ao Sr. Etienne Brasil, ministro da Armênia, que tudo fez sabedor o governo da União".

O velho fantasma, que a burguesia encontrava em toda a parte e, sucessivamente, batizara de "anarquista", "maximalista" e, depois, "bolchevista", estava à solta. Todos assustados. E tudo servia como pretexto para reprimir os trabalhadores. Em janeiro de 1921, os tecelões de Salvador resolveram novamente cruzar os braços e entraram em conflito com a polícia do governador José Joaquim Seabra (1855-194). Percorreram as ruas de Itapagipe e da Calçada, aos gritos de "Abaixo os patrões" e "Abaixo os exploradores", e recolheram-se, depois, à sede da Federação dos Trabalhadores Baianos. Muitas fábricas não aderiram à parede iniciada na Fábrica de Tecidos Paraguaçu. Um choque de 15 soldados, sob o comando do sargento Manuel Adolfo, cercou a sede da Federação, à calçada nº 229, e o 1º delegado auxiliar, Pedro Gordilho, intimou o advogado Agripino Nazareth a comparecer à Chefatura de Polícia. "Só sairei daqui arrastado", esta foi a resposta. Os operários, que lotavam as dependências da Federação, aclamavam o líder socialista. O delegado saiu. E o edifício permaneceu cercado. Os carregadores do Cais do Porto, ao meio-dia, entraram em greve e a polícia, imediatamente, ocupou as docas, com um pelotão de infantaria, armado de carabinas. À noite, o Largo da Calçada transformou-se em uma praça de guerra, com o aumento dos efetivos da Brigada, a cercar a Federação. Corriam "boatos terroristas de que os operários iriam em massa, poderosamente armados, dispersar a cavalaria e libertar os companheiros".

O operário José Dominiciano, secretário da Federação, compareceu ao Palácio Rio Branco para protestar contra o cerco e ali a polícia o prendeu, alegando que ele fazia agitação. Por volta das 22h30, chegaram à Calçada o coronel Manuel de Cerqueira Daltro Filho (1882-1938) e os delegados Pedro Gordilho e Durval Trindade. A cavalaria movimentou-se. Um soldado bateu à porta do prédio 229, com o copo da espada, e gritou: "Abram. Entreguem-se". O advogado Agripino Nazareth, ao perceber que não adiantava resistir, sobretudo quando muitas fábricas não aderiram à parede, não quis dar motivo para um eventual banho de sangue. Rendeu-se. A greve nas docas prosseguiu por mais alguns dias.

Em 29 de janeiro, governo de J. J. Seabra deportou Agripino Nazareth,[2] embarcando-o, no vapor *Itagiba*, para o Rio de Janeiro. E da amurada do navio, quando a lancha da polícia se afastava, o líder socialista coletivista ainda pôde gritar: "Quando eu voltar ajustaremos então as nossas contas". Deram-lhe um camarote na primeira classe, nº 63. Da lista de passageiros constava (passagem nº 155) o seu próprio nome. Lugar de destino: Hotel Globo, Rio de Janeiro. O proletariado baiano, que não lograra mais a mesma unidade da greve geral de junho de 1919, abateu-se. O fenômeno ocorria em todo o Brasil. As classes dirigentes passaram à ofensiva. A Ilha Rosa, transformada em presídio político, recebeu 150 deportados. Contudo, o Congresso, sob pressão, aprovou a lei de acidentes de trabalho, iniciativa do deputado Antônio Vicente Andrade Bezerra (1889-1946). No Nordeste, aconteceu um fato inédito: as classes conservadoras e o proletariado uniram-se na Campanha da Fome. O Congresso pernambucano aprovara o chamado "orçamento--monstro", que aumentou todos os impostos. A Associação Comercial de Pernambuco e a Federação das Classes Trabalhadoras conjugaram seus esforços. Fez-se coincidir a greve geral com um *lockout* do comércio em todo o Estado e, no dia 2 de julho, Pernambuco parou. Recife, então, assistiu a um espetáculo novo, Joaquim Pimenta e outros líderes sindicais recebidos no palacete do comerciante Oscar Amorim, de mãos dadas com os Rosa Borges, os Loios, os Seixas, a fina flor da aristocracia do açúcar e do bacalhau. Só em 20 de agosto terminou o movimento, com o recuo do governamental, que desistiu da majoração dos impostos de consumo.

Notícias de atentados terroristas, bombas de dinamite a explodirem no Itamaraty e na Bolsa do Rio de Janeiro, tudo valia para o governo aumentar a repressão, varejar e fechar associações de classe, entre as quais a União dos Trabalhadores da Construção Civil do Rio de Janeiro, anunciando, como sempre, a apreensão de "documentos importantíssimos ligados ao levante bolchevista". A provocação antecedia à feroz repressão. Justificava-a *A Notícia,* do Rio de Janeiro, pedindo enérgicas medidas "contra o desafio dos bolchevistas". Em fevereiro, o navio americano *City of Alton* atracou no porto do Rio de Janeiro com a tripulação amotinada. A polícia prendeu os marujos e embarcou-os em outro navio estrangeiro, sob a acusação de que eram "bolchevistas legítimos", "adeptos de Lenin".

Os jornais publicavam retratos e a ficha de numerosos líderes operários, apontados como "indesejáveis", que a polícia proibira de regressar ao Brasil. E as deportações prosseguiram. A *Voz do Povo,* do Rio de Janeiro, teve as suas edições, diariamente, apreendidas. Os gráficos e redatores saíam, muitas vezes, do trabalho para a cadeia. Em Recife, a força policial incendiou a sede da Federação Operária, após espancar a coronhadas homens e mulheres, trabalhadores de uma fábrica de cigarros, que ali se reuniam. Na Câmara dos Deputados, apenas uma voz, a de Maurício de Lacerda, clamou contra o arbítrio.

As agências telegráficas transmitiam notícias alarmantes sobre a fome na Rússia: "Na província de Samara há numerosos casos de loucura. Ali os famintos desenterram cadáveres para comer. Os adultos, famintos, invejam as crianças alimentadas pela American Relief Administration, provocando casos frequentes de canibalismo. Ainda, em Samara, a polícia fechou um restaurante que servia aos fregueses carne de crianças". A *Tarde,* de Salvador, transcreveu uma dessas reportagens na edição de 15 de março de 1922. O Brasil, àquele tempo, recebeu grande leva de refugiados russos. Com a derrota dos Exércitos Brancos, principalmente das tropas de Wrangel, os contrarrevolucionários fugiram pelo porto de Odessa, em navios franceses e britânicos. Houve, em consequência da revolução de Outubro e da guerra civil, cerca de 2.5 milhões de refugiados russos, que se espalharam pelo mundo, e para protegê-los fora criado, em 1921, o Alto Comissariado para Refugiados, pelas potências da Europa e os Estados Unidos. Calcula-se que entre 1920 e 1930, cerca de 40.000 foram para o Brasil, dos quais 10.000 se instalaram em São Paulo e os demais seguiram para outros Estados, Paraná, Rio Grande do Sul, Mato Grosso e Goiás. Somente em 1921 lá chegaram cerca de 1.526. Muitos eram militares que combateram nas hostes dos Exércitos Brancos, outros civis.

A chegada de milhares de refugiados russos ao Brasil, a contarem os horrores da revolução e da guerra civil, valeu para adensar a campanha contra o bolchevismo ou comunismo, palavras fantasmagóricas, que gradativamente substituíram maximalismo e anarquismo. Epitácio Pessoa, que representara o Brasil na Conferência de Versailles e assumira a presidência do Brasil em 28 de julho de 1919, profligou, na exposição que fez 15 de novembro de 1922, tentando identificar com o espectro do bolchevismo com o levante dos tenentes do Forte de Copacabana, ocorrido em 5 de julho daquele ano:

> Todos os patriotas imaginam com terror o que seria o Brasil se ela vingasse; a ditadura militar, fraca e incapaz, a oprimir a liberdade e desafiar a cobiça dos audaciosos; o país rebaixado no conceito do mundo; perdida a nossa situação internacional; a ideia de comemoração do Centenário posta de lado para agitação interna e o retraimento das potências estrangeiras diante de um governo de fato; e a reação dos Estados, e a luta fratricida, e o desmembramento, e o bolchevismo a pairar como ave de presa sobre os escombros da Nação...

De fato, desde a revolução de outubro, quando os bolcheviques assumiram o poder na Rússia, os discípulos de Bakunin e Kropotkin, passaram cada vez mais a chamar-se de maximalistas, e depois de bolcheviques, bolchevistas e comunistas, a assustar ainda mais as classes possuidoras, porque aí já estavam diante de uma realidade, o Poder Soviético. E, como Joaquim Pimenta recordou,

> antes da revolução russo-soviética, a palavra *anarquia* tornara-se como que de uso obrigatório na tribuna operária. Discurso que não a incluísse ou que não malhasse de rijo a burguesia, não lograva a aprovação do grupo, passando este a suspeitar das convicções ideológicas e dos intuitos libertários do orador. Com a revolução russa e a ascensão ao poder do partido bolchevique, foram os anarcossindicalistas ficando em plano secundário, tornando-se a palavra *comunismo* uma espécie de termo litúrgico, sacramental, na oratória das assembleias e dos comícios, juntamente com os nomes de Marx, Engels, Lenin e Trotsky.[3]

Os ácratas não realizavam, nitidamente, o grau das divergências que os separavam do Poder Soviético. A percepção ainda era vaga e confusa. Nenhum conhecia plenamente a doutrina de Marx, muito menos a interpretação que Lenin e Trotsky lhe davam. Os conflitos entre bolcheviques e anarquistas, entretanto, haviam começado, na Rússia, logo após a queda de Kerensky e, rapidamente, ganharam proporções sangrentas, no curso da guerra civil. Contrários a qualquer forma de Estado e rebeldes a qualquer disciplina e autoridade, os libertários enfraqueciam a organização da defesa contra os inimigos dos Soviets, que atacavam o país, em diversas frentes. Recusavam-se a aceitar qualquer espécie de comando. Trotsky, nas funções de Comissário do Povo para a Guerra, precisou usar forças militares e artilharia, a fim de fechar, em abril de 1918, a Federação dos Grupos Anarquistas de Moscou. Teve de adotar, sucessivamente, outras medidas tão drásticas para debelar os focos, que, internamente, favoreciam a contrarrevolução, e, em meados de 1919, baixou a ordem nº 1.824, declarando fora da lei o movimento anarco-comunista liderado por Nestor I. Makhno (1889-1935), no sudoeste da Ucrânia, nas regiões de Huliaipole (Guliaipole ou Gulai-Pole), uma vila na *oblast* (província) de Zaporizhia.

Nestor Makhno, ucraniano, comandava as milícias anarcocomunistas, chamadas também de Exército Negro e formadas em larga maioria pelos camponeses, que tanto combatiam as tropas do Exército Branco, do general Anton I. Denikin, quanto as forças do Exército Vermelho. Seu objetivo consistia na implantação de uma acracia, comunidades libertárias, anárquicas, sem instituições e/ou qualquer tipo de autoridade, os soviets livres de qualquer comando central, sem Estado e daí que os *Maknonovist* não se submeteram ao Poder Soviético.[4] A revolta espraiara-se então às *oblasts* (províncias) de Alexandrovski, Melitopal, Mariupol, Yekaterinoslav e Pavlograd, em Donezk, e às cercanias de Odessa, na margem do mar Negro.

Os anarquistas haviam colaborado, de fato, com a conquista do poder pelos bolcheviques e lutavam, bravamente, contra as tropas do Exército Branco. Movidos, porém, por suas concepções, contra qualquer forma de Estado, não aceitaram o Poder Soviético e rebelaram-se. Em fins de novembro de 1920, os conflitos chegaram a um desfecho trágico, quando as forças do Exército Vermelho entraram na Ucrânia, então dominada pelos anarquistas. Antes de enfrentar e aniquilar o Exército Branco, do general Pyotr N. Wrangel e ocupar o norte de Tauride, o general Mihail V. Frunze (1885-1925), a comandar contingentes do Exército Vermelho, destroçou as forças nacionalistas de Symon Petlyura (1879-1926), e, em seguida, trucidou milhares de ácratas, anarcocomunistas, em combates travados na península de Chongar, na enseada de Syvash, à costa do mar de Azov, e no istmo de Perekop, entre a Crimeia e a Ucrânia.[5] Não fez prisioneiros. Os que não pereceram nos campos de batalha foram implacavelmente executados.

Nestor Makhno, com alguns companheiros, conseguiu escapar para a Bessarábia, e de lá passou para a Romênia e Polônia. Asilou-se em Paris, onde faleceu de tuberculose, em 1934. Mas as contradições entre os bolcheviques e anarquistas agravaram-se muito mais quando 60.000 soldados do 10° Exército Vermelho, sob o comando do general Mihail Tukhachevsky (1893-1937),[6] após debelar a *Antonovschina* – rebelião camponesa na *oblast* de Tambov, chefiada pelo socialista revolucionário Alexander Antonov (1888-1922) –, esmagaram implacavelmente a Kronshtadtskoye, insurgência dos marujos na base naval de Kronstadt, liderada pelo anarcossindicalista Stepan Petrichenko (1892-1947).[7] Ademais de milhares de mortos em combate, mais de 2.000 rebeldes foram executados, posteriormente, pela Cheka (Chrezvichainaia Komissiia), a polícia secreta do Poder Soviético, dirigida por Felix Dzerzhinsky (1877-1926).

O divórcio entre anarquistas e o Poder Soviético a imprensa no Brasil já havia anunciado, desde maio de 1918. Telegrama da Havas, procedente de Londres e datado de 7 de maio, informou que "os comissários do povo são hoje forçados a combater nas ruas os anarquistas, empregando os mesmos processos de que se utilizava o Sr. Kerensky, durante a revolução de julho do ano passado, contra as manifestações maximalistas". Outro telegrama de Londres, do dia 14, reproduzido em *A Razão* do dia 15 de maio de 1918, narrou os "combates nas ruas de Moscou entre anarquistas e as tropas dos Sovietes".

Ao que tudo indica, porém, os anarquistas brasileiros não consideraram os despachos. As agências de notícias estavam bastante desmoralizadas, não mereciam muito crédito, porque serviam como instrumento de propaganda e de guerra psicológica contra os bolcheviques. Só mais tarde, quando periódicos libertários da Europa chegaram ao Brasil, com depoimentos de Emma Goldman (1869-1840) – líder anarquista que se desiludira com a revolução bolchevique e com o caráter repressivo do Poder Soviético – e de outros descontentes com o esmagamento da *Makhnovshchina* e a matança em Kronstadt, eles perceberam que um grande abismo – a ditadura do proletariado – os distanciava dos comunistas russos. E, em fins de 1919, *A Razão* iniciou uma série de diatribes contra os anarquistas, evocando as lutas que se processavam, na Rússia, entre os adeptos de Kropotkin e o Poder Soviético:

> Não fosse a ação nefasta dos Oiticica e Astrojildo (Pereira) russos, que tanto envenenaram com a sua intransigência fanática e com as brutalidades sanguinolentas e revoltantes e muito diferente teria sido o prisma pelo qual os demais povos encararam e encaram a administração de Lenin e Trotsky. [...] Confundido, porém, com o anarquismo dissolvente dos destruidores incapazes de edificar, o maximalista está sendo esmagado sob o peso da responsabilidade dos anarquistas. [...] Inimigos de todos os governos, os anarquistas apoiaram os maximalistas no golpe de Estado de outubro de 1917, de que resultou a queda de Kerensky e a subida ao poder de Lenin e Trotsky. [...] Os grupos e federações anarquistas desde o início não reconheceram a autoridade dos Sovietes e da administração maximalista, vivendo em completa independência. [...] Além disso, os anarquistas começam a conspirar abertamente contra Lenin, procurando derrubar o governo maximalista. [...] E a luta se travou sangrenta, sendo esmagados os anarquistas de Moscou e em seguida de outras cidades.[8]

No dia 4 de novembro, *A Razão* voltou à carga:

> Não ignoram os nossos anarquistas a profunda divergência que há entre as suas teorias e desejos e o maximalismo, que se apoia num governo e procura organizar o estado proletário para chegar ao comunismo. Entretanto, apenas um dos anarquistas que procuram desencaminhar as massas trabalhadoras confessou essa divergência, dizendo que não era maximalista por isso que era anarquista. Os demais exploram igualmente o nome e as ações de Lenin para atraírem as massas e fazerem a sua propaganda. Que hipocrisia miserável! Se na Rússia emancipada não puderam ser tolerados, sendo perseguidos a tiros de

canhão e metralhadoras, como poderão os demais governos tolerar o fanatismo, a audácia e a intolerância dos "petroleiros"? Nem os povos nem os governos.

A *Razão* não atacava os anarquistas, naturalmente, por escrúpulos teóricos. Procurava enfraquecê-los, dissociando-os do prestígio que a revolução socialista alcançara, no meio dos trabalhadores. A bem da verdade, *A Plebe,* jornal anarquista de São Paulo, havia publicado um artigo de Octávio, intitulado "Ditadura Proletária", na edição de 1º de outubro de 1919. "Não, senhores teóricos, a ditadura proletária na Rússia é necessária, é humana", escreveu e acrescentou que

> enquanto houver um só burguês na terra, um só burguês pigmeu, nulo, nos confins da Patagônia ou nos Confins da Groenlândia, o libertário não deverá dispensar a força. A revolução, implantada, receberá no seu seio, ao lado de belos libertários e dos homens de boa-vontade, toda a corja imunda de jornalistas venais, de agiotas, de açambarcadores, de diplomatas, de políticos, de padres, de cáftens, de jogadores, de delegados, de chantagistas, de crumiros,[9] de charlatães, a podriqueira do regime atual, a imundície, o lixo! Com todo esse elemento perigoso em casa, a revolução poderá se manter sem ditaduras? Por muitos anos, enquanto a formidável tarefa de reeducação do caráter humano não estiver terminada, a ditadura proletária, isto é, a força bruta, a força detestada, odiosa, mas necessária, imprescindível, não deverá ser dispensada. [...] "Anarquistas, bons anarquistas, nada de hesitação ou frieza. Ou somos pelo Soviet ou somos pela burguesia.

Ao pé do artigo havia uma nota da redação, como resposta imediata à heresia:

> A nossa fé nas forças ideais não vai até negar a necessidade das forças... que são a "Força", ou melhor, o braço executor da Ideia, braço pesado tanto quanto necessário for. Mas esse braço não queremos e não podemos, nós, os anarquistas, pô-lo a serviço de um governo ditatorial, mesmo que esse governo se proclame representar o proletariado. [...]

Pois bem, pelo Soviete nós somos; não somente contra a burguesia, mas também contra a ditadura... porque ou o Soviete matará esta e então será a anarquia, ou será sufocado por aquela e então teremos feito o que fizeram os Companheiros portugueses, que, na Rotunda, em Lisboa, quando os republicanos começaram a debandar, lutaram para estabelecer um regime que hoje pretende esmagá-los.

Eram as dissensões que fermentavam. Esboçava-se a polêmica. Os libertários eram contra a centralização e burocratização do Poder Soviético, mas não podiam colaborar com a contrarrevolução e permitir o avanço e a vitória dos Exércitos Brancos, que matavam indiscriminadamente os trabalhadores e camponeses, ademais de promoverem sangrentos *pogroms*, enquanto os judeus estavam mais a salvo e seguros sob a proteção do Poder Soviético.[10] Era o dilema que enfrentavam e se refletia entre os ácratas no Brasil. Em 20 de dezembro de 1919, o jornal anarquista *Spartacus,* dirigido por Astrojildo Pereira e Santos Barbosa, transcreveu um artigo do velho militante anarquista Neno Vasco, pseudônimo do português Gregório Nazianzeno de Vasconcelos:

As plutocracias dirigem neste momento contra a revolução a tríplice ofensiva geral das armas, da fome e do aleive, antes que se congelem as águas do inverno e se caldeiem pelo mundo os vulcões da solidariedade proletária. A burguesia mundial não desconta à revolução russa as tendências moderadas, contemporizadoras, burocráticas da fração dominante de Lenin. Porque ela vê na grande convulsão social mais o seu poder de irradiação do que o seu valor intrínseco imediato. [...] O escravo, embrutecido e exausto, dorme ainda profundamente. Mas não o despertará o estrondo da peleja e não lhe abrirá os olhos a nitidez da situação? Do seu lado a minoria revolucionária não se cansa de o sacudir e o chamar com os seus brados premonitórios: É a tua causa que se debate! É a tua causa que se decide. E nessa minoria, consolida-se a união, a união da hora da luta e do perigo. Na Rússia, também os menchevistas e minimalistas acorrem à frente única contra o inimigo comum, lançando o labéu de traidores contra os vacilantes. E entre os anarquistas, temos, por exemplo, Shatov,[11] que ocupa na defesa de Petrogrado um posto da

maior responsabilidade e explica a sua atitude a um jornalista norte-
-americano: – Agora que os governos tentam sufocar pelas armas a nossa
revolução, ajudo os bolchevistas na defesa da Rússia proletária. Quando
os Aliados decidirem deixar-nos resolver as nossas questões entre nós e
estiver acabado o perigo da contrarrevolução, eu e os meus camaradas
anarquistas lutaremos contra o governo bolchevista por uma revolução
verdadeiramente socialista, isto é, anarquista. E aí está por que o bloco
revolucionário, que defende a revolução, a vê como o bloco burguês, que
a ataca: um foco difusível, um exemplo vivo, um germe a desabrochar. As
questões de método, de tática de organização, são "questões internas".
O dualismo – ou o duelo – entre a força popular, criadora, orgânica,
renovadora, dos Sovietes e as tendências centralizadoras, burocráticas,
ditatoriais dum novo governo ou duma nova excrescência política é um
problema a resolver entre revolucionários, vencido o inimigo comum ou
assegurada a sua derrota.

José Oiticica, nos princípios de 1920, escreveu, na *Voz do Povo,* uma
série de artigos – "Mau caminho" – exprimindo seu descontentamento
com os rumos da Revolução Russa. As divergências, que começaram a
manifestar-se no movimento anarquista, tomaram, a pouco e pouco, um
tom mais violento. Todos, afinal, despertavam para a nova realidade: o
Poder Soviético. Alguns compreendiam a sua necessidade para atingir
à sociedade sem governo e sem Estado, à anarquia. Outros não se conformavam com o adiamento do sonho. A cisão tornou-se inevitável. O
Partido Comunista do Brasil, fundado em 1919, estava, praticamente,
desfeito. Representara uma tentativa de superar a dispersão dos diversos
grupos, sob o impacto da revolução de outubro, que sabiam dirigida
pelos comunistas, mas supunham tratar-se de libertários. De partido
levava apenas o nome. Não possuía estatutos e sim "bases de acordo".
No espírito e na forma, salvo algumas ideias e expressões, mantinha o
caráter dos velhos agrupamentos anarquistas e a sua repulsa à política.

A ideia, porém, de um novo partido, um partido verdadeiramente comunista, integrado na III Internacional, amadureceu, no correr de 1920.
A imprensa deu algumas notícias. Em *A Folha,* de São Paulo, apareceu
uma reportagem, contando que Everardo Dias rompera com a *Voz do*

*Povo* (órgão anarquista da Federação dos Trabalhadores do Rio de Janeiro), juntamente com Álvaro Palmeira, outro militante libertário, para secretariar um jornal do então deputado Maurício de Lacerda. Referiu-se à cisão dos anarquistas e à fundação de um partido político. Manuel Campos, através de *A Plebe,* lançou-se ao ataque. Everardo Dias, a 25 de outubro de 1920, redigiu uma carta, desmentindo a notícia. Acentuou que "um jornalista, quando pega um assunto, não o larga senão depois de bem explorado. E eis aí o caso do já famoso Partido Bolchevista Nacional, nome pomposo de uma organização inexcogitada." E esclareceu:

> Saí da *Voz do Povo* por não estar de acordo com a orientação interna da folha e não para secretariar outro jornal, para o qual não fui convidado, nem aceitaria, se o fosse; que, tendo deixado de vez as minhas intenções de reformismo social, ingressando no campo libertário, não ia retroceder como um papalvo que se enganou no caminho. [...] Sou igualmente bolchevista, isto é, partidário do regime dos Sovietes, por "julgá-lo um complemento indispensável do comunismo, um sábio organismo para disciplinar as classes e orientá-las na sua segura marcha emancipadora".

Everardo Dias defendeu o "restabelecimento transitório da ditadura, divergindo de muitos anarquistas neste ponto, que são, abertamente, visceralmente contrários a qualquer coação, que eles classificam de violência". Segundo seu depoimento, pensava-se fundar "um organismo capaz de agremiar todas as várias tendências em que se subdivide o socialismo, e até os benignos simpatizantes". Não como o Centro de Estudos Sociais, que existiu, no Rio de Janeiro, por volta de 1916, mas uma "agremiação de caráter mais aberto, amplo, extensivo, popular – em que tivessem entrada todos os elementos que se interessam pela questão social, desde o reformista até o libertário", para intervir, "ostensivamente, em todos os atos da vida pública, ora como uma catapulta, ora como uma trincheira protetora". Seria "uma escola de treinamento e de aperfeiçoamento dos elementos mais aproveitáveis no proletariado".

Em 2 de novembro de 1920, a *Voz do Povo,* que tinha como epígrafe "Trabalhadores do Brasil – uni-vos" e do qual Afonso Schmidt publicou um artigo de A. Correia, a evidenciar a preocupação de alguns setores do movimento anarquista, diante dos reflexos da Revolução Russa sobre a classe operária no Brasil:

> Para ser necessariamente justo, nenhuma dúvida paira em nossos espíritos quanto à influência que o bolchevismo vem exercendo em todo o mundo proletário, desde que foi possível triunfar na Rússia, com a posse do poder por parte dos revolucionários socialistas de novembro de 17. [...] Incontestavelmente, a revolução operada na Rússia mereceu, como ainda merece, os nossos aplausos. Somos, de fato, revolucionários, isto é, entendemos que somente uma total transformação da atual ordem de coisas, por via da expropriação capitalista, será o "único" meio que as circunstâncias, e os fatos, indicam eficaz, como solução do que se denomina questão social. [...] Eu dizia há poucos meses não crer na possibilidade – ou possibilidades – da fundação de partidos socialistas no Brasil, mesmo que surgissem revestindo as roupagens berrantes do bolchevismo. E não julgo estar ainda enganado na minha observação, posto que não negue, absolutamente, a influência bolchevista nos meios proletários do Brasil. Mas, é força convir, tal influência bolchevista não significa que o nosso proletariado esteja disposto a aceitar a experiência transitória do bolchevismo, que me parece ser, como talvez é, apenas socialismo adaptado ao revolucionismo propugnado pelo comunismo anárquico. Lenin e os seus colaboradores surgiram, ou melhor, tomaram a dianteira de uma revolução mais radical em relação à que criou Kerensky.

Para A. Correia, "o fato de serem os dominadores russos até agora, integralmente, tanto quanto lhes é possível, marxistas práticos, basta a condenação dos anarquistas", porque "a Revolução Russa vai tendendo à constituição do Estado marxista, que é sempre o Estado, com os vícios e as mistificações do que ainda existe". E concluiu:

> Repito, para terminar, a influência bolchevista que se pode notar no proletariado do Brasil, como no de todo o mundo, provém da simpatia ardente para com a revolução verificada na Rússia. Quanto aos

métodos bolchevistas, talvez não, que eles são fundamentalmente reformistas. [...] Como quer que seja, determinismo histórico ou não, a nós, anarquistas, compete aproveitar o exemplo e prosseguir, mais intensa, a propaganda contra o Estado – que é o deus tutelar de todos os males contemporâneos.

*A Plebe,* de 6 de novembro, reproduziu a carta de Everardo Dias, juntamente com a de Álvaro Palmeira, e uma resposta de Manuel Campos. Embora ainda se tratassem de "camaradas", pouco havia, àquela altura, que os unisse. Manuel Campos ressalta:

> Várias cartas recebemos dando-nos informações da organização de um partido político com elementos anarquistas e entre eles o camarada Palmeira. [...] Repelimos sempre tais boatos, dizendo que este camarada nunca aderiria a nenhum partido político [...] As nossas denúncias foram feitas depois que da boca de Palmeira ouvimos toda a história do partido. [...] O partido projetado não nos dará maior trabalho: morreu antes de haver nascido. Somente lamentamos que ele nos anulasse alguns dos nossos bons e estimados companheiros.

Participar de um partido político, dentro da legalidade, significava opróbrio para os ácratas. Uma excrescência doutrinária. E na mesma edição, aliás, *A Plebe* publicou um artigo sobre "O maximalismo e os anarquistas", mostrando a diferença entre as duas tendências. Acabava-se o noivado com o Poder Soviético. Desfazia-se a confusão. À euforia dos primeiros momentos, em que todos os discípulos de Bakunin e Kropotkin se apresentavam como "maximalistas", sobreveio a necessidade das definições:

> Entre o anarquismo e o czarismo a distância não é muito maior que entre o anarquismo e o maximalismo, embora assim pareça à simples vista... E eis que os socialistas ou maximalistas da Rússia declaram guerra aberta aos anarquistas, definindo francamente a posição que cada um deve ocupar para o futuro: maximalistas de um lado, e anarquistas de outro...[12]

O artigo também citou uma declaração de Karl Radek (1185-1939) sobre o desarmamento dos anarquistas na Rússia. Em 4 de dezembro, *A Plebe* escandalizou na primeira página: "O terror bolchevista na Rússia. Pedro Kropotkin, o velho libertário, reduzido à miséria. Um apelo aos libertários de todo o mundo". E comentou:

> Hoje, finalmente, cheios de indignação e de revolta damos aos nossos leitores a desagradável notícia de que na Rússia Socialista, na Rússia Marxista, aos anarquistas, que pela sua superioridade moral e intelectual foram sempre respeitados pelos governos reacionários de todos os países, no governo de Lenin (que pouco a pouco acabou com o regime dos Sovietes, constituindo a ditadura do partido maximalista), aos anarquistas, como Pedro Kropotkin, é negado o direito de manifestar as suas ideias e, para que não possam dizer ao mundo o que é o bolchevismo, é-lhes negado também o direito de imigrar.

No dia 11 de dezembro de 1920, *A Plebe*, em artigo assinado por Manuel Campos, explicou, sob o título "A nossa atitude em face da revolução russa e do governo de Lenin":

> Também os anarquistas, ainda que antimarxistas, procuramos defender a revolução russa, das calúnias, das intrigas e da guerra que os governos burgueses lhe moviam. Deste auxílio prestado à revolução russa não nos arrependemos, isso porém não abalou as nossas convicções de ácratas. Assim é que, estando o regime dos Sovietes em vigor há três anos, agora principiamos a ver que não devemos deixar que se confunda anarquismo com marxismo ou bolchevismo. [...] Se o governo de Lenin ordena o desarme de todos os anarquistas, se procura abafar no fundo dos cárceres ou com uma carga de chumbo a voz dos sedentos de justiça, nós declaramos guerra a mais este inimigo, e continuamos enfrentando todo um mundo de obstáculos, confiantes na justiça da causa que defendemos. Avante, pois, pela anarquia.

Perplexos e divididos, os anarquistas brasileiros não podiam desembaraçar-se, facilmente, das posições que tomaram na defesa do Poder Soviético.

Comoviam-se com as declarações antissoviéticas de Emma Goldman. Mas o próprio Kropotkin, indagado sobre qual atitude o proletariado mundial deveria assumir diante da Revolução Russa, respondeu numa entrevista que *A Plebe,* em 9 de abril de 1921 reproduziu: "Sem dúvida alguma, continuar a defendê-la, não tanto com palavras, mas por atos; porque a hostilidade burguesa diminuirá em razão da atitude firme da classe operária. E isso seria igualmente, para o proletariado mundial, uma boa ginástica".

A mesma edição de *A Plebe* imprimiu o seguinte comentário:

> Foi anunciado aos quatro pontos cardeais do mundo que a Inglaterra restabeleceu oficialmente o serviço postal com a República Socialista dos Sovietes da Rússia. Aos poucos, forçados pelas circunstâncias, os governos burgueses irão se submetendo ao fato consumado da revolução russa. Que remédio... convém lhes ir contemporizando até o dia em que o proletariado do Ocidente se decidir a secundar os esforços dos trabalhadores da grande Rússia.

Os artigos mostravam a tontura em que se debatiam os anarquistas. Na medida em que representavam uma corrente do movimento operário e estavam ligados às massas, não podiam deixar de reconhecer, implicitamente, a força revolucionária do Poder Soviético, que se instalara na Rússia, e, em consequência, defendê-lo. O debate prosseguia. Muitos aceitaram o princípio da ditadura do proletariado e formaram o Grupo Comunista. A confusão, porém, continuou por algum tempo ainda. Otávio Brandão, no primeiro número da revista *Movimento Comunista*, lançado em janeiro de 1922, assim terminou um artigo: "Mãe-Rússia, que nos deste Bakunin, isto é, a energia, e Tolstoy, isto é, o amor, e Kropotkin, o auxílio-mútuo – Mãe--Rússia, que nos ensinaste a bondade na desventura (Gorky), sê bendita, ó Mãe amada, mãe de todas as mães, Mãe eterna da Vida e da Elevação!"

O mesmo número transcreveu artigos de José Oiticica. Eram os últimos laços que ligavam as duas tendências. O movimento anarquista estertorava. Passara a sua época. Muitos anos depois, em 1957, José Oiticica, cheio de ódio e de melancolia, recordou a cisão:

Ao rebentar a revolução de 1917, era Brandão rapaz entusiasta, espírito revolucionário, com ânsias anárquicas. Quando, em fins de 1918, fui deportado para Alagoas, Brandão me conheceu. Clandestinamente, pois a polícia me vigiava, fui com ele orientar os pescadores que se agitavam sem saber lutar [...] Com Brandão corri os canais e lagoas do litoral alagoano [...] Creio que muito concorri para tornar Brandão anarquista militante[...] Conheci bem Otávio Brandão, culto, inteligentíssimo, profundamente sincero, honesto, decidido e boníssimo. Em fins de 1919, porém, principiou a produzir frutos a intromissão sorrateira, venenosa, nefasta do bolchevismo, operada, sem nenhuma ciência minha nem dos militantes anarquistas mais conscientes, pela cavilação manhosa de Astrojildo Pereira. Brandão, muito chegado a Astrojildo, resistiu seu tanto, mas deixou-se por fim contaminar [...] e transformou-se logo. De espírito independente, senhor de si, avesso ao mando como à submissão, anarquicamente desrespeitador de ídolos por um lado e, por outro, incapaz de receber ordens, passou, repentinamente, ao servilismo do partido, a dizer amém às imposições de cima e a ditar, aos seus subordinados, tarefas e preceitos. E a luta se travou braba entre anarquistas e bolchevistas. Estes iam aplicando as instruções de Trotsky, que eu li no boletim do partido, em francês. Nessas instruções, que sinto haver perdido, o infame Trotsky criara a mais torpe moral partidária. Contra os adversários sua sanha se exasperava. Mandava atacá-los, duramente, nos sindicatos [...] Otávio Brandão entrou nessa luta sórdida, sujíssima, contra mim.[13]

José Oiticica não compreendera que o surto industrial do Brasil e a Revolução Russa constituíram fatos novos e superaram o movimento anarquista. E em outro depoimento, José Oiticica recordou:

Nesse tempo, início de 1919, Astrojildo, penso, ainda era anarquista e todo o proletariado carioca estava uno com os métodos anárquicos de luta. Pelo menos o que me contaram, quando regressei no mês de março de 1919, foi que, ao saberem do meu embarque, mais de 10.000 trabalhadores me aguardavam na Praça Mauá, num comício monstro. A polícia, para evitar o escândalo, mandou ordem para o navio só passar a barra alta noite. Essa adesão à nossa obra vimo-la com a fundação de a *Voz do Povo,* diário anarquista com redação na Avenida Central, hoje Rio Branco. O proletariado podia sustentar um diário anarquista no Rio como sustentava *A Plebe,* em São Paulo. Logo, penso eu, aquelas convicções profundamente arraigadas de Astrojildo eram convicções anárquicas. Pobres convicções! O fogo sagrado da *Voz do Povo,* no qual dizia haver gasto vários contos de réis ganhos na loteria, foi morrendo, morrendo e todos fomos notando o desaparecimento vertiginoso do diário e dos sindicatos. Nestes, eu era ouvidíssimo, sabia dizer a verdade clara sobre o problema operário e humano, sobretudo não vacilavam no emprego cem por cento da ação direta. Pois bem, para o fim do ano, fui sentindo, em certos sindicatos, frieza absoluta, risos de mofa, descaso. Referi a impressão ao nosso velho camarada João Gonçalves e ele me aludiu a Astrojildo, terminando com uma frase que me pareceu duríssima. Seria possível? Astrojildo renegava o anarquismo? Astrojildo virava casaca e se passava traiçoeiramente para o bolchevismo? Foi quando faliu a *Voz do Povo* e Astrojildo com outros promoviam um arrebanho de donativos para os famintos da Rússia [...] Numa reunião promovida por Astrojildo na rua José Maurício (sindicato dos Padeiros se não me falha a memória), Astrojildo, visivelmente embaraçado, com meias frases, titubeando, expôs-nos a necessidade de acudir ao povo russo pois seria ajudar a revolução proletária no mundo. Eu, Gonçalves, Fábio Luz e outros entreolhamo-nos e não demos trégua a Astrojildo, demonstrando-lhe que já não nos iludíamos com Lenin, Trotsky e quejandos "revolucionários". Astrojildo não insistiu. Dias depois, entrando eu no mesmo sindicato, vi, reunidos na saleta de entrada, com Astrojildo à cabeceira da mesa, além deste, Brandão, Elias, Diniz e mais outro [...] Foi quando Elias alvitrou: "Gildo, não acha melhor dizer ao Oiticica o que se passa?" Astrojildo, sem levantar a cabeça de um papel que segurava, respondeu displicentemente: "É... é melhor!" E Elias, voltando-se para mim, na sua linguagem de ex-embarcadiço, proferiu esta frase expressiva: "Oiticica, nós agora é na exata!" Nada mais disse porque, compreendendo tudo, retruquei apenas: "Já sei, vocês são bolchevistas". Eles confirmaram e eu retirei-me. Compreendi a ação subterrânea de Astrojildo. Ele havia, sem me dizer nada, minado os sindicatos, propagado o vírus da ditadura do proletariado e da férrea disciplina, a exata, de Elias. Os métodos empregados seriam os constantes das infamíssimas instruções de Trotsky, lidas um dia a mim pelo próprio Astrojildo, ufano de tal mestre. Astrojildo me emprestou o Boulletin onde vinham publicadas essas instruções e teve ocasião de lê-las no Sindicato de Construção Civil [...][14]

O número 1 da revista *Movimento Comunista* referiu-se à polêmica com os anarquistas, num artigo de Orestes Ristori. Na edição de 10 de fevereiro de 1923, um ano depois, *Movimento Comunista* refletiu a luta que ocorria nos sindicatos. Astrojildo Pereira escreveu: "Não querem a revolução proletária". Aludia a um comício de protesto contra o fascismo, convocado, em dezembro de 1922, pela Aliança dos Operários de Calçados, contra o fascismo. E, conforme Astrojildo Pereira contou: "foi aquela antes uma reunião de elementos da vanguarda, de militantes anarquistas, sindicalistas e comunistas. Não foi um comício da massa obreira, difícil de realizar no momento. Como quer que fosse, era uma demonstração proletária de solidariedade aos trabalhadores italianos a braços com a reação fascista". Falaram anarquistas e comunistas. Mas narrou Astrojildo Pereira: "às horas tantas, um camarada comunista, entendendo que se devia registrar por escrito o protesto que ali se levantava contra o banditismo fascista, procedeu à leitura da moção que redigira ali mesmo [...] Foi suficiente que a redigisse um comunista, para que vários 'líderes' anarquistas presentes a impugnassem", embora seu texto estivesse "de maneira a corresponder ao ponto de vista geral de todos os revolucionários, sem distinção de tendências".

Houve barulho e discussões. "Era quase meia-noite", Astrojildo Pereira continuou a relatar:

O autor da moção entendeu de retirá-la e [...] guardá-la. Era, já então, um documento preciso, para demonstração da completa desorientação que reinava nos arraiais libertários. Os anarquistas impugnaram o termo "revolução proletária", preferindo, ao que tudo indica, falar da revolução social, e discordaram da seguinte frase: "a classe operária só poderá abater a classe burguesa quando souber apresentar-se, no campo de batalha, como um só exército, unida por uma vontade comum e uma decisão implacável de vencer, sem hesitações nem titubeamentos".

Em 1921 separaram-se definitivamente as facções. José Oiticica e muitos outros, homens honrados e honestamente revolucionários, não aceitaram os rumos da revolução na Rússia. Eram contra toda e qualquer forma de Estado, ainda que se apresentasse como ditadura do proletariado. Distanciaram-se então de Astrojildo Pereira, que iria formar outro partido comunista do Brasil, como um partido internacional, dentro dos princípios elaborados pelo Congresso da Komintern (Kommunistische Internationale), realizado entre 2 e 6 de março de 1919, em Moscou.

## NOTAS

1. "Lutas Operárias em Pernambuco", *Novos Rumos*, 30 de março a 4 de abril de 1962.
2. Edilton Meireles, "V – Do declínio político (1920-1924)", 26 de janeiro de 2017, disponível em <http://ediltonmeireles.com/?p=143>.
3. Joaquim Pimenta, 1949, p. 204.
4. Michael Malet, 1982, p.107.
5. *Ibidem*, pp.73-78, 95.
6. O marechal Mihail Tukhachevsky foi executado a mando de Stalin, em 1937, assim como muitos outros generais durante o morticínio promovido nos anos 1930.
7. Stepan Petrichenko pertenceu ao partido bolchevique, mas depois rompeu, devido ao caráter repressivo que tomara o Poder Soviético. E as reivindicações dos marujos da Frota do Mar Báltico, estacionada na base naval de Kronstadt, consistiam em: 1) liberdade de expressão e de imprensa para trabalhadores e camponeses, para os anarquistas, e para partidos socialistas de esquerda; 2) direito de reunião e liberdade para sindicatos e organizações camponesas; 3) libertação de todos os políticos dos partidos socialistas, e dos trabalhadores, camponeses, soldados e marinheiros; 4) nomeação de uma comissão para rever os casos de detidos nas prisões da Rússia; 5) equalizar rações de comida para todos os trabalhadores, com exceção dos que trabalham em insalubres ou de risco de vida; 6) outorgar aos camponeses liberdade de ação em sua própria terra; 6) abolir todos os destacamentos comunistas no Exército Vermelho etc.
8. *A Razão*, 2/11/1919.
9. Referência a "fura-greves".
10. Oleg Budnitskii, 2012, pp. 411-4012.

11. Vladimir Sergeevich Shatov (1887-1938), também chamado William/Bill Shatov, foi um anarquista russo que emigrou em 1907 para New York onde se tornou militante da Industrial Workers of the World (IWW). Depois da revolução de fevereiro regressou à Rússia e atuou ao lado dos bolcheviques, participando do Comitê Militar Revolucionário e da organização do *coup d'État* de 24 de outubro a 7 de novembro de 1917. Desempenhou significativo papel na defesa de Petrogrado, como oficial do 10° Exército Vermelho, contra o avanço do Exército Branco comandado pelo general Yudenich. Depois exerceu muitos cargos no governo soviético, mas em 1937 foi exilado para a Sibéria, durante os grandes expurgos ordenados por Stalin, e no ano seguinte, executado. Paul Avrich, 1971, pp. 168, 197-198. Victor Serge, 1997, pp. 10, 49-51, 172.

12. *A Plebe*, 6/11/1920.

13. *Ação Direta*, n. 113, dez. de 1956.

14. *Ação Direta*, ano 10, n. 115, mar. de 1957.

## Capítulo 21

REVOLUÇÃO RUSSA E A IDEIA DE CRIAR O PARTIDO SOCIALISTA • BARBUSSE E OS GRUPOS CLARTÉ NA FRANÇA E NO BRASIL • ARTICULAÇÃO DOS GRUPOS COMUNISTAS POR ASTROJILDO PEREIRA • MISTERIOSO "COMETA" DE MANCHESTER E III INTERNACIONAL • FORMAÇÃO DOS PARTIDOS COMUNISTAS NA ARGENTINA E NO BRASIL • ANTÔNIO CANELLAS, O "FENÔMENO DA AMÉRICA DO SUL" • ASTROJILDO PEREIRA E RODOLFO COUTINHO EM MOSCOU • ADMISSÃO DO PCB NA KOMINTERN • ESTADA NO BRASIL DE HO CHI MINH

A ideia de organizar um partido proletário perseguiu muitos militantes de esquerda, desde a Revolução Russa, ainda que não visassem a participar de eleições ou coisa parecida, a entrar no jogo político das classes possuidoras, o que então significava verdadeiro opróbrio para a grande maioria dos anarquistas, que predominavam no movimento operário do Brasil. Compreendiam a necessidade de congregar os revolucionários e coordenar os esforços, para outra investida contra o Estado burguês, e sentiam a insuficiência das entidades de massas, as uniões de resistência e federações operárias, com vistas à consecução do objetivo: preparar a insurreição. A Revolução Russa, que – sabiam – um partido dirigira, rasgou os horizontes e influiu, profundamente, para demonstrar que a deficiência e a incapacidade teórica e política afetavam as concepções revolucionárias do anarquismo, devido à falta de organicidade.

Alguns intelectuais e líderes operários, em 1921, formaram a Coligação Social, de onde pretendiam evoluir para a criação de um partido de vanguarda. Definiam como propósitos:

1. Estabelecer relações entre os diversos núcleos de propaganda espalhados pelo país, de forma a facilitar um balanço nas forças de real atuação. 2. Promover e auxiliar moral e economicamente a organização de centros de estudos sociais e amparar os já existentes. 3. Preparar, por meio de conferências ou congressos regionais, a realização de um grande Congresso da Vanguarda Social do Brasil, que deverá estabelecer os fundamentos de um partido de ação intensa, princípios rígidos e programa perfeitamente definido.

A esse mesmo tempo, no Rio de Janeiro, alguns intelectuais constituíram o Grupo Clarté, acompanhando uma iniciativa dos franceses, entre os quais Henri Barbusse (1873-1935), com quem o deputado Maurício de Lacerda se encontrara em Paris, por volta de 10 ou 11 de novembro de 1918. A ele, Maurício de Lacerda, coube criar no Brasil o Grupo Clarté, juntamente com Everardo Dias e Nicanor Nascimento, que lançaram a revista *Claridade*.[1] E conclamaram:

Apesar do sangue de que estão cobertas, contra a vontade, nossas mãos estão hoje prontas para reconstruir o mundo de acordo com vós todos. Acaso devem ainda separar-nos a lembrança e até o remorso trágico de havermos sido, durante mais de quatro anos, os obreiros do massacre e da esterilidade? Dissemos a verdade e não acreditamos nas mentiras e todavia marchamos uns contra os outros, lutamos como numa justa, atracamo-nos como gladiadores na arena surda. Que velho insensato, que velha doutrina morta ousaria levantar-se, que inconcebíveis apetites ousariam manifestar-se contra nós? Não queremos que se sirvam de nós para continuar a guerra na paz. Intelectuais combatentes dos países ontem inimigos, nós temos pressa de rever o contato das vossas inteligências e dos vossos corações. Intelectuais combatentes do mundo, sabemos que sois incontáveis os que pensais como nós e que durante cinquenta meses suportastes vida de culpados por trás da serenidade das vossas almas de justos. Intelectuais combatentes do mundo inteiro, nós vos estendemos os braços, fraternalmente, no desprezo lúcido pelos ódios hereditários. A nossa tarefa será rude daqui por diante, mais temível ainda que a ordem. Essa tarefa nos colocará a todo instante em face da nossa consciência, no meio das perseguições com que os nacionalismos bárbaros nos assaltarão. A nossa estreita união será a nossa força. É tempo de nos levantarmos nas nossas respectivas pátrias contra os fautores de guerras e desordens. Intelectuais combatentes do mundo inteiro, unamo-nos!

O comitê internacional executivo do Groupe Clarté, na França, fora constituído por notáveis e famosos escritores e intelectuais, tais como Henri Barbusse, Georges Brandes, Paul Colin, Victor Cyril, Georges Duhamel, Eckhoud, Anatole France, Nöel Garnier, Charles Gide, Thomas Hardy, Henry-Jacques, Vincente Blasco Ibanez, Andreas Latzko, Laurent Tailhade, Raymond Lefebvre, Madeleine Marx, E. D. Morel, Edmond Picard, Charles Richet, Jules Romains, Rene Schickele, Séverine, Upton Sinclair, Steinlen, Vaillant-Couturier, H. G. Wells, Israel Zangwill e Stefan Zweig.[2] Também na Grã-Bretanha formou-se o Groupe Clarté, com a participação de escritores e líderes sindicais, tais como o filósofo Bertrand Russell, H. G. Wells, Bernard Shaw, Robert Williams (secretário-geral da União dos Trabalhadores em Transporte), Frank Hodges (secretário da União de Mineiros), Miles Malleson, Siegfried Sassoon, Robert Dell e outros.[3]

O movimento iniciado na França, em 1919, inspirado pela carnagem, o horror da guerra travada na Europa, a confirmar a previsão de Jean Jaurès: "*Quel massacre, quelles ruines, quelle barbarie!*", era essencialmente antimilitarista, anticapitalista, e Henri Barbusse, em um pequeno livro de 153 páginas, intitulado *La Lueur dans l'Abîme – Ce que veut le Groupe Clarté*, com a epígrafe "*Nous voulons faire la Révolution dans les esprits*", denunciou a guerra mundial de 1914-1918, que havia criado a riqueza de alguns à custa do empobrecimento de muitos, os "*grands trafiquants da l'Entente*", e declarou que "*la guerre contre la Russie est une aventure néfaste pour tous*".[4] O objetivo de Henri Barbusse e outros velhos combatentes, tais como Raymond Lefebvre, Paul Vaillant-Couturier e Noël Garnier era constituir "*une Internationale de la pensée*". A revista *Clarté*, publicada pelo grupo sob a direção de Jean Bernier (1894-1975), constituiu um veículo de educação revolucionária e muitos intelectuais franceses escreveram e consultaram as suas páginas.

O Groupe Clarté, no entanto, era eclético, vários poetas integraram a escola do surrealismo, como André Breton e Benjamin Péret, que se aproximaram de Trotsky[5] e se opuseram à escola literária Proletkult (Proletarskaya Kultura), defendida pelo escritor Alexander Bogdanov (1873-1928), o poeta Mihail Prokofyevich Gerasimov (1889-1939)[6] e patrocinada por Anatoly Lunacharsky, comissário de Povo para a Educação. Diversos escritores e poetas franceses, que integravam o Groupe Clarté, foram seduzidos pelo modelo soviético e aderiram ao Partido Comunista da França (PCF).[7] O Groupe Clarté desapareceu em 1928.

Outros grupos Clarté também se formaram em Montevidéu, em Buenos Aires e em Santiago do Chile, locais onde também tomaram o nome de Claridad, em Lima e outras cidades da América Latina. A fundação do grupo, no Brasil, coube a Evaristo de Morais, Maurício de Lacerda, Nicanor Nascimento, Luís Palmeira, Antônio Corrêa, Agripino Nazareth, Alcides Rosas, Francisco Cavalcanti Pontes de Miranda, A. Cavalcanti, Tereza Escobar, Vicente Perrota, Francisco Alexandre e Everardo Dias. Mais trinta pessoas, entre as quais diversos líderes operários, aderiram ao movimento, que tinha como objetivo a defesa da Revolução Russa, compreendida, por muitos, devido à campanha da imprensa. Dada a intensa correspondência com as congêneres de Montevidéu e Buenos Aires, iniciou-se a publicação de uma revista, intitulada *Clarté,* cujo primeiro número saiu em setembro de 1921. E assim explicou-se os motivos de sua publicação:

> Os processos de força, de maior violência, foram logo postos em evidência pelas polícias das capitais sul-americanas. Na Itália, o poder econômico arregimentou o fascismo. Na Argentina, o nacionalismo. Na ordem política, o processo contra o senador Iberlucéa na Argentina, por lesa-patriotismo, e a exclusão acintosa do Congresso Nacional de Nicanor Nascimento e Maurício de Lacerda, no Brasil, pelo avançado de suas ideias, dão muito clara a medida da intolerância dos dirigentes. Na execução destes processos de violência tudo vai de roldão. Os velhos princípios, as garantias liberais, chamadas constitucionais, das antigas e novas democracias – o respeito pela verdade falada e escrita, o intercâm-

bio intelectual, a propaganda de ideias, a livre locomoção, os direitos de associação – vivem arrasados pelos que manobram todos os elementos de força, de dinheiro e de informação. A verdade sobre os acontecimentos mundiais, absolutamente necessária à evolução da mentalidade humana, é cuidadosamente escondida e substituída pela verdade convencional das agências telegráficas, todas subvencionadas pelos governos interessados no obscurantismo. Dos acontecimentos mundiais a Liga das Nações tenta fazer monopólio. A Santa Aliança, dirigida pelos elementos oficiais da França reacionária, com uns enfeites do falecido ideal *wilsoniano* por ele mesmo repudiado sob a pressão dos *businessmen* da Quinta Avenida, procura galvanizar pela força as organizações imperialistas da Europa assegurando a conquista territorial para os impérios e a exploração dos mercados para o capitalismo usurário dos sócios da mesma. Contra essa Liga de noite e de sombra, com ritos medievais e tratos de inquisição, é que se ergue a Internacional do Pensamento, funda-se a *Clarté* de Paris e alevanta-se a de Buenos Aires e, agora, erigimos esta Claridade amiga. Paris deu ao mundo o fulgor de Barbusse, com a magia de Anatole France; a Argentina fala pela voz do sábio Ingenieros e pela palavra fulgurante de Iberlucea;[8] nós batalharemos pela energia dos melhores e mais livres dos nossos intelectuais.

Buenos Aires e Montevidéu abasteciam o Grupo Clarté com informações sobre a Rússia Soviética e destarte contribuíam para cooptar intelectuais e militantes de esquerda, abalados pelos depoimentos de anarquistas, contrários ao autoritarismo das políticas de Lenin e Trotsky. Do Grupo Clarté, no Brasil, participaram, desde o início, Afonso Schmidt, F. de Campos Andrade, Martim Francisco, Ribeiro de Andrade, Antônio Figueiredo e Nereu Rangel Pestana, de São Paulo; Leônidas Rezende, Luís Frederico Carpenter e Joaquim Pimenta, do Rio de Janeiro; Raul Azedo, de Recife. Segundo Everardo Dias, "O Grupo Clarté realizou profícua obra de esclarecimento, pois, não tendo a sua revista o caráter polêmico e irreverente das publicações consideradas extremistas, era recebida e lida com certa atenção, produzindo um clima de atenuação às mentiras e calúnias veiculadas pelas agências telegráficas a serviço dos governos reacionários e imperialistas".[9] E acrescentou:

Posso mesmo dizer, com conhecimento, que veio servir de confirmação a muitos cientistas, parlamentares e intelectuais sobre o que realmente se passava na URSS, e teve atuação culminante nos movimentos insurgentes que abalaram pouco depois o país; foi uma espécie de varinha de condão a despertar-lhe a clarividência, pois a tiragem da revista *Clarté* era de 2.000 exemplares, boa para o momento.[10]

Alguns dos principais líderes do Grupo Clarté iniciaram, paralelamente, *démarches* para a formação de um Partido Socialista, congregando, segundo Everardo Dias, "os elementos ativos e entusiastas que se encontravam à frente dos sindicatos moderados tanto da capital da República como dos Estados e com os quais mantinham contato permanente e dispunham de prestígio, especialmente Nicanor Nascimento e Joaquim Pimenta, este no Norte do país e o primeiro no Distrito Federal".[11] O novo Partido Socialista participaria de eleições e aproveitaria todos os meios que lhe oferecesse a sociedade, para a propaganda de suas ideias, mas não teria caráter eleiçoeiro e parlamentar. Tentava-se imprimir continuidade à ação política da classe operária, superando a fase das lutas eminentemente econômicas e sociais. O programa estabelecia:

A luta sindical exclusiva como tem sido, porque visa de preferência ao aspecto econômico do problema social, não tem dado os resultados que esperavam; opera-se em um terreno em que o operariado se encontra numa situação desvantajosíssima para com o seu adversário – o patronato solidamente organizado e admiravelmente armado de recursos contra os quais tem sido pouco eficiente, para não dizer ineficaz, toda luta reivindicatória. É preciso, pois, ampliar o campo de batalha, lançar mão de outros elementos, recorrer a outros meios estratégicos, tanto mais quanto no nosso país a grande massa proletária ainda não encarou com objetividade a significação e o alcance dos princípios sindicalistas. O Partido Socialista visa, pois, a nortear o operariado nas suas reivindicações e na defesa de seus ideais; discutir e pleitear a solução prática de todos os problemas que se relacionam com a remodelação da sociedade contemporânea, no ponto de vista econômico, moral, intelectual, jurídico e político; estudar, sob os seus diferentes aspectos, o trabalho nacional e os meios de melhorar as atuais condições de existência das classes assalariadas; advogar a coparticipação dos advogados nos lucros das empresas industriais, comerciais e agrícolas; fundar universidades populares, bibliotecas e centros de conferências públicas; instituir serviços de assistência médico-farmacêutica e judiciária e outros que possam favorecer o avanço do movimento socialista brasileiro.[12]

A Coligação Social, apesar de promover algumas conferências e reuniões, não sobreviveu. O Partido Socialista também não chegou a atuar. Quando se achava na fase de estruturação, desabou o estado de sítio sobre o país, decretado pelo presidente Epitácio Pessoa (1865-1942),[13] em 5 de julho de 1922, como consequência do levante dos tenentes, no Forte de Copacabana, contra a eleição de Arthur Bernardes (1875-1955),[14] a manipulação e o monopólio do poder político no Brasil pelas oligarquias cafeeiras de Minas Gerais e São Paulo. Desde 1921, porém, militantes revolucionários, que se distanciavam do movimento anarquista, desenvolviam atividades para constituir, com base nos princípios da III Internacional, o Partido Comunista do Brasil. O trabalho de articulação coube a Astrojildo Pereira (1890-1965), e ele procurou congregar, no Rio de Janeiro, os companheiros anarquistas a favor do desdobramento da Revolução Russa como ditadura de operários e camponeses, aqueles que não se converteram ao antibolchevismo quando perceberam que o Poder Soviético não correspondia aos ideais libertários, tais como Fábio Luz, José Oiticica, Pedro Mattera, Edgard Leuenroth, Carlos Dias, Adelino de Pinho, Florentino de Carvalho, Antônio Campos e Manuel Perdigão – homens dos mais dignos e honestos.

A 7 de novembro de 1921, no Rio de Janeiro, Antônio de Carvalho, Antônio Branco, Antônio Gomes da Cruz Jr., Astrojildo Pereira, Aurélio Durães, Francisco Ferreira, João Argôllo, José Alves Diniz, Luiz Perez, Manuel Abril, Olgier Lacerda e Sebastião Figueiredo criaram o Grupo Comunista. A reunião realizou-se na sede do antigo Centro Cosmopolita, à Rua do Senado nº 215. O objetivo consistia em promover a Fundação do Partido Comunista do Brasil e, imediatamente, promoveu as *démarches* junto a núcleos existentes em outras cidades, como São Paulo, Cruzeiro (SP),

Santos, Juiz de Fora, Recife e Porto Alegre. À União Maximalista de Porto Alegre, a mais antiga de todas as organizações regionais, solicitou que passasse a chamar-se Grupo Comunista. Outros grupos, que passaram a se chamar comunistas, e simpatizantes do Poder Soviético, haviam surgido em distintas cidades do Brasil, após a revolução bolchevique. Eram grupos pequenos, meramente locais, a mais das vezes sem consistência e incertos.

Afonso Schmidt revelou que, em fins de 1921, estava ele na redação do jornal operário *A Vanguarda,* fundado por João da Costa Pimenta, em São Paulo, quando lhe apareceu um "homem de estatura meã, vestido azul-marinho, pasta de couro debaixo do braço e um daqueles chapéus de fibra que não tinham forma estabelecida, ou melhor, ficavam na cabeça do jeito que a gente atirava".[15] Ele queria falar com o dono, porém, como se tratava de uma cooperativa libertária (a que editava *A Vanguarda)* não havia nem chefe, nem dono, e Afonso Schmidt indicou-lhe o nome do camarada que mandava mais, ou seja, Edgard Leuenroth. O cidadão falava espanhol razoavelmente e se dizia inglês, representante de importante fábrica de tecidos de Manchester.

Na sua crônica "O cometa de Manchester", Afonso Schmidt referiu-se ao Hotel Terminus, mas, segundo Edgard Leuenroth, ele se equivocou. O misterioso homem hospedara-se no Palace Hotel, à Rua Florêncio de Abreu, 418. Afonso Schmidt contou que

Era de Londres e estava em viagem de inspeção. No momento, residia em Buenos Aires e fazia parte do Secretariado Comunista da América do Sul. Passando pelo Brasil, ficara admirado de não encontrar aqui o Partido Comunista, numa terra onde o proletariado, a julgar pelo que tinha visto, lutava com tanta valentia pelos seus direitos.

– Por que o senhor não funda o Partido Comunista do Brasil? – perguntou.

– Porque não sou bolchevista.

– Nesse caso, indique-me alguém capaz dessa obra.

Edgard pensou um pouco.

– Indico. Chama-se Astrojildo Pereira. Mora no Rio de Janeiro.

– Preciso falar urgentemente com ele.

Estabelecido esse encontro, os dois saíram para a rua a passeio. E, conversando – foi Edgard que me contou – chegaram à Luz, tomaram a Av. Tiradentes, alcançaram a Ponte Grande e foram parar em Santana, sem se darem conta de quanto haviam caminhado. Ali, tomaram o bonde para a cidade e se despediram à porta do hotel. Três dias depois, Astrojildo Pereira desceu de um vagão de segunda classe, do diurno, na Estação do Norte. Foi recebido pelo Edgard que, na mesma noite, o apresentou ao "cometa" de Manchester. Ambos se entenderam muito bem. Eram como velhos amigos. Do que eles assentaram nas suas conversas nada se sabe. Mas Astrojildo Pereira voltou para o Rio de Janeiro, e, pouco a pouco, ao longo dos anos que se seguiram, foi surgindo o partido. Sua primeira publicação era uma revistinha comprida e estreita, com uma foice e o martelo na capa, e tinha o nome de *Movimento Comunista*. Tudo isso se passou, silenciosamente, num tempo em que a polícia de São Paulo alimentava a esperança de prender o sujeito barbudo, de botas, com a faca atravessada nos dentes, que devia chegar de Moscou para fazer a revolução comunista no Brasil [...][16]

Edgard Leuenroth confirmou a história de Afonso Schmidt e informou que o personagem se chamava Raminson. O anarquista Edgard Rodrigues, em sua obra, contou o episódio e referiu-se ao emissário como Raminson Soubiroff.[17] Entretanto, cometeu um equívoco ao juntar o nome de Raminson ao de Soubiroff. Ivan Subiroff foi o pseudônimo do jornalista Nereu Rangel Pestana, que criou um personagem assim chamado, como se fosse delegado da República Soviética em São Paulo, e escreveu *A oligarchia paulista*, publicado em 1919, no qual afirma que no Brasil "é o próprio governo capitalista que prepara e apressa a victória do bolchevismo",[18] além de denunciar os negócios escusos da burguesia paulista e a brutal exploração da classe operária.

Certamente Raminson era o codinome do homem que procurou Edgard Leuenroth. Astrojildo Pereira não aludiu ao episódio em seu livro a *Formação do PCB*.[19] Mas o fato foi que o Bureau da Internacional Comunista para a América do Sul entrou em contato com a União Maximalista de Porto Alegre e manteve entendimentos com o Grupo Comunista do Rio de Janeiro, que atuou, praticamente, como centro político, até o congresso de fundação do PCB. A União Maximalista de Porto Alegre, pela proximidade com Montevidéu e Buenos Aires, pôde estreitar seus laços com a IC. Tanto assim que Abílio de Nequete, no congresso, representou, cumulativamente, o *bureau* para a América do Sul e o PC do Uruguai.

Astrojildo Pereira era humilde e modesto, homem simples e culto. Contou Euclides da Cunha que, quando o grande escritor brasileiro Joaquim Maria Machado de Assis (1839-1908) agonizava, "ouviram-se umas tímidas pancadas na porta principal da entrada", e quando a abriram, "apareceu um desconhecido, um adolescente, de 16 ou 18 anos no máximo". Perguntaram-lhe o nome. O jovem "declarou ser desnecessário dizê-lo". "Ninguém ali o conhecia, não conhecia por sua vez ninguém; não conhecia o próprio dono da casa, a não ser pela leitura de seus livros, que o encantavam. Por isto, ao ler nos jornais da tarde que o escritor se achava em estado gravíssimo, tivera o pensamento de visitá-lo. Relutara contra esta ideia, não tendo quem o apresentasse: mas não lograra vencê-la, que o desculpassem, portanto. Se não lhe era dado ver o enfermo, dessem-lhe ao menos notícias certas de seu estado", continuou Euclides da Cunha. E acrescentou:

> E o anônimo juvenil – vindo da noite – foi conduzido ao quarto do doente. Chegou. Não disse uma palavra. Ajoelhou-se. Tomou a mão do mestre; beijou-a num belo gesto de carinho filial. Aconchegou-o depois por algum tempo ao peito. Levantou-se e, sem dizer palavra, saiu. À porta, José Veríssimo perguntou-lhe o nome. Disse-lhe. Mas deve ficar anônimo. Qualquer que seja o destino desta criança, ela nunca subirá tanto na vida. Naquele momento o seu coração bateu sozinho pela alma de uma nacionalidade. Naquele meio segundo – no meio segundo em que ele estreitou o peito moribundo de Machado de Assis, aquele menino foi o maior homem de sua terra.[20]

A ensaísta Lúcia Miguel Pereira (1901-1959), na sua obra *Machado de Assis*, revelou posteriormente que

> esse jovem, cujo nome Euclides da Cunha, na página admirável em que lhe fixou o gesto generoso,[21] dizia dever ficar ignorado, era o escritor Astrojildo Pereira. Euclides assistiu à cena, pois, com Mário de Alen-

car, José Veríssimo, Raimundo Corrêa, Graça Aranha, Coelho Neto e Rodrigo Otávio, além das famílias amigas, velava pela última vez o grande enfermo.[22]

Com a mesma humildade, a mesma devoção quase religiosa, que dedicou, durante o resto da vida, à memória de Machado de Assis, como profundo estudioso de sua obra, entregou-se à causa da revolução social e, rompendo com o movimento libertário, teceu fio por fio, juntou peça por peça, reuniu diversos grupos espalhados no país, até fundar, em março de 1922, o Partido Comunista do Brasil, sem que a maioria ainda houvesse assimilado a dialética materialista e a doutrina econômica de Marx e Engels. Apenas repetiam o que a III Internacional ditava, a partir de Moscou.

A essa altura, a Argentina já se havia antecipado ao Brasil. O Partido Socialista da Argentina fora fundado, em 1896, pelo médico e escritor Juan B. Justo, que traduzira O *Capital*, de Karl Marx, com o apoio de Isidoro Salomó, Estéban Jiménez, Augusto Kühn. E, em 6 de janeiro de 1918, sob o impacto da revolução bolchevique, cindiu-se – Juan B. Augusto e Nicolás Repetto não simpatizaram com a ditadura – e a dissidência, sob a influência do tipógrafo chileno Luís Enrique Recabarren, formou o Partido Socialista Internacionalista (PSI), "representado por dos revolucionarios rusos emigrados a la Argentina a principios del siglo, pero que habían retornado antes del acontecimento de octubre: A. Aleksandrovsky y M. S. Maschevich, por entonces alto funcionario del Comisario del Pueblo de Comercio Exterior".[23] A gênesis do primeiro contacto do Partido Comunista da Argentina com a IC segue nas penumbras, segundo o escritor Isidoro Gilbert, autor de El Oro de Moscú. Talvez quem estabeleceu foi um desses emigrados, que retornaram à Rússia, após a revolução de fevereiro, decerto através de M. S. Maschevich, o primeiro a retornar de Moscou a Buenos Aires com carnê de delegado ao II Congresso da IC,[24] e provavelmente ele passou pelo Brasil, procurou Afonso Schmidt, esteve com Edgard Leuenroth, e depois se entendeu com Astrojildo Pereira, em 1921.

Logo após conhecer as 21 condições[25] para integrar a Komintern, III Internacional ou Internacional Comunista (IC), adotadas no II Congresso que se realizou em Moscou, em 7 de agosto de 1920, e transmitidas em uma circular de Grigoriy Zinoviev (1883-1936)[26] o PSI tomou o nome de Partido Comunista da Argentina.[27] Rodolfo Ghioldi (1897-1985), um dos seus principais fundadores, juntamente com Fernando José Penelón, viajou então a Moscou, em 1921, a fim de ajustar o enquadramento do PCA às condições impostas na circular de Grigoriy Zinoviev no III Congresso, realizado em Moscou, entre 22 de junho e 12 de julho de 1921, embora não exista suficiente comprovação. De qualquer modo, o certo é que o PCA mandou ao IV Congresso da IC, realizado entre 30 de novembro e 5 de dezembro de 1922, uma delegação oficial composta de dirigentes de primeira linha, José Fernando Penelón e Juan Greco.[28]

A esse Congresso, PCB, fundado oficialmente em 27 de março de 1922, Astrojildo Pereira mandou como representante Antônio Bernardo Canellas (1898-1936), operário gráfico e oriundo do movimento libertário. E ele, com extrema ingenuidade, defendeu a participação de maçons, protestantes e católicos no PCB, aparteou Trotsky, dizendo que ele estava a fazer *"bourrage de crâne"* nos participantes do Congresso, criticou seu modo autoritário de falar, e votou contra as propostas organizatórias de Lenin. As ideias surpreenderam os dirigentes da IC pela forte dosagem anarquista que ainda apresentavam, a ponto de Trotsky, em determinado momento, exclamar, ironicamente: *"C'est le phénomène de l'Amérique du Sud!"*[29]

Os dirigentes da IC, com o parecer de Boris Souvarine (1895-1984), resolveram, por isso, não reconhecer imediatamente o PCB, admitindo-o apenas como simpatizante. Antônio Canellas não se conformou com a resolução e, quando regressou ao Brasil, encaminhou um relatório que a direção do PCB não aceitou e lhe exigiu que fizesse autocrítica. Ele se recusou. O relatório, até então secreto, caiu certa vez nas mãos da polícia, ao vasculhar a casa de um militante, e Antônio Canellas, por entender que, se o inimigo já o conhecia, não havia por que escondê-lo dos trabalhadores, divulgou-o numa pequena brochura.[30]

Dois Anos depois, em 1924, o próprio Astrojildo Pereira viajou para Moscou, em companhia de Rodolfo Coutinho (1901-1955),[31] a fim de obter o reconhecimento do PCB pela Internacional Comunista, e lá habitou até 1927. Encontraram Ba, um jovem oriental, imberbe, cabelo na testa, que dividiu quarto com Rodolfo Coutinho, e falava algo de português. Ele lhes contou que havia morado no Rio de Janeiro, em uma pensão no bairro de Santa Teresa, enquanto se recuperava de uma pneumonia. Ali passara algum tempo. Quiçá três meses, enquanto esperava que outro navio o levasse de volta. Não se pôde precisar em que data esteve no Rio de Janeiro, porém Ba viajara, como ajudante de cozinheiro, no final de 1911, na *frégate* (*destroyer*) antissubmarino *Latouche Treville*, da Marinha de França. Tinha apenas 21 anos. Conheceu Oram, Dakar, Diego Suarez, Porto Said, Alexandria. E, depois de uma escala em Boston e New York, abandonou a profissão do mar. Havia muitas passagens obscuras na vida, informações vagas, dados incompletos. Mas, evidentemente, foi por volta de 1912 que ele viveu no Rio de Janeiro. E o que muito o impressionara na cidade foi a zona do mangue, o cheiro fétido, as prostitutas, o mercado do sexo, o atraso do capitalismo e os resquícios coloniais, contou a Rodolfo Coutinho. Ba, então, se chamava Nguên Ai Quôc, um codinome, e ajudava a articular, na Komintern, a seção do sudeste asiático.

Astrojildo Pereira logo regressou ao Brasil após a aceitação do PCB pela Komintern, mas sob a supervisão do PCA. Rodolfo Coutinho permaneceu em Moscou, a conviver, no mesmo quarto, com Ba ou Nguên Ai Quôc, cujo nome, na realidade, era Ho Chi Minh (1890-1969),[32] um nacionalista, determinado e com férrea perseverança, devotado inteiramente à revolução, para libertar o Vietnã, conforme descreveu o escritor Hoàng Văn Chí (1913-1988), autor da obra *From Colonialism to Communism*.[33]

## NOTAS

1. Maurício de Lacerda, "Barbusse – um amigo da liberdade no Brasil", *O Imparcial*, 4/9/1935.
2. Max Eastman, "The Clarté Movement", *The Liberator*, vol. 3, n. 4 (serial n. 25), abr. 1920, pp.40-42, disponível em <https://www.marxists.org/archive/eastman/1920/clarte.htm>.

3. *Ibidem.*
4. Henri Barbusse, 1920, pp. 23, 37, 42.
5. Vide Leon Trotsky, 1969, pp. 161-ss.
6. Mihail P. Gerasimov foi preso em 1939, durante os expurgos realizados por Stalin, e executado em 1939.
7. Maurice Rieuneau, 1974, pp. 245-27. Jean-Pierre Morel, 1985, pp. 23, 71-72, 175, 236.
8. Enrique del Valle Iberlucea, nascido na Espanha, filho de pescador, emigrou para a Argentina, onde adquiriu a cidadania. Em 1902, ingressou no Partido Socialista e fundou, em 1908 e 1910, as revistas *Socialista Internacional* e *Nueva Humanidad.* Em 1913, elegeu-se senador, o primeiro socialista a entrar no Senado, nas Américas, o que alarmou a oligarquía criolla do país. Adepto do marxismo ortodoxo de Karl Kautsky e, a inclinar-se para o revisionismo bolchevique, pronunciou em Bahia Blanca, em janeiro de 1921, um discurso em favor da Revolução Russa. Foi processado e condenado por um delito de opinião. E, poucos meses depois, em 30 de agosto, faleceu, aos 44 anos. Ver também: <http://www.psciudad.org. ar/h-iberlucea.htm>. Néstor Kohan, 2000, pp. 59-62.
9. Everardo Dias, 1977, p. 108.
10. Jean-Pierre Morel, 1985, pp.108-109.
11. *Ibidem*, p. 109.
12. *Apud* Everardo Dias, 1977, pp.109-110.
13. Decreto nº 4.549, de 5 de julho de 1922, disponível em <http://www2.camara. leg.br/legin/fed/decret/1920-1929/decreto-4549-5-julho-1922-568200-publicaca-ooriginal-91593-pl.html>.
14. Dos 17 tenentes, com a adesão de um civil, que marcharam na Avenida N. S. de Copacabana, Rio de Janeiro, somente dois – os tenentes Antônio de Siqueira (1898-1930) e Eduardo Gomes (1896-1981) – sobreviveram no combate contra as forças do governo.
15. Afonso Schmidt, "O Cometa de Manchester", *in* _____, 1958, pp. 353-354.
16. *Ibidem*, pp. 353-354
17. Edgar Rodrigues, 1972, pp. 403-406. O mesmo equívoco repetiu Fabrício Pinto Monteiro, *Anarquismos e formas de subjetivação na escrita da história.* Tese (doutorado em História), 2014, pp. 70-ss, disponível em <https://www.scribd.com/document/250928354/Anarquismos-e-formas-de-subjetivacao-na-escrita-da-historia>.
18. Ivan Subiroff (Nereu Rangel Pestana), 1919, p. 17.
19. Astrojildo Pereira, 1962.
20. Lúcia Miguel Pereira, 1988, Euclides da Cunha, "A Última Visita", *in* _____, 1995, vol. I, pp. 503-505.
21. "'Última visita', artigo publicado na Renascença, em setembro de 1908, recolhido na *Revista da Academia Brasileira de Letras*, volume XX, e vertido para o francês

no livro editado pela Missão Brasileira de Expansão Econômica em Paris, onde se encontram os discursos proferidos na Sorbonne em homenagem ao romancista brasileiro". Nota de Lúcia Miguel Pereira.

22. Lúcia Miguel Pereira, 1936, pp. 325-326.
23. Isidoro Gilbert, 2007, p. 41.
24. Informação de Isidoro Gilbert ao autor, através de conversa por telefone com o autor em 17 de junho de 2017.
25. As condições para integrar-se à Komintern, III Internacional ou Internacional Comunista (IC), consistiam, *inter alia*, em criar uma organização clandestina paralelamente à legal (3ª condição); combinar o trabalho legal com o ilegal (4ª condição); o partido devia ser organizado e funcionar com base nos princípios do centralismo democrático (12ª condição); romper totalmente com os reformistas e expulsá-los do partido (2ª, 7ª e 21ª condições); todos os membros da Komintern deviam chamar-se: "Partido Comunista do país" – seção da Internacional Comunista (17ª condição) apoiar incondicionalmente todas as repúblicas soviéticas (14ª condição).
26. Como todos os demais companheiros de Lenin
27. Isidoro Gilbert, 2007, pp. 40-45.
28. Elvira Concheiro, Massimo Modonesi, Horacio Gutiérrez Crespo, 2007, pp. 172-174. Delegados de um outro grupo comunista da Argentina também estiveram presentes no IV Congresso da IC.
29. Marco Santana, "Moscow in the Tropics; the Third Period, Brazilian Style", *in* Matthew Worley (ed.), 2004, p. 361. Manuel Caballero, 1986, p. 26. Iza Salles, 2005, pp. 25-27. Nessa interessante obra sobre António Canellas, Iza Salles não se refere ao comentário de Trotsky sobre *"C'est le phénomène de l'Amérique du Sud!"*
30. Vide Apêndice deste livro.
31. Sobre Rodolfo Coutinho vide Ricardo Figueiredo de Castro, "Rodolfo Coutinho, o marxista que falava alemão (1901-1955): apontamentos biográficos", XIV Encontro Regional da ANPUH-Rio – Memória e Patrimônio – 19 a 23 de julho de 2010, disponível em <http://www.encontro2010.rj.anpuh.org/resources/anais/8/1276643839_ARQUIVO_RicardoFigueiredodeCastroartigo.pdf>.
32. Informação de Rodolfo Coutinho, em conversa com o autor, por volta de 1954, confirmada depois por Astrojildo Pereira durante encontro na livraria São José, no Rio de Janeiro, em 1956 ou 1957, após o XX Congresso do Partido Comunista da União Soviética, quando Nikita Kruschiov começou a desestalinização. Na ocasião, Astrojildo Pereira gentilmente presenteou o autor com uma pequena brochura publicada pela Librairie du Travail, em 1926, intitulada Les Problèmes de la Guerre Civile, que reúne conferências de Leon Trotsky pronunciadas na Sociedade de Ciências Militares de Moscou, em julho de 1924.
33. Hoàng Văn Chí, 1964.

# Capítulo 22

FUNDAÇÃO DO PCB A PARTIR DO ANARQUISMO • REVISTA *MOVIMENTO CO-MUNISTA* • FRACASSO DA REVOLUÇÃO NA ALEMANHA • ADVENTO DO NA-ZIFASCISMO NA EUROPA • LEVANTES MILITARES EM SÃO PAULO E EM OUTROS ESTADOS • IDEIAS SOCIALISTAS ENTRE OS TENENTES • GETÚLIO VARGAS E A ALIANÇA LIBERAL • INFILTRAÇÃO DOS SERVIÇOS SECRETOS NO PCB E ENTRE OS AGENTES DA KOMINTERN NO BRASIL • FRACASSO DA INSURREIÇÃO DA ANL

A maioria dos partidos comunistas surgiu de dissidência da Internacional Socialista ou II Internacional, cuja extrema esquerda, nas conferências de Zimmerwald, realizada entre 5 e 8 de setembro de 1915, e de Kienthal, de 24 a 30 de abril de 1916, na Suíça, romperam com os dirigentes dos partidos operários sociais-democratas, que votaram a favor dos créditos de guerra e apoiaram os governos da Entente (Grã-Bretanha e França), Rússia, Alemanha e outros, na guerra mundial, deflagrada em 1914. O Partido Operário Sociais-Democrata da Rússia já virtualmente estava dividido desde 1903, em bolcheviques e mencheviques, como decorrência do conceito de organização do partido, de certa forma inspirado no *Der Revolutionskateschismus* (O Catecismo da Revolução), de Serguei G. Netchayev. O bolchevismo era híbrido, uma espécie de simbiose, resultante de um processo de embriogênese do *Narodnichestvo* – o populismo, que surgiu na Rússia em torno de 1870, com a doutrina de Marx e Engels, adaptada por Lenin às condições específicas da Rússia sob o despotismo czarista, e daí a estrutura centralizada e autoritária, rejeitada pelos mencheviques.[1]

O Partido Comunista do Brasil (PCB), que aderiu às condições da III Internacional, não nasceu, em 1922, de uma dissidência da social--democracia, muito inexpressiva entre os trabalhadores brasileiros, porém do movimento anarquista, liderado pelos discípulos de Bakunin e Kropotkin, que se rebatizaram, no Brasil, com o nome de comunistas, depois da revolução de 24 de outubro (7 de novembro), sem atinar o grau das divergências, a separá-los do Poder Soviético. "Com a revolução russa e a ascensão ao poder do partido bolchevique, foram os anarcossindicalistas ficando em plano secundário, tornando-se a palavra *comunismo* uma espécie de termo litúrgico, sacramental, na oratória das assembleias e dos comícios, juntamente com os nomes de Marx, Engels, Lenin e Trotsky", contou o professor Joaquim Pimenta.[2]

De qualquer forma, o Partido Comunista do Brasil, fundado em 1919 pelos ácratas, alhanou o caminho para que, mais tarde, se operasse a diferenciação ideológica e evidenciou o quanto a Revolução Russa repercutiu no seio do proletariado brasileiro. Os que defendiam a pureza dos ideais libertários – organização à base do acordo, federativa, sem qualquer direção centralizada, autoridade ou disciplina – opunham-se, naturalmente, à formação do novo partido. O PCB, criado em 1919, desvaneceu-se ao ocorrer a fissura no movimento anarquista, provocada pelo impacto da Revolução Russa e da criação da Komintern. Os núcleos de revolucionários subsistiram dispersos pelo país, sem qualquer articulação, cristalizando-se, porém, aqueles, como a União Maximalista de Porto Alegre, que se ligavam ideologicamente à realidade do Poder Soviético.

A fundação do PCB contou com representantes do Distrito Federal, Niterói, São Paulo, Recife, Cruzeiro e Porto Alegre, dos quais oito emergiam do movimento sindicalista, eram eles: Astrojildo Pereira; o barbeiro Abílio de Nequete; o professor Cristiano Cordeiro; o gráfico João da Costa Pimenta; o alfaiate Joaquim Barbosa; o sapateiro e operário da construção civil, José Elias da Silva; Luís Peres; o eletricista Hermogêneo da Silva. O alfaiate espanhol Manoel Cendón era socialista e Rodolfo Coutinho, então estudante, o único que não pertenceu ao movimento anarquista, tinha formação marxista e havia criado, em Recife, o Círculo de Estudos

Marxista (1919-1920), juntamente com Cristiano Cordeiro. Astrojildo Pereira, Luís Peres, Antônio Bernardo Canellas, Antônio Gomes da Cruz e Abílio de Nequete, como secretário-geral, formaram o Comitê Central Executivo, ficando como suplentes Cristiano Cordeiro, Rodolfo Coutinho, Antônio de Carvalho, Joaquim Barbosa e Manoel Cendón.

O Grupo Comunista do Rio de Janeiro deliberou tirar uma revista – *Movimento Comunista* – cujo primeiro número saiu em janeiro de 1922, com a seguinte plataforma:

1. Este mensário, órgão dos Grupos Comunistas do Brasil, tem por fim defender e propagar, entre nós, o programa da Internacional Comunista. Dentro dos modestos limites de nossas possibilidades, pretendemos torná-lo um repositório mensal fidedigno de doutrina e informação do movimento Comunista internacional.

2. Consciente e lealmente aderimos à plataforma da Internacional Comunista. Defendemos, por consequência, o princípio da ditadura do proletariado. Mas entendamo-nos. Para a Internacional Comunista, a "ditadura do proletariado" não é uma frase vazia, nem muito menos significa a pretensão do domínio partidário sobre o proletariado. Ela deve ser compreendida num triplo sentido – liberal, histórico e revolucionário. Deve ser compreendida como condição imperativa de vitória do proletariado, como resultante concreta da necessidade mesma de organização sistemática das forças operárias contra a reação Capitalista.

3. Com referência à organização partidária desejamos e preconizamos, solidamente baseada num mesmo programa ideológico, estratégico e tático, das camadas mais conscientes do proletariado. As experiências próprias e alheias nos aconselham unidade e concentração de esforços e energias, tendo em vista coordenar, sistematizar, metodizar a propaganda, a organização e a ação do proletariado. Centralização e disciplina não significam, porém, nem quebra de autonomia, nem renúncia de vontade. Queremos centralização por acordo mútuo e entendemos por disciplina a responsabilidade nos compromissos tomados. Ninguém é obrigado a assumir nenhum compromisso, mas compromisso assumido implica obrigação de cumpri-lo. É a disciplina. Energias dispersas são energias naturalmente precárias; mas energias

canalizadas, combinadas, somadas por mútuo e comum acordo, são energias potencialmente multiplicadas. É preciso centralização e disciplina porque não queremos dispersão nem irresponsabilidade.

4. No terreno sindical bater-nos-emos energicamente contra todas as divisões e fragmentações. A organização sindical, para responder a seus fins específicos, deve assentar sobre uma base econômica comum a todos os trabalhadores. De conformidade com este critério amplo e positivo, combateremos todos os desvios, todas as deturpações, todos os germes de dissolução que surjam no interior dos organismos sindicais. Preconizamos a mais íntima e estreita ligação orgânica e funcional entre todas as unidades sindicais locais, nacionais e internacionais. Somos pela frente única de combate do proletariado de todo o mundo, sob a bandeira revolucionária da Internacional Sindical Vermelha.

5. Em resumo. Queremos unir e não dividir. Queremos solidariedade e não rivalidade. Queremos que o proletariado adquira, por sua organização e sua orientação, um máximo de eficiência combativa, nas lutas presentes e futuras. Animam-nos um sadio entusiasmo e uma firme vontade de trabalhar. Convictos de que trilhamos o bom caminho e cônscios de nossas responsabilidades, afirmamos nossa fé inquebrantável no triunfo final do comunismo. – O Grupo Editor.

O primeiro número do *Movimento Comunista* trazia o seguinte sumário:

### "MOVIMENTO COMUNISTA"

O *Grupo Editor*: Astrojildo Pereira; Orestes Ristori; Blasquez de Pedro; José Oiticica; Otávio Brandão; Madeleine Marx; C.E.I.C.; Comitê Executivo do PCU; Alexandra Kollontai.

A revista circulou de janeiro de 1922 a junho de 1923 e tornou-se o órgão oficial do PCB, após o congresso de fundação, que passou despercebido pela classe operária. As duas primeiras reuniões, a 25 e 26 de março, tiveram como sede o Rio de Janeiro e as duas últimas, no dia 27, realizaram-se em Niterói. O PCB registrou-se legalmente como sociedade civil, porque, naquele tempo, não existia lei especial sobre a organização e funcionamento dos partidos políticos. Na edição de 7 de abril de 1922 (pp. 69-70), o *Diário Oficial* da União publicou o registro:

Extrato dos Estatutos do Centro do Partido Comunista do Brasil.
Da Constituição do Partido
Art. 1° – Fica fundada, por tempo indeterminado, uma sociedade civil, no Rio de Janeiro, ramificando-se por todo o Brasil, tendo por título Centro do Partido Comunista do Brasil, mas que será chamado Partido Comunista, Seção Brasileira da Internacional Comunista.
Art. 2° – O Partido Comunista do Brasil tem por fim promover o entendimento, a ação internacional dos trabalhadores e a organização política do proletariado em partido de classe, para a conquista do poder e consequente transformação política e econômica da sociedade capitalista em sociedade Comunista.
a) – os membros da sociedade não respondem solidariamente pelas obrigações sociais. [...]
Da Comissão Central Executiva.
Art. 13 – A Comissão Central Executiva se compõe de cinco membros titulares e cinco suplentes, eleitos pelo congresso.
a) até à realização do 2° Congresso Ordinário do Partido, só podem ser eleitos para a Comissão Central Executiva aderentes já filiados anteriormente à data de realização do congresso constituinte.
Art. 14 – De acordo com o princípio da centralização democrática, a Comissão Central Executiva:
a) representa e dirige o partido em sua multíplice atividade e promove a execução das resoluções dos congressos nacionais e internacionais;

b) vela pelo respeito ao programa e aos estatutos do partido, tornando efetivas as medidas disciplinares previstas nos mesmos estatutos;

c) mantém o mais rigoroso controle político sobre todos os organismos do partido, e é responsável pela orientação dos órgãos centrais e em geral por todas as publicações do partido;

d) mantém relações com todos os partidos comunistas de outros países, e com a Internacional Comunista e com outras instituições proletárias;

e) apresenta em cada congresso um relatório geral sobre a marcha e o estado dos organismos componentes do partido.

Art. 17 – São as seguintes as atribuições especiais de cada encarregado de serviço:

a) serviço de secretaria-geral: tem a seu cargo as funções inerentes à secretaria geral do partido, representa a comissão Central executiva, vela pela aplicação das resoluções da mesma, pela organização e disciplina dos centros, organiza e controla a propaganda geral do partido. O membro titular que exerce a secretaria-geral é o representante da sociedade, ativa e passivamente, judicial e extrajudicialmente.

Art. 40 – Unicamente os congressos do partido têm capacidade de realizar reformas e modificações nos presentes estatutos, uma vez que sejam baseadas nos princípios e resoluções da Internacional Comunista; bem como só um congresso, especialmente convocado, pode resolver a extinção da sociedade e determinar o destino do seu patrimônio.

(Estatutos aprovados em assembleia geral de 27 de março de 1922.)

A comissão central executiva: Abílio de Nequete, secretário geral; Antônio Canellas, Astrojildo Pereira, Antônio Gomes Cruz Jr., Luiz Perez.

O congresso elegeu para secretário-geral Abílio de Nequete, fundador da União Maximalista de Porto Alegre, que, segundo Astrojildo Pereira, contribuiu "em larga medida para a fundação definitiva do partido". Além dele, Astrojildo Pereira, Luiz Perez, Cruz Júnior e Antônio Canellas integraram como titulares da Comissão Central Executiva, ficando Cristiano Cordeiro, Rodolfo Coutinho, Antônio de Carvalho, Joaquim Barbosa e Manuel Cendón, como suplentes.

O número 7 do *Movimento Comunista,* que circulou em junho de 1922, trouxe a notícia da criação do partido:

Em meados de fevereiro, por iniciativa dos camaradas do Grupo de Porto Alegre, o Grupo do Rio entendeu-se com os demais grupos existentes sobre a necessidade de se apressar a reunião, em congresso, dos delegados dos mesmos para definitiva organização do Partido Comunista. Havia urgência na organização do partido em vista da aproximação do IV Congresso da Internacional de Moscou, no qual deveriam fazer-se representar os comunistas do Brasil. Um trabalho ativo foi iniciado, neste sentido, marcando-se a data da reunião do Congresso: 25, 26 e 27 de março.

Chegando finalmente o dia 25 de março, realizou-se a primeira sessão do Congresso Constituinte do Partido Comunista do Brasil, sendo lida então uma entusiástica saudação enviada pelo *bureau* da Internacional Comunista para a propaganda na América do Sul. Duas sessões se realizaram ainda no dia seguinte, 26, e duas finais no dia 27. Estavam representados por delegações diretas os Grupos de Porto Alegre, de Recife, de São Paulo, de Cruzeiro, de Niterói, e do Rio. Não puderam enviar delegados os Grupos de Santos e Juiz de Fora. Igualmente se fizeram representar o *bureau* da IC da América do Sul e o Partido Comunista do Uruguai.

Foi estabelecida a seguinte ordem do dia para os trabalhos do Congresso:

1) Exame das 21 condições de admissão na Internacional Comunista; 2) Estatutos do Partido Comunista; 3) Eleição da Comissão Central Executiva; 4) Ação pró-flagelados do Volga; 5) Assuntos vários.

1) As 21 condições de admissão estabelecidas pela Internacional Comunista foram objeto de minucioso e demorado exame por parte dos delegados presentes, sendo discutidas e aceitas, unanimemente, uma a uma.

2) Os Estatutos do novo partido, inspirados nos do Partido Comunista da Argentina, e tendo em conta as condições especiais da situação brasileira, foram elaborados, discutidos e aprovados, a título provisório, pela unanimidade dos delegados.

3) A eleição para os cargos de Comissão Central Executiva do Partido foi feita com um perfeito espírito de cordialidade, tendo-se em vista as habilitações e possibilidades de cada um.

4) Como já existe, funcionando desde setembro do ano passado, um Comitê de Socorro aos Flagelados Russos, do qual fazem parte comunistas, anarquistas e sindicalistas, o Congresso deliberou que a CCE promovesse, de acordo com o referido Comitê, uma maior ampliação na composição do mesmo, convidando, indistintamente, para a organização de uma ação comum, a todos os organismos operários e revolucionários do Brasil, sejam quais forem as tendências.

Depois de outras resoluções de caráter secundário e aprovadas as moções que vão mais adiante, deu-se o Congresso por encerrado, entoando os delegados, de pé, comovidamente, as estrofes da "Internacional". Um viva à Terceira Internacional! e estavam terminados os trabalhos preliminares de fundação do Partido Comunista do Brasil.

Nem por serem poucos e sem exagerarem a modéstia de sua obra, os delegados presentes ao Congresso não menos convictos se mostravam da importância histórica do ato que realizavam. Eles representavam, ali, se não organicamente, de certo em espírito, as aspirações mais altas do proletariado do Brasil, finalmente integrado na vanguarda revolucionária do proletariado mundial.

O Congresso aprovou moções de saudação à Internacional Comunista, à Revolução Russa, à memória dos heróis da revolução, aos perseguidos pela reação capitalista, ao Bureau da IC para a América do Sul, aos Partidos Comunistas da Argentina e do Uruguai, aos trabalhadores do Brasil. E o número 7 da revista também transcreveu a mensagem enviada pelo secretário do Bureau da Internacional Comunista, R. Vaterland, lida na primeira sessão do Congresso:

Ao reunirdes vosso primeiro Congresso Comunista, o *bureau* vos dirige este caloroso apelo para alentar-vos na obra que tão decididamente iniciais. Com efeito, segundo pensamos, essa magna Assembleia dá, neste momento, um dos passos mais importantes para a marcha futura do proletariado no Brasil. A constituição do Partido Comunista, a concentração da vanguarda, a agrupação, num único e disciplinado organismo revolucionário, das forças conscientes da classe trabalhadora constitui, nas circunstâncias presentes, um dos atos mais transcendentais já realizados pelo proletariado do Brasil em seu movimento de libertação.

A importância que assume a constituição de um Partido Comunista tem-na sempre feito ressaltar a Internacional Comunista, referindo-se a todos os países do mundo; porém, essa importância é tanto mais de ressaltar quando o fato se verifica em um país onde o movimento operário em geral é difuso e onde as organizações sindicais muito caminho devem percorrer ainda para valer como forças que sejam verdadeiras organizações de massas. No Brasil, a função orientadora do Partido Comunista reveste-se de especial importância; ele é chamado a fixar uma clara linha de conduta ao proletariado, ele deverá amparar as grandes camadas da população operária e camponesa sob as dobras da gloriosa bandeira da Internacional Comunista, incorporando assim os trabalhadores brasileiros no movimento de redenção.

Depois de um trabalho intenso para a realização do Congresso, que durou cerca de cinco meses, o Partido Comunista do Brasil nasceu sob a severa repressão desencadeada contra o movimento operário e da polêmica com os partidários do anarquista francês Sébastien Faure (1858-1942), Bakunin, e Kropotkin. "... É preciso lembrar que a influência anarcossindicalista era ainda considerável no movimento operário, e que os próprios militantes comunistas, vindos quase todos do anarquismo, não se haviam libertado completamente dela".[3] O PCB, então com 73 membros em todo o país, inscritos nos diversos grupos existentes, procurou sua legalização e registrou-se como sociedade civil. Logo após o 5 de julho de 1922, quando os tenentes do Forte Copacabana se rebelaram e o governo decretou o estado de sítio, a polícia fechou a sua sede, uma pequena sala num sobrado à Praça da República, nº 40.

O fascismo já avançava sobre a Europa. Mussolini e suas hordas ganhavam as ruas da Itália. Hitler, na Alemanha, saía dos bastidores para o picadeiro. E, como Trotsky muito bem previu, em 1931, "a

Alemanha não é só a Alemanha. É o coração da Europa. Hitler não é somente Hitler. É candidato ao papel de um super Wrangel",[4] no caso de assumir o poder, "a vitória do fascismo na Alemanha determinará inevitavelmente uma guerra contra a URSS".[5] A profecia concretizou-se e custaria à URSS cerca ou mais de 20 milhões de vidas, quase a metade dos mortos na Segunda Guerra Mundial.

As tentativas de implementar a revolução socialista, na Alemanha, haviam fracassado, porém, em 1919, 1921 e 1923. A palavra de ordem "todo o poder aos Sovietes" somente encontrara adeptos em uma estreita parcela, mais radicalizada, dos operários, soldados e marinheiros. A supressão das garantias democráticas, da liberdade de imprensa, de associação e de reunião, das quais os bolcheviques privaram todos os adversários do Poder Soviético, assustara não só massas alemãs, mas como de todo Ocidente. A Komintern não conseguiu, porém, cooptar sequer a maioria do movimento operário nos demais países da Europa. A própria Revolução Russa fortalecera a posição dos partidos da Internacional Socialista (II Internacional), ao amedrontar as classes possuidoras, nas potências industriais do Ocidente, compelindo-as a conceder garantias e direitos do trabalho, tal como determinara o Tratado de Versailles. Os EUA apresentavam maior relutância.

A ameaça concreta da revolução, que instituíra na Rússia o Poder Soviético, decerto dimensionou politicamente a questão social no Brasil. Não mais puderam as classes conservadoras deixar de reconhecê-la, nem de considerar o proletariado como força, depois das greves gerais e das tentativas de levante que aconteceram entre 1917 e 1921. Tais classes assustaram-se com o espectro do bolchevismo.

Epitácio Pessoa, na exposição de 15 de novembro de 1922, ao passar a Arthur Bernardes a presidência da República, alarmou:

> Todos os patriotas imaginam com terror o que seria o Brasil se ela vingasse; a ditadura militar, fraca e incapaz, a oprimir a liberdade e desafiar a cobiça dos audaciosos; o país rebaixado no conceito do mundo; perdida a nossa situação internacional; a ideia de comemoração do Centenário posta de lado para agitação interna e o retraimento das potências es-

trangeiras diante de um governo de fato; e a reação dos Estados, e a luta fratricida, e o desmembramento, e o bolchevismo a pairar como ave de presa sobre os escombros da Nação [...]

Apesar da repressão, desencadeada contra os trabalhadores, a agitação continuou ganhando os quartéis, onde os tenentes se insurgiram, a refletir os anseios de mudança das classes médias, contra a crise econômica e a concentração de poder pelos fazendeiros de São Paulo e Minas Gerais. "Uma golfada de ideias socialistas de todos os matizes invadiu o país", escreveu o professor Alberto da Rocha Barros.[6] E essas ideias difusas e confusas se tornaram[7] latentes em todos os movimentos de contestação ao governo do presidente Arthur Bernardes (1875-1955), que manteve o estado de sítio e a mais dura repressão, durante todo o seu quadriênio, de 1922 a 1926.

Em 5 de julho de 1924, dois anos após o levante dos tenentes no Forte de Copacabana, outra revolta irrompeu em São Paulo, sob o comando do general Isidoro Dias Lopes (1865-1949). Ao mesmo tempo insurgiu-se o Regimento de Cavalaria da Força Pública, sob o comando do major Miguel Costa (1885-1959), e centenas de trabalhadores se juntaram aos militares rebelados, cujas tropas ocuparam e controlaram a cidade de São Paulo durante três semanas, compelindo Carlos de Campos (1866-1927), presidente do Estado, a fugir para o interior. Segundo Everardo Dias, "talvez 50% dos que acompanharam as forças até Bauru ou até as barrancas do Paraná eram trabalhadores e civis simpatizantes".[8] Desde o levante do Forte de Copacabana, a juventude militar, a conspirar contra o regime e a oligarquia dominante, mantinha estreito contato com os líderes sindicais.[9] O capitão Joaquim Távora (1881-1924), um dos chefes da insurreição de 1924, em São Paulo, que morreu em combate, afigurava ser "socialista ardoroso", capaz de explicar os acontecimentos políticos à luz da economia, lembrou outro revolucionário, o tenente João Alberto Lins de Barros (1897-1955), um dos comandantes da Coluna Prestes.[10] Contudo, não se pode dizer que os tenentes, rebelados em 1922 e em 1924, fossem ideológica e conscientemente socialistas ou mesmo democratas consequentes, embora reclamassem um regime de representação política e de justiça social. Alguns, inclusive, admiravam Benito Mussolini, o que não significava, igualmente, que tivessem clara consciência do fascismo.[11] Eles, a expressarem a necessidade de mudança, mais e mais aguda no Brasil, refletiam e embaraçavam, com a ambiguidade própria das classes médias, as contradições ideológicas que ameaçavam a convulsionar a Europa.

O general Isidoro Dias Lopes, homem com espírito lúcido e ideias avançadas, participara da rebelião federalista no Rio Grande contra o governo de Júlio de Castilho e a ditadura do marechal Floriano Peixoto, em 1893. Sem ambições, cedeu o comando da coluna ao capitão Luiz Carlos Prestes, mais jovem do que ele. E, em 1924, quando se insurgiu contra o governo do presidente Arthur Bernardes, estava, outrossim, em entendimento com militantes operários,[11] bem como recebeu o fundador do PCB, Astrojildo Pereira, a quem procurou clandestinamente. Após conversarem por longo tempo, ficou "encantado com ele".[12]

Astrojildo Pereira expôs seus objetivos e mostrou-lhe as vantagens que a vitória do movimento poderia trazer em aliança com o PCB. O general Isidoro Dias Lopes ouviu e, no entanto, não assumiu compromisso, exceto o dar aos comunistas todas, "absolutamente todas", as garantias para que pudessem fazer, com liberdade, a propaganda de suas ideias.[13] "Não éramos ainda comunistas, mas poderíamos vir a sê-lo, porque não tínhamos o fetichismo por nenhuma forma de governo", ressalvou o general Isidoro Dias Lopes, em carta ao jornalista José Maria dos Reis Perdigão (1900-1986) – que foi governador do Maranhão, entre 1930 e 1931, participou da coluna revolucionária, e fundou o Partido Socialista Radical. O general Isidoro Dias Lopes era democrata "na acepção científica do termo",[14] i.e., "partidário do governo do povo, cuja existência é a razão de ser das forças de governo", e por isso entendia que o proletariado devia governar – assim definiu na carta a José Maria dos Reis Perdigão. E, ao declarar que não acreditava no "casamento artificial do capital com o trabalho", ensaiado por Mussolini na Itália, afirmou: "Por enquanto, se o sovietismo russo é a solução do problema político-social, para lá devemos seguir, não esquecendo nunca que é a questão de aplicação, que deve ter variante para cada povo e que não há nem haverá última forma, definitiva, de governo".

Outrossim, o tenente-coronel Olinto Mesquita de Vasconcelos e outros oficiais manifestavam confusas simpatias pela esquerda. Durante a marcha da Divisão São Paulo, o tenente-coronel Olinto Mesquita de Vasconcelos doou terras aos índios caiuás das barrancas do Paraná e incitou-os a "varrer o capitalismo do Brasil." "Você pode imaginar qual foi o meu pasmo, ouvindo da boca de um general uma arrojada proposição dessas", comentou o jornalista José Maria dos Reis Perdigão, em carta a Pedro Mota Lima.[15] Ao comemorar a independência do Brasil, em 7 de setembro de 1924, os insurgentes da Divisão São Paulo, às margens do rio Paraná, ergueram uma grande cruz de madeira, marco de fundação de uma cidade, e ao pé enterraram uma garrafa de champanhe, com uma ata assinada por todos os soldados, que continha a seguinte frase: "Só haverá realmente povo quando desaparecerem as castas. O comunismo é o único processo capaz de resolver esse problema".

"Um raio fulgurante e cálido da aurora da redenção, que se levantou sobre a Rússia, mergulhava, finalmente, na selva brasileira. Isso me parece altamente significativo", observou o jornalista José Maria dos Reis Perdigão.[16] Essa tendência ideológica, ainda que sem nitidez, ainda que vaga e confusa, era latente entre os jovens oficiais do Exército. Logo após a insurreição em São Paulo, ocorreu outra rebelião, em Sergipe, em 12 e 13 de julho de 1924. Oficiais do 28º Batalhão de Caçadores (28º BC), o capitão Eurípedes Esteves de Lima, o 1º tenente Augusto Maynard Gomes, o 1º tenente João Soraino de Mello e o 2º tenente Manoel Messias de Mendonça, rebelaram a unidade e deram um *coup d'État* em estilo parecido ao que os Guarda Vermelhos executaram em Petrogrado, em 7 de novembro de 1917, que eles certamente nem conheciam, exceto pelas notícias dos jornais. Capturam os quartéis do Exército e da Polícia, oficinas e estações de Telégrafos, Companhia Ferroviária e o governador do Estado, Maurício Graccho Cardoso, no momento em que entrava no seu gabinete, dentro do palácio. Os tenentes constituíram então uma Junta Militar e controlaram o Estado, mas segundo Andreza Santos Cruz Maynard, o operariado, que mantinha um centro em Sergipe desde 1911, não se mobilizou para apoiar a revolta, que em 2 de agosto foi debelada.[17]

Em 23 de julho, outro levante irrompeu e aí no norte do Brasil. O primeiro-tenente Alfredo Augusto Ribeiro Júnior (1889-1938) e o primeiro-tenente Joaquim de Magalhães Cardoso Barata (1888-1959) insurgiram-se, à frente da 3ª Companhia do 27° BC do Exército, no Amazonas, destituíram o governador interino Turiano Chaves Meira (o governador César do Rego Monteiro encontrava-se na Europa) e formaram a Comuna de Manaus. Aí instituíram o Tributo de Redenção, sobre depósitos no Banco do Brasil, pertencentes aos "decaídos", os oligarcas, que apoiavam o regime, a fim de ajudar os pobres, reprimiram os comerciantes que monopolizavam alimentos, fecharam as casas de tavolagem, confiscaram os bens dos suspeitos de enriquecimento ilícito,[18] e expropriaram o matadouro de propriedade de um grupo inglês Manaus Market. A revolta estendeu-se ao Pará, e os revolucionários ocuparam os municípios de Alenquer, Santarém e a fortaleza de Óbidos, às margens do rio Amazonas, controlaram o rio e toda a região, durante um mês, até que foi debelada pela expedição sob o comando do general João de Deus Mena Barreto (1874-1933).

O capitão Luis Carlos Prestes (1998-1990), em outubro de 1924 levantou as tropas sob seu comando em Santo Ângelo, na região das Missões, Rio Grande do Sul. E lá outras sedições irromperam, com o tenente Antônio de Siqueira Campos, comandando o batalhão de São Borja, os tenentes João Alberto Lins de Barros e Renato da Cunha Melo, o 3° Grupo de Artilharia a Cavalo (3° GAC), de Alegrete; o comando do capitão Fernando Távora, à frente do 3° Batalhão de Engenharia, de Cachoeira do Sul. Igualmente o capitão Juarez Távora sublevou o 5° RCI de Uruguaiana, e o tenente João Pedro Gay chefiou o levante do 3° RCI de São Luís Gonzaga. Aos militares somaram-se forças irregulares dos caudilhos Leonel Rocha, Zeca Neto, Honório Lemes, e Júlio Barrios. E sob o comando do capitão Luiz Carlos Prestes a coluna dirigiu-se para o sudoeste do Estado do Paraná, Foz do Iguaçu, ao encontro das forças da Divisão São Paulo. O capitão Luiz Carlos Prestes, a comandar a coluna, à qual se integraram os revolucionários de São Paulo, percorreu, com 1.500 homens, a pé e a cavalo, durante dois anos e cinco meses, cerca de 25.000 km do Brasil, apoiado pelas populações locais. Nunca perdeu um combate e celebrizou-se como o Cavaleiro da Esperança. Mas, em 27 de fevereiro de 1927, internou-se na Bolívia, sem derrubar o regime. O presidente Arthur Bernardes, por meio do estado de sítio, estava a exercer no Brasil brutal ditadura, às raias da tirania. Diversos jornalistas do *Correio da Manhã*, Everardo Dias, José Oiticica, dezenas de oficiais do Exército e da Armada, e outros presos políticos, inclusive o deputado Maurício de Lacerda colocaram-se a favor da rebelião. Lacerda, em discursos no Senado, em 1925, proclamou a necessidade da insurreição quando a liberdade está em perigo, não apenas como um direito, mas como um dever: *Suprema Lex*.[19] "A luta que se trava nos campos do Sul do paiz, o movimento revolucionário é chefiado pelo íntegro, pelo notável general Izidoro Dias Lopes [...]", disse o senador Antônio Moniz Sodré de Aragão.[20]

Ainda houve diversas outras tentativas de levante, em Corumbá, Mato Grosso, sob o comando do tenente de cavalaria Pedro Rocha; no Rio de Janeiro, do 3º Regimento de Infantaria, tendo à frente os tenentes Carlos Costa Leite e Luís Venâncio Jansen de Melo, com o objetivo de capturar o presidente Arthur Bernardes no Palácio do Catete; em Pernambuco, liderado pelo tenente Cleto Campelo (1885-1859), que pretendeu juntar-se à Coluna Prestes e conseguiu algumas adesões, inclusive de operários e camponeses, até chegar a Jaboatão e Gravatá, no sertão, onde, sem recursos e munições, foi derrotado pelas forças do governo. Os tenentes Herculino Cascardo e Augusto do Amaral Peixoto apossaram-se do encouraçado *São Paulo* e, não conseguindo levantar a Armada, rumaram para Montevidéu.[21]

O espírito de revolta continuou a incitar os oficiais das Forças Armadas, sobretudo os jovens de baixa patente, tenentes e capitães, que nunca deixaram de conspirar contra os governos de Arthur Bernardes, Washington Luís Pereira de Sousa, *i.e.*, contra o regime. Em toda parte, uma indefinida tendência para a esquerda também se insinuou, condicionada pela necessidade de mudança que latejava na República Velha.[22] De fato, após as greves gerais e as rebeliões operárias do período de 1917-1921, cujas proporções políticas ressaltaram o impacto da Revolução Russa, ninguém mais pôde ignorar a questão social. Ela se evidenciou em todo o movimento de contestação ao regime, desencadeado pelos tenentes, a partir de 1922. O próprio Arthur Bernardes, em sua plataforma de candidato à presidência da República, havia delineado, embora superficialmente, um esboço de legislação trabalhista, "dentro dos limites constitucionais", e seu governo, entre 1925 e 1926, tomou algumas iniciativas a fim de implementá-la, começando pela instalação do Conselho Nacional do Trabalho.[23]

O presidente Arthur Bernardes criou, em 1923, o Conselho Nacional do Trabalho, com a competência, *inter alia*, de julgar processos relativos a questões de trabalho. Além disso, determinou a instituição de caixas de pensões e aposentadorias, com contribuição dos trabalhadores, nas ferrovias do país, e promulgou, em 1925, a lei de férias remuneradas para todos os assalariados urbanos. Em 1926, estendeu a lei para a criação de caixas de pensões e aposentadorias a outras espécies de empresas.[24] O presidente Arthur Bernardes não só estava a implementar as determinações do Tratado de Versailles, como também pretendeu amortecer as lutas da classe operária, cuja agitação temia, no momento em que ele estava a enfrentar o impulso revolucionário dentro dos quartéis do Exército e da Armada e intensificava mais e mais a repressão.

O Tratado de Versailles obrigara todos os seus signatários a fazerem idênticas concessões à classe operária, a fim de evitar que as nações industriais, com a elevação do custo da mão de obra, ao adotarem uma legislação social, não perdessem para outras a competitividade no mercado mundial. O Tratado de Versailles também incluía, entre seus dispositivos, a criação de uma Organização Internacional do Trabalho, junto à Sociedade das Nações. O Brasil não podia evadir esse compromisso internacional. O Conselho Nacional do Trabalho, criado por decreto do presidente Arthur Bernardes, em 1923, fora, porém, previsto em projeto de legislação trabalhista, do deputado socialista Maurício de Lacerda, apresentado em 1917 à Câmara Federal, o qual também dispunha sobre a criação de juntas de conciliação e julgamento, fixação da jornada de trabalho em oito horas, sem diminuição do salário, estabelecia as condições de trabalho das mulheres, limitava em 14 anos a idade mínima para a admissão de operários nas fábricas e nas oficinas e regulamentava os contratos de aprendizado.[25] O projeto, na época, não encontrou ambiente favorável. Os interesses do empresariado obstaculizaram sua tramitação na Câmara Federal.

A situação, evidentemente, não era mais a mesma em 1923. A revolução socialista, que derreou o Império dos czares e ameaçou alastrar-se por toda a Europa, modificara, virtualmente, o equilíbrio e a correlação de forças, ao nível mundial, tanto nas potências industriais da Europa como também nos países atrasados das Américas, levando-os a reconhecer os direitos trabalhistas, amedrontados todos pelo fantasma do comunismo, que a União Soviética configurava.

O presidente Arthur Bernardes deixou a presidência da República em 15 de novembro de 1926 e seu sucessor, Washington Luís Pereira de Sousa (1869-1957), sancionou o conjunto das leis sociais, flexibilizadas pelo Congresso, mas estreitamente vinculado aos interesses da oligarquia, ele nada fez para que as leis de fato vigorassem. As companhias estrangeiras de transporte coletivo, ferrovias, eletricidade, gás, frigoríficos, minas, metalurgia e outras, nunca as respeitaram, nem mesmo a que determinava a concessão de 15 dias de férias remuneradas aos trabalhadores. Poucas indústrias cumpriram-nas. As greves continuavam como caso de polícia. Getúlio Vargas (1882-1954), candidato da Aliança Liberal à presidência da República, logo antecipou seu programa, em discurso na Esplanada do Castelo, Rio de Janeiro, em 2 de janeiro de 1930, ao declarar, na sua plataforma de governo que

Não se pode negar a existência da questão social no Brasil como um dos problemas que terão de ser encarados com seriedade pelos poderes públicos. O pouco que possuímos em matéria de legislação social não é aplicada ou só o é em parte mínima, esporadicamente, apesar dos compromissos que assumimos a respeito, como signatários do Tratado de Versailles.

A repressão que havia recrudescido, o cerceamento da liberdade, a censura da imprensa, a crise econômica, que se abateu sobre o Brasil, em decorrência da superprodução de café, responsável por 70% das exportações do Brasil, e a Grande Depressão, desencadeada pelo colapso da bolsa de Wall Street, em outubro de 1929, a Black Friday, todos esses fatores provocaram a retração do mercado externo. A oligarquia de São Paulo debilitou-se em meio à crise e à penúria financeira em que o país chafurdava. As tensões sociais e políticas aguçaram-se no Brasil e a derrubada do presidente Washington Luís Pereira de Sousa tornou-se, necessariamente, inevitável. Em 24 de outubro de 1930, os generais Tasso Fragoso, João Mena Barreto e o almirante Isaías de Noronha deram um *coup d'État* e formaram uma Junta Governativa. A insurreição do Rio Grande do Sul, com o suporte de Minas Gerais, Paraíba e outros Estados do Nordeste e Norte, bem como de intelectuais e tenentes, que aspiravam a promover reformas sociais, espraiara-se no país e triunfara. Os Estados Unidos temeram a sua radicalização.

Com efeito, quando Getúlio Vargas insurgiu-se, sublevaram-se os comunistas da cidade de Itaqui, no Rio Grande do Sul, fronteira com a Argentina, organizando um *soviet*, que as próprias tropas da Aliança Liberal se incumbiram de esmagar.[26] Em São Luís do Maranhão, os socialistas aderiram à insurreição, depuseram o governador José Pires Sexto e constituíram uma Junta Governativa, sob a chefia José Maria dos Reis Perdigão, que pretendeu nacionalizar a companhia norte-americana Ullen Managing Co., encarregada do abastecimento de água, luz, eletricidade, esgoto e carris, após determinar sua ocupação e prender seu gerente, Henry Isler, também cônsul dos Estados Unidos naquela cidade.[27]

O capitão Luiz Carlos Prestes, que se internara na Bolívia com a Coluna Prestes, se asilou em Buenos Aires, isolando-se. Não aceitou o convite de Getúlio Vargas para comandar a insurreição. Disse que aquela não seria a revolução que desejava e lançou um manifesto em 29 de maio de 1930, no qual afirmou que "só um governo de todos os trabalhadores, baseado nos conselhos de trabalhadores da cidade e do campo, soldados e marinheiros, poderá cumprir esse programa", *i.e.*:

> confiscação e divisão das terras; pela entrega da terra gratuitamente aos que nela trabalham; pela libertação do Brasil do jugo imperialista; pela confiscação e nacionalização das empresas estrangeiras, dos latifúndios,

vias de comunicação, serviços públicos, minas, bancos; anulação das dívidas externas. Pela instituição de um governo realmente surgido dos trabalhadores da cidade e das fazendas, em entendimento com os movimentos revolucionários anti-imperialistas dos países latino-americanos e capaz de esmagar os privilégios dos atuais dominadores e sustentar as reivindicações revolucionárias.

O caráter radical do manifesto assustou a própria direção do PCB. A essa época Prestes morava no mesmo apartamento, com o jornalista Aristides Lobo (1905-1968), homônimo do seu tio, o republicano Aristides Lobo. E deve ter sofrido sua influência. Aristides Lobo, fundador da Juventude Comunista, estava já vinculado à Oposição de Esquerda, a dissidência que Trotsky estava a liderar. Ao que se sabe, porém, foi Rodolfo Ghioldi, um dos organizadores do PC na Argentina e secretário do Bureau da Komintern na América do Sul,[28] que o colocou em contacto com o emissário da Komintern, Samuel Guralsky[29] (1880-1938).[30] Também Vittorio Codovilla (1894-1970) teve alguma participação nos entendimentos com Prestes, que viajou para Moscou, em 1931, sendo enviado posteriormente pela Komintern ao Brasil, em 1935, com a companheira Olga Benário,[31] agente do GRU (Glavnoye razvedyvatel'noye upravleniye),[32] o serviço de inteligência militar da União Soviética, com a missão de comandar a insurreição da Aliança Nacional Libertadora (ANL). Com base nas informações transmitidas pelo secretário-geral do PCB, Antônio Maciel Bonfim (1906-?), o Miranda, Luiz Carlos Prestes dissera em Moscou que a revolução no Brasil estava madura.

O comunista alemão Arthur Ernest Ewert (1890-1959), com o codinome de Harry Berger; sua esposa Elise Saborowski (1907-1940),[33] a Sabo; Rodolfo Ghioldi e outros estrangeiros, integrantes do serviço de relações internacionais, também de inteligência da Komintern, OMS (Otdel meschdunarodnych swjasei),[34] foram para o Brasil a fim de assistência aos preparativos da insurreição. A Aliança Nacional Libertadora (ANL) – constituída para deter o avanço do fascismo e reacender, pela esquerda, a revolução de 1930, mas distorcida pelo compromisso com as classes conservadoras – e o PCB estavam, porém, infiltrados, de cima a baixo, pelos serviços de inteligência. Entre os estrangeiros enviados pela Komintern, havia agentes de serviços de inteligência:[35] o norte-americano Victor Allan Barron; Pavel Vladimirovich Stuchevski (codinome Leon Jules Vallée), agente do NKVD (Narodnyi Komissariat Vnutrennikh Del); Sofia Semionova Stuchevskaya (mulher de Pavel); Leon Vallée e sua mulher Alphonsine. O alemão Johann Heinrich Amadeus de Graaf (1886-1969),[36] aliás Johnny ou Paul Gruber, era agente duplo do GRU e do MI6, e tudo informava ao major Francis Edward Foley (1984-1958), oficial do Secret Intelligence Service (SIS), da Grã-Bretanha, que logo transmitia para seu chefe coronel Valentine Patrick Terrell Vivian (1886-1969).[37] É provável que até Johannes von Graaf trabalhasse para o Abteilung Abwehr (Narichtendienst), o serviço de espionagem da Alemanha nazista, dirigido pelo almirante Wilhelm Canaris (1887-1945).[38] Sua mulher, Helena Krüger, era amiga bem próxima de Olga Benário e atuou como *chauffeuse* de Luiz Carlos Prestes e teve um *affair* com seu amigo o capitão Carlos Costa Leite (1895-1980), um dos dirigentes da Aliança Nacional Libertadora.[39]

O capitão Filinto Müller (1890-1973), chefe da Polícia, acompanhou o andamento da conspiração, através de Alfred Hutt, superintendente--assistente-geral da Rio de Janeiro Tramway, Light and Power, que também recebia as informações de Johann Heinrich Amadeus de Graaf[40] e outros. A insurreição, portanto, não surpreendeu o presidente Getúlio Vargas. Começou em 23 de novembro de 1935, depois, no dia 25, em Recife, e em 27, no Rio de Janeiro, sob o comando do capitão Agildo Barata. Mas só durou quatro dias. O governo de Getúlio Vargas esmagou a tentativa de implantar "um governo dos trabalhadores da cidade e das fazendas, como Luiz Carlos Prestes pretendia. Milhares foram presos e muitos, inclusive Ernest Ewert e sua esposa Elise (Sabo), torturados selvagem e cruelmente pelos esbirros de Filinto Müller".[41]

A revolução que ainda fermentava, no Brasil, abortou. Não houve a intervenção dos trabalhadores das cidades e dos campos. O presidente Getúlio Vargas reprimiu ferreamente os focos de sedição. A polícia chefiada por Filinto Müller incumbiu-se dos atos de terror policial, como simpatizante do nazismo que era. Oswaldo Aranha, então embaixador em Washington, escreveu ao presidente Getúlio Vargas que a "mão misteriosa" da Inglaterra ajudou a promover a revolta. Conforme acentuou, "o Intelligence Service está em atividade contra o teu governo."[42] Acrescentou que tinha "notícias seguras" e que a "pérfida Albion[43] não sabia esquecer nem perdoar". O presidente Vargas não excluiu essa hipótese. Respondeu haver sabido que Sir Hugh Gurney (18678-1968), embaixador da Grã-Bretanha, no Brasil, escrevera em novembro ao Foreign Office que, em dentro de quatro ou cinco dias, ocorreria uma revolução, o governo cairia e o Brasil não mais poderia abastecer a Itália, que invadira a Etiópia, pois a situação haveria de mudar.[44] O próprio embaixador Sir Hugh Gurney havia perguntado em audiência com presidente Vargas, o que muito lhe estranhou, sobre a perspectiva de novos levantes comunistas no Brasil, sobre as transações com a Itália e a atitude do governo em face da Liga das Nações.[45]

Diferentes versões surgiram sobre os acontecimentos de 23 a 27 de novembro de 1935, mas, sem dúvida, agentes do Secret Intelligence Service (SIS), da Grã-Bretanha, e da Abwehr, da Alemanha nazista, ademais de outros, estavam infiltrados, informaram, orientaram o governo brasileiro sobre o movimento e precipitaram o levante, com o objetivo de abortá--lo. Também Vargas, de qualquer forma, sabia da conspiração pelas cartas de Pedro Ernesto Batista (1884-1945), bem como do comandante do 1º Grupo de Obuses, Newton Estilac Leal, que fora convidado por Prestes a participar do movimento e se recusara. Segredo não havia. De qualquer forma, a fracassada insurreição de 1935 serviu para inocular, entre verdades e mentiras, entre fatos e mitos, o *ethos* anticomunista nas Forças Armadas do Brasil.[46]

No entanto, a ditadura de Getúlio Vargas, instituída tranquilamente com o *coup d'État* de 10 de novembro de 1937, não assumiu caráter fascista, mas se sobrepôs às classes sociais, no estilo bonapartista. Vargas resistiu a bala, com sua filha, ao assalto ao Palácio Guanabara, onde residia, empreendido por um do grupo de oficiais integralistas da Marinha, comandados pelo tenente Severo Fournier (1908-1940), em 11 de maio de 1938, até a chegada das tropas do Exército. Debelou, então, a intentona da Ação Integralista Brasileira (AIB), organização fascista, que a Embaixada da Alemanha no Rio de Janeiro financiara. E, durante o Estado Novo, impulsou fortemente a industrialização do Brasil, consolidando com o Código do Trabalho as leis e garantias sociais que a própria classe operária conquistara, desde a intensificação de suas lutas, entre os anos de 1917 e 1920, tais conquistas foram também auxiliadas pela ameaça de que a Revolução Russa se espraiasse ainda mais.

St. Leon – Baden Württemberg, 23 de junho de 2017.

## NOTAS

1. Geoffrey A. Hosking, pp. 361-365.
2. Joaquim Pimenta, 1949, p. 204.
3. Astrojildo Pereira, 2012, p. 84.
4. Leon Trotsky, "Está na Alemanha a chave da situação internacional", 26 de novembro de 1931. Leon Trotsky, s/d, p. 37.
5. *Ibidem*, pp. 36-37.
6. Alberto Rocha Barros, 1969, pp. 51-52.
7. João Alberto Lins de Barros, 1953, p. 21.
8. Everardo Dias, 1977, p. 140.
9. Carta do general Isidoro Dias Lopes a Reis Perdigão, Libres, 2/6/1927, Arquivo de Reis Perdigão.
10. João Alberto Lins de Barros, 1953, p. 21.
11. Everardo Dias, 1977, pp. 136-138.
12. Carta do general Isidoro Dias Lopes a Reis Perdigão, Libres, 2/6/1927, Arquivo de Reis Perdigão.
13. *Ibidem*.
14. *Ibidem*.
15. Carta de Reis Perdigão, assinada com o pseudônimo João de Talma, a Pedro Mota Lima. Porto São José, 8/9/1924; João de Talma, 1926, pp. 70-71.
16. *Ibidem*, p. 73
17. Andreza Santos Cruz Maynard, *A caserna em polvorosa: A revolta de 1924 em Sergipe*, dissertação (mestrado em História), 2008, disponível em <http://repositorio.ufpe.br:8080/bitstream/handle/123456789/7247/arquivo3298_1.pdf?sequence=1&isAllowed=y>.
18. Agildo Barata, s/d, pp. 77-78.

19. Antônio Moniz Sodré de Aragão, 1929, p.149.
20. *Ibidem*, p. 152.
21. Agildo Barata, s/d, pp. 72-79.
22. Nelson Werneck Sodré, 1968, pp. 214-216.
23. Everardo Dias, 1977, p. 147.
24. Aziz Simão, 1966, p. 79. Everardo Dias, 1977, pp. 147-148.
25. Maurício de Lacerda, 1980, pp. 98-99.
26. Felipe Ucijara Guimarães Mendes, *Mashorqueiros ou procellários? A experiência tenentista no Maranhão: política, cultura histórica, imaginário, personagens...*, dissertação (Mestrado em História Social), 2015, disponível em <http://www.ppghis.ufma.br/wp-content/uploads/2015/05/Dissertacao-Felipe.pdf>.
27. Entrevista do jornalista José Maria dos Reis Perdigão ao autor. Rio de Janeiro, 1974.
28. Manuel Caballero, 1986, p. 28.
29. Stanley E. Hilton, 1991, pp. 22-24. Manuel Caballero, 1986, p. 28. Boris Volodarsky, 2015, pp. 192, 372. John Earl Haynes, Harvey Klehr, Alexander Vassiliev, 2009, pp. 221-222.
30. Samuel Guralsky foi executado em 1938 durante os expurgos realizados por Stalin.
31. Deportada, grávida, para a Alemanha nazista em 23 de setembro de 1936, foi morta, na câmara de gás do KZ Bernburg, juntamente com outras prisioneiras, em 24 de abril de 1942.
32. Hermann Weber, Jakov Drabkin, Bernhard H. Bayerlein (Herausgegeben), 2015, pp. 408.
33. Sabo, como era conhecida, faleceu no campo de concentração KZ Ravensbrück, quando, trabalhando, caiu enfraquecida pela tuberculose e foi espancada pelos guardas e mordida pelos cães de guarda.
34. David P. Hornstein, 1995, pp. 125, 138, 190 e 206.
35. Nada foi esclarecido, oficialmente, sobre o belga (?) Leon Jules Vallé e o norte-americano Victor Allan Barron. Leon Vallé foi preso, interrogado e desapareceu misteriosamente depois de libertado pela polícia. Victor Barron teria delatado ao capitão Afonso Miranda Correia, chefe do Departamento de Ordem Política e Social (DOPS), o esconderijo de Luiz Carlos Prestes por interferência de um funcionário da embaixada americana.
36. Johann Heinrich Amadeus de Graaf participara, em 1919, do Spartakusgruppe, que Karl Liebknecht liderava.
37. Agildo Barata, s/d, pp. 258-262.
38. O almirante Wilhelm Canaris também conspirou contra Hitler, foi preso e executado em 9 de abril de 1945, pouco antes da vitória dos Aliados.
39. R. S. Rose, Gordon D. Scott, 2010, pp. 203-204, 226.
40. Johnny saiu do Brasil em 21 de janeiro de 1936.

41. Rodolfo Ghioldi, a quem o autor visitou em Buenos Aires, apresentado pelo escritor e jornalista Isidoro Gilbert, em 1975, informou que os participantes do movimento não estavam preparados, não tinham organização, nem sabiam dos seus objetivos.

42. Carta de 3/12/1935, Aranha a Vargas, Wash., doc. 47, v. XX. Arquivo de Getúlio Vargas.
   A anotação corresponde ao tempo em que ainda se encontrava na residência de sua filha, Alzira Vargas do Amaral Peixoto, em 1971.

43. "Pérfida Albion", expressão pejorativa, com referência à forma traiçoeira como a Inglaterra internacionalmente atuava. Foi criada pelo poeta e diplomata francês Augustin Louis Marie de Ximénès (1726-1817) e consta dos versos do poema "L'Ère des Français", publicado no *Calendrier Républicain*, de fevereiro de 1793: "*Attaquons dans ses eaux la perfide Albion/ Que nos fastes s'ouvrant par sa destruction/ Marquent les jours de la victoire*".

44. Carta de 14/12/1935, Vargas a Aranha, doc. 60, v. XX. Arquivo de Getúlio Vargas.

45. *Ibidem.*

46. Roberto Martins Ferreira, 2005, pp. 42-52, 56-58.

# Apêndice

## Sociais-Democratas alemães no Brasil I*

Relatório da Comissão Executiva do Partido Operário do Brasil a apresentar-se no Congresso Socialista Internacional de Zürich – 1893

Camaradas,

Antes que a Comissão Executiva faça-vos um breve relato sobre os traços fundamentais do movimento operário nesta parte da América do Sul, permitimo-nos saudar o proletariado do mundo na feliz ocasião que é o próximo Congresso Socialista Internacional, em Zürich. Esperamos que esse Congresso tome decisões sábias e progressistas que, de acordo com o ideal do século, favoreçam a união e a unidade de todos os trabalhadores do mundo. Bem, camaradas, a Comissão Executiva passa, não muito tarde, ao fato por meio da voz de nosso camarada Wilhelm Liebknecht, representante nesse congresso do Partido Operário do Brasil, partido que se apresenta a vós como o representante dos socialistas na República do Brasil.

Não exageramos em vos dizer que a ideia socialista está ainda embrionária nessa parte da América. Esse estado crítico de nosso ideal traz sua explicação natural no fato que nosso país ainda é jovem. Apesar da

---

* "Rapport de la Commission Executive du Parti Ouvrier du Brésil à présenter au Congrès Socialiste International de Zürich – 1893", G. Haupt, "Militants sociaux--démocrates allemands au Brésil (1893- 1896)", *in Le Mouvement social: bulletin trimestriel de l'Institut français d'histoire sociale*, disponível em <http://gallica.bnf.fr/ark:/12148/bpt6k5740865w/texteBrut>. O manuscrito escrito em alemão é conservado no Sozialarchiv em Zürich.

instabilidade da vida social, houve pouca miséria até então, porém, a miséria e a penúria do trabalho mecânico começaram a fazer-se sentir.

No Brasil, o primeiro movimento operário pela restauração dos direitos dos trabalhadores apareceu em 1870 na residência do império caído, atualmente a capital federal (Rio de Janeiro). Esse movimento manteve-se tímido nas suas ações revolucionárias e inconstante em certas declarações enviadas aos partidos burgueses (seus dirigentes não eram verdadeiros trabalhadores, mas, muitos políticos de todos os partidos do poder). Essa situação durou até o fim de 1878, quando o movimento degenerou em sociedades benevolentes. Entre essa época e dois anos atrás, não se falou de socialismo nesse país. Esse termo para as massas ignorantes, erigido pela burguesia pérfida, significa o equivalente a ladrão e a assassino, como foi no caso da Europa iluminada, durante a infância do socialismo.

Logo que a República foi proclamada, um novo movimento apareceu, em 1889. Abusando da confiança dos trabalhadores, ao favorecer os dirigentes que ele elevou das legiões operárias, a burguesia deu a esse movimento o caráter puramente político. O Partido Operário não parou de combater esse estratagema e orientar os trabalhadores! Sua saída para esse impasse sinuoso, mostrando-lhe o horizonte puro, foi o socialismo, libertador dos oprimidos.

Assim, o Partido Operário publicou na imprensa artigos de seus dirigentes e propôs a ideia socialista. No começo do ano de 1892, sua Comissão Executiva elaborou uma agenda e convocou o primeiro congresso operário. Esse congresso ocorreu entre primeiro de agosto e nove de setembro, de 1892. O partido opôs-se a alguns falsos amigos de nosso ideal, que se serviram de instrumentos da burguesia e tentaram desacreditar o congresso dos operários utilizando-se da imprensa burguesa.

Porém, eles não foram bem-sucedidos. A boa vontade dos honestos camaradas, que dignamente interpretaram as opiniões das corporações que eles representavam, permitiu o Congresso de se sentar por mais de um mês, sem interrupção, todos os dias das oito horas à meia-noite.

Seguem todos os pontos da agenda que o estatuto e o programa debateram e adotaram:

Considera-se que é da mais alta importância definir a posição do Partido Operário para relatar ao país, face ao movimento socialista que reúne os pensamentos dos pobres;

Considera-se que o maior inconveniente para o Partido Operário reside na ausência de um programa que substitua a dominação individual pela revolução social conforme as características fundamentais da ciência econômica e política;

Considera-se que o socialismo é parte de uma prática de um mesmo princípio universal, embora esteja sujeito a situações e a estruturas diferentes;

Considera-se que se deve ter entre os trabalhadores da América e da Europa uma cooperação unânime e, no domínio doutrinário, uma total identidade de vista;

Considera-se que o desenvolvimento da produção moderna, favorecido pela utilização de descobertas científicas nos diversos domínios da indústria, tende a socializar o trabalho, aumentando o poder individual pelo desenvolvimento do poder coletivo;

Considera-se que, pela contínua concorrência da grande indústria, incluindo a completa divisão do trabalho, as capacidades técnicas do trabalhador são modificadas no sentido que deterioram evidentemente os trabalhadores;

Considera-se que a divisão social da produção concentra os rendimentos, no estado atual da gestão da propriedade, nas mãos da classe capitalista, sendo dessa forma que ela submete a classe operária a uma exploração física e moral cada vez maior;

Considera-se que, nas condições econômicas da sociedade atual, a classe operária jamais poderá libertar-se da tutela do capital se ela não capturar os meios de produção, quer dizer, as ferramentas e as matérias-primas para a restituição do solo à comunidade;

Considera-se que a emancipação econômica da classe trabalhadora é inseparável de sua libertação política e que ela tentará obter, por meio de todos os métodos legais, a maior quantidade possível de propriedade coletiva e disciplinar as forças [operárias] com o fim de adquirir influência sobre o futuro político do Brasil;

O Congresso Operário Nacional adotou esse programa e esses estatutos para o Partido Operário Brasileiro e os difundiu para todos os seus membros, que os estão executando e aplicando inteiramente.

Art. 1. – Eliminação de todo poder hierárquico e hereditário.

Art. 2. – Eleição direta para todos os cargos eleitos por sufrágio universal e anulação de todos os mandatos anteriores.

Art. 3. – Direito para toda pessoa de eleger e ser eleito.

Art. 4. – As associações de municípios formem Estados; os Estados, inteiramente autônomos, formem a Nação.

Art. 5. – Convocação de uma Assembleia Nacional para revisar a constituição federal e decidir definitivamente uma forma de governo sobre uma base socialista.

Art. 6. – Larga publicação de todas as decisões tomadas nos municípios, nas assembleias dos Estados e na assembleia Nacional.

Art. 7. – Abolição de todos os impostos diretos e indiretos e introdução de um único imposto sobre a renda, direto e progressivo.

Art. 8. – Censo geral, a cada dez anos, da população e da propriedade, em todos os municípios e em todos os negócios civis e políticos.

Art. 9. – Remuneração de todos os trabalhos públicos por meio de regime salarial.

Art. 10. – Responsabilidade de todo funcionário público de se apresentar diante das assembleias populares e sujeição desses funcionários ao direito comum.

Art. 11. – Ensino gratuito, obrigatório, primário, técnico e laico.

Art. 12. – Completa liberdade de opinião, pensamento, imprensa, reunião, associação e movimento.

Art. 13. – Introdução de bolsas de trabalho.

Art. 14. – Abolição do exército permanente e, em cada lugar, criação de uma guarda civil com o fim de manter a ordem interna.

Art. 15. – Abolição de todos os privilégios criadores de monopólios.

Art. 16. – Direito aos municípios de intervir durante epidemias, fome e emergência pública, quer dizer, de tomar medidas higiênicas ou criar mercados para proteger o povo da miséria, com o fim de lutar contra o monopólio das mercadorias.

Art. 17. – Os municípios devem construir habitações saudáveis, confortáveis e agradáveis.

Art. 18. – Todas as instituições sociais, tais como linhas férreas, transporte terrestre ou marítimo, instituições de crédito e seguros, devem ser autorizadas pelo município, pelo governo do Estado ou pelo governo nacional.

Art. 19. – Restituição da terra à nação e repartição por meio de arrendamento.

Art. 20. – Criação de cooperativas de produção com ajuda do município, do Estado e da Nação.

Art. 21. – Exclusão dos empregadores e dos proprietários das direções das associações operárias.

Art. 22. – Proibição do trabalho para menores de doze anos.

Art. 23. – Criação de escolas de trabalhos manuais à custa de municípios e instituições de aprendizagem à custa da federação que controla as capacidades por meio de comissões de trabalhadores especialistas.

Art. 24. – Criação de tribunais de julgamento, composto de trabalhadores e empregadores, que decidirão aumentar ou diminuir os limites de terra.

Art. 25. – Em caso de reivindicações comuns de trabalhadores para com empregadores e governantes, os trabalhadores negociarão e, em casos que não houver avanços, se utilizarão de greve pacífica.

Art. 26. – Fixação de uma jornada de trabalho de oito horas; diminuição em casos de indústrias danosas à saúde; fixação de cinco horas para jornada noturna.

Art. 27. – Pagamento do salário conforme as horas de trabalho.

Art. 28. – Determinação do salário mínimo conforme a base dos preços mínimos das necessidades vitais. O salário será fixado por uma comissão especial eleita pelos trabalhadores das respectivas empresas.

Art. 29. – Estabelecimento de comissões mistas de regulamento, composto de trabalhadores e empregadores, com o fim de colocar uns e outros em pé de igualdade diante da lei.

Art. 30. – Inspeção higiênica severa nas fábricas e nos estabelecimentos industriais, profissionais, públicos e privados.

Art. 31. – Garantia de subsistência para os jovens necessitados e os velhos inválidos.

Art. 32. – Responsabilidade do governo e dos empregadores por todo acidente causado a operários no decorrer do trabalho. Nesse caso, os empregadores deverão entregar para o governo uma quantidade correspondente ao número de trabalhadores empregados.

Art. 33. – Garantia de todos os direitos civis e políticos para as mulheres.

Art. 34. – Uma única moeda garantida por um único padrão.

Art. 35. – Os mesários do pleito são eleitos no dia eleição.

Art. 36. – Abolição do direito dos funcionários exigirem a gratuidade de alojamento, eletricidade etc.

Art. 37. – Ajuda jurídica e assistência médica gratuita para todas as classes à custa do poder público.

Art. 38. – Fim dos litígios internacionais por meio de tribunais ou decisões populares.

Art. 39. – Reforma jurídica para as leis de acordo com a necessidade atual e o progresso da sociedade.

Art. 40. – Tributação gradual das heranças, conforme foi decidido pela Nação.

*Aos camaradas, membros do Congresso socialista internacional em Zürich.*

*Os membros da Comissão executiva nacional:*

*José WINIGER, August LUX, Otto BENDIX, Nikolaus SCHNEIDER.*

RELATÓRIO DA ASSOCIAÇÃO GERAL DOS OPERÁRIOS DE SÃO PAULO AO CONGRESSO INTERNACIONAL DOS OPERÁRIOS

Londres, julho de 1896.

Enquanto a classe operária organizada do mundo reuniu-se uma nova vez com o fim de estudar e determinar, através de seus delegados, os meios que deverão ser implementados para conduzirem o proletariado internacional ao seu objetivo, a libertação de toda dependência econômica e política, não queremos perder a oportunidade de trazer nossa contribuição na medida de nossos meios. Conscientes que os meios de emancipação só podem ser alcançados por meio de pleno conhecimento do passado e do presente, queremos tentar descrever, brevemente, a situação econômica e política do Brasil e a posição do movimento operário nesse país tanto quanto a gente pode falar.

Dada a situação no Brasil, esse movimento está novamente muito frágil. É o porquê que tivemos de nos abster de enviar um delegado e nos limitarmos a pedir a um camarada de nossa pátria [a Alemanha] para nos representar em Londres.

Para compreender um pouco da situação particular do Brasil, é preciso lembrar que a escravidão foi abolida há oito anos apenas. A existência prolongada dessa instituição ainda hoje deixa a sua marca sobre a mentalidade, a característica do povo. O povo no sentido próprio do termo, não toma parte alguma no desenvolvimento. Ele não contribuiu para transformar a Monarquia em República. Há aproximadamente seis anos e meio, não se tem apropriado significativamente das ideias democráticas e republicanas. Não exerce atualmente qualquer influência sobre o governo; ao contrário, ele abandona esse cuidado para as classes proprietárias, aquelas que possuem todas as riquezas e que têm, a mais, exclusiva educação superior. Essas classes proprietárias não param de utilizar a máquina governamental para servir unicamente os seus próprios interesses. Em outros termos, os verdadeiros proprietários do país são os fazendeiros. Esses grandes proprietários de terra e os seus filhos que deixam a escola para monopolizar o governo e todos os postos administrativos bem-remunerados, "tosquiadores" e "sangradores". De acordo com todas as regras, o infeliz povo que é dócil, ainda, a um catolicismo intolerante.

O sistema escolar deixa muito a desejar, mesmo nas escolas secundárias que têm um nível aceitável. O ensino é público, porém, somente as crianças ricas, cujos pais têm proteção, são admitidas. Os filhos dos pobres são levados para as escolas primárias, que são equipadas de maneira muito insuficiente. Como a escola não é obrigatória, de qualquer maneira, as escolas existentes não correspondem às necessidades totais, o número de analfabetos é muito elevado. Os especialistas afirmam que ela atende setenta por cento da população. Pode-se imaginar, como tal povo, frugal na mais alta degradação, não tem qualquer ideia de progresso da civilização, é fácil... de governar.

Depois da abolição da escravidão, a necessidade de mais mão de obra fez-se logo sentir e o governo – diz-se os fazendeiros – iniciou uma imigração massiva de trabalhadores europeus. Não à custa dos empregadores, mas, à custa do Estado, quer dizer, pago por todos os contribuintes. As nacionalidades escolhidas eram e são sempre: em primeiro lugar os Italianos, em segundo lugar, os Portugueses e os Espanhóis. Esses povos são os mais adequados em razão de seu parentesco linguístico e suas afinidades culturais que os aproximam dos autóctones. Mas esses imigrantes, quando se estabelecem e se tornam cidadãos de sua pátria adotiva, não tomam grande parte de seu desenvolvimento político. Quanto ao elemento alemão, como as outras nações, ele entra na linha em razão de sua falta numérica.

O estado de São Paulo – que, trataremos somente aqui, possui situação semelhante ou ainda pior que em todo o Brasil – é um Estado puramente agrícola. A indústria é insignificante e provavelmente jamais se desenvolverá porque o carvão e os metais devem ser importados. O produto cultivado em prioridade que, apesar da má gestão, alimenta a riqueza do país é o café. O estado de São Paulo produz metade do consumo mundial de café. Entretanto, essa riqueza não fornece nenhum bem-estar ao povo trabalhador. De fato, a cultura do café, por ser a mais rentável, resulta que lhe dediquem quase toda polegada quadrada de solo. Em consequência disso, ocorre que quase todos os gêneros alimentares devem ser importados, explicando os seus preços elevados. É característico ver nesse país, onde a agricultura fornece enormes ganhos como talvez nenhum outro lugar, os grandes proprietários queixarem-se de dificuldades. Eles não se contentam de terem a mão de obra fornecida pelo Estado à custa da comunidade; exigem mais assistência. Por exemplo, pela política alfandegária forçam os países consumidores de café a baixarem as suas tarifas sobre o seu produto. Toda essa política, claro, em detrimento da população trabalhadora. O sistema fiscal também demonstra como a classe dominante consegue fazer a população trabalhadora suportar todos os encargos. Todas as necessidades do Estado estão cobertas por impostos indiretos. O fazendeiro não paga impostos por sua imensa propriedade; ele não paga uma taxa mínima pelo café exportado. As principais receitas do Estado resultam das taxas exorbitantes cobradas em todos os produtos importados, que os mais pobres pagam igualmente como os ricos.

Se examinarmos momentaneamente a situação econômica dos trabalhadores, podemos distinguir duas categorias principais: os trabalhadores agrícolas e os trabalhadores industriais. É difícil descrever a condição dos trabalhadores agrícolas porque essa varia conforme a capacidade do proprietário de terra. Para compreender a relação exata entre os encargos e os afazeres desses trabalhadores e o seu salário, deve-se também descrever como funciona a produção de café. Pode-se resumir nos fatos seguintes: em geral, um preço fixo é atribuído pela totalidade de um conjunto de trabalhos. Trata-se de um valor fixo pela plantação, pela aração e pela colheita dos grãos por unidade de mil pés de café. Com esse sistema, o salário médio de um adulto oscila de um a dez mil réis por dia. Além disso, um pedaço de terra é atribuído a cada família, que pode cultivá-la para as suas próprias necessidades. Entretanto, esse modo de pagamento não é o único. Acontece que, muitas vezes, os trabalhadores recebem certa porcentagem da colheita como salários. Pode-se, ainda, encontrar que, dentro da regra geral, alguns poucos trabalhadores agrícolas conseguem escapar desse sistema de contrato de trabalho e alcançar a independência e uma melhor sorte.

A situação dos operários nas cidades, os operários da indústria, pode ser descrita com mais precisão. O salário dos operários especializados – os profissionais – oscila entre quatro e oito mil réis por dia. A maioria se estabelece com seis mil réis. O salário dos trabalhadores não especializados – os auxiliares – varia entre três e quatro mil réis por dia. É necessário considerar mais de perto o poder de compra do dinheiro brasileiro para conhecer o valor real desses salários.

O mil-réis possui o valor de 2,25 marcos alemães. Contudo, somente o papel moeda circula no interior do Brasil. Nesse espaço, o mil-réis tem, nesse momento, um valor de oitenta por cento. Seu valor oscila muito e descendeu algumas vezes até sessenta por cento. Como quase todos os produtos – gêneros alimentares e outros artigos de primeira necessidade – devem ser importados do estrangeiro, além de estarem sujeitos a tarifas muito elevadas, seus preços são de três a quatro vezes mais caros do que na Alemanha. Somente essas constatações permitem de se ter uma ideia exata do nível dos salários; não é um exagero afirmar que o salário médio no Brasil é mais baixo, ou pelo menos não mais elevado, do que na Alemanha. Além do mais, é interessante mencionar que os aluguéis, na cidade de São Paulo, são o dobro do custo do que na cidade de Berlim.

A única vantagem que se tem de trabalhar em São Paulo é que sempre se tem trabalho. A oferta de mão de obra aqui é menor do que na Europa. O exército proletário de reserva não tem as mesmas dimensões. Entretanto, se a imigração italiana continuar no ritmo atual, em breve, seremos capazes de concorrer e superar a situação da Europa.

Para voltar uma vez mais sobre a desvalorização da moeda brasileira e as suas causas, podemos explicá-las pelo enorme endividamento do Brasil e pela instabilidade política. Esses dois fatores são centrais para fazer baixar o valor do papel-moeda. Eles não poderiam, contudo, justificar um preço tão baixo. De fato, o Brasil sempre fez frente aos seus compromissos financeiros e podia permitir-se suportar a má gestão financeira de seus governantes em qualquer tempo graças as suas imensas riquezas naturais. A verdadeira razão da desvalorização monetária é o interesse dos fazendeiros de manter os custos muito baixos. Porque os barões do café têm os seus produtos pagos em ouro e eles, por sua vez, pagam seus trabalhadores e fornecedores em papel-moeda desvalorizado. Eles têm o interesse que, evidentemente, a diferença entre o valor da moeda-ouro e o valor do papel-moeda seja a maior possível. Como os fazendeiros controlam, sozinhos, o governo, eles conseguem sempre atender seus objetivos à custa da população trabalhadora. Eles procedem da seguinte maneira. Em primeiro lugar, o Estado deve taxar em ouro os interesses de seus devedores estrangeiros; assim, ele recebe três vezes o preço do que receberia se o papel-moeda estivesse em seu nível normal. Todos os cidadãos são vítimas desse abuso, porque o aumento das taxas – que resultam em um aumento considerável de preço – é fixado em função dos gastos adicionais do Estado. A classe dominante sabe como fazer tolerar as cargas que atribuem aos menos favorecidos. Em segundo lugar, o custo muito baixo do papel-moeda aumenta o preço dos produtos importados sem levar em conta os direitos aduaneiros. A diferença seria menos considerável se os salários aumentassem na exata medida que o valor do papel-moeda baixa. Esse não é o caso; os salários pouco evoluíram depois da época que o papel-moeda foi fixado como padrão-ouro.

Encontramo-nos, portanto, em um país cheio de riquezas naturais, como poucos outros, mas onde o povo esteve infelizmente longo tempo submetido a um clero despótico e que ainda mantém a memória da escravidão. Esse povo é incapaz, em pouco tempo, de construir a iniciativa de reorganização do regime político. O país dispõe, certamente, de uma constituição republicana, mas, a constituição nunca corresponde aos pobres, só serve para encher os bolsos de quem aplica. A constituição, sobre o papel, é boa; entretanto, ninguém a cumpre. Na realidade, o regime é autoritário. As ações das classes dirigentes não são guiadas pela vontade de favorecer o bem público, de fazer do Brasil um país civilizado; ela atende unicamente o interesse de se enriquecer à custa de todos. O fato que existem honrosas exceções entre os dirigentes não permite modificar a impressão geral. O país todo dá o espetáculo do inacabado; apresenta enormes contrastes: de um lado, os restos da barbárie, do outro, os aspectos mais modernos.

Nessas condições, surpreende-se ninguém declarar que o movimento operário brasileiro é dos mais modestos, pelo menos segundo as concepções europeias. Até recentemente, a única organização social-democrata em São Paulo era a Associação Geral dos Operários, que preparou o presente relatório. Estritamente falando, ela ainda é a única porque as associações sociais-democratas brasileiras que se formaram aqui e em Santos não podiam ser consideradas como verdadeiras organizações de operários, ainda que seus líderes, da burguesia esclarecida, se esforçassem em difundir ideias socialistas para o povo.

## Sociais-Democratas alemães no Brasil

Saudamos com alegria os camaradas que nos facilitam a tarefa. De nosso lado, realizamos nossa ação no círculo de nossos compatriotas, mas, não podemos difundir as ideias do socialismo entre os autóctones, porque raros são, entre nós, aqueles que falam suficientemente o português para serem propagandistas eficazes. Esperamos mais progresso doravante, porque um jornal consagrado à propaganda das doutrinas socialistas aparece a cada semana em São Paulo, desde o início de junho. Ele é feito em português, italiano, francês e alemão. Esse jornal, *O Socialista*, é editado pela associação brasileira Centro Socialista. Um jornal similar, publicado unicamente em português, aparece há algum tempo em Santos. Foi relatado também pela imprensa que, nestes dias, uma associação socialista estudantil está sendo formada.

O Primeiro de Maio mostrou-nos que, mesmo no Brasil, a luz se faz pouco a pouco e as ideias libertadoras do socialismo conquistarão mais e mais adeptos. Descobrimos que em várias cidades no ano passado, onde nem se pensava que celebrassem o Primeiro de Maio, trabalhadores de diversas nacionalidades reuniram-se para celebrar esse dia comum. É isso que fizemos em São Paulo. Nossa cerimônia não foi particularmente impressionante, mas, todas as nacionalidades que vivem aqui foram representadas. A decisão foi tomada para agirmos em conjunto. Queremos permanecer fiéis a essa decisão e a esse trabalho, de acordo com o nosso conhecimento e nossas respectivas aptidões, porque a luz do socialismo também ilumina o Brasil.

Mesmo se não pudermos ser representados em Londres, seguiremos à distância os debates do Congresso com o maior interesse, desejamos que as resoluções adotadas nesse congresso façam novamente progredir o movimento operário internacional.

Com nossos comprimentos sociais-democratas, apertamos-vos as mãos. A Associação Geral dos Operários de São Paulo.

# A socialização da Europa: Karl Kautsky e
a Ditadura da Entente

*Assis Chateaubriand*

Quando ainda me encontrava na Itália, tive o desejo de entrar na Alemanha,
passando por Viena, a fim de me encontrar com Kautsky (1854-1938). O
famoso socialista reside hoje na Áustria, sua pátria de origem. Sabe-se que
o governo da revolução o nomeara para apurar, nos documentos da Wilhel-
mstrasse,[1] as responsabilidades da guerra,[2] e Kautsky chegou a resultados
que o impopularizariam, na Alemanha. Sobretudo depois que o *Times* –
disse-me Madame Kautsky que até ela e o marido ignoram como – obteve
um exemplar das provas do trabalho de Kautsky e o publicou antes dele
haver apresentado ao governo, os inimigos do velho socialista encontraram
aí um elemento terrível para a sua campanha demolidora. Foi o *Assaut* em
toda a sua violência. Kautsky amargou um quarto de hora atroz.

Há quatro dias, um deputado do Partido Socialista Independente
informou-me de que Kautsky achava-se em Berlim por uma semana. Fui
vê-lo no quarto andar de sua residência em Windscheid Straße.

Ele me recebe num gabinete pobre de estudante, mobilado com simplicidade. Poucos minutos antes de mim, dali tinham saído MacDonald
e outros líderes do trabalhismo inglês, em trânsito por Berlim, rumo a
Genebra, para a II Internacional. Foram visitar o apóstolo do socialismo
na Europa Ocidental. Kautsky é um economista. Conhece maravilho-
samente o Brasil econômico, e me fala dele, com uma erudição surpreendente. As minas de ferro de Minas Gerais, os campos de criação de
Mato Grosso e Rio Grande, os métodos de trabalho nos núcleos coloniais
de São Paulo e Santa Catarina, a nossa riqueza em combustível branco,
todos esses assuntos ele os versa com a familiaridade de um conhecedor

profundo. Procurei habilmente desviar a conversa do Brasil, porque não fora ver Kautsky para que ele me descobrisse em Berlim a Terra de Santa Cruz, mais uma vez. O famoso socialista aborda então a Europa e seus problemas atuais. Mas primeiro pedi a Kautsky que me falasse um pouco de suas ideias favoritas de socialização. Ele perguntou-me, sorrindo, se era uma lição de economia política o que minha curiosidade de repórter dele queria. Eu disse-lhe que sim: mas apenas com esta diferença: a preleção não era só para mim, porém para os milhares de leitores do *Correio* da Manhã. Sou simplesmente – disse eu a Kautsky – o aparelho transmissor. Ele sorriu ainda uma vez com bondade, e disse-me:

– A socialização não pode ser compreendida, sem ter antes compreendido o capitalismo. Se a socialização quer dizer a destruição do capitalismo, contudo a continuação do trabalho produtor repousa sobre as bases fundadas pelo regime capitalista. A alma deste consiste na separação do operário dos meios de produção, que constituem propriedade de um reduzido número de homens. O capitalismo compra a atividade do proletário, por uma certa soma, e fá-lo trabalhar, até que ela tenha produzido, não só o valor do seu salário, mas ainda um excedente que o capitalista o impõe, e que é tanto maior quanto mais reduzido o salário e mais longas as horas de trabalho. Eis a eterna luta, entre o operário e o capitalista, luta tanto mais rude quanto mais o operário depende do capricho e do egoísmo do patrão.

O produtor capitalista trabalha sem plano, para fazer estoques, que muitas vezes não correspondem às necessidades do consumo. Esta é uma das causas do *chômage* industrial.

O proletário se revolta contra este estado de coisas e dele procura defender-se. O capitalismo, logo, cria não só a necessidade do socialismo, mas os campeões dele. E assim, nada de socialismo sem um capitalismo, levado ao mais alto grau, a precedê-lo. A indústria verdadeiramente desenvolvida não pode existir sem a ciência. Mas servindo-se das invenções desta, o capitalismo amesquinha-a, degrada-lhe o valor social. Pois que a indústria se desenvolve, apropriando-se da ciência, aparece uma nova forma de capital industrial, a sociedade por ações. As fortunas privadas já não bastam, visto como o movimento dos negócios é sempre mais volumoso. Com essa nova forma aparece uma hierarquia de empregados,

476

o proprietário não podendo por si mesmo mais dirigir a empresa. Essa categoria de empregados muito se assemelha aos funcionários do Estado, e daí a ideia de que o Estado moderno poderia facilmente dirigir, com sua própria iniciativa, empresas industriais e comerciais.

Kautsky faz uma pausa. Madame Kautsky toma a palavra para combater o Estado industrial. O velho socialista vai, porém, retomar o fio de suas ideias, interrompido por alguns minutos.

– Essa é uma tese que peca pela base. O Estado não é um organizador da economia política, mas uma organização para governar, oposta, pela índole do seu organismo, à iniciativa e ao modo de produção moderna. O Estado conservador na sua concepção mesma é justamente o contrário da indústria, sempre à porfia de novos métodos e de novas tentativas, a cada agrupamento novo de forças.

Tomemos agora um momento o consumidor. Ele é todo o mundo, e o seu interesse é o interesse maior da sociedade e, portanto, o mais importante. A união entre operário, o consumidor e a ciência deverá ter os resultados mais benéficos. Atingir com o mínimo do trabalho às consequências maiores, eis o fim a que se propõe o socialismo, e que só pode ser realizado pela tríplice aliança de que acabo de lhe falar. O problema da ciência não é só a pesquisa dos processos de trabalho mais aperfeiçoados, senão também regular a repartição das utilidades – impossível sob o regime capitalista, onde predomina o interesse individual. O socialismo não é a expropriação pura e simples do capitalismo, mas o organizador da produção e da renda, mediante o concurso do produtor, do consumidor e do operário.

Reconheço que não será possível socializar, de uma assentada, todas as empresas. Pode-se ir pouco a pouco, começando por aquelas já amadurecidas para a socialização. O resto se conseguirá pela experiência adquirida. A princípio serão as grandes florestas, hoje nas mãos de particulares. O obstáculo maior é a questão da propriedade, porque de organização e produção nenhuma dificuldade existe. Em seguida virá a indústria de vapores, de caminhos de ferro, minas etc. Sem dúvida, cada passo tirado avante deve ser refletido, e pesadas suas consequências. Os nossos companheiros russos adotaram o sistema de tudo arriscarem, deixando para refletir depois. Não é aconselhável. Ele agravou a certos respeitos a situação da

Rússia, cujos erros nos devem servir de aviso prévio. O meio de sairmos da *débâcle* é enveredarmos por novos caminhos, tomando outras diretivas. Dirão: mas o que vocês pregam são meras tentativas, experiências ainda. Reconheço. Mais desastroso, porém, do que a experiência socialista será a persistência dos métodos antigos do capitalismo.

Precisamos de Ofício Central de Socialização, sem burocratismo, constituído de homens de aptidão provada e com firme resolução de socializar. Urge criar um direito de expropriação largo, para as comunas. Comecemos pela estatização da terra e das grandes florestas, e socializemos logo as minas de carvão, e uma nova era de prosperidade se abrirá ao mundo.

Surpreende-me que Kautsky não alimentava grande entusiasmo na obra da Revolução Russa, fazendo restrições aos métodos radicais do comunismo eslavo. Aquele meio desânimo que eu notei em suas impressões sobre a Rússia levou-me a indagar do que ele pensava acerca do advento do socialismo na Alemanha, das suas esperanças, como líder espiritual das ideias trabalhistas, na Europa Central. Kautsky respondeu-me:

– Não creio no advento do socialismo na Alemanha, por enquanto. Os burgueses são ainda aqui muito fortes, e os partidos da direita se tornam cada vez mais conservadores. As eleições para o *Reichstag* vieram provar a orgia de força com que se abaluarta a direita alemã, para reagir contra as legítimas reivindicações dos trabalhadores. Agora já camponeses vieram alistar-se ao lado dos reacionários, na luta que estes encabeçam contra os operários urbanos da grande indústria. Acabo de passar no sul da Alemanha, onde não se pode imaginar o que seja o terror branco, dirigido pelos governos burgueses contra os sindicatos operários e as organizações trabalhistas. Em Munique, as prisões acham-se cheias. Depois do golpe comunista de março de 1919 que ali foi tentado, a reação surgiu. A situação no sul é muito mais crítica do que no norte, e eu temo pelas suas consequências. Os reacionários bávaros querem reproduzir páginas do terror branco da Hungria. Não – continuou Kautsky –, o socialismo está mais próximo de seu triunfo na Inglaterra do que na Alemanha. Ali os trabalhadores são mais organizados, são mais fortes, e a burguesia não os ataca como aqui na Alemanha.

Mas eu tinha a obsessão da Rússia. Kautsky viveu em contato íntimo com todos os chefes do bolchevismo eslavo, quando eles curtiam os anos de exílio. O depoimento desse amigo de Trotsky, Lenin, Radek, Nemhnov, Krassine, de Joffe, seria do mais palpitante interesse para ser conhecido. Primeiro, dei a Kautsky uma notícia, à qual ele era completamente estranho: informei-o que os industriais alemães iam enviar em agosto uma missão à Rússia, a fim de promover relações comerciais entre os dois povos. O Dr. Adolfo Müller, chefe da aludida missão, me comunicara, pessoalmente, a sua próxima partida. Kautsky ignorava. Sorriu, cético, quando lhe falei na viagem da missão burguesa a Moscou.

– Que vão buscar – disse ele – estes homens em Moscou? Com certeza querem explorar mais ainda a pobre Rússia. Seis anos de guerra devastaram o solo eslavo. Quando os bolchevistas vieram para o poder, a esperança deles estava na paz social e europeia. E, em 1917, a Europa podia ter posto termo à sangueira que a ensopava, se os proletários ingleses, alemães e franceses se tivessem recusado a continuar a bater-se contra si mesmos. O militarismo e o capitalismo sobrevieram à paz cartaginesa de Versailles e, vitoriosos com esta, pretenderam estrangular a Revolução Russa. Quantas expedições os capitalistas franceses e ingleses não têm armado contra a Rússia? Denikin, Koltchack, Judenitch, Petlura, Wrangel, o imperialismo polaco, as repúblicas bálticas, a Geórgia, sucessivamente estimulados pelo ouro da Entente, se arremessaram contra a Rússia, que viu se multiplicarem dos Urais ao Báltico, do Mar Negro ao Cáspio, os teatros de batalha, às operações militares. A mais pacifista das Repúblicas, que começou seus dias ensarilhando as armas do imperialismo czarista, para fazer a paz internacional, se vê coagida a transformar-se num Estado guerreiro, para defender-se dos inimigos externos. O povo russo até aqui não entra nessas maquinações contra a vida de sua República, que ele, malgrado os erros dela, ama e defende de armas na mão. As armas contra a Rússia erguidas são instrumentos de mercenários apenas. Ora, num país nestas condições, mobilizado há seis anos, para a guerra, que esperam encontrar os industriais, cuja partida o senhor acaba de me anunciar? A Rússia terá, em algumas regiões, matérias-primas e produtos de alimentação. Mas, onde estradas de ferro, para deslocar essa produção, e trazê-la até a Alemanha? A grande crise russa, é preciso que não nos iludamos, é de transportes, e nesse ponto, a Alemanha se encontra quase nas mesmas condições que ela, pois, em virtude do Tratado de Versailles, foi o governo germânico obrigado a ceder à Entente os 150.000 vagões e 5.000 locomotivas, já entregues aos aliados, em garantia da execução das cláusulas do armistício. A Rússia carece de engenheiros, de técnicos, que lhe construam estradas de ferro e trabalhem na reparação e no aumento do seu material fixo e rodante, estragado. Os industriais germânicos melhor andariam se, antes de pretenderem fazer negócios com a Rússia, procurassem habilitar a economia eslava dos recursos indispensáveis ao seu desenvolvimento.

Kautsky, com toda a fé que alimenta no futuro da República dos Conselhos, acredita que, militarmente, ela se acha enfraquecida. Não obsta a campanha vitoriosa contra a Polônia.

– Os bolchevistas têm realizado verdadeiros milagres e, consumido na defesa do regime contra a ameaça estrangeira, uma força moral e uma energia cívica, que podiam ser utilizadas na reconstrução interna do país e no reajustamento da coletividade aos novos ideais da revolução. A campanha agora contra a Polônia é um esforço supremo. Acredito que a paz virá e então o povo russo colherá pacificamente os frutos de tantos sacrifícios que espero não tenham sido em vão. A Entente quis ignorar a Rússia dos soviets. Desdenhou-a, perseguiu-a e, agora, pela voz de Lloyd George, já lhe fala na Liga das Nações e se lembra de que ela existe. Os bolchevistas não são os monstros pintados pelos reacionários de Paris e Londres; eu espero que se vinguem de seus adversários vencidos, com a mais suave das vinganças: esquecendo. Perdoando, eles salvam a vida de milhares de trabalhadores, que só podem ser sacrificados a ideais e não a caprichos e interesses.

Berlim, 9 de agosto.
*Correio da Manhã*, 22 de setembro de 1922.

## NOTAS

1. Rua de Berlim, onde até 1945 estava situado o Ministério do Exterior da Alemanha (Auswärtiges Amt).
2. Primeira Guerra Mundial (1914-1918).
3. BOLLARD, D. A. Vers la Russie Libre. Paris: s/n, 1908.

# A Revolução Russa e a imprensa

*Alex Pavel (Astrojildo Pereira) – Rio, 1918*

## Explicação

As páginas que formam este folheto foram escritas em dias espaçados, no interregno de tempo contado de 25 de novembro do ano findo até 4 de fevereiro último. Algumas delas foram enviadas, em forma de cartas, aos jornais rebatendo injúrias ou deslindando confusões. Reunidas e coordenadas nesta brochura, creio valerão como um documento e um protesto mais duradouro contra as calúnias e imbecilidades de que se tem servido a nossa imprensa nas apreciações sobre a obra dos maximalistas russos...

## A Revolução Russa e a Imprensa Carioca

Jamais, jamais se viu na imprensa do Rio tão comovedora unanimidade de vistas e de palavras, como, neste instante,[1] a respeito da Revolução Russa. Infelizmente, tão comovedora quanto deplorável, essa unanimidade, toda afinada pelas mesmíssimas cordas da ignorância, da mentira e da calúnia. Saudada quando rebentou e deu por terra com o czarismo dominante, a Revolução Russa é hoje objeto das maldições da nossa imprensa, que nela só vê fantasmas de espionagem alemã, bicho perigoso de não sei quantos milhões de cabeças e de garras. Provavelmente os nossos jornais desejariam que se constituísse, na Rússia, sobre as ruínas do Império, uma flamante democracia de bacharéis e de negociantes, como a que tem por presidente o Sr. Wilson, ou como esta nossa, presidida pela sabedoria inconfundível do Sr. Venceslau. A caída do nosso Império e a implantação desta nossa República, sem gota de sangue, com uma simples e vistosa procissão, parece ter-se tornado, aos olhos de nossos jornalistas, o padrão irrevogável pelo qual se devem guiar as revoluções antidinásticas que se forem efetuando pelo mundo. Como a Revolução Russa, ao contrário disso, tem tomado um caráter profundo, de verdadeira revolução, isto é, de transformação violenta e radical de sistemas, de métodos e de organismos sociais, levada para diante aos empuxões, pelo povo, pela massa popular – eis que os nossos jornais desabam sobre ela, de rijo, toda a fúria da sua indignação democrática e republicana. É que os nossos jornais partem de um ponto de vista errado, supondo que o povo russo tem a mesma mentalidade do povo brasileiro de 89, que assistiu, "bestializado", à proclamação, por equívoco, desta bela choldra que nos desgoverna. Não; o povo russo é um povo de memoráveis tradições revolucionárias, cuja mentalidade, formada através das mais ásperas e mais empolgantes batalhas libertárias destes últimos cem anos, não pode satisfazer-se com o regime falsamente democrático da plutocracia, regime de espoliação em nome da igualdade perante a lei, de embuste e burla eleitoral e de parlamentarismo oco, palavreiro, desmoralizado, safadíssimo...

Já em 1869, há quase meio século, escrevia Bakunin, um dos grandes precursores da atual revolução, e que se achava então na Suíça, exilado:

"Eles (os revolucionários russos) querem nem mais nem menos que a dissolução do monstruoso Império de todas as Rússias, que, durante séculos, esmaga com seu peso a vida popular, não conseguindo, porém, extingui-la de todo. Eles querem uma revolução social tal que a imaginação do Ocidente, moderada pela civilização, apenas consegue pressentir". [...] Um pouco mais de tempo... e então – então ver-se-á uma revolução que sem matéria de dúvida ultrapassará tudo quanto se conhece até aqui em matéria de revoluções".[2]

## Agentes Alemães

Uma das teclas mais batidas pelas ilustríssimas gazetas do Rio, quando se referem à Revolução Russa, é a de que os bolcheviques em geral e Lenin em particular são agentes do governo alemão. Ora, há em tudo isso, a par do evidente contrassenso, um crasso desconhecimento dos fatos.

Lenin é um velho socialista militante de mais de 20 anos, e como tal, ferozmente perseguido pela autocracia moscovita, mas sempre o mesmo homem de caráter indomável e intransigente.[3] Como pode, pois, entrar nos cascos de alguém que um homem destes, precisamente quando vê seus caros ideais em marcha, a concretizar-se, numa soberba floração de energia vital, vá vender-se a um governo estrangeiro? Lenin, se quisesse vender-se algum dia, bastava esboçar o mais leve sinal e o governo de St. Petersburg rechear-lhe-ia os bolsos fartamente, vencendo pelo dinheiro o inimigo implacável. Não precisava esperar, através de anos inteiros de perseguições e sofrimentos, que a revolução social dos seus sonhos se iniciasse para entregar-se ao marco prussiano, como um vulgaríssimo trampolineiro, como um jornalista qualquer, destes que abundam na imprensa desta terra. Os cascos do mais espesso jumento repelirão, por demasiada, tal sandice... Aos nossos jornalistas, a honra de a fecundarem! – E grande honra, essa, que a Revolução, ao extravasar os oceanos e ao vir sacudir-nos da bestialização republicana, saberia, decerto, regiamente e merecidamente recompensar...

## Inconveniências e Imbecilidades

Interessantíssimo, o artigo estampado há dias em O *Imparcial*,[4] sobre a situação russa. Notório e acérrimo defensor da "ordem social", O *Imparcial* serve, assim, valentemente, à causa do Estado, de que é um dos esteios e na qual tem empregados sérios interesses. E tanto mais valentemente quanto é certo que, brigando contra os fermentadores de revolta, briga também contra a lógica e contra a verdade dos fatos. Exemplo flagrante disso é o trecho seguinte do citado artigo: "A Rússia era uma nação governada pelo Knut. Sacudido o jugo dos Romanov, entregou-se à *embriaguez da emancipação*, com todos os seus excessos. Falta-lhe cultura moral necessária para *disciplinar a liberdade sob autoridade*, e para compreender que um governo acatado e leis obedecidas são condições indispensáveis à existência de uma nação livre. O *espírito militar extinguiu-se no Exército*, destruindo-lhe a força de agressão, e até o estímulo de resistência". Eu sublinho as palavras que me parecem mais comprometedoras...

Acho estupendo que se julgue a *emancipação* capaz de causar *embriaguez*. Isso é querer compará-la ao álcool, ao vinho, a vodca, que embriagam aos *viciados* (permanentes ou momentâneos, pouco importa), isto é, aos *escravos* da bebida. Ora, um *escravo,* se me não engano, é tudo quanto há no mundo de menos *emancipado.* Não, a *emancipação* não pode jamais *embriagar.* Ela é água límpida, *refrigente,* saudabilíssima...

Não menos estupendo acho eu o conceito de *disciplinar sob a autoridade.* Essa é a linguagem de todos os tempos, isto é, dos grandes inimigos da liberdade. Liberdade disciplinada é liberdade limitada, coartada, imposta – de onde resulta deixar de ser liberdade. E não falemos em liberdade sob a direção da autoridade... A autoridade, por sua origem, por sua função essencial e formal, por seu papel histórico, representa precisamente e concretamente o princípio oposto ao princípio de liberdade. Pode dizer-se que a autoridade e a liberdade são dois antípodas da história da humanidade. Essa mesma história prova-o abundantemente: toda e qualquer conquista da liberdade implica necessariamente em diminuição de autoridade. A autoridade é força manejada pelo arbítrio de alguns; é violência, compressão, é brutalidade, é imposição tudo quanto há de menos *liberdade.*

*O espírito militar extinguiu-se no Exército russo...* – é verdade, e felizmente, muito felizmente. Eu sou antimilitarista e alegro-me imensamente com tão auspicioso acontecimento. E desejo ardentemente que o mesmo aconteça na França, na Inglaterra, na Itália, na Alemanha, nos Estados Unidos, no Brasil... no mundo todo. O que, porém, não posso compreender, por mais esforço que faça, é que *O Imparcial,* que combate o *espírito militar* existente no povo alemão, como um perigo universal, entenda que o desaparecimento desse espírito militar, na Rússia, constitui um mal. De duas uma: ou o *espírito militar* (ou militarismo, que tudo é um) é um bem, ou é um mal. Se é um mal (como afirmam os aliados referindo-se à Alemanha), o seu desaparecimento, ou a sua não existência, num país qualquer (como é o caso da Rússia, segundo afirma *O Imparcial*) constitui um motivo de felicidade inestimável, e deve, assim, ser louvado por toda a gente amiga da humanidade e da liberdade. Se, ao contrário, o *espírito militar* é um bem, ele deve ser louvado, claro está – mas deve ser louvado também na Alemanha, que, incontestavelmente, é a pátria mestra em militarismo, mestra cujos exemplos devem ser seguidos por quantos entendam que o *espírito militar* é um bem. Combater o militarismo tedesco e, ao mesmo tempo, louvar e incitar (o que têm feito os aliados, inclusive agora o Brasil por nossa desgraça) o *espírito militar* no resto do mundo, eis uma incoerência que não posso compreender, por mais esforços que faça... Enfim, bem pode ser que eu seja o imbecil!

## A Divergência Fundamental

"É evidente que a concepção dos maximalistas sobre a liquidação da guerra diverge muito da de Berlim e Viena." Eis o que afirmava a agência Havas, em telegrama de Paris, datado de 7 de dezembro último e aqui publicado, pelos jornais seus clientes, no dia seguinte. É uma informação absolutamente insuspeita, pois parte duma agência francesa oficiosa, cujos despachos são diretamente controlados pelo governo de França. Ora, se "é evidente" a divergência entre os maximalistas e os governantes de Berlim e Viena, a respeito da liquidação do conflito guerreiro, isso quer dizer, nem mais nem menos, que os maximalistas pensam e querem que a guerra termine dum modo diverso do modo que pensam e querem os governantes alemães e austríacos. Divergir é pensar e querer a mesma coisa de maneira diferente, e quando duas pessoas, ou grupos de pessoas, ou duas coletividades, têm firmado, sobre o mesmo assunto, um pensamento e uma vontade divergentes, isso significa que não existe acordo entre as duas partes. É o que se dá agora entre Berlim e Viena, dum lado, e Petrogrado, do outro; entre maximalistas e governantes tedescos não existe concordância de opinião sobre a guerra e a paz. Nem poderia jamais existir concordância entre uns e outros; os maximalistas socialistas revolucionários batendo-se por um programa máximo[5] de reivindicações populares – os imperantes austro-alemães, a personificação culminante da autoridade, da tirania, da opressão, da espoliação das massas populares. O programa essencial de todos os partidos socialistas consiste precisamente no combate dos instrumentos e aos partidos da tirania e da espoliação. Os maximalistas que formam uma fração dos socialistas russos, são, por sua natureza, especificamente inimigos de todos os governos monárquicos e plutocráticos, da Rússia e de fora da Rússia, portanto inimigos naturais dos governantes de Berlim e de Viena. E é aí que resulta a divergência radical entre uns e outros, sobre a guerra e a paz. Ora, se isso é verdade, se isso constitui um fato evidente, como conceber que os maximalistas sejam agentes alemães, agindo por influxo do marco prussiano, traidores da pátria e outras coisas não menos feias?[6]

## "Alteração" Maximalista e "Evolução" Aliada...

"Petrogrado, 23 de dezembro (Havas) – Discursando nesta capital a respeito das negociações de paz com os impérios centrais, o Sr. Trotsky disse: 'A revolução russa não derrubou o czar para cair de joelhos ante o kaiser, implorando paz. Se as condições oferecidas não forem conforme os princípios da revolução, o partido maximalista recusará assinar a paz. Fazemos guerra a todos os imperialismos'". Como se vê, este telegrama, da mesma insuspeitíssima (no caso) agência, veio confirmar, com as próprias palavras de Trotsky, os comentários que o telegrama do dia 7 me sugerira.

Na sua edição de 24 de dezembro, A Noite, desta cidade, assim se exprimia: "O programa de paz dos maximalistas, apresentado à conferência (de Brest-Litovsk, inaugurada nesse dia), podia ser aceito, com pequenas alterações, por todos os países aliados. Nunca poderá ser aceito, porém, pelos Impérios Centrais, porque repousam sobre bases democráticas contrárias, em absoluto, ao imperialismo que domina Berlim e Viena". É outro testemunho insuspeitíssimo, contra conceitos próprios anteriormente expedidos e confirmando integralmente o que eu dissera nos comentários do dia 9...

Uma observação curiosíssima. Referindo-se às condições de paz expostas simultaneamente pelo Sr. Lloyd George, no Congresso dos Sindicatos Operários Ingleses, e pelo Sr. Wilson, na mensagem ao Congresso Americano, O *Imparcial* de 10 de janeiro último estampa, entre outras coisas do maior interesse, esta: "Alguns órgãos da imprensa aliada, por um excesso de zelo que prejudica em vez de favorecer a causa comum, nos comentários bordados sobre essas solenes declarações, procuram mostrar que a Entente não modificou uma linha dos seus propósitos anteriores assentados sobre a guerra. Basta reler com atenção o discurso do primeiro-ministro inglês e a mensagem ao Congresso Americano, para ver que os aliados evoluíram nos seus programas"... Ao ver divulgado o programa de paz apresentado pelos maximalistas, A *Noite,* a 24 de dezembro, afirmava que tal programa "podia ser aceito, *com pequenas alterações,* por todos os países aliados". Realmente, três semanas depois, a Inglaterra e os Estados Unidos, e com eles os demais aliados, aderiram ao programa russo. Aderiram, é claro, com *alterações* – não *pequenas,* mas *grandes* – e *alterações da parte deles, aliados,* como confessa O *Imparcial,* quando diz, com deliciosa candura, que "os aliados *evoluíram* no seu programa"...

## A Mensagem de Wilson

A mensagem do Presidente Wilson, aqui publicada no dia 9 de janeiro, é que veio entupir de vez as goelas dos miseráveis escribas de penas permanentemente votadas à calúnia. Eu não resisto ao desejo de transplantar para estas páginas os trechos da mensagem em que se toca nos russos e na conferência de Brest-Litovsk. Vale a pena dar-lhes relevo:

... "Os representantes da Rússia em Brest-Litovsk apresentaram não só uma exposição perfeitamente definida e clara dos princípios sobre os quais eles estariam dispostos a concluir a paz, mas também um programa igualmente nítido e preciso sobre o modo concreto desses princípios poderem ser aplicados".

... "As negociações foram quebradas. Os representantes da Rússia eram sinceros e como tais não podiam seriamente dar incremento"...

... "Os representantes russos têm insistido, muito justa e sabiamente e dentro do espírito da moderna democracia, em que as conferências que eles têm celebrado com os estadistas teutônicos e turcos deviam ser celebradas a portas abertas, tendo por auditório todo o mundo, como se desejava"...

... "Há, além disso, uma voz a reclamar essas definições de princípios e propósitos que, em minha opinião, é mais comovente e intimativa do que qualquer das muitas vozes tocantes que povoam o ambiente do mundo. É a voz do povo russo. [...] Ele não cede nem nos princípios nem na ação. A sua concepção do que é justo, do que é humano, do que é honroso aceitar, já foi exposta com uma franqueza, uma largueza de vistas, uma generosidade de espírito, uma universal simpatia humana que há de provocar a admiração de todos os amigos da humanidade. Tem ele recusado transigir nos seus ideais, ou abandoná-los para garantir a sua própria segurança".

Depois disso, não há senão que subscrever e seguir as recomendações feitas pelo *Cosmopolita*[7] ao comentar estes mesmos trechos da mensagem de Wilson: "Tornando... às imbecilidades estampadas na imprensa carioca, só nos resta recomendar aos nossos amigos e camaradas esses senhores jornalistas dos rotativos: por enquanto o desprezo e o desdém... e mais tarde, na hora solene do grande e próximo ajuste de contas, então, sim – saibamos tirar proveito da rijeza combativa dos nossos músculos".

## O Desmembramento do Colosso

Uma das consequências da Revolução Russa que mais assombro e indignação causam aos nossos jornalistas é a do desmembramento do ex-império. Eles põem as mãos na cabeça, desorientados, ao lerem os telegramas que noticiam a independência e autonomia da Finlândia, do Cáucaso, da Sibéria, da Ucrânia... E as apóstrofes de maldição desabam sobre os maximalistas, "monstros satânicos" e cruéis, provocadores da derrocada da própria pátria! Isto se tem dito e redito em vários tons, graves e agudos, descompassados todos... Ora, esses mesmíssimos jornalistas açambarcadores da opinião, cuja vacuidade mental e cuja barriga não são inferiores nem à barriga, nem à vacuidade mental dos açambarcadores de açúcar ou de charque, são esses mesmíssimos plumitivos superaliadófilos que proclamam, desde há três anos e meio, baterem-se os aliados pelo direito das nacionalidades, pelo princípio das nacionalidades, pela independência das nacionalidades! De duas uma: ou tais pregoeiros são insinceros, quando defendem a causa aliada da independência dos povos, ou então ignoram inteiramente a história, a constituição e a organização do ex-império de todas as Rússias. Isto é, pode ser por um terceiro motivo: a insinceridade e a ignorância juntas. Eu estou certo de que, mesmo quando se lhes prove, documentos na frente,[8] que a Rússia de ontem era um heterogêneo de nacionalidades, eles continuarão, cegos e surdos às boas razões (mas de olhos arregalados e ouvidos aguçados ao tilintar dos esterlinos...) a apostrofar a "insensatez", a "loucura", a "infâmia", a "traição", e não sei mais que outros tremendos pecados dos maximalistas!

## A "Traição" dos Aliados

Todos os tratados e convênios, secretos ou não, firmados pela Rússia e pelas nações da Entente, datam do governo autocrático do czar. Mas o governo autocrático do czar caiu, e debaixo de palmas dos aliados, pela vontade revolucionária do povo russo, num soberbo quebrar de cadeias tirânicas. A revolução, como se viu, de começo manietada pelos Lvovs, pelos Rodziankos, pelos Miliukovs, pelos Kerenskys, integrou-se finalmente nas mãos da plebe, tomando uma orientação verdadeiramente popular e libertária – antiguerrista, antiburguesa, antiautoritária. Nada mais lógico, nem mais justo, pois, que se declarem anulados todos os convênios e tratados anteriormente concluídos entre governantes da Rússia e os governantes de outras nações. O governo do czar era um governo de tirania, constituído fora da vontade, contra a vontade da massa da população, e por isso acabou sendo derrubado por essa massa: consequentemente, todos os atos, todos os contratos firmados no tempo do czar o foram pela vontade exclusiva da tirania dominante e contra a vontade do povo. Desde, pois, que a tirania foi vencida e o povo triunfou, aqueles tais atos e contratos, conluios e entendimentos, por sua própria natureza, por seu próprio mal de origem ficaram desfeitos e anulados. É um ponto, este, deploravelmente olvidado pela imprensa, quando se refere, furiosa, à "traição ignóbil e abominável" feita pelos comissários do povo russo aos aliados... Aos governantes aliados, entenda-se!

## As Utopias Deliciosas e Alegres...

"Foi de fato a revolução russa, com todos os seus trágicos sucessos, o acontecimento que mudou a face das coisas, começando a tornar possíveis programas, transformações sociais, movimentos de independência política e sistemas de governos que já nos primeiros meses da guerra continuavam a ser considerados como utopias deliciosas e alegres."

"Esqueciam-se os que assim pensavam que, igualmente como utopias consideradas foram, no seu início, todas as grandes conquistas da humanidade e da civilização."

Estas palavras – *mirabile dictu* – são rigorosamente transcritas de O *País,* da apreciação com que o famigerado órgão encabeçava as notícias de revolução na Áustria.[9] Apenas o redator de O *País* devia ter escrito: "esquecíamos, os que assim pensávamos"... menos esta restrição, aliás secundária, não há como louvar a agudeza de vistas e a rara franqueza do comentador. Porque tais conceitos destoam completamente dos em geral expendidos pela imprensa, quando nos chegam notícias de realização e concretização das antigas utopias socialistas e anarquistas... Antes da guerra, toda a imprensa graúda, e com ela seus sacerdotes maiores e menores e mais os seus devotos, riam-se (às vezes, choravam também), com um superior e piedoso desdém, das ideias e dos ideais dos utopistas, dos sonhadores, dos visionários, dos aluarados, dos quimeristas... E quando não era o riso escarninho, sabemo-lo todos, substituía-o a pancadaria grossa das calúnias, das infâmias, dos insultos, dos doestos, das ameaças. Rebentada a guerra, o riso se estendeu abertamente até a gargalhada estrondosa: foram dados como falidos de vez, e sem mais remédio, o socialismo, o anarquismo, o internacionalismo, o antimilitarismo... Debalde os anarquistas e só os anarquistas (porque os próprios socialistas, com pouquíssimas exceções, e até mesmo alguns anarquistas, aderiram todos mais ou menos à guerra e ao Estado), gritaram e afirmaram a integridade de suas convicções e das suas esperanças; os apodos recrudesceram, e com os apodos sabicholas da letra de forma, a perseguição, a cadeia, a morte... A guerra, porém, levada a excessos inauditos, acabou por provocar a Revolução Russa, revolução social e não apenas política e antidinástica, que fatalmente se estenderá pelo mundo inteiro, arrasando tudo, transformando tudo, reconstruindo tudo sobre bases novas. Pois bem: neste momento, quando nos chegam da Rússia notícias de caráter libertário, de socialização da propriedade, de entrega de terras aos lavradores e das fábricas aos operários, de administração da produção e do consumo diretamente feita pelo proletariado de blusa e de farda, quando, numa palavra, se *realizam* e se *concretizam* as "utopias deliciosas e alegres", outrora perigosas ou bonitas, mas sempre absolutamente impraticáveis, saem-se os grandes jornalistas com os olhos a saltarem fora das órbitas, a falarem em "espantosas" transformações, em "loucuras" do populacho, em "bebedeiras" de liberdade!... Assim: antes da guerra, as nossas doutrinas eram muito "bonitas", mas irrealizáveis; ao declarar-se a guerra, estavam todas "falidas"; e agora, no começo da revolução social, quando vão tendo aplicação, são "espantosas" e "absurdas"... Não admira, pois, que a burguesia esteja irremediavelmente perdida: essa incapacidade intelectual dos seus mentores e publicistas vale por um sintoma grave e definitivo.


## Os Escribas da *Razão*

De todos os jornais cariocas e, com certeza, de todos os jornais do mundo, aquele que mais danada e azeda bílis tem expectorado contra os maximalistas é, sem dúvida, *A Razão*. Dirigido por um energúmeno cômico e notório, profeta e papa espírita, semilouco e pouco menos que analfabeto, esse jornal tem, no entanto e apesar disso, uma tal ou qual popularidade, ganha com campanhas simpáticas. A sua fobia antimaximalista é duplamente odiosa: em si mesma e pelo fato de se espalhar principalmente pela massa proletária, ludibriando-a. Compreendo e até alegro-me com as injúrias, por exemplo, do *Jornal do Commércio*: está no papel de sua falsa posição conservadora. *A Razão*, porém, se apregoa como um órgão para o povo, para as classes operárias; mente e remente dobrado, por dentro e por fora, para a direita e para a esquerda... Eu quero reproduzir, para escarmento dos escribas que a redigem um dos seus muitos tópicos contra o maximalismo:

"Porque os tais maximalistas não são apenas uns loucos, incapazes de compreender a profunda inconveniência de, em uma hora como esta, provocar agitações políticas internas.[10] São também uns notáveis canalhas, apontados universalmente como agentes alemães e que, além disso, querem suprimir o direito de propriedade[11] na Rússia, entregando todas as terras à plebe inconsciente[12] que, levada por essa miragem de ficar rica em poucas horas,[13] esquece os altos deveres de defender a Pátria, já invadida e em parte dominada pelo estrangeiro. Esses infelizes são dirigidos e guiados por um monstro da ordem de Lenin que se prestou ao papel ignóbil de abrir as portas da Rússia ao mais perigoso de todos os imperialismos o que tem por centro-motor a casta dominante na Rússia[14] militar. Alimentados pelo dinheiro alemão, conduzidos por espiões e pangermanistas de Berlim, os maximalistas, conseguindo por um golpe feliz da fortuna apoderar-se da Rússia,[15] não trepidaram ante o crime, ante a infâmia descomunal de propor imediatamente a paz[16] em separado à Alemanha, traindo de modo revoltante os aliados, aos quais jurara o colosso moscovita[17] só agir de concerto com as nações da *Entente*".

Este chorrilho ignominioso de mentiras, de intrigas, de calúnias, foi estampado na seção editorial *Fatos e Informações* do dia 16 de novembro de 1917, nove dias depois da caída de Kerensky. É um documento que merece registro e de que nos devemos recordar para as necessárias satisfações, no dia em que a revolução, atravessando o oceano, irrompa justiceira por estas riquíssimas terras brasílicas de miseráveis e famintos...

Durante o tempo de composição deste folheto, graves acontecimentos irromperam na Rússia, acarretando maiores complicações à revolução. A imprensa burguesa, que já se abrandava covardemente ante a força incontestável dos maximalistas, redobrou agora de violência e brutalidade, chegando a regozijar-se com a invasão alemã, taxando-a de "merecido castigo" e aos "traidores" etc. Mas enganam-se, redondamente, os magnatas da imprensa, supondo que a Revolução Russa é um motim qualquer, que se esmaga assim de uma hora para outra... A Revolução Russa marca o início da maior revolução social da história, e o militarismo alemão, invencível pelo militarismo aliado, há de por fim baquear, minado, inacreditavelmente pela força de desagregação revolucionária.

Não será talvez daqui a duas semanas: mas é inevitável: Os estados atuais, e com eles o Estado Alemão, modelo deles, não poderão jamais reconstituir-se, após este formidável desequilíbrio de valores produzidos pela guerra...

12 de março.

## NOTAS

1. Este comentário foi escrito a 25 de novembro de 1917. Depois disso, como se tem visto, a opinião, pelo menos de alguns jornais, tem se modificado muito.
2. *Oeuvres*, pp. 58-9.
3. *A Luta*, jornal burguês de Lisboa, estampou os seguintes dados biográficos sobre Lenin: "A autocracia, talvez, por instinto, descobriu um 'inimigo terrível' na pessoa de Lenin, quando ele não contava mais de 17 anos de idade. Expulsou-o em 1867 (?) da Universidade de Kazan, com privação do direito de admissão em qualquer outra universidade pelo motivo de seu irmão ter sido executado como criminoso político. Lenin – cujo verdadeiro nome é Ulianov – consagrou-se muito cedo ao estudo do desenvolvimento econômico da Rússia, e muito jovem ainda, tornou--se um perigoso discípulo de Karl Marx. Escreveu muitos folhetos e livros; mas a sua principal obra é um grosso volume intitulado *A Evolução do Capitalismo na Rússia*, editado em 1881 com o pseudônimo de V. Iline, trabalho sobretudo acadêmico, cheio de números, todo ele apoiado em estatísticas. Mas a atividade de Lenin não se limitou à de economista sábio, e, atraído pelo movimento revolucio-

nário, condenam-no a quatro anos de deportação na Sibéria. **De regresso destas paragens, passou ao estrangeiro e fez-se chefe ativo da Social-democracia russa".** (Transcrito pelo *Cosmopolita*, n° 15 de janeiro.)

4. N° 11 de novembro. Este comentário, escrito a 18, foi enviado, em forma de carta, a *O Imparcial*. Naturalmente, a ilustre redação jogou-o na cesta dos papéis inúteis.

5. Jornais houve que tomavam os "maximalistas" como partidários de Máximo Górky. Para o bestunto de tais jornalistas, "maximalistas" só podia ser derivado de "Máximo"... Górky!

6. Esta nota foi escrita a 9 de dezembro e enviada a todos os jornais. Somente o *Jornal do Brasil* fez-me o favor de a publicar na íntegra, na sua edição de 22 de dezembro.

7. N° 15, de janeiro último.

8. Por exemplo... "Tenha-se em vista que a Rússia não é uma nação, mas um grupo de nações. Os seus cento e quarenta milhões de habitantes falam 80 línguas diferentes". D. A. Bollard, *Vers la Russie Libre,* tradução francesa de Aristides Protele, Paris, 1908.

9. Número de 25 de janeiro – já escrito este comentário, publicou *O Imparcial* (n° 2 de fevereiro) um artigo de fundo, "O Mundo Marcha", em que há afirmações destas: "As notícias que nos chegam da Europa denunciam, no domínio das ideias (e principalmente dos fatos, digo eu), uma revolução como nunca se verificou na história da humanidade"... "atualmente é a vontade dos povos que começa a prevalecer contra os planos de seus dirigentes"... "Na vasta Rússia, o trabalhador é já senhor absoluto"... Dum modo geral, a atitude da imprensa tem mudado muito, de novembro para cá, e essa mudança acentua-se dia a dia, num sentido vai não vai favorável à revolução, desdizendo-se das crispantes imbecilidades e maldades anteriores... Que remédio!

10. Os socialistas e anarquistas estão fartíssimos de saber que a verdade histórica mostra precisamente o contrário. Já em 1870, há meio século, Bakunin escrevia isto: "A história nos prova que jamais as nações se sentiram tão poderosas no exterior como nos momentos de mais profundas agitações e perturbações no interior"...

11. *Ecco!*... O que os capitalistas proprietários de *A Razão* não podem admitir é a supressão do sagrado direito de propriedade... Naturalmente!

12. Que a plebe agradeça a amabilidade e tome nota, para quando tiver de dar o troco, no dia do ajuste de contas...

13. Que profunda concepção sociológica!

14. Isso não tem sentido. O escriba queria naturalmente dizer Alemanha e saiu Rússia... Estaria bêbedo?

15. Os maximalistas não se apoderaram de Rússia nenhuma. Eles são a grande maioria do povo russo, único senhor verdadeiro e natural da Rússia. Kerensky e o seu bando é que se tinham apoderado indevidamente da Rússia: o que os maximalistas fizeram foi nem mais nem menos que os "desapoderar"... E o fizeram muito bem-feito.

16. Eis o resultado da infâmia: A Alemanha e a Áustria desmanteladas pela revolução interna, provocada e incentivada pelos maximalistas. É necessário frisar bem isto; em três anos e meio, os aliados, com prosápias e fanfarronadas paroleiras, nada mais conseguiram senão reforçar cada vez mais o poder do kaiserismo. Claro: à voz de "esmagar a Alemanha", todo o povo alemão cerrava fileiras em torno do governo, fazendo-o mais forte do que nunca. Os maximalistas, em duas semanas, com suas propostas de paz e a sua propaganda revolucionária, abriram brecha na muralha militarista germânica, semearam a discórdia interna nos impérios centrais, provocaram a revolução. Jamais esteve tão abalado e tão fraco o poder do Kaiser, como depois que os maximalistas lhe propuseram a paz... Esses são os fatos positivos e concretos, que podem escapar às vistas curtas do foliculário de *A Razão*, mas aí estão na consciência de todos, comprovadíssimos.

17. O "colosso moscovita" que jurou fidelidade aos aliados foi o "colosso" dominado e manietado por Nicholas II e depois por Kerensky, não o "colosso" liberto de agora. Este nada tem que ver com os contratos firmados pelos déspotas que o imprimiam.

# Sobre o maximalismo

*Afonso Henriques de Lima Barreto*

Em 11 de maio do ano passado, na revista *A.B.C.*, desta cidade, na qual durante muito tempo colaborei, tive ocasião de publicar um longo artigo – "No ajuste de contas" – que as bondosas pessoas que o leram tacharam-no logo de manifesto maximalista. O artigo não tinha esse pomposo intuito, mas, sendo tomado por tal, eu deixei que ele assim corresse mundo e fui desde logo classificado e apontado como maximalista. Quando houve o motim de 18 de novembro, estava no Hospital Central do Exército, havia perto de quinze dias; mas, assim mesmo, espantei-me que o *trepovismo* da Rua da Relação não quisesse ouvir-me a respeito.

Desde esse artigo, muito de longe tenho tocado nessa questão de maximalismo; mas, lendo na excelente *Revista do Brasil,* de São Paulo, o resumo de uma conferência do eminente sociólogo argentino, Sr. Dr. José Ingenieros, lembrou-me voltar à carga, tanto mais que os nossos sabichões não têm nem uma espécie de argumento para contrapor aos apresentados pelos que têm meditado sobre as questões sociais e veem na Revolução Russa, uma das mais originais e profundas que se tem verificado nas sociedades humanas. Os doutores da burguesia limitam-se a acoimar Lenin, Trotsky e seus companheiros de vendidos aos alemães.

Há por aí uns burguesinhos muito tolos e superficiais, porém, que querem ir além disto; mas, cuja ciência histórica, filosófica e cuja sociologia só lhes fornecem como bombas exterminadoras dos ideais russos a grande questão de tomar banho e a de usar colarinho limpo.

Estes meninotes, ao instar Eça de Queirós, repisam essa bobagem com ares patronescos de romanos da decadência que juntam no Novo

Democrata, faltando-lhes até um bocadinho de energia viril para arranjar um emprego nos Correios.

Os ricaçozinhos que lhes repetem as sandices, esquecem-se que, quando os pais andavam nos fundos dos armazéns e dos trapiches, a trabalhar como mouros para conseguir as fortunas que eles agora nem as gozar sabem, mal tinham eles tempo para lavar o rosto, pela manhã, e, à noite, os pés, para deitarem-se. Foi, à custa desse esforço e dessa abnegação dos pais, que esses petroniozinhos agora obtiveram ócio para bordar vagabundamente almofadinhas, em Petrópolis, ao lado de meninas deliquescentes. Hércules caricatos aos pés de Ônfales cloróticas e bobinhas.

A argumentação dessa espécie de insetos ápteros, cujos costumes e inteligência estão à espera de um Fabre para serem estudados, convenientemente, dá bem a medida da mentalidade deles.

Os que são ricos, de fato, e aqueles que se querem fazer ricos, à custa de um proxenetismo familiar qualquer, sentindo-se ameaçados pelo maximalismo, e tendo por adversários homens ilustrados, lidos, capazes de discussão, deviam se tivessem um pingo de massa cinzenta no cérebro, procurar esmagar os seus inimigos com argumentos verdadeiramente científicos e hauridos nas ciências sociais. Não fazem tal, entretanto; e cifram-se em repetir blagues do Eça e coisas do popular *Quo Vadis*.

*"Non ragioniam di lor, ma guarda e passa..."*

Deixemo-los, portanto; mas o mesmo não se pode fazer com o articulista de fundo de O País, que toda a gente sabe ser o Sr. Azevedo Amaral. Este senhor, de uma hora para outra, adquiriu, nos centros literários e jornalísticos do Rio de Janeiro, uma autoridade extraordinária sobre essas questões sociais. Não quero negar-lhe valor; ela, a autoridade, era justa até certo ponto; mas vai se tornando insolente, devido ao exagero dos admiradores e sicofantas da ilustração do Sr. Azevedo Amaral.

O Sr. Azevedo Amaral é hoje o assessor ilustrado do Sr. João Laje, em O País; é o seu consultor para as cousas de alta intelectualidade, que demandam leituras demoradas, o que o Sr. Laje não pode fazer, pois anda sempre atrapalhado com intermináveis partidas noturnas de pôquer e, de dia, com as suas manobras do gênero jornalístico, nacional e estrangeiro. É o Sr. Amaral quem fala pelo Sr. Sousa Laje a respeito da grande política, das questões econômicas e sociais; e fala com a segurança de sua fama, com a irresponsabilidade do anonimato e com o desdém pelos seus prováveis contraditores que só o podem atacar, pelas pequenas revistas e jornais obscuros, aos quais ninguém dá importância. O Sr. Amaral escreve em *O País*, órgão da burguesia portuguesa rica do Rio de Janeiro, do Banco Ultramarino, do Teixeira Borges, que está sempre a navegar de conserva com as nossas esquadras, do Souto Maior & Cia., do Visconde de Moraes etc.; e sendo todos os grandes jornais mais ou menos isso, isto é, órgãos de frações da burguesia rica, da indústria, do comércio, da política ou da administração, é bem de ver que um artigo maximalista não terá publicidade em nenhum deles. Dessa forma, pode o Sr. Amaral dizer o que quiser, impunemente, sem arriscar-se a polêmicas que lhe arranhem a reputação literária. É invencível e invulnerável.

Quando, em 22 de novembro de 1918, ele disse que Jean-Jacques Rousseau era anarquista ou que o anarquismo tinha origem na "filosofia sentimental e chorosa" (chapa nº 1783) do autor do *Contrato Social*, eu, dias depois, pela revista *A.B.C.*, emprazei-o a demonstrar tal cousa.

Habituado, sempre que posso, a ir às fontes, nunca tinha encontrado na leitura das obras de Rousseau, semelhante espírito, nem mesmo a mais tênue tendência para o anarquismo.

Rousseau, ao contrário, é um crente da Legislação e do Estado, que organiza como uma máquina poderosa, para triturar o indivíduo, cujas atividades de toda a ordem devem ser marcadas por leis draconianas. Jean-Jacques, como toda a gente sabe, era um grande admirador do despotismo do Estado, existente em Esparta, a que houve de fato ou a que está na vida dos seus heróis, Licurgo, Agesilau etc., contadas por Plutarco. Houve até quem dissesse que ele era um duro Calvino leigo. Como esse seu espírito está longe do anarquismo!

No *Contrato Social*, liv. II, cap. VII, tratando "Do Legislador", ele diz textualmente: *"Il faut, en un mot, qu'il* (o legislador) *ôte à l'homme ses forces propres"* etc.; e no período seguinte: *"Plus ces forces naturelles sont mortes et anéanties, plus les acquises sont grandes et durables, plus aussi l'institution est solide et parfaite: en sorte que si chaque citoyen n'est rien, ne peut rien que par tous les autres, et que la force acquise par le tout soit égale ou supérieure à la somme des forces naturelles de tous les individus, on peut dire que la législation est au plus haut point de perfection qu'elle puisse atteindre."*

Está nestas palavras consubstanciado o ideal do autor das *Confessions*, no tocante à política. Ele é um crente na eficácia do Estado e da Legislação; e não há autor anarquista que seja capaz de subscrever tais palavras. Não há um, e com razão, que não negue o Estado e duvide da eficácia da Legislação. Em geral, o que o anarquismo quer, é soltar os homens, deixá-los agir livremente, sem leis, nem regulamentos, ou peias legais quaisquer, para que, pela livre e autonômica ação de cada uma das forças individuais, em virtude da simpatia que nos solicita, uns para os outros, se obtenha naturalmente o equilíbrio de todas as forças e atividades humanas.

Como é então que o Sr. Amaral, sociólogo *ad hoc* do Sr. João Laje e do capitalismo cínico de que este é órgão, escreve um trecho como este? Vejam só:

"A esse ideal novo de força, de ação e de trabalho, o anarquismo, refletindo os últimos vestígios da filosofia sentimental e chorosa do autor do *Contrato Social,* vem opor a utopia desvirilizada de um mundo, enervado pela supressão da luta e da concorrência que elimina os fracos e os incapazes, e de uma terra adormecida na placidez estéril do nirvana da preguiça universal."

Esse "novo ideal" é de fazer rir; e o "nirvana da preguiça" merecia comentários. Deixo-as para outra ocasião. O meu fito, relembrando estas cousas aqui, é notar a estólida pretensão dos famosos jornalistas daqui, deste meu Rio de Janeiro. O Sr. Amaral é doutor, guindou-se aos grandes jornais, onde tem tido posições de destaque e a admiração estulta dos redatores autorizados e dos repórteres de polícia, e julga-se por isso com bastantes títulos, para não defender as solenes afirmações que faz, por escrito, público e raso.

Eu sei o que ele avança para não me responder. Tenho em muita boa conta o seu espírito, para não acreditar que me desdenhe por não ser eu formado. Quando Sua Senhoria andava pela Escola de Medicina, sabe bem o Dr. Amaral que eu veraneava pela Escola Politécnica; e se não me formei, honesta ou desonestamente, foi porque não quis.

Não é razão para o seu espírito, estou certo disso; mas, há de pesar um pouco, devido às influências ambientes; e mais ainda: dado o meio em que vive, de pequenas invejas e rancores, de censuras farisaicas e virtudes tartufescas, Sua Senhoria convenceu-se de que não devia dar--me trela porque eu bebo e porque escrevi em uma revista que não era, e não é, de todo obscura. Se fosse em um jornal...

O Sr. Azevedo Amaral, por contágio, adquiriu aquela moléstia da nossa reportagem que só julga cousa importante e inteligente o que sai nos nossos grandes jornais de notícias policiais. É de admirar, pbrque, em geral, embora seja admitido o contrário, o homem superior não se adapta.

Lembrei tudo isto, porquanto tendo há quase um ano, como já disse, deitado uma espécie de manifesto maximalista, estou na obrigação e me julgo sempre obrigado a seguir o que aqui se disser a respeito dos ideais da Revolução Russa em que me baseei naquele meu escrito.

Digo ideais e não as fórmulas e medidas especiais, porquanto, desde o começo, tinha visto que elas não podiam ser as mesmas em todos os países.

O Sr. Ingenieros, muito mais sábio nessas cousas do que eu, e muito e muito mais experimentado nelas, assim definiu o maximalismo: "a aspiração de realizar o máximo de reformas possíveis dentro de cada sociedade, tendo em conta as suas condições particulares".

É o que se pode ler no número da *Revista do Brasil*, de São Paulo, a que já aludi, e no qual mais adiante ele esclarece o seu pensamento, mostrando como na Rússia é necessária a nacionalização dos imensos latifúndios que estão em mãos de particulares, mas que tal medida, na Bélgica ou na Suíça, não teria razão de ser, porquanto nestes dois últimos países, a propriedade agrícola está já muito subdividida nas mãos dos mesmos que trabalham.

No meu artigo "No ajuste de contas" inspirado nas vagas cousas sobre a Revolução Russa, de que tinha notícia, eu pedia que se pusesse em prática quatro medidas principais: a) supressão da dívida interna, isto é, cessar de vez, o pagamento de juros de apólices, com o qual gastamos anualmente cerca de cinquenta mil contos; b) confiscação dos bens das ordens religiosas, sobretudo as militantes; c) extinção do direito de testar; as fortunas, por morte dos seus detentores, voltavam para a comunhão; d) estabelecimento do divórcio completo (os juristas têm um nome latino para isto) e sumário, mesmo que um dos cônjuges alegasse amor por terceiro ou terceira.

Este artigo meu que os raros leitores crismaram de manifesto maximalista, justificava todas essas quatro medidas radicais e indicava ligeiramente outras. Não quis, porém, tratar do problema agrário nacional que é um dos mais prementes.

No número passado desta revista, contudo, dando notícia de um opúsculo de Monteiro Lobato, eu disse o que pensava a tal respeito. O folheto do autor de *Urupês* tratava do saneamento das zonas sertanejas e rurais do Brasil, nestas últimas, já agora, devemos incluir também os subúrbios e freguesias roceiras do Município do Rio de Janeiro (custa-me muito escrever Distrito Federal). Quando se agitou essa questão aqui, não julguei que os seus propugnadores exagerassem. Achei somente que eles encaravam o problema, no ponto de vista estreitamente médico; e não pesavam bem as outras faces da questão, parecendo-me então que queriam estabelecer a ditadura dos doutores em medicina.

A solução do saneamento do interior do Brasil, no meu fraco entender, joga com muitos outros dados. Há a parte de engenharia: dessecamento de pântanos, regularização de cursos d'água etc.; há a parte social, no fazer desaparecer a fazenda, o latifúndio, dividi-lo e dar a propriedade dos retalhos aos que efetivamente cultivam a terra; há a parte econômica, consistindo em baratear a vida, os preços do vestuário etc., cousa que pede um combate decisivo ao nosso capitalismo industrial e mercantil que enriquece doidamente, empobrecendo quase todos; há a de instrução e muitos outros que agora não me ocorrem.

Em resumo, porém, se pode dizer que todo o mal está no capitalismo, na insensibilidade moral da burguesia, na sua ganância sem freio de espécie alguma, que só vê na vida dinheiro, dinheiro, morra quem morrer, sofra quem sofrer.

O caso típico desse malsão estado de espírito com que o enriquecimento de São Paulo infeccionou todo o Brasil de ganância e avidez crematística, está nesse caso recente das louças baratas, da "louça do pobre", cujos impostos de entrada, de um segundo para outro segundo, a fim de enriquecer um fabricante paulista, foram, na lei do orçamento, aumentados cinco vezes mais.

O Deputado Nicanor Nascimento, que está muito mais do que eu, habituado a lidar com essas questões de pauta, tarifas, impostos etc., mostrou, em um curioso artigo, no número passado desta revista, como esse protecionismo nos empobrece, como nação, e não favorece o fisco de forma alguma. O que ele não disse, é como essa monopolização de salteadores, por intermédio das taxas alfandegárias, faz miseráveis os pobres e os médios; mas, depreende-se perfeitamente do seu trabalho. Desejava muito que ele viesse também a tratar das isenções de direito... Hei de ver...

O escândalo das louças, dizia, teve a vantagem de mostrar ao público os baixos das manobras de que se servem esses espertalhões para enriquecerem nababescamente. O caminho sorrateiro, para arranjar a emenda, ficou claro a todos os que a guiaram pela estrada escusa da "cavação" parlamentar, ignóbil, sórdida e sem entranhas, ficando desmascarados, tiveram de se denunciar, denunciando os outros guias que a levaram até ao Senado da República. É esse o "trabalho" com que eles blasonam ter adquirido fortuna honradamente!... Que honra, Deus do céu!

Com tais casos à vista, cabe bem aos homens de coração desejar e apelar para uma convulsão violenta que destrone e dissolva de vez essa *societas sceleris* de políticos, comerciantes, industriais, prostitutas, jornalistas *ad hoc,* que nos saqueiam, nos esfaimam, emboscados atrás das leis republicanas. É preciso, pois não há outro meio de exterminá-la.

Se a convulsão não trouxer ao mundo o reino da felicidade, pelo menos substituirá a camada podre, ruim, má, exploradora, sem ideal, sem gosto, perversa, sem inteligência, inimiga do saber, desleal, vesga que nos governa, por uma outra visão da vida, com outros sentimentos para com os homens, expulsando esses Shylocks que estão aí, com os seus bancos, casas de penhores e umas trapalhadas financeiras, para engazopar o povo. A vida do homem e o progresso da humanidade pedem mais do que dinheiro, caixas-fortes atestadas de moedas, casarões imbecis com lambrequins vulgares. Pedem sonho, pedem arte, pedem cultura, pedem caridade, piedade, pedem amor, pedem felicidade; e esta, a não ser que se seja um burguês burro e intoxicado de ganância, ninguém pode ter, quando se vê cercado da fome, da dor, da moléstia, da miséria de quase toda uma grande população.

Os tolos a que aludi, no começo destas linhas, dizem que repelem o maximalismo, porquanto não podem admitir que, amanhã, o seu criado lhes venha dar ordens. Supomos que eles o tenham... Bem. A razão é supimpa de gentil sociólogo fabricante de almofadinhas, em Petrópolis ou no reino dos céus.

Será preciso lembrar-lhes, Santo Deus! que um dos aspectos que mais impressionam os pensadores estudiosos da Revolução Francesa, é ver de que forma, tendo ela acabado ou expulsado a grande nobreza hereditária, a de espada, quase esgotada de energias, e mesmo a de beca, deu ocasião para surgir das mais humildes camadas da sociedade francesa, forças individuais portentosas e capacidades sem par de toda a ordem? Será preciso?... Mas repito: "Non ragioniam di lor, ma guarda e passa"...

# No ajuste de contas

*Afonso Henriques de Lima Barreto*

A nossa burguesa finança governamental só conhece dois remédios para equilibrar os orçamentos: aumentar os impostos e cortar lugares de amanuenses e serventes. Fora desses dois paliativos, ela não tem mais beberagem de feiticeiro para curar a crônica moléstia do *déficit*.

Quanto ao cortar os lugares, é engraçado o que se passa na nossa administração. Cada ministro, e quase anualmente, arranja uma autorização para reformar o seu ministério. De posse dela, um, por exemplo, o da Guerra, realiza a sua pretensiosa obra e vem cá para fora blasonar que fez uma economia de sessenta e nove contos, enquanto o do Exterior, por exemplo, com a sua aumentou as despesas de sua pasta em mais de cem contos.

Cada secretário do presidente concebe que governo é só e unicamente o seu respectivo ministério e cada qual puxa a brasa para a sua sardinha.

Cabia ao presidente coordenar estes movimentos desconexos, ajustá-los, conjugá-los; mas, ele nada faz, não intervém nas reformas e deixa correr o marfim, para não perder o precioso tempo que tem de empregar em satisfazer os hipócritas manejos dos caixeiros da fradalhada obsoleta ou em pensar nas cousas de sua politiquinha de aldeola.

Enquanto as reformas com as hipotéticas economias são em geral obra dos ministros, o aumento de imposto parte, em geral, dos nossos financeiros parlamentares. Eles torram os miolos para encontrar meios e modos de inventar novos; e, como bons burgueses que são, ou seus prepostos, sabem, melhor que o imperador Vespasiano, que o dinheiro não tem cheiro. Partem desse postulado que lhes remove muito obstáculo e muitas dificuldades e chegam até às latrinas, como aconteceu o ano passado.

Essa pesada massa de impostos, geralmente sobre gêneros de primeira necessidade, devendo ser democraticamente igual para todos, vem verdadeiramente recair sobre os pobres, isto é, sobre a quase totalidade da população brasileira que é de necessitados e pobríssimos, de forma que as taxas dos Colberts da nossa representação parlamentar conseguem esta cousa maravilhosa, com as suas medidas financeiras: arranham superficialmente os ricos e apunhalam mortalmente os pobres. Pais da pátria!

Desde que o governo da República ficou entregue à voracidade insaciável dos políticos de São Paulo, observo que o seu desenvolvimento econômico é guiado pela seguinte lei: tornar mais ricos, os ricos; e fazer mais pobres, os pobres.

São Paulo tem muita razão e procede coerentemente com as suas pretensões; mas, devia ficar com os seus propósitos por lá e deixar-nos em paz. Eu me explico. Os políticos, os jornalistas e mais engrossadores das vaidades paulistas não cessam de berrar que a capital de São Paulo é uma cidade europeia; e é bem de ver que uma cidade europeia que se preza não pode deixar de oferecer aos forasteiros o espetáculo de miséria mais profunda em uma parte de sua população.

São Paulo trabalha para isso, a fim de acabar a sua flagrante semelhança com Londres e com Paris; e podem os seus eupátridas estar certos que ficaremos muito contentes quando for completa, mas não se incomodem conosco, mesmo porque, além de tudo nós sabemos com Lord Macaulay que, em toda a parte, onde existiu oligarquia, ela abafou o desenvolvimento do gênio.

Entretanto, não atribuirei a todos os financeiros parlamentares que têm proposto novos impostos e aumento dos existentes; não atribuirei a todos eles, dizia, tenções malévolas ou desonestas. Longe de mim tal cousa. Sei bem que muitos deles são levados a empregar semelhante panaceia, por mero vício de educação, por fatalidade mental que não lhes permite encontrar os remédios radicais e infalíveis para o mal de que sofre a economia da nação.

Quando se tratou aqui da abolição da escravatura negra, deu-se fenômeno semelhante. Houve homens que por sua generosidade pessoal, pelo seu procedimento liberal, pelo conjunto de suas virtudes privadas e públicas e alguns mesmo pelo seu sangue, deviam ser abolicionistas; entretanto, eram escravocratas ou queriam a abolição com indenização, sendo eles mais respeitáveis e temíveis inimigos da emancipação, por não se poder suspeitar da sua sinceridade e do seu desinteresse.

É que eles se haviam convencido desde meninos, tinham como artigo de fé que a propriedade é inviolável e sagrada; e, desde que o escravo era uma propriedade, logo...

Ora, os fundamentos da propriedade têm sido revistos modernamente por toda a espécie de pensadores e nenhum lhe dá esse caráter no indivíduo que a detém. Nenhum deles admite que ela assim seja nas mãos do indivíduo, a ponto de lesar a comunhão social, permitindo até que meia dúzia de sujeitos espertos e sem escrúpulos, em geral fervorosos católicos, monopolizem as terras de uma província inteira, títulos de dívida de um país, enquanto o Estado esmaga os que nada têm com os mais atrozes impostos.

A propriedade é social e o indivíduo só pode e deve conservar, para ele, de terra e outros bens tão somente aquilo que precisar para manter a sua vida e de sua família, devendo todos trabalhar da forma que lhes for mais agradável e o menos possível, em benefício comum.

Não é possível compreender que um tipo bronco, egoísta e mau, residente no Flamengo ou em São Clemente, num casarão monstruoso e que não sabe plantar um pé de couve, tenha a propriedade de quarenta ou sessenta fazendas nos Estados próximos, muitas das quais ele nem conhece nem as visitou, enquanto, nos lugares em que estão tais latifúndios, há centenas de pessoas que não têm um palmo de terra para fincar quatro paus e erguer um rancho de sapé, cultivando nos fundos uma quadra de aipim e batata-doce.

As fazendas, naturalmente, estarão abandonadas; por muito favor, ele ou seus caixeiros permitirão que os desgraçados locais lá se aboletem, mas estes pobres roceiros que nelas vegetam não se animam a desenvolver plantações, a limpá-las do mato, do sapé, da vassourinha, do carrapicho, porque, logo que o fizerem, o dono vendê-las-á a bom preço e com bom lucro sobre a hipoteca com que a obteve, sendo certo que o novo proprietário expulsá-los-á das terras por eles beneficiadas.

Na Idade Média e, mesmo no começo da Idade Moderna, os camponeses da França tinham contra semelhantes proprietários perversos que deixavam as suas terras *en friche,* o recurso de *haro,* e mesmo se apossavam delas para cultivá-las; mas a nossa doce e resignada gente da roça não possui essa energia, não tem mesmo um acendrado amor à terra e aos trabalhos agrícolas e procedem como se tivessem lido o artigo XVII da Declaração dos Direitos do Homem.

O que se diz com relação à propriedade imóvel, pode-se dizer para a móvel. Creio que é assim que os financistas denominam as apólices, moedas, títulos etc.

O povo, em geral, não conhece esta engrenagem de finanças e ladroeiras correlativas de bancos, companhias, hipotecas, cauções etc.; e quando, como atualmente, se sente esmagado pelo preço dos gêneros de primeira necessidade, atribui todo o mal ao taverneiro da esquina. Ele, o povo, não se pode capacitar de que a atual alta estrondosa do açúcar é obra pura e simples do Zé Bezerra e desse Pereira Lima que parece ter sido discípulo dos Jesuítas, com a agravante de que o primeiro foi e o segundo é ainda ministro de Estado, cargo cuja natureza exige de quem o exerce, o dever de velar, na sua esfera de ação, pelo bem público e para a felicidade da comunhão.

Não estará tal cousa nas leis ou nos regulamentos; mas, evidentemente, se contém na essência de tal função administrativa.

Bastiat, nas suas *Mélanges d'Économie Politique,* tem um interessante capítulo, intitulado – "O que se vê e o que não se vê". Pouco ou nada se relaciona com o nosso assunto; mas, citei-o, porque foi a sua leitura que me fez considerar e analisar melhor certos fatos e não ficar como o grosso do povo preso "ao que se vê", sem procurar a verdadeira explicação no "que não se vê".

É difícil imaginar, para quem se atém unicamente "ao que se vê", como esse negócio de apólices é o cancro do orçamento e a fonte de todos os nossos financistas sobre a propriedade privada.

Poderia encher isto aqui de algarismos, obtidos nos relatórios pantafaçudos ou nas tabelas do orçamento, para provar o que digo; mas deixo essa difícil exibição sabichona para o Sr. Oto Prazeres, a fim de que ele possa fazer mais um livro e ir ainda uma vez levá-lo em pessoa ao Sr. Venceslau Brás.

O caso das apólices é muito semelhante ao da escravatura na geração anterior à nossa. É um ônus que, em geral, herdamos das gerações passadas. Não garanto; mas, parece-me, que ainda pagamos juros de apólices emitidas em 1867; e mesmo que isto não seja inteiramente verdade, deve ser aproximadamente, porquanto, de onde em onde, o governo, por isso ou aquilo, as substitui por outras, continuando, as novas, a serem virtualmente as velhas que aquelas substituíram.

Mirabeau, respondendo às objeções feitas a reformas radicais que rompiam totalmente com o passado, teve na Assembleia Constituinte de 89 uma comparação eloquentíssima. Se todos os nossos antepassados – dizia ele – ocupassem com os seus túmulos a superfície total da terra, nós, os atuais habitantes, teríamos todo o direito de desenterrar os seus ossos, para cultivar os campos, criar gado, tirar da terra, enfim, a nossa subsistência.

Cito de memória; mas, julgo ter deturpado o pensamento do grande Conde de Mirabeau, o qual vem esclarecer o meu, quando não quero aceitar uma carga injusta dos nossos pais e lembro que essa obrigação herdada por nós de pagar prêmios de apólices de empréstimos de que as gerações passadas abusaram, deve cessar inteiramente, pois é tal verba orçamentária que nos esmaga de impostos e faz a nossa atual vida dificílima, mais ainda do que os estancos de Limas Pereiras, Bezerras e caterva.

No próprio ponto de vista dos usurários e truculentos capitalistas, a apólice é um mal, é um capital imobilizado que não concorre para o desenvolvimento do país; pois quem tem poucas, guarda-as também, para não fazer nada e viver do rendimento.

Contaram-me que há uma senhora que é possuidora de duas mil apólices de conto de réis; tem ela, portanto, a cinco por cento, o rendimento anual de cem contos de réis. Vive na Europa e não vem ao Brasil, há perto de trinta anos. Não gasta aqui um tostão, não dá aqui uma esmola, não paga um criado aqui e recebe quase tanto quanto o presidente da República, sem contar com a verba "representação", aliás, sempre aumentada.

Se o povo "visse", se o povo soubesse, como no caso da senhora, que nós já pagamos em juros o valor dessas apólices, pediria fossem elas canceladas e não continuassem a vencer prêmios e a vultosa quantia empregada no pagamento deles, cerca de sessenta mil contos, sendo suprimida do orçamento, serviria para aligeirar os impostos que oneram a carne seca e outras utilidades indispensáveis à vida de quase a totalidade dos habitantes do país.

Outra medida que se impõe, é o confisco dos bens de certas ordens religiosas, bens que representam dádivas e ofertas da piedade, ou quer que seja, de várias gerações de brasileiros e agora estão em mãos de estranhos, porque os nacionais não querem ser mais frades. Voltem à comunhão, os bens.

Pode-se admitir que os conventos sejam asilos de crentes de ambos os sexos que se desgostam com o mundo. Admito, na minha tolerância que quisera bem ser renaniana; mas os estatutos dessas ordens não deixam perceber isso. Para os conventos de freiras, para as próprias irmãs de São Vicente de Paula (sei que não são freiras), não se entra sem um dote em dinheiro, sem um caríssimo enxoval, e, afora exigências de raça, de sangue e família.

Só se desgosta com o mundo, só tem ânsia de esposa de Jesus ou praticar a profunda caridade vicentina, as damas ricas e brancas, como a Nossa Senhora da Aparecida, de São Paulo. É mesmo católica essa religião?

Nos mosteiros de frades, é a mesma coisa e, sabido como todos eles são ricos, não se apreende para que exigem tanta despesa dos noviços, criando dificuldades para iniciação monástica, quando o interesse da religião estava em facilitá-la. Há quem suspeite que esse dinheiro todo, os santos monges pretendem empregá-lo para a nossa desunião... O tempo nos dirá o que for verdade...

Um governo enérgico e oriundo do povo que surgir, tem o dever de confiscar esses bens, de retalhar as suas imensas fazendas, de aproveitar os seus grandes edifícios para estabelecimentos públicos e vender, assim como as terras divididas, os prédios de aluguel que essas ordens possuem, em hasta pública.

A confiscação desses bens obriga, para ser a medida completa, o governo a suprimir inteiramente todos os colégios de religiosos de ambos os sexos, sobretudo os destinados a moças ricas, por intermédio dos quais o clero acaba dominando os seus futuros maridos ou amantes; e, sabendo-se que estes são, em geral, pessoas poderosas e em altos cargos, a gente de sotaina pretende, desse modo, influir decisivamente nos atos dos poderes políticos do país e obter a nossa completa regressão aos áureos tempos das fogueiras e do *beatício* hipócrita. Há mais.

Uma das mais urgentes medidas do nosso tempo é fazer cessar essa fome de enriquecer característica da burguesia que, além de todas as infâmias que, para tal, emprega, corrompe, pelo exemplo, a totalidade da nação. Para amontoar milhões, a burguesia não vê óbices morais, sentimentais nem mesmo legais. Toca para adiante, passa por cima de cadáveres, tropeça em moribundos, derruba aleijados, engana mentecaptos; e desculpa-se de todas essas baixezas, com a segurança da vida futura dos filhos. Não encontraria mais motivo para proceder dessa maneira, mais infame do que o dos antigos salteadores dos grandes caminhos, se riscássemos do Código Civil o direito de testar, e as fortunas, por morte dos seus detentores, voltassem para o Estado; e nisto, imitaríamos os seus maiores, os burgueses da Revolução Francesa, que golpearam profundamente a nobreza, estabelecendo a igualdade de herança entre os filhos. O feudo e o castelo desapareceram, pois a fortuna deixou de passar intacta ou quase intacta, do marquês para o seu filho mais velho.

Todas estas medidas têm caráter financeiro, sem deixar de ter social; mas, a que me parece, mais urgente, é uma reforma do casamento, medida puramente social.

Eu sou por todas as formas de casamento; não me repugna admitir a poligamia ou a poliandria; mas transigiria se fosse governo. Continuaria a monogamia a ser a forma legal do matrimônio, mas suprimiria toda essa palhaçada de pretoria ou juizado de paz. O Estado só interviria para processar e condenar o bígamo; tudo o mais correria por conta das famílias dos nubentes. Os pais é que se encarregariam do processo, hoje chamado – "papéis de casamento" – e das cerimônias que fossem do seu gosto realizar; e o Estado só saberia do "caso", como atualmente, com o nascimento, por comunicação escrita das partes, para o competente registro. Não haveria nunca comunhão de bens; a mulher poderia soberanamente dispor dos seus.

O divórcio seria completo e podia ser requerido por um dos cônjuges e sempre decretado, mesmo que o motivo alegado fosse o amor de um deles por terceiro ou terceira.

A muitos leitores parecerão absurdas essas ideias; não pretendendo convencer desde já todos, espero que o tempo e o raciocínio irão despertar neles simpatia por elas e a convicção da sua utilidade social. Apelo para todos aqueles que não têm a superstição da lei, dos códigos, dos praxistas, dos acórdãos, dos arestos, do Pêgas, do Lobão, das Ordenações e outros alfarrábios caducos; e quanto aos doutores do Direito que envenenados, intoxicados até a medula com tudo o que decorre do sinistro e cruel direito romano, codificado, em grande parte, por um tirano das margens do Propôntide e pela prostituta sua mulher – como diz Condorcet – nas suas *Réflexions sur l'Esclavage des Nègres;* quanto a tais chacais e hienas a serviço dos burgueses, eu tomo a liberdade de dizer-lhes que, tarde ou cedo, sem eles ou com eles, há de se fazer uma reforma social contra "o Direito" de que são sacerdotes, pois o seu deus já está morto no coração da massa humana e só falta enterrá-lo, com o seu cortejo de apostilas e sebentas, de consolidações e manuais, não levando tal enterro senão às grinaldas dos arqueólogos, antiquários, geólogos e paleontólogos, *Requiescat in pace!*

Muitas outras medidas radicais me ocorrem, como sejam: uma revisão draconiana nas pensões graciosas, uma reforma cataclismática no ensino público, suprimindo o "doutor" ou tirando deste a feição de brâmane do código de Manu, cheio de privilégios e isenções; a confiscação de certas fortunas etc. etc.

Iremos, porém, devagar e por partes; e, logo acabada esta guerra que é o maior crime da humanidade, quando os filhos e os outros parentes dos pobres-diabos que lá estão morrendo às centenas de milhares, ou se estropiando, tiverem de ajustar contas com esta burguesia cruel, sem caridade, piedade e cavalheirismo, que enriqueceu e está se enriquecendo de apodrecer, com esse horroroso crime, nós, os brasileiros, devemos iniciar a nossa Revolução Social, com essas quatro medidas que expus. Será a primeira parte; as outras, depois.

Terminando esse artigo que já vai ficando longo, confesso que foi a Revolução Russa que me inspirou tudo isso.

Se Kant, conforme a legenda, no mesmo dia em que a Bastilha, em Paris, foi tomada; se Kant, nesse dia, com estuporado assombro de toda a cidade de Koenigsberg, mudou o itinerário da excursão que, há muitos anos, fazia todas as manhãs, sempre e religiosamente pelo mesmo caminho – a comoção social maximalista tê-lo-ia hoje provocado a fazer o mesmo desvio imprevisto e surpreendente; e também a Goethe dizer, como quando, em Valmy viu os soldados da Revolução, mal-ajambrados e armados, de tamancos muitos, descalços alguns, destroçarem os brilhantes regimentos prussianos – dizer, diante disto, como disse: "A face do mundo mudou". Ave Rússia!

(11/5/18).

# Wrangel

*Afonso Schmidt*

Em plena Sibéria, das estepes inóspitas, das florestas negras, misteriosas e impenetráveis, das landes nuas e desertas, exílio doloroso dos antigos conspiradores da Moscovita, surge este nome sombrio, que é como a vingança dos czares transformada num gládio.

Antes da revolução, já o nome de Wrangel punha calafrios na alma estoica do povo eslavo. É que lá na Sibéria, trágica Terra Prometida dos que seguiam o Moisés de uma aspiração, existia e ainda existe, com um cenário que Dante não conseguiu criar para o seu Inferno, o Planalto de Wrangel.

Fica a leste da baía de lama.

Parece o prolongamento de uma série de ilhas desabitadas, de acesso difícil e só procuradas por aqueles que, em expedições, andam à cata de fósseis para os museus. Estas terras altas foram descobertas por um antepassado de Wrangel, que morreu na expedição, antes de as ter pisado. Ficaram com o seu nome – esse nome sombrio que durante muito tempo foi o algoz dos idealistas eslavos e que, ainda hoje, tanto sangue juvenil está custando à mais nobre porção da humanidade.

As últimas notícias dizem que as tropas do general Wrangel, depois de batidas, retiram-se para o triângulo de terra escura e gelada que, penetrando no Mar Negro, como península, toma o nome de Crimeia. Aí, dentro em pouco, estarão encurraladas.

Esse exército era a mais bela esperança dos que acreditam que as ideias possam ser combatidas a ferro e fogo. Compunha-se ele de cento e cinquenta mil homens escolhidos entre os destroços do exército imperial, de Koltchack e de Denikin. Quase todos esses soldados já tinham sido oficiais e inferiores em outras ocasiões.

Se não fossem as grandes arremetidas vitoriosas de seus inimigos, esses ex-homens passariam a vida num imperturbável céu aberto. No presente, gozam a proteção do governo francês que os alimenta e equipa com o fim pouco elevado de restabelecer o czarismo na Rússia, para que este, em sinal de gratidão, lhe pague todo o ouro emprestado de 1914 a 1917, para que o povo russo pudesse combater a seu lado. No futuro, esse exército singular tem, a sorrir-lhe, a promessa do general Wrangel:

– Não vos esqueçais, meus amigos, de que nós vamos implantar a ordem na Rússia. Nós seremos, para os efeitos da glória e do Tesouro, os salvadores da pátria.

No dia em que pisarmos Petrogrado e Moscou, cada um de nós será, pelo menos, arquiduque!

Este delicioso sonho só é perturbado por duas coisas sem importância: o prisioneiro bolchevista é palrador, fala mais do que o preto do leite; às vezes, muda, de um dia para outro, o humor de toda a tropa, e – o segundo aborrecimento, quase sempre os camponeses se revoltam na retaguarda do exército, negando-lhes o pão, mesmo a poder de ouro.

Wrangel, pelo papel que se prestou a desempenhar, vê-se logo que é um aventureiro, em larga escala, cuja ambição roça pelas estrelas. Além disso, é um grande beberrão. Deu provas disso, há anos, em Hanôver, onde foi recebido com honras militares e saiu carregado a braços, pelos que o homenageavam...

Não vale a pena falar em escrúpulos. Basta dizer que ele, sabendo que o álcool foi proibido terminantemente na Rússia e que esta medida desgostou a muita gente, incluiu o álcool na sua bandeira. Combate pelo czar e pelo Vodca!

Antes de aparecerem Wrangel e Pilsudski, as despesas da França e da Inglaterra, para "restaurar a ordem na Rússia" subiam a uma altura capaz de produzir vertigens.

A própria Inglaterra, prática acima de tudo, teve o bom senso de recuar nesse caminho cujo termo é uma incógnita. A França, porém, não hesitou em chamar a si, sem outro auxílio, essa pavorosa responsabilidade.

Desejaríamos saber quanto custaram à França, nestes últimos tempos, Wrangel e Pilsudski!

Parece mentira, mas o rio de ouro necessário para combater o proletariado russo é constituído de bagas de suor do proletariado francês, jeitosamente conduzido pela meia dúzia de homens de negócio que se arvorou em governo.

Felizmente, nem assim se consegue aniquilar uma ideia.

A julgar pela índole e pelo programa dos dois generais que combatem o soviete, um vencedor na Polônia e outro vencido na Crimeia, chega-se a acreditar que os russos abandonaram Pilsudski, fanfarrão e mentecapto, para aniquilar Wrangel, com o czar, com o Vodca e com a proteção dos capitalistas europeus. Eliminando um, o perigoso, sempre haverá tempo de esmigalhar outro, o general de opereta.

Desaparecido Wrangel, como Koltchack e Denikin, quem será para os capitalistas da França o verdadeiro governo russo?...

Santos, 4/10/1920.
(*A Plebe*, 6/11/1920)

# Manifesto da União Maximalista aos Operários

Porto Alegre, 1 de novembro de 1918.

Do canhão à peste, até que os operários tenham consciência de si próprios...

A cólera que ora campeia em todos os lares, vitimando com mais prontidão a classe obreira – de preferência às classes abastadas. Sendo produto imediato de guerra, a cólera (que ora chamam espanhola) não podia escolher senão os que a força do destino determinar: Isto é os operários. (Convém notar, que este destino é filho da organização burguesa e não da natureza ou do acaso como se costuma dizer.) Estes, vítimas da guerra, vítimas da peste... para glória de seus algozes... ei-la agora como um denso fumo afetando a atmosfera, ferindo e matando em todos os países a todos aqueles que habitam as imundas choupanas ou humildes casinhas mal arejadas, cobertos de andrajos e muito mal alimentados; estão eles de alguma sorte habilitados a receber o mal.

O governo, órgão executor dos decretos aburguesados, atende pressuroso, diz a imprensa, já alugando os médicos, já pedindo créditos, a sua Câmara, para despender de muitos contos... a fim de debelar o mal, que, como acima referimos, afeta mais aos pobres. Ora, ao primeiro golpe de vista, isso parece contrastar muito com os feitos daqueles que premeditadamente desencadearam a guerra mostrando-se tão sedentos de sangue, a ponto de nem por sonho desejariam a paz... Nós porém que não perdemos de vista nenhum dos gestos desses nossos inimigos não poderíamos deixar de dar a competente nota nesse ato "generoso" de não deixar morrer a classe obreira desfavorecida da fortuna!... Vejamos pois se há razão para que a burguesia deixe ou não morrer suas eternas vítimas, afetados pela presente epidemia? pois para maior clareza damos a resposta seguinte: "Não há conveniência alguma à burguesia deixar morrer um número avultado de seu rebanho – operários – porque, se supusermos que a epidemia possa matar (e isso não seria anormal nas condições péssimas, em que se encontra o operariado) a metade da classe obreira, admitindo que fossem ainda os atuais desocupados, isso equivaleria à perda quase total da concorrência braçal, a qual tem sido a causa da contínua diminuição dos salários. Ora, burguesamente esse negócio não pode servir, porque saído o operariado abatido pela enfermidade e reduzido à metade, terá com certeza, que meditar a compreender por fim, mandando às favas o medo da concorrência braçal, ditando ao mesmo tempo o preço de seu trabalho à burguesia; e uma vez vencida esta etapa, não haverá mais que um passo para – a revolução social".

Sentimo-nos portanto diante dessa verdade irrecusável a necessidade de dirigir esse apelo àqueles, famintos, descalços, cobertos de andrajos, habitantes de choupanas, sem ar, sem higiene, sem conforto de espécie alguma; e em compensação, são eles os construtores das cidades; são os fabricantes de tudo que existe; são ainda os que unindo seu esforço à natureza produzem tudo que é necessário à alimentação; são uma palavra – os operários.

Operários! invadi essas casas arejadas e habitai-as sem discussão, porque foram construídas por vossas próprias mãos. Destruí duma para sempre, o capricho dessa corrompida sociedade, que tem por objetivo aniquilar-vos.

Apoderai-vos desses depósitos de produtos alimentícios e alimentai--vos deles sem receio, porque eles são o produto de vosso labor, são portanto legitimamente vossos e não de seus atuais detentores, vossos figadais inimigos, os quais de há séculos consomem sem produzir coisa alguma. – Ponhamo-los fora de nossa comunhão, só lhes aceitando quando se apresentassem como de fato produtores.

Operários! apoderai-vos de tudo que encontrardes depositado em tecidos e calçados e vesti-vos, porque se não fora as vossas mãos nada disso haveria.

Operários! mais um impulso e a burguesia do mundo cairá. Tende em mira o impulso "maximalista" bastando ali a vontade dos operários e soldados, para pôr por terra não só a secular tirania dos Romanovs como também a seu satélite a *Democracia Kerenskyna*.

Operários! basta de indolência, saibas de uma vez para sempre que o mundo só deve ser daqueles que produzem; e todo aquele que não produzir é parasita e como tal não lhe deixareis consumir vosso produto – fora com ele pois.

Operários! não vos deixareis mais levar pelos cantos das Sereias, nem tampouco pelas frases clássicas gramaticalmente bem arquitetadas, pois essas já foram desde muito estudadas, colecionadas e decoradas, tudo premeditadamente contra vós por aqueles que, abusando de vossa boa--fé, chuparam o vosso sangue – alerta pois.

Operários! não dareis confiança alguma aquele que do alto descerem, dizendo ser camaradas vossos, e que estavam reservadas até esta data... e se se mostrassem conhecedores do "Ideal" ainda com mais desconfiança devereis cercá-los, porque a quem muito se deu, muito se deve exigir; pois como poderemos conciliar o conhecimento da verdade aliada à prática contrária, sem encontrarmos o *banditismo* tacitamente confessado? eles, conhecedores do Ideal da liberdade, e contudo servindo aos tiranos, atirando de quando em quando punhados de areia nos olhos do povo... são pois mais dignos de castigo que de compaixão. Nem mais darei confiança aqueles que desertaram de vossas fileiras indo imiscuir-se com a burguesia, e que voltando dissessem "estamos arrependidos" ou "estávamos lá servindo à vossa causa". Nada pois de crédito a estes ou aqueles. Meditai bem, que com certeza haveis de compreender: que todo aquele que servir o Ideal Libertário, compreendendo sua grandeza, ainda que fosse uma hora em sua vida; jamais se amoldaria em desvirtuá-lo numa só letra que seja, ainda mesmo que lhe fosse oferecida a mais fabulosa das fortunas... Nem tampouco cederá por pressão alguma, vindo de onde vier, esta não será para ele mais que um incentivo para prosseguir cheio de entusiasmo, redobrando cada vez mais suas energias. Lembrai-vos daquelas vítimas sublimes que jamais transgrediram, nem mesmo quando levados ao cadafalso pela burguesia; e que morreram com a mesma convicção altiva com que pregavam a *liberdade*. Compreendei, portanto, que "aqueles que do alto descerem" e "aqueles que de vossas fileiras desertaram" esses e aqueles, jamais foram e jamais serão sinceros; mas são a célebre guarda avançada da burguesia com os quais devemos nos encontrar nos primeiros momentos da nossa revolta... Nada pois de créditos às palavras e sim aos atos.

Operários! vós unidos derrubareis esse carcomido edifício da burguesia, edificando em seu lugar o da razão, da Harmonia e da Igualdade que consiste em cada qual dar o que pode, levando o que necessita.

Operários! assim como a cólera é oriunda dos campos da batalha e ora nos afeta, assim como todos suas consequências nos atingem, da mesma sorte ou melhor ainda (por se tratar da madureza do homem) o maximalismo era triunfante na Rússia, e, segundo as últimas informações, já está invadindo os Impérios Centrais, começando pela Bulgária, já bate no trono dos Hohenzollern... estejais pois alerta, porque ele há de vir até cá... muito breve talvez, a despeito de todos os arreganhos...

Operários! lutai sempre contra esses inimigos que, insociáveis, procuram por todos os meios aniquilar os vossos esforços em seu exclusivo proveito, explorando-vos com *religião*, patriotismo e mil insânias...

Nada de ódios aos soldados! porque são vítimas como vós, são vossos iguais, pois quem diz soldado diz operário e vice-versa. Tende em cada um deles um camarada de luta. A vossa fraqueza é filha da vossa divisão – uni-vos pois! e não haverá força alguma que possa vos enfrentar. Ponde um ponto final nesta inaturável situação de carnificina e miséria em que a burguesia vos mercadeja como que fósseis um rebanho de animais inconscientes.

Tende pois consciência de vós mesmos...

Nota. Começar por boicotar essa imprensa burguesa toda... nada lhe confiando, nada lhe informando. Repudiai-os porque nunca serão vossos amigos...

## NOTA

1. O texto conserva os erros gramaticais do original. Apenas a ortografia está atualizada. [*N. do A.*]

## Depoimentos sobre a greve insurrecional de 1918: O Soviet do Rio

Os depoimentos, que se seguem, compõem os autos do inquérito que a polícia instaurou depois de abortar a tentativa insurrecional de 18 de novembro de 1918 e saíram nas edições de 24 e 26 de dezembro de 1918 do *Correio da Manhã*.

Comissário Júlio Rodrigues – Que o declarante, como chefe da seção de Segurança Pública e Ordem Social da Inspetoria de Investigações e Capturas, de há uns dois meses ou três a esta parte observava certa agitação no seio operário, onde não raros elementos anarquistas e perturbadores da ordem pública, conhecidos na polícia, concitavam os operários nas associações a exigirem do governo providências desmedidas, como se verificou no caso da agitação produzida durante o período da gripe, quando criaram um comitê de combate à fome, cujo objetivo era francamente de subversão à ordem pública; que desses fenômenos o declarante dava sempre ciência ao chefe de polícia, quer verbalmente, quer por notas reservadas; que em fins de outubro o declarante com seus auxiliares verificou que indivíduos vezeiros na perturbação da ordem ou anarquistas confessos, como Manuel Campos, João da Costa Pimenta, Astrojildo Pereira, Álvaro Palmeira, Carlos Dias, José Romero, José Elias e muitos outros frequentaram em pequeno grupo, mas muito amiudadamente, a casa do professor Oiticica, à rua Guanabara, número quarenta e nove, como também um número muito mais avultado observara reuniões muito mais concorridas do que aquelas na sede da União dos Operários em Fábricas de Tecidos, como também na Construção Civil, vindo ainda a saber o declarante que se andava a fazer e distribuindo bombas de dinamite e por isso, por intermédio de seus auxiliares, fazia seguir e observar todos os citados indivíduos preocupando-se também na descoberta dos esconderijos das referidas bombas; que procedia a essas diligências quando, em princípios de novembro, dez ou doze, se bem se recorda, foi apresentado pelo Sr. chefe de polícia ao Sr. tenente Jorge Elias Ajus, que, soube, tomara parte, com ciência do mesmo chefe de polícia, em reuniões em casa do Prof. Oiticica; que desta data em diante o declarante passou a agir de conformidade com o tenente Ajus, tendo constatado que se verificaram até o dia dezoito de novembro, umas duas ou três reuniões, onde compareceram cinco ou seis pessoas em casa do professor Oiticica, como também que no dia quinze, pelas doze horas, realizou-se à rua do Carmo, número setenta e um, sobrado, uma grande reunião; que nesta reunião pode o declarante verificar que a ela compareceram de trinta a quarenta indivíduos, pois, além dos indivíduos citados, apareceram muitos operários tecelões e metalúrgicos, quase todos conhecidos de vista do declarante pela assistência às fábricas; que o declarante tinha conhecimento de que no movimento que se operava tinha a União Operária em Fábrica de Tecidos grande preponderância pelo seu número de sócios e recursos pecuniários; fez sentir ao seu diretor – presidente e secretário, Manuel de Castro e Joaquim Moraes, que era mister tomar a referida associação cuidado no caminho que estava trilhando; que a União estava francamente se desviando do seu fim, para trilhar o caminho da subversão da ordem, fazendo-lhes ainda sentir que a polícia era conhecedora de todos os seus passos e movimentos, e que agiria com energia, não se iludindo eles com o seu número, que no caso era uma força platônica; que a despeito das observações do declarante, a diretoria da União dos Operários, esta em sua totalidade por si e seus prepostos (os delegados das fábricas), continuava francamente a agitar a classe e ter parte direta no movimento que se preparava; que este movimento foi definitivamente aprovado na reunião de quinze, para ter lugar no dia dezoito, às dezesseis horas, e consistia na subversão da ordem, tendo por objetivo depor o governo constituído para elevar um governo de operários e soldados; que no dia dezoito teve ciência o declarante de que os entendidos no movimento das doze às quatorze horas se encontrariam à rua da Alfândega, vinte e dois, e como desse o chefe de polícia ordem ao declarante para efetuar a prisão de todos os que lá fossem, o declarante dispôs de todos os seus auxiliares, efetuando no referido prédio e imediações a prisão de Manuel Campos, Ricardo Perpétua, Astrojildo Pereira, Augusto Leite, Carlos Dias, tendo sido também preso momentos antes, pelo major Carlos Reis, o Prof. Oiticica; que o declarante tem feito com seus auxiliares todos os esforços no sentido de conseguir a prisão de Manuel de Castro, Joaquim Moraes, Raymundo Martins, João da Costa Pimenta e muitos outros que o declarante soube terem tomado parte ativa e decisiva nos acontecimentos de dezoito de novembro, mas todos eles depois do malogro da revolução fugiram e se conservam escondidos. E nada mais disse.

Jorge Elias Ajus, tenente do exército – Disse que: reside em companhia de sua mãe, dormindo no mesmo quarto, há cerca de quatro anos, com o primeiro-caixeiro Ricardo Corrêa Perpétua; que nele convivia, o declarante teve ocasião de conhecer muito de perto Ricardo, que era um homem bom, mas completamente imbuído de ideias anarquistas e anticlericais, dispondo de muitos livros sobre esses assuntos; que em princípios de novembro último, certa ocasião, estando o declarante em casa, viu chegar junto ao balcão onde se achava Ricardo um indivíduo alto, moço, bem apessoado e que dias depois soube chamar-se Manuel Campos e fez entrega a Ricardo de um embrulho, dizendo-lhe "são pra entregar, digo, distribuir amanhã, na Vila Militar; hoje temos reunião no..., não percebendo o declarante qual o local; que tal entrega e tal frase conjugadas com as crenças políticas e sociais de Ricardo despertaram a atenção do declarante e por isso, aproveitando um afastamento ocasional de Ricardo do lugar do balcão em que Ricardo colocara o embrulho, abriu-o e verificou com pasmo que se tratava de boletins sediciosos dirigidos a soldados e marinheiros; que diante de tal descoberta e julgando bem da sua gravidade, entendeu ser de seu dever militar e cívico dar disso conhecimento aos seus superiores; que, retirando um dos boletins, foi ao seu quarto onde fardou-se e seguiu imediatamente para o Quartel-General, procurando o seu colega de armas, de nome Augusto Zortes Bustamante Sá, a quem fez ciente de tudo, mostrando-lhe o boletim; que ambos então foram à presença do general Zaro a quem tudo narraram; que o general Zaro deu ordem ao declarante e a seu colega que pusessem o chefe de polícia ao corrente de tudo, dizendo-lhes que meia hora depois ele iria procurar aquela autoridade, digo tudo, ficando assente que o tenente Bustamante se entendesse com aquela autoridade; que ainda o general Zaro recomendou que o declarante e seu colega procurassem acompanhar os passos daqueles agitadores; que, horas depois disso, foi o declarante procurado pelo seu colega Bustamante, que lhe informou ter já tudo narrado ao chefe de polícia, tendo esta autoridade aconselhado que o declarante se imiscuísse, aproximando-se das pessoas de Ricardo e do indivíduo que o procurou, a fim de penetrar no segredo que os unia e ficando ele Bustamante de fora, para poder estar em contato com a polícia, sem ser descoberto; que meditando na maneira de entrar no assunto e lembrando-se de que haveria uma reunião nesta noite, vendo que efetivamente Ricardo se vestia para sair, começou o declarante a fingir-se desgostoso com a atual forma de governo, que entendia dever ser substituída por uma forma inteiramente popular, à semelhança da Rússia e pondo-se assim de acordo com as ideias que revelava Ricardo, acabou por lhe dizer que havia um movimento muito bem organizado para alterar a forma do governo, tendo mesmo recebido um convite de um conhecido para tomar parte em uma reunião revolucionária, mas que depositando pouca confiança na pessoa que o convidou, não quis aceder, mas que agora se ele, Ricardo, estivesse ao par do movimento e garantisse que ele tinha condições de êxito, que o declarante estava disposto a tomar parte nele contanto que lhe garantissem um lugar de destaque; *que Ricardo então lhe disse que ia efetivamente tomar parte em uma reunião em que se cogitaria de alterar a forma de governo e que assim proporia a inclusão do declarante por intermédio do Dr. José Oiticica;* que esta palestra teve lugar pelas dezenove horas mais ou menos, saindo em seguida o declarante e Ricardo tomando à rua rumos diversos; que, por volta das vinte e três horas, estava o declarante já em casa, quando entrou Ricardo e lhe anunciou que a sua proposta havia sido aceita e que por isso teria de ir com ele no dia seguinte às oito horas para ser apresentado pessoalmente ao Dr. José Oiticica; que no dia seguinte, pelas sete horas da manhã, foi acordado por Ricardo e vestindo-se apressadamente, com ele saiu e dele recebendo a recomendação de o seguir de perto como se fossem estranhos até entrar na casa onde ele entrasse; que observando as recomendações de Ricardo o acompanhou entrando na casa número quarenta e nove da rua Guanabara; que aí foi apresentado ao Dr. Oiticica com quem conversou alguns minutos até que entrou um indivíduo *a* quem o depoente foi apresentado, sabendo então chamar-se ele Alexandre de tal; que, após cerca de uma hora de palestra sobre assuntos sociais, sem entrarem entretanto no objetivo do encontro, retiraram-se os três que neste mesmo dia, de treze para quatorze horas, Ricardo lhe comunicou que haveria esta mesma noite uma reunião na rua Luiz Barbosa número trinta e quatro, pois neste sentido havia recebido comunicação por intermédio de um companheiro; mais tarde Ricardo o avisou que a reunião tinha sido transferida para a rua Gratidão dezenove, Tijuca, lugar onde, segundo informou Ricardo, já tinha tido lugar uma reunião; que neste local e nesta noite não houve reunião alguma, ficando marcada ela para a noite do dia seguinte, às vinte horas, em casa do Prof. Oiticica; que às vinte e um quarto, o declarante chegou em casa do Prof. Oiticica onde encontrou todas as janelas fechadas e luz na sala; que entrando encontrou o professor, Ricardo e seis indivíduos aos quais foi apresentado, sabendo então tratar-se de Manuel Campos, a pessoa que fora a sua casa falar com Ricardo e que acima se referiu, Drs. Agripino Nazaré, Astrojildo Pereira, um quintanista de sobrenome Palmeira e dois outros de cujos nomes não se recorda, mas que os reconhece se os vir; que após as apresentações o Prof. Oiticica fez sentir ao declarante que deviam manter a palestra em tom baixo, porquanto sua senhora, que ocupava cômodos próximos de nada sabia e se acaso viesse a saber faria tal oposição que seria capaz de denunciar o movimento que tinham em vista; que em seguida o Prof. Oiticica começou expondo ao declarante que o governo atual não satisfazia mais as aspirações nacionais e que se tornava mister criar-se um governo genuinamente popular, como se fizera na Rússia, de representantes de operários e de soldados; que entre os operários o movimento já estava completamente organizado, dispondo ele e seus companheiros de todos os tecelões e metalúrgicos dispostos a tudo, já armados com grandes quantidades de bombas de dinamites, de explosão por contato, aguardando apenas que fosse feita a designação do dia para a greve geral descendo os operários de Botafogo que se aproximariam do palácio do Catete e em momento dado matariam a sentinela e invadiriam o palácio, aprisionando o presidente e içando uma bandeira vermelha enquanto no mesmo momento, outros operários se reuniriam no Campo de São Cristóvão onde seria fácil o ataque à Intendência da Guerra a fim de se apossarem de armas, munições e equipamentos, enquanto que os operários de Bangu em número de dois mil saltariam em Realengo, se apoderariam das armas e munições existentes na fábrica de cartuchos, que incendiariam partindo para esta cidade; que Manuel Campos também dispunha de grande pessoal na Saúde que lhe permitia no mesmo momento atacar o quartel de polícia que lá existe, apoderando-se das armas e munições, pois que tal quartel está sempre pouco guarnecido de praças, visto grande número de rondas; que lembrava ainda o Prof. Oiticica que o ataque devia ser combinado para a hora em que estivessem funcionando a Câmara e o Senado, como às duas horas da tarde, para serem presos todos os seus membros e finalizou por dizer ao declarante que contava com ele para remover dificuldades com elementos do Exército; que o declarante organizasse um plano de concentração e ataque, ficando os dois, isto é, o professor e o declarante como chefes do movimento; que o declarante fingindo aceder a tudo prometeu organizar o plano de concentração e ataque, lembrando porém que seria mais conveniente fazer uma concentração única no Campo de São Cristóvão e iniciarem o movimento com o ataque à Intendência da Guerra, pela parte que dá para a praia; que o assunto ficou para ser discutido mais minuciosamente em uma reunião que ficou combinada para o dia seguinte na rua do Carmo, setenta e um, às treze horas; que no dia seguinte às treze horas, sendo feriado, isto é, dia da Proclamação da República, o declarante compareceu ao local convencionado, que soube ser o curso do Prof. Oiticica, composto de duas salas, guarnecidas de carteiras e quadro preto; que o declarante ficou surpreendido com o número considerável de pessoas presentes e que orçava de quarenta a cinquenta; que entre os presentes o declarante reconheceu todas as pessoas a que se referiu ter encontrado em casa do Dr. Oiticica com exceção do Dr. Agripino Nazaré; que pela discussão e informações que davam, o declarante verificou que ali se achavam representantes de grande número de fábricas de tecidos e metalúrgicos, confirmando assim o que já lhe dissera o Dr. Oiticica; que o declarante não teve ocasião de saber os nomes dos presentes, tendo apenas ouvido a Pimenta, um rapaz mulato, inteligente, falante, de cara raspada e terno mal cuidado, que com a chegada do declarante que foi a última pessoa a entrar, teve início a reunião que se limitou quase que exclusivamente à discussão do plano de concentração e ataque que o depoente havia levado e que no momento exibiu, e tendo ficado assente a concentração única, foi aprovado o dia dezoito, às três horas e meia paralisação das fábricas e quatro horas para a concentração no Campo de São Cristóvão e consequente ataque à Intendência da Guerra e à Delegacia de Polícia que no momento foi lembrada, dando então o Prof. Oiticica instruções a diversos para que comunicassem a outros encarregados do movimento de cada fábrica; que, após essa combinação, retiraram-se, sendo o declarante um dos primeiros a sair, depois de lhe ter avisado o Dr. Oiticica de que seria conveniente o declarante ir à sua casa véspera do movimento à noite, às vinte horas; que no dia e horas aprazados lá foi, encontrando umas oito ou dez pessoas entre as quais se achavam Pimenta, Campos, Agripino, Palmeira, Ricardo, Astrojildo e mais dois que já estiveram na primeira reunião e de que o declarante não pôde nunca saber o nome, porque os mesmos sempre se mantiveram calados; que nesta reunião o declarante procurou conseguir a conselho do chefe de polícia, a quem sempre pusera diariamente ao corrente de tudo ou pessoalmente ou por intermédio do tenente Bustamante, o adiamento do movimento para o dia vinte, alegando que no dia dezoito não estava de serviço no quartel, sendo assim nula sua coadjuvação no movimento; que isto não conseguiu, apesar de estarem quase todos de acordo, porque o Dr. Agripino de Nazaré lembrou não ser possível mais deter os tecelões que faziam questão de iniciar a greve; no dia seguinte que nesta ocasião o Prof. Oiticica disse que havia quatro mil operários dispostos a tudo, mil seiscentas bombas de explosão por contato já distribuídas, seis automóveis para movimentação e transmissão de ordens, os quais para serem reconhecidos traziam um lenço amarelo ao para-brisa; de uma turma de metalúrgicos encarregada de dinamitar uma das torres da Light para que a cidade ficasse às escuras; uma outra turma que cortaria os fios telefônicos e quatro pessoas dentro do próprio telégrafo impediriam a transmissão de telegramas; quarenta caixas de petróleo e gasolina para incendiarem o edifício da prefeitura e do Quartel-General e a repartição Central de Polícia; como também de turma para o aprisionamento de três generais e do chefe de polícia; que esta reunião prolongou-se até às vinte e quatro horas, quando todos se retiraram, dizendo o Prof. Oiticica que no dia seguinte ainda era conveniente se encontrarem ao meio--dia no segundo andar do prédio da rua da Alfândega vinte e dois, a fim de fazerem uma sabatina de toda a combinação; que no dia dezoito ao meio-dia em ponto o declarante dirigiu-se ao prédio citado e aí, subindo ao segundo andar, bateu palmas, aparecendo uma moça morena e simpática a quem o declarante, por instruções do Dr. Oiticica, perguntou se não havia uma sala para alugar ao que a moça em voz baixa perguntou-lhe se procurava o Prof. Oiticica e recebendo do declarante resposta afirmativa o introduziu em uma sala de frente, onde estavam aquele professor, Agripino, Campos, Palmeira e Ricardo; que após uns vinte minutos de conversa em que afirmaram estar tudo preparado, disse o Prof. Oiticica que permaneceria ali para ter as comunicações e transmitir ordens, ficando convencionado que usariam da senha da data do dia, alvitrada pelo declarante, isto é, "dezoito" e contrassenha "oitenta e um"; ficou também convencionado que Agripino permaneceria aí ou em uma pensão por cima do Parisiense para entender-se sobre o movimento do Catete e Botafogo; que se retiraram todos com exceção de Oiticica; que não surpreendeu ao declarante o motivo da prisão daquele professor, pouco depois, visto como de todo o movimento eram conhecedores, por seu intermédio ou por intermédio de Bustamante, o general Zaro e o chefe de polícia; que no dia dezoito às três horas da madrugada, por combinação prévia, o declarante encontrou-se em ponto determinado com o tenente Bustamante, major Reis e comissário Júlio Rodrigues, fornecendo ao major Reis todos os dados para um relatório que ele confeccionou, destinado ao chefe de polícia; que no primeiro dia em que compareceu à reunião em casa do Prof. Oiticica já estava o declarante, como disse, senhor de todos os passos de Ricardo e por isso ao sair recomendou à sua mãe que o observasse; que, voltando da casa do professor, sua mãe lhe informara que em sua ausência Ricardo e de volta à casa este lhe informou que tinham adquirido duas peças de pano encarnado para bandeiras, peças estas que mostrou ao depoente, as quais porém o depoente já tinha visto na véspera, pois saindo, tinha pedido à sua mãe para vigiar Ricardo e assim soubera por sua mãe que um indivíduo desconhecido ali fora levar um embrulho a Ricardo, tendo então o depoente, como disse, examinado tais peças, que estavam guardadas no sobrado. E mais não disse.

José Rodrigues Leite e Oiticica – Disse que: afirma não ter tomado parte absolutamente em qualquer movimento subversivo da ordem pública, quer por atos, que tem ideias confessadamente anarquistas, tendo-as propagado, quer em conferências públicas quer pela imprensa, isto pela convicção sincera de que pugna pelo bem-estar social, sua ação porém tem sido sempre circunscrita à esfera de princípios; que nunca frequentou nem tomou parte absolutamente em reuniões secretas, em entendimentos que tem tido com operários sempre e sempre se opôs e procurou dissuadi--los de emprego de meios violentos e de depredações para a consecução de seus ideais; assim é que ainda há pouco resolvendo a União Geral dos Tecelões decretar a greve geral dos tecelões, um grupo resolveu que a greve não se limitasse ao terreno pacífico e sim que fossem atacadas as fábricas e assassinados alguns dos mestres e tendo o declarante ciência disso opôs-se tenazmente, dando como razões que estragadas as fábricas ficariam todos os operários sem trabalho e com uma causa antipática; que igual proceder tiveram, entre outros, Astrojildo Pereira e Carlos Dias; que assim não tem o declarante responsabilidade alguma, quer por fatos quer por conselhos nos atos de depredações praticados por operários; que o declarante ignora completamente que os operários cogitassem do emprego da dinamite, afirmando mesmo, sob sua palavra, que nunca viu em mãos de operários, nem mesmo as conhece; que como disse tem estado em contato com operários em reuniões públicas, onde costuma fazer conferências, ou em grupos acidentais, de quatro a seis, em sua casa de residência ou em seu curso à rua do Carmo número setenta e um, a não ser uma vez que reuniu grande número deles, em princípios de outubro, em um prédio da rua de São Pedro, quando o declarante deixou de escrever para o *Correio da Manhã,* a fim de tratarem da fundação de um jornal, que seria órgão da União Geral dos Trabalhadores; que no dia dezoito de novembro o declarante achava-se em uma sala à rua da Alfândega, vinte e dois, segundo andar, para dar aula de grego a sua discípula D. Maria de Lourdes Nogueira; que há cerca de dois anos por um anúncio que publicou em *A Rua* contratou lecionar latim àquela moça; que as aulas a princípio foram dadas na casa dela; isto durante cerca de um ano, passando depois para o curso do declarante à rua do Carmo, setenta e um, até que ultimamente desejando ela adiantar-se em grego, que já estava aprendendo no curso, ficou convencionado que se aumentasse o número de lições e que as aulas fossem dadas na rua da Alfândega, onde a mesma moça tinha, no momento, uma sala desalugada; que como as aulas do Colégio Pedro II tivessem cessado em quatorze, o declarante designou o dia dezoito para a primeira lição e marcou as horas que lhe ficaram desocupadas, isto é, do meio-dia às duas; que o declarante estava em contato com tecelões e metalúrgicos que queriam a viva força fazer também a greve, greve que o declarante procurava por conselhos impedir, por julgá-la no momento importuna e por isso, no domingo, avisara a alguns operários, que o procuravam na véspera, de cujos nomes não se recorda, além de *Manuel Campos e Ricardo Perpétua,* de que no dia seguinte poderia ser encontrado do meio-dia às duas, na rua da Alfândega, e desta hora em diante no seu curso; que na rua da Alfândega, fora efetivamente procurado no dia dezoito, por Manuel Campos, que lhe fora comunicar haverem os metalúrgicos se declarado em greve de manhã e Ricardo Perpétua, de cujo assunto não se recorda; que com estes estivera junto apenas uns dez minutos, que é possível que tenham ido outros procurar o declarante à rua da Alfândega, porquanto, tendo marcado que lá estaria entre meio-dia e duas horas, lá chegou o declarante só às doze e quarenta, mais ou menos, por ter ido à Escola Dramática; que, quando o declarante chegou à rua da Alfândega, dirigiu-se logo para a sala da frente, onde calculou estar já a sua espera a sua discípula, mas esta se conservava ainda no interior da casa e por isso o declarante não teve ocasião de vê-la, até o momento de ser preso por um oficial da Brigada Policial. E mais não disse.

Disse que: sendo-lhe neste ato lidos alguns depoimentos referentes a reuniões realizadas em sua residência e no seu curso, teria de apresentar objeções, entretanto se recusara a prestar mais declarações. E mais não disse.

## A comunicação do delegado do 10º

No mesmo dia em que se verificaram os acontecimentos do Campo de São Cristóvão, o delegado do 10º distrito enviou ao chefe de polícia este ofício:

Em 18 de novembro de 1918: – Tendo hoje esta Delegacia recebido informações e instruções do Sr. chefe de polícia, sobre um *meeting* ou reunião na Praça Marechal Deodoro da Fonseca promovida por operários grevistas e anarquistas, tendo em vista um assalto ao edifício da Intendência da Guerra (depósito de fardamentos e munições do Estado) onde se muniriam fartamente para uma revolução; pouco depois de recebidas tais informações, pelas cinco horas da tarde, fui sabedor que dos bondes que passavam em redor da praça, saltavam em grupos localizando-se, no jardim da praça, indivíduos suspeitos já em número superior a trezentos. Comunicando o que ocorria, ao senhor chefe de polícia, essa autoridade ordenou-me que sem perda de tempo seguisse para a praça e não consentisse no ajuntamento subversivo da ordem cabendo-me efetuar a prisão dos cabeças do motim recalcitrantes etc. Objetei que não tinha o apoio da força necessária caso fosse desobedecido pelos manifestantes, mas o senhor chefe declarou-me que já estavam em caminho praças suficientes e insistiu para que cumprisse imediatamente suas ordens valendo-me dos elementos à mão nesta Delegacia. Então saí em companhia dos comissários Paulo Ferreira e Lacerda e do agente Guizet Doria e do soldado quinhentos e oito do quarto batalhão de nome Cassiano Martins. Delegado, e, uma vez no local, indaguei dos motivos da presença daquelas pessoas ali na praça, sendo-me respondido por uma delas que só mais tarde quando chegassem seus demais companheiros e chefes poderia informar-me.

Intimei a retirarem-se e logo um exaltado interveio para declarar-me que estavam em uma praça pública e que dela não sairiam. Mandei prender esse exaltado o qual resistiu à prisão e fugiu das mãos do soldado Cassiano, correndo sendo o soldado alvejado a tiros pelos demais sediciosos, os quais passaram a despejar os seus revólveres contra mim e os demais funcionários que me acompanhavam, tornando-se necessário a nossa retirada. Os malfeitores, dirigindo-se para a Delegacia, aproximaram-se do prédio aos gritos de Mata! Mata! Ataca!, atirando bombas explosivas e disparando tiros para o interior do edifício, um deles subiu a um poste em frente à Delegacia e cortou os fios telefônicos, outros atacaram a tiros um transporte da força policial que chegava à praça sendo contra o mesmo veículo arremessada uma bomba explosiva ficando feridos os praças Cláudio da Luz, Luciano de Azevedo, Joveniano Marques dos Santos, Antônio Cornélio dos Santos e Porfírio de Figueiredo. Para que debandassem e fugissem os assaltantes foi necessário que um piquete de cavalaria do Exército que guardava a Intendência da Guerra fizesse contra eles repetidas descargas de fuzil. Os fugitivos deixaram em vários lugares do Distrito bombas explosivas, sendo certo que uma delas, deixada na rua Francisco Eugênio, esquina de Figueira de Melo, encontrada por três menores, explodiu ferindo-os, isso porque um deles, tomando o petardo o jogou no chão. Cumprindo que se esclareça toda a verdade sobre tão graves acontecimentos, se conheça o *complot* anarquista, quais os seus chefes, aqueles que dispararam armas e jogaram bombas de dinamite nesta Delegacia e contra as autoridades e seus prepostos, mando que se proceda nos termos de regular inquérito, (a) Benedito Marques da Costa Ribeiro, Delegado.

Manuel Campos – Disse que é anarquista conforme já declarou em inquérito a que respondeu na Primeira Delegacia Auxiliar, tendo mesmo já sido preso por quatro vezes, sendo que uma em Santos, em consequência de suas ideias libertárias; que o declarante não tomou parte alguma na greve violenta que irrompeu no dia dezoito e nem dela teve o menor conhecimento até o presente momento; que o declarante fora preso no dia dezoito, cerca das treze horas em uma sala do prédio número vinte e dois da rua da Alfândega, onde fora procurar o Prof. José Oiticica, a fim de lhe pedir um remédio homeopata para cura da nevralgia; que o declarante estava na referida sala, conversando com o citado professor quando ali entrou uma senhora chamando o Prof. Oiticica, pois um senhor fardado o procurava; que retirando-se o Prof. Oiticica imediatamente na sala penetrou uma turma de agentes que prendeu o declarante; que só soube estar o Prof. Oiticica àquela hora no referido local, acidentalmente, por isso que indo pela manhã, à casa do referido professor para pedir-lhe o remédio, soube por uma senhora que presume ser sua esposa, isto por volta das nove horas da manhã, que ele já havia saído não dizendo qual o destino; que mais tarde, isto por volta das onze para as doze horas, encontrou-se casualmente com um conhecido comum, e cujo nome não sabe, que lhe informou ter o Prof. Oiticica entrado pouco antes no prédio da rua da Alfândega número vinte e dois; que o declarante dirigindo-se para lá chamou no alto da escada e aparecendo uma senhora, a quem o declarante disse ao que ia, ela lhe designou a sala da frente, onde o declarante penetrando encontrou a sós o professor, lendo um livro.

Oscar Silva. – Disse que: como alfaiate é associado da União dos Alfaiates e por ser esta federada vai algumas vezes à União Geral dos Trabalhadores assistir às suas sessões; que em uma reunião efetuada dias antes de treze de novembro, reunião em que tomou parte o declarante, a União Geral dos Trabalhadores aprovou a distribuição de um boletim dirigido aos soldados e marinheiros, distribuição essa que já tinha sido aprovada pelas Associações federadas; que esse boletim era encabeçado com o título "Um apelo aos soldados e marinheiros", e concitava os soldados a não atirar contra o povo quando ele se insurge contra os exploradores do trabalho alheio, e lembrando finalmente que devíamos imitar o exemplo da Rússia; que estes boletins foram repartidos por diversos operários com o encargo de os distribuir aos soldados e marinheiros; que ao declarante coube uma grande porção; que no dia doze de novembro, o declarante conseguiu distribuir por soldados do Exército, da Polícia e Marinheiros, cerca de cento e cinquenta dos referidos boletins, e no dia treze começava a distribuição da segunda remessa; que na véspera guardara em sua casa, quando foi preso por um agente de polícia na Avenida Passos, esquina da Rua Larga de São Joaquim; que em poder do declarante o mesmo agente apreendeu quase toda segunda remessa dos boletins pois que o declarante havia apenas conseguido distribuir muito pouco dela; que no boletim que ora lhe é apresentado reconhece como sendo do mesmo teor dos que eram pelo depoente distribuídos; que na União Geral dos Trabalhadores, antes do declarante ser preso se discutiu a organização de um governo como o da Rússia, que melhor tratasse dos interesses do povo; que esse assunto era discutido pelos delegados das Associações, não sabendo porém o declarante os seus nomes, pois apenas os conhecia de vista.

Carlos Gomes – Disse que: está no Brasil há onze anos mais ou menos, entregando-se ao ofício de canteiro, estando trabalhando desde julho último, na pedreira de David & Almeida, e pelo fato de saber ler e escrever fora pelos seus companheiros escolhido para Delegado do Centro dos Operários em Pedreiras do Rio de Janeiro; que os boletins encontrados em sua casa lhe foram entregues pelo Centro, para distribuir entre os operários; que o declarante não teve interferência na greve, senão por ordem do Centro; que do movimento são responsáveis Albino Monteiro, secretário do Centro, José Ribeiro e Lourenço, se bem se recorda, Joaquim Lourenço; que o declarante se encontrava uma vez ou outra no Centro e por isso não sabe absolutamente onde residiam; que o declarante estava em sua casa almoçando, quando no dia vinte e dois apareceu um soldado de polícia que o intimou a comparecer ao Distrito. E mais nada disse.

Coriolano Dutra – Disse que: tendo o senhor ministro da Guerra conhecimento de que se preparava um movimento subversivo da ordem pública para o dia dezoito de novembro às dezessete horas, o qual teria por início o assalto à Intendência da Guerra, depósito de fardamentos, munições e armamentos, determinou ao comandante da Região, General Zaro, que tomasse as providências no sentido de ser evitado o ataque; que o General Zaro por sua vez determinou ao comandante da quarta Brigada de Cavalaria que fizesse guardar o edifício da Intendência e o defendesse em caso de ataque; que então sob o comando do declarante foi destacada uma força de trinta e quatro homens para tal fim; que esta força lá chegando às quatorze horas permaneceu até o dia seguinte, sendo antes o declarante testemunha do ataque levado a efeito no dia dezoito de novembro às dezessete e dez contra a Delegacia do Décimo Distrito Policial, dizendo o seguinte sobre o ocorrido: que estando no edifício da maruja situado atrás da Intendência fora chamado mais ou menos às dezessete e um quarto, por uma das patrulhas que havia sido colocada no Campo de São Cristóvão esquina da rua Bela de São João; que esta sentinela comunicara ao declarante que naquele momento estava se desenrolando um grande conflito no referido campo, que correndo para lá o declarante pôde observar que se tratava de um ataque à Delegacia do Décimo Distrito Policial levado a efeito por um grupo que o declarante calcula que era composto por cerca de duzentos homens; que esse grupo depois de ter alvejado com duas bombas a referida Delegacia e mantendo um cerrado tiroteio a revólveres subdividia-se, parecendo assim querer tentar o ataque à Intendência não o levando a efeito, pensa o declarante, pela pronta intervenção da força de cavalaria sob o seu comando; que esta força o dispersou, impedindo que ele continuasse a perseguir a força de polícia que abandonara o automóvel que pelo mesmo grupo havia sido dinamitado.

Ricardo Corrêa Perpétua – Disse que: em começo do mês de novembro último, o declarante por um companheiro cujo nome não pode declinar, soube de que se preparava uma reunião para se tratar da fundação de um jornal das classes operárias; que esta reunião se realizou em casa do Prof. Oiticica à rua Guanabara quarenta e nove; que o declarante mora no mesmo quarto do tenente Jorge Elias Ajus, de quem é muito amigo, e como mostrasse ele desejos de participar da reunião, visto as suas ideias serem as mesmas do depoente e do Prof. Oiticica, o depoente resolveu levá-lo à casa deste professor para o apresentar, o que de fato fez um dia de manhã; que isto se deu no dia doze de novembro se bem se recorda; que neste encontro o Prof. Oiticica expôs ao tenente Ajus o movimento projetado, que tinha por objetivo depor a autoridade constituída, fazendo a transformação para um governo de operários e soldados à semelhança da Rússia; que depois desta conversa o declarante foi convidado por Pimenta para tomar parte em uma reunião que seria realizada na rua do Carmo setenta e um, no dia quinze de novembro, às treze horas, para se combinar o movimento de transformação social e discussão dos planos de ação para se fazer a subversão da ordem, no sentido de se criar um governo à semelhança da Rússia, de operários e soldados; que o declarante tomou parte nesta reunião conservando-se porém calado; que ela se compôs de cerca de trinta pessoas, das quais o declarante se recorda de Álvaro Palmeira, José Oiticica, José Elias, Manuel Campos, José Romero, João Morais, dos tecelões, Castro, presidente dos tecelões, Carlos Dias, Astrojildo Pereira, Agripino Nazaré, o tenente Ajus, João da Costa Pimenta e muitos outros cujos nomes ignora; que na reunião foi traçado o plano que devia ser levado a efeito no dia dezoito, sem contudo ficar definitivamente assente; que o Prof. Oiticica declarou que para o movimento revolucionário contava com cerca de quinze mil operários, pois estava tudo combinado para que às dezesseis horas do dia convencionado todas as fábricas parassem e seus operários se dirigissem para o Campo de São Cristóvão onde teria início o movimento; que o declarante não tomou parte na discussão mas viu que o movimento teria todo o êxito se fosse aceito o parecer do Dr. Oiticica e do tenente Ajus para que fosse adiado, a fim de que fossem completados uns detalhes da preparação; que alguns operários tecelões e metalúrgicos, confiados no êxito apressaram o movimento para que fosse levado a efeito mesmo no dia dezoito; que diante disso a maioria da assembleia concordou com o dia dezoito, ficando porém alguns detalhes para uma reunião que teria lugar na casa do Prof. Oiticica no dia dezessete à noite e à qual o declarante não compareceu, sabendo porém que nada foi alterado do plano que naquela reunião quase todos discutiam; que o assalto à Intendência da Guerra, o primeiro ponto visado, afigurava-se fácil, porquanto segundo informaram Oiticica, Palmeira e outros, já tinha sido feita a distribuição de bombas e que com o emprego delas os assaltos seriam facílimos, que ficou marcado ainda que o Prof. Oiticica estaria no dia do movimento, isto é, dezoito, das doze às quatorze horas, no segundo andar do prédio da rua da Alfândega número vinte e dois, onde qualquer companheiro poderia procurá-lo para resolver qualquer dificuldade ou dúvida que tivesse; que o declarante para lá se dirigia quando foi preso; que o declarante já antes tinha estado poucos minutos no referido prédio, sendo preso quando voltava pela segunda vez; que Oiticica lhe disse estar tudo assentado e preparado para as dezesseis horas, dispondo de seis automóveis para a transmissão de ordens e providências e cada qual ocupava o seu posto; que José Elias foi quem confeccionou as bandeiras vermelhas para serem distribuídas entre os revolucionários, mas que essas bandeiras não chegaram a ser distribuídas, talvez pelo malogro da conspiração. E mais nada disse.

# Entendimentos de Lauro Müller com os anarquistas

*Relatório de Domingos Ribeiro Filho, funcionário
da Secretaria da Guerra e redator-chefe da revista
A Careta, guardado por Astrojildo Pereira.**

No dia 11 de fevereiro, à 1 hora da tarde, recebi na Secretaria um recado telefônico convidando-me a comparecer à rua do S. Bento nº 13 para tratar de um negócio urgente e reservado. Meia hora após compareci ao local e fui recebido por um enviado do general Lauro Müller que me disse, em resumo, o seguinte: Que o general sabia da minha posição de destaque no meio anarquista e maximalista e reconhecia ser eu um dos sucessores do chefe José Oiticica. Nessas condições mandava me consultar sobre o apoio que os grupos revolucionários prestariam ao candidato presidencial que encarasse a questão social sobre um ponto de vista corajoso e liberal.

Respondi contestando que, embora dedicado à questão social e realmente um dos mais velhos militantes das ideias anarquistas, não era absolutamente um chefe ou um sucessor de quem quer que fosse, por isso que nós, anarquistas, não tínhamos chefes.

Que, antes de tudo e acima de tudo, como anarquista e reconhecedor dos princípios que são comuns a todos nós, declarava ser impossível qualquer acordo ou coparticipação individual ou coletiva no pleito presidencial, tanto mais quanto a nossa luta tinha como objetivo preliminar a eliminação do Estado e de todas as autoridades a começar pela principal que é o presidente. Que, em face disso, todas as negociações ficariam por esta declaração de princípios.

---

* Arquivo de Astrojildo Pereira. [*N. do A.*]

Fui objetado que, a despeito nosso ou à nossa revelia, seria eleito um presidente para o Brasil cujo período constitucional ainda estava em pleno e inteiro vigor. Sendo assim, fora preferível que nós, partidários da luta de classes, resolvêssemos não declarar uma neutralidade, que já era de supor, mas tomar uma atitude qualquer contra a candidatura Ruy Barbosa que era francamente conservadora e reacionária, sendo da mais evidente certeza que era parte do programa Rui esmagar-nos por eliminação.

Interrompi dizendo que esta candidatura com seus caracteres nitidamente reacionários era preferível para nós que, ao menos, não podíamos justificar ilusões, além de que toda a reação levaria o país à revolução, que era nosso desejo.

Insistiu o representante do general que a revolução era impossível ou, pelo menos, extremamente improvável por não estar ainda o Brasil preparado para as conquistas sociais preconizadas pela Anarquia. Que eu visse bem o quanto nós anarquistas éramos fracos para um tentâmen subversivo na época atual, e pensasse no desastre porque ele atrasaria a revolução desacreditando os seus promotores.

Concordei em que éramos poucos e fracos, e que a nossa convicção não bastava para agitar os inúmeros escravos da nossa sociedade, mas que conservávamos a integridade das nossas convicções com a liberdade de escolher o dia e hora da revolução, fosse qual fosse o resultado e as consequências.

Foi-me perguntado se estava fora do nosso programa preparar o advento das nossas ideias por todo e qualquer modo.

Respondi que não, embora não tivéssemos política, porque não poderíamos ficar escravos de programas, mas que toda a oportunidade para pôr em evidência o nosso ideal ou para executá-lo deveria estar em nossa atividade, desde que isso traduzisse tão fielmente quanto possível a Revolução. E mais ainda que não éramos oportunistas porque a nossa oportunidade era corrente e estava fora e além de todos os programas.

Fui objetado que não sendo isso uma negativa formal, não era descabida a nossa intervenção numa questão do Estado que envolvia tantos e tão graves interesses para a comunidade numa época de agitações e definições sociais.

Concordei.

"Era então o caso de uma atitude".

– Perfeitamente, desde que essa atitude fosse tomada por nossa espontaneidade e não por uma transação com o inimigo.

– Mas o general não é inimigo.

– Está ele de acordo com o nosso programa?

– Que programa?

– Revolução e expropriação.

– Assim, por certo que não, mas, reconhecendo o quanto é impossível a execução integral desse ideal, procuraria evitá-lo na sua forma para iniciá-lo na sua essência. Tanto não é o inimigo que ele deseja sinceramente a colaboração dos grupos extremistas para o seu governo e queria a nossa porque havíamos adotado as reivindicações proletárias que ele também adotava como justas e fecundas.

– Muito bem. Mas que diria o general do valor das conquistas doutrinárias dos anarquistas amanhã quando estivesse eleito presidente da República com a nossa colaboração?

Houve um momento de silêncio. Depois o meu interlocutor disse-me:

– Até agora temos discorrido sobre princípios e não sobre fatos. Vejamos até onde será possível a sua influência pessoal para um acordo amigável entre o Grupo Anarquista e o candidato que se oponha a Ruy Barbosa e a qualquer outro conservador e reacionário.

– Pessoalmente não tenho nenhum valor e sou perfeitamente desautorizado para falar em nome dos chefes de luta de classes. Cumpre ainda notar que a minha posição individual de funcionário público e do Ministério da Guerra me inibe de assumir atitudes. E também que, embora o grupo militante seja numeroso, é eleitoralmente nulo e portanto inútil à candidatura do Sr. Lauro Müller.

– Quanto ao senhor ser-lhe-ão dadas garantias pessoais pelo general e, quanto ao peso eleitoral do grupo o candidato sabia não contar com ele, mas queria o peso da opinião.

Tentei recusar garantias individuais para a intervenção – do grupo num caso contrário nos princípios, quando outros poderiam vir a sofrer com isso. Demais essas garantias eram aleatórias porquanto o Sr. Lauro Müller não era autoridade constituída.

– Com efeito, mas ele será presidente.

– Tem certeza?

– Toda. A Convenção vai indicá-lo.

– Pois então é inútil o nosso concurso.

– Inútil não. Já não é mais possível hoje ser-se presidente de uma República sem o apoio igual da opinião e do voto.

– Não sou eleitor e a minha opinião é previamente hostil. O Sr. Lauro já sabe que eu sou o inimigo e agora mais ainda porque me supõe líder do grupo de eternos combatentes.

– Não se preocupe com isso. Em breve terei ocasião de o apresentar ao Lauro e então verá como se dissiparão as suas prevenções. Portanto, aclarados estes detalhes, voltemos ao caso: A sua influência é possível?

– Duvido muito. Vejo, porém, que o general me eleva, por seu intermédio, em potência. Esta carícia à minha vaidade me força a uma cortesia. Em capitulá-lo.

– Muito bem. Vejo que é *inteligente*. Proponho-lhe, pois, o seguinte: influir junto aos camaradas e junto às sociedades operárias para que se manifestem simpáticas ao candidato em cujo programa estejam admitidas as mais liberais disposições relativas ao caso social e proletário agitado pelo movimento de todo o mundo.

– Insisto em que não tenho capacidade ou autoridade para tanto. Os principais camaradas, que a revolta de novembro pôs em foco, estão dispersos e capturados. Os que estão presos ficarão presos: são inimigos de menos; isso é de elementar prudência. Os outros não querem deixar-se apanhar. E todos, asseguro, que não quererão transigir.

– E se forem soltos?

– Como, se vão pronunciá-los?

– Pode se arranjar o arquivamento do processo.

– Quando?

– Logo depois da Convenção. O candidato escolhido passa a governar e influi para isso.

Tive um movimento de longa interrogação e prossegui:

– Esses camaradas poderiam acidentalmente influir para, no máximo, uma neutralidade e séria expectativa, sem desarmar sua convicção de que nunca um governo resolverá a questão social porque todo o governo é a representação do conservantismo e da reação. Ou dar-se-á o caso do general Lauro querer a presidência pela revolução?

– Absolutamente não.

– Era um caso de simpatia de nossa parte.

– Os senhores querem um ditador?

– Em termos: isso era um documento contra a moralidade do regime que nós julgamos irremissivelmente condenado.

– Bem. Mas então qual a sua definição?

– Abreviando: Não podendo trabalhar para um inimigo cuja ingenuidade não vai a ponto de crer que eu o faria sem segundas intenções, tomo a posição expectante e aceito um ponto médio em que possa não me comprometer com ele e não me afastar dos camaradas. Eu sei que o general quer colher na nossa seara e ele sabe que eu quero colher também na dele. Sem ilusões recíprocas, vou portanto apresentar um programa mínimo à sua consideração de estadista e homem de ideias generosas. Esse programa será mostrado previamente a alguns camaradas aos quais explicarei a minha atitude. E fica desde já entendido: 1º) que eu não represento a revolução; 2º) que eu não sou autorizado para tratar em nome dela; 3º) que o meu programa e dos camaradas é extremamente curto e singelo: "Revolução e Expropriação"; 4º) que o meu compromisso pode ser inquinado de perfeita nulidade pelo Sr. Lauro Müller e por mim e finalmente, 5º) que esse programa não nos obriga a nós, como a sua introdução entre outras reformas da plataforma do general, não traduz a suma das reivindicações proletárias.

– Perfeitamente. Amanhã poderemos nos encontrar aqui.

– Até amanhã.

Retirei-me, e durante todo o dia, comunicando-me com diversos camaradas, fiz uma análise psicológica que me deu em resultado concluir:

O Sr. Lauro Müller é o político mais astuto deste país. É quase certo que ele não se sentindo com força eleitoral bastante para triunfar recorra à agitação. É provável que ele consiga simpatias no proletariado adotando vários pontos do programa das reivindicações da classe. É natural que ele exiba sentimentos de justiça para com os grupos extremistas, porque isto aumenta o seu prestígio liberalista. É evidente que ele não cumprirá nenhum programa maximalista, porque, na presidência, lhe é defeso tomar iniciativas legais que são atribuições do Congresso e este tem mil meios protelatórios de esmagar as questões sociais.

Entretanto ele estende a mão aos anarquistas. Esse gesto é de duplo efeito: ameaça com os anarquistas as classes conservadoras que apoiaram Ruy e fica desde já senhor de inimigos que amanhã eliminará se perturbarem o seu governo: e esse inimigo teve a ingenuidade e a fraqueza de se entregar a ele. Mais ainda, convidando os anarquistas à transigência, ele toma uma ascendência moral incontestável sobre nós. O seu apelo aos maximalistas é uma incitação tácita à revolta e essa revolta pode aproveitar-lhe como pode ser repudiada por ele se a sua candidatura fracassar. Ele nada tem a perder e tem muito a ganhar; ao contrário de nós.

Mas eu devo muito à Anarquia, devo-lhe uma prova de coragem e de coerência. Que luta posso eu empreender para o triunfo das minhas ideias? A oportunidade é contra os princípios, mas a favor dos fatos. É indubitável que tenho de ser sacrificado: mais hoje, mais amanhã, a minha queda é certa: já estou enredado nas mãos do inimigo. Ele deseja que nós afiemos as garras com que amanhã nos devorará. A nossa neutralidade importa em que ele justifique as futuras medidas de rigor contra nós. Ora, eu sei disso e não devo comprometer ninguém. Não me arriscar é quase impedir que os outros se arrisquem a ganhar a partida. Arriscar-me é talvez arrastar os outros a um sacrifício. Do inimigo é bem difícil escapar. Assim sendo é preciso transigir com o tigre, e, se possível, enjaulá-lo. O tigre já fez idênticas considerações e prepara as grades da nossa jaula. Não importa: arrisquemos.

Com estas e outras práticas de consciência encarei o problema e pensei no que deveria apresentar ao futuro vencedor que lhe parecesse o compêndio de uma série de questões estudadas pelos nossos conciliábulos e estudos.

Esse programa devia ser formulado de modo a ser de pronto inaceitável. Não aceito, nos deixaria nas posições anteriores e ficaria justificada a impraticabilidade de nossos compromissos; aceito, seria a aurora da revolução, e essa revolução não era feita por nós, mas pelo governo. O absurdo fora de ordem a assombrar o Universo. Redigi pois o seguinte programa:

## Reconhecimento de Beligerância

a) Direito ilimitado de reunião.
b) Direito ilimitado de manifestação do pensamento.
c) Aceitação da capacidade social da União Geral dos Trabalhadores para intervenção em todas as questões operárias e a de sua representação em todos os fatos públicos da questão econômica.
d) Consulta às Associações filiadas à U.G.T. sobre conflitos entre o capital e o trabalho.
e) Imunidade igual à parlamentar para os membros operários de todas as Associações Operárias.

## Programa Mínimo

1º Ação extraparlamentar para estabelecimento imediato de:

a) Imposto sobre o Capital Industrial de 30% para aplicação à beneficência, assistência e instrução operária.
b) Imposto sobre o capital comercial de 25% para igual aplicação aos membros da classe caixeiral.
c) Imposto de 40% sobre o capital predial para aplicação da redução dos aluguéis de casa na mesma proporção.
d) Imposto sobre o capital territorial urbano e suburbano de 50% para aplicação de melhoramentos das cidades e suas vias de comunicação com as comunas circundantes.
e) Imposto sobre as propriedades agrícolas de 50% para aplicação à diminuição das tarifas do transporte, aquisição de artigos de lavoura, a ser entregues às Associações de Trabalhos Rurais.

f) Imposto de 60% sobre o capital em depósito e títulos de renda, para aplicação ao aumento de soldo das praças do Exército e Armada.

g) Imposto de 80% sobre os bens de mão morta para aplicação à criação de asilos, escolas e maternidades.

2º Decretação imediata de moratória geral até o fim do ano, compreendendo:

a) Dívidas públicas.
b) Dívidas particulares.
c) Aluguéis de casas.
d) Contratos de penhores e similares.

3º Entrega de todas as empresas de transporte marítimas e terrestres a sindicatos profissionais de seus membros.

4º Entrega a sindicatos idênticos dos serviços de Correios, de Telégrafos, de Instrução Pública, de Higiene e de Assistência Pública.

5º Desmobilização da polícia militar e municipalização dos serviços de bombeiros.

6º Extinção do serviço militar obrigatório e criação do voluntariado por dois anos sem reengajamento, para um Exército nacional localizado nas fronteiras dentro de uma zona de 20 quilômetros.

7º Reforma eleitoral pela extensão do voto às mulheres.

8º Reforma parlamentar, pela eleição de representantes de classes e profissões.

9º Divisão territorial do Brasil em Estados autônomos que não tenham mais de 200.000 km² de superfície, qualquer que seja sua população.

10º Entrega a sindicatos profissionais de todas as fábricas e estabelecimentos industriais e agrícolas da União.

11º Reforma do funcionalismo público pela redução no mínimo de 60% de seus membros, compreendendo nele a magistratura e o corpo diplomático e consular.

12º Reforma da justiça com a revisão dos códigos civil, criminal, comercial e processual.

Os detalhes e redação dessas reformas serão entregues pela União Geral dos Trabalhadores 24 horas após o reconhecimento do presidente da República.

As minhas suposições eram exatas. O representante do candidato achou-o exorbitante e impróprio à situação de um representante do Exército e das classes conservadoras. Isso se deu no dia seguinte, 12, e no mesmo local. A entrevista foi rápida, tendo apenas nós trocado as ideias que o programa mínimo sugeria.

Foi-me falado na possibilidade de serem ouvidos os Anarquistas presos, principalmente Astrojildo Pereira, Carlos Dias, Álvaro Palmeira e Manuel Campos. Respondi que havia interrompido as minhas relações com eles, não os havendo visitado na prisão nem mesmo assistido aos preliminares do processo judiciário-policial; mas que mandaria um camarada falar-lhes na prisão. Disse isto por dizer; não era minha intenção tomar a palavra de homens coagidos; ou esperava antes aproveitar o interesse do Sr. Lauro Müller para pedir como preliminar a soltura de todos.

– E a opinião de João Gonçalves?

– Neste – respondi – confio sem consulta.

E como me ocorresse a lembrança de que o João Gonçalves tivera convites reiterados do candidato Dantas Barreto, disse que sabia haver qualquer coisa no mesmo sentido em andamento junto a um dos pretendentes do futuro governo. O preposto do general mostrou-se surpreendido, fingi não dar crédito a essa surpresa e perguntei:

– Dar-se-á o caso dos dois generais estarem de acordo para a caça dos anarquistas?

– A impossibilidade de um tal acordo é de toda evidência. Não há nada. Visto, porém, como sabe do entendimento do Dantas e do Gonçalves, poderia informar-me o resultado.

– Acredita que eu faça espionagem?

– Absolutamente. Tal injustiça não me passa pela mente. Conviria saber no interesse do seu programa, se o Dantas aceitou coisa igual, porque o Lauro não poderia ficar atrás.

– Com efeito – atalhei – mas não sei o que houve, nem mesmo se houve a entrevista, porque há uns dez dias que não encontro o Gonçalves.

– E o Orlando Lopes?

– Não o vi também. Se o visse falaria das minhas negociações, mas propositalmente não quero envolvê-lo nisso: ele talvez não aprovasse as minhas capitulações.

Conversamos ainda um pouco, e o representante do general Lauro prometeu-me dar no dia seguinte uma redução do meu programa mínimo, redução essa que seria apresentada ao candidato como sendo a dos maximalistas, porquanto o meu programa era excessivo e estava previamente condenado ao abandono.

Não fiz resistência e quis mesmo saber de quanto o general era capaz em matéria de concessões. Não mostrei também estranhar o fato de não vir o candidato em pessoa tratar comigo, a fim de que o seu preposto não tivesse ocasião de dizer-me que também o partido maximalista estava ausente e até mesmo não tinha representante legal, sendo eu apenas um chefe eleito por ficção. Abordamos o caso da possibilidade da derrota do general Lauro Müller e eu perguntei se a hipótese de haver aceitado o nosso programa de reivindicações sociais não parecia obrigá-lo a uma coerência tal que o tornasse amanhã um chefe maximalista.

– Não creio.

– Demos ainda o caso possível de haver agitação e dessa agitação ficar a questão social confiada à praça pública; figuremos que de uma tal revolta surja outro candidato, digamos Dantas: o general Lauro Müller estaria disposto a capitanear a sublevação?

A resposta foi interessante:

– O general nunca será capitão de Guardas Vermelhos.

Havia durado cerca de meia hora a nossa entrevista e eu me retirei aprazado para o dia seguinte no mesmo local e hora. Com efeito, em 13 do corrente recebi, a lápis, a seguinte minuta de programa:

Este introito é de minha lavra e os *itens* do preposto.

"O Grupo Maximalista, existente como força virtual não organizada, mas influente pela centralização da propaganda e irradiação das ideias, ora nos centros trabalhistas conservadores, ora nos grupos da extrema esquerda da União Geral dos Trabalhadores, órgão autorizado das reivindicações proletárias, acredita que a via revolucionária só chegou a ser a única possível para a desmobilização capitalista porque o reconhecimento da injustiça social está na consciência de todos sem que o movimento de reparação esteja sequer iniciado pelos governos que se dizem representantes do povo, alegação demonstradamente falsa. Ora, a revolução é o apelo dos que têm pressa e dos que acham dispensável preparar a sociedade para o início das novas relações entre os homens, porque ela já está preparada para isso.

Uma única coisa pode evitar a revolução, a rapidez.

Pequenas medidas, embora executadas rapidamente, fazem o efeito da revolução. O Grupo Maximalista aceita esta solução e está pronto a apoiar, lealdade por lealdade, aquele que der às reivindicações sociais, abaixo compendiadas, a velocidade inicial necessária à sua trajetória definitiva.

Pouco importa que o desenlace do problema social venha do povo ou dos governos, contanto que ele se dê *imediatamente*.

## Reconhecimento de Beligerância

a) Direito ilimitado de reunião (em recinto privado e na praça pública) e de manifestações de pensamento e de propaganda em todos os meios sociais.

b) Aceitação da sua capacidade social e sua audiência em todas as questões econômicas e nas litigiosas entre o capital e o trabalho.

c) Redução de seu Programa Mínimo (Eliminadas as possibilidades de sua execução extraparlamentar).

d) Reforma eleitoral para a extensão da capacidade do voto às mulheres e para a qualificação das classes sociais às quais serão concedidos direitos de voto a delegados eleitorais.

e) Reforma parlamentar para representação proporcional numérica das classes e profissões.

f) Reforma da justiça, com revisão dos códigos civil, criminal, comercial e processual.

g) Reforma da instrução pública pela autonomia do ensino e criação de escolas livres.

h) Reforma do serviço militar obrigatório pelo retorno ao voluntariado.

Impostos: de 10% sobre rendas de empresas industriais para aplicação a instituições de beneficência e assistência operária (pela U.G.T.)

de 10% sobre os lucros comerciais para aplicação à propaganda de toda a sorte de cooperativas operárias e agrárias (pela Fed. Coop. Sind. Brasileira) de 10% sobre renda de imóveis para aplicação a construções proletárias (pela U.G.T.)

de 20% sobre capitais parados e terrenos inaproveitados para estabelecimento de núcleos suburbanos e rurais da produção cooperativa, agrária ou industrial (pelo governo)

de 30% sobre bens de mão morta para aplicação à criação de asilos, maternidades e escolas populares (pelo governo).

Percepção desses impostos em duodécimos e entrega do produto à U.G.T., à Fed. Coop. Sind. Bras. das quotas indicadas e no governo do restante, fazendo cada um a aplicação que lhe competir. O governo adiantará 2/12 à U.G.T. e à F.S.C.B.

O introito é de minha lavra, bem como a divisão titular. Também estão incluídos alguns *itens* que não figuram na minuta a lápis e a distribuição dos impostos pelos interessados.

Esse programa eu o li com cuidado, passei-o a máquina e encabecei-o com as palavras que se leram e aceitei-o, com ressalvas, como sendo uma simples formalidade para início de uma discussão de caráter definitivo.

O programa viria do candidato; cabia a nós aceitá-lo e apoiá-lo.

Mas que compromisso poderíamos de parte a parte?

Com a maior clareza que me foi possível reeditei as anteriores declarações de princípios: Que anarquista, reconhecido inimigo e, como tal, não podia acreditar na fé inteira de um candidato a governar os homens tratando com os seus inimigos. Que achava estranha, se não curiosa, essa atitude do general Lauro, que traduzia mais como incerteza de eleição por via legal do que como vontade de fazer um futuro governo baseado nas ideias que vinham recebendo do mundo inteiro uma estrondosa consagração. Que eu pedia para nós anarquistas, provisoriamente arregimentados como maximalistas, um reconhecimento de beligerância, porque desejava fazer cessar contra nós a estúpida perseguição dos governos e dessa canalha que faz o jornalismo e desorienta a opinião pública. Que nós éramos muito fracos para empreender a revolução indispensável à sociedade futura que se baseia na justiça e na igualdade, mas que éramos as mais fortes consciências do século e como tal a nossa vitória era uma pura e simples questão de tempo. Que um partido maximalista não existia no Brasil porque os nossos proletários, ainda, não tinham condensado em programa as suas reivindicações, mas que qualquer programa operário era a origem e o núcleo de um inevitável maximalismo, por ser inconcebível como a realização de um programa não leve logo à formulação de outro e assim sucessivamente até o maximalismo. Que acreditava mais na inteligência do Sr. Lauro Müller que na sua sinceridade quando se lembrou de arrastar para a política um grupo de platônicos como era o dos nossos camaradas anarquistas; na inteligência porque ele vira sem engano que nós somos a gente que tem ideal e doutrina nos meios sociais; porém não na sinceridade, porque ele reconhecia inegavelmente o nosso valor, mas não aderia com toda a franqueza ao nosso ideal. Que nós não tínhamos contato com operários do Rio, exceto casos como o de A. ou o de B. que, sendo operários, vivem com os camaradas e procuram influir para esclarecer os seus erros e a sua covardia; o que se tentássemos levar os nossos trabalhadores à revolta seríamos provavelmente esmagados.

Os Spartacus são milhões na Alemanha, e ainda não estão com a vitória segura. Nós não somos nem 10.000; mas que partimos de Liebknecht para cima.

Entretanto tínhamos a certeza de que toda a rebelião, toda a luta, todo o tentâmen operário ou popular, tende fatalmente para nós, nem um só rebelde social deixa de se voltar para os anarquistas, única gente que tem ideal definido e irrevogável. E a prova disso estava no apelo dos políticos atuais, não à nossa força, mas ao nosso prestígio e à nossa doutrina!

A todas essas declarações o preposto do general limitou-se a dizer que o candidato não era conhecedor, mas prático e que, embora visasse o futuro, não podia abstrair do presente. Ele nos fazia justiça e esperava que fôssemos bastante inteligentes para compreender a oportunidade de trazer à luz do dia ideais até agora subterrâneos, ideais partilhados por ele como socialista e, aliás, o mais adiantado de todos os candidatos à presidência da República.

Neste mesmo dia procurei o João Gonçalves e encontrei-o na Associação.

Dei-lhe parte da minha atitude e perguntei-lhe pelo resultado do convite do general Dantas.

A entrevista ainda não se realizara; só no sábado, 15, talvez houvesse um encontro.

Achei de bom aviso informar o Gonçalves de minha suspeita de haver algum entendimento entre os generais candidatos para esmagamento dos anarquistas. Depois dei-lhe o meu programa mínimo e pedi que o apresentasse ao Dantas como sendo o do partido maximalista para ver se as reduções do candidato seriam iguais ou menores que as do general Müller. Por isso chegaríamos a qualquer certeza sobre o entendimento dos dois generais contra nós.

O dia seguinte passou-se sem negociações importantes.

Na minha palestra com o enviado do candidato ficou deliberado que as verdadeiras negociações seriam estabelecidas entre mim e o general Müller diretamente quando eu pudesse trazer uma lista de nomes próprios capazes de responder pela seriedade dos compromissos e não afirmei que pudesse obter dos camaradas assentimento ao programa em discussão.

Era ganhar tempo de parte a parte. O general queria fazer de nós uma qualificação ou uma espécie de convenção secreta sobre a qual todo o operariado pudesse alijar a responsabilidade de sua candidatura. E eu queria que ele tivesse a visão de um grupo de resolutos maximalistas, agitando-se para iniciar, politicamente, uma luta que só teria valor e utilidade quando se dê na praça pública. Demais eu estava dependendo do entendimento entre o Gonçalves e o Dantas, nada podendo adiantar enquanto não ficasse ao corrente das negociações com o outro candidato. Ora, esse encontro só se deu no dia seguinte, sábado, à tarde, ficando ainda nesse dia a nossa palestra reduzida a generalidades.

Não havendo encontrado à noite João Gonçalves, passei o domingo em casa, entregue a conjecturas e pude passar em revista toda a minha ação sem ter de me arrepender de coisa alguma. Ao contrário, senti-me satisfeito de verificar que a nossa sombra maximalista amedrontava os heróis da velha política.

Segunda-feira, 17, às 3 e meia da tarde, voltei ao escritório da Rua de S. Bento, nº 13, onde se deu um novo encontro.

Com alguma surpresa minha encontrei o enviado do general armado de um novo programa e com algumas manobras estudadas para o meu envolvimento e captura.

A nova forma era nem mais nem menos um desdobramento literário do introito da minha redução ao programa mínimo; uma série de considerandos que não diziam mais que o já escrito mas que trazia uma inovação. Em vez de *grupo maximalista* passávamos a ser grupo libertário *propositadamente não organizado,* e em vez da franqueza das declarações do introito havia uma referência elogiosa ao candidato Müller então francamente destacado dos outros que eram os *reacionários, defensores dos latifúndios.* Também dessa nova redução havia sido eliminada a cláusula titular de *Reconhecimento de beligerância,* assim como a distinção categórica entre esta preliminar e o *programa propriamente dito,* e ainda a supressão dos quantos de percentagem dos impostos prometidos, e o item quanto ao serviço militar.

Fiquei extremamente satisfeito com esta nova forma porque eu tinha nela a prova da insinceridade do general Müller, cuja tática não consistia somente na redução do programa, mas também na sua alteração. Esses recuos sucessivos acabariam por me desobrigar oportunamente de todo e qualquer compromisso.

Queria o preposto do general que eu me dirigisse com o novo programa aos diretores das associações filiadas à União dos Trabalhadores a fim de que esta o adotasse como sendo proletário e o fizesse publicar sob sua proteção.

Tal pedido deixava-me perfeitamente à vontade, isto é, no verdadeiro caminho do rompimento em que todas as responsabilidades recairiam em cima do candidato.

Eu disse que ia ver o que era possível fazer junto à U.G.T. e que envidaria mesmo bons esforços para sugerir o novo programa, e aproveitei a cordialidade da entrevista para fazer uma reedição dos meus princípios revolucionários. Entre as coisas que disse, referi-me ao boato que me havia chegado de haver o general Dantas Barreto dispensado programas porque o dele era uma revolução, revolução esta a que nós maximalistas só podíamos dar apoio.

– Por que então os senhores não se passam para o Dantas?

– Porque não apoiamos indivíduos, mas ideias e não queremos política, mas fatos. Além disso, o Dantas ainda não leu o abecedário da questão social e quer trazer contra a Nação o seu eterno inimigo, o Exército.

– E ele conta mesmo com o Exército?

– Sem dúvida. Pelo menos com os sargentos como ele e alguns subalternos que o governarão como governaram o Floriano.

– Bem vê que só Lauro é capaz de impedir semelhante desgraça.

– Ele não poderá impedir coisa alguma, exceto se organizar uma revolução popular sobre a base da expropriação. É preciso ficar sempre na frente de seus rivais.

Mudamos rapidamente de assunto. Eu já havia produzido no meu interlocutor o efeito que imaginei ao fazer-lhe essa revelação. E o meu interlocutor pareceu recolher-se para organizar uma nova proposta. Não houve, porém, tempo para isso porque a conversa se desviou para terreno pessoal. Perguntei-lhe quando o general viria em pessoa falar-me e ele me perguntou o que queria eu do general.

– Em primeiro lugar, garantias pessoais; sou funcionário público e excedo a minha competência regulamentar; depois é preciso fazer sentir ao candidato que os verdadeiros chefes do movimento proletário estão presos e só com a soltura deles, eu poderia agir desembaraçadamente.

– Isso é coisa que já está sendo providenciada. Os rapazes estão próximos da liberdade.

– Quero também pedir ao general coisa melhor que garantias ao meu emprego. É natural que eu tenha ambições. Pedir-lhe-ei que me nomeie chefe de polícia.

– Mas o senhor é bacharel?

– Não.

– Como vê, não é possível.

– Então o Oiticica; ele é doutor.

– O Oiticica é um pronunciado por crime de sedição.

Quis replicar que o Aurelino também saíra de um processo criminal para a chefia da nossa polícia, mas para que a conversa não degenerasse, disse sem aparências de ironia:

– Eu pedirei que o general crie o lugar do Ministro do Trabalho e me nomeie.

– Isso é possível.

– Ou então que me mande para a Europa como representante do Brasil na Conferência Socialista de Berna.

– Não lhe compete fazê-lo. É a uma delegação dos socialistas daqui.

– Exatamente; para um Chefe de Estado saído da revolução, o socialismo é função do Estado.

Rimo-nos. A minha pilhéria fora percebida por inoportuna e exorbitante.

Despedi-me cordialmente do enviado do general Müller, e vim procurar meus camaradas, a alguns dos quais narrei as ocorrências.

Tive bem claramente a sensação de haverem fracassado as nossas negociações, principalmente por minha parte, visto como as minhas sucessivas declarações de princípios tornavam cada vez mais claro o absurdo de envolver os anarquistas na comédia da sucessão mesmo quando o general nos mascarasse como *maximalistas* ou *libertários*. Não que eu tivesse um só momento a ilusão de que chegaríamos a um resultado, mas esse resultado era a esperança do candidato Müller cuja armadilha continuava atirada no terreno, ao abandono e intacta. Ele contava, através de seu emissário, que nós anarquistas, pela vaidade de exibir prestígio, nos desmoralizássemos e nos entregássemos às sombrias maquinações da politicagem. Evitei serenamente um irreparável desastre a todos os meus camaradas porque me arroguei sem jactância a chefia do grupo e pretendi responder por mil sombras com grande satisfação do general. Mas as provas da sua insinceridade eram escandalosas na redação do programa, tão escandalosas que eu nem me dei ao trabalho de salientá-las e repeli-las.

Contudo eu queria mais; queria forçar a ruptura das negociações por um gesto ou uma palavra do emissário ou do candidato, e como tinha certeza de que ele em breve chegaria a esse extremo, porque o rumor em torno do seu nome crescia na Convenção, e portanto, com esse apoio político ele dispensaria o apoio social, eu fiquei calmamente em suspensão, entre o compromisso de me dirigir à União Geral dos Trabalhadores e a incerteza de que tal *démarche* junto a esses camaradas fosse profícua.

Os dias 18 e 19 se passaram sem que eu desse um único passo no sentido da nossa vaga convenção anterior. Deixei propositalmente que o tempo viesse esclarecer uma situação já viciada e ambígua. Mas foram dois dias de observação e de reflexão, dos quais pude tirar as seguintes conclusões positivas:

O agente do Sr. Müller contava haver batido a minha habilidade de negociador e pensava ter conseguido que eu, em vez de ser um enviado dos meus camaradas de ideais junto ao candidato, que era um homem de ação, fosse enviado do candidato junto aos maximalistas e proletários!

Era estupendo!!!

A outra conclusão a que cheguei foi a das atitudes diferentes que o general tomaria nas vésperas da Convenção onde as suas manobras de psicólogo iam lentamente enredando os imbecis daquele repugnante conluio contra a opinião.

Foi-me difícil não romper as negociações; tomado de nojo, não quis recuar para que não parecesse estar tomado de pânico, porque a situação era positivamente de arrepiar a um homem como eu em absoluto alheio às intrigas políticas. Mas eu esperava ainda encontrar o próprio general e ouvir-lhe a prestigiosa voz de reformador social. Eu queria então perguntar-lhe se ele ratificava as negociações do seu agente eleitoral e se estava mesmo disposto a arrastar à revolução 80.000 homens em quem nascera a consciência do eterno direito à vida e à liberdade. Queria perguntar-lhe até onde ia a sua famosa habilidade enviando ao próprio campo inimigo propostas de uma absurda aliança e vendo-se forçado a desnaturar programas para não desnaturar as suas segundas intenções. E por fim, se ele acreditava que as massas trabalhadoras eram da mesma natureza que as massas eleitorais e se estas estavam tão profundamente corrompidas, tão profundamente desmoralizadas e tão profundamente embrutecidas que abdicassem de uma revolução irrevogável para caírem de joelhos ante qualquer prestidigitador que vivia do medo, da magia e da negaça.

Possivelmente eu não lhe falaria nestes termos porque continuo a ser 2° oficial de uma secretaria de estado, mas em essência far-lhe-ia sentir a minha incapacidade de compreender como dois homens sinceros poderiam mentir um ao outro com a mesma tranquila impudência de dois mercadores gregos.

A todos os meus camaradas que encontrei nos dias 18 e 19 aconselhei a mais completa neutralidade no movimento das candidaturas. Pedi mesmo que no caso de agitação fossem para a casa defender como burgueses a mulher e os filhos, porque a sanha dos agitadores políticos ia desencadear-se antes, durante e depois do carnaval. E por um curioso sentimento de solidariedade, todos os camaradas adotaram a minha opinião.

Nunca a burguesia teve mais enérgicos defensores nem melhores aliados que os maximalistas! Espontaneamente, nós nos unimos à burguesia contra a política.

Havendo conseguido a certeza de que os meus camaradas fugiram à comédia eleitoral e à provável tragédia Ruy-Dantas-Müller, eu me preparei para a ruptura das negociações.

No dia 20, às 4 e pouco da tarde, atendendo a um novo convite telefônico, compareci ao escritório usual e expliquei a minha ausência dos dias anteriores pelas infrutíferas tentativas de convencer os meus camaradas da possibilidade de um entendimento com o Sr. Müller. O seu enviado acreditou nisso ou fingiu acreditar. Em que pé ficariam os nossos conchavos? Eu disse que a U.G.T. não entraria em acordo sem ouvir o João Gonçalves, verdadeiro senhor da situação entre as classes ativas e que eu, desautorizado e desamparado, via-me na contingência de parar no ponto em que estávamos. Demais eu não podia aceitar a inversão do papel a que me destinara a cair desastradamente no triste nível de um agente eleitoral daquele que era o nosso mais astuto e mais sagaz adversário. E caí outra vez na declaração de princípios, reeditei ainda a minha irredutível convicção na vitória anarquista, fosse qual fosse a estupidez e a covardia dos homens. O representante do general

Müller pareceu desolado e acusou-me de intransigente. Repliquei-lhe que a intransigência era do general que fechava os olhos ao incêndio próximo e contava fazer pela corrupção, pela astúcia e pela inocência o que só pela coragem e pelo caráter se fará: a revolução. Cedesse ele e nós cederíamos. Abrisse ele mão da injuriosa pretensão de salvador da humanidade e nós abriríamos o coração para o amparar. Mas qual! O Sr. Lauro jamais teria um gesto, jamais abdicaria desse direito divino que é o voto, jamais poderia compreender o quanto era profunda, séria e coerente a nossa concepção anarquista de um mundo onde não haverá lugar para o abuso, a má-fé e a violência dos Wilsons e dos Lloyds Georges. Que, portanto, eu me retirava do conluio. E a menos que o general não quisesse mandar dar-me dinheiro e armas para a revolução, eu me recolocava tranquilamente ao lado dos famintos, dos deserdados, dos vagabundos e dos sonhadores a esperar que da inevitável catástrofe da civilização surgisse a aurora dos tempos novos.

E assim terminei a minha missão.

Como só o general é quem importa nesse negócio, eu ignoro até mais tarde o nome do seu cortês e inteligente enviado.

Rio, 21/2/1919.

# O relatório Canellas

*Antônio Bernardo Canellas*

RELATÓRIO DA DELEGACIA À RÚSSIA
Rio de Janeiro, 1923 (80 pp.)
Resolução redigida por Souvarine[1] e aprovada pela Junta Executiva
Ampliada da I. C. em dezembro de 1922

Questões Sul-Americanas

Resolução sobre o Partido Comunista do Brasil

O Comitê Executivo da Internacional Comunista, depois de ter discutido
o relatório do representante do Partido Comunista do Brasil, estabelece
que este Partido não é ainda um verdadeiro Partido Comunista. Ele
conserva restos da ideologia burguesa, sustentados pela presença da
Maçonaria e influenciados por preconceitos anarquistas, o que explica
a estrutura centralizada do Partido e a confusão reinante sobre a teoria
e a tática comunistas.

Entretanto, é possível fundar no Brasil um bom e forte Partido Comunista. O núcleo deste novo Partido deverá ser formado pelos grupos
atualmente existentes.

Segundo as ideias do delegado Canellas, depreende-se que este camarada não está liberto da confusão ideológica reinante no seu Partido.

O Comitê Executivo da Internacional Comunista decide:

1) Provisoriamente, o Partido Comunista do Brasil deve ser aceito na
   Internacional Comunista como Partido simpatizante;

2) A Agência de Propaganda para a América do Sul *(Bureau de Propaganda pour l'Amérique du Sud)* é convidada a trabalhar pela organização do Partido Comunista brasileiro, de acordo (sic)[2] com os camaradas brasileiros.

Abstenho-me de lavrar quaisquer comentários em torno desse documento. Ele é um desses papéis que se condenam a si próprios, tal a dose de insensatez que contém. Note-se ainda que esse documento não me foi oficialmente comunicado em Mocova. Conheci-lhe a existência nas vésperas do meu regresso para o Brasil e só pude obtê-lo por vias indiretas. Tampouco o Secretariado do Partido, aqui, recebeu comunicação de tal resolução. Evidentemente, a organização, aliás tão centralizada, da Internacional, ressente-se de falhas graves para que tais irregularidades sejam possíveis. Se a minha diligência indireta não tivesse vingado, dar-se-ia o caso verdadeiramente fantástico de nem eu, nem o Presidium do Partido conhecerem ainda a esta data a Resolução tomada pela Internacional acerca de nós outros e por conseguinte desconhecermos a nossa posição perante a organização internacional do comunismo.

Assim que tomei conhecimento da Resolução que venho transcrever, redigi a réplica seguinte, que entreguei pessoalmente ao Secretariado do Komintern:

Ao *Presidium* da Internacional Comunista

Camaradas.

Ao tomar conhecimento da Resolução tomada pelo Executivo da Internacional Comunista acerca do Partido Comunista do Brasil, achei conveniente chamar a atenção do *Presidium* sobre os erros de apreciação e os julgamentos injustos que a dita resolução contém. Proponho-vos, pois, modificá-la, porque, se ela permanece tal como está, isso poderia diminuir o prestígio da Internacional no Brasil e criaria dificuldades incríveis ao nosso trabalho futuro de propaganda.

Teria alguma coisa a dizer quanto à maneira sumária pela qual esta questão foi tratada pela Comissão. Limitar-me-ei, todavia, a fazer aqui uma análise crítica da Resolução, assinalando ao *Presidium* os pontos que é preciso absolutamente modificar:

A Resolução começa por dizer:

"...depois de haver discutido o relatório do representante do Partido Comunista do Brasil..."

Ora, pude averiguar que o Relatório por mim apresentado ao Executivo Internacional desde o dia 12 de outubro último (1922), não foi lido por nenhum dos camaradas que redigiram a Resolução. Nessas circunstâncias, não se poderia estabelecer coisa alguma com verdadeiro conhecimento de causa. Mas a Comissão não se deteve diante deste escrúpulo de consciência que a mais rudimentar prudência lhe aconselharia: ela estabelece logo em seguida "este Partido não é ainda um verdadeiro Partido Comunista". Avança-se tal coisa com o mesmo ar despreocupado de alguém que faz prognósticos sobre o tempo provável de amanhã ou a temperatura que reinará esta tarde. E ela acrescenta, para reforçar a sua afirmação, as enormidades seguintes:

"Ele (o Partido) conserva alguns restos de ideologia burguesa, sustentados pela presença de elementos da Maçonaria e influenciados por preconceitos anarquistas; o que explica a estrutura centralizada do Partido e a confusão reinante sobre a teoria e a tática comunistas."

Tantas palavras, quantas tolices. Assinalemo-las uma por uma:

"ele conserva restos da ideologia burguesa..."

Dizer isto de um Partido composto quase que exclusivamente de operários que militam no sindicalismo revolucionário desde muitos anos, é extremamente injusto. Eis aí uma afirmação que, caso fosse mantida, não seria de natureza a dar aos operários revolucionários do Brasil uma ideia lisonjeira das faculdades de apreciação e da firmeza de julgamento da Comissão Executiva da Internacional Comunista.

"...sustentados (os restos da ideologia burguesa) pela presença de elementos da Maçonaria..."

Isto não é grave, porque os operários revolucionários do Brasil não encontrariam nessa fenomenal apreciação nada mais do que um motivo de hilaridade. Em tudo e por tudo, há no Partido 3 (três) mações, que só nele entraram no mês de junho último. Sustentar que esses camaradas entretêm no seio do Partido restos da ideologia burguesa, é lamentavelmente risível. Aliás, esses três mações não são no Partido figuras do primeiro plano, nem mesmo do segundo. Se de fato fosse averiguado (coisa que só como hipótese menciono) que eles entretêm dentro do Partido preconceitos burgueses, poder-se-ia excluí-los sem a menor dificuldade.

"...o que explica a estrutura centralizada do Partido..."

Esse ponto é um tanto obscuro, não posso chegar à compreensão do que isso quer significar. Com efeito, nós não temos Comissão Diretora: temos somente uma Comissão Executiva, composta de três membros. Esta organização centralizada tem por fim tornar mais maleável a ação do Partido.

"...e a confusão reinante sobre a teoria e a tática comunistas.

Aí está uma outra enormidade. A Comissão não poderia verificar a existência, dentro do Partido Comunista do Brasil, de confusão alguma no tocante à interpretação da teoria e da tática comunistas, pela razão de que ela não conhece absolutamente nada a respeito da ação do dito Partido; logo, ela não pode avançar no que se refere ao caráter da nossa tática. Quanto ao que pensamos a respeito da teoria comunista, tenho aqui alguns exemplares do nosso modo de ver. Nenhum membro da Comissão havia lido os artigos que têm sido publicados no nosso órgão: por conseguinte, ela, a Comissão, julgou *a priori* e o seu julgamento nem mesmo teve o mérito de ser o produto de um sentimento de intuição inteligente.

Mais adiante:

"...o núcleo deste novo Partido..."

Vejo nesta frase subentendidos que não são de natureza a nos tranquilizar.

Há ainda mais. A Comissão disse:

"...segundo as ideias do delegado Canellas, averígua-se que este camarada não está ainda libertado da confusão reinante no seu Partido..."

Começo por fazer observar que a Comissão não possuía e não possui ainda dados que lhe permitam estabelecer de uma maneira tão categórica a existência, no seio do nosso Partido, de uma confusão ideológica qualquer; em seguida nego formalmente à Comissão o direito de dizer seja o que for "segundo minhas ideias", pela única e mui simples razão de que ela não as conhece. Pode-se julgar das ideias de alguém quando se conhecem os discursos ou os escritos da pessoa em questão. Ora, nem uns nem outros os conhecia a Comissão. Houve, é certo, uma ligeira troca de impressões entre eu e alguns membros da Comissão. Eu me encontrava em face de um certo número de afirmações tendenciosas, uma das quais emitida pela camarada Suvarine; os meus esforços, nessa sessão da Comissão, tiveram pois de se limitar a fazer retificações preliminares e não me sobrou tempo para expor ideias. Não me recuso todavia a fazer esta exposição seja em que momento for. Como não sou orador, preferiria que me fosse apresentado um questionário sobre o que podeis supor haver de confusão na ideologia reinante no seio do nosso Partido. Nesse questionário, podereis pedir-me quaisquer esclarecimentos de ordem prática (nosso projeto de ação, nosso regime de imprensa etc.), aos quais terei muito gosto em responder na medida dos meus conhecimentos. Estou aqui justamente para isso. Se me vou embora sem ter a ocasião de expor o modo de ver dos operários revolucionários do Brasil constituídos em Partido Comunista e, ainda por cima, o Executivo nos tacha de burgueses e de pseudocomunistas é certo que nem eu nem os demais comunistas do Brasil ficarão satisfeitos. Não creio que possamos vir ao próximo Congresso, no caso em que ele se realize numa data próxima, porque as delegações desta natureza, para um país tão longínquo quanto o nosso, acarretam gastos e uma perda de tempo que não são compensados pelos resultados obtidos. Por conseguinte, seria de toda a conveniência aproveitar a minha estada aqui para dissipar toda espécie de mal-entendidos e estabelecer entre a Internacional e o nosso Partido relações outras que as resultantes de afirmações tendenciosas de camaradas malinformados. Admito que não sejamos ainda uns eruditos da teoria marxista: somos operários que lutamos desde há muitos anos num meio onde predominam a ignorância, o despotismo e uma exploração capitalista sobremodo dura. Mas nós estudamos o marxismo e os artigos do nosso órgão podem dar uma ideia dos nossos progressos neste terreno. Bebemos ensinamentos nas teses da Internacional e, desde 1918, reconhecemos o erro das concepções ideológicas do anarquismo e do sindicalismo revolucionário bastando-se a si mesmo. Pode-se dizer que não sejamos ainda uns doutores em ciências marxistas: mas não se pode, partindo daí, menosprezar as nossas qualidades revolucionárias e assimilar-nos a vulgares sociais-democratas. Aliás, penso que a Internacional não deseja possuir no Brasil um pequeno cenáculo de teóricos, confinados em especulações metafísicas sobre os fenômenos sociais. A Internacional tem todo interesse em possuir no Brasil um Partido revolucionário que goze de prestígio entre as massas e valha alguma coisa na vida política do país. Pois bem, sentimo-nos bastante fortes para empreender a execução desses "desiderata". Sustento que os elementos que constituem o Partido Comunista do Brasil tendo, como têm, na sua fé de ofício um passado tão movimentado quão irreprochável de luta e de propaganda revolucionária, são qualificados para levar por diante, no Brasil, a propaganda e a ação comunistas. Não pedimos à Internacional nenhum auxílio material: queremos simplesmente conhecer os frutos da experiência dos nossos companheiros de luta dos demais países; expor-lhes a nossa situação, nossas possibilidades de ação, nossos projetos, escutar suas observações sobre o que estiver errado ou for pouco prático nas nossas teorias e na nossa tática. Mas pedimos também que, antes de fazer julgamentos sobre o nosso Partido e os elementos que o compõem, o Executivo procure conhecê-los. Nesse sentido, proponho-vos o envio, ao Brasil, de um camarada do Partido russo, alemão ou tcheco-eslovaco, ao qual prestaremos todo apoio material e moral a fim de que ele possa capacitar-se *de visu* da nossa verdadeira situação, da tática do nosso Partido e dos elementos que o compõem. Achamos essa solução preferível à de se convidar o Bureau de Propagande pour l'Amérique du Sud a realizar entre nós um trabalho que, dadas as disposições manifestadas aqui pelos delegados uruguaio e argentino, poderia produzir resultados negativos. Não conhecemos muito bem a composição desse bureau e, por conseguinte, não podemos julgar acerca da sua imparcialidade e sua competência.

[...]

A Resolução que a Comissão vos propôs e que ratificastes sem discussão e sem me haverdes previamente ouvido, provocaria no Brasil uma impressão extremamente penível. Estou certo de que o meu Partido oporia a essa Resolução o *non expedit* mais formal, que poderia ter repercussões deploráveis sobre o prestígio da Internacional na América do Sul. Proponho-vos, pois, modificar a dita Resolução. O projeto de resolução que passo a delinear seria de natureza, penso eu, a satisfazer todas as partes:

## Resolução sobre o Partido Comunista do Brasil

"A Junta Executiva da Internacional Comunista, não tendo tido ocasião de ouvir o representante do Partido Comunista do Brasil e não possuindo dados que lhe permitam julgar com segurança o caráter da organização deste Partido e da tática que ele emprega, considera que não é possível tomar imediatamente a decisão de admitir este Partido no seio da Internacional Comunista. A Junta Executiva da I.C. quer sobretudo ter a certeza de que nenhum preconceito anarquista predomina mais no seio do P.C. do Brasil e deseja conhecer as disposições deste Partido acerca da Maçonaria. No entanto, o Executivo está disposto a assistir com a sua experiência e os seus conselhos o P.C. do Brasil a fim de que continue a melhorar a sua organização, impregnando-a de mais em mais com os princípios da teoria marxista. Neste sentido, o Executivo convida o P.C. do Brasil a tê-lo sempre ao corrente do seu trabalho de propaganda, da sua tática, a fim de facilitar esta tarefa de assistência doutrinária.

"A Junta Executiva da I.C. decide:

"1 – Provisoriamente o Partido Comunista do Brasil deve ser aceito na Internacional Comunista como partido simpatizante;

2 – O *Presidium* fará as diligências necessárias a fim de que os camaradas brasileiros, na organização cada vez mais aperfeiçoada do seu Partido sejam assistidos por um camarada dos partidos russo, alemão ou tcheco--eslovaco, o qual os ajudará com sua experiência e informará o Executivo sobre as teorias e a tática em vigor no seio do Partido Comunista do Brasil.

Asseguro-vos, camaradas, que uma resolução redigida com este espírito seria de natureza não somente a aumentar o prestígio da Internacional como a encorajar os operários revolucionários do Brasil no seu desejo de aperfeiçoamento doutrinário.

A Resolução que foi aprovada é absolutamente inadmissível. Em cada palavra dessa resolução se revela o *parti pris,* o sectarismo e o espírito de vindita ou de incompreensão do camarada que a redigiu. Pode-se dizer que, se isso acontece, a culpa é minha, posto que tomei a liberdade de assumir atitudes e exprimir opiniões que estavam em oposição com as da maioria do Congresso e do Executivo. Mas sustento, ao contrário, que todo delegado tem o direito de assumir as atitudes e exprimir as opiniões que bem lhe parecerem, sem por isso incorrer em represália – mesmo de ordem moral – por parte de quem quer que seja. O contrário disso seria retirar aos delegados toda independência de ação e, *ipso facto,* atentar contra a soberania dos Congressos mundiais da I.C. Se um delegado expõe opiniões erradas, o dever do Executivo ou de um membro qualquer do Congresso é chamar-lhe a atenção sobre o desvio cometido e convidá-lo – apoiando-se em considerações de ordem doutrinária – a retificar suas opiniões ou modificar suas atitudes. Não deve suceder que, num Congresso da Internacional Comunista, um delegado sinta em torno de si um ambiente que o mova a dizer: "eu gostaria de tomar tal ou qual atitude, de boa vontade exprimiria tal ou qual opinião, mas não o faço porque tenho medo de me comprometer". Esta palavra "comprometer", empregada no sentido que acabo de indicar, deve desaparecer do vocabulário comunista. O fato de exprimir uma opinião não pode ser comprometedor para quem quer que seja. O que pode comprometer e gravemente a ação comunista é o fato de um camarada guardar no seu espírito dúvidas ou opiniões que poderiam ser dissipadas ou retificadas se ele as expressasse, e ir depois, na surdina, transmitir esta dúvida a outros camaradas.

[...]

(Seguiam diversas considerações sobre a situação política do Brasil, a atuação sindical e as tarefas imediatas do P.C. do Brasil.)"

A réplica terminava com estas palavras:

"...Para a formação marxista dos seus militantes, o Partido já começou a editar um certo número de brochuras de propaganda marxista. O *Manifesto Comunista* nunca foi publicado em português. O secretariado do meu Partido anuncia-me que já dispõe dos fundos necessários para fazer a primeira edição desta obra elementar de propaganda comunista. Era-se anarcossindicalista, nos meios operários do Brasil, não porque se fosse contrário ao marxismo, mas sim porque o marxismo nunca tinha sido exposto às massas operárias. Este trabalho, o nosso Partido vai empreender agora. Para que ele produza resultados completos, é preciso que tenhamos a assistência doutrinária e o apoio moral da Internacional. A resolução que a C.E. da Internacional Comunista tomou a respeito do nosso Partido não é certamente de molde a preencher estas condições. É por isto que pedimos com insistência a sua modificação num sentido mais fraternal e mais elevado".

Antes de redigir essa réplica eu tinha, na intenção de provocar um esclarecimento completo da questão, procurado o novo secretário do Komintern, o camarada búlgaro Kolarov.[3] Foi ele que me aconselhou a apresentar minhas objeções por escrito – o que fiz na réplica supracitada – assegurando-me que o *Presidium* as examinaria. Não recebi, contudo, nenhuma resposta à minha réplica; por outro lado, eu tinha fixado o meu regresso por aqueles dias próximos. O mecanismo do Komintern é algo rígido e só cede a impulsões repetidas. Para obter uma resposta à minha réplica seria necessário fazer representações aqui e acolá, insistir, enfim, passar pelas atribuições conhecidas pelos pobres mortais que se viram algumas vezes na dolorosa contingência de meter requerimento na Prefeitura ou na Repartição de Águas".

[...]

"É certo que a América do Sul pouco lugar ocupa nas cogitações dos dirigentes do Komintern, por causa da situação relativamente independente deste Continente perante os problemas da Europa Central, que são os problemas predominantes na fase histórica que atravessamos. E ainda nesse pequenino lugar que eles reservam à América do Sul nas linhas gerais do seu programa, a parte do Brasil quase não se percebe.

Em parte; este conceito insignificante em que somos tidos se justifica por motivo da nossa situação de país caracteristicamente semicolonial, manobrado pelo capitalismo estrangeiro, talvez menos livre, economicamente – e quase também politicamente – falando que qualquer *Dominion* inglês, sem uma evolução política cristalizada, sem um movimento sindical digno de nota, sem tradições sociais-democratas que o tornassem conhecido nos meios socialistas europeus etc. Mas se, por um lado, essas circunstâncias nos desfavorecem, por outro facilitariam um trabalho eventual de penetração comunista. A questão está em saber o seguinte: será melhor, para a propaganda comunista, um terreno infestado pela erva daninha do socialismo reformista e do anarquismo metafísico, ou um terreno quase virgem, onde nenhuma dessas tendências conseguiu ainda firmar-se?

Para a formação de um forte Partido Comunista no Brasil as resistências a vencer, no terreno ideológico, são relativamente fracas, porque a mentalidade anarquista, entre os operários mais instruídos, onde não é inexistente, é ainda mui superficial e confusa, não tendo ainda chegado a uma cristalização semelhante, por exemplo, à do operariado espanhol ou argentino. As maiores dificuldades que se apresentam para a organização de um grande partido comunista no Brasil são quase exclusivamente de ordem material. Nós somos um Partido absolutamente novo; não herdamos, como sucedeu em muitos países, o aparelhamento administrativo dos velhos partidos sociais-democratas. As nossas dificuldades consistem em pôr de pé uma organização administrativa eficiente; em agrupar e manter o quadro necessário de funcionários e de propagandistas profissionais; em realizar uma ligação efetiva entre os numerosos elementos revolucionários disseminados através desses oito milhões de quilômetros quadrados de território e, ao mesmo tempo, promover a organização em sindicatos de resistência de um proletariado que, na sua totalidade, ignora absolutamente o que seja socialismo.[4]

[...]

"A Internacional andou errada em depreciar sem exame mais aprofundado os elementos constitutivos do Partido Comunista do Brasil. E a maneira de a convencermos do seu erro é continuarmos a estudar, agir e a melhorar a nossa organização, que justiça nos será feita mais dia menos dia. Pouco nos devem interessar as questões de prestígio: o interesse da propaganda comunista deve ser a nossa razão suprema. QUE OS DIRIGENTES DA INTERNACIONAL FAÇAM O MESMO e tudo ficará, por natureza, resolvido a contento de todos."⁵

## NOTAS

1. Boris Souvarine (1895-1984), nascido na Ucrânia e naturalizado francês, foi um dos fundadores do Partido Comunista da França e da III Internacional. Alinhou-se com Trotsky contra Stalin. [*N. do A.*]
2. O "(sic)" é de Canellas. Ele diz adiante que a Agência de Propaganda citada não existia na prática e é um mito que apenas serve para fazer figuração junto ao Executivo. [*N. do A.*]
3. Vasili P. Kolarov (1877-1950), fundador e 1° secretário do Partido Comunista da Bulgária, membro do Comitê Executivo da III Internacional (Komintern). Em 1949, foi eleito primeiro-ministro da Bulgária, quando Georgi Dimitrov (1882-1949) faleceu, porém morreu poucos meses depois, em 23 de janeiro de1950. [*N. do A.*]
4. Seguira uma série de considerações em torno do item 2 da Resolução sobre o PC do Brasil. [*N. do A.*]
5. Após referir-se às vicissitudes do seu Relatório, dá como redação definitiva e ordenada do Relatório a que imprimiu e constitui o volume em causa. [*N. do A.*]

# Referências bibliográficas

"1904 – REVOLTA DA VACINA. A maior batalha do Rio". *Cadernos da Comunicação: série Memória*. Rio de Janeiro: Secretaria Especial de Comunicação Social, 2006, p. 120. Disponível em: <http://www.rio.rj.gov.br/dlstatic/10112/4204434/4101424/memoria16.pdf>. Acessado em 11/3/2017.

"ANGELO Longaretti matou o truculento irmão do presidente Campos Sales". *Náufragos da Utopia. 2 dezembro de 2014*. Disponível em: <https://naufragodautopia.wordpress.com/2014/12/02/ancestral-ilustre-angelo-longaretti--matou-o-truculento-irmao-do-presidente-campos-salles/>. Acessado em 12/09/2017.

"BATTLE of Yorktown", *British Battles*. Disponível em: <http://www.britishbattles.com/war-of-the-revolution-1775-to-1783/battle-of-yorktown/>. Acessado em 05/09/2017.

"DOCUMENTOS do Movimento Operário: um relatório datado de 1913". *Estudos Sociais*, Rio de Janeiro, v. 5, n. 18, pp. 200-203, novembro de 1963.

"ENRIQUE Del Valle Iberlucea". *Site Oficial do Partido Socialista – Cidade de Buenos Aires*. Disponível em: <http://www.psciudad.org.ar/h-iberlucea.htm>. Acessado em 11/09/2017.

"FOTOGRAFIAS da Polícia – São Paulo – Socialista e Anarquistas retratados na Correção no dia 19 de abril de 1894 à ordem do sr. dr. Chefe da Polícia". Acervo Permanente – Polícia – C2741, AESP; Relatório apresentado ao Secretário dos Negócios da Justiça do Estado de São Paulo pelo chefe de Polícia Theodoro Dias de Carvalho, em 31 de janeiro de 1895. op. cit., "Fotografia Policial", pp. 248-252.

"LA GUERRE d'Indépendance américaine". *La France aux Etats-Unis – Ambassade de France à Washington, D.C. 14 de novembro de 2007*. Disponível em: <http://fr.franceintheus.org/spip.php?article398>. Acessado em 12/09/2017.

"LUTAS Operárias em Pernambuco". *Novos Rumos*, 30 de março a 5 de abril de 1962.

"O MANIFESTO republicano de 1870 não tem palavra sobre a abolição". Pedro Calmon, s/d, p. 274.

"REPRESSÃO ao Anarquismo no Brasil". *Boletim do Núcleo de Pesquisa Marques da Costa*. Rio de Janeiro, ano X, n. 26, fevereiro de 2014. Disponível em: <https://bibliotecasocialfabioluz.files.wordpress.com/2014/03/emece_26.pdf>. Acessado em 24/4/2017.

"TELEGRAMA de Havas". *Correio da Manhã*, 5/10/1917.

"VENCIDO e Morto". *República – Órgão Republicano*. Itu, ano V, n. 380, 27 de novembro de 1904, p. 1. Disponível em: <http://www.obrasraras.usp.br/jspui/bitstream/123456789/3905/1/Republica_ano5_n380_1904.pdf>. Acessado em 11/09/2017.

*ABC*, Rio de Janeiro, 30/11/1918.

ABREU, Alzira Alves de (coord.). *Dicionário histórico-biográfico da Primeira República* (1889-1930). Rio de Janeiro: FGV Editora, 1995.

ABREU, Alzira Alves de. *Dicionário histórico-biográfico da Primeira República (1889-1930)*. Rio de Janeiro: Ed. FGV, 2005.

*AÇÃO DIRETA*, n. 115, Rio de Janeiro, mar. de 1957.

*AÇÃO DIRETA*, n. 113, dez. de 1956.

ACHTEN, Udo; REICHELT, Mathias & SCHULTZ, Reinhard. *Mein Vaterland ist International – Internationale Illustrierte Geschichte des 1. Mai 1886 bis Heute*. Oberhausen: Asso Verlag, 1986.

ADAMS, Jefferson. *Historical Dictionary of German Intelligence – Historical Dictionary of German Intelligence and Counterintelligence*, n. 1. Lanham: The Scarecrow Press Inc., 2009.

ADDOR, Carlos Augusto. "A greve de 1903: primórdios do movimento operário no Rio de Janeiro". *História, Ciências, Saúde*. Rio de Janeiro, vol. 14, n. 2, abr.-jun, 2007, pp. 635-639. Disponível em: <http://www.redalyc.org/pdf/3861/386138013018.pdf>. Acessado em 12/09/2017.

ADDOR, Carlos Augusto. *A Insurreição Anarquista no Rio de Janeiro*. Rio de Janeiro: Dois Pontos Editora Ltda., 1986.

AIDOO, Lamonte; SILVA, Daniel F (eds.). *Lima Barreto: New Critical Perspectives*. Lanham: Lexington Books, 2014.

ALBUQUERQUE, Walmyra Ribeiro de. "'CONSERVA-SE A PALAVRA SENHOR!': Abolição, racialização e a cidadania dos 'homens se cor'". E--working papers CEAUP. Porto: Universidade do Porto – Centro de Estudos Africanos. 2008. p. 14. Disponível em: <http://www.africanos.eu/ceaup/ uploads/WP_2008_05.pdf>. Acessado em 11/09/2017.

ALEXANDER, Robert Jackson; PARKER, Eldon M. A History of Organized Labor in Brazil. Westport, Londres: Praeger, Greenwood Publishing Group, 2003.

ALMEIDA. Luiz Sávio. Notas sobre poder, operários e comunistas em Alagoas. Maceió: Edufal, 2006.

ALTERMAN, Eva. Eu não tenho onde morar: vilas operárias na cidade de São Paulo. São Paulo: Nobel, 1985.

ALVES, Paulo. A verdade da repressão: práticas penais e outras estratégias na Ordem Republicana (1890-1921). São Paulo: Arte e Ciência (UNIP), 1997.

AMADO, Gilberto. Três Livres. Rio de Janeiro: José Olympio, 1963.

ANAIS. Recife, 1893, pp. 124-125.

ANDRADE, Oswald de. Um homem sem profissão. 2ª edição. São Paulo: Globo, 2002.

APTHEKER, Herbert. Uma nova história dos Estados Unidos: Revolução Americana. Rio de Janeiro: Civilização Brasileira, 1969.

ARCHIVE: International Institute of Social History D XXI 160. Brasilien: Partido Democrata Socialista (S. Paulo). Undat. 1 Brief. Disponível em: <https://search.socialhistory.org/Record/ARCH00712/ArchiveContentList>. Acessado em 10/2/2017.

ARQUIVO da Marinha – Diretoria do Patrimônio Histórico e Documentação da Marinha. Comentário do Diretor da DPHCM sobre um artigo publicado na Revista de História da Biblioteca Nacional em seu número de maio de 2008. Vice-Almirante (EN-RM1) Armando de Senna Bittencourt – Diretor. Navigator 7, ano 3, n. 32. Disponível em: <http://www.revistanavigator. com.br/navig7/doc/N7_doc.pdf>. Acessado em 25/3/2017.

ARQUIVO de Astrojildo Pereira, 1967.

ARQUIVO Nacional do Brasil – Microfilme nº NA – 545-2004 – Fundo Congresso Operário – COB – Período 1906-1903– Documentos – São Paulo – Fundo COC 01 a COC 10 – COR 11 a COR 54.

ARQUIVO Nacional do Brasil – Microfilme nº NA – 546-2004 – Fundo Congresso Operário – COB – Período 1906-1903– Documentos – São Paulo – Fundo COR 55 a COR 78 – REL. 79 a REL 104.

ASSIS CHATEAUBRIAND, Francisco de. "Espectadores e heróis". *Correio da Manhã*, Rio de Janeiro, 19/11/1918.

AULARD, A. "Une lettre de l'historien de la révolution". *L'humanité, journal socialiste.* Montmatre, Paris: 26 de outubro de 1919, p.1. Disponível em: <http://gallica.bnf.fr/ark:/12148/bpt6k299475k/f1>. Acessado em 8/6/2017.

AVRICH, Paul. *Russian Anarchists.* Princeton: Princeton University Press, 1971.

AXELROD, Alan. *Risk: Decision Matrix – Strategies That Win.* New York--London: Sterling, 2009.

АЛЕКСАНДР Павлович Шиманский (Публикатор). "Witte and Industrialization in Revolutionary Russia", 4/9/2007, disponível em: <http://portalus.ru/modules/english_russia/rus_readme.php?subaction=showfull&id=118 8905401&archive=&start_from=&ucat=&>. Acessado em 12/09/2017.

АЛЕКСАНДР Павлович Шиманский. "Witte and Industrialization in Revolutionary Russia". 4 de setembro de 2007. Disponível em: <http://portalus.ru/modules/english_russia/rus_readme.php?subaction=showfull&id=11 88905401&archive=&start_from=&ucat=&>. Acessado em 16/3/2017.

BACON, Francis. *The works of Francis Bacon, baron of Verulam, viscount St. Albans, and lord high chancellor of England.* London: W. Baynes & Sons, Patern oster Row, 1824, vol. 10.

BANDEIRA JUNIOR, Antonio Francisco. *A indústria no Estado de São Paulo em 1901.* São Paulo: Typ. do Diario Official, 1901. Disponível em: <http://docvirt.com/docreader.net/DocReader.aspx?bib=livrossp&pagfis=23083>. Acessado em 22/2/2017.

BARATA, Agildo. *A vida de um revolucionário (Memórias).* Rio de Janeiro: Editora Melso, s/d, pp. 77-78.

BARBOSA, Rui. "Queda do Império: diário de noticias". *Obras Completas de Rui Barbosa.* Vol. XVI, Tomo VII. Rio de Janeiro, 1889. Pp. 155-163. Disponível em: <http://docvirt.com/docreader.net/docreader.aspx?bib=O brasCompletasRuiBarbosa&pasta=Vol.%20XVI%20(1889)\Tomo%20 VII&pesq=guarda%20negra>. Acessado em 11/09/2017.

BARBOSA, Ruy. *Obras completas de Ruy Barbosa. Campanha presidencial.* Rio de Janeiro: Ministério de Educação e Cultura, vol. XLVI, tomo I, 1956.

BARBOSA, Ruy. *Uma campanha política – A sucessão governamental na Bahia 1919-1920.* São Paulo: Livraria Acadêmica, Saraiva & Cia., 1932.

BARBUSSE, Henri. *La Lueur dans l'Abîme – Ce que veut le Groupe Clarté.* Paris: Édition Clarté, 1920.

BARRETO NETO, Raul Coelho. "Leis conflitantes, conveses instáveis: antecedentes da revoltas marinheiras de 1910". *Anais do V Encontro Estadual de História – ANPUH*. Salvador, Bahia: 2ª ed. 2010. p. 8. Suporte: Internet. Disponível em: <http://vencontro.anpuhba.org/anaisvencontro/R/Raul_Coelho_Barreto_Neto.pdf> Acessado em: 08/09/2017.

BARRETO, Lima. "Sobre a carestia". *O Debate*. Rio de Janeiro: 15 de setembro de 1917. In: Antônio Augusto Moreira de Faria e Rosalvo Gonçalves Pinto (orgs.), *Lima Barreto: Antologia de artigos, cartas e crônicas sobre trabalhadores*. Pp. 37-40. Disponível em: <http://www.letras.ufmg.br/site/e-livros/LimaBarretojan.pdf>. Acessado em 05/09/2017.

BARRETO, Tobias. *Obras Completas IX*: Questões vigentes. Rio de Janeiro: Editora de Paulo Pongetti & G., 1923. Disponível em: <http://www.stf.jus.br/bibliotecadigital/DominioPublico/44281/pdf/44281.pdf>. Acessado em 12/09/2017.

BARRICADA, São Paulo, 14/10/1915.

BARROS, João Alberto Lins de. *Memórias de um revolucionário*. Rio de Janeiro: Civilização Brasileira, 1953.

BASCOMB, Neal. *Red Mutiny*: Eleven Fateful Days on the Battleship Potemkin. Boston, Nova York: Houghton Mifflin Company, 2007.

BASES do Acordo da Confederação Operária Brasileira – Aprovadas pelo 1º Congresso Operário Brasileiro realizado em 1906. Arquivo Nacional – Microfilme NA 545-2004 – Congresso Operário. Código Fundo: COB – 1906-1913.

BATALHA, Claudio H. M. "José Ingenieros e os socialistas brasileiros na virada do século XIX." *Fundação Perseu Abramo*, n. 9, ano 7, 2013, pp. 275-288. Disponível em: <https://fpabramo.org.br/csbh/wp-content/uploads/sites/3/2017/04/T09perseu9.pdf>. Acessado em 31/7/2017.

BEAUMARCHAIS, Pierre-Augustin Caron de. [Carta] *Pierre-Augustin Caron de Beaumarchais to the American Commissioners,*13 de fevereiro de 1789. In: *Founders Online*. Disponível em: <https://founders.archives.gov/documents/Franklin/01-28-02-0445>. Acessado em 12/09/2017.

BEER, Max. *História do socialismo e das lutas sociais*. Lisboa-Porto-Luanda: Centro de Estudos Brasileiros, s/d.

BELL, Christopher; ELLEMAN, Bruce. *Naval Mutinies of the Twentieth Century: An International Perspective*. Londres; Portland: Frank Cass Publishers, 2003.

BELO, José Maria. *A História da República* (1889-1945) Adenda – 1945-1954. 3ª ed. Revista. São Paulo: Companhia Editora Nacional. 1956.

BENEVIDES, Bruno Corrêa de Sá e. "Anarquista, um profissional do crime: uma aproximação entre as concepções lombrosianas sobre o anarquismo e os discursos do deputado Adolfo Gordo sobre as leis de expulsão de estrangeiros (1907/1913)". *História e Cultura*. Franca/São Paulo: v. 5, n. 3, pp. 25-47, dezembro de 2016. Disponível em: <https://ojs.franca.unesp.br/index.php/historiaecultura/article/view/1872/1792>. Acessado em: 08/09/2017

BIAVASCHI, Mário Alex Cordeiro. "O setor ferroviário em Santa Maria e suas conexões com o coronelismo durante o período borgista (1898-1928)." *Métis: história & cultura*, v. 3, n. 6, jul.-dez. 2004, p. 212. Disponível em: <http://www.ucs.br/etc/revistas/index.php/metis/article/view/1166>. Acessado em 25/4/2017.

BIBLIOTECA do Senado Federal – Registro 273-F – 1976.

BILAC, Olavo. "Chronica". *Kósmos*, n. 2, anno II, fev. de 1905. Disponível em: <http://memoria.bn.br/pdf/146420/per146420_1905_00002.pdf>. Acessado em 12/09/2017.

BIONDI, Luigi. "Desenraizados e integrados. Classe, etnicidade e nação na atuação dos socialistas italianos em São Paulo (1890-1930)". *Nuevo Mundo Mundos Nuevos* [Online]. 12 de março de 2007. Disponível em: <https://nuevomundo.revues.org/3720>. Acessado em 25/4/2017.

BIONDI, Luigi. "Greve geral de 1917 em São Paulo". *CPDoc*. p. 6. Disponível em: <http://cpdoc.fgv.br/sites/default/files/verbetes/primeira-republica/GREVE%20GERAL%20DE%201917%20EM%20S%C3%83O%20PAULO.pdf>. Acessado em 25/4/2017.

BISHER, Jamie. *The Intelligence War in Latin America, 1914-1922*. Carolina do Norte: McFarland Inc. Publisher, 2016.

BITTENCOURT, ARMANDO DE SENNA. "Carta do Diretor do Patrimônio Histórico e Cultural da Marinha ao Conselho Editorial da Revista de História da Biblioteca Nacional, divulgada na página de internet dessa revista." *Navigator* 7. ano 3, n. 32. Rio de Janeiro: 30 de maio de 2008. pp. 112-113. Disponível em: <http://www.revistanavigator.com.br/navig7/doc/N7_doc.pdf>. Acessado em 25/3/2017.

BOLETIM da Comissão Executiva do 3º Congresso Operário, ano I – agosto de 1920, n. 1. (Arquivo de Edgard Leuenroth).

BONOW, Stefan Chamorro. "As listas negras e a grande guerra: repercussões sobre capital e trabalho germânicos em Porto Alegre". *Revista Mundos do Trabalho*, vol. 2, n. 4, ago.-dez. de 2010, pp. 280-304. Disponível em <https://periodicos.ufsc.br/index.php/mundosdotrabalho/article/viewFile/1984-9222.2010v2n4p280/17237>. Acessado em 13/4/2017.

BOVE, Marion Charret-Del; MOURLON, Fabrice (eds.). *Pre-trial detention in 20th and 21st Century Common Law and Civil Law Systems*. Newcastle upon Tyne: Cambridge Scholars, 2014.

BRASIL. *Decreto n° 2.280, de 25 de novembro de 1910*. Disponível em: <http://www.planalto.gov.br/ccivil_03/decreto/Historicos/DPL/DPL2280.htm>. Acessado em 08/09/2017

BRASIL. DECRETO N° 295, DE 29 DE MARÇO DE 1890. Disponível em: <http://www2.camara.leg.br/legin/fed/decret/1824-1899/decreto-295--29-marco-1890-541739-publicacaooriginal-47734-pe.html>. Acessado em 08/09/2017

BRASIL. DECRETO N° 85-A, DE 23 DE DEZEMBRO DE 1889. Cria uma comissão militar para o julgamento dos crimes de conspiração contra a República e seu governo, aplicando-lhe as penas militares de sedição. Disponível em: <http://www2.camara.leg.br/legin/fed/decret/1824-1899/decreto-85--a-23-dezembro-1889-543749-norma-pe.html>. Acessado em 08/09/2017.

BRIEF vom 12. August 1892 bis April 1895. Brief 125, First, Brading Road, Ryde, 12. Aug. 92. In: *Friedrich Engels' Briefwechsel mit Karl Kautsky*. Viena: Danubia-Verlag, Universitätsbuchhandlung – Wilhelm Braumüller & Sohn, 1955.

BRIEFE Januar 1893 bis Juli 1895, Red Army Theory Fraction, DEA – Das Elektronische Archiv, Verfügbare Archive.

BROWDER, Robert Paul & KERENSKY, Alexander F. (eds.). *The Russian Provisional Government, 1917: Documents*. Stanford: Stanford University Press, 1961, band 1.

BUCHANAN, Sir George (British Ambassador, Petrogrado – 1910-1918). *My Mission to Russia and Other Diplomatic Memories*. London, New York: Cassell & Company Limited, 1923.

BUDNITSKII, Oleg. *Russian Jews between the Reds and the Whites, 1917-1920*. Philadelphia: University of Pennsylvania, 2012.

BUENO, Clodoaldo. "A diplomacia da consolidação: a intervenção estrangeira na Revolta da Armada (1893-1894)". *História*. São Paulo, 1984, pp. 33-52.

BUNYAN, James; FISHER, H. H. *The Bolshevik Revolution, 1917-1918: Documents and Materials*. Stanford: Stanford University Press/Oxford University Press, 1934.

BUZAR, Benedito. "A Proclamação da República no Maranhão". *O Estado do Maranhão*, São Luís/Maranhão: 17 de novembro de 2013. Disponível em: <http://www.academiamaranhense.org.br/blog/a-proclamacao-da--republica-no-maranhao>. Acessado em: 06/09/2017.

BYRON, Lord. *The Complete Miscellaneous Prose*. Editado por Andrew Nicholson. Oxford: Clarendon Press – Oxford University Press, 2002.

CABALLERO, Manuel. *Latin America and the Comintern, 1919-1943*. Cambridge: Cambridge University Press, 1986.

CALDAS, General reformado do Exército Honorato. *Almirante Saldanha da Gama – Documento e traços históricos de sua carreira militar e vida pública – Epopeia de dor e homenagens cívicas nacionais e estrangeiras tributadas a sua memória*. Rio de Janeiro: Typograyphia e Papelaria de Alex Villela, 1896.

CÂMARA dos Deputados. Legislação Informatizada. Decreto nº 8.400, de 28 de novembro de 1910. *Diário Oficial da União*, Seção 1, 29/11/1910, p.10042 (Publicação Original). Disponível em: <http://www2.camara.leg.br/legin/fed/decret/1910-1919/decreto-8400-28-novembro-1910--519237-publicacaooriginal-1-pe.html.>. Acessado em 12/09/2017.

CAMPOS, Humberto de. *Carvalhos e roseiras (figuras políticas e literárias)*. São Paulo: W. M. Jackson Inc., 1947.

CANALE, Dario. *O surgimento da seção brasileira da Internacional Comunista (1917-1928)*. São Paulo: Editora Anita Garibaldi/Fundação Maurício Grabois, 2013.

CARONE, Edgard. *A República Velha (Instituições e classe sociais)*. São Paulo: Difusão Europeia do Livro, 1970.

CARONE, Edgard. *Socialismo e anarquismo no início do século*. Petrópolis: Editora Vozes, 1996.

CARRION, Raúl. "Dos primeiros partidos operários à formação do Partido Comunista do Brasil". Disponível em: <http://www.raulcarrion.com.br/prim_partidos.asp>. Acessado em 27/4/2017.

CARRION, Raúl. "O Partido Comunista do Brasil no Rio Grande do Sul (1922-1929)". Disponível em: <http://www.raulcarrion.com.br/pcdob_antec.asp>. Acessado em 12/09/2017.

CARTA de 14/12/1935, Vargas a Aranha, doc. 60, v. XX. (Arquivo de Getúlio Vargas).

CARTA de 3/12/1935, Aranha a Vargas, Wash., doc. 47, v. XX. (Arquivo de Getúlio Vargas).

CARTA de Astrojildo Pereira a Edgard Leuenroth. Rio de Janeiro, 15 de setembro de 1921. (Arquivo de Astrojildo Pereira).

CARTA de Reis Perdigão, assinada com o pseudônimo João de Talma, a Pedro Mota Lima. Porto São José, 8/9/1924.

CARTA do Diretor do Patrimônio Histórico e Cultural da Marinha ao Conselho Editorial da Revista de História da Biblioteca Nacional, de 1910. *Revista de História da Biblioteca Nacional*. 30 de maio de 2008.

CARTA do general Isidoro Dias Lopes a Reis Perdigão. Libres, 2/6/1927. (Arquivo de Reis Perdigão).

CASTANHA, Osvaldo Pasqual. *Terra nova – Série: história de famílias*. São Paulo: Baraúna, 2013.

CASTELLUCCI, Aldrin Armstrong Silva. "Flutuações econômicas, crise política e greve geral na Bahia da Primeira República". *Revista Brasileira de História*, vol. 25, n. 50, São Paulo, jul-dez. 2005. Disponível em: <http://dx.doi.org/10.1590/S0102-01882005000200006>. Acessado em 27/05/2017.

CASTELLUCCI, Aldrin Armstrong Silva. "Os socialistas e as comemorações do Primeiro de Maio em Salvador: ritualização e afirmação de uma identidade operária nas duas primeiras décadas republicanas". *Anais Anpuh – XXVI Simpósio Nacional de História*. São Paulo, julho de 2011. Disponível em: <http://www.snh2011.anpuh.org/resources/anais/14/1308158209_ARQUIVO_AldrinCastellucci-ComunicacaoXXVISNH2011.pdf>. Acessado em 08/09/2017.

CASTELLUCCI, Aldrin Armstrong Silva. "Política e cidadania operária em Salvador (1890-1919)". *Revista de História*. São Paulo: Universidade de São Paulo, Departamento de História da Faculdade de Filosofia, Letras e Ciências Humanas. n.162. Pp. 205-241. 1º semestre de 2010. Disponível em: <https://www.revistas.usp.br/revhistoria/article/download/19157/21220>. Acessado em 08/09/2017

CASTRO, Ricardo Figueiredo de. "Rodolfo Coutinho, o marxista que falava alemão (1901-1955): apontamentos biográficos". *XIV Encontro Regional da ANPUH-Rio – Memória e Patrimônio*. Rio de Janeiro: 19 a 23 de julho de 2010. Disponível em: <http://www.encontro2010.rj.anpuh.org/resour-

ces/anais/8/1276643839_ARQUIVO_RicardoFigueiredodeCastroartigo. pdf>. Acessado em 18/6/2017.

CASTRO, Sertório de. *A República que a revolução destruiu*. Rio de Janeiro, 1932. Edição digital: eBooksBrasil, 2002. Disponível em: <http://www. ebooksbrasil.org/eLibris/sertorio.html>. Acessado em 12/09/2017.

CELSO, Afonso. *O assassinato do coronel Gentil José de Castro (Subsídios para a história do regime republicano no Brasil)*. Paris: s/ed., s/ano, p. 159. Brasiliana Digital (USP). Disponível em; <http://www.brasiliana.usp.br/bitstream/ handle/1918/00557300/005573_COMPLETO.pdf>. Acessado em 2/3/2017.

CENSO de 1920. Ministerio da Agricultura, Industria e Commercio – *Directoria Geral de Estatística e Recenseamento do Brazil realizado em l de Setembro de 1920*. Volume IV. Rio de Janeiro: Typ. Estatística, 1925. Disponível em: <http://vamoscontar.ibge.gov.br/atividades/ensino-fundamental-6-ao-9/45-a-populacao-cresce.html>. Acessado em 12/09/2017.

CHATEAUBRIAND, Assis de. "Cossacos e bolcheviques". *Correio da Manhã*, Rio de Janeiro, 31 de dezembro de 1918, p.2. Disponível em: <http://memoria.bn.br/DocReader/cache/1842401370588/I0037745-2Al t=001879Lar=001330LargOri=005108AltOri=007217.JPG>. Acessado em 12/09/2017.

CHAVKIN, Boris. "Alexander Parvus – Financier der Weltrevolution". In: *Forum für osteuropäische Ideen- und Zeitgeschichte*. Köln, Weimar, Wien: Bohlau Verlag, 2007.

CHÍ, Hoàng Văn. *From Colonialism to Communism: A Case of History of North Vietnam*. London, New York: Pall Mall Press, 1964.

COELHO, Assis. *Lima Barreto – Um caminhante libertário*. São Paulo: Baraúna, 2010.

COGGIOLA, Osvaldo. "Origens do movimento operário e do socialismo no Brasil." *WordPress*. Disponível em: <https://mrzodonato.files.wordpress. com/2015/12/oc_-origens-mov-operario-socialista-no-brasil.pdf>. Acessado em 16/2/2017.

COLE, G. D. H. *Historia del Pensamiento Socialista – La Segunda Internacional 1 (889-1914) – Segunda Parte*. México, Buenos Aires: Fondo de Cultura Económica, 1960, vol. 4.

COLE, G. D. H. *Historia del Pensamiento Socialista – Los precursores 1789-1850*. México: Fondo de Cultura Económica, vol. 2, 1958.

COLE, G. D. H. *Historia del Pensamiento Socialista – Marxismo e Anarquismo Vol. II (1850-1890)*. México-Buenos Aires: Fondo de Cultura Económica, 1958.

COMITÉ pour la reprise des Relations Internationales. *Jean Jaurès et les Causes de la Guerre*. Paris. p. 16. Disponível em: <http://archivesautonomies. org/IMG/pdf/antimilitarisme/14-18/crri/jaures-guerre.pdf>. Acessado em: 08/09/2017

COMPARATO, Fábio Konder. "Compreensão histórica do regime empresarial-militar brasileiro". *Juízes para Democracia*. Disponível em: <http://www. ajd.org.br/artigos_ver.php?idConteudo=75>. Acessado em: 06/09/2017.

COMTE, Auguste. *Cours de Philosophie Positive – Discours sur l'Esprit Positive*. (Première et deuxième Leçons). Paris: Éditions Garnier Frères, tomo II, 1949.

CONCHEIRO, Elvira; MODONESI, Massimo; CRESPO, Horacio Gutiérrez. *El comunismo: otras miradas desde América Latina*. México: Universidad Autónoma de México, 2007.

CORRÊA, Anderson Romário Pereira. "Demetristas e cassalistas na fabricação da classe trabalhadora: alegrete na transição do Império para República". *Estratégia & Análise*, São Borja, 16 de outubro de 2016. Disponível em: <http://estrategiaeanalise.com.br/historia-pampeana/demetristas--e-cassalistas-na-fabrica%C3%87%C3%83o-da-classe-trabalhadora:--alegrete-na-transi%C3%87%C3%83o-do-imp%C3%89rio-pra--rep%C3%9Ablica,77417f9408a8a6a5940c42d651d27dd1+01.html>. Acessado em 12/2/2017.

COSTA, Emília Viotti da. *O Supremo Tribunal Federal e a construção da cidadania*. São Paulo: Editora Unesp, 2006.

CUNHA, Euclides da. *Contrastes e confrontos – Obra completa*. 2 v. Rio de Janeiro: Nova Aguilar, 1995, vol. 1.

CUNHA, Fabio Samu da. "Capoeiras e a Revolta da Vacina". *Revista Espaço Acadêmico*, n. 166, março de 2015, ano XIV. Pp. 29-38. Disponível em: <http://www.periodicos.uem.br/ojs/index.php/EspacoAcademico/article/ view/26869/14491>. Acessado em 13/3/2017.

CURY, José João. *O teatro de Oswald de Andrade: ideologia, intertextualidade e escritura*. São Paulo: Editora Annablume, 2003.

D'AGOSTINO, Anthony. *The Russian Revolution, 1917-1945*. California: Praeger, 2011.

LUIZ ALBERTO MONIZ BANDEIRA

DAMANY, André. *La Russie de mars 1917 à mars 1918: Entre deux révolutions. De l'abdication du Tsar au Tratité de Brest-Litovski.* Paris: Société des Écrivains, 2014.

DEAN, Warren. *A industrialização de São Paulo (1880-1945).* 3ª edição. Rio de Janeiro: Difel, s/d.

DECRETO nº 1.641, de 7 de janeiro de 1907. *Diário Official,* 9/1/1907, p. 194 (Publicação Original). Disponível em: <http://www2.camara.leg.br/legin/fed/decret/1900-1909/decreto-1641-7-janeiro-1907-582166-norma-pl.html>.

DECRETO nº 4.549, de 5 de julho de 1922. Disponível em: <http://www2.camara.leg.br/legin/fed/decret/1920-1929/decreto-4549-5-julho-1922--568200-publicacaooriginal-91593-pl.html>.

DECRETO Nº 847 de 11 de outubro de 1890 (Mantida a grafia original). Disponível em: <http://www2.camara.leg.br/legin/fed/decret/1824-1899/decreto-847-11-outubro-1890-503086-publicacaooriginal-1-pe.html>. Acessado em 25/7/2017.

DEUTSCHER, Isaac. *Trotsky – O profeta armado.* Rio de Janeiro: Civilização Brasileira, 1968.

DI CAVALCANTI. *Viagem da minha vida.* Rio de Janeiro: Civilização Brasileira, 1955.

DIAS, Everardo. *História das lutas sociais no Brasil.* 2ª edição. São Paulo: Alfa-Omega, 1977.

*DIE Heilige Schrift des Alten und Neuen Testamentes.* Aschaffenburg: Paul Pattloch Verlag.

DOCKRILL, Michael & FISHER, John. *The Paris Peace Conference, 1919: Peace without Victory?* New York: Palgrave Macmillan, Public Record Office, 2001.

DOKUMENTE Nr. 3 – Der Gesandte in Bern Freiherr vonRomberg an denREichskanzler von Bettmamm von Hollweg – Konzept Romberg – AGB/Abt.A/Rüßl. Nr. 161: z.Zt. FO – Ausfertigung in AA/Pol. A.A/Allg. Ang.Rußl. Nr. 61 – Nr. 794 (durch Despeschenkasten) – Dat: Bern, den 30 Sept. 1915. Geheim! In: HAHLWEG, Werner. *Lenins Rückkehr nach Russland 1917: Die deutschen Akten.* Studien Geschichte Osteuropas IV (Herausgegeben von W. Phillip, Freie Universität Berlin & P. Scheibert, Universität Köln). Leiden: E.J. Brill, 1957, p. 40. KOENEN, Gerd. *Der Russland-Komplex: die Deutschen und der Osten, 1900-1945.* Munique: Verlag C. H. Beck, 2005.

DOKUMENTE Nr. I – Der Gesandeten Freiherr von Romberg Telegramm in Ziffern. Konzept von der Hand des Gesandeten Freiherr von Romberg.

(AGB/AGT.A Rußl. Nr. 161; zZt FO). Nr. 578 – Geheim! In HAHLWEG, Werner. Lenins Rückkehr nach Russland 1917: Die deutschen Akten. Studien Geschichte Osteuropas IV (Herausgegeben von W. Phillip, Freie Universität Berlin & P. Scheibert, Universität Köln). Leiden: E.J. Brill, 1957, p. 39.

ZEMAN, Z. A. B (ed.). Germany and Revolution in Russia 1915-1918. Documents from the Archives of the German Foreign Ministry, 1918, pp. 6-7.

DONATO. Hernâni. *Dicionário das batalhas brasileiras*. 2ª edição revista e ampliada. São Paulo: IBRASA, 1996.

DOURADO, Ângelo. *Narrativa da Revolução de 1893*. 3ª edição. Reprodução fac-similar da edição de 1896. Porto Alegre: Martins Livreiro Editor, 1979.

DOWLING, Timothy C. *Russia at War: From the Mongol Conquest to Afghanistan, Chechnya, and Beyond*. Santa Barbara: ABC CLIO, 2015.

DULLES, John W. F. *Anarchists and Communists in Brazil – 1900-1935*. Austin: University of Texas Press, 1973.

EASTMAN, Max. "The Clarté Movement". *The Liberator*, vol. 3, n. 4 (serial n. 25), abril de 1920, pp. 40-42. Disponível em: <https://www.marxists.org/archive/eastman/1920/clarte.htm>. Acessado em 1/7/2017.

ELLIS, Charles Howard. *The Origin, Structure & Working of the League of Nations*. Nova Jersey: Lawbook Exchange Ltd.

ELWOOD, R. C. *Inessa Armand: Revolutionary and Feminist*. Cambridge: Cambridge University Press, 2002.

ENTREVISTA de Isaac Izecksohn, um dos fundadores de vários partidos socialistas no Brasil, ao autor. Rio de Janeiro, 31/3/1974.

ENTREVISTA do jornalista José Maria dos Reis Perdigão ao autor. Rio de Janeiro, 1974.

FAORO, Raymundo. *Os donos do poder – formação do patronato político brasileiro*. 3ª edição revista. Porto Alegre: Editora Globo, 1976, vol. 2.

FAUSTO, Boris (org.). *O Brasil republicano*: sociedades e instituições (1889-1930). 7ª edição. Rio de Janeiro: Bertrand Brasil, vol. 2, 2004.

FERREIRA, Christiano Eduardo. "O senhor é morto: colonato e criminalidade em duas localidades paulistas (1900-1901)". *Anais Anpuh – XXV Simpósio Nacional de História*. Fortaleza: 2009, 8 p. Disponível em: <http://anais.anpuh.org/wp-content/uploads/mp/pdf/ANPUH.S25.1083.pdf>. Acessado em 12/09/2017.

FERREIRA, Roberto Martins. *Organização e poder: análise do discurso anticomunista do Exército Brasileiro*. São Paulo: Editora Annablume, 2005.

FERREIRA, Valdelice Borghi. "As organizações operárias e a demanda por educação: 1889-1920". Faculdade de Educação, Universidade Federal de Uberlândia. Uberlândia, Minas Gerais. pp. 3055-3065. 11 p. Disponível em: <http://www2.faced.ufu.br/colubhe06/anais/arquivos/274ValdeliceBo rghiFerreira.pdf>. Acessado em 08/09/2017.

FILOMENO, Felipe Amin. "A crise Baring e a crise do Encilhamento nos quadros da economia-mundo capitalista". *Economia e Sociedade*, Campinas, v. 19, n. 1 (38), pp. 135-171, abr. 2010. Disponível em: <http://www.scielo. br/pdf/ecos/v19n1/a06v19n1.pdf>. Acessado em 2/2/2017.

FIORUCCI Rodolfo; COSTA, Alexandre da (orgs.). *Políticas e Projetos na Era das Ideologias: A imprensa no Brasil Republicano (1920-1940)*. Anhangabaú, Jundiaí: Paco Editorial, 2014.

FISCHER, Louis. *A vida de Lenin*. Rio de Janeiro: Civilização Brasileira, 1967, vol. 1.

FISHER, H. H. *The Famine in Soviet Russia: 1919-1923: operation of the American Relief Administration*. Stanford: Stanford University Press, 1935.

FORSTER, Laura; WHEELER, Patricia. "The hands off Russia! Movement: Direct Action Against Military Intervention". Disponível em: <http:// armingallsides.on-the-record.org.uk/wp-content/uploads/2014/06/Hands--off-Russia-with-references1.pdf>. Acessado em 05/09/2017.

FORTES, Alexandre. *Nós do quarto distrito: a classe trabalhadora porto--alegrense e a era Vargas*. Caxias do Sul: Garamond Universitária, EDUCS, 2004.

FRANCIS, David Rowland. *Russia from the American Embassy, 1916-1918*. New York: Charles Schribner's Sons, 1921.

FRANCO, Misael Carlos. "A Guarda Negra: entre a Monarquia e a República". Universidade de São Paulo. Guarulhos, São Paulo. 2011. p. 29. Disponível em: <https://www.scribd.com/document/62710841/Trabaho-A-Guarda--Negra-e-a-Monarquia>. Acessado em: 06/09/2017

GATRELL, Peter. *Russia's First World War: A Social and Economic History*. London, New York: Routledge, 2014.

GILBERT, Isidoro. *El Oro de Moscú – Historia secreta de la diplomacia, el comercio y la inteligencia soviéticas en la Argentina*. Buenos Aires: Editorial Sudamericana, 2007.

GILL, Graeme J. Peasants and Government in the Russian Revolution. London: Palgrave Macmillan UK, 1979.

GOLDMACHER, Marcela. *A "Greve Geral" de 1903: o Rio de Janeiro nas décadas de 1890 a 1910*. Tese (Doutorado em História) – Departamento de História, Universidade Federal Fluminense, Niterói, 2009. Disponível em: <www.historia.uff.br/stricto/td/1152.pdf >.

GOMES, Angela de Castro. *A invenção do trabalhismo*. Rio de Janeiro: FGV, 2007.

GOMES, Angela de Castro. *A invenção do trabalhismo*. Rio de Janeiro: FGV Editora, 2005.

GORDO, Adolfo. *A Expulsão de Estrangeiros* (Discurso de 29/11/1912; Discurso de 14/12/1912: Anexo: Lei 1.641 de 7/1/1907). São Paulo: eBooksBrasil, 2006. Disponível em: <http://www.ebooksbrasil.org/eLibris/gordo.html>. Acessado em 30/4/2017.

GORDO, Adolfo. *A expulsão de estrangeiros – discursos pronunciados na Câmara de Deputados nas sessões de 29 de novembro e 14 de dezembro de 1912 pelo Sr. deputado Adolfo Gordo*. São Paulo: Espindola & Comp., 1912. Edição digital: eBooksBrasil, São Paulo, 2013. Disponível em: <http://www.ebooksbrasil.org/eLibris/gordo.html>. Acessado em 20/3/2017.

GRANATO, Fernando. *João Cândido*. São Paulo: Selo Negro Edições, 2010. (Coleção Retrato do Brasil Negro).

GRAVIER, Charles. *Comte de Vergennes: French Diplomacy in the Age of Revolution 1719-1787*. New York: State University of New York Press, 1982.

GUERRA, Maria Pia dos Santos Lima. *Anarquistas, trabalhadores, estrangeiros: a construção do constitucionalismo brasileiro na primeira república*. Dissertação (Mestrado em Direito). 267 p. Faculdade de Direito, Universidade de Brasília, Brasília. 2012. Disponível em: <http://repositorio.unb.br/bitstream/10482/10824/1/2012_MariaPiadosSantosLimaGuerra.pdf>. Acessado em 5/5/2017.

GUIMARÃES, Cristiane. Entrevista: "Impacto da República na Bahia". [14/11/2016] *Entrevista concedida a Associação de Procuradores do Estado da Bahia*. Bahia: Notícias APEB. Disponível em: <http://apeb.org.br/noticias1.asp?reg=413>. Acessado em 06/09/2017.

HAAG, Carlos. "O almirante negro e seu encouraçado prateado – 100 anos da Revolta da Chibata". *Revista Pesquisa*, n. 166, dez. 2009. Pp.85-89 Disponível em: <http://revistapesquisa.fapesp.br/wp-content/uploads/2009/12/084-089-166.pdf>. Acessado em 12/09/2017.

HAMON, Augustin Frédéric. *Le socialisme & le congrès de Londres: étude historique.* Paris: P.V. Stock, 1897, pp. 66-67. Disponível em: <https://archive.org/details/lesocialismeleco00hamo>. Acessado em 20/2/2017.

HARDMAN Francisco Foot. *Nem pátria, nem patrão! Memória operária, cultura e literatura no Brasil.* São Paulo: Editora Unesp, Scielo, 2002, p. 277.

HAUPT, G. "Militants sociaux-démocrates allemands au Brésil (1893- 1896)". *Le Mouvement social: bulletin trimestriel de l'Institut français d'histoire sociale.* Disponível em: <http://gallica.bnf.fr/ark:/12148/bpt6k5740865w/texteBrut>. Acessado em 7/2/2017.

HAYNES, John Earl, KLEHR, Harvey, VASSILIEV, Alexander. *Spies: The Rise and Fall of the KGB in America.* Ann Arbor, Michigan: Sheridan Books, 2009.

HERESCH, Elisabeth. *Geheimakte Parvus – Die gekaufte Revolution.* Munique: Herbig Verlag, 2013.

HILTON, Stanley E. *Brazil and the Soviet Challenge, 1917–1947.* Austin: University Texas Press, 1991.

HOBSBAWM, Eric J. *História do marxismo – O marxismo na época da Segunda Internacional.* vol. 2, primeira parte. Rio de Janeiro: Paz e Terra, 1982.

HORNSTEIN, David P. *Arthur Ewert: A Life for the Comintern. Lanham,* New York, London: University Press of America, 1995.

HOSKING, Geoffrey A. *Russia: People and Empire, 1552-1917.* Harvard: Harvard University Press.

HUNT, Tristam. *Marx's General – The revolutionary life of Friedrich Engels.* Nova York: Metropolitan Books/Henry Holt and Company, 2009.

IPATIEFF, Vladimir Nikolayevich; EUDIN, Xenia Joukoff. *The Life of a Chemist: Memoirs of Vladimir N. Ipatieff.* Stanford, London: Stanford University Press, Geoffrey Cumberlege, Oxford University Press, 1946.

JACOBSEN, Rafael Bán. "Rui Barbosa x Monteiro Lobato – Divergências ideológicas de dois gigantes brasileiros na Primeira Guerra Mundial". *Amalgama.*

Disponível em: <https://www.revistaamalgama.com.br/06/2014/rui-barbosa--monteiro-lobato-primeira-guerra-mundial>. Acessado em: 17/6/2014.

JAURÈS, Jean. *Dernier discours*. Lyon-Vaise, 25 de julho de 1914. Disponível em: <https://www.marxists.org/francais/general/jaures/works/1914/07/jaures_19140725.htm>. Acessado em 12/09/2017.

JOHNSON, Paul. *Estados Unidos – La História*. Buenos Aires: Ediciones B Argentina, 2002.

JUDSON'S, William Voorhees. *Russia in War and Revolution: General William V. Judson's Accounts from Petrograd, 1917-1918*. Kent: Kent University Press, 1998.

JUNIOR, Jairo. "A Capoeira e a participação na política". *Portal Vermelho*. São Paulo: 15 de Abril de 2014. Disponível em: <http://www.vermelho.org.br/coluna.php?id_coluna_texto=5890&id_coluna=80>. Acessado em: 06/09/2017.

KAUTSKY, Kaarl. *Von der Demokratie zur Staatssklaverei*. Berlim: Dietz Verlag, 1990.

KAUTSKY, von Benedict (Herausgegeben und bearbeitet). *Friedrich Engels' Briefwechsel mit Karl Kautsky*. Herausgegeben und bearbeitet. Viena: Danubia-Verlag, Universitätsbuchandlung/Wilhelm Braumüller & Sohn, 1955.

KENEZ, Peter. *Civil War in South Russia, 1918: The First Year of the Volunteer Army*. Berkeley, Los Angeles: California University Press, 1971.

KLIER, John. *Russians, Jews, and the Pogroms of 1881-1882*. Cambridge: Cambridge University Press, 2011.

KOENEN, Gerd. *Der Russland-Komplex: die Deutschen und der Osten, 1900-1945*. Munique: Verlag C. H. Beck, 2005.

KOHAN, Néstor. *De ingenieros al Che: ensayos sobre el marxismo argentino y latinoamericano*. Buenos Aires: Editorial Biblos, 2000.

KRIEGER, Wolfgang. *Geschichte der Geheimdienste: von den Pharaonen bis zur CIA*. Munique: C. H. Beck, 2009.

KULA, Marcin. "Formação da classe operária no Brasil". *Estudios Latinoamericanos* 1. Disponível em: <http://www.ikl.org.pl/Estudios/EL01/el01_04_kula.pdf>.

LACERDA, Maurício de. "Barbusse – um amigo da liberdade no Brasil". *O Imparcial*, Rio de Janeiro, 4/9/1935.

LACERDA, Maurício de. *Evolução legislativa do Direito Social brasileiro*. Rio de Janeiro: Editora Nova Fronteira, 1980.

LANGE, Célia Maria. *A construção de conhecimentos em espaços de economia popular solidária (O sentido pedagógico do projeto Esperança/ Coesperança)*. Dissertação (Mestrado em Educação nas Ciências) – Universidade Regional do Noroeste do Estado do Rio Grande do Sul, Ijuí. 2006.

LAZARSKI, Christopher. *The Lost Opportunity: Attempts at Unification of the Anti-Bolsheviks:1917-1919. Moscow, Kiev, Jassy, Odessa*. Lanham: University Press of America, 2008.

LE MOUVEMENT social: bulletin trimestriel de l'Institut français d'histoire sociale. Disponível em: <http://gallica.bnf.fr/ark:/12148/bpt6k5740865w/texteBrut>. Acessado em 12/09/2017.

LEAL, Claudia Feierabend Baeta. "Anarquismo e segurança pública: São Paulo, 1894". *História Social*. Unicamp – Campinas/São Paulo: n. 16. p. 18. Pp. 45-62. Primeiro semestre de 2009. Disponível em: <http://www.ifch.unicamp.br/ojs/index.php/rhs/article/view/233>. Acessado em 10/2/2017.

LEAL, Claudia Feierabend Baeta. *Pensiero e dinamite: anarquismo e repressão em SP nos anos 1890*. Tese (Doutorado em História). Universidade Estadual de Campinas, Departamento de História do Instituto de Filosofia e Ciências Humanas. Campinas, São Paulo: 21 de fevereiro de 2006. p. 308. Disponível em: <https://www.passeidireto.com/arquivo/18796528/leal-c--pensiero-e-dinamite-anarquismo-e-repressao-em-sp-nos-anos-1890/10>. Acessado em 10/2/2017.

LEIS Adolfo Gordo. Disponível em: <http://cpdoc.fgv.br/sites/default/files/verbetes/primeira-republica/LEIS%20ADOLFO%20GORDO.pdf>. Acessado em 12/09/2017.

LELONG, General. *O advento do Exército Vermelho. Memórias pessoais sobre a Revolução Russa*. Lisboa: Livraria Bertrand, s/d.

LENIN, V. I. *Obras escogidas*. Moscou: Ediciones en Lenguas Extranjeras, 1948, vol.1, tomo II.

LENIN, V. I. *Obras escogidas*. Moscou: Ediciones en Lenguas Extranjeras, 1948, tomo I.

LEONARD, Thomas; BUCHENAU, Jurgen; LONGLEY, Kyle; MOUNT, Graeme. *Encyclopedia of U.S. – Latin American Relations*. Los Angeles. Londres: Sage-COPRESS, 1912.

LEONHARD, Jörn. *Die Büchse der Pandora: Geschichte des Ersten Weltkrieges*. Munique: Verlag C. H. Beck, 2014.

LES COMBATTANTS français de la guerre américaine 1778-1783: Listes établies d'après les documents authentiques déposés aux Archives nationales et aux Archives du Ministère de la Guerre. Paris: Ancienne Maison Quantin; Libraries-imprimeries reúnies; Motteroz, Martinet, 1903. Disponível em: <http://gallica.bnf.fr/ark:/12148/bpt6k5525402h>. Acessado em 12/09/2017.

LETTER, August Belmont to Lord Rothschild, New York, 1/11/1893, Rothschild Archive London – II/SS/SA: 18931101.

LETTER, August Belmont to N. M. Rothschild, New York, 17/11/1893. RAL-II/SS/SA: 18931117.

LETTER, Belmont to Lord Rothschild, New York, 22/11/1893. RAL-II SS/SA: 18931122.

LEUENROTH, Edgard. "A Greve de 1917" (Carta enviada ao jornal O Estado de S. Paulo). Dealbar, São Paulo, ano II, n. 17, p. 3, dez. 1968. Disponível em: <https://bibdig.biblioteca.unesp.br/bitstream/handle/10/8895/0017.pdf?sequence=2&isAllowed=y>. Acessado em 25/4/2017.

LIBBY, Douglas Cole; FURTADO, Júnia Ferreira (orgs.). Trabalho livre, trabalho escravo: Brasil e Europa, séculos XVIII e XIX. São Paulo: Editora Annablume, 2006.

LIDTKE, Vernon L. The Outlawed Party Social Democracy in Germany, 1878-1890. Nova Jersey: Princeton University Press, 1986.

LIEBKNECHT, Karl. Militarism and anti-militarism. Cambridge: Rivers Press, 1973.

LIMA BARRETO, Afonso Henriques de. "Memórias da Guerra". ABC, Rio de Janeiro, n. 267, ano VI, 17/4/1920, p. 14.

LIMA BARRETO, Afonso Henriques de. Bagatelas. (Romance). São Paulo: Brasiliense, 1956.

LIMA BARRETO, Afonso Henriques de. Diário íntimo (Fragmentos). Porto Alegre: Editor Roque Jacoby, 1997.

LINHARES, Hermínio. Contribuição à história das lutas operárias no Brasil. São Paulo: Alfa-Omega, 1977.

LOBKOWICZ, Nikolaus et al. (Herausgegeben) Russische Revolution. Forum für osteuropäische Idee- und Geschichte. Köln, Weimar, Wien: Böhlau Verlag, 2007.

LOPES, Milton. "Anarquismo e 1º de Maio no Brasil". Núcleo de Pesquisa Marques da Costa – Federação Anarquista do Rio de Janeiro (FARJ). Disponível em: <https://marquesdacosta.wordpress.com/artigos-do npmc/milton_lopes_anarquismo_e_1_de_maio>. Acessado em 30/3/2017.

LOPREATO, Christina da Silva Roquette. *O espírito da revolta: a greve geral anarquista de 1917.* São Paulo: Annablume, FAPESP, 2000.

LOVE, Joseph L. *The Revolt of the Whip.* Stanford: Stanford University Press, 2012.

LÖWE, Heinz-Dietrich. "Pogroms in Rußland 1903-1905/6. The Pogroms in Kishinev and Gomel: Preliminary Skirmishes of the Revolution." *Seminar für Osteuropäische Geschichte – Mitarbeiter.* Disponível em: <http://www. uni-heidelberg.de/fakultaeten/philosophie/zegk/sog/loewe_artikel_pogrome.html>. Acessado em 12/09/2017

LUNGARETTI, Celso "Antepassado Ilustre: Angelo Longaretti matou o truculento irmão do presidente Campos Sales". *O Rebate.* Disponível em: <http://jornalorebate.com.br/site/canais/colaboradores-do-rebate/12622--antepassado-ilustre-angelo-longaretti-matou-o-truculento-irmao-do--presidente-campos-s>. Acessado em 12/09/2017.

MAC CORD, Marcelo. "Direitos trabalhistas em construção: as lutas pela jornada de oito horas em Pernambuco, 1890-1891". *Tempo*, Niterói, vol. 22, n. 39, pp. 175-195, jan-abr 2016. Disponível em: <http://www.historia. uff.br/tempo/site/wp-content/uploads/2016/04/09-Marcelo-Marc.pdf>. Acessado em 12/2/2017.

MAESTRI, Mário. *Cisnes Negros: A revolta da Marinha contra a chibata.* Porto Alegre: FCM Editora, 2014.

MALAPARTE, Curzio. *Tecnica del colpo di Stato.* Milano: Oscar Mondadori, 2002.

MALET, Michael. *Nestor Makhno in the Russian Civil War.* London: The London School of Economics and Political Science, 1982.

MANCHESTER, William. *The Arms of Krupp – 1587-1868.* Boston-Toronto: Little, Brown and Company, 1968.

MANNHEIM, Karl. *Ideologia e utopia.* 2ª edição. Rio de Janeiro, Porto Alegre: Editora Globo, 1952.

MARAM, Sheldon Leslie. *Anarquistas, imigrantes e o movimento operário brasileiro – 1890-1920.* Rio de Janeiro: Paz e Terra, 1979.

MARCUSSO, Marcus Fernandes. *A Escola Militar do Realengo e a formação do oficial do Exército Brasileiro (1904-1929).* Dissertação (Mestrado em Educação) – Centro de Educação e Ciências Humanas, Universidade Federal de São Carlos, São Carlos. 2012. Disponível em: <https://repositorio.ufscar.br/bitstream/handle/ufscar/2620/4262.pdf?sequence=1>. Acessado em 12/3/2017.

MARPLES, David R. *Lenin's Revolution: Russia, 1917-1921*, London, New York: Routledge, 2000.

MARQUES, Silva. "Pelo Mundo – A Revolução Russa". *Kosmos*, n° 3, anno II, março de 1905. Disponível em: <http://memoria.bn.br/pdf/146420/per146420_1905_00003.pdf>. Acessado em 19/3/2017.

MARTINS, Vice-Almirante Helio Leôncio. "João Cândido e a Revolta de 1910". *Revista Navigator* 7. Disponível em: <http://www.revistanavigator.com.br/navig1/art/N1_art6.pdf>. Acessado em 12/09/2017.

MARX, Karl & ENGELS, Friedrich. *Werke*. Berlim, Dietz Verlag: 1978.

MARX, Karl & ENGELS, Friedrich. *Werke*. Berlim: Karl Dietz Verlag Berlin, band 18, 1976, p. 398.

MARX, Karl & ENGELS, Friedrich. *Werke*. Berlim: Karl Dietz Verlag Berlin, band 34, 1976.

MARX, Karl & ENGELS, Friedrich. *Werke*. Berlim: Karl Dietz Verlag Berlin, band 18, 1976.

MARX, Karl & ENGELS, Friedrich. *Werke*. Berlim: Karl Dietz Verlag Berlin, band 2, 1980.

MATTOS, Augusto Oliveira. "Da espontaneidade à ação política: a Guarda Negra da Redentora (discussão historiográfica)." In: Sérgio Ricardo da Mata, Helena Miranda Mollo & Flávia Florentino Varella (org.). *Caderno de resumos & Anais do 2°. Seminário Nacional de História da Historiografia. A dinâmica do historicismo: tradições historiográficas modernas.* Ouro Preto: EdUFOP, 2008. Disponível em: <http://www.seminariodehistoria.ufop.br/seminariodehistoria2008/t/mattos.pdf.>. Acessado em 06/09/2017.

MATTOSO, Kátia de Queirós. *Ser escravo no Brasil*. 2ª edição. São Paulo: Brasiliense, 1988.

MAYNARD, Andreza Santos Cruz. *A caserna em polvorosa*: A revolta de 1924 em Sergipe. Dissertação (Mestrado em História) – Departamento de História, Universidade Federal de Pernambuco, Recife. 2008. Disponível em: <http://repositorio.ufpe.br:8080/bitstream/handle/123456789/7247/arquivo3298_1.pdf?sequence=1&isAllowed=y>. Acessado em 10/10/2017.

McMEEKIN, Sean. *The Russian Revolution: A New History. Hoover Institution on War, Revolution and Peace*. Berkeley, Los Angeles: University of California Press, 1977.

MEDRADO, Iracema Santos. *A origem e a formação da Guarda Negra (1888-1890)*. 27 de março de 2012. Disponível em: <http://guardanegra.blogspot.com.br>. Acessado em 18/09/2017.

MEHRING, Franz. *Geschichte der deutschen Sozialdemokratie*. Zweiter Teil. Berlim: Dietz Verlag, band 2, 1980.

MEHRING, Franz. *Karl Marx: Geschichte seines Lebens*. Berlim: Dietz Verlag, 1985, p. 466. WHEEN, Francis. *Karl Marx*. London: Fourth Estate, 1999.

MEHRING, Karl. *Karl Marx: Geschichte seines Lebens*. Berlim: Dietz Verlag Berlin, 1985.

MEIR, Natan M. *Kiev, Jewish Metropolis: A History, 1859-1914*. Bloomington – Indianapolis: Indiana University Press, 2010.

MEIRELES, Edilton. "V – Do declínio político (1920-1924)". 26 de janeiro de 2017. Disponível em: <http://ediltonmeireles.com/?p=143>. Acessado em 12/09/2017.

MELO, Fábio. "Socialismo e Positivismo: As raízes do trabalhismo no Rio Grande do Sul". *Grupo de Estudos Americanista Cipriano Barata*. Disponível em: <http://geaciprianobarata.blogspot.com.br/2015/10/socialismo--e-positivismo-as-raizes-do.html>. Acessado em 1/3/2017.

MENDES, Felipe Ucijara Guimarães. *Mashorqueiros ou procellários? A experiência tenentista no Maranhão*: política, cultura histórica, imaginário, personagens... Dissertação (Mestrado em História Social) – Centro de Ciências Humanas, Universidade Federal do Maranhão, Maranhão. 2015. Disponível em: <http://www.ppghis.ufma.br/wp-content/uploads/2015/05/Dissertacao-Felipe.pdf>. Acessado em 12/09/2017.

MERRIDALE, Catherine. *Lenin on the Train*. London: Penguin Books, 2016.

MILLER, Susanne & POTTHOFF. *Kleine Geschichte der SPD – Darstellung und Dokumentation – 1848-1883*. Bonn: Verlag Neue Gesellschaft Gmbh, 1988.

MINISTÉRIO da Agricultura, Indústria e Comércio. *Recenseamento do Brasil, realizado em 1º de setembro de 1920*. Vol. V (1ª parte), Indústria. Rio de Janeiro: Departamento de estatística. 1927. 696 p. Disponível em: <http://biblioteca.ibge.gov.br/visualizacao/livros/liv6478.pdf>.

MIRANDA, Clícea Maria Augusto de. "Memórias e Histórias da Guarda Negra: verso e reverso de uma combativa organização de libertos". *Anais do XXVI Simpósio Nacional de História – ANPU*. São Paulo: julho de 2011. Disponível em: <http://www.snh2011.anpuh.org/resources/anais/14/1307970600_ARQUIVO_ApresentacaoClicea_ANPUH2011.pdf>. Acessado em 1/3/2017.

MISSÕES Diplomáticas Brasileiras – St. Petersburg. Notação: 230/3/13 – Legação de St. Petersburg – Telegramas Recebidos – 1900-1918.

MONIZ BANDEIRA, Luiz Alberto. *A reunificação da Alemanha*. São Paulo: Editora Unesp, 2009, pp. 56-57.

MONIZ BANDEIRA, Luiz Alberto. *Presença dos Estados Unidos no Brasil* (Dois Séculos de História). 4ª edição. Rio de Janeiro: Civilização Brasileira, 2007.

MONIZ DE ARAGÃO, Antônio Ferrão. *A Bahia e seus governadores na República*. Bahia: Imprensa Oficial do Estado, 1923.

MONIZ DE ARAGÃO, Antônio Ferrão. *Exposição apresentada ao passar, em 29 de março de 1920, o Governo da Bahia ao Exmo. Sr. Dr. José Joaquim Seabra, empossado nesse dia no cargo de Governador do Estado no quatriênio 1920 a 1924*. Bahia: Imprensa Oficial do Estado, 1920.

MONIZ SODRÉ DE ARAGÃO, Antônio. *Defendendo a República. Discursos Parlamentares*. Bahia: Livraria Catilina, 1929.

MONIZ, Edmundo. *A guerra social de Canudos*. Rio de Janeiro: Civilização Brasileira, 1978.

MONTEIRO LOBATO, José Bento. "A oligarchia paulista". *Revista do Brasil*, nº 47, nov. de 1919.

MONTEIRO LOBATO, José Bento. "O perigo ianque". *Revista do Brasil*, nº 42, São Paulo, jun. de 1919.

MONTEIRO, Fabrício Pinto. *Anarquismos e formas de subjetivação na escrita da história*. Tese (Doutorado em História) – Instituto de História, Universidade Federal de Uberlândia, Uberlândia. 2014. Disponível em: <https://www.scribd.com/document/250928354/Anarquismos-e-formas--de-subjetivacao-na-escrita-da-historia>. Acessado em 2/7/2017.

MOREIRO, Juliana. Fortaleza: 19 de agosto de 2011. Disponível em: <http://bibliotecadacapoeira.blogspot.de/2011/08/macaco-beleza-e-o-massacre--do-tabuao.html>. Acessado em: 05/09/2017.

MOREL, Edmar. *A Revolta da Chibata – Subsídios para a história da sublevação da Esquadra*. 4ª edição revista e ampliada. Rio de Janeiro: Graal, 1986.

MOREL, Jean-Pierre. *Le Roman insupportable: L'Internationale littéraire et la France (1920-1932)*. Paris: Éditions Gallimard, 1985.

MORGAN, Zachary R. *Legacy of the Lash: Race and Corporal Punishment in the Brazilian Navy and Race and Corporal Punishment in the Brazilian Navy and the Atlantic World*. Bloomington; Indianapolis: University Press, 2014.

MORTON, A. L. *A história do povo inglês*. Rio de Janeiro: Civilização Brasileira, 1970.

MOTA, Kleiton Nazareno Santiago. *Mutualismo ferroviário: prover e proteger na Sociedade Beneficente do Pessoal da Estrada de Ferro de Baturité de 1891 aos Anos 1930*. Dissertação (Mestrado em História Social) – Departamento de História, Universidade Federal do Ceará, Fortaleza. 2009. Disponível em: <http://www.historia.ufc.br/admin/upload/DISSERTA-CAO_KLEITON%20NAZARENO.pdf>. Acessado em 13/2/2017.

MOURA, Gláucia Soares de. "Sentimentos republicanos em pensamentos navais: a participação de oficiais da Marinha na implantação da República brasileira". *Revista Navigator*. v.3, n.5. Rio de Janeiro, 2007. Pp. 20-32. Disponível em: <http://www.revistanavigator.com.br/navig5/art/N5_art2.pdf>. Acessado em 06/09/2017.

NAARDEN, Bruno. *Socialist Europe and Revolutionary Russia: Perception and Prejudice 1848-1923*. Cambridge: Cambridge University Press, 1992.

NABUCO, Joaquim. *A intervenção estrangeira durante a Revolta*. Rio de Janeiro: Typ. Leuzinger, 1896.

NASCIMENTO, Álvaro Pereira do. "Sou escravo de oficiais da Marinha: a grande revolta da marujada negra por direitos no período pós-abolição (Rio de Janeiro, 1880-1910)". *Revista Brasileira de História*. São Paulo, v. 36, n. 72, maio-ago. 2016. Disponível em: <http://dx.doi.org/10.1590/1806--93472016v36n72_009>. Acessado em 12/09/2017.

NÉBIAS, Wellington Barbosa. *A Greve Geral e a Insurreição Anarquista de 1918 no Rio de Janeiro*: Um resgate da atuação das associações de trabalhadores. Dissertação (Mestrado em História Oral) – Instituto de Filosofia e Ciências Sociais, Universidade Federal do Rio de Janeiro, Rio de Janeiro. 2009. 231p. Disponível em: <http://livros01.livrosgratis.com.br/cp113976.pdf>. Acessado em 12/09/2017.

NEGRO, Hélio & LEUENROTH, Edgard. *O que é maximalismo ou bolchevismo*. São Paulo, s/n, 1919. (Arquivo de Luiz Alberto Moniz Bandeira).

NETO, Raul Coelho Barreto. "Revoltas marinheiras de 1910". *I Encontro de História do CAHL – Centro de Artes, Humanidades e Letras*, Cachoeira/Bahia, 18 a 21 de outubro de 2010. Disponível em: <http://www3.ufrb.edu.br/lehrb/wp-content/uploads/2011/08/RaulBarretoNeto.pdf>. Acessado em 11/09/2017.

NEVINS, Allan & CO MMAGER, Henry Steele. *Breve História dos Estados Unidos*. São Paulo: Editora Alfa-Omega, 1986.

OLIVEIRA, Laiana Lannes de. *O Pós-Abolição – Perspectivas dos Libertos e Projetos de Brasil-Súditos, Bestializados ou Cidadãos Negros?* Projeto de pesquisa apresentado à Comissão Julgadora da Casa de Rui Barbosa, como requisito para a participação da seleção para o cargo de Doutor Júnior em Estágio Pós-Doutoral. Rio de Janeiro: maio de 2011. p. 27. Disponível em: <http://www.casaruibarbosa.gov.br/arquivos/file/ff%20-%20LaianaLannes.pdf>. Acessado em 01/3/2017.

OLIVEIRA LIMA, Manuel. "Conceitos Políticos de um Japonês". *Diário de Pernambuco*, Recife, 11/11/1917.

OURO PRETO, Visconde de. *Advento da Ditadura Militar no Brasil*. Paris: Imprimerie F. Pichon. 1ª ed. 1891. Disponível em: <http://www.ebooksbrasil.org/eLibris/ouropreto.html>. Acessado em 06/09/2017.

PANSARDI, Marcos Vinícius. "O movimento operário e a República". Disponível em: <http://seer.fclar.unesp.br/estudos/article/viewFile/887/748>. Acessado em 22/2/2017.

PASSOS, Eridan. *José do Patrocínio*. Rio de Janeiro: Edição da Autora.

PAULA, Amir El Hakim de. *A relação entre o Estado e os sindicatos sob uma perspectiva territorial*. São Paulo: Editora UNESP, 2015.

PELLING, Henry. *Histoire du Syndicalism Britannique*. Paris: Éditions du Seuil, 1967.

PEREIRA, Astrojildo. "A Revolução de Outubro e o Movimento Operário Brasileiro". *Voz Operária*, 21/11/1957.

PEREIRA, Astrojildo. "A imprensa operária no Brasil". Julho de 1947. Disponível em: <https://www.marxists.org/portugues/astrojildo/1947/07/imprensa.htm>. Acessado em 12/2/2017.

PEREIRA, Astrojildo. "A Revolução Russa". *O Debate*, Rio de Janeiro, 12/7/1917.

PEREIRA, Astrojildo. "Silvério Fontes, pioneiro do marxismo no Brasil". *Novos Rumos* – Suplemento Especial – Rio de Janeiro, semana 23-29 de março de 1962. p.9. Disponível em: <http://memoria.bn.br/DocReader/Hotpage/HotpageBN.aspx?bib=122831&pagfis=2006&url=http://memoria.bn.br/docreader# >. Acessado em 31/07/2017.

PEREIRA, Astrojildo. *Crítica impura*. Rio de Janeiro: Civilização Brasileira, 1963.

PEREIRA, Astrojildo. *Formação do PCB – 1922-1928*. São Paulo: Instituto Astrojildo Pereira, Fundação Maurício Grabois, 2012.

PEREIRA, Astrojildo. *Formação do PCB: 1922-1928*. Rio de Janeiro: Vitória, 1962.

PEREIRA, Camila Mendonça. "As comemorações pela abolição na Corte Imperial: Política e Cidadania". *Anpuh – XXV Simpósio Nacional De História* – Fortaleza: 2009, p. 9. Disponível em: <http://anais.anpuh.org/wp-content/uploads/mp/pdf/ANPUH.S25.0794.pdf>. Acessado em: 05/09/2017.

PEREIRA, Lúcia Miguel. *Machado de Assis (Estudo Crítico e Biográfico)*. São Paulo: Companhia Editora Nacional, 1936.

PEREIRA, Lúcia Miguel. *Machado de Assis: estudo crítico e biográfico*. Belo Horizonte; São Paulo: Editora Itatiaia, Edusp, 1988

PHILLIPS, Steve. *Lenin and the Russian Revolution*. Oxford: Heinemann Educational Publishers, 2000.

PICCAROLO, Antonio. *O Socialismo no Brasil*. 2ª edição. São Paulo: Piratininga S.A., 1932.

PIERCE, Richard A. *Russian Central Asia, 1867-1917*: a study in colonial rule. Berkeley, Los Angeles: University of California Press, 1960.

PIERRE-AUGUSTIN Caron de. *Beaumarchais to the American Commissioners, 13 February 1789 [i.e., 1779]*.

PIMENTA, Joaquim. *Retalhos do passado: episódios que vivi e fatos que testemunhei*. Rio de Janeiro: Editora Coelho Branco, 1949.

PINHO, Adelino de. Quem não trabalha não come. São Paulo: Cooperativa Gráfica Popular, 1920.

PIRES, Isabelle Cristina da Silva. "Luta operária: trabalhadores (as) da Companhia de Fiação e Tecidos Alliança na 'Greve Geral' de 1903". *Espaço Plural*, ano XVII, n. 34, 1º semestre 2016, pp.437-466. Disponível em: <http://e-revista.unioeste.br/index.php/espacoplural/article/view/14961>. Acessado em 12/09/2017.

PONTES, Eloi. *A vida exuberante de Olavo Bilac*. Rio de Janeiro: José Olympio, 1944, vol.2.

POOLE, DeWitt Clinton. *An American Diplomat in Bolshevik Russia*. Madison, Wisconsin: Wisconsin University Press, 2014.

PRADO, Eduardo Paulo da Silva. *Fastos da Ditadura Militar no Brasil*. 1ª ed. 1890. Disponível em: <http://www.ebooksbrasil.org/eLibris/fastos.html>. Acessado em 06/09/2017.

PRESIDÊNCIA da República, Casa Civil – Subchefia para Assuntos Jurídicos. Decreto Nº 2.280, de 25 de Novembro De 1910. Concede amnistia aos insurrectos de posse dos navios da Armada Nacional.

PROUDHON, P.-J. *De la Capacité Politique des Classes Ouvriers.* 3ª edição. Paris: E. Dentu, Libraire-Editeur, 1865.

QUEIRÓS, César Augusto B. "Hoje tolerância, amanhã intransigência: Um estudo comparativo entre as posturas do governo do estado do Rio Grande do Sul nas greves gerais de 1917 e 1919". *História Social*, Campinas, n. 13, pp. 79-99, 2007. Disponível em: <https://www.ifch.unicamp.br/ojs/index.php/rhs/article/viewFile/211/203>. Acessado em 7/6/2017.

RABINOWITCH, Alexander. *The Bolsheviks Come to Power: The Revolution of 1917 in Petrograd.* Chicago, London: Heymarket Books, Pluto Press, 2004.

RAPPORT de L'association Générale Des Ouvriers de São Paulo au Congrès International Ouvrier de Londres (Juillet 1896). a) José Winiger, August Lux, Otto Bendix, Nikolaus Schneider. *Le Mouvement Social: Bulletin Trimestriel de l'Institut Français d'Histoire Sociale.* Paris: Éditions de l'Atelier, Édition 1973-07. Disponível em : <http://gallica.bnf.fr/ark:/12148/bpt6k5740865w/texteBrut>. Acessado em 18/2/2017.

RAPPORT de la Commission Executive du Parti Ouvrier du Brésil à présenter au Congrès Socialiste International de Zürich – 1893. HAUPT, G. "Militants Sociaux-Démocrates Allemands au Brésil (1893-1896)". In: *Le Mouvement social : bulletin trimestriel de l'Institut français d'histoire sociale.* Disponível em: <http://gallica.bnf.fr/ark:/12148/bpt6k5740865w/texteBrut>. Acessado em 7/2/2017.

RAWSON, Don C. *Russian Rightists and the Revolution of 1905.* Cambridge: Cambridge University Press, 1995.

REED, John. *Ten Days that Shook the World.* London: Penguin Books, 1982. Referências bibliográficas

REGO, Otávio Brandão. *Otávio Brandão (Depoimento, 1977).* Rio de Janeiro, CPDOC, 1993. 139 p. Disponível <http://www.fgv.br/cpdoc/historal/arq/Entrevista213.pdf>. Acessado em 23/05/2017.

REIS, Malvino. *Agonia do povo e os funerais da República.* Rio de Janeiro: Typ. do Jornal do Commercio, 1899.

RELATÓRIO – Apresentado ao Sr. Presidente da República pelo Ministro da Indústria, Viação e Obras Públicas, Doutor Joaquim Murtinho. 1897

(Introdução). In Política Brasileira – Um Estadista da República – Buenos Aires: 76346 – IMP. Litografia y Encuadernación De J. Peuser, 1897.

REPRESENTAÇÕES Diplomáticas Estrangeiras no Brasil (Rússia), 289/1/22, Notas e Telegramas recebidos – 1900-1922. Arquivo Histórico do Itamaraty.

REPRESENTAÇÕES Diplomáticas Estrangeiras no Brasil (Rússia). Notação: 289/2/04 – Notas e Telegramas expedidos – 1900-1926. Arquivo Histórico do Itamaraty.

REPRESENTAÇÕES Diplomáticas Estrangeiras no Brasil (Rússia). Notação: 230/3/11 – Despachos de St. Petersburg – 1900-1918. Arquivo Histórico do Itamaraty.

REPRESENTAÇÕES Diplomáticas Estrangeiras no Brasil (Rússia). Notação: 230/3/13 – Legação de St. Petersburg – Telegramas Recebidos – 1900-1918. Arquivo Histórico do Itamaraty.

REPÚBLICA – Órgão Republicano. Ano V, n. 380, 27 de novembro de 1904. 5 p. Disponível em: <http://obrasraras.sibi.usp.br/xmlui/bitstream/handle/123456789/3905/Republica_ano5_n380_1904.pdf?sequence=1>. Acessado em 11/3/2017.

RIBEIRO, Antônio Sérgio. "15 de novembro de 1889, A República no Brasil". *Agência de Notícias da Assembleia Legislativa do Estado de São Paulo. 13 de novembro de 2013.* Disponível em: <http://www.al.sp.gov.br/noticia/?id=346367>. Acessado em: 06/09/2017.

RIEUNEAU, Maurice. *Guerre et révolution dans le roman français de 1919 à 1939.* Genève: Slatkine Reprints, 1974.

RIEZLER, Kurt. *Tagebücher, Aufsätze, Dokumente. Eingeleitet und Herausgeben von Karl Dietrich Erdmann – Neue Ausgabe mit eines Einleitung von Holger Afflebach.* Göttingen: Vandenhoeke & Ruprecht.

RIHA, Thomas. *Readings in Russian Civilization: Soviet Russia, 1917-1963.* 2ª edição revisada. Chicago-Londres: Chicago University Press, 1969, vol. 3.

ROBERTS, Glenn L. *Commissar and Mullah: Soviet-Muslim Policy from 1917 to 1924.* Boca Raton: Dissertation.com. 2007.

ROCHA BARROS, Alberto. *Origens e Evolução da Legislação Trabalhista.* Rio de Janeiro: Editora Laemmert, 1969.

ROCHA, Juliana. "Pandemia de gripe de 1918". *In Vivo.* Disponível em: <http://www.invivo.fiocruz.br/cgi/cgilua.exe/sys/start.htm?infoid=815&sid=7>. Acessado em 22/5/2017.

RODRIGUES, Edgar. *Nacionalismo e cultura social – 1913-1922*. Rio de Janeiro: Editora Laemmert, 1972.

ROMANI, Carlo. *Orestes Ristori: uma aventura anarquista*. São Paulo: Annablume, Fapesp, 2002.

ROOT, Elihu. *The United States and the War – The Mission to Russia. Political Addresses*. Cambridge, London: Humphrey Milford, Oxford University Press, 1918, pp. 47-48.

ROSE, R. S.; SCOTT, Gordon D. *Johnny: A Spy's Life*. Pennsylvania: Pennsylvania State University Press, 2010.

S. GRUMBACH, Brest-Litovsk Lausanne-Paris, Payot Libraire, 1918.

SABLINSKY, Walter. *The Road to Bloody Sunday: The Role of Father Gapon and the Petersburg Massacre 1905*. Nova Jersey: Princeton University Press, 1976.

SADOUL, Jacques. "Notes sur la révolution bolchevique" (out. 1917-jan.1919). Paris: Éditions de la Sirène. Disponível em: <https://archive.org/stream/notessurlarvol00sadouoft/notessurlarvol00sadouoft_djvu.txt>. Acessado em 1/6/2017.

SALLES, Iza. *Um cadáver ao sol: a história do operário brasileiro que desafiou Moscou e o PCB*. Rio de Janeiro: Ediouro, 2005.

SANDLER, Stanley (Ed.). *Ground Warfare: An International Encyclopedia, A-G*. Califórnia: ABC-CLIO, 2002.

SANTOS, José Maria dos. *A Política Geral do Brasil*. São Paulo: J. Magalhães, 1930.

SARMENTO, Silvia Noronha. *A raposa e a águia: J. J. Seabra e Rui Barbosa na política baiana*. Salvador: Edufba, 2011.

SCHIFF, Stacy. *A Great Improvisation: Franklin, France, and the Birth of America*. New York: Henry Holt and Company, 2005.

SCHMIDT, Afonso. "O Cometa de Manchester". *Bom Tempo*. São Paulo: Brasiliense, 1958.

SCHMIDT, Benito Bisso. "A diretora dos espíritos da classe: a 'Sociedade União Operária' de Rio Grande (1893-1911)". *Cadernos AEL – Sociedades Operárias e Mutualismo*, v. 6, n°10/11, 1999. Campinas: UNICAMP/IFCH. Pp. 148-170. Disponível em: <https://www.ifch.unicamp.br/ojs/index.php/ael/article/view/2481/1891>. Acessado em 31/7/2017.

SCHMITT, Hans A. (ed.) *Neutral Europe between War and Revolution, 1917-23*. Charlottesville: University Press of Virginia, 1988.

SEIXAS, Jacy Alves de. *Mémoire et oubli: Anarchisme et syndicalisme révolutionnaire au Brésil.* Paris: Éditions de la Maison des Sciences de l'homme, 1992, pp. 72-73. Acessado em 19/2/2017.

SENN, Alfred Erich Documents. *New Documents on Lenin's Departure from Switzerland, 1917.* Disponível em: <https://www.cambridge.org/core/services/aop-cambridge-core/content/view/9E94AAC98F2C5FAE564E24FA491D DF96/S0020859000004648a.pdf/div-class-title-new-documents-on-leninan-dapos-s-departure-from-switzerland-1917-div.pdf>. Acessado em 12/09/2017.

SERGE, Victor. *Revolution in Danger – Writing from Russia, 1919-1921.* Chicago: Haymarket Books, 1997.

SERVICE, Robert. *Trotsky – A Biography.* Nova York: MacMillan, 2009.

SILVA, Anderson de Freitas. *Revista praticando capoeira:* Materialidade e Representações. Dissertação (Mestrado em Educação Física), Centro de Educação Física e Desportos – Universidade Federal do Espírito Santo, Formato digital. 174 f. Vitória, Espírito Santo, 2012. Disponível em: <http://portais4.ufes.br/posgrad/teses/tese_6067_Disserta%E7%E3o%20 ANDERSON%20DE%20FREITAS.pdf>. Acessado em 06/09/2017

SILVA, Francisco Bento da. *Acre, a "pátria dos proscritos":* prisões e desterros para as regiões do Acre em 1904 e 1910. Tese (Doutorado em História) – Setor de Ciências Humanas, Letras e Artes, Universidade Federal do Paraná. Curitiba/Paraná, 2010. 363 p. Disponível em: <http://acervodigital.ufpr.br/bitstream/handle/1884/25502/Tese%20em%20PDF%20-%20Francisco%20Bento.pdf?sequence=1&isAllowed=y>. Acessado em 11/09/2017.

SILVA, Francisco Bento da; NASCIMENTO, Luciana Marino do (orgs). *Cartografias urbanas:* olhares, narrativas e representações. Rio de Janeiro: Letra Capital Editora, 1913.

SIMÃO, Aziz. *Sindicato e estado.* São Paulo: Dominus Editora, 1966.

SIMONSEN, Roberto C. *Evolução industrial do Brasil e ouros estudos.* São Paulo: Companhia Editora Nacional, Universidade de São Paulo, 1973.

SIQUEIRA, Gustavo Silveira; AZEVEDO, Fatima Gabriela Soares de. "O tratamento jurídico da greve no início do século XX: o direito e a violência na greve de 1906". *Revista Direito e Práxis*, vol. 4, n. 7, 2013. Disponível em: <http://www.e-publicacoes.uerj.br/index.php/revistaceaju/article/view/7285/6380>. Acessado em 12/09/2017.

SKOROPADS´KYÏ, Pavlo Petrovych. *Erinnerungen 1917 bis 1918: Herausgegeben von Günter Rosenfeld.* Stuttgart: Franz Steiner Verlag, 1999.

SLAVERY Abolition Act 1833, Section XII, 28/8/1833. Disponível em: <http://www.pdavis.nl/Legis_07.htm>. Acessado em 18/2/2017.

SMITH, Joseph. *Unequal Giants – Diplomatic Relations between the United States and Brazil, 1889-1930*. Pittsburgh: Pittsburgh University Press, 1991.

SOARES, Carlos Eugênio Líbano. "A Guarda Negra: A Capoeira no palco da política". *Revista Textos do Brasil*. Brasília, n. 14. pp. 45-52. Dezembro de 2008. Disponível em: <http://docplayer.com.br/6097737-A-guarda--negra-a-capoeira-no-palco-da-politica.html>. Acessado em 06/09/2017.

SODRÉ Nelson Werneck. *História militar do Brasil*. 2ª edição. Rio de Janeiro: Civilização Brasileira, 1968.

SODRÉ, Nelson Werneck. *História da Imprensa no Brasil*. Rio de Janeiro: Editora Civilização Brasileira, 1966.

*SPARTACUS*, Rio de Janeiro, 9/8/1919.

SPINELLI, Donald C. *Beaumarchais Correspondance. Tome V (1779)*. Disponível em: <http://archive.clas.wayne.edu/Multimedia/languages/files/spinelli/Beaumarchais,Volume, V (1).pdf>. Acessado em 12/09/2017.

SPINGOLA, Deanna. *The Ruling Elite: The Zionist Seizure of World Power*. Bloomington/Indiana: Trafford Publishing, 2012.

SPINOLA, Noelio Dantaslé. *A trilha perdida – Caminhos e descaminhos do desenvolvimento baiano no século XX*. Salvador: Editora Unifacs, 2009.

STEINBERG, I. N. *En el Taller de la Revolución*. Buenos Aires: Editorial Américale, 1958.

STONE, Bailey. *The Anatomy of Revolution Revisited: A Comparative Analysis of England, France, and Russia*. Cambridge: Cambridge University Press, 2014.

SUBIROFF, Ivan (PESTANA, Nereu Rangel). *A oligarchia paulista*. São Paulo: Diário Estado de São Paulo – Seção de Obras, 1919.

SUKANOV, N. N. *The Russian Revolution 1917 – Eyewitness Account*. New York: Harper & Brothers, 1962, vol. 2.

SUKHANOV, N. N. *The Russian Revolution 1917 – Eyewitness Account*. New York: Harper & Brothers, 1962, vol. 1, p. 6.

TALMA, João de. Da Fornalha de Nabucodonosor. Buenos Aires, s/d. 1926.

TEXTDOKUMENT: 6493 Signatur: MEW39. Apêndices e registros. In: *Briefe Januar 1893 bis Juli 1895*. Disponível em: <http://www.dearchiv.de/php/dok.php?archiv=mew&brett=MEW039&fn=545-615.39&me>. Acessado em 18/2/2017.

THOMPSON, Almirante Arthur. *Guerra civil no Brasil (1893-1895) – Vida e morte do Almirante Saldanha da Gama*. Rio de Janeiro: Editora Navarro, 1934.

THOMPSON, E. P. *The Making English Working Class*. Nova York: Vintage Books, 1966.

THOMPSON, John M. *Revolutionary Russia, 1917*. 2ª edição. Long Grove: Waveland Press, Inc., 1989.

TONERO, Roberto. "A tragédia de desterro". *Revista História Viva*. São Paulo, n. 9, pp. 82-88. 9 de julho de 2004. Disponível em: <http://fortalezas.org/midias/arquivos/1381.pdf>. Acessado em 29/7/2017.

TRENTO, Angelo. *Do outro lado do Atlântico*: um século de imigração italiana no Brasil. São Paulo: Livraria Nobel, 1989.

TRINER. Gail D. "International Capital and the Brazilian Encilhamento, 1889-1891: An Early Example of Contagion among Emerging Capital Markets?". Departamento de História, Rutgers University, dezembro de 2001. 44 p. Disponível em: <http://www.histecon.magd.cam.ac.uk/docs/contagion_triner.pdf>. Acessado em 20/1/2017.

TROTSKY, Leon. *A história da Revolução Russa – A queda do Tzarismo*. 2ª edição. Rio de Janeiro: Paz e Terra, 1977, vol. 1.

TROTSKY, Leon. *A história da Revolução Russa – A tentativa da contrarrevolução*. Rio de Janeiro: Paz e Terra, 1977, vol.2.

TROTSKY, Leon. *Está na Alemanha a chave da situação internacional*. 26 de novembro de 1931.

TROTSKY, Leon. *Literatura e revolução*. Rio de Janeiro: Zahar, 1969.

TROTSKY, Leon. *Minha Vida*. Rio de Janeiro: Editora José Olympio, s/d.

TROTSKY, Leon. *Revolução e Contrarrevolução*. Lisboa, Porto, Luanda: Centro do Livro Brasileiro, s/d.

TROTSKY, Leon. *Revolución de 1905*. Barcelona: Planeta, 1975.

TUCCI, Maria Luiza Carneiro; KOSSOY, Boris. *A imprensa confiscada pelo DEOPS, 1924-1954*. São Paulo: Ateliê Editorial, Imprensa Oficial, Arquivo do Estado de São Paulo, 2003.

TUCHMAN, Barbara. *The Guns of August*. Nova York: Batam Book, 1979.

VAZ, Leopoldo Gil Dulcio. "Capoeiragem, Guarda Negra & O fuzilamento do dia 17:: Parte III". *Jornal do Capoeira*. São Luis do Maranhão – MA: n. 54. 18 de dezembro a 25 de dezembro de 2005. Disponível em: <http://www.capoeira.jex.com.br/cronicas/capoeiragem+guarda+negra+o+fuzilamento+do+dia+17+parte+iii>. Acessado em 06/09/2017.

VELLOSO, Antônio Leão. "Ameaça maximalista". *Correio da Manhã,* Rio de Janeiro, 30 de dezembro de 1918, p. 2. Disponível em: <http://memoria. bn.br/DocReader/cache/1842401370588/I0037735-2Alt=001902Lar=0 01330LargOri=005033AltOri=007197.JPG>. Acessado em 12/09/2019.

VENTURA, Tereza. *Nem barbárie nem civilização!* São Paulo: Editora Annablume, 2006.

VERNALHA, Milton Miró. *Maragatos e Pica-paus.* Curitiba: Lítero-técnica, 1984.

VIANNA, Marly de Almeida Gomes. "Anarquistas e socialistas na imprensa da primeira metade o século XX". *XII Encontro de História Anpuh-Rio.* Rio de Janeiro: 2008. Disponível em: <http://encontro2008.rj.anpuh.org/ resources/content/anais/1212147816_ARQUIVO_SocialismoANPUH. pdf>. Acessado em 21/2/2017.

VILLALBA, Epaminondas. *A revolta da Armada de 6 de setembro de 1893.* 3ª edição consideravelmente aumentada. Rio de Janeiro, São Paulo e Recife: Laemmert & C., 1897.

VITORINO, Artur José Renda. *Máquinas e operários: mudança técnica e sindicalismo gráfico – São Paulo e Rio de Janeiro (1858-1912).* São Paulo: FAPESP, Annablume, 2000.

VÖLKLEIN, Ulrich. *Die gekaufte Revolution.* In Stern, Nr. 11, 11/3/1993, p. 204.

VOLKOGONOV, Dmitriĭ Antonovich. *Autopsy for an Empire: The Seven Leaders who Built the Soviet Regime.* New York: The Free Press, 1998.

VOLKOGONV, Dmitri. *Lenin – A New Biography.* New York: Free Press, 1994.

VOLODARSKY, Boris. *Stalin's Agent: The Life and Death of Alexander Orlov.* Oxford: Oxford University Press, 2015.

WADE, Rex A. *Red Guards and Workers' Militias in the Russian Revolution.* Stanford: Stanford University Press, 1984.

WADE, Rex A. *The Russian Revolution, 1917.* 3ª edição. Cambridge: Cambridge University Press.

WALDRON, Peter. "War, the Wounded and Politics". Russia's Great War & Revolution. Disponível em: <http://russiasgreatwar.org/media/military/ wounded.shtml>. Acessado em 27/4/2017.

WARDLAW, Grant. *Political Terrorism: Theory, Tactics and Counter – Measures.* Cambridge: Cambridge University Press, 1998.

WEBER, Hermann; DRABKIN, Jakov; BAYERLEIN, Bernhard H. (Herausgegeben). *Deutschland, Russland, Komintern – Dokumente (1918–1943):* Nach der Archivrevolution: Neuerschlossene Quellen zur Geschichte der KPD und deutsch-russischen Beziehung. Berlim, Munique, Boston: De Gruyter, 2015.

WEEKES, Fred. *Communism: A Love Story.* Bloomington, New York: iUniverse, Inc., 2009.

WEIDENMIER, Marc D.; MITCHENER, Kris James. *The Baring Crisis and the Great Latin American Meltdown of the 1890s.* Santa Clara University; Claremont McKenna College, agosto 2006. Disponível em: <http://www.helsinki.fi/iehc2006/papers1/Mitchener.pdf>. Acessado em 2/2/2017.

WEIKERSTHAL, Felicitas Fischer von et al. (eds.). *The Russian Revolution of 1905 in Transcultural Perspectives – Identities, Peripheries, and flow of Ideas.* Bloomington: Slavica Publishers, 1913.

WEST, Nigel. *Historical Dictionary of World War I Intelligence.* Lanham: Rowman & Littlefield, 2014.

WHEEN, Francis. *Karl Marx.* Londres: Fourth Estate, 1999.

Wilhelm, Friedrich. *Gesetz gegen die gemeingefährlichen Bestrebungen der Sozialdemokratie.* Outubro 1878. Disponível em: <http://www.documentarchiv.de/ksr/soz_ges.html>. Acessado em 12/09/2017.

WOLFE, Bertram D. *Three Who Made a Revolution (A Biographical History).* Boston: Beacon Press, 1948.

WOLFE, Joel. *Working Women, Working Men: São Paulo and the Rise of Brazil's Industrial Working Class, 1900-1955.* 3ª edição. Durham-Londres: Duke University Press, 1998.

WORLEY, Matthew (ed.) *In Search of Revolution: International Communist Parties in the Third Period.* London, New York: I. B. Taurus, 2004.

YOUNG, James D. *Socialism Since 1889: A Biographical History.* Nova Jersey: Barnes & Noble Books, 1988.

ZEMAN, Z. A. B (ed.). *Germany and Revolution in Russia 1915-1918.* Documents from the Archives of the German Foreign Ministry, 1918.

ZUCKERMAN, Fredric S. *The Tsarist Secret Police and Russian Society, 1880-1917.* Nova York: New York University Press, 1996.

# Lista de créditos do caderno de fotos

A ordem das fotos abaixo tem como referência a sequência das imagens do caderno de fotos. A contagem sempre se dará da esquerda para a direita ou de cima para baixo, dependendo do posicionamento das imagens na página.

Foto 1 – Museum of Photographic Arts Collections/Wikimedia Commons
Foto 2 – Getty Images
Foto 3 – Boasson and Eggler/Wikimedia Commons
Foto 4 – Photo12/UIG via Getty Images
Foto 5 – Fine Art Images/Heritage Images/Getty Images
Foto 6 – Wikimedia Commons
Foto 7 – Wikimedia Commons
Foto 8 – Wikimedia Commons
Foto 9 – ullstein bild/ullstein bild via Getty Images
Foto 10 – Cedida pela revista *Stern*
Foto 11 – Cedida pela revista *Stern*
Foto 12 – Cedida pela revista *Stern*
Foto 13 – Arquivo do autor
Foto 14 – Hulton Archive/Getty Images
Foto 15 – ullstein bild/ullstein bild via Getty Images
Foto 16 – SPD (Archiv der sozialen Demokratie, 6/FOTA007432)/schule-bw.de
Foto 17 – ullstein bild/ullstein bild via Getty Images
Foto 18 – ullstein bild/ullstein bild via Getty Images
Foto 19 – Nadar/Getty Images
Foto 20 – Fine Art Images/Heritage Images/Getty Images
Foto 21 – Arquivo do autor
Foto 22 – ASMOB – Archivio Storico del Movimento Operaio Brasiliano – Fundação Giangiacomo Feltrinelli, Milão

Foto 23 – *O Cruzeiro*, edição número 37, de 14 de setembro de 1968

Foto 24 – *A Cigarra*, São Paulo, SP, Acervo digitalizado. Arquivo Público do Estado de São Paulo. Página 14, edição de 26/07/1917

Foto 25 – Coleção História da Industrialização, Arquivo Edgard Leuenroth/ UNICAMP, Campinas, SP

Foto 26 – Coleção História da Industrialização, Arquivo Edgard Leuenroth/ UNICAMP, Campinas, SP

Foto 27 – *A Plebe* – Acervo IAP/CEDEM – Centro de Documentação e Memória da Unesp

Foto 28 – Arquivo Edgard Leuenroth/UNICAMP, Campinas, SP

Foto 29 – Arquivo Nacional/Arquivo Público do Estado do Rio de Janeiro/ Fundo Polícias Políticas do Rio de Janeiro

Foto 30 – Álbum Fotográfico do Arquivo Público do Estado do Rio de Janeiro

Foto 31 – Arquivo do autor

Foto 32 – Arquivo Nacional

Foto 33 – Arquivo do autor

Foto 34 – Arquivo do autor

Foto 35 – Álbum Fotográfico do Arquivo Público do Estado do Rio de Janeiro

Foto 36 – Arquivo do autor

Foto 37 – Arquivo do autor

Foto 38 – Arquivo do autor

Foto 39 – Arquivo do autor

Foto 40 – Arquivo do autor

Foto 41 – Marius Lauritzen Bern

Foto 42 – Arquivo Nacional, fundo Correio da Manhã

Foto 43 – Arquivo Nacional, fundo Correio da Manhã

Foto 44 – Arquivo Nacional, fundo Correio da Manhã

Foto 45 – Arquivo Nacional, fundo Correio da Manhã

Foto 46 – Arquivo Nacional, fundo Correio da Manhã

# Índice onomástico

Partido Operário Socialista (Socialist Labor Party), 86
Partido Republicano, 44, 59, 62, 64, 66, 309, 389
Partido Republicano Democrata, 319
Partido Republicano Feminino, 152
Partido Republicano Paulista (PRP), 58, 373
Partido Social-Democrata, 109
Partido Social-Democrata da Alemanha, 98, 107
Partido Social-Democrata dos Trabalhadores da Alemanha (Sozialdemokratische Arbeiterpartei Deutschlands, SDAP), 44, 87
Partido Socialista, 129, 291, 424, 425
Partido Socialista Baiano, 288, 289, 359
Partido Socialista Brasileiro, 19, 107
Partido Socialista Cearense, 288
Partido Socialista Coletivista, 108
Partido Socialista da Argentina, 429
Partido Socialista da Itália, 109
Partido Socialista do Brasil (PSB), 276, 287, 289, 333, 348, 350
Partido Socialista do Uruguai, 16
Partido Socialista Independente, 475
Partido Socialista Internacionalista (PSI), 429
Partido Socialista Italiano, 166
Partido Socialista Operário Internacional, 107
Partido Socialista Radical, 446
Partido Trabalhista, 291
Paschoal Gravina, 153, 185
Pascoal Adreani, 182
Patrimônio Histórico e Cultural da Marinha, 137, 141, 578, 580
Paul Avrich, 417, 576
Paul Brousse, 108

Paul Colin, 421
Paul Signac, 366
Paul Vaillant-Couturier, 421
Paul von Hindenburg, 191
Paula Duarte, 57
*Paulistaner Echo*, 89
Paulo Alves, 154, 175, 340
Paulo de Frontin, 250
Paulo Ferreira, 533
Paulo Mazzoldi, 170
Paulo Schilling, 17
Pavel Borisovich Axelrod, 84
Pavel E. Dybenko, 229, 239
Pavel N. Milyukov, 158, 187, 189, 191, 220
Pavel Vladimirovich Stuchevski, ver *Leon Jules Vallée*
Pedro Bastos, 361
Pedro Calmon, 50, 65, 66, 574
Pedro Ernesto Batista, 455
Pedro Garcia, 26
Pedro Gonçalves dos Reis, 282
Pedro Gordilho, 395, 398
Pedro Kropotkin, *ver Kropotkin*
Pedro Lessa, 183, 363
Pedro Mattera, 153, 270, 289, 425
Pedro Max Fernando Frontin, 135, 136, 154
Pedro Medina, 282
Pedro Mibielli, 183, 363
Pedro Mota Lima, 253, 447, 456, 580
Pedro Rocha, 449
Pedro Tamarindo, 77
Pedro Wallig, 146
Percival Farquhar, 180
Percy Bysshe Shelley, 21
Pereira Lima, 508
Pernambuco Tramways Company, 330
Peter James McGuire, 86

A 4ª edição revista e ampliada deste livro foi impressa em 2017, ano em que se celebram os 50 anos da publicação da 1ª edição, o primeiro de Luiz Alberto Moniz Bandeira pela Civilização Brasileira, e os 92 anos de Ênio Silveira.

O texto deste livro foi composto em Sabon/Frutiger, em corpo 11/15. A impressão se deu sobre papel off-white pelo Sistema Cameron da Divisão Gráfica da Distribuidora Record.